KB068671

CRIMINAL PROCEDURE LAW

4인 공저 13장 · 26절
형사소송법

| 제2판 |

이승호 | 이인영 | 심희기 | 김정환

박영사

13장 26절 150퀴즈 형사소송법강의 2판 서문

초판이 출간된 지 2년 만에 2판을 상재(上梓)한다. 2판에서는 변경된 법령과 새로 선고된 중요판례들을 반영하였다.

2019년 12월과 2020년 1월에 국회 본회의를 통과한 고위공직자범죄수사처 설치 및 운영에 관한 법률과 개정 형사소송법, 개정 검찰청법(모두 2020년 2월 4일 공포)의 내용이 광범위하여 본문에서 일일이 서술하였지만 그 전모를 이곳에서 일괄적으로 약술하여 독자의 편의를 도모한다.

1. 공수처법의 내용

'고위공직자범죄수사처의 설치 및 운영에 관한 법률'(이하 '공수처법'으로 약칭함)은 대략 2020. 7. 15.경부터 시행될 예정이다(공수처법 부칙 1조).

(1) 수사의 대상

수사처는 국가인권위원회처럼 별도의 독립기구의 지위를 갖고 고위공직자와 그 가족의 범죄행위에 대한 수사를 맡게 된다. 수사처는 기본적으로 전·현직 고위공직자가 재직 중 저지른 직무상 범죄 등을 수사하게 되고, 범죄 수사 과정에서 인지한 범죄도 해당 고위공직자와 직접 관련성이 있다면 수사처가 수사할 수 있다(2조). 이 법을 제안한 입법자의 문제의식은 종래의 검사가 선택적 수사, 선택적 기소를 하여 기소독점권을 남용할 위험이 있으므로 검사를 견제할 기구가 필요하다는 데 있다.

수사대상인 고위공직자에는 대통령을 비롯해 국회의원과 국무총리, 판·검사, 경무관급 이상 경찰 등으로 그 대상을 모두 합치면 7000여 명이 넘는다. 이 가운데 5,000명가량이 판·검사 등 법조인이다. 고위공직자의 가족에는 배우자와 직계의 존속·비속이 포함되며, 대통령은 배우자와 4촌 이내의 친족까지 포함된다(2조).

(2) 수사처의 권한과 기소독점주의의 예외

원칙적으로 수사처는 기소권을 제외한 수사권과 영장청구권, 검사의 불기소 처분에 대한 재정신청권(30조)을 갖는다. 예외적으로 판·검사나 경무관급 이상의 경찰이 기소 대상에 포함된 경우에는 수사처가 기소권까지 행사한다(3조 1항 2호). 검사의 기소권 독점에 예외를 인정한 것이다. 수사처가 불기소 결정을 한 경우에는 수사과정에서 알게 된 관련 범죄 사건을 대검찰청에 이첩하여야 한다(27조).

(3) 수사처가 수사 및 기소한 사건의 관할

수사처가 수사한 사건의 기소는 서울중앙지검이 맡게 되고(26조), 수사처가 기소한 사건은 서울중앙지법이 재판한다(31조).

(4) 수사처와 검찰청의 상호 견제

수사처 소속 검사의 범죄 혐의는 검찰청이 수사한다(25조).

(5) 중복수사의 방지

검사나 경찰 등 다른 기관의 범죄 수사가 수사처의 수사와 중복되는 경우 수사처에서 수사하는 것이 적절하다고 판단되면 수사처장은 사건 이첩을 요청할 수 있으며, 해당 기관은 이에 따라야 한다. 반대로 다른 수사기관이 고위공직자 범죄 수사를 하는 것이 적절하다고 판단되는 경우에 수사처는 사건을 이첩할 수 있다(24조).

(6) 수사처의 조직

처장 1명과 차장 1명을 포함한 25명 이내의 검사와 40명 이내의 수사관으로 구성된다. 처장은 차관급 보수와 대우를 받는다. 국회 입법 과정에서 논란이 됐던 수사처장 임명 절차는 국회에 설치된 추천위원회가 15년 이상 법조경력을 가진 사람 2명을 후보로 추천하면 대통령이 1명을 지명한 뒤 국회 인사청문회를 거쳐 대통령이 임명한다. 추천위원회는 법무부 장관과 법원행정처장, 대한변호사협회장, 여당 추천 인사 2명, 야당 추천 인사 2명 등 7명으로 구성하고, 위원 6명의 찬성이 있어야 의결할 수 있다. 차장은 10년 이상의 법조경력자 중 처장의 제청에 따라 대통령이 임명한다(7조).

수사처 검사는 10년 이상의 법조 경력자 가운데 재판이나 수사, '수사처 규칙으로 정하는 조사업무' 실무를 5년 이상 수행한 사람을 인사위원회가 추천하면 대통령이 임명한다(8조). 수사처와 검찰청 간의 인사교류를 막기 위해 현직 검사 출신은 수사처 검사 정원의 절반을 넘지 못하고(8조 1항), 검사 퇴직 후 3년이 지나지 않으면 처장이 될 수 없으며, 차장 역시 검사 퇴직 후 1년이 지나야 임용할 수 있다(13조 2항). 수사처 수사관의 자격요건은 변호사 자격 보유자, 7급 이상 공무원 중 조사·수사업무 종사자, 5년 이상 수사처 규칙으로 정하는 조사업무 종사자 등이다(10조).

수사처 검사의 임용과 전보 등 인사 관련 사항을 심의·의결하는 인사위원회는 처장이 위원장이 되고 차장과 일반인 외부 위원 1명, 여당 추천 인사 2명, 야당 추천 인사 2명 등 7명으로 구성된다(9조).

(7) 공직 임용 제한 등

처장과 차장, 수사처 검사는 퇴직 후 2년이 지나지 않으면 검사로 임용될 수 없다. 특히 처장과 차장은 퇴직 후 2년간 대통령 지명 몫의 헌법재판관이나 검찰총장, 국무총리, 중앙행정기관과 대통령 비서실·경호처, 국가안보실, 국정원의 정무직공무원으로 임용될 수 없다. 수사처 검사 역시 퇴직 후 1년이 지나지 않으면 대통령 비서실 임용이 제한된다(16조). 대통령의 영향력을 차단하려는 조치이다. 수사처의 독립성을 보장하기 위해 대통령과 청와대는 수사처 사무 관련 업무보고나 자료제출 요구·지시, 의견제시, 협의 등을 일체 할 수 없다(3조 3항).

2. 검경 수사권 조정법안의 내용

2020년 1월 13일 검·경 수사권을 조정하는 법안이 국회 본회의를 통과하여 2020년 2월 4일 공포되었다. 검·경 수사권 조정법안은 형사소송법 개정안과 검찰청법 개정안에 담겨 있다. 그 주요 내용은 첫째, 경찰에 대한 검사의 수사지휘권을 폐지하고, 경찰에게 1차 수사권과 제한된 범위에서 수사 종결권을 주는 것이고, 둘째, 검사의 직접수사 범위를 제한하는 검찰청법의 개정이다. 기존의 체제에서 검사의 수사권 일부를 제한하는 대신 경찰의 수사 범위를 넓힌 것이다. 앞으로 검사의 직접수사 대상이 아닌 사건은 1차적 수사 종결권을 갖는 경찰이 혐의를 인정한 사건만 검찰청에 송치하게 된다.

또 하나 중요한 사항은 검사작성 피의자신문조서의 전문예외요건을 규정한 312조 1항의 개정과 2항의 삭제이다. 이 부분이 시행되면 검사작성 피의자신문조서는 사법경찰관 작성 피의자신문조서와 다른 점이 없게 된다. 그러나 그 시행시기가 미정임에 주의하여야 한다.

(1) 검사와 경찰의 관계는 상호협력 관계

검사와 경찰의 관계는 구법의 '수직적(지휘복종) 관계'가 아닌 수사와 기소, 공소 유지 전반에 걸친 '상호협력 관계'(195조 1항)로 설정된다. 경찰은 원칙적으로 모든 사건에 대한 '1차적 수사권'(197조 1항)과 '수사 종결권'(245조의5 2호)을 갖는다. 검사는 기소권과 함께 '송치 후 수사권'과 경찰 수사에 대한 '보완수사·시정조치 요구권' 등을 통하여 경찰을 견제할 수 있다.

① 사법경찰관은 범죄 혐의가 있다고 인식하는 때에는 수사에 착수하고(197조 1항), 검사는 송치사건의 기소 여부 결정이나 공소 유지, 사법경찰관이 신청한 영장청구 여부 결정 등을 위해 필요한 경우 경찰에 보완 수사를 요구할 수 있다(197조의2 1항). 사법경찰관은 '정당한 이유가 없는 한 지체 없이' 검사의 보완 수사 요구를 이행하여야 한다(197조의2 2항). 사법경찰관이 정당한 이유 없이 검사의 보완 수사 요구에 따르지 않으면 검찰총장이나 각급 검찰청 검사장이 경찰청장을 비롯한 징계권자에게 해당 경찰에 대한 직무배제나 징계를 요구할 수 있다(197조의2 3항).

② 검사는 기소권을 갖지만 직접 수사권은 대통령령으로 정하는 부패범죄나 선거범죄 등에 국한된다. 검사의 일반적 수사지휘권이 폐지되어 검사는 경찰 수사에 대해 보완 수사나 시정조치 요구권만 갖게 된다.

③ 개정법은 경찰에 부분적으로 수사 종결권도 부여했다. 고소·고발사건을 포함해 범죄 혐의가 인정되거나 공소 제기가 필요한 경우 등에 한하여만 경찰이 검사에게 사건을 선별적으로 송치할 수 있다(245조의5 1호). 경찰의 사건 불송치가 위법·부당한 경우 검사는 경찰에 재수사를 요청할 수 있다(245조의8 1항). 불송치 사건의 경우 경찰이 불송치 이유를 명시한 서면과 함께 관계 서류와 증거물을 검사에게 송부하여야 한다. 이 경우 검사는 서면과 관계서류, 증거물을 받은 날부터 '90일' 안에 검토한 뒤 다시 서류를 경찰에게 돌려주어야 한다(245조의5 2호). 경찰의 수사 종결권을 검사가 통제하게 하려는 것이 입법 취지이다.

(2) 검사가 직접수사권을 갖는 사건의 범위는 부패범죄, 경제범죄, 공직자범죄, 선거범죄, 방위사업범죄, 대형참사 등 대통령령으로 정하는 중요범죄(가목), 경찰공무원이 범한 범죄(나목), 가목·나목의 범죄 및 사법경찰관이 송치한 범죄와 관련하여 인지한 각 해당 범죄와 직접 관련성이 있는 범죄(다목)에 국한된다(개정 검찰청법 4조 1항).

개정 이전의 검사의 '범죄 수사에 관한 사법경찰관리 지휘·감독'(구법 4조 1항 2호)은 '특별 사법경찰관리의 지휘·감독'(개정법 4조 1항 2호)으로 축소 변경되었다.

이런 내용의 수사권 조정안 시행시기는 공포 후 6개월~1년 이내로 정해졌지만, 구체적인 시점은 대통령령으로 정한다.

(3) 검사작성 피의자신문조서의 전문예외요건

개정법에 따르면 검사작성 피의자신문조서는 적법한 절차와 방식에 따라 작성된 것으로 공판준비, 공판기일에 피의자였던 피고인이나 변호인이 그 내용을 인정한 때에 한하여만 증거로 삼을 수 있고(개정법 312조 1항) 피고인이 성립의 진정을 부인하는 경우에도 피의자신문조서의 증거능력을 인정할 수 있는 영상녹화물 관련 조항(구법 312조 2항)은 삭제되었다. 검사가 작성한 조서의 증거능력을 경찰이 작성한 조서와 같은 수준(312조 4항)으로 낮춘 것이다. 그러나 검사작성 피의자신문조서의 증거능력을 수정하는 내용(개정법 312조 1항)은 공포 후 4년 안에 시행하되, 대통령령으로 구체적인 시행시기를 정하도록 하여 그 시행시기가 미정으로 남아 있다. 이 대통령령이 만들어지기 전에는 종전대로 시행된다.

2020년 2월 대표저자 심희기

13장 26절 150퀴즈 **형사소송법강의 서문**

　　대학에서의 형사소송법강의교재를 지향하는 본서가 시도하는 목표는 대략 다음과 같은 네 가지이다.

　　필자가 형사소송법 강의를 시작한 지 벌써 30년이 지났다. 그러나 아직도 학기 초가 되면 1주당 배분해야 할 분량의 조절이 여전히 쉬운 문제가 아니다. 매년 그 분량이 달라지고 있다. 그러나 이 현상은 결코 바람직한 현상이 아니다. 종래의 형사소송법 교재들도 이런 강의현장의 현실—13주에 전체를 커버—을 감안한 기획이 아니다. 강의현장의 현실을 반영한 교재가 만들어진다면 그것만으로도 혁신이 될 수 있지 않을까?

　　대학의 한 학기는 대체로 15주로 진행되고 중간고사, 기말고사 기간을 빼면 실제로 강의가 진행되는 주수는 대략 13주이다. 13주에 형사소송법의 중요부분을 모두 커버하려면 과감히 선택과 집중 전략을 구사할 필요가 있다. 형사소송법 교재가 이런 강의현장의 현실을 염두에 두고 집필되면 강의계획을 짤 때 강사와 수강생 모두에게 편리할 것이다.

　　위와 같은 두 가지 문제의식에서 본서는 종래의 딱딱한 편→장→절 체제를 버리고 총 13장, 매장 2절로 구성되는 '13장 26절 체제'를 시도하였다. 종래의 체제가 논리적인 체제라면 본서의 기획은 오로지 강의현장중심의 실용적 기획이다. 형사소송법강의를 두 학기에 걸쳐 진행하는 대학에서는 한 학기에 대략 13개절을 소화하는 방향으로 강의계획을 짜면 될 것이다.

　　다음에 본서는 룰(rule)을 빠짐없이 망라적으로 제시하는 혼북(horn-book)을 지양하고 핵심적인 룰만을 제시하는 전략을 구사한다. 혼북은 더 많은 인력이 투입되어야 하는 대작업이다. 학설을 소개할 때 그 학설의 주장자와 그런 주장이 담겨있는 저술의 페이지를 밝히는 작업은 페이지수를 줄이려는 의도로 가급적 하지 않았다. 그런 작업은 혼북에서 할 예정이다.

　　다음에 본서에서는 각 절의 말미에 5개(혹은 3~10개)의 짤막한 퀴즈와 그 풀이를 제시하여 수강자가 교재의 내용을 정확히 이해하였는지를 확인할 수 있게 하였다. 각종 공무원시험이나 변호사시험의 사례형 문제는 '종합사례형' 문제이지만 본서의 각 절의 말미에 제시된 퀴즈가 지향하는 문제는 각 절의 내용에 집중된 '단순쟁점형' 퀴즈이다. 처음부터 종합사례형 문제를 지향하는 전략은 초학자에게 적절한 전략이 아니라고 보기 때문이다. 각 절의 내용에 집중된 단순쟁점형 퀴즈풀이를 충실히 마친 다음 마지막 단계에서 종합사례형 문제풀이로 나아가는 것이 정도(正道)일 것이다. 본서의 '단순쟁점형' 퀴즈의 목표는 종합사례형 문제풀이로 나아가는 가교(架橋)를 마련해 주는 데 있다.

본서에서 지향하는 '단순쟁점형' 퀴즈의 총량은 대략 26절×5개=130개로 잡았으나 최종적으로 150개로 늘어났다. 퀴즈의 분량이 적절한 지, 너무 많은지, 더 많아야 하는지 여부에 대한 논평을 독자들께 부탁드린다. 퀴즈는 가급적 리딩케이스를 축약·변형한 문제를 지향하였다. 리딩케이스를 토대로 만든 퀴즈일 경우 리딩케이스의 사건번호를 힌트로 제시하였다. 초학자가 판례지식 없이 퀴즈풀이를 하기는 어렵기 때문이다. 본서의 퀴즈풀이를 충실히 따라가다 보면 저절로 현재까지의 형사소송법 관련 리딩케이스를 일별할 수 있게 된다.

다음에 본서에서는 2018년 2월까지 선고된 중요판례를 망라하여 해설하고 이론이나 학설의 소개는 최소한으로 줄이려는 방침을 관철시키려고 노력하였다.

2017년 8월에 4인이 분담집필의 분야를 정하고 매월 집필자회의를 열어 논조를 통일하려고 노력하였다. 각자 개성이 강한 분들이라 완벽한 통일성을 달성하기는 어려웠지만 적어도 각자의 강점과 장점을 공유할 수 있었다. 개정판에서는 좀더 완성도 높은 통일성을 보여 드릴 것을 약속드린다.

1장, 2장, 6장, 7장은 이승호 교수(건국대 법전원), 3장, 4장, 5장은 이인영 교수(홍익대 법대), 8장, 9장, 10장은 심희기 교수(연세대 법전원), 11장, 12장, 13장은 김정환 교수(연세대 법전원)가 분담집필하였다.

2018년 3월 대표저자 심희기

차   례

제 1 장   형사소송법과 법원

제 2 장   당사자와 소송행위

제 3 장 수   사

제 4 장 강제수사와 강제처분

제 7 장 공판절차

제 8 장 증거와 증명

제 9 장   자백과 위법수집증거

제10장 전문법칙과 그 예외

제11장 재 판

제12장   상   소

제13장   비상구제절차와 특별절차

형사소송법 외에 인용된 법률명목록과 그 약칭(2020. 3. 2 현재)

검찰청법
경범죄처벌법
경찰관직무집행법 (약칭: 경직법)
공직선거법
국민의 형사재판 참여에 관한 법률 (약칭: 국민참여재판법 혹은 참여법)
군사법원법
도로교통법
마약류 관리에 관한 법률 (약칭: 마약류관리법)
마약류 불법거래 방지에 관한 특례법 (약칭: 마약거래방지법)
민사소송법
법원조직법
보호관찰 등에 관한 법률 (약칭: 보호관찰법)
성폭력방지 및 피해자보호 등에 관한 법률 (약칭: 성폭력방지법)
성폭력범죄의 처벌 등에 관한 특례법 (약칭: 성폭력처벌법 혹은 성폭력특례법)
성폭력범죄자의 성충동 약물치료에 관한 법률 (약칭: 성충동약물치료법)
소년법
소송촉진 등에 관한 특례법 (약칭: 소송촉진법 혹은 소촉법)
아동·청소년의 성보호에 관한 법률 (약칭: 청소년성보호법 혹은 아청법)
약식절차 등에서의 전자문서 이용 등에 관한 법률 (약칭: 약식전자문서법)
즉결심판에 관한 절차법 (약칭: 즉결심판법)
치료감호 등에 관한 법률
통신비밀보호법 (약칭: 통비법)
특정강력범죄의 처벌에 관한 특례법 (약칭: 특정강력범죄법 혹은 특강법)
특정경제범죄 가중처벌 등에 관한 법률 (약칭: 특정경제범죄법 혹은 특경가법)
특정범죄 가중처벌 등에 관한 법률 (약칭: 특정범죄가중법 혹은 특가법)
특정 범죄자에 대한 보호관찰 및 전자장치 부착 등에 관한 법률 (약칭: 전자장치부착법)
폭력행위 등 처벌에 관한 법률 (약칭: 폭력행위처벌법 혹은 폭처법)
헌법
헌법재판소법
형법
형사보상 및 명예회복에 관한 법률 (약칭: 형사보상법)
형사소송비용 등에 관한 법률 (약칭: 형사소송비용법)
형의 실효 등에 관한 법률 (약칭: 형실효법)
형의 집행 및 수용자의 처우에 관한 법률 (약칭: 형집행법)
형사소송법 (약칭 형소법 혹은 법률명이 없이 조문표시만 있을 때는 형사소송법을 지칭한다)
형사소송규칙 (약칭 규칙)

제1장 형사소송법과 법원

제1절 형사소송법

Ⅰ. 형사소송법의 의의와 법원(法源) 및 적용범위

1. 형사소송법의 의의

(1) 형사소송법의 개념

형사소송법이란 형사절차에 관한 법규범의 총체를 말한다. 범죄가 발생하였을 때 수사하고, 공소를 제기하며, 재판하고, 형을 집행하는 일련의 절차를 형사절차라고 하는데, 이를 규율하는 법규범이 형사소송법이다.

〈용어의 문제〉

형사소송법에서 소송이라는 용어는 엄격한 의미로 사용하면 공소제기 이후에 전개되는 공판절차만을 의미한다. 따라서 수사과정에서부터 시작되는 형사절차의 모든 단계를 규율하는 법규범을 지칭함에는 형사소송법이라는 용어보다 형사절차법이라는 용어가 더 적절할 수 있다. 하지만 우리나라에서 굳이 소송이라는 용어를 쓰는 것은 형사절차의 중심이 소송, 즉 공판절차에 있음을 강조하는 의미로 이해된다.

(2) 형사소송법의 법체계적 위치

형사소송법은 법체계적으로 분류할 때 ① 공법(公法)이고, ② 사법법(司法法)이다. 즉, 국가공권력의 행사에 관한 법이면서, 재판에 관한 법이다. 아울러 사법법을 형사법과 민사법으로 구분하면, 형사소송법은 ③ 형사법(刑事法)이고, 그 중에서도 ④ 절차법(節次法)에 속한다.

〈형법과 형사소송법〉

형법은 어떤 행위가 범죄이고 그에 대해 어떤 형벌을 부과할 것인지를 규율하는 실체법인데 반하여, 형사소송법은 그러한 형법을 구체적인 사안에 적용·실현시키기 위한 절차법이다. 양자는 형사법의 두 축을 이루면서 상호 의존적인 관계를 형성하게 된다.

2. 형사소송법의 법원(法源)

(1) 형사절차법정주의

1) 의의

형사절차법정주의(刑事節次法定主義)는 형사절차가 법에 의해 미리 정해져 있어야 한다는 원칙이다. 형사절차전단주의(刑事節次專斷主義)에 대립된다. 형사절차가 법정(法定)되어야 하는 이유는 ① 형사사법기관의 자의적인 인권침해를 막고 ② 수범자(受範者)에게 형사절차의 실행에 대한 예견가능성을 제공하기 위해서이다.

〈민사절차와의 비교〉

민사절차는 개인 간의 민사 분쟁을 해결하는 절차로서 공권력에 의한 인권침해의 우려가 상대적으로 적다. 따라서 엄격한 법에 의한 규제보다 사적 자치의 원칙을 따를 여지가 훨씬 많아진다. 그에 반해 형사절차는 전통적으로 공공적 성격이 강조되었을 뿐 아니라 자의적인 공권력행사로 인한 폐해의 역사적 체험을 바탕으로 구축되었기 때문에 당사자 자치가 원칙적으로 배격되고 법에 의한 절차 규율이 강하게 요구된다.

2) 근거

형사절차법정주의는 헌법에 근거를 두고 있는 원칙이다. 헌법 12조 1항의 2문이 대표적인 근거조항이다. 덧붙여서 헌법 27조 1항의 '법률에 의한 재판'과 37조 2항의 '법률유보'에 관한 규정도 형사절차법정주의의 또 다른 헌법적 근거로 제시될 수 있다.

(2) 법원(法源)의 종류

1) 헌법

헌법에는 피고인과 피의자의 기본권을 보장하는 규정이 다수 존재하는바, 이것들이 형사소송의 최고 법규범을 구성함은 물론이다. 구체적으로 헌법 12조, 13조, 16조, 27조, 28조 등이 그러한 규정들이다.

2) 법률

'형사소송법'이 형사절차 규율의 가장 기본적인 법원임은 두말할 나위가 없다. 그리고 다른 법률들 중에도 내용이 형사절차에 관한 것이면 명칭이 어떻게 붙어있든 실질적 의미에서는 형사소송법이라고 할 수 있다. 조직에 관한 법률로는 법원조직법, 검찰청법, 변호사법, 각급법원의 설치와 관할구역에 관한 법률, 경찰관직무집행법, 사법경찰관리의 직무를 행할 자와 그 직무범위에 관한 법률 등이 있고, 특별절차에 관한 법률로는 국민의 형사재판참여에 관한 법률, 소년법, 즉결심판에 관한 절차법, 군사법원법, 조세범처벌법 등이 있다. 또한 형사소송비용 등에 관한 법률, 형사보상 및 명예회복에 관한 법률, 형의 집행 및 수용자의 처우에 관한 법률, 사면법, 형의 실효 등에 관한 법률, 소송촉진 등에 관한 특례법 등도 형사절차의 규율을 기본내용으로 한다.

3) 대법원규칙

형사절차법정주의에서의 '법'은 법률 이상의 법규범을 말한다. 따라서 하위의 법규범인 규칙이나 명령으로는 원칙적으로 형사절차를 규율할 수 없다. 하지만 헌법 108조는 대법원으로 하여금 법률에 저촉되지 아니하는 범위 내에서 소송에 관한 절차 및 법원의 내부규율과 사무처리에 관한 규칙을 제정할 수 있게 하고 있다. 따라서 그렇게 제정된 대법원규칙은 형사절차 법체계의 내용이 되는데, 가장 중요한 대법원규칙은 형사소송규칙이다. 덧붙여서, 공판정에서의 좌석에 관한 규칙, 법정에서의 방청 및 촬영 등에 관한 규칙, 법정 등의 질서유지를 위한 재판에 관한 규칙, 소송촉진 등에 관한 특례법 시행규칙, 소년심판규칙, 형사소송비용 등에 관한 규칙 등도 형사절차의 규율에 관계된다.

반면 대법원규칙과 구별되는 것으로 대법원예규가 있는데, 이것은 사법부 내부의 업무처리 지침에 불과할 뿐 형사절차를 직접적으로 규율하는 효과를 지니지 못하므로 형사소송법의 법원으로 취급되지는 못한다. 마찬가지 차원에서 수사기관의 업무처리 지침인 사법경찰관리집무규칙, 검찰사건사무규칙, 검찰압수물사무규칙, 검찰집행사무규칙, 검찰징수사무규칙, 검찰보존사무규칙, 검찰보고사무규칙, 참고인 등 비용지급규칙 등도 형사소송법의 법원이 아니므로 주의를 요한다. 헌법재판소도 검찰사건사무규칙은 법규적 효력을 가지지 못한다고 판시하였다(헌재 1991. 7. 8. 선고 91헌마42 결정).

〈대법원규칙의 규율범위〉

> 헌법 108조는 대법원규칙이 법률에 저촉되지 않는 범위 내에서 소송에 관한 절차 등을 규율할 수 있다고 규정한다. 여기서 대법원규칙의 구체적인 규율범위, 즉 '법률에 저촉되지 않는 범위 내'가 어디까지를 말하는 것인지 문제되는데, ⓐ 적극적으로 법률에 위반되지 않고 소송의 기본구조에 반하지 않는 이상 형사절차 관련사항이 폭넓게 규율대상으로 된다는 견해와 ⓑ 소송절차에 관한 순수한 기술적 사항만이 규율대상이라는 견해가 대립된다. 형사절차법정주의의 기본정신을 실현시키기 위해서는 소송관계인의 이해관계에 영향을 미치는 사항은 법률로 규율하는 것이 바람직하다.

3. 형사소송법의 적용범위

(1) 시간적 적용범위

다른 법률들과 마찬가지로 형사소송법도 시행 시부터 폐지 시까지 적용된다. 형사소송법이 변경된 경우가 문제되는데, 형사소송법에는 소급효금지원칙이 적용되지 않는다는 점에 주의를 요한다. 즉, 신법 전에 행해진 사건에 대해서도 재판시법인 신법이 적용되는 것이다. 그러면서 원활한 절차진행을 위해서 구법에 의해 이미 행해진 소송행위의 효력은 지속되는 것으로 규정하는 것이 통상적인데, 이러한 입법태도를 혼합주의라고 부르기도 한다.

(2) 장소적 적용범위

형사소송법은 형법의 장소적 적용범위에 해당되는 모든 형사사건에 대하여 적용된다. 따라서 대한민국 영역 내에서 발생된 형사사건(형법 2조)뿐 아니라, 대한민국 영역 외에서 발생된 형사사건일지라도 대한민국의 선박 또는 항공기 내에서 발생된 사건(형법 4조)이나 대한민국 국민이 피의자·피고인으로 되는 사건(형법 3조) 혹은 외국인이 대한민국 내지 대한민국 국민에 대해 범한 사건(형법 5조와 6조) 등이 대한민국의 형사사법기관에 의해 처리되는 경우에는 우리나라 형사소송법이 적용된다.

(3) 인적 적용범위

대통령은 내란과 외환의 죄를 제외하고는 재직 중 형사소추를 받지 아니한다(헌법 84조). 국회의원도 국회에서 직무상 행한 발언과 표결에 관하여 국회 외에서 책임을 지지 아니하며(헌법 45조), 현행범인의 경우를 제외하고는 회기 중 국회의 동의 없이 체포·구금되지 아니한다(헌법 44조). 또한 국제법상의 예외로서 외국 사절에 대해서도 우리나라 형사소송법은 적용되지 않는다(외교관계에 관한 비엔나협약과 영사관계에 관한 비엔나협약).

〈면책특권의 법적 효력〉

> 국회의원이 면책특권규정을 위반하여 공소가 제기된 경우 법원이 어떻게 처리해야 하는지 문제되는데, 판례는 형사소송법 327조 2호의 '공소제기의 절차가 법률의 규정에 위반하여 무효인 때'에 해당되어 판결로써 공소를 기각해야 한다고 판시한 바 있다(대법원 1992. 9. 22. 선고 91도3317 판결).

II. 형사소송법의 역사

1. 유럽대륙의 형사절차

(1) 근대이전의 형사절차

근대 이전, 특히 절대왕정 시기의 유럽대륙은 규문적(糾問的) 형사절차가 지배하고 있었다. 즉, 소추와 재판의 기능이 동일한 기관에 의해 수행되었으며, 그 결과 형사공권력의 집중화가 초래되었던 것이다. 아울러 소송과정이 외부에 공개되지 않는 비밀주의가 채택되었으며, 당사자의 구술에 의하지 않고도 관련서류에 의해서만 사건이 심리되는 서면주의가 지배하였다. 그런가 하면 특정 증거방법만 증거로서의 효력을 인정하는 법정증거주의가 증거조사 절차의 원칙으로 자리 잡으면서 자백을 증거의 왕으로 취급했으므로, 자백을 끌어내기 위해 고문이 성행하기도 하였다.

규문적 형사절차는 이탈리아 볼로냐 대학의 학자들을 중심으로 한 주석학파에 의해 발전되었으며, 밤베르겐시스 형사법전(1507년), 카롤리나 형사법전(1532년),

프랑소와 1세의 조례(1539년), 루이 14세의 형사소송법(1670년) 등으로 계승되었다.

(2) 프랑스 혁명과 근대 이후의 형사절차

규문적 형사절차는 인권상황의 심각한 악화를 야기하였고, 그 결과 프랑스 혁명 후에 유럽대륙은 형사소송의 시스템을 개혁하였다. 첫 번째 작업은 소추기관과 재판기관을 분리하는 탄핵주의의 수립이었고, 그와 더불어 재판절차를 일반에게 공개하는 공개주의, 당사자의 구술내용을 중시하는 구두주의, 증거의 증명력 판단을 법관의 재량적 판단에 맡기는 자유심증주의 등이 채택되었다. 하지만 형사절차의 공공적 성격은 여전히 강조되어 재판과정에서 법원에 우위적 지위를 인정하는 직권주의가 또 하나의 원칙으로 정착하였는바, 이는 곧 영미의 형사절차와 대비되는 유럽대륙 형사절차의 독특한 특징이 되었다.

탄핵주의-직권주의 형사절차는 프랑스혁명 직후에 제정된 프랑스 형사소송법(1791년)에서 처음으로 마련되었고, 이후 나폴레옹 형사소송법(1808년), 독일 형사소송법(1879년) 등으로 계승되었다.

2. 영미의 형사절차

(1) 근대 이전의 형사절차

영국에서도 근대 이전에는 유럽대륙과 마찬가지로 규문주의가 형사절차의 근간을 이루었다. 특히 11세기 중엽 노르만 정복 이후에 영국에서는 종래의 신판(神判)에 의한 재판을 포기하면서 규문절차를 도입하였는데, 증거조사 절차에서 선서한 주민이 범인을 지명하는 제도가 채택되면서 소위 기소배심제도의 원형이 발전되기도 하였다. 이러한 규문절차는 17세기의 스튜어트 왕조 시기에 한층 심화되었으며, 당시의 성실청법원(星室廳法院, star chamber)은 가혹한 재판을 행하였던 것으로 유명하다.

(2) 명예혁명과 영국의 형사절차

1688년의 명예혁명은 규문적 형사절차를 탈피하여 근대적이고 민주적인 형사절차를 수립하는 계기가 되었다. 소추기관과 재판기관을 분리시키는 탄핵주의가 채택되었을 뿐 아니라, 한 걸음 더 나아가 재판절차에서 당사자에게 우위적 지위를 인정하는 소위 당사자주의가 재판 시스템의 기본 원칙으로 확립되었다. 그러면서 배심제도가 발달하여 기소여부를 판단하는 기소배심(grand jury) 이외에

재판절차에서 사실판단을 담당하는 심리배심(petit jury) 제도까지 확고하게 정착·
시행되었다.

(3) 미국의 형사절차

미국의 형사절차는 영국의 형사절차를 계수하였다. 따라서 탄핵주의-당사자
주의-배심주의의 틀이 미국 형사절차의 근간을 구성한다. 하지만 최근에는 이 틀
의 한 축인 배심제도에 대해 비판적 지적이 제기되고 있는 실정이다.

3. 우리 형사소송법의 역사

(1) 구미 형사소송법의 이식과 형사소송법의 제정

우리나라의 형사절차는 전통적으로 중국의 영향을 많이 받았으며, 특히 조
선시대에는 형조, 의금부, 지방행정관 등이 소추와 재판을 모두 담당하는 규문적
형사절차가 시행되었다. 그러다가 1895년 갑오경장에서 구미의 근대화된 형사절
차를 계수하려 하였으나, 1910년 일제에 의해 국권을 빼앗기고 1912년에 조선형
사령이 시행됨에 따라 타의로 구미, 특히 독일의 형사절차가 이식되었다. 나아가
1945년에는 일제가 물러났지만 곧 미군정이 실시되었고, 그 결과 1948년 군정법
령 176호에 의해 미국의 형사절차가 또 다시 이식되기에 이른다. 이러한 바탕 위
에 1954년 9월 23일에 우리의 형사소송법이 제정되었는데, 독일과 미국 형사절
차의 장점을 수용하고 더불어 우리의 역사적 체험에 입각한 특수 제도들을 첨가
하여 만들어진 것으로 평가된다.

(2) 형사소송법의 개정

우리나라 형사소송법의 개정 역사에서 특히 중요한 것은 2007년의 개정이다.
당시 총 196개의 조문이 수정 내지 신설되는 등 대규모의 변화가 이루어졌다. 또
한 2020년 2월에는 수사권 조정을 위한 개정이 행해져서 곧 시행을 앞두고 있다.

III. 형사소송법의 지도이념

1. 개관

형사소송은 형법을 구체적으로 실현시키기 위한 절차이다. 형사절차에서는
무엇보다 사건의 진상을 정확히 밝히는 것이 중요하므로, 이를 위한 효율적 절차

를 구축하는 것은 형사소송법의 당연한 지도이념이 된다. '실체적 진실주의'란 바로 이러한 '진상규명'의 지향을 의미한다. 하지만 실체진실의 발견은 자칫 피고인의 인권을 희생시킬 우려가 있다는 것이 역사의 체험이다. 사건의 진상은 피고인이 가장 잘 알고 있으므로 진상규명에만 매달리면 가혹한 방법으로라도 피고인의 자백을 끌어내려는 유혹에 빠질 수 있기 때문이다. 이 때 그러한 유혹에 화답하면 형사절차는 잔인하고 비정해진다. 그러한 비인간적인 형사절차를 문명사회에서 용인할 수는 없는 일이다. 따라서 형사절차에서는 진상규명만큼이나 공정성도 강조되어야 하는바, '적정절차의 원칙'이란 바로 이러한 '공정한 게임'의 지향을 의미한다. 마지막으로 소위 '신속한 재판의 원칙'도 형사절차의 이념으로 거론되는데, 이는 원래 적정절차 원칙의 한 내용을 이루는 것이었으나 특히 강조되면서 독자적인 논의영역을 형성하게 되었다.

2. 실체적 진실주의

(1) 의의

1) 개념

형사절차의 실제적인 목표는 사안의 진상을 규명하여 객관적 진실을 밝히는 것이다. 이러한 실제 면에서의 진상규명의 지향을 실체적 진실주의라고 한다.

2) 형식적 진실주의와 실체적 진실주의

형식적 진실주의는 진실발견의 과정에서 분쟁 당사자의 합의를 인정한다. 민사절차에서는 형식적 진실주의가 인정되며, 그 결과 ① 소송물이 당사자의 청구범위에 제한되고, ② 법원은 당사자의 주장과 입증을 기초로 사실을 판단하며, ③ 당사자 사이에 다툼이 없는 사실은 법원을 구속한다. 하지만 형사절차는 객관적 진실 그 자체의 발견을 목표로 하기 때문에, 형식적 진실주의에 만족하지 않고 실체적 진실의 규명으로까지 나아간다. 그리하여, ① 소송물 변경을 위한 법원의 요구가 가능하고, ② 법원은 직권으로 증거조사를 할 수 있으며, ③ 청구의 인낙(認諾)이나 화해와 같은 당사자의 처분권이 인정되지 않는 것이다.

3) 실체적 진실주의와 소송구조

종래 소송이념과 소송구조를 결합시켜 이해하는 관점에서는 유럽대륙의 직권주의가 실체적 진실주의를 우선하는 소송구조이고, 영미의 당사자주의가 적정절차의 원칙에 충실한 소송구조라고 설명되었다. 하지만 오늘날에는 양 소송구조 모두 실체적 진실주의와 적정절차의 원칙을 공히 중요한 이념으로 취급하므로, 소송이념과 소송구조의 연결은 논리적 필연관계가 없다는 것이 일반적인 설명이다.

〈당사자주의와 실체적 진실의 발견〉

> 오늘날에는 당사자주의도 실체적 진실의 발견을 위해 효과적인 구조라고 설명된다. 특히 당사자 투쟁주의는 변증법적 진실의 발견을 위해 중요한 역할을 한다.

(2) 내용

사안의 진상을 규명하여 객관적 진실을 밝힌다는 것은 다음의 두 가지를 의미한다.

1) 적극적 실체진실주의

죄 있는 자를 빠짐없이 밝혀서 벌하고자 하는 것을 말한다.

2) 소극적 실체진실주의

죄 없는 자의 무죄를 밝히는 것이다. "열 사람의 범인을 놓치는 한이 있어도 한 사람의 죄 없는 자를 벌하여서는 안 된다"라는 법언이나 "의심스러울 때는 피고인의 이익으로(in dubio pro reo)"라는 법원칙은 실체진실주의의 소극적인 면을 표현한 것이다.

〈종래의 논의〉

> 종래 실체적 진실주의가 지니는 위 두 가지 면 중 어느 것이 더 중요한가에 대해 논의가 있었다. 그러면서 유럽대륙의 직권주의 소송구조 하에서는 전자가 강조되고, 영미의 당사자주의 소송구조 하에서는 후자가 강조된다는 설명도 있었다. 그러나 위 두 가지 면은 모두 실체적 진실주의의 내용이므로, 한 쪽의 중시 혹은 다른 쪽의 경시는 올바른 태도가 아니라는 것이 오늘날의 인식이다. 각 측면은 서로 상대를 이면으로 하고 있다.

(3) 구체적 구현

형사소송법에서 실체적 진실주의는 다음과 같은 제도 및 조문에 구체적으로 표현되어 있다.

1) 법원의 피고인신문과 증인신문 제도(161조의2, 296조의2)

형사소송법은 피고인 및 증인을 신문함에 있어서 당사자 간의 상호신문제도를 원칙으로 하면서도 부족한 부분에 대한 법원의 신문을 인정하고 있다. 이는 상호신문에서 밝혀지지 않는 부분을 법원의 적극적 신문을 통해 밝히려는 취지인바, 실체적 진실주의의 제도적 표현으로 볼 수 있다.

2) 법원의 직권증거조사 제도(295조)

형사소송법은 당사자의 신청에 의한 증거조사를 원칙으로 하면서도 부족한 부분에 대하여 법원의 직권증거조사를 인정하고 있는데, 이것 역시 실체적 진실을 밝히려는 취지에서 비롯된 제도라고 이해할 수 있다.

3) 전문법칙(310조의2)

전문법칙이란 "전문증거는 증거능력이 없다"는 원칙으로 형사소송법이 채택하는 증거법의 대원칙이다. 이렇게 전문증거를 증거의 세계에서 배제시키는 중요한 이유 중의 하나는 전문증거의 경우 실체적 진실을 충실히 밝히지 못할 위험이 있기 때문이다.

4) 상소(3편)와 재심(4편 1장)의 제도

상소는 미확정의 재판에 대하여 상급법원에 불복을 구하는 제도이며, 재심은 유죄의 확정판결에 대한 불복 신청방법이다. 양 제도 모두 실체적 진실을 충실히 추구하기 위한 제도이다.

(4) 실체적 진실주의의 제약
1) 사실상의 제약

형사절차는 대상 사건이 발생된 후 상당한 기간이 지난 시점에 사건을 직접 경험하지 않은 사법기관이 사건의 진상을 규명하는 작업이다. 따라서 모든 실체적 진실을 낱낱이 밝혀내기는 힘들다는 사실상의 제약을 지닌다.

2) 초소송법적(超訴訟法的) 이익에 의한 제약

군사상·공무상·업무상 비밀에 속하는 장소 또는 물건에 대한 압수와 수색은 제약되고(110조~112조), 공무상 또는 업무상 비밀에 속하는 사항과 근친자에게 형사상 불이익한 사항에 대하여는 증언을 거부할 수 있도록(147조~149조) 형사소송법은 규정하고 있다. 이러한 제약을 두는 것은 형사절차상 진실을 밝혀내는 이익에 앞서 공공적 내지 가족윤리의 이익이 더 중시되어야 하기 때문이다.

3. 적정절차의 원칙

(1) 의의

1) 개념

적정절차의 원칙(due process of law)이란 형사절차가 '공정한 법정절차'에 의거해야 한다는 이념을 말한다. 영미법에서 개발된 이후 오늘날 세계 각국 형사소송법의 확고한 지도이념으로 정착된 원칙이다. 형사절차를 하나의 게임으로 생각하여 소위 페어플레이를 강조하는데, 이를 판단할 공정성, 즉 적정성의 기준으로는 궁극적으로 '헌법정신'이 제시된다. 따라서 형사소송법에 있어서 적정절차의 원칙이란 결국 형사절차가 헌법정신에 입각하여 공정하게 이루어져야 함을 의미한다.

〈헌법적 형사소송법〉

형사소송법이 대상자의 인권을 보장함에 있어서 헌법상 기본권에 내포된 정신을 충실히 반영해야 한다는 점을 강조하기 위해 최근에는 '헌법적 형사소송법'이라는 용어를 사용하기도 한다. 하지만 이에 대해 헌법은 형사소송법뿐 아니라 모든 법의 상위법이므로 굳이 형사소송법에서만 헌법과의 관계가 강조될 필요는 없다는 견해도 제시된다.

2) 이유

형사절차를 공정하게 진행해야 하는 이유로는 ① 인간존엄성의 존중 차원에서 피고인의 존엄성도 존중되어야 하고, ② 공정한 소송절차가 실행되지 않으면 법질서에 대한 신뢰가 손상되며, ③ 국가형벌권 실행의 남용을 견제해야 할 필요성 등이 제시된다.

3) 헌법적 근거

실체적 진실주의는 형사절차의 본질에 내포된 지표이므로 그것의 이념화를 주장함에 있어서 별도의 헌법적 근거규정이 필요하지 않다. 하지만 적정절차원칙은 역사적으로 고안된 형사절차 규제의 원리이므로 법의 명시적 규정이 요구된다. 미국의 경우를 예로 들면, 연방헌법 수정 5조가 적정절차원칙에 관한 명문규정으로 제시된다. 여기서 우리의 경우에도 적정절차원칙을 선언한 근본규정을 찾아낼 필요가 있는데, 통상 헌법 12조 1항의 "누구든지 … 법률과 적법한 절차에 의하지 아니하고는 처벌, 보안처분 또는 강제노역을 받지 아니한다."라는 규정이 적정절차 원칙의 헌법적 근거로 제시된다.

〈적정절차와 적법절차〉

헌법 12조 1항은 '적정절차'라는 용어 대신에 '적법절차'라는 표현을 쓰고 있어서, 과연 이를 적정절차 원칙의 근거 규정으로 인정할 수 있을지 논란이 제기될 수 있다. ⓐ 반대하는 측은 여기서의 '적법절차'를 단순히 형식적인 법적 절차에 입각하라는 의미만으로 국한하여 해석하는 반면, ⓑ 긍정하는 측은 동 규정의 '적법절차'를 '공정한 법적 절차'의 줄임말로 해석하여 결국 '적정절차'의 한 표현으로 이해한다. 이 교재는 후자의 입장을 따른다.

(2) 내용
형사절차에서 적정절차의 원칙은 다음의 내용을 의미한다.

1) 공정한 재판의 원칙
형사절차의 핵심은 재판이다. 따라서 재판의 공정성은 적정한 형사절차를 구축하기 위한 관건이다. 공정한 재판을 확립하기 위해서는 다음의 두 가지가 요구된다.

① 공평한 법원이 구성되어야 한다. 이를 위해서는 법원이 외부로부터 독립성을 보장받아야 하며, 법원 내부의 구성에서는 개인적인 사유로 편파적 재판을 할 위험이 있는 법관이 배제되어야 한다.

② 양 당사자의 무기평등이 실현되어야 한다. 현실적으로 검사는 피고인보다 법률지식의 면에서뿐 아니라 심리적인 면에서도 상당한 우위를 점하고 있으므로, 이러한 불균형을 보완해주지 않는 한 당사자 중심의 형사소송은 불공정한 결과를 초래할 수밖에 없다. 따라서 무기평등이 실현되기 위해서는 피고인의 지위와 권한이 강화되어야 한다. 피고인의 방어권 보장과 변호인 제도의 확립은 그러한 취지의 표현이다.

2) 과잉금지의 원칙(비례의 원칙)

적정절차의 원칙은 '허용된 권한일지라도 과도하게 행사되는 것을 금지'하는 바, 이를 과잉금지의 원칙이라고 한다. 예를 들어, 수사기관은 일정한 절차에 입각하여 피의자를 구속할 수 있는 권한을 갖고 있지만 그러한 요건의 구비 여부에 대한 판단은 헌법정신에 입각하여 공정하게 행해져야 하는 것이다.

〈과잉금지 원칙에 위배되는 경우〉

> 단순히 피해범죄의 경중에 따라 구속여부를 결정한다든지, 수사의 편의를 위해 피의자를 구속하는 것은 권한의 과도한 행사로서 금지되어야 한다는 것이 일반적인 견해이다.

3) 신속한 재판의 원칙

위의 두 요건이 모두 갖추어지더라도 재판이 불필요하게 지연된다면 피고인에게 큰 불이익이 끼쳐지고, 결국 적정절차 이념의 실현이 힘들어진다. 따라서 신속한 재판의 원칙은 적정절차 원칙의 세부내용이 되는데, 통상 이에 대해서는 따로 항을 설정하여 설명한다.

(3) 제도적 표현

적정절차 원칙이 구체화된 헌법과 형사소송법의 대표적인 규정들은 다음과 같다.

1) 법관의 제척과 기피 및 회피(17조 내지 24조)

편파성의 우려가 있는 법관을 법원 구성에서 배제함으로써 재판의 공정성을 확보하기 위한 제도이다.

2) 변호인의 조력을 받을 권리(헌법 12조 4항)

누구든지 체포 또는 구속을 당한 때에는 즉시 변호인의 조력을 받을 권리를 가지며, 형사피고인이 스스로 변호인을 구할 수 없을 때에는 국선변호인을 선정해 주어야 한다. 이러한 변호인 제도의 확립은 당사자의 무기평등을 실현하고, 이를 통해 재판의 공정성을 확보하기 위한 제도로 설명된다.

3) **진술거부권**(헌법 12조 2항)**과 진술거부권 고지의무**(244조의3과 283조의2)

진술거부권은 피고인과 피의자에게 보장된 중요한 방어권으로 무기평등의 원칙을 구현하기 위한 노력이다. 또한 이를 보다 명확하게 보장해 주기 위하여 법원과 수사기관에게 진술거부권 고지의 의무를 부과하고 있다.

4. 신속한 재판의 원칙

(1) 의의

1) 개념

신속한 재판의 원칙이란 시간적으로 적절한 기간 내에 재판이 끝나야 한다는 원칙을 말한다. 앞에서 언급했듯이 적정절차 원칙의 한 내용을 이루는바, 특히 강조하기 위해 별도의 항을 설정하여 설명한다.

〈법 격언〉

> "사법은 신선할수록 향기가 높다"라는 베이컨(Francis Bacon)의 말이나 "재판의 지연은 재판의 거부와 같다"라는 법언(法諺)은 재판의 신속성이 얼마나 중요한 것인지 웅변해준다.

2) 이유

재판의 신속성이 강조되는 가장 중요한 이유는 피고인의 이익을 보호하기 위해서이다. 즉, 재판 전 혹은 재판기간 동안에 피고인의 부당한 장기구금을 방지하고, 재판결과에 대한 불안심리를 최소화해주며, 재판의 지연으로 인해 발생할 수 있는 피고인의 방어력 약화를 방지하고, 재판이 진행되는 기간 동안 계속될 일반인의 비난을 빨리 종식시키기 위해 신속한 재판이 요구된다.

〈신속한 재판의 부수적 효과〉

> 재판의 신속화는 실체적 진실의 발견이나 소송촉진, 소송비용 절감 등의 공익적 이익도 산출하는 것으로 설명된다.

3) 헌법적 근거

헌법은 27조 3항에서 "모든 국민은 신속한 재판을 받을 권리를 가진다."라고 규정하여 신속한 재판의 원칙을 피고인의 헌법적 권리로 인정하고 있다.

(2) 내용 및 제도적 표현

형사절차의 신속성은 절차의 각 단계에 따라 다음과 같이 나누어 구현된다.

1) 수사와 공소제기의 신속성

피고인의 입장에서 수사의 지연은 다른 어떤 형사절차의 지연보다 더 큰 고통이 된다. 따라서 수사는 가능한 한 빨리 진행되어야 하며, 공소제기 여부의 결정 역시 마찬가지이다. 다음의 제도들은 수사 및 공소제기의 신속성을 담보하기 위한 방책들이다.

① 수사기관의 구속기간 제한

검사와 사법경찰관의 구속기간 제한 규정(202조, 203조)은 수사의 신속성을 실현하기 위한 제도이다.

② 공소시효제도

일정기간 동안 공소제기가 없으면 공소권행사를 불가능하게 한 공소시효제도(249조) 역시 신속성 담보의 표현으로 설명된다.

2) 공판절차의 신속성

신속한 공판절차를 확립하기 위해 구체적으로 다음의 제도들이 규정되어 있다.

① 공판준비절차

공소장부본의 송달(266조), 공판기일전의 증거조사와 증거제출(73조, 74조) 등의 공판준비절차는 공판정에서의 절차를 최대한 신속하게 수행하기 위한 제도로 이해된다.

② 궐석재판제도

형사소송법은 구속된 피고인이 정당한 이유 없이 출석을 거부하고 교도관리에 의한 인치가 불가능하거나 현저히 곤란하다고 인정되는 경우에 피고인의 출석 없이도 공판절차를 진행할 수 있도록 규정한다(277조의2). 또한 약식명령에 대하여 정식재판을 청구한 피고인이 공판기일에 2회 불출석한 때에도 궐석재판을 할 수 있도록 규정하고 있다(458조 2항). 이러한 궐석재판제도 역시 신속한 재판을 수행하기 위한 방안이다.

③ 집중심리주의

집중심리주의란 심리를 가능하면 연속적으로 진행하여 빨리 끝내야 한다는 원칙으로, 계속심리주의라고도 한다. 형사소송법은 공판기일의 심리를 집중하여 진행하고 원칙적으로 연속 개정하도록 규정하고 있다(267조의2).

　④ 구속기간 및 판결 선고기간의 제한

　형사소송법은 심급에 따라 구속기간을 제한하고 있으며(92조), 판결의 선고기간도 제1심(21조)과 상소심(22조)에서 모두 제한하고 있는바, 이것 역시 재판의 신속성을 담보하기 위한 제도이다.

　3) 상소심 재판의 신속성

　재판의 신속성은 상소심에서도 계속 요구된다. 상고심의 구조를 사후심으로 설정한 것이나 상소심에서 기간제한의 규정(358조, 374조)을 두는 것은 모두 신속한 재판의 확보를 위해서이다.

IV. 형사소송의 기본구조

1. 규문주의와 탄핵주의

(1) 규문주의

　규문주의(糾問主義)는 소추기관과 재판기관이 동일한 형사절차이다. 즉, 재판기관이 스스로 절차를 개시하여 심리·재판하는 시스템을 규문주의라고 한다. 이렇게 소추한 기관이 재판까지 담당하는 규문주의 하에서는 재판의 결과가 피고인에게 구조적으로 불리해진다. 왜냐하면 사안을 소추할 때 해당기관이 이미 유죄의 심증을 가지고 있을 것이며 이는 곧 재판단계에서 예단으로 작용할 수 있기 때문이다.

　역사적으로도 규문주의는 절대왕정 시대까지의 유럽에서 비밀주의, 서면주의, 법정증거주의 등과 결합하면서 인권유린의 형사절차를 낳았다. 그 결과 프랑스혁명을 계기로 규문주의는 형사소송의 뒷전으로 물러났으며 오늘날에는 역사적 유물로 취급되고 있을 뿐이다.

(2) 탄핵주의

　탄핵주의(彈劾主義)는 소추기관과 재판기관이 분리된 형사절차이다. 탄핵주의 하에서는 재판기관이 스스로 형사절차를 개시하지 못하고 반드시 소추기관의 소추가 있어야 재판할 수 있으며, 재판의 범위도 소추대상으로 제한된다. 이렇게 재판기관의 재판여부와 범위가 소추기관의 소추여부와 범위에 국한된다는 것을

불고불리(不告不理)의 원칙이라고 하는데, 오늘날 서구의 영향을 받은 법문화에서
는 일반적인 법원칙으로 받아들여지고 있다.

〈탄핵주의 하에서의 소추기관〉

> 탄핵주의에서는 소추기관과 재판기관이 분리되므로, 어떤 기관에게 소추권을 부여하느냐의 문제
> 가 제기된다. 비교법적으로 살펴볼 때, 크게 국가기관이 소추권을 갖는 방법과 사인에게 소추권을
> 부여하는 방법의 두 가지로 대별된다. 국가기관에 소추권을 부여할 때에는 검사를 소추기관으로
> 설정하는 검사소추주의를 취하는 것이 보통이고, 사인에게 소추권을 인정하는 경우에는 피해자 내
> 지 피해자의 친족에게 소추권을 부여하는 피해자소추주의와 일정집단의 사람에게 소추권을 부여
> 하는 공중소추주의가 널리 쓰이는 방법이다. 우리나라는 검사소추주의 중에서도 전적으로 검사에
> 게만 소추권이 부여되는 기소독점주의 및 검사의 소추권 행사에 재량권을 인정하는 기소편의주의
> 를 소추의 원칙으로 채택하고 있다.

2. 직권주의와 당사자주의

(1) 직권주의

1) 개념

직권주의와 당사자주의의 구별은 재판단계에서 법원과 양 당사자의 관계를
어떻게 설정하느냐, 즉 소송의 주도권을 법원에게 부여하느냐 양 당사자에게 부
여하느냐에 따른 것이다. 주도적 지위를 법원에게 부여하며 양 당사자 특히 피고
인을 심리의 객체로 취급하는 소송구조를 직권주의라고 한다. 유럽대륙에서 발전
된 소송구조이다.

2) 내용

소송의 주도적 지위를 법원이 갖는다는 것은 소송대상에 대한 심리를 법원
이 주도적으로 행하고, 심리과정에서의 증거조사를 법원이 직권으로 해나간다는
의미이다. 전자를 직권심리, 후자를 직권탐지라고 한다.

3) 관건

직권주의가 바람직한 소송결과를 약속하려면 법원이 신뢰성을 지녀야 한다.
따라서 이를 위한 기초 전제인 사법부의 실질적 독립이 직권주의 소송구조에서
는 특히 중요하게 요청된다.

(2) 당사자주의

1) 개념

당사자주의란 소송의 주도적 지위가 양 당사자에게 부여되어 있으며 법원은 단순한 판단자의 지위에 머무르는 소송구조를 말한다. 즉, 법원은 스포츠게임에서의 심판 정도의 지위만을 갖고 있어서, 진행과정상의 규정위반을 지적하고 마지막에 결과의 승패를 선언하는 역할만을 담당하는 소송구조이다. 영미의 소송체계는 당사자주의를 중심으로 발전하였다.

2) 내용

당사자 중의 1인, 즉 검사가 소송을 개시해야 소송이 시작된다는 것은 당사자주의를 논의하기 이전에 이미 탄핵주의에서 정립된 원칙이다. 따라서 당사자주의라 함은 소송이 개시된 다음의 단계 즉 재판 단계에서의 주도권을 당사자가 가진다는 점에 의미가 있는데, 이를 특히 당사자추행주의(當事者追行主義)라고 부른다. 당사자추행주의의 주된 내용은 심리를 양 당사자가 번갈아가면서 주도적으로 진행하는 상호신문제도와 증거조사를 당사자의 신청에 기하여 수행하는 증거신청제도로 구성된다.

〈민사소송과 형사소송의 차이〉

민사소송에서는 당사자의 합의로 소송절차를 종결할 수 있는 당사자처분주의가 제도적으로 마련되어 있으나, 형사소송은 실체적 진실의 발견이 중요한 이념이므로 당사자처분주의가 인정되지 않는다. 따라서 형사소송에서 말하는 당사자주의는 당사자처분주의를 제외한 형태의 당사자주의를 말한다.

3) 관건

당사자주의는 일견 민주적인 소송구조로 보이기도 하지만, 당사자의 무기평등이 실현되지 않으면 피고인에게 불리한 제도가 될 수 있다. 따라서 당사자주의가 바람직한 소송결과를 약속하기 위해서는 무기평등이 실현되어야 하며, 이 중 가장 중요한 것은 변호인제도의 실질적 확립이라고 할 수 있다.

3. 형사소송법의 기본구조

1) 혼합 구조

우리나라 형사소송법이 탄핵주의에 입각해 있다는 점은 재언을 요하지 않는다. 문제는 재판단계의 구조가 직권주의냐 당사자주의냐 하는 것인데, 양 요소가 적절하게 혼재된 복합구조로 파악된다. 즉, 유럽대륙에 뿌리를 둔 직권주의 제도와 영미에서 발전된 당사자주의의 요소가 우리의 형사소송법에는 모두 도입되어 있으며, 그 결과 법원이나 양 당사자가 소송 진행에 관하여 나름의 주체적 기능을 모두 가지고 있다.

2) 직권주의의 요소

형사소송법에 규정된 직권주의 요소들을 정리하면 다음과 같다.

① 증거조사의 직권적 요소

증거조사는 일차적으로 당사자의 신청에 의해 행하지만, 법원도 직권으로 증거조사를 할 수 있다(295조). 증인신문도 마찬가지이다. 당사자 간의 교호신문에만 맡기지 않고 법원의 직접 증인신문을 인정한다(161조의2 2항과 3항). 이렇게 실체적 진실을 규명함에 있어서 법원의 직권 개입을 허용한 것은 직권주의의 대표적인 제도로 이해된다.

② 피고인 신문

피고인 신문은 그 자체가 직권주의 제도로 설명된다. 내용에서도 상호신문뿐 아니라 법원의 피고인 신문을 인정하고 있다(296조의2).

③ 공소장변경의 요구

공소장변경은 공소제기 후에 공판절차에서 심리대상의 변경을 허용하는 제도이다. 검사가 신청하고 법원이 허가하는 것이 통상적이지만, 필요한 경우에는 법원이 검사에게 공소장변경을 요구할 수도 있게 하고 있다(298조 2항). 이러한 법원의 요구가 직권적 요소인 것은 물론이다.

3) 당사자주의의 요소

형사소송법에는 당사자주의에 바탕을 둔 제도들이 다양하게 규정되어 있다. 그 중에서 대표적인 것들을 정리하면 다음과 같다.

① 당사자 주도의 증거조사

증거조사는 원칙적으로 당사자의 신청에 의해 행해지며(294조), 증거조사 과정에서는 당사자에게 참여권과 이의신청권이 인정된다(145조와 163조 및 176조, 296조). 증인신문의 방법에서도 교호신문이 일차적인 방법으로 채택된다(161조의2). 이러한 증거조사의 구조가 당사자주의를 반영한 것임은 물론이다.

② 모두진술과 최후진술

공판의 핵심인 사실심리는 검사와 피고인의 모두진술로 시작되며(285조와 286조), 그 마무리도 검사와 피고인의 최종변론으로 끝을 맺는다(303조). 이러한 절차 구성 역시 당사자주의의 반영으로 설명된다.

③ 공판정의 좌석 배치

검사의 좌석과 피고인 및 변호인의 좌석을 대등한 열에서 법대의 좌우측에 마주 보고 배치하도록 하고 있는 것(275조 3항)도 당사자주의를 구현한 것으로 설명된다.

1장 1절 퀴즈

1.1.1 형사절차는 수사 → 공소 → 공판(→상소) → 재판집행의 순서로 진행된다. 형사소송법의 편제는 이러한 순서를 따르면서도 제1편에 총칙 규정을 두고 있다. 형사소송법의 편제가 지니는 의미가 무엇인지 설명하시오.

1.1.2 형사소송법은 공무원이 서류를 작성할 때 법률에 다른 규정이 없는 한 기명날인 또는 서명하도록 규정한다(57조 1항). 그런데 검찰사건사무규칙이 보다 엄격하게 공소장에는 검사가 서명날인하도록 규정한다면, 이 규정은 법규적 효력을 지니는가?

1.1.3 다음의 Ⅰ과 Ⅱ는 각기 다른 관점에서 형사절차를 비유적으로 표현하고 있다. 각기 지향하는 형사절차의 이념이 무엇인지 설명하시오.

> Ⅰ. 형사절차는 컨베이어 벨트로 연결된 조립 공정대와 같다. 끝임 없이 투입되는 사건을 쉼 없이 이동시켜서 유죄라는 완성품으로 한 단계씩 나아가게 하는 것이다.
> Ⅱ. 형사절차는 장애물 경기의 코스와 유사하다. 각 단계마다 가능한 한 많은 장애물을 놓아두어서 가능하면 대상자의 다음 단계 진행을 막으려고 한다.

▌ 퀴즈풀이

1.1.1

형사소송법은 총 5편으로 구성된다. 제2편은 수사와 공소 및 공판을 '제1심'이라는 제목으로 포섭한다. 그 후 제3편(상소), 제4편(특별절차), 제5편(재판의 집행)으로 이어진다. 문제는 제1편의 총칙인데, 그 내용은 법원이 심리와 재판을 함에 있어 필수적으로 요구되는 사항들이 주를 이루고 있다. 이러한 편제는 형사소송법의 입법자가 형사절차의 중심을 법원의 활동으로 이해하였음을 알려준다. 즉, ① 수사와 공소를 제1심의 일부분으로 구성하고, ② 제1심과 상소 등에 공통되는 법원의 활동을 총칙 규정에 편제함으로써, 법원 중심의 형사절차를 기획한 것이다. 법의 명칭이 형사절차법이 아니라 형사소송법인 것도 그러한 이해의 반영으로 보인다.

1.1.2

검찰사건사무규칙은 법무부령으로서 검찰청 내부에서 사무를 처리하는 지침일 뿐 형사소송법의 법원이 되지 못한다(헌재 1991. 7. 8. 선고 91헌마42 결정). 따라서 검찰사무규칙이 공소장의 작성방식을 강화하더라도 그것이 법률의 다른 규정으로 취급되어 법규적 효력을 지닐 수는 없다(대법원 2007. 10. 25. 선고 2007도4961 판결).

1.1.3

미국의 법학자인 파커(Herbert Leslie Packer)가 형사사법을 범죄통제 모델(Ⅰ)과 적정절차 모델(Ⅱ)로 구분하면서 제시한 비유이다. 전자가 실체적 진실주의를 지향함에 반하여, 후자는 적정절차 원칙을 지향하는 형사사법으로 설명된다.

제2절 법   원

Ⅰ. 법원(法院)의 의의

1. 국법상 의미의 법원

국법상 의미의 법원은 사법행정에서의 법원을 말한다. 사법행정권의 주체인 관청(官廳)을 의미하는 경우도 있고, 권한과는 상관없이 인력과 시설만을 총칭하는 관서(官署)를 의미하기도 한다. 헌법과 법원조직법에 의하면 국법상 의미의 법원은 다음과 같이 조직된다.

(1) 보통법원

보통법원에는 최고법원인 대법원과 각급법원인 고등법원, 지방법원, 가정법원이 있다. 또한 지방법원과 가정법원은 사무의 일부를 처리하기 위하여 관할구역 내에 지원(支院)과 시·군법원 및 등기소를 둘 수 있다.

(2) 특별법원

특별법원으로는 군법회의가 있는데, 보통군법회의와 고등군법회의로 구분된다. 군법회의의 경우도 상고심은 대법원이다.

2. 소송법상 의미의 법원

소송법상 의미의 법원은 '구체적인 사건을 담당하는 재판기관'을 말한다. 합의제인 경우도 있고 단독제인 경우도 있다. 대법원과 고등법원에서의 재판은 합의제의 법원이 담당함에 반하여, 지방법원의 재판에는 합의제와 단독제가 병용된다.

〈법원과 구별되는 개념〉

> 1) 재판장
> 합의제 법원은 구성원 중 1인을 재판장으로 한다. 재판장은 재판에서는 합의제의 일원이지만, 재판의 진행과 관련해서는 소송지휘권(279조)과 법정경찰권(281조 2항, 법원조직법 58조) 및 공

판기일지정권(267조) 등을 독자적으로 가진다. 또한 급속을 요하는 경우에는 피고인을 소환하고 구속하는 업무를 독자적으로 수행할 수 있다(80조).

2) 수명법관

합의제의 법원이 구성원인 법관에게 특정소송행위를 하도록 명하였을 때, 명을 받은 판사를 수명법관(受命法官)이라고 한다.

3) 수탁판사

법원이 다른 법원의 판사에게 특정소송행위를 촉탁한 경우, 촉탁을 받은 판사를 수탁판사(受託判事)라고 한다.

4) 판사

판사는 독립하여 형사소송법상의 권한을 갖는 경우가 있다. 영장발부(201조), 증거보전(184조), 수사상 증인신문(221조의2)을 수행하는 권한이 대표적이다. 이러한 권한을 행사하는 판사를 '수임판사'라고 부르기도 한다.

II. 법원의 관할

1. 관할의 의의와 종류

(1) 관할의 개념

법원의 관할이란 특정법원이 특정사건을 재판할 수 있는 권한의 범위를 말한다. 재판기관으로서의 법원은 심급과 지역에서 분산되어 있고, 합의제와 단독제로도 구분된다. 이렇게 다수의 법원이 존재하기 때문에 각 법원 별로 재판할 사건이 분담되어야 하는 것이다. 그러한 분담의 범위가 법원의 관할이다.

〈관할권과 재판권〉

재판권이란 한 나라의 법원이 특정사건에 대하여 재판할 수 있는 권한을 말한다. 따라서 관할권은 재판권을 전제로 한다. 공소가 제기된 사건에 대하여 재판권이 없는 경우에는 공소기각의 판결이 선고되지만(327조 1호), 관할권이 없는 경우에는 관할위반의 판결이 선고된다(319조).

(2) 관할의 법적 성격

관할의 존재는 특정법원이 특정사건에 대하여 재판절차를 진행하기 위한 소송조건의 하나이다. 따라서 법원은 직권으로 관할을 조사해야 하고(1조), 관할 없음이 명백한 때에는 관할위반의 판결을 선고해야 하며(319조), 관할을 위반하여 선고한 판결은 항소이유가 된다(361조의5 3호).

하지만 관할위반이라도 행해진 소송행위의 효력에는 영향이 없다(제2조). 또한 법원과 법관은 원칙적으로 관할구역 안에서만 소송행위를 할 수 있지만, 사실발견을 위하여 필요하거나 긴급을 요하는 때에는 관할구역 외에서 직무를 행하거나 사실조사에 필요한 처분을 할 수도 있다(3조).

(3) 관할의 종류

관할은 법률에 의해 정해지는 법정관할(法定管轄)과 재판에 의해 결정되는 재정관할(裁定管轄)로 구분된다. 법정관할에는 고유관할과 관련사건의 관할이 있는데, 전자가 기본이고 후자는 파생의 성격을 지닌다. 따라서 우선적으로 중요한 것은 고유관할이다. 고유관할에는 사물관할과 토지관할 및 심급관할이 포함된다. 재정관할의 종류로는 관할의 지정과 관할의 이전을 들 수 있다.

2. 고유관할

(1) 사물관할

제1심 법원에서 사건의 성질 및 경중에 비추어 단독판사와 법원합의부 간에 행해지는 사건분배를 사물관할이라고 한다. 제1심의 사건은 원칙적으로 단독판사의 관할이며, 다음의 경우에만 합의부가 관할한다(법원조직법 32조 1항).

① 사형, 무기, 단기 1년 이상의 징역이나 금고에 해당하는 사건과 이와 동시에 심판할 공범사건: 여기서의 형은 법정형을 의미하며, 벌금 등이 선택형으로 규정되어 있어도 무방하다. 다만 단기 1년 이상의 징역이나 금고가 법정형에 규정되어 있더라도, 형법의 특수절도(331조)와 상습특수절도(332조)의 사건 및 폭력행위처벌법의 일부사건이나 특정범죄가중법의 일부사건과 같이 발생빈도가 높은 사건은 단독판사의 관할에 해당하므로 주의를 요한다.[1]

② 지방법원판사에 대한 제척·기피사건

---

[1] 단기 1년 이상의 징역이나 금고가 규정되어 있지만 단독판사의 관할인 사건을 구체적으로 열거하면 다음과 같다. ① 형법 331조(특수절도), 332조(특수절도 상습범)와 각 미수죄의 사건, ② 폭력행위처벌법 2조 3항 2호·3호(공동상해 등의 누범)와 그 미수죄의 사건, ③ 특정범죄가중법 5조의3 1항(도주차량)과 5조의4 5항 1호·3호(상습절도와 상습장물의 누범) 및 5조의11(위험운전치사상)의 사건, ④ 병역법 위반사건, ⑤ 보건범죄 단속에 관한 특별조치법 5조(부정의료업자)의 사건, ⑥ 부정수표단속법 5조(수표의 위조·변조)의 사건 ⑦ 도로교통법 148조의2 1항(주취운전의 반복, 음주측정불응)·2항 1호(중한 주취운전)의 사건

③ 법률에 의하여 지방법원 합의부의 권한에 속하는 사건

④ 합의부에서 심판할 것으로 합의부가 스스로 결정한 사건

〈시·군법원의 관할 사건〉

시·군법원은 20만원 이하의 벌금 또는 구류나 과료에 처할 범죄사건을 즉결심판한다(법원조직법 34조 1항 3호와 34조 3항). 사물관할은 기본적으로 법정형을 기준으로 하지만, 시·군법원의 관할은 선고형을 기준으로 결정한다는 특징이 있다.

(2) 토지관할

토지관할이란 동등법원 간에 있어서 지역적 관계에 의한 사건의 배분을 말한다. 토지관할을 제1심 법원의 관할로 제한하는 견해도 있으나, 상소심 법원에도 토지관할이 적용된다는 것이 일반적인 설명이다. 또한 지방법원 본원과 지원도 관할구역을 달리하기 때문에 토지관할이 적용된다는 것이 판례의 입장이다(대법원 2015. 10. 15. 선고 2015도1803 판결). 토지관할의 표준은 다음과 같다(4조).

1) 범죄지(犯罪地), 범죄인의 주소와 거소 및 현재지

범죄가 발생된 장소뿐 아니라 범죄인의 주소와 거소 및 현재지의 법원은 모두 관할권을 갖는다. 특기할 사항은 다음과 같다.

① 범죄지는 범죄구성요건에 해당되는 사실의 전부 또는 일부가 발생된 장소이다. 실행행위지와 결과발생지 그리고 중간행위지가 모두 범죄지에 포함된다. 부작위범의 경우에는 부작위지와 작위의무지 및 결과발생지가 모두 범죄지로 취급된다. 예비·음모의 장소는 원칙적으로 범죄지에 포함되지 않지만, 예비·음모의 범죄에서는 예비·음모의 장소가 곧 범죄지로 된다. 공동정범의 경우에는 범죄사실의 일부가 발생된 장소도 모든 공동정범에게 범죄지로 취급되고, 공모공동정범에서는 공모지로 범죄지에 포함된다. 간접정범에서는 이용자의 이용행위지뿐 아니라 피이용자의 실행행위지와 결과발생지도 모두 범죄지로 된다. 교사범과 방조범의 경우에도 교사와 방조의 장소뿐 아니라 정범의 실행행위지와 결과발생지도 모두 범죄지에 포함된다.

② 주소와 거소는 민법상의 개념이다. 주소는 생활의 근거가 되는 곳이고, 거소는 일정기간 계속적으로 거주하는 곳을 말한다. 공소제기시를 기준으로 판단하므로, 공소제기 당시에 해당 법원의 관할구역 내에 주소와 거소가 있으면 족하

고, 그 후에 발생된 주소와 거소의 변동은 토지관할에 영향을 미치지 않는다.

③ 현재지란 공소제기 당시에 피고인이 실제로 위치하고 있는 장소를 말한
다. 우선 공소제기 시점을 기준으로 판단한다는 점에 주의를 요한다. 따라서 공
소제기 당시에 현재지로 인정되면 그 후 피고인이 다른 지역으로 도주하여도 일
단 발생된 토지관할에 영향이 없다. 다음에, 피고인이 임의로 위치하는 장소뿐
아니라 강제로 유치된 장소도 현재지로 볼 수 있을지 문제된다. 불법하게 연행된
장소는 현재지에 포함되지 않지만, 적법한 강제라면 현재지로 인정된다는 것이
판례의 판시이다(대법원 2011. 12. 22. 선고 2011도12927 판결).

2) 선박과 항공기의 특칙

국외의 대한민국 선박 내에서 범한 죄에 대하여는 위의 토지관할 표준 이외
에 선적지(船籍地)와 범죄 후의 선착지(船着地)도 토지관할의 표준이 된다. 항공기
의 경우도 마찬가지이다.

(3) 심급관할

심급관할은 상소 시의 관할이다. 상소에는 판결에 대한 상소(항소와 상고)와
결정이나 명령에 대한 상소(항고)가 있는데, 관할의 기준을 정리하면 다음과 같다.

① 지방법원 단독판사의 제1심 판결에 대한 항소사건은 지방법원 합의부가
관할하고(법원조직법 32조 2항), 지방법원 합의부의 제1심 판결에 대한 항소사건은
고등법원이 관할한다(법원조직법 28조 1호).

② 제2심의 판결에 대한 상고사건은 대법원이 관할한다(법원조직법 14조 1호).
제1심 판결에 대한 비약상고사건도 대법원의 관할에 속한다(법원조직법 14조 3호와
형사소송법 372조).

③ 지방법원 단독판사의 결정이나 명령에 대한 항고사건은 지방법원 합의부
가 관할하고(법원조직법 32조 2항), 지방법원 합의부의 제1심 결정이나 명령에 대한
항고사건은 고등법원이 관할한다(법원조직법 28조 2호). 고등법원의 결정이나 명령
에 대한 항고사건이나 지방법원 합의부의 제2심 결정이나 명령에 대한 항고사건
은 대법원이 관할한다(법원조직법 14조 2호).

3. 관련사건의 관할

(1) 관련사건

관련사건은 형사소송법 11조에 규정된 사건이다. 구체적으로는, ① 1인이 범한 수죄(경합범), ② 수인이 공동으로 범한 죄(형법총칙의 공범뿐 아니라 필요적 공범 포함), ③ 수인이 동시에 동일 장소에서 범한 죄(동시범), ④ 범인은닉죄·증거인멸죄·위증죄·허위감정통역죄·장물에 관한 죄와 본범의 죄가 관련사건이다.

(2) 관할의 확장(관할의 병합)

관련사건의 경우에는 사물관할과 토지관할에서 관할이 확장(병합)된다. 즉, 사물관할을 달리하는 수개의 사건이 관련된 경우 법원합의부는 단독판사 사건에 대해서도 관할권을 가지며(9조 본문), 토지관할을 달리하는 수개의 사건이 관련된 때에는 1개의 사건에 대하여 관할권 있는 법원이 다른 사건까지 관할할 수 있다(5조). 따라서 검사는 확장된 관할을 바탕으로 관련된 사건들을 한 법원에 기소할 수도 있고, 원래의 관할을 바탕으로 수개의 법원에 나누어 기소할 수도 있다.

(3) 심리의 병합

관련사건이 각기 다른 법원에 계속된 경우 병합심리의 필요가 있는 때에는 사물관할과 토지관할에 있어서 심리의 병합이 가능하다. 즉, 사물관할을 달리하는 수개의 관련사건이 각기 법원합의부와 단독판사에게 계속된 때에는 합의부가 결정으로 단독판사에 속한 사건을 병합하여 심리할 수 있고(10조), 토지관할을 달리하는 수개의 관련사건이 각각 다른 법원에 계속된 때에는 검사 또는 피고인의 신청이 있는 경우 공통의 직근(直近) 상급법원이 결정으로 1개 법원으로 하여금 병합심리하게 할 수 있다(6조).

⟨사물관할과 토지관할의 이중적 심리병합 및 항소심의 경우⟩

> 관련사건으로 법원합의부와 단독판사에 계속된 사건이 토지관할까지 달리하는 경우에 심리병합을 하려면 어떻게 해야 하는지 문제되는데, 형사소송규칙은 법원합의부가 결정으로 병합하여 심리하도록 규정한다(규칙 4조 1항). 같은 맥락에서 관련 항소사건이 A지역의 지방법원 합의부와 B지역의 고등법원에 계속된 경우에는 고등법원이 결정으로 병합하여 심리할 수 있다(규칙 4조의2 1항).

(4) 심리의 분리

관련사건이 한 법원에 계속된 경우 병합심리의 필요가 없는 때에는 사물관할과 토지관할에서 심리의 분리가 가능하다. 즉, 사물관할을 달리하는 수개의 관련사건이 법원합의부에 계속된 경우 합의부는 그 중 일부사건을 관할권 있는 단독판사에게 이송할 수 있고(9조 단서), 토지관할을 달리하는 수개의 관련사건이 동일법원에 계속된 경우 해당 법원은 결정으로 이를 분리하여 관할권 있는 다른 법원에 이송할 수 있다(7조).

4. 관할의 경합과 소송계속의 경합

(1) 관할의 경합

관할의 경합이란 동일사건에 대하여 복수의 법원이 관할권을 가지는 상태를 말한다. 앞에서 설명한 바와 같이 토지관할의 경우 여러 개의 관할표준이 인정되기 때문에 당연히 관할경합의 현상이 발생된다. 또한 관련사건으로 관할이 확장되는 경우에도 토지관할과 사물관할에서 공히 동일 사건에 대하여 복수의 법원이 관할권을 가질 수 있게 된다.

이렇게 관할이 경합하는 경우에는 특정 법원의 관할권에 우선이 없으므로 검사는 관할권 있는 법원 중 어느 쪽에나 공소를 제기할 수 있다. 즉, 관할의 경합은 자연스러운 현상이며, 검사가 그 중 어느 법원에 공소를 제기하더라도 적법하다.

(2) 소송계속의 경합

동일사건에 대하여 검사가 관할권 있는 수개의 법원에 중복하여 공소를 제기하면 소송계속의 경합이 발생되는데, 이 때에는 동일한 사건에 대하여 각기 다른 재판이 진행될 것이기 때문에 정리가 필요하다. 형사소송법은 소송계속이 경합된 경우, 사물관할에서는 합의부가, 토지관할에서는 선착순의 원칙에 의해 심판법원을 결정하도록 규정한다. 구체적으로 정리하면 다음과 같다.

① 동일사건이 사물관할을 달리하는 수개의 법원에 계속된 때에는 법원합의부가 심판한다(12조).

② 동일사건이 사물관할을 같이하는 수개의 법원에 계속된 때에는 먼저 공소를 받은 법원이 심판한다. 단, 각 법원에 공통되는 직근 상급법원은 검사 또는 피고인의 신청에 의하여 결정으로 뒤에 공소를 받은 법원으로 하여금 심판하게

할 수 있다(13조).

5. 재정관할(裁定管轄)

(1) 관할의 지정

관할이 명확하지 않거나 관할위반을 선고한 사건에서 관할법원이 없는 때에는 검사의 신청에 의해 상급법원이 관할법원을 지정한다(14조). 사유와 절차에 있어서 특기할 사항은 다음과 같다.

① 관할이 명확하지 않은 대표적인 경우는 행정구역의 불명확으로 인한 관할의 혼란이다. 행정구역이 변경되면 그러한 사례가 발생될 수 있다. 이에 덧붙여서, 범죄사실이나 범죄지가 불명확하여 관할이 혼란되는 경우도 포함되는지 문제되는데, 견해가 대립된다. ⓐ 부정설(범죄사실의 실체가 불명확한 경우이므로 관할의 불명확으로 취급될 수 없다는 견해)도 제시되지만, ⓑ 긍정설(범죄사실의 실체를 심판하기 위해서도 관할은 결정되어야 하므로 관할 지정의 사유에 포함시켜야 한다는 견해)이 타당한 것으로 판단된다.

② 관할위반의 선고로 관할법원이 없는 때의 사유에서는 관할위반 재판의 당부를 불문한다는 것이 일반적인 견해이다. 관할위반의 재판이 부당하더라도 관할은 지정되어야 심판이 가능하기 때문이다.

③ 검사는 관계있는 1심 법원의 공통되는 직근 상급법원에 사유를 기재한 신청서를 제출하여 관할지정을 신청한다(16조 1항). 이러한 신청은 공소제기 전후를 불문하고 가능하며, 공소제기 후에 신청한 경우에는 즉시 공소를 접수한 법원에 통지하도록 규정되어 있다(16조 2항).

(2) 관할의 이전

관할법원이 법률상 이유나 지방민심 등으로 재판권을 행사하기 곤란한 경우에는 검사나 피고인의 신청에 의해 상급법원이 관할권 없는 다른 법원으로 관할을 이전할 수 있다(15조). 사유와 절차에 있어서 특기할 사항은 다음과 같다.

① 관할이전의 첫 번째 사유는 '관할법원이 법률상의 이유 또는 특별한 사정으로 재판권을 행사할 수 없는 때'이다. 법률상 이유의 대표적인 사례로는 법관의 제척·기피·회피로 인하여 법원 구성이 불가능한 경우를 들 수 있으며, 특별한 사정으로는 천재지변이나 법관의 질병·사망으로 재판이 불가능한 경우를 생각해 볼 수 있다.

② 관할이전의 두 번째 사유는 '범죄의 성질, 지방의 민심, 소송의 상황 기타 사정으로 재판의 공평을 유지하기 어려운 염려가 있는 때'이다. 염려의 근거가 되는 객관적 사정이 있어야 함은 물론이다. 참고로 공소장 변경을 허용하였다는 사정 등과 같은 법원의 통상적 판단을 이유 삼은 관할이전은 인정되지 않는다는 것이 판례의 입장이다(대법원 1984. 7. 24. 선고 84초45 결정).

③ 검사나 피고인은 관할법원의 직근 상급법원에 사유를 기재한 신청서를 제출하여 관할이전을 신청한다(16조 1항). 검사의 신청은 의무이며, 공소제기의 전후를 불문한다. 반면 피고인에게는 신청권이 부여되어 있는 것이고, 공소제기 후에 한하여 신청할 수 있다. 아울러 공소제기 후에 관할이전을 신청한 경우에는 즉시 공소를 접수한 법원에 통지해야 한다(16조 2항).

6. 사건의 이송

사건의 이송은 관할법원 간에 사건의 소송계속을 이전하는 소송행위이다. 관할의 이전이 관할권 없는 법원으로 관할 자체를 이전하는 것임에 반하여, 사건의 이송은 관할권 있는 법원으로 사건의 소송계속만을 이전하는 조치라는 차이를 지닌다. 사건의 이송은 관련사건의 심리병합이나 심리분리에서 행해질 수 있다. 그 이외에 형사소송법은 특히 다음 두 가지의 사유를 추가로 규정한다.

① 법원은 피고인이 그 관할구역 내에 현재하지 아니하는 경우에 특별한 사정이 있으면 결정으로 사건을 피고인의 현재지를 관할하는 동급법원에 이송할 수 있다(8조 1항). 심리의 편의와 피고인의 이익을 위한 절차이며, 이 경우 이송의 결정은 법원의 재량사항이다.

② 단독판사의 관할사건이 공소장변경에 의하여 합의부 관할사건으로 변경된 경우에 법원은 결정으로 사건을 관할권이 있는 법원에 이송한다(8조 2호). 사물관할이 변경된 경우에 관할권 있는 법원으로 하여금 재판할 수 있도록 하기 위한 절차인데, 이 경우의 이송은 법원의 의무이다. 같은 맥락에서 항소심의 경우에도 공소장변경이 있으면 사건을 관할권 있는 고등법원으로 이송해야 한다는 것이 판례의 판시이다(대법원 1997. 12. 12. 선고 97도2463 판결). 하지만 그 반대의 경우, 즉 합의부 관할사건으로서 합의부에 기소된 사건은 단독판사 관할사건으로 공소장이 변경되더라도 공소제기 시의 관할을 기준으로 합의부에서 심판해야 한다는 것이 판례의 판시이니 주의를 요한다(대법원 2013. 4. 25. 선고 2013도1658 판결).

〈사건의 군사법원 이송〉

법원은 공소가 제기된 사건에 관하여 군사법원이 재판권을 가지게 되었거나 재판권을 가졌음이 판명된 때에는 결정으로 사건을 재판권이 있는 같은 심급의 군사법원으로 이송한다. 하지만 이 경우에 이송 전에 행한 소송행위는 이송 후에도 효력에 영향이 없다(16조의2).

III. 법원직원의 제척과 기피 및 회피

1. 법관의 제척

(1) 의의

제척은 법관에게 불공정한 재판을 할 우려가 인정되는 일정 사유가 있는 경우에 해당 법관을 재판 업무에서 배제시키는 제도를 말한다. 제척은 재판의 공정성을 확보하기 위하여 시비의 대상이 되는 법관을 직무집행에서 제외시키는 제도라는 점에서 기피 및 회피와 궤를 같이 하지만, 업무배제가 당사자 내지 본인의 신청에 의한 것이 아니라 법률의 규정에 따라 당연히 행해진다는 특징을 지닌다.

(2) 제척 사유

형사소송법 17조는 제척사유를 7가지로 열거하고 있는데, 이를 유형별로 정리하면 다음과 같다.

1) 법관이 피해자인 때

법관이 피해자인 경우에는 당연히 당해 사건의 직무집행에서 배제된다. 다만 여기에서 피해자라 함은 직접적인 피해자만을 의미하며 간접적인 피해자는 포함되지 않는다. 간접적 피해자가 기피사유에 해당되는지 여부는 별개의 문제이다.

2) 법관이 피고인 및 피해자와 일정한 신분관계를 지니는 때

법관이 ① 피고인 또는 피해자의 친족이라든지 피고인 또는 피해자와 친족관계에 있었던 자인 때 및 ② 피고인 또는 피해자의 법정대리인이나 후견감독인인 때에는 당해 사건의 직무집행에서 배제된다. 전자의 자연적 신분관계에서는 현재의 관계뿐 아니라 과거의 관계까지 포함됨에 반하여, 후자의 법정적 신분관계에서는 현재의 관계에 한정된다는 점에 주의를 요한다.

3) 법관이 사건의 관여자인 때

법관이 사건에 관하여 ① 증인·감정인·피해자의 대리인이 된 때, ② 피고인의 대리인·변호인·보조인이 된 때, ③ 검사 또는 사법경찰관의 직무를 행한 때, ④ 전심재판 또는 그 기초되는 조사·심리에 관여한 때에는 당해 사건의 직무집행에서 배제된다. 여기서 해석상 문제되는 사항은 다음과 같다.

① 공통요건인 '사건에 관하여'에서 사건은 당해 형사사건을 의미한다. 민사사건이나 다른 형사사건에 관여한 경우는 제척사유에 해당되지 않는 것이다. 하지만 당해 형사사건인 이상 피고사건뿐 아니라 피의사건도 포함된다. 따라서 증인 및 감정인의 경우에는 증거보전절차 또는 수사상 증인신문절차에서 증인 또는 감정인이 된 때에도 그에 해당된다. 하지만 수사절차에서 단순히 참고인이나 감정수탁인으로 관여한 경우에는 제척사유에 해당되지 않으므로 주의를 요한다. 분리 심리된 공범자에 대한 재판도 당해 형사사건에 포함되는지 문제되는데, ⓐ 긍정설도 있으나, ⓑ 부정설이 다수의 견해이다.

② '전심재판 … 의 조사·심리에 관여한 때'에서 전심재판이란 상소에 있어서 전심의 종국재판을 말한다. 따라서 파기환송 전의 원심에 관여한 법관이 환송 후의 재판에 관여하는 경우라든지 재심청구의 대상인 확정판결에 관여한 법관이 재심재판에 관여하는 경우 등은 전심재판의 관여라고 볼 수 없으므로 제척사유에 해당되지 않는다. 문제는 약식명령을 한 판사가 정식재판을 담당하게 되면 전심재판에 관여한 것인가 하는 점이다. 판례에 의하면 약식명령을 한 판사가 항소심에 관여한 때에는 제척사유에 해당하지만(대법원 1985. 4. 23. 선고 85도281 판결) 제1심 재판에 관여하는 경우는 제척사유가 아니라고 한다(대법원 2002. 4. 12. 선고 2002도944 판결).

③ '(전심재판의) 기초되는 조사·심리에 관여한 때'에서 기초되는 조사·심리는 최소한 전심재판의 내용형성에 영향을 주는 경우를 말한다. 수탁판사로서 증거조사를 한 경우라든지 기소강제절차에서 공소제기결정을 한 경우 등이 그에 해당된다. 따라서 그러한 절차에 관여한 법관이 제2심 재판에서 법관의 직무를 담당하면 제척사유에 해당된다. 공소제기 전에 증거보전절차에 관여한 법관을 어떻게 판단할 것인지 문제되는데, 판례는 제척사유에 해당하지 않는 것으로 판시한다(대법원 1971. 7. 6. 선고 71도974 판결).

④ '전심재판 또는 그 기초되는 조사·심리에 관여한 때'에서 관여란 실질적 관여를 뜻한다. 따라서 재판 선고의 단계에만 참여하였다든지 공판기일을 연기하는 재판에만 참여한 경우 등은 제척사유에 해당되지 않는다.

〈구속관련 업무를 수행한 법관과 선거관리위원장의 직무를 수행한 법관〉

구속영장발부 결정, 구속적부심의 심리와 결정, 구속취소 결정, 보석허가의 심리와 결정 등에 관여한 법관은 그러한 심리와 결정이 ① 전심재판이 아니고 ② 전심재판의 기초되는 조사와 심리도 아니므로 제척사유에 해당되지 않는다. 판례 역시 마찬가지 입장이다(대법원 1989. 9. 12. 선고 89도612 판결, 1960. 7. 13. 선고 4293형상166 판결). 또한 선거관리위원장으로서 수사의뢰를 한 법관이 당해 형사사건의 항소심에서 재판을 하는 경우 제척사유에 해당되는지 문제되는데, 판례는 ① 사법경찰관의 직무를 행한 자에 해당되지 않으며 ② 전심재판의 기초되는 조사에 관여한 경우도 아니어서 제척되지 않는다고 판시한다(대법원 1999. 4. 13. 선고 99도155 판결).

(3) 제척의 효과

1) 직무배제의 효과

제척의 본래적 효과는 해당 법관을 당해 사건의 직무집행에서 당연히 배제시키는 것이다. 여기서의 직무는 당해 사건에 관련된 모든 직무를 의미하므로 해당 법관은 재판의 심리에 관여하지 못하는 것은 물론이고 기일지정 등의 절차적 소송행위도 수행할 수 없게 된다.

제척 사유가 있음에도 불구하고 해당 법관에게 직무가 주어지면 법관 스스로 회피해야 하며(24조 1항) 당사자도 기피신청을 할 수 있다(18조 1항). 제척 사유가 있는 법관이 판결에 관여한 때에는 상소이유가 된다.

2) 제척의 효과가 적용되는 범위

제척의 효과는 정식재판을 담당하는 법관뿐 아니라 약식명령을 수행하는 판사에게도 적용된다. 또한 공소가 제기된 후라면 증거보전이나 수사상 증인신문의 절차에 관여하는 판사에게도 제척 제도가 적용된다는 것이 다수의 견해이다. 문제는 공소가 제기되기 전에 증거보전 내지 수사상 증인신문의 절차가 진행되는 경우, 여기서도 제척사유 있는 판사는 직무수행에서 배제되는가 하는 점이다. ⓐ 증거보전 내지 수사상 증인신문 절차에서 판사가 작성한 조서는 절대적 증거능력이 있으므로(311조) 공정성의 확보가 중요하다는 점을 고려하면 동 절차에서도 제척사유 있는 판사는 배제되어야 할 것이지만, 이에 대해서는 ⓑ 반대 의견도 제시된다.

2. 법관의 기피

(1) 의의

기피란 제척사유가 있거나 기타 불공정한 재판을 할 염려가 있는 법관이 재판에 관여하는 경우 당사자의 신청에 의하여 해당 법관을 직무집행에서 배제시키는 제도를 말한다. 당사자가 신청하는 제도라는 점에 기피의 특징이 있고, 제척제도를 보충하는 기능을 수행한다.

(2) 기피사유

기피는 제척과 달리 그 사유가 비제한적이다. 즉, 제척사유의 존재뿐 아니라 기타 불공정한 재판의 염려가 있는 모든 경우에 당사자는 기피신청을 할 수 있다(18조 1항). 정리하면 다음과 같다.

1) 제척사유의 존재

법관에게 제척사유가 있음에도 해당 법관이 재판에 관여하고 있다면 당사자는 기피신청을 할 수 있다.

2) 불공정한 재판의 염려

제척사유 이외에도 법관에게 불공정한 재판의 염려가 있는 때에는 당사자가 기피신청을 할 수 있다. 여기서 불공정한 재판의 염려는 비제한적으로 열려진 사유이지만, 그에 대한 판단은 당사자가 주관적으로 하는 것이 아니라 일반인의 입장에서 객관적으로 행해져야 한다. 판례 역시 마찬가지 입장이다(대법원 1995. 4. 3. 자 95모10 결정).

〈증거기각결정과 공소장변경불허결정〉

> 법관이 증거기각결정에 참여하였다는 사정이 불공정한 재판의 염려로 인정될 수 있는지에 관해 다툼이 있으나, 판례는 부정한다(대법원 1994. 11. 3. 자 94모73 결정). 공소장변경불허의 결정도 불공정한 재판의 염려와 연결시킬 수 없다는 것이 판례의 입장이다(대법원 2001. 3. 21. 자 2001 모2 결정).

(3) 절차

1) 신청권자와 기피대상

검사와 피고인은 기피신청을 할 수 있다. 또한 변호인도 피고인의 명시한 의사에 반하지 않는 한 기피신청을 할 수 있다(18조).

기피의 대상은 법관이지 법원이 아니다. 따라서 합의부를 구성하는 모든 법관에 대한 기피신청은 가능하지만 합의부 자체에 대한 기피신청은 허용되지 않는다.

2) 신청

합의법원의 법관에 대한 기피는 그 법관이 속한 법원에 기피신청을 하고, 수명법관이나 수탁판사 또는 단독판사에 대한 기피는 당해법관에게 기피신청을 한다. 기피신청은 서면 또는 공판정에서 구두로 할 수 있는데, 기피의 사유는 기피신청을 한 후 3일 이내에 서면으로 소명하여야 한다(19조).

〈기피신청의 시기〉

> 당사자가 법관에 대하여 기피신청을 할 수 있는 시기가 언제까지인지에 대하여, ⓐ 변론시설(당사자가 변론을 시작하기 전까지만 법관에 대하여 기피신청을 할 수 있다는 견해), ⓑ 변론종결시설(당사자의 법관에 대한 기피신청은 변론종결 시까지만 가능하다는 견해), ⓒ 판결선고시설(형사소송법에 기피신청의 시기에 대한 제한이 없기 때문에 변론종결 이후에도 기피신청을 할 수 있지만, 판결의 주문이 선고된 후에는 기피신청의 목적이 소멸되므로 기피신청이 허용되지 않는다는 견해) 등이 제시된다. 판례 중에는 종국판결 선고 후의 기피신청이 부적법하다는 판시가 발견될 뿐이다(대법원 1995. 1. 9. 자 94모77 결정).

3) 간이기각 결정

기피신청이 다음에 해당한다고 판단되는 경우에는 신청을 받은 법원 또는 법관이 간이기각의 결정을 한다.

① 소송의 지연을 목적으로 함이 명백한 경우에는 간이기각의 결정으로 처리하는 것이 가능하다(20조 1항). 이에 해당하는지 여부는 사안의 성질과 심리의 경과 정도 및 당사자의 소송준비 상황 등을 종합적으로 고려하여 판단한다.

② 기피신청이 관할을 위반하였거나, 신청 후 3일 이내에 기피사유를 서면으로 소명하지 않는 등 절차위반이 있는 경우도 간이기각 결정의 사유이다(20조 1항).

③ 형사소송법은 위 2가지의 경우만을 간이기각 결정의 사유로 명시하지만, 형사소송규칙은 신청자가 기피의 원인되는 사실을 구체적으로 명시하지 않는 경우도 간이기각의 결정으로 처리하도록 규정하고 있다(규칙 9조 2항).

4) 소송 진행의 정지

기피신청이 있으면 간이기각의 결정이 내려졌거나 급속을 요하는 경우를 제외하고는 소송 진행을 정지해야 한다(22조). 예외사유가 없음에도 그대로 진행한 소송행위는 무효가 되며, 판례 역시 이를 확인하고 있다(대법원 2012. 10. 11. 선고 2012도8544 판결). 정지해야 할 소송절차가 무엇을 말하는지 문제되는데, 본안의 소송절차가 정지된다는 점에 대해서는 이견이 없다. 하지만 구속기간의 갱신이나 판결의 선고 등도 정지해야 할 소송절차에 포함되는지에 관해서는 ⓐ 긍정설과 ⓑ 부정설이 대립된다. 판례는 기피신청이 있더라도 구속기간의 갱신은 정지되지 않으며(대법원 1987. 2. 3. 자 86모57 결정), 판결의 선고 역시 마찬가지라고 판시한다 (대법원 1987. 5. 28. 자 87모10 결정, 대법원 1995. 1. 9. 자 94모77 결정).

5) 결정 법원

기피신청에 대한 재판은 기피당한 법관이 속한 법원의 합의부에서 결정으로 처리하는바, 기피당한 법관은 동 결정과정에 관여하지 못하고(21조), 기피신청에 대해 의견서를 제출할 수 있을 뿐이다(20조). 이 때 기피당한 법관이 기피신청을 이유 있다고 인정한 때에는 기피신청에 대하여 인용의 결정이 있는 것으로 간주한다(20조).

6) 결정

기피신청을 심리한 법원은 그에 대해 기각결정 혹은 인용결정을 한다. 기피신청이 이유 없는 경우에는 기각결정을 하고, 이유 있다고 인정되는 경우에는 인용결정을 하는 것이다. 특히 문제되는 것은 법관의 태도 내지 심리방법을 문제삼는 기피신청의 경우인데, ⓐ 태도나 심리 방법에서 해당 법관이 예단을 가졌거나 편파적이라고 판단되는 경우에는 기피를 인용해야 한다는 견해와 ⓑ 그렇지 않다는 견해가 대립된다.

7) 불복

기각결정에 대해서는 즉시항고를 할 수 있으며, 즉시항고는 재판의 집행을 정지하는 효력이 있다(23조 1항). 하지만 간이기각 결정에 대해서는 즉시항고를 하더라도 재판의 집행이 정지되지 않는다고 형사소송법이 규정한다(23조 2항).

8) 효과

인용결정이 내려지면 해당 법관은 당해 사건의 직무집행에서 배제된다. 인용결정이 내려진 법관이 계속 당해 사건의 재판에 관여한 경우에는 상소이유가 된다.

3. 법관의 회피

회피는 법관 스스로 재판을 피하는 제도인바, 회피 사유 및 회피신청의 방법과 그에 대한 결정의 절차는 기피의 규정을 준용한다(24조). 다만, 회피신청에 대한 법원의 결정은 항고 대상이 아니고, 법관이 회피신청을 하지 않았다고 해서 상소이유가 되는 것도 아니라는 점에서 차이를 지닐 뿐이다.

4. 법원사무관 등에 대한 제척·기피·회피

제척 등의 대상은 원칙적으로 법관이지만, 형사소송법은 법원서기관·법원사무관·법원주사 또는 법원주사보 및 통역인에게도 법관에 대한 제척 등의 규정을 준용하도록 규정하고 있다(25조). 이들은 사건을 직접 심리하지는 않지만 심리와 관련된 직무활동을 수행하기 때문이다.

참고로, 검사의 경우는 검사동일체의 원칙이 지배하기 때문에 제척규정의 적용을 받지 않는다는 것이 일반적인 견해이지만, 실무상의 사무 분배에서는 제척 제도의 정신을 고려하여 불공정의 시비가 야기될 수 있는 여지를 없애는 것이 바람직하다.

1.2.1 청해부대 소속의 군인이 공해에서 해상강도의 현행범인으로 소말리아 해적을 체
포하였다. 그로부터 9일 후에 부산항에 도착하여 검사에게 해적을 인도하였으며,
검사는 구속영장을 발부받아 해적을 부산구치소에 구속하였다. 이 상태에서 검
사가 소말리아 해적을 부산지방법원에 기소하였다면, 토지관할의 면에서 적법
한가?
힌트 : 대법원 2011. 12. 22. 선고 2011도12927 판결

1.2.2 甲은 강도죄의 정범으로 서울중앙지방법원 합의부에 기소되었고, 乙은 甲이 범한
강도죄의 교사범으로 청주지방법원 합의부에 기소되었다. 법원이 두 사건을 병합
심리하기 위해서는 어떤 절차를 거쳐야 하는가?
힌트 : 대법원 2006. 12. 5. 2006초기335 전원합의체 결정

1.2.3 甲은 수원에서 특수절도(흉기휴대 절도)를 저지르고, 서울에서 강도를 범한 후, 절
취 및 강취한 재물을 인천에 거주하는 장물아비 乙에게 넘기고 그의 집에 숨어
있던 중 체포되었다. 검사는 甲의 특수절도사건은 수원지방법원 단독판사에게 공
소를 제기하고, 甲의 강도사건 및 乙의 장물취득과 범인은닉사건은 인천지방법원
합의부에 공소를 제기하였다.
(1) 검사의 공소제기가 관할의 차원에서 적법한지 구체적인 법조문을 제시
하여 검토하시오.
(2) 甲의 특수절도와 강도사건 및 乙의 장물취득과 범인은닉 사건을 하나의
법원이 병합심리하기 위해서는 어떤 조치가 취해져야 하는지 설명하시오.

1.2.4 A는 선거법위반혐의로 선거관리위원회로부터 수사의뢰되었고, 기소 후 1심법원
에서 유죄판결을 선고받고 항소하였다. 그런데 항소심 법관 甲이 선거관리위원회
에서 선거관리위원장의 직무를 수행한 사람이었다면, 甲은 항소심 재판에서 제척
되어야 하는가?

힌트 : 대법원 1999. 4. 13. 선고 99도155 판결

1.2.5 甲은 사기죄 피해자인 乙의 사실혼 배우자이다. 해당 사기죄의 공판기일에 甲이
증인으로 출석하여 증언하였다. 그 후 甲이 乙의 증언을 통역하고자 할 때, 甲은
통역인으로서 제척사유에 해당되는가?
힌트 : 대법원 2011. 4. 14. 선고 2010도13583 판결

♣ 퀴즈풀이

1.2.1

형사소송법은 토지관할의 기준으로 현재지를 명시한다(4조 1항). 문제는 강제에 의한 현재지도 이에 포함되는지 여부이다. 적법한 강제로 인한 현재지는 포함된다는 것이 판례의 판시이다(대법원 2011. 12. 22. 선고 2011도12927 판결). 그런데 현재지를 이동시키는데 9일의 기간이 걸렸으므로 이것이 과연 적법한 강제인지 다투어질 수 있다. 형사소송법은 사인이 현행범인을 체포한 경우 즉시 검사나 사법경찰관리에게 인도해야 한다고 규정하고 있기 때문이다(213조 1항). 하지만 여기서의 '즉시'는 '정당한 이유 없이 인도를 지연하거나 체포를 계속하는 등으로 불필요한 지체를 함이 없이'로 해석해야 한다는 것이 위 판례의 판시이다. 따라서 부산지방법원에 토지관할권이 있다고 판단하는데 무리가 없다.

1.2.2

두 사건은 관련사건이므로 병합심리될 수 있다. 검사 또는 피고인의 신청으로 공통되는 직근 상급법원이 병합심리의 법원을 결정하면 된다(6조). 그런데 서울중앙지방법원 합의부와 청주지방법원 합의부는 각기 고등법원을 달리하기 때문에 과연 공통되는 직근 상급법원이 어디인지 문제된다. 이렇게 제1심이 소속 고등법원을 달리할 때에

는 대법원이 병합심리의 결정을 해야 한다는 것이 판례의 판시이다(대법원 2006. 12. 5. 자 2006초기335 전원합의체 결정).

1.2.3

(1) 관할의 적법 여부

토지관할과 사물관할에 위반이 없는지 검토되어야 하는데, 특히 甲과 乙의 각 범죄가 관련사건으로서 관할이 확장될 수 있는지 문제된다. 우선 ① 甲의 특수절도사건에 대해서는 수원이 범죄지이므로 수원지방법원이 형사소송법 4조 1항에 의해 토지관할을 가지며, 사물관할은 법원조직법 32조 1항 3호 가에 의해 단독판사가 갖는다. ② 甲의 강도사건에 대해서는 인천이 甲의 거소 내지 현재지에 해당하여 형사소송법 4조 1항에 의해 인천지방법원에 토지관할이 있고, 강도는 3년 이상의 징역에 처하는 범죄이므로 법원조직법 32조 1항 3호에 의해 합의부가 관할권을 갖는다. 다음에 ③ 乙의 장물취득사건과 범인은닉사건에 대해서는 인천이 乙의 주소 혹은 거소이므로 형사소송법 4조 1항에 의해 인천지방법원이 토지관할을 갖는다. 문제는 사물관할인데, 두 사건은 원칙적으로 법원조직법 7조 4항에 의해 단독판사에게 사물관할이 있지만, 두 사건 모두 형사소송법 11조 4호에 의해 甲의 강도사건과 관련사건이므로 형사소송법

9조 본문이 적용되어 합의부도 관할권을 갖게 된다. 따라서 검사의 공소제기는 관할의 차원에서 모두 적법하다.

(2) 병합심리를 위한 조치

甲이 행한 두 건의 범죄(특수절도와 강도)는 '1인이 범한 수죄'이므로 형사소송법 11조 1호에 의한 관련사건이다. 그리고 甲의 범행과 乙의 범행(장물취득 및 범인은닉)은 형사소송법 11조 4호에 의한 관련사건이다. 따라서 병합심리가 가능한데, 문제는 각기 토지관할과 사물관할을 모두 달리하고 있다는 점이다. 주지하는 바와 같이, 형사소송법 6조는 토지관할을 달리하는 수개의 관련사건을 병합심리하기 위한 절차규정이고, 형사소송법 10조는 사물관할을 달리하는 수개의 관련사건을 병합심리하기 위한 절차규정이다. 여기서 토지관할과 사물관할을 모두 달리하는 관련사건은 어느 규정에 의해 병합심리를 결정하게 되는지 문제되는데, 형사소송법규칙 4조 1항은 이 경우 형소법 10조를 적용하도록 규정한다. 따라서 인천지방법원 합의부가 甲의 특수절도 사건에 대하여 병합심리 결정을 내려서 심리하면 된다.

1.2.4

형사소송법 17조 6호와 7호의 해당여부가 문제된다. ① 형사소송법 17조 6호는 법관이 사건에 관하여 검사 또는 사법경찰관의 직무를 행한 경우 제척사유로 규정하고 있다. 즉, 법관으로 임용되기 전에 당해 사건에 관하여 검사 내지 사법경찰관의 직무를 수행한 자가 법관으로서 사건을 배당받은 경우에는 제척사유에 해당된다는 것이다.

여기서 선거법위반 사건의 재판에 있어서 선거관리위원장의 직무수행이 사법경찰관의 직무수행에 해당되는지 문제되는데, 판례는 선거관리위원장의 직무수행이 사법경찰관의 직무수행에 해당되지 않는다고 판시한다(대법원 1999. 4. 13. 선고 99도155 판결). 즉, 선거관리위원장은 형사소송법 제197조나 사법경찰직무법에서 사법경찰관의 직무를 행할 자로 규정되어 있지 않으므로 제척사유에 해당되지 않는다는 것이다. 다만 선거관리위원장으로서 선거법위반의 수사의뢰를 한 법관이 당해 사건의 재판을 담당하는 것이 적절한 것은 아니라고 조언할 뿐이다. ② 형사소송법 17조 7호는 법관이 사건에 관하여 전심재판 또는 그 기초되는 조사·심리에 관여한 경우 제척사유로 하고 있다. 여기서 선거관리위원장의 직무수행이 전심재판의 기초되는 조사에 해당되는지 문제되는데, 판례는 전심재판의 기초되는 조사를 전심재판의 내용 형성에 사용될 자료의 수집·조사로서 그 결과가 전심재판의 사실인정 자료로 쓰여진 경우에 한정하여 해석한다. 그러면서 선거관리위원장으로서 선거법위반의 수사의뢰를 한 경우는 전심재판의 기초되는 조사에 관여한 것이 아니라고 판시한다(대법원 1999. 4. 13. 선고 99도155 판결). 이러한 판례의 입장을 따를 때 甲의 재판업무 수행은 적절하지는 않으나 형사소송법 17조 7호의 제척사유에 해당되는 것은 아니다.

1.2.5

통역인에게도 제척 규정이 준용(25조 1항)되므로 甲이 제척사유에 해당되는지 검토해야 한다. ① 피해자의 친족으로서 제척되는지 혹은 ② 사건에 관하여 증인으로 된 때에 해당되는지 문제되는데, 전자는 법률상 친족이 아니어서 부정되지만, 후자는 인정된다는 것이 판례의 판시이다(대법원 2011. 4. 14. 선고 2010도13583 판결). 따라서 甲에게는 제척사유가 있다.

제 2 장   당사자와 소송행위

Ⅰ. 검사

1. 검사와 검찰청

(1) 검사

검사는 검찰사무를 실행하는 독립의 관청이다. 분설하면 다음과 같다.

① 검사의 업무인 검찰사무의 내용은 검찰청법 4조 1항에 규정되어 있다. 검사에게는 수사, 공소제기, 공판, 재판집행 등 형사절차의 전 단계에서 중요한 권한과 직무가 부여된다.

② 검사는 검찰사무를 단독으로 수행한다. 검찰권의 행사는 항상 1인제이고 합의제는 존재하지 않는다.

③ 검사의 법적 지위는 관청(官廳)이다. 관청이란 국가의사를 결정하여 대외적으로 표시할 수 있는 국가기관을 말한다. 검사는 관청이므로 검찰사무의 범위 내에서 국가의사를 결정하여 대외적으로 표시할 수 있는 법적 지위를 지닌다.

〈준사법기관과 객관의무〉

검사를 어떤 종류의 국가기관으로 볼 것인지에 관해 ⓐ 행정기관이라는 견해와 ⓑ 사법기관이라는 견해도 제시되지만, ⓒ 준사법기관(準司法機關) 혹은 법조기관이라고 이해하는 것이 다수의 견해이다. 행정조직상 법무부에 소속된 행정기관이지만 업무의 성질은 사법권과 밀접한 관계를 맺고 있으므로 사법권독립의 정신이 적용될 필요가 있는 기관이라는 설명이다. 그래서 검사에게는 법관에 준하는 신분보장이 부여된다. 즉, 검사는 탄핵이나 금고 이상의 형을 선고받는 경우가 아니면 파면되지 아니하고, 징계처분이나 적격심사에 의하지 아니하고는 해임·면직·정직·감봉·견책 또는 퇴직의 처분을 받지 않는다(검찰청법 37조).

또한 검사에게는 객관의무가 부과된다고 말하여지는데, 이는 검사가 피의자 내지 피고인에 대립되는 당사자로서의 지위만이 아니라 공익의 대표자로서 경우에 따라서는 피고인의 이익을 보호해 주어야 할 위치에 서기도 한다는 의미이다. 그리하여 검사는 형사절차에서 피고인에게 이익이 되는 사실을 조사·제출할 수도 있고, 피고인의 이익을 위해 상소할 수도 있다.

(2) 검찰청

검찰청은 검사의 사무를 통할하는 기관이다(검찰청법 2조 1항). 관서(官署)이므로 그 자체로는 법적 권한을 갖지 못한다.

〈검찰청의 설치〉

검찰청은 각급 법원에 대응하여 설치되어 있다. 대검찰청, 고등검찰청, 지방검찰청과 지방검찰청 지청이 있으며, 지역적으로도 법원이 있는 곳에 설치되어 있다.

2. 검사동일체의 원칙

(1) 의의

검사동일체(檢事同一體)의 원칙은 모든 검사가 검찰총장을 정점으로 피라미드의 통일체를 이루고 있다는 것이다. 검사는 검찰사무를 실행하는 독립의 관청이지만 전체적으로는 통일적인 조직체를 이루는데, 이렇게 검사조직을 통일적으로 구성해야 하는 이유로는 ① 검찰사무의 중요 내용인 수사업무의 수행이 전국적인 활동의 망이 구축되어야 가능하다는 점과 ② 수사 및 공소제기와 유지 그리고 재판의 집행 등은 전국적으로 균형 있게 실행되어야 한다는 점이 제시된다.

(2) 내용
1) 지휘·감독 관계

검찰청법은 검사로 하여금 검찰사무에 관하여 소속 상급자의 지휘·감독에 따르도록 규정하는바(검찰청법 7조 1항), 이것이 검사동일체 원칙의 핵심내용이다.

검사가 상급자의 지휘와 감독에 응하지 않으면 징계사유가 된다. 하지만 상급자의 지휘와 감독에는 다음의 제한이 설정되어 있으므로 주의를 요한다.

① 상급자의 지휘와 감독은 적법한 것이어야 한다. 따라서 위법한 명령에 불복했다는 이유로 검사에게 신분상 불이익을 주는 것은 위법이다.

② 검사는 상급자의 지휘·감독의 적법성 내지 정당성에 이견이 있는 경우 이의제기를 할 수 있다(검찰청법 7조 2항).

② 상급자의 지휘와 감독은 내부적 효력만 지닐 뿐이다. 따라서 검사의 처분이 상사의 명령에 위반하거나 결재를 받지 아니한 경우에도 외부적 효력은 발생된다.

2) 직무이전권과 직무승계권

검찰총장과 각급검사장 및 지청장은 소속검사의 직무를 자신이 처리하거나 다른 검사로 하여금 처리하게 할 수 있는데(검찰청법 7조의2 2항), 전자가 직무승계권이고, 후자가 직무이전권이다. 이는 상관의 지휘감독권의 실제적 효력을 담보하기 위한 제도라고 할 수 있다.

3) 직무대리권

차장검사는 해당 검찰청의 검사장에게 사고가 생겼을 때 별도의 수권 없이도 검사장의 직무를 대리한다(검찰청법 13조 2항과 18조 2항 및 23조 2항). 이렇게 수권 없는 대리가 허용되는 것 역시 검사조직을 동일체로 파악하기 때문에 가능해진다.

〈기타의 직무대리〉

검찰총장은 사법연수원생으로 하여금 일정기간 동안 지검 내지 지청의 검사 직무를 대리하게 할 수 있으며(검찰청법 32조 1항), 지검 검사장은 검찰서기관 또는 검찰 사무관으로 하여금 지청 검사의 직무를 대리하게 할 수 있다(검찰청법 32조 2항). 다만 검사의 직무를 대리하는 사람은 법원조직법에 따른 합의부의 심판사건은 처리하지 못한다(검찰청법 32조 3항).

4) 검사교체의 효과

검사는 사무취급 도중 교체되어도 법관의 경우와 같이 절차갱신이 필요하지 않으며 교체된 검사가 계속적으로 사무를 취급하게 된다. 이것 역시 검사동일체 원칙을 전제로 하여서만 가능한 제도이다.

5) 검사의 제척과 기피의 불인정

형사소송법은 법관에 대하여 제척과 기피의 제도를 두면서 이를 검사에게 준용하지 않는다. 이는 검사의 경우 동일체의 원칙이 지배하므로 특정 검사에 대한 제척이나 기피는 의미가 없다는 뜻으로 해석된다. 판례 역시 피해자인 검사가 사건의 수사에 관여하여도 위법하지 않다고 판시한 바 있다(대법원 2013. 9. 12. 선고 2011도12918 판결). 하지만 실무의 운용에서는 법관에게 인정되는 제척과 기피제도의 정신을 살려 검사의 경우에도 편파적 처리의 우려가 있는 검사는 당해사건의 처리에서 제외시키는 것이 바람직하다.

(3) 법무부장관의 지휘·감독권

검사동일체의 원칙과 관련하여 추가적으로 적시해야 할 사항은 법무부 장관이 검사에 대해 갖는 지휘·감독권이다. 그 내용은 2가지이다. ① 법무부장관은 검찰사무의 최고 감독자로서 일반적으로 검사를 지휘·감독한다. ② 하지만 구체적인 사건에 대하여는 검찰총장만을 지휘·감독한다(검찰청법 8조). 즉, 법무부장관은 검찰사무의 일반적 방향에 대해서는 검사에게 지침을 내릴 수 있으나, 구체적인 사건의 처리에 관하여는 직접 담당검사를 지휘·감독하지 못하고 검찰총장을 통해서만 개입할 수 있다는 것이다. 구체적인 사건에서는 검찰총장을 완충 역으로 설정하여 검찰사무의 수행이 정치적 입김에 좌우되는 것을 다소나마 막아보자는 취지로 설명된다.

3. 검사의 지위와 권한

검사는 수사, 공소제기, 공판, 재판집행 등 형사절차의 모든 단계에서 독자적인 지위와 권한을 가지고 있다. 구체적인 내용은 다음과 같다.

(1) 수사
1) 직접 수사

검사는 범죄의 혐의가 있다고 사료하는 때에는 범인, 범죄사실과 증거를 수사한다(196조). 다만 검사가 직접수사를 개시할 수 있는 범죄는 ① 대통령령으로 정하는 부패범죄, 경제범죄, 공직자범죄, 선거범죄, 방위사업범죄 등 중요범죄와 ② 경찰공무원이 직무와 관련하여 범한 범죄 및 ③ 그러한 범죄 내지 사법경찰관이 송치한 범죄와 관련하여 인지한 위증과 증거인멸의 죄에 한정된다(검찰청법 4조 1항 1호).

2) 수사 통제

2020년 2월 개정 전의 형사소송법은 검사에게 사법경찰관의 수사를 지휘할 수 있도록 하였다. 하지만 개정 형사소송법은 검사와 사법경찰관의 관계를 협력 관계로 설정하였고(195조 1항), 특별사법경찰관리의 범죄수사에 대하여서만 검사에게 수사 지휘의 권한을 부여하고 있다(245조의10 2항). 그러면서 형사소송법은 사법경찰관의 수사에 대하여 사법적 통제의 기제를 마련해 놓고 있는데, 대표적인 것들을 정리하면 다음과 같다. ① 검사는 사법경찰관리의 수사 과정에서 법령위반, 인권침해 또는 현저한 수사권 남용이 의심되는 경우에는 시정조치를 요구할 수 있다(197조의3). ② 검사는 사법경찰관이 송치한 사건의 공소제기 여부 결정이나 공소유지에 필요한 경우라든지 사법경찰관이 신청한 영장의 청구 여부 결정에 관하여 필요한 경우에는 사법경찰관에게 보완수사를 요구할 수 있다(197조의2).

〈사법적 통제의 담보장치〉

형사소송법은 사법경찰관의 수사에 대한 검사의 사법적 통제를 담보하기 위해 다음의 규정을 두고 있다.

① 검사의 시정조치 요구에 사법경찰관이 정당한 이유 없이 따르지 않은 때에는 검찰총장 또는 각급 검찰청 검사장은 권한 있는 사람에게 해당 사법경찰관의 직무배제 또는 징계를 요구할 수 있다(197조의2 3항). ② 검찰총장 또는 각급 검찰청 검사장은 사법경찰관리의 수사과정에서 법령위반, 인권침해 또는 현저한 수사권 남용이 있었던 때에는 권한 있는 사람에게 해당 사법경찰관리의 징계를 요구할 수 있다(197조의3 7항). ③ 지방검찰청 검사장 또는 지청장은 불법체포·구속의 유무를 조사하기 위하여 검사로 하여금 매월 1회 이상 관할 수사관서의 체포·구속 장소를 감찰하도록 하고, 감찰하는 검사는 체포 또는 구속된 자를 심문하고 관계서류를 조사해야 하며, 대상자가 적법한 절차에 의하지 아니하고 체포 또는 구속된 것이라고 의심할 만한 상당한 이유가 있는 때에는 즉시 체포 또는 구속된 자를 석방하거나 사건을 검찰에 송치할 것을 명하여야 한다(198조의2).

(2) 공소와 재판

1) 공소제기

형사소송법은 검사에게 공소제기의 권한을 부여하고 있을 뿐 아니라(246조), 판사, 검사, 경무관급 이상 경찰의 직무관련 범죄(공수처법 3조 1항 2호)를 제외한 일반 사건에서 공소제기의 권한을 검사에게 독점시키는 기소독점주의를 채택하고 있다(246조). 또한 검사는 자기에게 부여된 공소제기의 권한을 행사함에 있어서 재량이 인정되는데, 이를 기소편의주의라고 한다(제247조).

2) 공소유지

검사는 공판절차에서 공소사실을 입증하는 등 공판절차의 진행에 주도적으로 관여한다. 이러한 검사의 권한을 공소유지권이라고 한다. 또한 검사는 제1심 판결 전까지 공소를 취소할 수 있는 권한도 지니고 있다(제255조).

(3) 재판결과 집행의 지휘감독

검사는 재판결과의 집행을 지휘·감독한다(460조). 그러한 방법의 하나로서 검사는 사형과 자유형의 집행을 위하여 형집행장을 발부할 수 있다(473조).

II. 사법경찰관리

1. 일반 사법경찰관리

(1) 사법경찰관

경무관, 총경, 경정, 경감, 경위는 사법경찰관으로서 범죄의 혐의가 있다고 사료하는 때에는 범인, 범죄사실과 증거를 수사한다(197조 1항). 구체적으로 형사소송법은 사법경찰관에게 강제수사인 체포(200조의2), 긴급체포(200조의3), 구속(201조), 압수·수색·검증(215조)과 임의수사인 피의자에 대한 출석요구와 진술청취(200조) 및 피의자신문(241조와 242조), 피의자 아닌 자에 대한 출석요구와 진술청취(221조 1항) 및 감정·통역·번역의 위촉(221조 2항) 등을 할 수 있도록 규정하고 있다.

(2) 사법경찰리

경사, 경장, 순경은 사법경찰리(司法警察吏)로서 수사를 보조한다(197조 2항). 사법경찰리는 자신의 직책으로 수사를 할 수 있는 것이 아니라 사법경찰관의 수사를 보조하는 지위에 있을 뿐이라는 점에서 사법경찰관과 구별된다. 하지만 구체적인 사건의 수사를 보조함에 있어서 피의자신문과 피의자신문조서의 작성을 담당할 수 있는바, 그러한 업무를 수행하는 사법경찰리를 '사법경찰관사무취급'이라고 한다.

〈검찰청 소속의 일반 사법경찰관리〉

형사소송법은 위의 사법경찰관리 이외에 검찰청 직원으로서 사법경찰관리의 직무를 행하는 자를 정할 수 있다고 규정한다(245조의9 1항). 이에 따라 검찰청법은 검찰의 수사서기관, 수사사무관, 마약수사사무관으로 하여금 검사의 지휘를 받아 수사를 행하도록 하고 있으며(검찰청법 46조 2항), 검찰의 서기, 마약수사서기, 검찰서기보, 마약수사서기보로 하여금 수사를 보좌하도록 규정하고 있다(검찰청법 46조 3항).

2. 특별 사법경찰관리

형사소송법은 삼림, 해사, 전매, 세무, 군수사기관 기타 특별한 사항에 관하여 사법경찰관의 직무를 행할 자와 그 직무의 범위를 법률로써 정하도록 규정한다(245조의10 1항). 이에 따라 사법경찰직무법이 그에 관한 규정을 두고 있다.

III. 피의자와 피고인

1. 피의자

(1) 피의자의 개념

피의자란 수사기관에 의해 범죄혐의를 받아 수사의 대상자로 취급되는 자를 말한다.

〈피내사자〉

피내사자(被內査者)는 수사기관이 범죄혐의가 있는지 알아보기 위해 조사하는 대상자이다. 용의자(容疑者)라고도 하는데, 아직 수사가 개시되지 않았다는 점에서 피의자의 전 단계라고 할 수 있다. 참고로, 내사사건의 종결처분은 수사기관의 내부적 처리이므로 재정신청이나 헌법소원의 대상이 아니라는 것이 판례의 입장이다(대법원 1991. 11. 5. 자 91모68 결정; 헌재 1990. 12. 26. 선고 89헌마277 결정).

(2) 피의자의 지위와 권리

피의자는 수사의 대상자이지만 단순히 형사절차의 객체에 머무는 것이 아니라 자신을 방어하는 주체로서의 지위를 함께 갖는다. 이를 보장하기 위해 헌법과 형사소송법은 피의자에게 여러 가지 권리를 부여하고 있는데, 그 중 가장 중요한 것이 진술거부권이다. 그런데 동 권리는 피고인에게도 공히 보장되는 것이므로 구체적인 내용은 피고인의 권리에 관한 항목에서 같이 설명하기로 한다.

2. 피고인의 개념과 특정

(1) 피고인의 개념

피고인은 공소제기의 대상자이다. 통상은 검사에 의해 공소가 제기된 자를 지칭하지만, 경찰서장이 즉결심판을 청구한 자도 피고인에 해당된다.

〈공동피고인〉

> 수인이 형사소송법 11조의 관련사건으로 연결되면 동일한 소송절차에서 재판받는 경우가 발생될 수 있다. 이 때 수인의 피고인을 공동피고인이라 하고, 그들 간에 서로 상대 피고인을 상피고인(相被告人)이라고 한다. 하지만 공동피고인은 단지 소송절차가 동일하다는 차원에서만 공동성을 지니는 것이지 소송효과까지 공유하는 것은 아니다. 공동피고인의 소송관계는 각 피고인마다 별도로 설정되기 때문에 그 중 일부에게 발생한 사유가 다른 공동피고인에게 영향을 미치지는 않는다. 다만 상소심에서 피고인의 이익을 위해 원심판결을 파기하는 경우에 파기이유가 공동피고인에게 공통되는 때에는 원심판결 파기의 효과가 다른 공동피고인에게도 미치는 예외가 인정될 뿐이다 (364조의2와 392조).

(2) 피고인의 특정

피고인은 공소의 대상자이므로, 누가 피고인인지는 공소장에 특정되기 마련이다. 따라서 대부분은 공소장에 피고인으로 기재된 자가 피고인이 된다. 다만 주의할 점은 공소장에 기재되는 피고인 특정의 사항이 피고인의 성명만이 아니라 주민등록번호와 주소 등을 포함하고 있으므로, 이를 종합적으로 고찰하여 피고인이 특정된다는 사실이다. 그리하여 만약 수사대상자가 위명(僞名)을 사용한 경우에는 성명 이외에 공소장에 기재된 피고인 특정사항을 종합적으로 검토하여 검사가 공소대상자로 생각한 자가 피고인으로 된다. 하지만 다음의 경우에는 문제가 발생한다.

1) 모든 특정사항을 모용한 경우

대상자가 성명뿐 아니라 모든 특정사항을 다른 사람의 것으로 모용(冒用)한 경우에는 과연 누가 피고인인지 문제된다. 즉 甲이 乙의 모든 특정사항을 모용함으로써 공소장에 乙이 피고인으로 특정된 경우이다. 이 때에는 형식적으로 피고인으로 표시된 乙과 검사가 실질적으로 피고인으로 상정하는 甲이 모두 피고인의 지위를 갖는 이중적 현상이 발생한다. 따라서 甲에 대하여 재판을 진행하고 乙을 절차에서 배제시켜주는 조치가 필요한데, 그 방법은 절차진행의 단계에 따라 다음과 같이 달라진다.

① 피모용자인 乙이 하등의 공판참여를 하지 않은 상태에서 모용의 사실이 밝혀지면 공소장 정정절차에 의해 피고인을 甲으로 정정함으로써 혼돈의 상황이 정리된다. 판례 역시 같은 입장이다(대법원 1993. 1. 19. 선고 92도2554 판결).

② 乙이 공판 참여를 한 상태에서 모용의 사실이 밝혀진 경우라면 처리가 조금 복잡해진다. 乙이 자기에게 송달된 약식명령에 대해 정식재판을 청구하였다든지, 정식재판의 심리에 출석한 경우 등이 그러한 사례인데, 이때에는 우선 乙에 대하여 공소기각의 판결을 선고함으로써 공판에 연루된 乙의 지위를 정리해 주어야 한다. 아울러 甲에 대해서는 공소장 정정의 조치를 취함과 동시에 새롭게 재판절차를 진행하면 된다. 즉, 약식명령정본과 피고인표시 정정결정을 甲에게 송달하여 정식재판 청구 여부를 다시 묻는다든지, 정식재판을 다시 진행해야 하는 것이다. 판례 역시 마찬가지 입장이다(대법원 1993. 1. 19. 선고 92도2554 판결).

③ 乙에 대해 유죄의 판결이 확정된 후에 모용의 사실이 밝혀졌다면, 피모용자인 乙의 지위를 정리해 주는 방법이 더욱 복잡해진다. ⓐ 전과말소신청을 통하여 그 내용을 바로 잡을 수 있다는 견해, ⓑ 재심청구를 통해 무죄판결을 해야 한다는 견해, ⓒ비상상고의 방법으로 원판결을 파기해야 한다는 견해 등이 제시되는바, 사안의 내용에 따라 乙에게 가장 유리한 방법이 사용되어야 할 것이다. 한편 甲에 대해서는 실질적인 심리에 참여했는지 여부에 따라 판결정정절차(400조)에 의해 확정된 판결을 甲에게 집행할 수도 있고, 새롭게 절차를 진행해야 하는 경우가 생겨날 수도 있다.

2) 위장 출석의 경우

공소장의 피고인 특정이 잘 되었더라도 다른 자가 공판정에 위장으로 출석하는 경우가 발생할 수 있다. 공소장에는 甲이 피고인으로 특정되었는데 공판정에 乙이 위장 출석하는 사안이다. 이 때에도 피고인으로 행동하고 있는 乙과 검사가 피고인으로 지정한 甲이 모두 피고인의 지위를 갖는 이중적 현상이 발생하므로 나름의 정리가 요구된다. 역시 절차단계에 따라 처리방법이 다음과 같이 달라진다.

① 인정신문의 단계에서 위장 출석의 사실이 밝혀지면 乙을 퇴정시키고 甲

을 소환하여 절차를 진행하면 된다.

② 乙이 공판 참여를 한 단계, 즉 사실심리의 단계에서 위장 출석이 밝혀진 경우라면 乙의 소송계속이 인정되므로 공소기각의 판결을 통해 乙의 지위를 정리해 주어야 한다. 물론 甲에 대해서는 새롭게 절차를 다시 진행해야 할 것이다.

③ 판결이 확정된 후에 위장 출석이 밝혀진 경우에 乙에 대한 구제방법으로는 ⓐ 재심설과 ⓑ 비상상고설이 제시된다. 참고로 乙의 이름으로 전과가 기재되는 것은 아니므로 전과말소는 의미가 없다. 그리고 甲에 대해서는 새롭게 절차가 진행되어야 하는데, 甲은 이미 피고인으로 특정되어 있으므로 새로운 공소제기는 요하지 않는다.

〈피고인 특정에 관한 학설대립〉

> 피고인 특정의 기준에 관하여 ⓐ 의사설(검사의 의사를 기준으로 한다는 견해), ⓑ 표시설(공소장의 기재내용을 기준으로 한다는 견해), ⓒ 행위설(피고인으로 행위하거나 피고인으로 취급된 자가 피고인이라는 견해) 등이 제시되어 왔지만, 오늘날에는 ⓓ 결합설에 입각하여 문제를 해결하는 것이 일반적인 견해이다. 위에서 설명한 모용과 위장출석 사안의 해결방법은 결합설을 따르고 있는데, 이에 의하면 甲이 실질적 피고인이고 乙은 형식적 피고인으로 취급된다.

3. 피고인의 당사자능력과 소송능력

(1) 당사자능력

당사자능력이란 형사소송법상 당사자로 될 수 있는 일반적·추상적 능력을 말한다. 검사는 국가기관이라는 점에서 당사자능력이 문제될 수 없고, 피고인의 당사자능력만이 문제된다.

형사절차상 피고인이란 형벌을 과하기 위해 소추된 자이므로 피고인이 될 수 있는 일반적·추상적 능력은 형벌을 받을 능력이 인정되는 자면 족하다. 따라서 자연인과 법인 나아가 법인격 없는 단체까지도 널리 당사자능력이 인정된다. 문제는 법인 기타 단체를 처벌하는 규정이 없는 경우에도 법인이나 단체에게 당사자능력을 인정할 수 있는가 하는 점인데, ⓐ 부정설(법인이나 단체는 범죄능력이 없으므로 처벌규정도 없다면 당사자능력을 인정할 필요가 없다는 견해)도 제시되지만 ⓑ 긍정설(처벌규정이 없더라도 향후 입법에 의해 처벌 가능성은 있으므로 당사자능력을 인정해 두자는 견해)이 다수의 견해이다. 명문의 처벌규정이 없는 사안에서 법인이나 단체가 기소된 경우, 그것의 처리방법에 관하여 부정설은 형식재판(후술하는 '처음부터 피고인에게 당사자능력이 없는 경우'의 재판형식)을 제시함에 반해 긍정설은 무죄판결(제325조)을 주장하게 될 것이다.

당사자능력은 소송조건의 하나이기 때문에 법원이 직권으로 조사해야 하며, 당사자능력의 흠결이 발견되면 법원은 공소기각의 재판을 해야 한다. 여기서 재판 형식이 문제되는데, 공소제기 후에 피고인의 당사자 능력이 없어진 경우에는 공소기각의 결정을 내려야 한다는 점에 이론이 없지만(328조 1항 2호), 처음부터 피고인에게 당사자 능력이 없었던 경우에는 ⓐ 형사소송법 327조 2호에 해당하여 공소기각의 판결을 내려야 한다는 견해도 제시되지만, ⓑ 형사소송법 328조 1항 2호를 준용하여 공소기각의 결정을 해야 한다는 견해가 다수설이다.

(2) 소송능력
1) 개념
소송능력이란 피고인이 유효하게 소송행위를 할 수 있는 의사능력을 말한다. 즉, 자신의 소송상 지위와 처지를 이해하고 그에 따라 행위를 할 수 있는 능력이다. 소송능력은 다음의 것들과 구별된다.

(가) 당사자능력과의 구별
당사자능력은 피고인이 될 수 있는 일반적·추상적 능력을 의미함에 반하여, 소송능력은 구체적인 소송행위를 유효하게 할 수 있는 능력이다. 따라서 소송능력은 반드시 당사자능력을 전제로 하여서만 인정될 수 있는 개념이다. 또한 당사자능력은 소송조건으로서 동 조건이 구비되지 못했을 경우 공소가 무효이고 공소기각의 재판이 내려져야 하지만, 소송능력은 피고인의 소송행위에 대한 유효요건에 불과하기 때문에 동 조건이 구비되지 못하여도 공소는 유효하며 단지 소송의 진행이 불가능하여 공판절차를 정지해야 하는 효력만 있을 뿐이다.

(나) 변론능력과의 구별
변론능력은 법정에서 변론할 수 있는 자격이다. 상고심에서는 변호사 아닌 자를 변호인으로 선임하지 못하며(386조) 변호인 아닌 자는 피고인을 위해 변론하지 못한다. 따라서 소송능력 있는 피고인이라도 상고심에서는 변론자격이 주어지지 않는데, 이러한 차원에서 변론능력은 소송능력과 구별된다.

(다) 책임능력과의 구별

책임능력은 범죄성립요건의 하나이다. 따라서 책임능력을 결한 경우에는 무죄판결을 선고해야 한다는 점에서 소송능력과 구별된다. 또한 책임능력은 범행시를 기준으로 판단하지만, 소송능력은 소송행위의 시점을 기준으로 판단한다.

2) 흠결의 효과

소송능력이 없다고 판단되면 공판절차를 정지해야 한다(306조 1항). 그러나 무죄, 면소, 형의 면제, 공소기각의 재판 등 피고인에게 유리한 재판을 할 것이 명백한 사건에서는 피고인에게 소송능력이 없는 경우에도 피고인의 출정 없이 재판할 수 있다(306조 4항).

4. 피고인의 소송법상 지위와 권리

(1) 당사자로서의 지위

피고인은 소송에서 검사에 대립하는 당사자로서의 지위를 가진다. 그러나 검사와 피고인의 당사자 지위는 그 특성이 다를 수밖에 없다. 검사가 공격하는 당사자라면 피고인은 방어하는 당사자이기 때문이다. 즉, 피고인은 수동적 당사자이다.

피고인은 당사자로서의 지위에 입각하여 소송절차참여권과 방어권을 가진다. 소송절차참여권에는 공판정 출석권(276조), 증인신문과 검증·감정 등에의 참여권(145조, 163조, 176조, 183조) 등이 있다. 방어권의 대표적인 것으로는 공소장부본을 송달받을 권리(266조), 공판기일의 변경신청권 및 지정신청권(270조, 법원조직법 12조의4), 공판조서의 열람등사권(55조), 진술거부권(283조의2), 이익 되는 사실을 진술할 권리(286조의2), 최후진술권(303조), 증거신청권(294조), 증거조사에 있어서의 의견진술권(293조)과 이의 신청권(296조), 변호인의 조력을 받을 권리(헌법 12조 4항) 등을 들 수 있다.

(2) 증거방법 및 절차대상으로서의 지위

1) 증거방법으로서의 지위

피고인의 임의의 진술은 증거능력이 인정되어 피고인에게 유리하거나 불리한 증거로 사용될 수 있다. 이는 피고인이 인적 증거방법의 하나로 사용될 수 있음을 의미한다. 또한 피고인의 신체는 검증이나 감정의 대상이 될 수 있으니, 피고인은 물적 증거방법이기도 한 셈이다.

2) 절차대상으로서의 지위

피고인은 소환, 구속, 수색 등 강제처분의 대상이 될 수 있다. 이렇게 강제처분의 대상이 되는 피고인의 지위를 절차대상으로서의 지위라고 한다.

(3) 진술거부권과 그에 대한 고지

1) 진술거부권의 의의

진술거부권이란 피고인이 형사절차에서 진술을 거부할 수 있는 권리를 말한다.[1] 구체적으로는 진술을 거부하더라도 그로 인해 불이익을 받지 않을 권리라고 할 수 있다. 진술거부권은 피고인의 인권을 보장하고 무기평등을 실현하려는 취지를 지니고 있으며, 헌법 12조 2항, 형사소송법 283조의2와 244조의3을 법적 근거로 한다.

2) 진술을 거부할 수 있는 범위

거부의 대상은 구두 및 서면의 모든 진술이다. 자기에게 불리한 진술에 제한되지 않고 유리한 진술도 거부할 수 있다는 점에 주의를 요한다. 이와 관련하여 다음의 사항이 문제된다.

(가) 인정신문에 대한 진술거부

인정신문에 대하여도 진술거부권이 인정되는지 문제된다. ⓐ 소극설(인정신문은 피고인에게 불이익한 진술이 아니므로 진술거부가 인정되지 않는다는 견해), ⓑ 적극설(진술거부권의 범위에는 제한이 없으므로 인정신문에 대해서도 진술을 거부할 수 있다는 견해), ⓒ 절충설(인정신문에 대한 진술이 범인임을 확인시켜 주거나 증거수집의 계기를 만들어 주는 경우에 한해서 진술거부가 인정된다는 견해) 등이 제시되는데, 적극설이 다수설이다.

(나) 기계적 측정에 대한 거부

기계에 의한 측정에 대해서도 진술거부권이 인정되는지 문제된다. 다음과 같이 해결하는 것이 일반적인 견해이다.

---

[1] 진술거부권은 피의자에게도 보장된다. 이하 진술거부권에 관한 내용에서 피의자와 피고인을 구별하지 않고 설명하는 항목에서는 피고인은 피의자를 포함한다.

① 지문과 족형의 채취, 신체측정, 신체검사, 사진촬영 등은 신체의 물리적·사실적 상태를 밝히는 것이므로 진술거부권이 적용되지 않는다. 음주측정 역시 신체의 물리적·사실적 상태를 밝히는 것이므로 진술거부권이 적용되지 않는다.
② 마취분석은 직접 진술을 얻어내는 것이므로 진술거부권이 적용되고, 성문분석(聲紋分析)의 경우에도 진술이 필수적으로 요구되므로 진술거부권이 적용된다.

3) 불이익 금지

불이익 금지는 진술거부권의 실질적 내용이다. 진술의 거부가 불이익한 처우로 연결된다면 진술거부의 의미가 상실되기 때문이다. 금지되는 불이익 처우의 내용에 관하여 적시할 사항은 다음과 같다.
① 불리한 심증 형성이 금지된다. 진술거부를 이유로 피고인에게 불리한 심증을 형성하면 안 된다는 것은 불이익 금지의 핵심적 내용이라고 할 수 있다.
② 진술거부를 양형의 참작자료로 사용할 수 있는지 문제된다. ⓐ 긍정설과 ⓑ 부정설이 대립되는데, 판례는 진술거부가 방어권 행사를 넘어서 진실발견을 적극적으로 숨기거나 법원을 오도하려는 시도에 기인한 경우에 한하여 가중적 양형의 조건으로 참작할 수 있다고 판시한다(대법원 2001. 3. 9. 선고 2001도192 판결).
③ 진술거부가 구속사유 또는 보석불허사유인 증거인멸의 염려에 해당되는지에 관해서도 ⓐ 긍정설과 ⓑ 부정설이 대립된다. 판례는 발견되지 않으나, 실무에서는 진술거부가 구속 여부에 영향을 미치기도 하는 것으로 알려진다.

4) 진술거부권 고지의 방법

수사기관과 법원의 재판장은 피의자와 피고인에게 진술거부권 있음을 고지해야 한다(244조의3과 283조의2 2항). 진술거부권의 고지는 신문 전에 명시적으로 행해져야 하는데, 구체적인 방법은 다음과 같다.
① 피의자에 대한 고지는 원칙적으로 1회 고지로 족하다. 하지만 신문 사이의 시간적 간격이 길거나 조사자가 바뀌면 다시 고지해야 한다. 고지에 대한 피의자의 답변은 조서에 기재해야 하는데, 방식은 피의자로 하여금 자필로 기재하게 하거나 수사기관의 기재에 피의자가 기명날인 또는 서명하도록 한다.
② 피고인에 대한 고지는 인정신문 이전에 1회 고지한다. 물론 공판절차가 갱신되면 다시 고지해야 한다.

5) 불고지의 효과

피의자에게 진술거부권을 고지하지 않고 받아낸 진술은 증거능력이 없다. 위법하게 수집된 증거이므로 증거능력이 배제되는 것이다(대법원 1992. 6. 23. 선고 92도682 판결). 재판장이 피고인에게 진술거부권을 고지하지 않은 상태에서 행한 피고인의 자백 역시 마찬가지이다.

5. 무죄추정의 원칙

(1) 무죄추정 원칙의 의의와 법적 근거

무죄추정의 원칙은 형사절차에서 피고인 또는 피의자가 유죄판결이 확정될 때까지 무죄로 추정된다는 원칙이다. 헌법 27조 4항이 "형사피고인은 유죄의 판결이 확정될 때까지 무죄로 추정한다."고 규정하여 동 원칙을 선언하고 있으며, 이를 이어받아 형사소송법 275조의2 역시 "피고인은 유죄의 판결이 확정될 때까지 무죄로 추정한다."고 규정한다. 명문으로는 '피고인'의 무죄추정이 규정되어 있지만, 그 대상은 피의자까지 포함한다는 것이 일반적인 견해이다. 무죄추정의 기간은 유죄판결이 확정될 때까지이므로, 1심이나 2심에서 유죄판결이 선고되었더라도 유죄판결의 확정 전에는 무죄의 추정이 유지된다.

(2) 무죄추정 원칙의 내용

1) 불구속 수사와 불구속 재판의 원칙

무죄추정의 원칙은 피의자에 대한 수사와 피고인에 대한 재판을 원칙적으로 불구속의 상태에서 진행하도록 요구한다. 구속은 그렇지 않을 경우 형사소송의 목적이 달성될 수 없는 상황에서만 최후의 수단으로 허용되는 것이다. 형사소송법은 특히 피의자 수사의 불구속 원칙에 대해서는 명문의 규정을 두고 있다(198조 1항).

2) 예단 배제의 원칙

예단의 배제 역시 무죄추정의 원칙에서 나오는 당연한 귀결이다. 이를 위해 형사소송규칙은 공소장일본주의를 규정하고 있으며(규칙 118조 2항), 형사소송법은 피고인의 형사절차에 관한 서류를 공익상 필요 기타 상당한 이유가 있지 않은 한 공판의 개정 전에 공개하지 못하도록 규정한다(47조).

3) 의심스러울 때에는 피고인의 이익으로

"의심스러울 때에는 피고인의 이익으로"라는 지침은 무죄추정 원칙의 핵심 내용이다. 유죄의 판단은 유죄의 확신에 기초해야 하며, 의심의 여지가 남는 경우에는 무죄의 판단을 해야 하는 것이다. 이는 곧 거증책임을 검사가 부담한다는 의미가 된다. 검사는 유죄의 판단을 받아내기 위해 적극적으로 유죄의 입증을 해야 하며, 법원의 유죄 확신을 얻어내지 못하면 무죄로 판단된다. 무죄의 판단을 위해 피고인이 적극적으로 자신의 무죄를 입증해야 하는 것이 아님에 주의를 요한다.

Ⅳ. 변호인과 보조인

1. 변호인의 의의와 진실의무

(1) 변호인의 의의

변호인은 피고인과 피의자의 방어력을 보충하는 보조자이다. 검사와 피고인을 양 당사자로 대립시키는 소송구조 하에서는 양 당사자 간에 실질적인 무기평등의 원칙이 이루어져야 형사소송의 적정절차 이념이 실현될 수 있다. 수사과정에서의 피의자 역시 수사기관과 대립하여 자신을 적절하게 방어할 수 있는 여건의 마련이 필요하다. 그러나 피고인과 피의자는 검사에 비하여 ① 법률지식이나 실무경험에서 문외한이고, ② 범죄의 혐의를 받고 있다는 심리적 위축감 때문에 제대로 자기방어를 해낼 수 없는 형편에 있다. 그리하여 검사와 대등한 자격을 가진 변호인으로 하여금 피고인과 피의자를 보조하도록 하는 것이 변호인제도의 취지이다.

〈실질적 변호〉

검사나 법원도 공적 기관이기 때문에 경우에 따라서는 피고인과 피의자의 이익을 고려해야 한다. 특히 직권주의 소송구조에서는 법원에 의한 피고인 보호가 더 강조될 수 있다. 여기서 법원과 검사가 피고인과 피의자를 위해 행하는 보호적 조치를 실질적 변호라고 한다.

(2) 변호인의 진실의무

변호인은 일차적으로 피고인과 피의자의 방어력을 보조하는 위치에 있지만 단순히 피고인과 피의자의 대리인 내지 고용인에 머무는 것이 아니라, 형사절차에서 독자적인 기관으로서의 지위를 가진다. 이러한 차원에서 변호인에게 부여된 의무가 바로 진실의무이다. 즉, 변호인은 아무리 피고인의 이익을 위한다고 하지만 그 직무를 수행함에 있어서 진실을 은폐하거나 허위의 진술을 하여서는 안 된다(변호사법 20조 2항).

하지만 변호인에게 부과되는 진실의무는 변호인이 작위적으로 진실을 은폐해서는 안 된다는 내용일 뿐이지 적극적으로 나서서 진실을 밝히라는 요청은 아니다. 즉, 변호인의 진실의무는 소극적 진실의무만을 의미하는 것이고 적극적 진실의무까지 요구하는 것은 아니다.

2. 사선변호인

(1) 선임권자

피고인 또는 피의자, 이들의 법정대리인·배우자·직계친족·형제자매 등은 모두 독립하여 변호인을 선임할 수 있다(30조 1항과 2항). 피고인 또는 피의자는 고유의 선임권자이고, 나머지는 선임의 대리권자이다. 후자의 선임 대리는 독립대리이므로 본인의 의사에 반하여 변호인을 선임할 수는 있으나 본인이 해임할 때에는 해임된다.

(2) 피선임자의 자격

변호인은 변호사 중에서 선임하여야 한다. 다만 대법원 이외의 법원에서는 특별한 사정이 있는 경우 법원의 허가를 얻어 변호사 아닌 자를 변호인으로 선임할 수도 있다. 하지만 대법원은 법률심인 상고심을 처리하는 곳이기 때문에 반드시 변호사 중에서 변호인을 선임해야 한다(31조).

〈변호인의 수〉

변호인의 수에는 제한이 없다. 수인의 변호인이 선임된 경우에는 신청에 의하거나 직권으로 3인을 초과하지 않는 범위 내에서 대표변호인을 지정할 수 있다(32조의2).

(3) 선임의 방식

선임자와 변호인이 연명날인한 선임서를 ① 소송제기 전에는 해당사건을 취급하는 검사 또는 사법경찰관에게 ② 공소제기 후에는 소송계속 중인 법원에 접수함으로써 선임이 이루어진다(32조). 변호인 선임행위는 이렇게 선임서의 제출로

써 성립되는 소송행위이며, 선임자와 변호인 간의 민사상 선임계약과는 구별된다
는 점에 주의를 요한다.

(4) 선임의 효과와 효력범위
1) 선임의 효과
선임의 효과로서 변호인에게 변호 업무의 수행에 필요한 여러 가지 권리가
부여된다. 구체적인 내용은 후술한다.

2) 사건의 효력범위
변호인의 선임은 사건을 단위로 한다. 즉, 하나의 사건마다 변호인 선임행위
가 있어야 한다. 물론 공소사실의 동일성이 인정되는 범위 내의 사건은 하나의
사건으로 취급되므로 변호인 선임의 효력이 당연히 미친다. 따라서 공소장변경에
의해 사건이 변경된 경우에도 선임의 효력은 유지된다. 문제는 하나의 사건에 대
하여 변호인이 선임되었는데 다른 사건이 병합 심리되는 경우에 그 사건에도 선
임의 효력이 미치는가 하는 점이다. 형사소송규칙은 피고인 또는 변호인이 다른
의사표시를 하지 않는 한, 변호인선임의 효력은 병합 심리된 다른 사건에도 미친
다고 규정한다(규칙 13조).

3) 심급의 효력범위
선임이 미치는 시간적 범위는 해당심급에 한한다. 물론 공소제기 전의 변호
인 선임은 제1심까지 효력이 있다. 여기서 상소의 경우 언제까지 변호인선임의
효력이 있는지 문제되는데, 단순히 그 심급에 있어서의 종국재판 선고 시까지만
이 아니라 상소로 인한 이심(移審)의 효력이 발생할 때까지라고 보는 것이 일반적
인 견해이다.

3. 국선변호인

(1) 국선변호인의 선정
1) 법적 근거
헌법 12조 4항은 스스로 피고인을 구할 수 없는 형사피고인에게 법률이 정
하는 바에 의하여 국가가 변호인을 붙여주도록 규정한다. 이를 받아 형사소송법
33조는 국선변호인 선정의 사유를 구체적으로 규정하고 있다. 항을 바꾸어 설명

한다.

2) 필요국선의 사유

피고인이 ① 구속된 때, ② 미성년자인 때, ③ 70세 이상인 때, ④ 농아자인 때, ⑤ 심신장애의 의심이 있는 때, ⑥ 사형, 무기 또는 단기 3년 이상의 징역이나 금고에 해당하는 사건으로 기소된 때, 변호인이 선임되지 않은 경우 법원이 직권으로 국선변호인을 선정한다(33조 1항). 필요적으로 선정되므로 이를 필요국선이라고 한다.

3) 재량국선의 사유

필요국선의 사유가 없더라도, 피고인의 연령·지능·교육정도 등을 참작하여 권리보호를 위해 필요하다고 인정하는 때에는 피고인의 명시적 의사에 반하지 아니하는 범위 안에서 법원이 직권으로 변호인을 선정한다(33조 3항). 권리보호를 위해 필요하다고 인정되는지 여부를 법원이 재량으로 판단하게 되므로 이를 재량국선이라고 한다. 피고인의 명시한 의사에 반하지 않아야 한다는 제한이 붙어 있다는 점도 주의를 요한다.

4) 청구국선의 사유

형사소송법은 필요국선과 재량국선의 사유 이외에도, 피고인이 빈곤 기타 사유로 변호인을 선임할 수 없는 경우에 국선변호인의 선정을 법원에 청구할 수 있도록 하고 있다(33조 2항). 피고인의 청구를 받아 법원이 선정하므로 청구국선이라고 한다.

5) 피의자에 대한 국선변호인 선정

형사소송법은 체포 또는 구속된 피의자에 대해서도 피고인에 관한 국선변호인 선정의 규정(33조)을 준용한다(214조의2 10항). 또한 그 연장선상에서 구속전피의자심문에서 심문할 피의자에게 변호인이 없는 경우에도 지방법원 판사로 하여금 직권으로 변호인을 선정하도록 규정한다(201조의2 8항 1문). 피의자 단계에서의 국선변호인 선정은 제1심까지 효력을 지닌다. 물론 구속전피의자심문에서의 국선변호인 선정은 피의자에 대한 구속영장 청구가 기각되면 효력이 소멸된다(201조의2 8항 2문).

(2) 국선변호인의 자격과 수

1) 국선변호인의 자격

국선변호인은 법원의 관할구역 안에 사무소를 둔 변호사와 관할구역 안에서 근무하는 공익법무관 또는 관할구역 안에서 수습 중인 사법연수생 중에서 선정한다(규칙 14조 1항). 하지만 관할구역 내에 해당자가 없거나 기타 부득이한 경우에는 인접한 관할구역 안의 변호사·공익법무관·사법연수생 중에서 선정하고, 그러한 해당자도 없거나 기타 부득이한 경우에는 법원의 관할구역 안에 거주하는 변호사 아닌 자 중에서 선정할 수도 있다(규칙 14조 2항과 3항). 실제로는 지방법원 또는 지원은 국선변호를 담당할 것으로 예정된 변호사·공익법무관·사법연수생 등을 일괄 등재한 '국선변호인 예정자명부'를 작성하여 선정업무를 수행하며(규칙 16조의2 1항), 경우에 따라서는 기간을 정하여 법원의 관할구역 안에 사무소를 둔 변호사 중에서 국선변호를 전담하는 변호사를 지정하기도 한다(규칙 15조의2).

2) 국선변호인의 수

국선변호인은 피고인 또는 피의자마다 1인을 선정한다. 다만, 사건의 특수성에 비추어 필요하다고 인정할 때에는 1인의 피고인 또는 피의자에게 수인의 국선변호인을 선정할 수 있고(규칙 15조 1항), 피고인 또는 피의자 수인 간에 이해가 상반되지 아니할 때에는 그 수인의 피고인 또는 피의자를 위하여 동일한 국선변호인을 선정할 수도 있다(규칙 15조 2항). 후자와 관련하여, 판례는 수인의 피고인 간에 이해가 상반된 사안에서 동일한 변호인을 국선변호인으로 선정하면 국선변호인의 조력을 받을 피고인의 권리를 침해하게 된다고 판시한 바 있다(대법원 2015. 12. 23. 선고 2015도9951 판결).

(3) 선정의 법적 성격

국선변호인 선정의 법적 성격을 어떻게 볼 것인가에 대해서는 ⓐ 재판설(국선변호인 선정행위를 해당 변호인의 동의 없이 법원이 행하는 단독의 의사표시라고 보는 견해), ⓑ 일방행위설(법원의 일방적 의사표시로 보기는 하나 해당변호인의 승낙이 필요하다는 견해), ⓒ 계약설(법원과 해당변호인의 계약이라는 견해) 등이 제시된다. 전 2자에 의하면 국선변호인은 마음대로 사임할 수 없지만, 후 1자에 의하면 사임의 재량이 인정된다. 형사소송규칙은 후술하는 바와 같이 국선변호인의 사임에 법원의 허가가 필요한 것으로 규정한다(규칙 20조). 판례 역시, 사선변호인의 선임은 변호인 선임권자와 변호인 간의 사법상 계약인 반면 국선변호인의 선정은 법원의 재판행위이므로, 양자는 그 성질이 다르다고 판시한다(대법원 2018. 11. 22. 선고 2015도10651 전원합의체 결정).

(4) 선정의 취소와 사임
1) 취소
법원 또는 지방법원 판사는 ① 피고인 또는 피의자에게 변호인이 선임된 때, ② 국선변호인이 자격을 상실한 때, ③ 국선변호인의 사임을 허가한 때에는 국선변호인의 선정을 취소해야 한다(규칙 18조 1항). 또한 ④ 국선변호인이 그 직무를 성실하게 수행하지 아니하는 때, ⑤ 피고인 또는 피의자의 국선변호인 변경신청이 상당하다고 인정하는 때, ⑥ 그 밖에 국선변호인의 선정결정을 취소할 상당한 이유가 있는 때에는 국선변호인의 선정을 취소할 수 있다(규칙 18조 2항). 법원이 국선변호인의 선정을 취소한 때에는 지체 없이 그 사실을 국선변호인과 피고인 또는 피의자에게 통지해야 한다(규칙 18조 3항).

2) 사임
국선변호인은 ① 질병 또는 장기여행으로 인하여 국선변호인의 직무를 수행하기 곤란한 때, ② 피고인 또는 피의자로부터 폭행이나 협박 또는 모욕을 당하여 신뢰관계를 지속할 수 없을 때, ③ 피고인 또는 피의자로부터 부정한 행위를 할 것을 종용받았을 때, ④ 그 밖에 국선변호인으로서의 직무를 수행하는 것이 어렵다고 인정할 만한 상당한 사유가 있을 때에는 법원 또는 지방법원 판사의 허가를 받아 사임할 수 있다(규칙 20조).

4. 변호인의 권리

(1) 권리의 종류
1) 포괄적 대리권
변호인에게는 성질상 대리할 수 있는 모든 소송행위에 관하여 피고인을 대리할 수 있는 포괄적 대리권이 주어진다(변호사법 3조). 즉, 일신 전속적 소송행위를 제외하고는 모든 소송행위에 대한 포괄적 대리권이 변호인에게 인정되는 것이다. 하지만 포괄적 대리권은 본인의 명시 또는 묵시의 의사에 반하여 할 수 없다는 한계를 지닌다. 포괄적 대리권의 대표적인 것으로는 관할이전의 신청, 관할

위반의 신청, 증거동의, 정식재판의 청구 등이 있다.

2) 독립대리권

변호인에게는 본인의 의사에 반하여 대리하는 것이 허용되는 독립대리권이 인정되기도 한다. 구속취소의 청구, 보석의 청구, 증거보전의 청구, 공판기일변경의 신청, 증거조사에 있어서의 이의신청, 기피신청, 상소제기 등이 그 예이다. 하지만 이 중에서 기피신청과 상소제기는 본인의 묵시적 의사에는 반할 수 있으나, 명시적 의사에 반하여 독자적으로 권한을 행사하지는 못하므로 주의를 요한다.

3) 고유권

변호인에게는 법조기관의 자격에서 가지는 고유의 권한도 주어진다. 피고인·피의자와의 접견·교통·수진권, 피의자신문에의 참여권, 압수수색영장 집행에의 참여권, 감정에의 참여권, 증거의 제출신청권, 증인신문에의 참여권, 증인신문권, 최종의견진술권, 소송계속중의 관계서류와 증거물의 열람·등사권, 증거개시 신청권, 상고심에서의 변호권 등이 그것이다. 이 중에서 접견·교통·수진권과 피의자신문 참여권은 항을 바꾸어 설명한다.

(2) 변호인의 접견·교통·수진권

변호인 또는 변호인이 되려는 자는 신체구속을 당한 피고인 또는 피의자와 접견하고 서류와 물건을 수수할 수 있으며 의사로 하여금 진료하게 할 수 있다(34조). 접견과 교통 및 수진은 변호활동을 위해 필수적으로 보장되어야 하는 기본 업무이다. 따라서 변호인의 접견·교통·수진권은 변호인의 고유권 중에서도 가장 기초적인 권리가 된다. 또한 변호인과의 접견·교통 및 수진의 권리는 피고인과 피의자에게도 방어활동을 위한 권리가 되므로(89조와 200조의6), 내용상으로는 양면적 권리의 성격을 지니고 있는 셈이다.

변호인의 접견·교통·수진권은 원칙적으로 제한이 허용되지 않는다. 특히 수사기관의 처분은 물론이고 법원의 결정으로도 제한할 수 없다. 이는 비변호인과 피의자 또는 피고인의 접견·교통이 법원의 결정으로 제한될 수 있음과 비교된다(91조와 200조의6). 하지만 법률에 의한 제한은 가능하며, 형집행법은 구금시설의 질서유지를 위해 접견시간대를 제한하고(형집행법 41조 4항), 무기나 도주도구 등의 수수를 금지하는(형집행법 92조) 규정을 두고 있다. 그 이외에 변호인의 접견·교통은 자유롭게 행해지고 비밀이 보장되어야 하므로, 접견에 타인이 입회하거나 감시할 수 없으며, 수수한 서류나 물건을 압수하는 것도 허용되지 않는다.

(3) 변호인의 피의자신문참여

검사 또는 사법경찰관은 피의자 또는 그 변호인·법정대리인·배우자·직계친족·형제자매의 신청에 따라 변호인을 정당한 사유가 없는 한 피의자에 대한 신문에 참여하게 해야 한다(243조의2 1항). 신문의 대상인 피의자에는 구속된 피의자뿐 아니라 불구속 상태의 피의자가 포함된다. 아울러 법문은 검사 또는 사법경찰관에게 변호인을 피의자신문에 참여하게 해야 한다고 규정하지만, 그 의미는 참여를 허용해야 한다는 뜻으로 새기는 것이 일반적인 견해이다.

하지만 정당한 사유가 있는 경우에는 변호인의 참여가 제한될 수 있는데, 판례는 여기서의 정당한 사유란 변호인이 피의자신문을 방해하거나 수사기밀을 누설할 염려가 있음이 객관적으로 명백한 경우를 말하는 것이라고 판시한다(대법원 2008. 9. 12. 자 2008모793 결정). 따라서 신문에 참여한 변호인이 신문을 부당하게 제지 또는 중단시키거나 피의자의 특정한 답변을 유도하거나 피의자의 진술을 번복하게 하는 경우 및 신문내용을 사적으로 촬영·녹음하는 경우에는 참여가 제한될 수 있지만, 수사기관이 피의자신문을 하면서 변호인에게 피의자로부터 떨어진 곳으로 옮겨 앉으라고 지시를 한 다음 지시에 따르지 않았음을 이유로 참여를 제한하는 것은 허용되지 않는다(대법원 2008. 9. 12. 자 2008모793 결정). 변호인이 피의자에게 진술거부권을 행사하도록 권유하는 것 역시 참여제한의 사유로 인정될 수 없다는 것이 일반적인 견해이다. 진술거부권은 헌법에 의해 보장된 피의자의 권리이기 때문이다.

참여 변호인의 선정과 관련하여, 신문에 참여하고자 하는 변호인이 2인 이상인 때에는 피의자가 신문에 참여할 변호인 1인을 지정하고, 지정이 없는 경우에는 검사 또는 사법경찰관이 참여 변호인을 지정할 수 있다(243조의2 2항). 신문에 참여한 변호인은 신문 후 의견을 진술할 수 있을 뿐 아니라, 신문 중이라도 부당한 신문방법에 대하여 이의를 제기할 수 있고, 검사 또는 사법경찰관의 승인을 얻어 의견을 진술할 수 있다(243조의2 3항). 변호인의 의견이 기재된 피의자신문조서는 변호인에게 열람하게 한 후 변호인으로 하여금 그 조서에 기명날인 또는 서명하게 해야 함은 물론이다(243조의2 4항).

〈수사기관의 변호인에 대한 후방착석요구행위의 위헌성(헌재 2017. 11. 30. 선고 2016헌마503 결정)〉

변호인이 피의자신문에 참여하면서 피의자 옆에 앉으려고 하자, 검찰수사관이 '피의자 후방에 앉으라'고 요구하였다. 검찰수사관이 후방착석을 요구한 근거는 2005. 6. 20. 시행된 대검찰청 지침 '변호인의 피의자신문 참여 운영 지침' 5조 1항이었다. 변호인은 검찰수사관의 후방착석요구행위가 헌법을 위반한 공권력행위라고 주장하면서 헌법소원심판을 청구하였다. 따라서 심판대상은 변호인의 피의자신문 참여 운영 지침' 5조 1항이 변호인의 기본권을 침해하여 헌법에 위반되는지 여부이다. 헌법재판소의 판시는 다음과 같다. "1. 변호인의 피의자 및 피고인을 조력할 권리 중 그것이 보장되지 않으면 그들이 변호인의 조력을 받는다는 것이 유명무실하게 되는 핵심적인 부분은 헌법상 기본권으로서 보호되어야 한다. 2. 형사절차에서 피의자신문의 중요성을 고려할 때, 변호인이 피의자신문에 자유롭게 참여할 수 있는 권리는 헌법상 기본권인 변호인의 변호권으로서 보호되어야 한다. 3. 피의자신문 시 변호인이 피의자의 옆에서 조력하는 것은 변호인의 피의자신문참여권의 주요부분이므로, 수사기관이 피의자신문에 참여한 변호인에 대하여 후방착석을 요구하는 행위는 변호인의 피의자신문참여를 제한함으로써 헌법상 기본권인 변호인의 변호권을 제한한다."

5. 보조인(輔助人)

보조인이란 일정한 신분관계에 의한 정의(情誼)에 기초하여 피고인 또는 피의자의 이익을 보호하는 자를 말한다. 신분관계에 기한 정의의 발현이라는 점에서 법률전문가로서의 보조자인 변호인과 구별된다.

형사소송법은 피고인 또는 피의자의 법정대리인·배우자·직계친족·형제자매가 보조인이 될 수 있다고 규정한다(29조 1항). 보조인은 선임의 필요가 없이 보조인이 되려는 자가 심급별로 그 취지를 신고하면 족하다(29조 2항). 보조인의 신고효력이 심급에 제한됨은 물론이다. 또한 보조인에게는 변호인과 같은 광범한 권한이 인정되지 않으며, 보조인은 피고인 또는 피의자의 명시한 의사에 반하지 아니하는 소송행위를 독립하여 할 수 있을 뿐이다. 물론 이 경우도 법률에 다른 규정이 있을 때에는 그렇지 않다(29조 3항).

2장 1절 퀴즈

2.1.1 A는 선거법위반혐의로 선관위로부터 수사의뢰되었다. 검사 B는 사건을 수사한 결과 증거를 충분히 확보하였으나 정책적인 고려에 입각하여 기소유예처분을 내리기로 하였다. 하지만 검사장 甲은 해당 사건을 기소해야 한다고 판단하고 있다. 이 때 甲이 자기의 의사를 관철시키기 위하여 취할 수 있는 조치는 무엇인가?

2.1.2 甲은 음주운전사고로 수사를 받던 중 평소 가지고 있던 乙의 운전면허증을 제시하면서, 乙의 모든 인적 사항을 모용하였다. 검사는 乙을 약식으로 기소하였고, 법원은 乙에게 약식명령을 송달하였다. 그러자 乙이 정식재판을 청구하였고 재판 진행 중 모용사실이 밝혀졌다. 검사와 법원은 각기 어떤 조치를 취해야 하는가?
힌트 : 대법원 1993. 1. 19. 선고 92도2554 판결

2.1.3 검사 A는 3년 전에 수사를 중지한 미제(未濟) 살인사건의 단서를 포착하고 甲을 범인으로 지목하여 甲의 집에 가서 그 곳에 있는 사람을 체포하였다. 그런데 그는 자기가 甲이 아니며, 甲은 2년 전에 죽은 자기의 쌍둥이 동생이라고 주장하였다. 하지만 A는 그 사람이 甲이라는 확신을 갖고 그를 기소하였다. 이에 기소된 피고인은 공판정에서 진술거부권을 행사하기로 마음먹었다. 다음의 물음에 답하시오.
(1) 위의 피고인은 인정신문에서부터 진술거부권을 행사할 수 있는가?
(2) 피고인의 진술거부는 양형 과정에서 피고인에게 불리한 사유로 고려될 수 있는가?
힌트 : 대법원 2001. 3. 9. 선고 2001도192 판결

2.1.4 2015. 7. 23. 피고인에게 약식명령이 송달되었다. 정식재판청구 기간의 말일인 2015. 7. 30. 피고인의 변호인이 자신의 명의로 정식재판청구서를 제출하면서 변호인선임신고서의 사본을 첨부하였다. 그러자 접수담당 공무원이 변호인선임신

고서가 사본임을 이유로 정식재판청구서의 접수를 거절하였다. 피고인의 변호인은 다음 날 변호인선임신고서의 원본을 첨부하여 정식재판청구서를 다시 제출하였다. 하지만 1심 법원은 정식재판청구의 기간이 경과하였음을 이유로 기각결정을 내렸다. 1심 법원의 기각결정은 타당한가?

힌트 : 대법원 2005. 1. 20. 자 2003모429 결정

2.1.5 다음 〈보기〉에 적시된 것은 변호인의 권리이다. 이 중에서 피고인의 의사에 반하여서도 행사할 수 있는 것을 고르고, 그 이유를 설명하시오.

〈보기〉

○ 관할이전신청권	○ 보석청구권
○ 상소제기권	○ 증거개시신청권

2.1.6 구속된 피의자 S는 변호인과의 1차 접견에서 변호인으로부터 '피의자에게는 진술거부권이 있다'는 조언과 함께 적극적으로 '향후 일체의 진술을 거부하라'는 권고를 받고, 수사검사의 신문에 대하여 진술을 거부하였다. S가 진술을 거부하게 된 경위를 확인한 검사는 '변호인이 수사를 방해한다'는 이유 등으로 그 후 신청된 S와 변호인 간의 2차 접견을 금지하였다. 검사의 2차 접견 금지처분의 적법성을 논하고 위법할 경우 구제방법을 논하시오.

힌트 : 대법원 2007. 1. 31. 자 2006모656 결정

🔷 퀴즈풀이

2.1.1

甲(검사장)이 취할 수 있는 조치는 'B(수사검사)에 대한 조치'와 '사건에 대한 조치'로 나눌 수 있다. 우선 甲은 B에게 ① 공소제기 명령을 내릴 수 있다. 검사장은 소속공무원을 지휘·감독하며(검찰청법 21조 2항), 검사는 검찰사무에 관하여 소속상급자의 지휘·감독에 따르도록 되어 있기(검찰청법 7조 1항) 때문이다. 하지만 공소제기명령은 내부적으로만 효력을 가진다는 한계를 지닌다. 그래서 B가 甲의 명령에 위반하여 기소유예처분을 내린다면 그 처분은 대외적 효력을 지닌다. 이 때 甲은 B에게 ② 징계처분을 내릴 수 있다(검찰청법 36조 1항). 물론 징계조치는 사후처분이라는 점에서 이를 통해 甲의 의지가 관철되는 것은 아니다. 따라서 甲은 사건 자체에 대한 조치를 병행할 필요가 있다. ③ 직무승계권 내지 직무이전권의 행사가 가장 좋은 방법이다. 검사장은 소속검사의 직무를 자신이 처리하거나 다른 검사로 하여금 처리하게 할 수 있다(검찰청법 7조의2 2항). 따라서 甲은 해당 사건에 대한 직무를 자신이 승계하거나 다른 검사에게 이전시켜서 기소하면 된다. 이 조치는 B가 기소유예처분을 이미 내린 단계에서도 가능하다. 기소유예처분에 일사부재리의 효과가 인정되지 않기 때문이다.

2.1.2

우선 검사는 ① 공소장 정정을 통해 피고인을 甲으로 고쳐 기재(표시변경)하면 된다. 공소장 변경의 절차가 필요하지 않음에 주의를 요한다. 그리고 나면 법원은 ② 乙에 대하여 형사소송법 327조 2호에 의거하여 공소기각 판결을 선고하면서 ③ 甲에게는 약식명령정본과 피고인표시 정정결정을 송달하여 정식재판 청구여부를 물으면 된다. 만약 검사가 공소장 정정의 조치를 취하지 않고 있다면 ④ 재판장이 석명권을 행사하여 피고인을 명확히 하도록 요구할 필요가 있다.

2.1.3

(1) 원칙적으로 피고인은 공판절차의 전 과정을 통하여 언제든지 진술거부권을 행사할 수 있다. 하지만 과연 인정신문 단계에서도 진술거부권을 행사할 수 있는지에 대하여는, ⓐ 소극설(인정신문 자체는 불이익한 진술이 아니므로 진술거부권이 인정되지 않는다는 견해)과 ⓑ 적극설(진술거부권의 대상이 되는 진술에는 제한이 없다는 견해) 및 ⓒ 절충설(피고인이 성명, 직업 등을 진술함으로써 범인임이 확인되거나 증거수집의 기회를 제공하는 경우에 한하여 진술거부권이 인정된다는 견해)이 제시된다. 그러나 형사소송법은 진술거부권의 고지를 인정신문 전에 하도록 명기함으로써(283조의2 2항)

적극설을 취하는 것으로 해석된다. 이에 따르면 피고인은 인정신문에서도 진술거부권을 행사할 수 있다.

(2) 피고인에게는 진술거부권이 인정되므로 진술거부를 이유로 사실인정에서의 불이익추정은 금지된다. 문제는 진술거부권의 행사를 양형상 불리한 사유로 고려할 수 있는지 여부이다. ⓐ 부정설(법원은 피고인에게 진실의무를 부담시킬 수 없으므로 진술거부권을 양형상 불이익하게 고려할 수 없다는 견해)도 제시되지만 ⓑ 긍정설(범인의 개전의 정 및 회오 등을 판단하는 근거로 사용할 수 있다는 견해)이 다수의 견해이다. 이에 따르면 양형과정에서는 피고인의 진술거부가 피고인에게 불리하게 사용될 수 있다.

2.1.4
제기될 수 있는 쟁점을 모두 추출하여 설명하면 다음과 같다. ① 접수담당 공무원의 접수 거절은 타당한가? 그렇지 않다. 접수담당 공무원에게는 접수 거절의 권한이 없다. 따라서 최소한 정식재판청구서는 2015. 7. 30일에 기간에 맞추어 접수된 것으로 취급된다. ② 변호인선임신고서의 사본은 효력이 있는가? 그렇지 않다. 원본이어야 변호인 선임의 효력을 지닌다. 따라서 2015. 7. 30일에는 서류의 접수가 인정되더라도, 정식재판청구서만 효력을 지닐 뿐이다. 그런데 그것이 변호인 명의이니, 변호인 선임의 효력이 수반되지 않는 한 의미를 갖지 못한다. ③ 다음 날의 접수는 받아들여질 수 있는가? 그렇지 않다. 기간이 경과된 접수이기 때문이다. ④ 다음 날 제출된 변호인선임신고서의 원본이 2015. 7. 30일에 접

수가 인정된 변호인 명의의 정식재판청구서의 하자를 치유할 수 있는가? 그렇지 않다. 기간 경과 후에 제출된 변호인선임신고서는 그 전에 변호인 명의로 제출된 정식재판청구서의 하자를 치유하지 못한다. 따라서 결론적으로 제1심 법원의 기각결정은 타당하다는 것이 판례의 판시이다(대법원 2005. 1. 20. 자 2003모429 결정).

2.1.5
보석청구권(94조)과 증거개시신청권(266조의3)은 변호인이 피고인의 의사에 반하여 행사할 수 있는 권리이다. 전자는 독립대리권이고 후자는 고유권이기 때문이다. 반면에 상소제기권은 독립대리권이기는 하지만, 피고인의 명시한 의사에 반하여 행사하지 못한다(341조 2항). 관할이전신청권(15조)은 변호인이 갖는 피고인에 대한 포괄적 대리권의 내용이기 때문에 피고인의 명시한 의사뿐 아니라 묵시적 의사에도 반하여 행사될 수 없다.

2.1.6
(1) 변호인에게는 변호사법이 정하는 바에 따라서 이른바 진실의무가 인정된다[변호사법 24조(품위유지의무 등) 1항: 변호사는 그 품위를 손상하는 행위를 하여서는 아니 된다. 2항: 변호사는 그 직무를 수행할 때에 진실을 은폐하거나 거짓 진술을 하여서는 아니 된다]. 그러나 변호인이 신체구속을 당한 사람에게 법률적 조언을 하는 것은 그 권리이자 의무이므로 변호인이 적극적으로 피고인 또는 피의자로 하여금 허위진술을 하도록 하는 것이 아니라 단순히 헌법상 권리인 진

술거부권이 있음을 알려 주고 그 행사를 권고하는 것을 가리켜 변호사로서의 진실의무에 위배되는 것이라고는 할 수 없다(대법원 2007. 1. 31. 자 2006모656 결정).

(2) 검사의 접견금지처분에 대하여 변호인은 준항고(법 417~419조)로 그 취소를 구할 수 있다.

제2절   소송행위

I. 소송행위의 의의와 종류

1. 의의

소송행위란 소송절차를 조성하는 행위로서 일정한 소송법적 효과가 인정되는 행위를 말한다. 분설하면 다음과 같다.

① 소송행위는 소송절차를 조성하는 행위이다. 법관의 기피를 허가하는 결정이나 법관의 임명은 모두 법원의 구성에 관계되는 행위이다. 그러나 전자는 소송절차를 조성하므로 소송행위이지만, 후자는 그렇지 않다.

② 소송행위에는 일정한 소송법적 효과가 인정된다. 공소제기와 재판 등의 법률행위는 물론 공판정 출두와 같은 사실행위도 소송법적 효과가 부여되는 행위이기 때문에 소송행위로 취급된다. 하지만 정리의 법정정리나 개정준비행위 등은 소송의 진행에 기여하는 행위이더라도 소송법적 효과가 인정되지 않으므로 소송행위가 아니다.

〈이중 기능적 소송행위〉

> 소송법적 효과가 부여되는 소송행위이면서 실체법적 효과도 부여되는 행위를 이중 기능적 소송행위라고 한다. 자수가 대표적이다. 자수는 소송법적으로는 수사의 단서로 취급되는 소송행위이면서 실체법적으로는 형 감면의 사유이기 때문이다.

2. 종류

(1) 주체에 의한 분류

1) 법원의 소송행위

법원이 하는 소송행위의 대표적인 것은 재판이다. 재판을 위해서 행하는 강제처분과 증거조사 역시 법원이 행하는 중요한 소송행위이다. 재판장의 소송행위나 수명법관 및 수탁판사의 소송행위도 법원의 소송행위에 준하여 취급된다. 나아가 구속영장발부와 같은 판사의 소송행위라든지 법관 이외의 법원기관이 행하

는 조서작성행위나 송달행위 등도 모두 넓은 의미에서 법원의 소송행위라고 할
수 있다.

2) 당사자의 소송행위

검사와 피고인의 소송행위를 말하며, 피고인의 변호인·대리인·보조인의 소
송행위도 피고인의 소송행위에 준한다. 당사자의 소송행위는 성질상 다음과 같이
구분된다.

① 신청이나 청구는 형사사법기관에 대하여 일정한 행위를 요구하는 소송행
위이다. 관할이전의 신청, 기피신청, 공소의 제기, 상소의 제기, 보석의 청구 등이
그러하다. 신청이나 청구가 당사자의 권리로 인정되는 경우에는 그에 대해 법원
은 반드시 재판을 해야 한다.

② 진술 및 주장은 법원에 대하여 사실을 보고하거나 의견을 제시하는 소송
행위이다. 검사의 논고와 구형, 변호인의 변론, 피고인의 진술 등을 예로 들 수
있다.

③ 입증은 범죄사실의 존부여부를 증명하는 소송행위이다. 증거제출, 증인신
문 등이 대표적인 것이다.

3) 제3자의 소송행위

법원과 당사자 이외의 자가 하는 소송행위이다. 고소, 고발, 증언, 감정 등이
이에 해당한다.

(2) 성질에 의한 분류

1) 법률행위적 소송행위

법률행위적 소송행위는 소송주체의 의사표시가 포함되어 있는 소송행위이
다. 하지만 부여되는 효과의 내용이 의사표시에 따르는 것이 아니라 소송법상 주
어지는 효과일 뿐이라는 점에서 민법의 법률행위와는 구별된다. 법률행위적 소송
행위의 예로는 고소, 고발, 공소의 제기, 재판의 선고, 상소의 제기 등을 들 수 있다.

2) 사실행위적 소송행위

소송주체의 의사를 포함하지 않는 소송행위가 사실행위적 소송행위이다. 그
렇더라도 소송행위이므로 일정한 소송법적 효과는 부여된다. 증인의 증언, 서류

의 송달 등이 사실행위적 소송행위의 예이다.

〈여효적(與效的) 소송행위와 취효적(取效的) 소송행위〉

　　양자 모두 법원 이외의 자가 행하는 소송행위인데, 효과부여의 요건을 기준으로 구별된다. 여효적 소송행위는 행위자의 소송행위만으로 곧바로 소송법적 효과가 발생되는 반면, 취효적 소송행위는 곧바로 소송법적 효과가 발생되지 않고 법원의 소송행위를 통하여 소송법적 효과가 취득되는 소송행위이다. 여효적 소송행위의 예로는 상소포기와 상소취하, 고소취소, 약식명령에 대한 정식재판청구의 취하 등을 들 수 있다. 반면 기피신청, 관할위반의 신청, 증거신청, 증거조사에 대한 이의신청 등은 취효적 소송행위의 예이다.

(3) 목적에 의한 분류

1) 실체형성행위

사건의 실체에 관해 법관의 심증형성에 영향을 주는 소송행위가 실체형성행위이다. 증거조사, 증언, 당사자의 변론 등이 대표적인 것이다.

2) 절차형성행위

절차형성행위란 절차상의 법률관계 형성에만 영향을 주는 소송행위를 말한다. 법관의 기피신청, 공소의 제기, 기일변경의 신청, 상소의 제기 등이 그러하다.

II. 소송행위의 요소

1. 주체의 측면

(1) 소송능력

소송능력은 소송행위를 유효하게 할 수 있는 의사능력이다. 따라서 피의자·피고인의 소송능력은 자기의 소송상 지위와 이해관계를 이해하고 그에 따라 방어행위를 할 수 있으면 인정된다. 민법의 행위능력이 없더라도 인정될 수 있다는 점에 주의를 요한다. 피해자나 제3자의 경우에도 의사능력이 있으면 소송능력이 인정된다는 것이 판례의 판시이다(대법원 2009. 11. 19. 선고 2009도6058 판결).

〈미성년자인 피해자의 처벌희망 여부에 대한 의사표시〉

> 의사능력이 있는 피해자는 반의사불벌죄에서 처벌불원 내지 처벌희망의 의사표시를 단독으로
> 할 수 있다. 따라서 피해자가 미성년자라도 처벌희망 여부의 의사표시에 법정대리인의 동의를 요
> 하거나 법정대리인이 의사표시를 대리해야 하는 것은 아니다(대법원 2009. 11. 19. 선고 2009도
> 6058 판결).

(2) 행위적격(行爲適格)

행위적격이란 소송주체가 자기 이름으로 소송행위를 할 수 있는 자격을 말
한다. 재판은 법관이 해야 한다든지 고소는 고소권자가 해야 한다는 등의 요건이
그것이다. 행위적격은 소송행위의 성립요소 내지 개념요소가 되는 경우와 유효요
소가 되는 경우로 구분된다. 법관에 의한 재판이라든지 검사의 공소제기는 성립
요소로서의 행위적격이지만, 고소권자의 고소는 유효요소로서의 행위적격이다.
전자를 흠결하였을 때에는 소송행위가 불성립하고, 후자가 흠결되었을 때에는 소
송행위가 무효이다.

(3) 소송행위의 대리

법원과 검사의 소송행위에서는 대리의 문제가 애당초 발생되지 않는다. 그
러한 소송행위는 법률로 소송행위의 주체가 엄격히 제한되기 때문이다. 또한 법
원이나 검사 이외의 자의 소송행위라 하더라도 사실행위적 소송행위는 대리로
행해질 수 없다. 사실행위적 소송행위는 의사표시를 내용으로 하지 않으므로 대
리의 의미가 없다. 따라서 대리가 문제되는 경우는 '법원이나 검사 이외의 자가
하는 법률행위적 소송행위'이다. 그리고 이 경우에도 형사소송법이 명문으로 대
리를 인정하는 경우에는 논란의 여지가 없으므로, 결국 소송행위의 대리를 인정
할 것인지의 논란은 명문의 규정이 없는 경우로 한정된다. 학설은 ⓐ 긍정설과
ⓑ 부정설이 대립되며, 판례는 부정설을 취한다(대법원 2010. 11. 11. 선고 2010도11550
판결). 부정설의 주요 논거는 다음과 같다. ① 소송행위에서 대리를 허용하면 절
차의 확실성을 해할 우려가 있다. ② 소송행위는 일신전속적 성격이 강하므로 일
반적으로 대리에 친하지 못하다. ③ 대리인에 의한 소송행위는 실체적 진실발견
에도 도움이 안 된다. ④ 형사소송법이 일정한 경우에 대리를 허용하는 것은 그
렇지 아니한 경우에 대리가 허용되지 않는다는 취지이다.

〈법률이 허용하는 경우〉

　　법률이 명문으로 대리를 허용하는 경우를 정리하면 다음과 같다. ① 포괄적 대리를 인정하는 경우가 있다. 형법 9조 내지 11조의 적용을 받지 않는 범죄사건에서 피의자·피고인이 의사능력이 없을 때 법정대리인에게 소송행위를 대리할 수 있게 한 규정(26조), 법인인 피의자·피고인의 대표가 행하는 소송행위의 대리 규정(27조), 경미사건 등에서 피고인의 대리인에 의한 소송행위 대리 규정(277조) 등이 그러하다. ② 특정한 소송행위에 대해 대리를 허용한 경우로는 고소 또는 고소취소의 대리(236조), 재정신청의 대리(264조), 상소의 대리(340조와 341조) 등을 들 수 있다.

2. 내용의 측면

　　소송행위는 형식적 확실성이 강하게 요청되기 때문에 원칙적으로 그 내용이 해당 소송행위 자체에 명확히 표시되어야 한다. 다만 형식적 확실성을 해하지 않는 범위 내에서 다른 서류에 기재된 내용을 참조하라는 형태로 소송행위 관련 서류의 작성이 허용되는 경우가 있는데, 동시제출서류를 인용하는 것이 그 예이다.

　　또한 소송행위는 부관에 친하지 않기 때문에 소송행위에 조건을 붙이는 것은 원칙적으로 허용되지 않는다. 특히 상소의 제기나 취하, 재판 등에는 조건을 붙일 수 없다. 하지만 공소장의 예비적·택일적 기재, 조건부 또는 택일적 증거신청 등은 허용되므로 주의를 요한다.

3. 방식의 측면

(1) 원칙

　　소송행위의 방식은 실체형성행위의 경우 구두주의가 원칙이고, 절차형성행위는 서면주의가 원칙이다. 실체형성행위는 왜곡됨이 없이 내용이 전달되어야 하고, 절차형성행위는 형식적 확실성이 담보되어야 하기 때문이다. 또한 공판정에서는 원칙적으로 국어를 사용해야 하며, 소송관계인이 국어에 통하지 못한 경우에는 통역을 사용한다(법원조직법 62조).

(2) 소송서류

1) 소송서류의 의의와 종류

　　소송서류는 특정의 소송절차에서 작성되거나 제출된 일체의 서류이다. 소송서류에는 공소장, 고소장, 상소장, 변호인선임계 등과 같이 일정 의사표시가 담겨 있는 의사표시적 서류와 신문조서, 검증조서, 공판조서 등과 같이 일정 사실을 보고하는 문서인 보고적 서류가 있다. 또한 소송서류는 공무원이 작성하는 서류와 비공무원이 작성하는 서류로 구분될 수도 있다. 공무원이 작성하는 서류는 원칙적으로 작성년월일과 소송 공무소를 기재하고 기명날인 또는 서명을 해야 하며, 간인 또는 그에 준하는 조치도 요구된다(57조).

〈조서(調書)〉

보고적 서류 중에서 일정한 사실 또는 절차를 인증하기 위해 작성된 공권적 문서를 조서라고 한다. 공판조서, 신문조서, 진술조서, 검증조서 등이 이에 해당한다. 공판조서는 공판기일의 소송절차에 참여한 법원사무관 등이 형사소송법 51조 2항에 기재된 사항과 행해진 모든 소송절차를 기재한 서류이고, 신문조서와 진술조서는 수사기관 등이 피의자나 참고인을 조사하여 작성한 서류이며, 검증조서는 법원이나 수사기관이 검증의 결과를 기재한 서류이다.

2) 소송서류의 송달

소송서류는 당사자 또는 소송관계인에게 송달되어야 한다. 송달은 법률에 규정된 일정한 방식에 따라 행해져야 하며, 공증의 효과가 강제적으로 부여된다. 따라서 상대방에게 도달하기만 하면 되는 통지, 교부, 송부 등과 구별된다. 송달과 관련하여 형사소송법이 규정하고 있는 내용을 정리하면 다음과 같다.

① 피고인·대리인·대표자·변호인 또는 보조인이 법원소재지에 서류의 송달을 받을 주거나 사무소를 두지 아니한 때에는 법원소재지에 주거 또는 사무소가 있는 자를 송달영수인으로 선임하여 연명한 서면으로 신고해야 한다(60조 1항). 이렇게 선임된 송달영수인은 송달에 관하여 당연히 본인으로 간주된다(60조 2항).

② 법원소재지에 주거나 사무소를 두지 않았으면서 송달영수인의 선임도 신고하지 않은 경우에는 법원사무관 등이 서류를 우체에 부치거나 기타 적당한 방법에 의하여 송달할 수 있다(61조 1항). 서류를 우체에 부친 경우에는 도달된 때에 송달된 것으로 간주한다(61조 2항).

③ 검사에 대한 송달은 소속검찰청에 송부해야 하며(62조), 교도소 또는 구치소에 구속된 자에 대한 송달은 그 소장에게 한다(65조와 민사소송법 182조).

④ 피고인의 주거와 사무소 및 현재지를 알 수 없는 때 혹은 재판권이 미치지 않는 장소에 피고인이 있는 경우에는 공시송달이 가능하다(63조 1항과 2항). 이 때에는 법원이 공시송달을 명할 수 있는데(64조 1항), 그럴 경우 법원사무관 등이

송달할 서류를 보관하고 그 사유를 법원게시장에 공시하게 되지만(64조 2항), 그와 달리 법원은 그 사유를 관보나 신문지상에 공고할 것을 명할 수도 있다(64조 3항). 최초의 공시송달은 공시한 날로부터 2주일을 경과하면 효력이 생기며, 2회 이후의 공시송달은 5일을 경과하면 효력이 생긴다(64조 4항).

3) 소송서류의 공개

소송서류는 공익상 필요 기타 상당한 이유가 없는 한 공판 개정 전에 공개되지 못한다(47조). 이를 소송서류 비공개의 원칙이라고 하는데, 피의자와 피고인 및 이해관계인의 명예를 보호하고 재판에 대한 외부의 부당한 영향을 방지하기 위한 취지로 설명된다. 따라서 피고인의 방어권을 보장하기 위한 소송서류의 공개는 허용될 수 있다. 형사소송법은 소송계속 중인 관계서류나 증거물에 대하여 피고인과 변호인 등에게 열람하거나 복사할 권리를 부여하고 있다(35조). 또한 재판이 확정된 후에는 소송기록의 열람과 등사가 비교적 넓게 허용된다(59조의2와 59조의3). 재판의 확정으로 관계인의 이익침해 가능성이 그만큼 적어지기 때문이다.

4. 일시의 측면

(1) 기일

기일은 소송행위를 하도록 지정된 일정 일시를 말한다. 공판기일, 증인신문기일, 압수수색영장집행기일 등이 그것이다. 기일의 지정은 수명법관이나 수탁판사가 하는 경우도 있지만, 대부분은 재판장이 한다. 기일의 지정은 당사자에게 통지해야 한다. 통지가 흠결되었을 때에는 당해기일의 소송행위가 무효로 되는 경우도 있으니, 피고인에 대한 공판기일의 통지가 대표적인 것이다.

(2) 기간

기간은 일정 소송행위를 함에 있어서 지켜야 할 시간의 구간이다. 긴급체포 시 48시간 내에 구속영장을 청구해야 한다든지, 1회 공판기일 5일 전까지 공소장 부본이 송달되어야 한다는 것 등이 그러한 예이다. 기간의 계산은 시로써 계산할 때에는 즉시(卽時)로부터 계산하고, 일이나 월 또는 년으로 계산할 때에는 초일을 산입하지 않는다. 하지만 시효와 구속기간의 계산에는 초일을 산입하므로 주의를 요한다. 아울러 기간의 말일이 공휴일인 때에는 기간에 산입하지 않지만, 역시 시효와 구속기간은 예외이다(66조).

〈기간의 종류〉

기간이 법으로 정해진 것을 법정기간(法定期間)이라 하고, 재판으로 정해지는 것을 재정기간 (裁定期間)이라고 한다. 구속기간, 상소제기기간 등은 법정기간의 예이고, 연장되는 구속기간(205 조)은 재정기간이다. 또한 특정 소송행위를 할 수 있는 일정 기간을 행위기간이라 하고, 특정 소송 행위를 할 수 없는 일정 기간을 불행위기간이라고 한다. 고소기간, 상소제기기간 등은 행위기간이 고, 1회 공판기일의 유예기간은 불행위기간이다. 이 중 법정기간이면서 행위기간인 경우에는 대법 원 규칙으로 행위할 자의 주거 및 사무소 소재지와 형사사법기관 간의 거리에 따라 해당 기간을 연장할 수 있다(67조).

Ⅲ. 소송행위에 대한 가치판단

1. 성립과 불성립

소송행위가 소송행위로서의 모습을 갖추었는지의 문제이다. 모습을 갖추었으면 성립하고, 모습을 갖추지 않았으면 불성립으로 처리된다. 예를 들어, 고소인이 상소장을 제출한 경우라든지 정리가 공판기일을 지정한 경우 등은 소송행위 자체가 성립하지 않는다. 불성립의 경우에는 아무런 대응의 필요가 없으므로 그저 무시하면 된다. 하자의 치유가 허용되지 않음도 당연하다. 소송행위가 성립하는 경우에 한하여 유효와 무효의 판단이 가능해진다.

2. 유효와 무효

유효와 무효는 소송행위의 성립을 전제로 그것의 본래적 효력을 인정할 것인가에 대한 가치판단이다. 소송행위는 유효이어야 본래적 효력이 발생하고, 무효이면 본래적 효력이 발생하지 않는다. 그러나 무효여도 부수적 효력은 발생하는 수가 있으니 주의를 요한다. 예를 들어, 공소제기가 무효일 때에는 실체재판을 받을 효력은 발생하지 않지만, 기각 시까지 공소시효가 정지되는 효력이 발생되며, 법원은 공소기각의 판결을 선고해야 한다. 무효에는 당연무효와 무효선언을 필요로 하는 경우가 모두 포함된다. 소송행위의 무효원인으로는 다음의 것들이 있다.

(1) 소송행위의 주체에 관한 무효원인

1) 소송능력 흠결

소송능력흠결의 소송행위는 절차형성행위인 경우 무효이지만 실체형성행위에서는 무효가 되지 않는다. 따라서 선서무능력자를 선서시키고 증언받은 경우, 선서는 무효이지만 증언의 효력은 인정될 수 있다.

2) 행위적격 흠결

행위적격이 개념요소가 아니라 유효요건일 때에는 그것의 흠결이 소송행위를 무효로 한다. 고소권 없는 자가 한 고소 등이 그러하다.

3) 착오에 의한 소송행위

착오에 의한 소송행위가 무효인지 문제된다. 실체형성행위의 경우에는 행위자의 의사보다 실체관계의 규명이 더 중요하기 때문에 의사하자가 무효의 원인이 될 수 없다는 점에 이견이 제기되지 않으나, 절차형성행위에 대해서는 견해가 대립된다. 즉, ⓐ 절차형성행위의 형식적 확실성을 중시하는 관점은 민법상의 의사하자이론을 소송행위에 적용하는 것이 타당하지 않다고 주장하는 반면, ⓑ 피고인의 이익과 정의 이념을 강조하는 관점은 의사하자가 행위자의 책임 있는 사유로 기인한 것이 아니라면 무효로 함이 타당하다고 주장한다.

판례는 착오로 인한 소송행위가 무효로 되기 위해 3가지 요건이 필요하다고 판시한다(대법원 1992. 3. 13. 자 92모1 결정). ① 통상인의 판단을 기준으로 만일 착오가 없었다면 그러한 소송행위를 하지 않았으리라고 인정되는 중요한 점에 관하여 착오를 하였고, ② 착오가 행위자 또는 대리인이 책임질 수 없는 사유로 발생하였으며, ③ 해당 소송행위를 유효로 하는 것이 현저히 정의에 반한다고 인정되어야 한다. 그리하여 교도관이 내어 주는 상소권포기서를 항소장으로 잘못 믿은 나머지 이를 확인하여 보지도 않고 서명·무인한 경우는 자신의 책임이므로 항소포기는 유효하며(대법원 1995. 8. 17. 자 95모49 결정), 보호감호를 선고받은 피고인이 보호감호가 선고된 것으로 알고 일단 상고를 제기하였다가 보호감호청구가 기각되었다는 취지의 교도관의 말과 공판출정 교도관이 작성한 판결선고 결과보고서의 기재를 믿은 나머지 착오에 빠져 판결등본의 송달을 기다리지 않고 상고를 취하함으로써 보호감호처분이 확정된 경우에도 상고취하에 피고인의 과실이 있으므로 유효하다고 판시하였다(대법원 1992. 3. 13. 자 92모1 결정).

(2) 내용과 방식에 관한 무효원인

소송행위의 내용이 법률상 또는 사실상 불가능하면 그러한 소송행위는 무효이다. 예를 들어, 법정형을 넘는 형을 선고한 유죄판결은 무효이며, 이중기소 역시 무효이다. 소송행위가 법정의 방식을 갖추지 못했을 때에도 무효로 처리되는 경우가 있다. 변호인의 서명·날인 없는 변호인선임계의 제출이 무효로 취급되는 것이 그 예이다.

(3) 무효의 치유

무효의 치유란 무효인 소송행위가 사정변경에 의해 유효하게 되는 것을 말한다. 대표적인 사안이 법정기간 경과 후에 소송행위를 추완하여 무효를 치유하는 경우이다. 그러한 추완에는 해당소송행위 자체의 효력을 살아나게 하는 단순추완(상소권회복청구행위)과 다른 소송행위의 효력을 보정하는 보정추완이 있다. 보정추완은 사안에 따라 인정여부가 논란되는데, 친고죄에서 고소가 추완되면 공소가 적법하게 되는가의 문제가 대표적인 논제이다. 학설은 대립하지만, 판례는 부정한다(대법원 1982. 9. 14. 선고 82도1504 판결). 기타 무효가 치유되는 사안으로는 소송이 일정 단계에 도달하여 당사자의 공격·방어 방법이 소멸됨으로써 무효를 주장할 수 없게 되는 경우가 거론된다. 토지관할에 대한 관할위반의 신청은 피고사건에 대한 진술이 행해진 후에는 할 수 없다는 것이 대표적인 예이다.

〈취소와 철회〉

> 무효와 별개로 소송행위에서 취소나 철회가 인정되는지 문제되는데, 형사소송의 소송행위에는 법적 안정성과 소송경제라는 지표 때문에 취소가 인정되지 않고 철회만 인정된다는 것이 일반적인 견해이다. 따라서 법문에 취소 또는 취하라고 표현되어 있더라도 모두 철회로 취급된다. 고소의 취소, 공소의 취소, 상소의 취하 등이 그 예이다.

3. 적법과 부적법

적법과 부적법은 소송행위가 법률의 규정에 합치하는지에 대한 가치판단이다. 법률의 규정에 위반하면 부적법이 되는바, 여기서의 규정은 효력규정이든 훈시규정이든 불문한다.

적법과 부적법은 유효·무효와는 판단주체와 판단시기의 점에서 차원을 달리하는 가치 판단이다. 즉, 전자는 소송주체가 소송행위를 함에 있어서 검토해야 하는 사전적 가치판단임에 반하여, 후자는 소송행위가 행해진 후에 그 소송행위의 본래적 효력을 인정할 것인가에 관해 법원이 내리는 사후적 판단이다.

2장 2절 퀴즈

2.2.1 형사소송법 26조는 형법 9조 내지 11조의 적용을 받지 않는 범죄사건에서 피의자나 피고인이 의사능력이 없으면 법정대리인으로 하여금 소송행위를 대리하도록 규정한다. 이 규정의 대상사건인 형법 9조 내지 11조의 적용을 받지 않는 범죄사건에는 어떤 것이 있는지 찾아보시오.

2.2.2 미성년자 甲은 오토바이를 운전하다 사고를 내고 병원에 후송되었다. 경찰 P는 甲의 음주운전 여부를 조사하기 위해 채혈하고자 한다. 甲이 의식불명의 상태라면 甲의 부친 乙의 동의를 얻어 채혈하는 것이 허용되는가?
힌트 : 대법원 2014. 11. 13. 선고 2013도1228 판결

2.2.3 18세의 甲은 국가보안법 위반죄로 기소되어 1심에서 징역 1년 6개월의 형을 선고받았다. 수형생활을 마치고 나면 병역이 면제된다는 소문을 들은 甲은 항소하지 않으려 하였으나, 甲의 부친 乙은 甲의 의사를 무시하고 항소하였다. 하지만 검사로부터 "본인의 의사에 반한 항소는 어차피 효력이 없는데 왜 항소하였는가? 이런 식으로 하면 甲의 수형생활이 괴로울 수 있다. 지금이라도 항소를 취하하면 사정을 보아주겠다."는 말을 듣고 乙은 고민을 하다가 결국 항소를 취하하였다. 乙의 항소와 항소취하는 효력이 있는가?

2.2.4 강도죄로 구속 기소된 甲은 1심에서 징역 5년 형을 선고받고 항소하고자 하였으나, 교도관이 내어 주는 상소권포기서를 항소장으로 잘못 믿은 나머지 이를 확인하여 보지도 않고 서명 무인하여 법원에 제출하였다. 이렇게 착오로 행해진 甲의 항소포기는 유효한가?
힌트 : 대법원 1995. 8. 17. 자 95모49 결정

2.2.5 검사 Q는 甲을 절도죄로 기소하였다. 하지만 공판이 진행되는 도중에 피해자 A가 甲의 삼촌(동거하지 않음)임이 밝혀졌다. 이에 Q는 A로부터 고소장을 제출받아 법원에 제출했다. 법원은 甲에게 실체재판을 할 수 있는가?
힌트 : 대법원 1982. 9. 14. 선고 82도1504 판결

▌ 퀴즈풀이

2.2.1

형법총칙의 책임능력에 관한 규정(9조 내지 11조)이 적용되지 않는 범죄사건은 행정형벌이 부과되는 법정범 중에서 일부 발견될 뿐이다. 담배사업법 31조가 대표적인 것이다. 종전에는 조세범처벌법도 벌금형을 선고할 경우에 형법총칙의 책임능력을 배제하는 규정을 두고 있었으나 2010년의 전부개정에서 삭제되었다.

2.2.2

허용되지 않는다. 甲은 의식불명의 상태이므로 채혈 동의의 소송행위를 수행할 의사능력이 없다. 이 때 법정대리인 乙이 甲의 소송행위를 대리할 수 있는지 문제되는데, 음주운전 범죄는 형법 9조 내지 11조의 적용을 받지 않는 범죄사건이 아니므로 법정대리인의 대리가 허용되지 않는다. 판례 역시 마찬가지 입장이다(대법원 2014. 11. 13. 선고 2013도1228 판결).

2.2.3

(1) 乙의 항소는 법정대리인의 항소로서 형사소송법 340조에 근거를 둔다. 문제는 본인의 의사에 반하여 항소할 수 있는지 여부이다. 법정대리인의 항소권이 고유권인지 독립대리권인지에 대해서는 견해의 대립이 있지만, 어느 견해에 의하더라도 본인의 의사에 반한 항소는 가능하다. 따라서 乙의 항소는 효력이 있다. (2) 乙의 항소취하 부분에서는 기망과 강박에 의한 소송행위의 효력이 문제된다. 착오에 의한 소송행위의 효력에 대해서는 논란이 제기되지만, 기망이나 강박에 의한 소송행위는 적법절차 위반이므로 무효라는 것이 일반적인 견해이다. 사안에서 검사는 乙에게 "본인의 의사에 반한 항소는 효력이 없다."고 기망하였을 뿐 아니라, "이런 식으로 하면 甲의 수형생활이 괴로울 수 있다."고 강박도 하였다. 따라서 乙의 항소취하는 효력이 없다.

2.2.4

甲은 착오로 상소권포기서를 제출한 것이다. 착오로 인한 소송행위는 원칙적으로 유효하다. 다만 예외적으로 ① 행위자가 중대한 점을 착오하였고 ② 행위자의 책임이 없으며 ③ 유효가 현저하게 정의에 반하는 경우만 무효로 처리된다. 위 사안에서는 착오의 책임이 甲에게 있으므로 항소포기는 유효하다(대법원 1995. 8. 17. 자 95모49 결정).

2.2.5

甲의 범죄사건은 친족상도례(형법 344조와 328조 2항)의 적용을 받아 친고죄이다. 그러나 기소 당시에 A의 고소가 없었으므로 Q의 기소는 무효이다. 그 후에 고소를 받은 것으로 기소의 무효가 치유되는지가 문제되는데, 판례는 고소의 추완을 인정하지 않는다(대법원 1982. 9. 14. 선고 82도1504 판결). 따라서 법원은 甲에게 실체재판을 할 수 없고, 공소기각의 판결(327조 2호)을 선고해야 한다.

제3장 수 사

제1절 수사의 의의와 수사기관

I. 수사의 의의

1. 수사의 의의

형사절차는 수사에 의하여 개시된다. 수사는 범죄의 혐의 유무를 명백히 하여 공소제기 및 유지 여부를 결정하기 위하여 범인을 발견, 확보하고 증거를 수집, 보전하는 수사기관의 활동이다. 수사는 수사 목적을 달성함에 필요한 경우에한하여 사회통념상 상당하다고 인정되는 방법 등에 의하여 수행되어야 한다. 공소제기 전의 수사는 범죄의 혐의를 밝혀 공소제기 여부를 결정하는 것을 목적으로 하며, 공소제기 후의 수사는 공소를 유지하거나 공소 유지여부를 결정하기 위한 목적으로 한다.

2. 내사와의 구별

내사는 범죄의 혐의 유무를 미리 알아보기 위하여 행하는 범죄입건 이전의 단계에서 수행하는 수사기관의 조사활동이다. 내사단계는 범죄의 혐의 유무를 확인한다는 점에서 범죄의 혐의가 있다고 사료하는 때에 이루어지는 수사와는 구별된다. 피내사자는 단순한 혐의자에 불과하여 피의자의 지위나 권리를 가지지 못한다. 하지만, 대법원은 임의동행의 형식으로 연행된 피내사자의 경우 피의자와 동일하게 변호인과의 접견교통권을 인정해야 한다고 판시하고 있다(대법원

1996. 6. 3. 자 96모18 결정).

3. 수사의 구조

수사절차에 대해 ① 규문적 수사관은 수사는 소송에 대한 준비절차로서 기본적으로 규문적 성격을 가진다고 본다. 이에 반해 ② 탄핵적 수사관은 수사의 목적을 일반 당사자인 검사의 공소수행을 위한 공판준비활동에 두고, 타방의 당사자인 피의자는 방어활동의 주체로서 독립하여 방어권이 보장된다고 본다. ③ 소송적 수사관은 수사의 독자성을 인정하여 수사는 판단자인 검사를 정점으로 사법경찰관과 피의자를 대립당사자로 본다. 그런데, 수사절차에서 당사자주의가 타당하다고 할 수 없고 검사도 수사의 주재자로서 수사를 직접 담당한다는 점에서 탄핵적 수사관이나 소송적 수사관은 타당하다고 할 수 없다. 피의자를 조사하는 절차과정이라는 수사의 속성에 따라 규문적 수사구조로 보아야 하며, 형사소송의 이념에 따라 수사절차에 있어서 피의자의 방어권을 보장하기 위해 적정절차의 원리를 적용해야 한다.

II. 수사기관

1. 수사기관의 의의

수사기관에는 검사와 사법경찰관이 있다. 2020년 형사소송법 개정법률에서는 검사와 사법경찰관은 수사, 공소제기 및 공소유지에 관하여 서로 협력하여야 한다고 규정하고 있다(195조 1항). 2018년 6월 21일 법무부장관과 행정안전부장관이 「검·경수사권 조정 합의문」을 발표하였고, 이러한 취지를 반영하여 검찰과 경찰의 양 기관을 상호 협력관계로 설정하여 경찰에게는 1차 수사에서 보다 많은 자율권을 부여하고 검찰은 사법통제 역할을 더욱 충실하도록 하는 2020년 형사소송법을 개정하였다. 수사기관으로서 사법경찰관은 1차적 수사권 및 수사종결권을 가지고, 검사는 기소권과 함께 특정 사건에 관한 직접 수사권·송치 후 수사권·사법경찰관 수사에 대한 보완수사 및 시정조치 요구권 등 사법통제 권한을 갖도록 하였다. 검사와 사법경찰관의 수사를 위하여 준수하여야 하는 일반적 수사준칙에 관한 사항은 대통령령으로 정한다(195조 2항).

2020년 형사소송법 개정법률에 의하면 수사기관으로서 검찰청 직원과 특별사법경찰관에 관한 규정을 두고 있다. 수사기관으로서 사법경찰관의 직무를 행하는 검찰청 직원은 검사의 지휘를 받아 수사하여야 하고, 사법경찰리의 직무를 행하는 검찰청 직원은 검사 또는 사법경찰관의 직무를 행하는 검찰청 직원의 수사를 보조하여야 한다(245조의9). 삼림, 해사, 전매, 세무, 군수사기관 기타 특별한 사항에 관하여 사법경찰관리의 직무를 행할 특별사법경찰관리를 둘 수 있으며, 특별사법경찰관은 모든 수사에 관하여 검사의 지휘를 받는다(제245조의 10).

2. 검사의 수사

(1) 검사의 수사

검사는 범죄의 혐의가 있다고 사료하는 때에는 범인, 범죄사실과 증거를 수사한다(196조). 2020년 형사소송법 개정법률은 사법경찰관리가 모든 수사에 관하여 검사의 지휘를 받는다는 수사지휘권 규정을 폐지하고, 검사의 직접적 수사의 범위도 검찰청법을 개정하여 그 범위를 제한하였다. 2020년 검찰청법 개정법률에서는 검사가 수사를 개시할 수 있는 범죄의 범위를 가. 부패범죄, 경제범죄, 공직자범죄, 선거범죄, 방위사업범죄, 대형참사 등 대통령령으로 정하는 중요범죄, 나. 경찰공무원이 범한 범죄, 다. 가목·나목의 범죄 및 사법경찰관이 송치한 범죄와 관련하여 인지한 각 해당 범죄와 직접 관련성이 있는 범죄로 규정하고 있다(검찰청법 4조 1항). 검사가 1차적 직접적 수사권을 가지는 범죄를 필요한 분야로 한정하고, 검찰의 수사력을 일반송치사건 수사 및 공소유지에 집중하도록 한 것으로 볼 수 있다.

(2) 사법경찰관 수사에 대한 보완수사 요구

2020년 형사소송법 개정법률에 의하면 검사는 송치 후 공소제기 여부 결정, 공소유지 또는 사법경찰관이 신청한 영장의 청구에 필요한 경우 사법경찰관에게 보완수사를 요구할 수 있고, 검사는 사법경찰관이 정당한 이유 없이 검사의 보완수사요구에 따르지 않은 경우 직무배제 또는 징계를 요구할 수 있다. 검사는 1. 송치사건의 공소제기 여부 결정 또는 공소의 유지에 관하여 필요한 경우, 2. 사법경찰관이 신청한 영장의 청구 여부 결정에 관하여 필요한 경우 중 어느 하나에 해당하는 경우에 사법경찰관에게 보완수사를 요구할 수 있다(197조의2 1항). 검사의 보완수사의 요구가 있는 때에는 사법경찰관은 정당한 이유가 없는 한 지체 없이 이를 이행하고, 그 결과를 검사에게 통보하여야 한다(197조의2 2항). 검찰총장 또는 각급 검찰청 검사장은 사법경찰관이 정당한 이유 없이 위의 요구에 따르지 아니하는 때에는 권한 있는 사람에게 해당 사법경찰관의 직무배제 또는 징계를 요구할 수 있고, 그 징계 절차는 「공무원 징계령」 또는 「경찰공무원 징계령」에 따른다(197조의2 3항).

(3) 시정조치 요구

2020년 형사소송법 개정법률에 의하면 검사는 경찰 수사과정에서 법령위반, 인권침해 등의 사실의 신고가 있거나 그러한 사실을 인지하게 된 경우 사법경찰관에게 시정조치를 요구할 수 있으며, 시정되지 않은 경우 사건을 검찰에 송치하고, 검사는 사법경찰관에 대한 징계를 요구할 수 있다. 검사는 사법경찰관리의 수사과정에서 법령위반, 인권침해 또는 현저한 수사권 남용이 의심되는 사실의 신고가 있거나 그러한 사실을 인식하게 된 경우에는 사법경찰관에게 사건기록 등본의 송부를 요구할 수 있다(197조의3 1항). 위의 송부 요구를 받은 사법경찰관은 지체 없이 검사에게 사건기록 등본을 송부하여야 한다(197조의3 2항). 송부를 받은 검사는 필요하다고 인정되는 경우에는 사법경찰관에게 시정조치를 요구할 수 있다(197조의3 3항).

사법경찰관은 검사의 시정조치 요구가 있는 때에는 정당한 이유가 없는 한 지체없이 이를 이행하고, 그 결과를 검사에게 통보하여야 한다(197조의3 4항). 결과를 통보를 받은 검사는 위의 시정조치 요구가 정당한 이유 없이 이행되지 않았다고 인정되는 경우에는 사법경찰관에게 사건을 송치할 것을 요구할 수 있다(197조의3 5항). 검사의 송치 요구를 받은 사법경찰관은 검사에게 사건을 송치하여야 한다(197조의3 6항).

(4) 재수사요청

2020년 형사소송법 개정법률에 의하면 사법경찰관이 고소·고발사건을 포함하여 범죄를 수사한 결과 범죄의 혐의가 없다고 인정되는 경우에도 그 이유를 명시한 서면과 함께 관계 서류와 증거물을 지체 없이 검사에게 송부하여야 하고, 검사는 사법경찰관이 사건을 송치하지 아니한 것이 위법 또는 부당한 때에는 그 이유를 문서로 명시하여 사법경찰관에게 재수사를 요청할 수 있다(245조의8 1항). 사법경찰관은 검사의 재수사 요청이 있는 때에는 사건을 재수사하여야 한다(245조의8 2항).

(4) 검찰청 직원의 수사

검찰청 직원으로서 사법경찰관리의 직무를 행하는 자와 그 직무의 범위는 법률로 정한다(245조의9 1항). 검찰수사서기관, 수사사무관 및 마약수사사무관은 검사를 보좌하며 형사소송법 제245조의9 제2항에 따른 사법경찰관으로서 검사의 지휘를 받아 범죄수사를 한다(검찰청법 46조 2항). 사법경찰관의 직무를 행하는 검찰청 직원은 검사의 지휘를 받아 수사하여야 하고, 사법경찰리의 직무를 행하는 검찰청 직원은 검사 또는 사법경찰관의 직무를 행하는 검찰청 직원의 수사를 보조하여야 한다(245조의9 2항, 3항). 검찰청직원으로서 검찰총장 또는 각급 검찰청 검사장의 지명을 받은 사람은 소속 검찰청 또는 지청에서 접수한 사건에 관하여 검찰주사, 마약수사주사, 검찰주사보 및 마약수사주사보는 형사소송법 제245조의9 2항에 따른 사법경찰관의 직무, 검찰서기, 마약수사서기, 검찰서기보 및 마약수사서기보는 형사소송법 제245조의9 2항에 따른 사법경찰리의 직무를 수행한다(검찰청법 47조).

사법경찰관리의 직무를 행하는 검찰청 직원에 대하여는 보완수사요구(197조의2), 시정조치요구(197조의3), 수사의 경합(197조의4), 사법경찰관이 신청한 영장의 청구여부에 대한 심의(221조의5), 사법경찰관의 사건송치(245조의5), 고소인 등에 대한 송부통지(245조의6), 고소인 등의 이의신청(245조의7), 재수사 요청 등(245조의8)의 규정을 적용하지 아니한다.

(5) 징계요구권

2020년 형사소송법 개정법률에 의하면 검찰총장 또는 각급 검찰청 검사장은 사법경찰관리의 수사과정에서 법령위반, 인권침해 또는 현저한 수사권 남용이 있었던 때에는 권한 있는 사람에게 해당 사법경찰관리의 징계를 요구할 수 있고, 그 징계 절차는 「공무원 징계령」 또는 「경찰공무원 징계령」에 따른다(197조의3 7항).

3. 사법경찰관의 수사

(1) 사법경찰관리의 수사

2020년 형사소송법 개정법률은 사법경찰관이 모든 사건에 대하여 1차적 수사권을 인정하고 있다. 경무관, 총경, 경정, 경감, 경위는 사법경찰관으로서 범죄의 혐의가 있다고 사료하는 때에는 범인, 범죄사실과 증거를 수사한다(197조 1항). 경사, 경장, 순경은 사법경찰리로서 수사의 보조를 하여야 한다(197조 2항).

(2) 구제신청 고지

사법경찰관은 피의자를 신문하기 전에 수사과정에서 법령위반, 인권침해 또는 현저한 수사권 남용이 있는 경우 검사에게 구제를 신청할 수 있음을 피의자에게 알려주어야 한다(197조의3 8항).

(3) 사법경찰관의 사건 송치 및 불송치

2020년 형사소송법 개정법률에 의하면 사법경찰관은 1차적 수사종결권을 가지며, 사법경찰관은 불기소의견으로 사건을 불송치하는 경우에도 불송치 이유를 기재한 서면, 관계서류와 증거물을 검사에게 송부하여야 한다.

사법경찰관은 고소·고발 사건을 포함하여 범죄를 수사한 때에 범죄의 혐의가 있다고 인정되는 경우에는 지체 없이 검사에게 사건을 송치하고, 관계 서류와 증거물을 검사에게 송부하여야 한다(245조의5 1호). 그러나 사법경찰관이 사건을 불송치하는 그 밖의 경우에는 그 이유를 명시한 서면과 함께 관계 서류와 증거물을 지체 없이 검사에게 송부하여야 한다. 이 경우 검사는 송부받은 날로부터 90일 이내에 사법경찰관에게 반환하여야 한다(245조의5 2호). 검사는 불송치 결정이 위법 또는 부당하다고 판단한 때에는 재수사를 요청할 수 있다. 사법경찰관은 검사의 재수사 요청이 있는 때에는 사건을 재수사하여야 한다(245조의8 2항).

4. 수사의 경합

2020년 형사소송법 개정법률에 의하면 검사는 사법경찰관과 동일한 범죄사실을 수사하게 된 때에는 사법경찰관에게 사건을 송치할 것을 요구할 수 있다(197조의4 1항). 검사의 요구를 받은 사법경찰관은 지체 없이 검사에게 사건을 송치하여야 한다. 다만, 검사가 영장을 청구하기 전에 동일한 범죄사실에 관하여 사법경찰관이 영장을 신청한 경우에는 해당 영장에 기재된 범죄사실을 계속 수사할 수 있다(197조의4 2항).

III. 수사의 조건

수사의 조건이라 함은 수사권의 발동과 실행에 필요한 전제조건을 말한다. 수사의 조건으로서 ① 수사의 필요성과 ② 수사의 상당성이 요구된다.

1. 수사의 필요성

(1) 범죄의 혐의 존재

수사에 관하여는 그 목적을 달성하기 위하여 필요한 조사를 할 수 있다(199조 1항). 임의수사의 경우 수사에 필요한 때에는 피의자의 출석을 요구하거나 피의자가 아닌 자의 출석을 요구하여 진술을 들을 수 있다. 수사기관은 범죄의 혐의에 의해 수사를 개시·진행해야 한다. 검사와 사법경찰관은 범죄의 혐의가 있다고 사료하는 때에는 범인, 범죄사실과 증거를 수사한다(196조, 197조). 이때의 범죄의 혐의는 구체적 사실에 근거를 둔 수사기관의 주관적 혐의를 말하며, 범죄의 혐의 유무는 주의의 사정을 합리적으로 판단하여 결정해야 한다.

(2) 소송조건과 수사의 필요성

친고죄에서의 소송조건은 공소제기의 조건이며 실체심판의 조건이다. 수사절차는 공판절차를 위한 준비단계로서 공판절차와 분리된 독립의 절차라고 할 수 없으므로 소송조건이 구비될 가능성이 전혀 없는 경우 수사는 허용되지 않는다. 법원은 친고죄에서 소송조건이 되는 고소가 유효하게 존재하는지를 직권으로 조사·심리하여야 한다(대법원 2015. 11. 17. 선고 2013도7987 판결).

법률에 의하여 고소나 고발이 있어야 논할 수 있는 죄에 있어서 고소 또는 고발이 없으면 공소를 제기할 수 없다. 이와 같이 고소 또는 고발이 없거나 고소 또는 고발의 가능성이 없는 경우 수사기관이 수사를 행할 수 있는지 여부가 문제된다. ⓐ 전면허용설은 친고죄에서 고소가 없어도 수사가 허용된다는 견해이다. 소송조건은 공소제기의 조건이지 수사의 조건이 아니므로 임의수사는 물론 강제수사도 행할 수 있다. ⓑ 전면부정설은 친고죄를 인정하는 입법취지가 범죄 피해자의 의사와 명예를 존중하는 데에 있으므로 피해자의 고소가 없으면 수사를 할 수 없다는 견해이다. ⓒ 제한적 허용설은 친고죄에서 고소가 없더라도 원칙적으로 수사를 허용하지만, 고소의 가능성이 전혀 없는 때에는 수사를 허용하지 않거나 제한해야 한다는 견해이다(다수설). 여기에서 고소의 가능성이 없는 때라 함은 고소기간이 경과하여 고소권이 소멸된 경우나 고소를 취소하거나 합의서를 제출하여 고소하지 않겠다는 의사표시를 명백하게 표시한 경우 등이다.

판례도 제한적 허용설의 입장을 취하고 있다. 제한적 허용설은 고소의 가능성이 있을 때의 수사범위에 대해서 ⓐ 임의수사는 물론 강제수사도 허용된다는 견해와 ⓑ 임의수사는 허용되지만 강제수사는 허용되지 않는다는 견해로 나누어진다. 고소권자가 고소의 의사를 명백히 하지 않은 때에는 피해자의 명예보호를 위해 친고죄로 한 입법취지에 따라서 수사는 허용되지만 강제수사로까지 진행할 수 없다고 보아야 한다.

〈고소 또는 고발전의 수사〉

> 대법원은 친고죄나 세무공무원 등의 고발이 있어야 논할 수 있는 죄에 있어서 고소 또는 고발은 이른바 소추조건에 불과하고 당해 범죄의 성립 요건이나 수사의 조건은 아니므로, 그 수사가 장차 고소나 고발이 있을 가능성이 없는 상태 하에서 행해졌다는 등의 특단의 사정이 없는 한, 그 범죄에 관하여 고소나 고발이 있기 전에 수사를 하였다는 이유만으로 그 수사가 위법하다고 볼 수는 없다고 판시하여 제한적 허용설의 입장을 취하고 있다(대법원 1995. 2. 24. 선고 94도252 판결). 또한 일반사법경찰관리가 출입국사범에 대한 출입국관리사무소장 등의 고발이 있기 전에 수사를 하였더라도, 고발의 가능성이 없는 상태하에서 행하여졌다는 특단의 사정이 없는 한 그 사유만으로 수사가 소급하여 위법하게 되는 것은 아니라고 판시하였다(대법원 2011. 3. 10. 선고 2008도7724 판결).

2. 수사의 상당성

(1) 수사의 신의칙

수사는 상당하다고 인정되는 방법으로 해야 한다. 수사의 상당성은 수사의 방법이 사회적으로 정당시 되는 것이어야 한다는 수사의 신의칙을 내용으로 한다. 또한 수사처분은 그 목적을 달성하기 위해 필요한 최소한의 범위 내에서 이루어져야 한다는 비례성의 원칙을 내용으로 한다. 그런데 수사기관이 마약범죄나 조직범죄 등에서 효과적인 수사방법으로 사용하고 있는 함정수사가 수사의 신의칙이라는 관점에서 사회적으로 정당시 될 수 있는지에 대해 논란이 있다.

(2) 함정수사

1) 개념

함정수사는 마약범죄나 조직범죄의 경우 범죄가 은밀하게 이루어지므로 통상의 수사방법으로는 범인을 검거하는데 어려움이 있는 경우에 사용하는 수사방법이다. 함정수사는 기회제공형 함정수사와 범의유발형 함정수사를 구분할 수 있다. 이미 범죄의사를 가지고 있는 사람에 대하여 범죄를 범할 기회를 부여하는 기회제공형 함정수사는 허용되지만, 본래 범의를 가지지 아니한 자에 대하여 수사기관이 사술이나 계략 등을 써서 범의를 유발케 하여 범죄인을 검거하는 함정수사인 범의유발형 함정수사는 허용되지 않는다. 다만, 대법원은 함정수사라 함은 본래 범의를 가지지 아니한 자에 대하여 수사기관이 사술이나 계략 등을 써서 범죄를 유발케 하여 범죄인을 검거하는 수사방법을 말하는 것이므로, 범의를 가진 자에 대하여 범행의 기회를 주거나 범행을 용이하게 한 것에 불과한 경우에는 함정수사라고 할 수 없다고 하여, 범의유발형의 경우에만 함정수사로 인정하고 있다(대법원 1992. 10. 27. 선고 92도1377 판결; 대법원 2004. 5. 14. 선고 2004도1066 판결).

2) 허용범위

수사기관이 함정수사 방법을 사용하는 경우 그것이 수사의 신의칙에 반하는 수사방법인지 아닌지에 대한 판단기준에 대해서 견해의 대립이 있다.

ⓐ 주관설은 피유발자에게 범죄에 대한 경향이 있는가에 따라서 결정되며 범죄의 경향은 기회가 제공되면 범죄를 행할 주관 내지 내심의 의사 유무에 따라서 함정수사의 위법 유무를 판단한다. ⓑ 객관설은 수사기관이 사용한 사술행위에 중점을 두어 범죄에 관여할 의사가 없는 피유인자를 범죄에 관여하게 할 정도로 설득 내지 유혹의 방법을 사용하였는지를 기준으로 위법 유무를 판단한다. ⓒ 종합설은 주관적 기준과 객관적 기준을 종합하여 범죄의 태양, 함정수사의 필요성, 법익의 성질, 남용의 위험성 등을 종합하여 판단한다.

판례는 종합설의 입장에서 "구체적인 사건에 있어서 위법한 함정수사에 해당하는지 여부는 해당 범죄의 종류와 성질, 유인자의 지위와 역할, 유인의 경위와 방법, 유인에 따른 피유인자의 반응, 피유인자의 처벌 전력 및 유인행위 자체의 위법성 등을 종합하여 판단해야 한다"(대법원 2013. 3. 28. 선고 2013도1473 판결)고 판시하고 있다. 예를 들어 수사기관과 직접 관련이 있는 유인자가 피유인자와의 개인적인 친밀관계를 이용하여 피유인자의 동정심이나 감정에 호소하거나, 금전적·심리적 압박이나 위협 등을 가하거나, 거절하기 힘든 유혹을 하거나, 또는 범행방법을 구체적으로 제시하고 범행에 사용할 금전까지 제공하는 등으로 과도하게 개입함으로써 피유인자로 하여금 범의를 일으키게 하는 것은 위법한 함정수사에 해당하여 허용되지 않는다(대법원 2007. 7. 12. 선고 2006도2339 판결).

〈허용되는 함정수사 사례〉

> 갑에게 단순히 10여 차례에 걸쳐 "아는 여자가 필로폰을 구입하려고 하니 구해 달라"는 부탁을 하였을 뿐이며 심리적 압박이나 거절하기 힘든 유혹을 하거나, 또는 범행방법을 구체적으로 제시하고 범행에 사용될 금전을 제공하는 등의 방법을 사용하지 아니한 경우(대법원 2007. 7. 12. 선고 2006도2339 판결).
>
> 갑이 수사기관에 체포된 동거남의 석방을 위한 공적을 쌓기 위하여 을에게 필로폰 밀수입에 관한 정보제공을 부탁하면서 대가의 지급을 약속하고, 각자 사적인 동기에서 을이 병에게, 병은 정에게 순차 필로폰 밀수입을 권유하여, 이를 승낙하고 필로폰을 받으러 나온 정을 체포한 경우(대법원 2007. 11. 29. 선고 2007도7680 판결).
>
> 경찰관이 취객을 상대로 한 이른바 부축빼기 절도범을 단속하기 위하여, 공원 인도에 쓰러져 있는 취객 근처에서 감시하고 있다가, 마침 피고인이 나타나 취객을 부축하여 10m 정도를 끌고 가 지갑을 뒤지자 현장에서 체포하여 기소한 경우(대법원 2007. 5. 31. 선고 2007도1903 판결).

〈허용되지 않는 위법한 함정수사 사례〉

> 경찰관이 노래방의 도우미 알선 영업 단속 실적을 올리기 위하여 그에 대한 제보나 첩보가 없는데도 손님을 가장하고 들어가 도우미를 불러낸 경우(대법원 2008. 10. 23. 선고 2008도7362 판결).
>
> 수사기관이 범행을 적극 권유하여 이른바 작업에 의하여 중국에서 필로폰을 수입한 경우(대법원 2005. 10. 28. 선고 2005도1247 판결).

3) 위법한 함정수사의 효과

범의를 유발하게 하거나 범행에 현저한 영향력을 행사하여 피교사자를 검거한 함정수사가 공소제기에 어떠한 영향을 미치는가에 대해 견해의 대립이 있다. ⓐ 무죄설은 국가가 수사의 신의칙에 위배하여 부당한 권유로 범죄를 실행하게 하였으므로 피유인자에게 책임이 없거나 고의가 없어 범죄가 성립하지 않으며, 피유인자에 대한 사회적 반감이 적고 오히려 동정할 수 있으므로 불처벌해야 한다는 견해이다. ⓑ 공소기각판결설은 함정수사는 헌법상의 적법절차에 위배되는 중대한 위법을 수반하는 수사방법으로 공소제기절차가 법률의 규정에 위반하여 무효인 때에 해당하므로 공소기각의 재판을 해야 한다는 견해이다. ⓒ 유죄판결설은 위법한 함정수사라고 하더라도 범의를 유발한 자가 자유로운 의사로 범죄를 실행한 이상 처벌이 가능하다는 견해이다.

판례는 함정수사에 기초하여 공소를 제기하는 것은 적법한 소추권의 행사로 볼 수 없으므로, 형사소송법 327조 2호에 규정된 공소제기의 절차가 법률의 규정에 위반하여 무효인 때에 해당한다는 이유로 공소기각 판결을 선고해야 한다고 판시하고 있다(대법원 2005. 10. 28. 선고 2005도1247; 대법원 2008. 10. 23. 선고 2008도7362 판결).

〈통제배달과 신의칙〉

수출입물품 통관검사절차에서 이루어지는 물품의 개봉, 시료채취, 성분분석 등의 검사는 수출입물품에 대한 적정한 통관 등을 목적으로 조사를 하는 것으로서 이를 수사기관의 강제처분이라고 할 수 없다. 세관공무원이 수출입물품을 검사하는 과정에서 마약류가 감추어져 있다고 밝혀지거나 그러한 의심이 드는 경우, 검사는 마약류의 분산을 방지하기 위하여 충분한 감시체제를 확보하고 있어 수사를 위하여 이를 외국으로 반출하거나 대한민국으로 반입할 필요가 있다는 요청을 세관장에게 할 수 있고, 세관장은 그 요청에 응하기 위하여 필요한 조치를 할 수 있다(마약류 불법거래 방지에 관한 특례법 4조 1항). 이를 통제배달이라고 하며, 하지만 이러한 조치가 수사기관에 의한 압수·수색에 해당하는 경우에는 영장주의 원칙이 적용된다(대법원 2017. 7. 18. 선고 2014도8719 판결).

IV. 수사의 개시

1. 수사의 단서

수사 개시의 원인을 수사의 단서라고 한다. 검사와 사법경찰관은 범죄의 혐의 있다고 사료하는 때에는 범인, 범죄사실과 증거를 수사해야 한다. 이와 같이 수사기관은 범죄에 대한 주관적 혐의로 수사를 착수할 수 있다.

형사소송법이 수사의 단서로 규정하고 있는 것은 현행범인의 체포(212조), 변사자의 검시(222조), 고소(223조), 고발(234조), 자수(240조)가 있다. 수사의 단서를 수사기관 자신의 체험에 의한 경우와 타인의 체험의 청취에 의한 경우로 구분할 수 있다. 수사기관 자신의 체험에 의한 자율적 개시의 원인으로는 변사자의 검시, 불심검문, 현행범인의 체포, 다른 사건 수사 중의 발견한 경우, 신문기사, 풍문, 세평 등을 들 수 있다. 또한 고소, 고발, 자수, 피해신고, 진정, 범죄신고 등의 타인의 체험의 청취에 의해서도 수사가 개시된다. 고소·고발·자수가 있는 때에는 즉시 수사가 개시되지만, 그 이외의 단서의 경우에는 바로 수사가 개시되지 않고 내사단계를 거쳐서 수사기관의 인지에 의해서 비로소 수사가 개시된다.

2. 변사자의 검시

변사자의 검시는 사람의 사망이 범죄로 인한 것인가를 판단하기 위하여 수사기관이 사체의 상황을 검사하는 것이다. 변사체 또는 변사의 의심이 있는 사체가 있는 때에는 그 소재지를 관할하는 지방검찰청검사가 검시해야 한다(222조 1항). 검사는 사법경찰관에게 검시를 명할 수 있다(222조 3항). 위의 검시로 범죄의 혐의를 인정하고 긴급을 요할 때에는 영장없이 검증할 수 있다(222조 2항).

변사자의 검시는 수사전의 처분으로서, 검시의 결과 범죄의 혐의가 인정될 때 비로소 수사가 개시된다. 변사자는 범죄에 기인한 사망이라는 의심이 있는 사체를 말하므로, 자연사에 의한 것이 명백한 사체나 익사 또는 천재지변에 의하여 사망한 것이 명백한 사체는 검시의 대상이 될 수 없다. 수사의 단서에 불과하므로 법관의 영장이 필요하지 않다. 다만, 검시를 위하여 타인의 주거에 들어가야 하는 경우 강제처분에 대한 영장주의의 취지에 비추어 동의가 없는 때에는 영장이 필요하다(다수설). 사체를 부검하는 것은 검증에 해당하므로 이때에는 검증영장을 발부받아야 한다.

사법경찰관리가 검시를 하였을 때에는 검시조서를 작성한다. 사법경찰관리는 검시에 특별한 지장이 없다고 인정하면 변사자의 가족·친족·이웃사람·친구, 시·군·구·읍·면·동의 공무원이나 그 밖에 필요하다고 인정하는 자를 참여시켜야 한다.

3. 불심검문

(1) 불심검문의 의의

불심검문은 경찰관이 거동이 수상한 자를 발견한 때에는 이를 정지시켜 질문하는 것을 말한다. 사법경찰관이 그 직무에 기하여 하는 질문이라는 의미에서 직무질문이라고 한다. 직무질문은 범죄예방에 주된 목적이 있는 경찰작용이라는 점에서 수사라고 할 수 없고, 다만 직무질문에 의하여 범죄의 혐의가 인정되면 그 때 수사가 개시되므로 수사의 단서가 된다고 한다. 직무질문을 하면서 필요한 때에는 범죄와 관련된 사실을 문의하거나 소지품의 내용을 질문할 수 있고 흉기 소지여부를 조사할 수 있다. 이러한 점에서 특정범죄에 대한 증거자료의 수집을 목적으로 하는 피의자신문과 구별된다.

불심검문의 근거규정으로서 경찰관직무집행법에는 정지와 질문(경찰관직무집행법 3조 1항), 동행요구(3조 2항), 흉기소지검사(3조 3항)를 규정하고 있다. 불심검문은 행정경찰작용으로서 보안경찰작용의 성격을 가지며, 범죄수사 이전의 단계인 범죄예방활동은 일반경찰의 임무로서 경찰청 소속 경찰공무원이 이를 담당한다.

(2) 불심검문 대상자

불심검문 대상자는 수상한 거동 또는 기타 주위의 사정을 합리적으로 판단하여 ① 어떠한 죄를 범하였거나 죄를 범하려 하고 있다고 의심할만한 상당한 이유가 있는 자, ② 이미 행하여진 범죄나 행하여지려고 하는 범죄행위에 관하여 사실을 안다고 인정되는 자이다(경찰관직무집행법 3조 1항). 이때 수상한 거동이란 자연스럽지 못한 동작, 태도, 언어, 모습, 소지품 등으로 보아 평상적 활동에서 벗어난 어떠한 일이 일어난 것이 아닌가 의심되는 상태를 말하고, 기타 주위의 사정이란 주간인가 야간인가에 따른 시간적 상황, 위험한 물건인지 아닌지 여부에 따른 물적 상황, 주변 사람들의 태도와 같은 인적 상황 등 대상자의 직접적인 수상한 거동 이외의 주변상황을 말한다. 이러한 제반 사정으로 미루어보아 어떠한 죄를 범하였거나 범하려 하고 있다고 의심할 만한 상당한 이유가 있을 때 불심검문을 할 수 있다. 따라서 경찰관이 불심검문의 대상자 해당 여부를 판단함에 있어 불심검문 당시의 구체적 상황은 물론 사전에 얻은 정보나 전문적 지식 등에 기초하여 불심검문 대상자인지 여부를 객관적·합리적인 기준에 따라 판단해야 한다. 반드시 불심검문 대상자에게 형사소송법상 체포나 구속에 이를 정도의 혐의가 있을 것을 요하는 것은 아니다(대법원 2014. 12. 11. 선고 2014도7976 판결).

(3) 정지와 질문

경찰관은 불심검문 대상자를 정지시켜 질문할 수 있다. 정지의 방법은 보행자일 경우는 불러 세우고, 자동차·오토바이·자전거에 타고 있는 자일 경우에는 정차를 시키는 것을 말한다.

불심검문대상자가 경찰관의 정지요구에 대해서 협조하는 경우에는 문제가 없으나 비협조적인 경우 실력행사가 가능한 것인지에 대해서는 견해의 대립이 있다. ⓐ 예외적 허용설은 원칙적으로 허용되지 않지만, 살인이나 강도 등의 중범죄에 한하여 예외를 인정한다. ⓑ 제한적 허용설은 범죄의 조기발견이나 예방의 목적을 달성하기 위해 필요한 경우에는 강제에 이르지 않는 정도의 유형력의 행사를 허용한다(다수설). ⓒ 설득행위설은 예를 들어 가볍게 신체에 손을 대는 행위, 상대방의 앞을 일시적으로 막고 설득하는 행위의 범위 내에서 제한된 형태의 실력행사만을 허용한다.

판례는 정지를 위하여 앞을 가로 막으며 협조하여 달라고 하거나, 불응하는 자를 따라가서 재차 앞을 막고 검문에 응하라고 요구하는 정도는 허용된다고 판시하고 있다(대법원 2012. 9. 13. 선고 2010도6203 판결). 경찰관은 불심검문 대상자에게 질문하기 위하여 범행의 경중, 범행과의 관련성, 상황의 긴박성, 혐의의 정도, 질문의 필요성 등에 비추어 그 목적 달성에 필요한 최소한의 범위에서 사회통념상 용인될 수 있는 상당한 방법으로 그 대상자를 정지시킬 수 있다(대법원 2012. 9. 13. 선고 2010도6203 판결; 대법원 2014. 2. 27. 선고 2011도13999 판결).

불심검문 제도의 취지상, 정지 여부를 명백하게 결정하지 못한 자에 대하여 경찰관이 일정한 거리를 따라가면서 말로써 직무질문에 협조하여 줄 것을 설득하는 것은 그 신체이동의 자유에 제약을 가하지 않는 한 허용될 수 있다. 그런데 정지의 목적인 질문에 대답하는 것이 상대방의 임의에 맡겨져 있는 이상, 경찰관이 질문을 거부할 의사를 밝힌 상대방에 대하여 수갑을 채우거나, 신체를 잡거나, 자동차·오토바이·자전거 등이 진행할 수 없도록 강제력을 사용하여 막거나, 소지품을 돌려주지 않는 등의 방법으로 상대방이 그 장소를 떠나지 못하도록 하는 것은 사실상 신체를 구속하거나 그 의사에 반하여 답변을 강요하는 것이 되므로 허용될 수 없다고 보아야 한다.

〈불심검문의 위법 여부 판단〉

피고인은 일관하여 이 사건 경찰관들을 소위 '퍽치기'를 하려는 자들로 오인하였던 것이라고 진술하고 있는 사정 등을 종합하면 경찰관들이 피고인을 추적할 당시의 구체적인 상황, 즉 경찰관들이 피고인에게 무엇이라고 말하면서 쫓아갔는지, 그 차량에 경찰관이 탑승하고 있음을 알 수 있는 표식이 있었는지, 피고인으로부터 어느 정도 거리에서 어떤 방향으로 가로막으면서 차량을 세운 것인지, 차량의 운행속도 및 차량 제동의 방법, 피고인이 그 차량을 피해 진행해 나갈 수 있는 가능성, 피고인이 넘어지게 된 경위 및 넘어진 피고인에 대하여 경찰관들이 취한 행동을 면밀히 심리하여 경찰관들의 이 사건 추적행위(불심검문)가 사회통념상 용인될 수 있는 상당한 방법으로 이루어진 것인지 여부를 판단하였어야 할 것이다(대법원 2014. 2. 27. 선고 2011도13999 판결).

(4) 동행 요구

경찰관은 불심검문 대상자를 정지시킨 장소에서 질문을 하는 것이 그 사람에게 불리하거나 교통에 방해가 된다고 인정될 때에는 질문하기 위해 가까운 경찰서·지구대·파출소 또는 출장소로 동행할 것을 요구할 수 있다. 이 경우 동행을 요구받은 사람은 그 요구를 거절할 수 있다(경찰관직무집행법 3조 2항). 경찰관은 신분증표를 제시하고 소속과 성명을 밝히고 그 목적과 이유를 설명하고 동행 장소를 밝혀야 한다(동법 3조 4항). 동행한 사람의 가족이나 친지 등에게 동행한 경찰관의 신분, 동행 장소, 동행 목적과 이유를 알리거나 본인으로 하여금 즉시 연락할 수 있는 기회를 주어야 하며, 변호인의 도움을 받을 권리가 있음을 알려야 한다(동법 3조 5항). 경찰관은 6시간을 초과하여 경찰관서에 머무르게 할 수 없다(동법 3조 6항). 동행을 요구받은 사람은 형사소송에 관한 법률에 따르지 아니하고는 신체를 구속당하지 아니하며, 그 의사에 반하여 답변을 강요당하지 아니한다(동법 3조 7항). 어떠한 경우에도 동행 요구는 강제되어서는 아니 되며, 임의적 설득의 범위를 초과하는 실력행사를 허용하는 것은 아니다.

경찰관직무집행법상의 동행 요구는 형사소송법의 임의수사 방법으로 행해지는 임의동행과는 구별된다. 임의동행은 수사관이 수사과정에서 당사자의 동의를 받는 형식으로 피의자를 수사관서 등에 동행하는 것이다. 하지만, 임의동행은 상대방의 신체의 자유가 현실적으로 제한되어 실질적으로 체포와 유사한 상태라고 할 수 있으며, 아직 정식의 체포·구속단계 이전이라는 이유로 상대방에게 헌법 및 형사소송법이 체포·구속된 피의자에게 부여하는 각종의 권리보장 장치가 제공되지 않는 등 형사소송법의 원리에 반하는 결과를 초래할 가능성이 크다. 동행 요구나 임의동행 모두 현실적으로 사법경찰관의 강제성을 띤 동행을 억제할 방법이 없어서 임의성이 보장되지 않을 수 있다는 점에서, 경찰관으로부터 임의동행 요구를 받은 경우 불심검문대상자는 이를 거절할 수 있으며, 임의동행 후에도 언제든지 경찰관서에서 퇴거할 자유를 보장하여야 한다.

판례는 경찰관직무집행법상 동행요구한 경우 당해인을 6시간을 초과하여 경찰관서에 머물게 할 수 없다고 규정하더라도, 이 규정은 임의동행한 자를 6시간 동안 경찰관서에 구금하는 것을 허용하는 것은 아니라고 판시하고 있다(대법원 1997. 8. 22. 선고 97도1240 판결).

(5) 흉기 조사

불심검문 대상자에게 질문을 할 때에 그 사람이 흉기를 가지고 있는지를 조사할 수 있다(경찰관직무집행법 3조 3항). 이는 경찰관이나 제3자의 생명·신체의 안전을 위한 규정이다. 흉기의 소지 여부 조사는 흉기를 휴대하였다고 인정할 수 있는 고도의 개연성 내지 특수한 혐의가 필요하다. 이 경우 상대방의 동의가 없는 경우 외표검사와 개시요구만 가능하다고 인정하며, 경찰관의 개피행위 등 강제개시와 이를 위한 실력행사는 허용하지 않는다(다수설). 경찰관의 개피행위가 외표검사를 넘어서 강제개시 등의 실력행사를 수반하게 된다면 개인의 프라이버시권을 침해할 소지가 크기 때문에 의복 또는 휴대품의 바깥 부분을 가볍게 손으로 만지거나 툭툭 치는 정도의 방법으로 확인해야 한다.

　　경찰관직무집행법상으로 흉기 소지 조사에 관한 규정만을 두고 있어서 흉기 이외의 소지품에 대한 조사도 가능한지에 대해서는 견해의 대립이 있다. ⓐ 부정설은 흉기 이외의 소지품검사는 법적 근거규정이 없기 때문에 불심검문의 범위를 벗어난다고 본다. ⓑ 긍정설은 소지품검사는 불심검문의 안전과 실효성을 확보하기 위한 불심검문에 수반되는 행위이므로 경찰관직무집행법상의 불심검문의 범위 내에서 허용된다고 한다.

　　흉기 이외의 소지품 검사는 불심검문대상자의 동의가 있어야 하는데, 불심검문대상자의 동의가 없는 경우에도 경찰관직무집행법상의 흉기 소지 조사규정을 근거로 이를 허용할 수 없다. 이는 흉기조사 규정의 문언의 의미를 뛰어넘는 해석이어서 현행법상 허용될 수 없다. 다만, 불심검문 당시의 상황이 영장에 의하지 아니한 강제처분, 즉 현행범인체포나 긴급체포에 의한 긴급압수·수색의 요건에 해당하는 경우에는 이에 따라 흉기 이외의 소지품 검사가 허용될 수 있다.

(6) 자동차검문

　　자동차검문은 범죄의 예방과 검문을 목적으로 운행 중인 자동차를 정지하게 하여 운전자 또는 동승자에게 질문하는 것을 말한다. 자동차검문은 도로에서 대량으로 한꺼번에 이루어진다는 점에서 보편화된 자동차문화를 고려하여 자동차를 이용하는 중대범죄에 해당하고, 필요하고 적절한 경우에 자유의 제한은 필요한 최소한도에 그치게 하는 범위 내에서만 제한적으로 허용되어야 한다.

　　자동차검문에는 교통검문, 경계검문, 긴급수배검문이 있다. 교통검문의 경우 경찰공무원은 자동차등의 운전자가 도로교통법 규정을 위반하여 자동차등을 운전하고 있다고 인정되는 경우에는 차를 일시 정지시키고 그 운전자에게 자동차 운전면허증을 제시할 것을 요구할 수 있다(도로교통법 47조 1항). 경계검문은 범죄 일반의 예방이나 적발을 목적으로 하여 상대방의 동의를 얻어 자동차를 정지시켜 운전자 등에게 질문하는 것을 말한다. 경찰관직무집행법 3조 1항의 불심검문과 유사한 형태의 검문으로 이에 대한 명시적인 근거규정이 없다. 긴급수배검문은 특정범죄가 발생한 후 범인의 체포나 정보의 수집을 목적으로 하여 운전자 등의 동의가 있으면 이에 따라 정지와 질문을 할 수 있으며, 동의가 없는 경우에도 현행범인의 체포나 긴급체포의 요건에 해당하면 자동차를 정지시키고 긴급압수·수색을 할 수 있다.

4. 고소

(1) 고소의 의의

고소(告訴)는 고소권자인 범죄의 피해자 또는 기타 법률로 정한 일정한 자가 수사기관에 대하여 범죄사실을 신고하여 범인의 처벌을 구하는 의사표시이다. 고소는 고소권자가 범죄사실을 신고한다는 점에서 고소권자 이외의 자가 수사기관에 범죄사실을 신고하여 범인의 처벌을 구하는 의사표시인 고발과 구별된다.

고소는 범죄사실을 신고하는 것이므로, 고소의 대상인 범죄사실을 특정해야 한다. 그 특정의 정도는 고소인의 의사가 구체적으로 어떤 범죄사실을 지정하여 범인의 처벌을 구하고 있는 것인가를 확정할 수만 있으면 된다(대법원 2003. 10. 23. 선고 2002도446 판결). 고소인 자신이 직접 범행일시, 장소와 방법까지 구체적으로 상세히 지적하여 그 범죄사실을 특정할 필요까지는 없다(대법원 1999. 3. 26. 선고 97도1769 판결). 범인의 성명이 불명이거나 또는 오기가 있었다거나 범행의 일시·장소·방법 등이 명확하지 않거나 틀리는 것이 있다고 하더라도 고소의 효력에는 영향이 없다(대법원 1984. 10. 23. 선고 84도1704 판결).

고소는 수사기관에 대하여 범죄사실을 신고한다는 점에서 수사기관이 아닌 법원에 대하여서 행한 경우에는 그 효력이 없다. 예를 들어 법원에 범죄사실을 적시하고 피고인을 처벌해달라는 내용의 진술서를 제출하거나 증인으로서 증언하면서 판사의 신문에 대해 피고인의 처벌을 바란다는 취지의 진술을 한 것은 고소로서의 효력이 없다(대법원 1984. 6. 26. 선고 84도709 판결). 고소는 범인의 처벌을 구하는 의사표시이므로, 단순히 피해사실을 신고하거나 도난신고서를 제출하는 것만으로는 고소라고 할 수 없다(대법원 2008. 11. 27. 선고 2007도4977 판결).

고소를 할 때는 고소인에게 소송행위능력, 즉 고소능력이 있어야 한다. 다만, 고소능력은 피해를 입은 사실을 이해하고 고소에 따른 사회생활상의 이해관계를 알아차릴 수 있는 사실상의 의사능력으로 충분하므로, 민법상 행위능력이 없는 사람이라도 위와 같은 능력을 갖추었다면 고소능력이 인정된다(대법원 2011. 6. 24. 선고 2011도4451 판결).

(2) 고소권자

고소는 고소권자에 의한 처벌의 의사표시이다. 고소권자는 범죄의 피해자(223조), 피해자의 법정대리인(225조 1항), 피해자의 배우자·친족(226조), 지정고소권자(228조)이다. 고소권자가 아닌 자가 행한 고소는 효력이 없다. 고소권은 일신전속적 성격의 권리이므로 상속이나 양도가 허용되지 않는다. 다만, 예외적으로 저작권이나 특허권의 경우 범죄로 인한 침해가 계속적인 경우에는 고소권이 이전될 수 있다.

1) 범죄로 인한 피해자

범죄로 인한 피해자는 고소할 수 있다(223조). 피해자는 자연인에 한하지 않고 법인과 법인격 없는 단체도 포함한다. 법인이 피해자인 경우 그 대표자가 고소권을 행사할 수 있다.

2) 피해자의 법정대리인

피해자의 법정대리인은 독립하여 고소할 수 있다. 법정대리인의 고소권의 성격에 대해서 ⓐ 고유권설은 형사소송법 225조 1항이 규정한 법정대리인의 고소권은 무능력자의 보호를 위하여 법정대리인에게 주어진 고유권이므로, 피해자의 고소권 소멸여부와 관계없이 고소할 수 있다고 본다. ⓑ 독립대리권설은 고소권은 피해자의 일신전속적 성격의 권리이며 친고죄의 성격상 법적 안정성을 가지기 위해서 피해자의 고소권이 소멸하면 법정대리인의 고소권도 소멸된다고 본다.

판례는 형사소송법 225조 1항이 규정한 법정대리인의 고소권은 무능력자의 보호를 위하여 법정대리인에게 주어진 고유권이라고 판단하고 있으므로, 법정대리인은 피해자의 고소권 소멸 여부에 관계없이 고소할 수 있고, 이러한 고소권은 피해자의 명시한 의사에 반하여도 행사할 수 있다고 본다(대법원 1999. 12. 24. 선고 99도3784 판결).

3) 친족 등 고소권자

피해자가 사망한 때에는 그 배우자, 직계친족 또는 형제자매는 고소할 수 있다. 단, 피해자의 명시한 의사에 반하지 못한다(225조 2항). 사자의 명예를 훼손한 범죄에 대하여는 그 친족 또는 자손은 고소할 수 있다(227조).

〈친족 등 고소권자의 적법한 고소〉

모자관계는 호적에 입적되어 있는 여부와는 관계없이 자의 출생으로 법률상 당연히 생기는 것이므로 생모와 그 자의 자 사이에도 법률상 친족관계가 있다 할 것이므로, 피고인의 생모가 피고인의 그 딸에 대한 강제추행 등 범죄사실에 대하여 고소를 제기한 것은 피해자의 할머니가 피해자의 법정대리인을 고소한 경우에 해당하여 적법한 고소라고 판시하고 있다(대법원 1986. 11. 11. 선고 86도1982 판결).

4) 고소권자의 지정

친고죄에 대하여 고소할 자가 없는 경우에 이해관계인의 신청이 있으면 검사는 10일 이내에 고소할 수 있는 자를 지정해야 한다(228조). 고소할 수 없는 경우라는 사유는 법률상의 사유 또는 사실상의 사유를 불문하는데, 다만 고소권자가 고소권을 상실하거나 고소하지 아니할 의사를 명시하고 사망한 경우에는 제외한다.

(3) 고소의 절차
1) 고소의 방식

고소는 서면 또는 구술로써 검사 또는 사법경찰관에게 해야 한다. 검사 또는 사법경찰관에게 해야 한다는 점에서 피해자가 경찰청 인터넷 홈페이지에 신고민원을 접수하는 형태로 피고인에 대한 조사를 촉구하는 의사표시를 한 것은 적법한 고소로 보기 어렵다(대법원 2012. 2. 23. 선고 2010도9524 판결). 수사권한이 없는 기관에 대한 진정이나 탄원도 특정인에 대한 범죄사실의 적시와 처벌을 구하는 내용이 있다고 하더라도 고소가 아니다.

검사 또는 사법경찰관이 구술에 의한 고소 또는 고발을 받은 때에는 조서를 작성해야 한다(237조). 구술에 의한 고소를 받은 검사 또는 사법경찰관은 조서를 작성해야 하지만 그 조서가 독립된 조서일 필요는 없다. 수사기관이 고소권자를 증인 또는 피해자로서 신문한 경우에 그 진술에 범인의 처벌을 요구하는 의사표시가 포함되어 있고 그 의사표시가 조서에 기재되면 적법한 고소에 해당한다(대법원 1985. 3. 12. 선고 85도190 판결). 수사기관이 작성한 피해자진술조서에 피해자의 처벌의 의사표시가 경찰관의 질문에 답하는 형식으로 이루어진 경우에도 적법한 고소에 해당한다(대법원 2009. 7. 9. 선고 2009도3860 판결).

2) 고소의 대리

고소 또는 그 취소는 대리인으로 하여금 하게 할 수 있다(236조). 대리인에 의한 고소의 경우 대리권이 정당한 고소권자에 의하여 수여되었음이 실질적으로 증명되면 충분하고 그 방식에 특별한 제한은 없다. 그러므로 피해자로부터 고소를 위임받은 대리인은 수사기관에 구술에 의한 방식으로도 고소를 제기할 수 있다(대법원 2002. 6. 14. 선고 2000도4595 판결). 고소의 대리는 고소절차를 용이하기 위한 것이며, 고소 여부에 대한 결정까지 위임한 것은 아니다. 따라서 고소의 대리는 처벌희망의 의사표시 전달을 대리하는 표시대리에 한정한다.

3) 고소의 기간

친고죄에 대하여는 범인을 알게 된 날로부터 6월을 경과하면 고소하지 못한다(230조 1항). 친고죄의 경우 범인을 안 날로부터 기산하며, 비친고죄의 경우 고소기간의 제한이 없다. 고소권자가 범죄행위가 계속되는 도중에 범인을 알았다 하여도, 그 날부터 곧바로 친고죄의 고소기간이 진행된다고는 볼 수 없으며, 이러한 경우 고소기간은 범죄행위가 종료된 때부터 계산해야 한다. 동종행위의 반복이 당연히 예상되는 영업범 등 포괄일죄의 경우에는 최후의 범죄행위가 종료한 때에 전체 범죄행위가 종료된 것으로 보아야 한다(대법원 2004. 10. 28. 선고 2004도5014 판결).

고소기간의 기산점으로 범인을 알게 된 날은 통상인의 입장에서 보아 고소권자가 고소를 할 수 있을 정도로 범죄사실과 범인을 아는 것을 의미하고, 범죄사실을 안다는 것은 고소권자가 친고죄에 해당하는 범죄의 피해가 있었다는 사실관계에 관하여 확정적인 인식이 있음을 말한다(대법원 2001. 10. 9. 선고 2001도3106 판결; 대법원 2010. 7. 15. 선고 2010도4680 판결). 이 때 그 인식의 정도는 적어도 범인이 누군가를 특정할 수 있을 정도로 알면 족하고 범인의 주소, 성명, 기타 인적 사항까지 알 필요는 없다.

피해자에게 고소할 수 없는 불가항력의 사유가 있는 때에는 고소기간은 그 사유가 없어진 날로부터 기산한다(230조 1항 단서). 범행 당시 고소능력(의사능력)이 없던 피해자가 그 후에 비로소 고소능력이 생겼다면 그 고소기간은 고소능력이 생긴 때로부터 기산해야 한다(대법원 1995. 5. 9. 선고 95도696 판결).

〈고소능력과 고소기간의 기산점〉

강간 피해 당시 14세의 정신지체아가 범행일로부터 약 1년 5개월 후 담임교사 등 주위 사람들에게 피해사실을 말하고 비로소 그들로부터 고소의 의미와 취지를 설명 듣고 고소에 이른 경우, 위 설명을 들은 때 고소능력이 생겼다고 본다(대법원 2007. 10. 11. 선고 2007도4962 판결).

4) 고소의 제한

범죄로 인한 피해자는 자기 또는 배우자의 직계존속을 고소하지 못한다(224조). 이 규정에 의한 고소의 제한은 존속을 차별적으로 보호하기 위한 것이 아니라, 우리 사회가 선택하고 축적해 온 고유한 문화전통과 윤리의식을 수호하기 위하여 비속의 반윤리성을 억제하려는 데에 목적이 있다. 이 규정에 따라서 결과적으로 존속이 두터운 보호를 받고 심지어는 보호할 가치가 없는 존속까지 혜택을 받게 된다 하더라도, 이는 법률이 부여한 특혜가 아니라 비속의 반윤리성을 억제하는 데서 수반되는 반사적 이익에 불과한 것이다(헌재 2011. 2. 24. 선고 2008헌바56 결정). 다만 성폭력범죄(성폭력처벌법 18조)와 가정폭력범죄(가정폭력처벌법 6조 2항)의 경우에는 자기 또는 배우자의 직계존속을 고소할 수 있다.

피해자의 법정대리인이 피의자이거나 법정대리인의 친족이 피의자인 때에는 피해자의 친족은 독립하여 고소할 수 있다(226조).

(4) 고소의 효력
1) 고소불가분의 원칙

고소불가분의 원칙은 친고죄에 있어서 고소의 효력이 미치는 범위에 관한 원칙이다. 형사소송법은 친고죄의 공범 중 그 1인 또는 수인에 대한 고소 또는 그 취소는 다른 공범자에 대하여도 효력이 있다고 규정하고 있다(233조). 형사소송법은 고소의 효력범위 중 주관적 불가분에 대해서만 규정하고 있지만, 이론상 객관적 불가분의 원칙도 당연히 인정된다. 한 개의 범죄의 일부분에 대한 고소 또는 그 취소는 전부에 대하여 효력이 발생한다.

2) 객관적 불가분의 원칙

친고죄에서의 한 개의 범죄사실의 일부분에 대한 고소 또는 그 취소는 그 범죄사실의 전부에 미친다. 한 개의 범죄의 불가분의 취급은 형사소송의 원칙이며, 친고죄로 규정함으로써 처벌여부가 고소권자의 의사에 의하여 좌우되지만 처벌의 범위까지 고소권자의 의사에 좌우되는 것을 방지하기 위한 것이다.

① 단순일죄에 대하여는 이 원칙이 예외 없이 적용된다. 한 개의 범죄사실의 일부에 대한 고소가 있더라도 그 효력이 전부에 미친다.

② 동일한 피해자이고 과형상의 일죄의 각 부분이 모두 친고죄일 경우 과형상 일죄의 일부에 대한 고소는 전부에 효력이 미친다. 과형상의 일죄의 각 부분이 모두 친고죄이지만, 피해자가 다를 때에는 객관적 불가분의 원칙이 적용되지 않는다. 예를 들어 한 개의 문서로 2사람을 모욕하였는데 피해자 1인만이 고소한 경우에는 다른 사람의 모욕에 대해서는 고소의 효력이 미치지 않는다.

과형상 일죄에서 일부만이 친고죄인 경우에는 친고죄에 대한 고소의 효력은 비친고죄에 대하여 미치지 않으며, 비친고죄에 대한 고소의 효력은 친고죄에 미치지 않는다.

③ 실체적 경합범인 수죄에 대해서는 한 개의 범죄사실을 전제로 하는 객관적 불가분의 원칙이 적용되지 않는다.

④ 조세범 처벌절차법에 따라 범칙사건에 대한 고발이 있는 경우 고발의 효력은 범칙사건에 관련된 범칙사실의 전부에 미치고 한 개의 범칙사실의 일부에 대한 고발은 전부에 대하여 효력이 생긴다(대법원 2009. 7. 23. 선고 2009도3282 판결). 그러나 수개의 범칙사실 중 일부만을 범칙사건으로 하는 고발이 있는 경우 고발장에 기재된 범칙사실과 동일성이 인정되지 않는 다른 범칙사실에 대해서까지 고발의 효력이 미칠 수는 없다(대법원 2014. 10. 15. 선고 2013도5650 판결).

3) 주관적 불가분의 원칙

친고죄의 공범 중 그 1인 또는 수인에 대한 고소 또는 그 취소는 다른 공범자에 대하여도 효력이 있다(233조). 고소인의 자의에 의하여 공범의 처벌에 불공평한 결과가 생기는 것을 방지하기 위한 것이다.

① 절대적 친고죄의 경우에는 언제나 이 원칙이 적용된다.

② 친족상도례의 경우와 같이 범인과 피해자 사이에 일정한 신분관계가 있는 경우에만 친고죄로 되는 상대적 친고죄의 경우 공범자 전원이 피해자와 일정

한 신분관계가 있는 때에는 이 원칙이 적용된다. 공범자 일부만이 피해자와 일정한 신분관계가 있는 때에는 비신분자에 대한 고소의 효력은 신분관계에 있는 공범자에게 효력이 미치지 않는다. 신분관계에 있는 자에 대한 고소의 취소도 비신분자에게는 효력이 없다.

③ 명예훼손 등의 반의사불벌죄의 경우 ⓐ 부정설은 반의사불벌죄에 대하여 고소불가분의 원칙을 규정한 233조에 대해서 준용규정을 두고 있지 않으며, 피해변상 등의 합의가 이루어진 자와 그렇지 않은 경우를 차별적으로 취급하는 것이 피해자의 보호나 당사자간의 개인적 차원에서의 분쟁해결을 위해서는 바람직하다는 점을 들어 주관적 불가분의 원칙을 적용하지 않는다고 한다(다수설). ⓑ 긍정설은 반의사불벌죄의 경우 친고죄와 달리 피해자가 원하는 범인만 처벌하도록 하면 피해자의 자의에 의하여 국가형벌권의 행사가 좌우되는 불공평한 결과가 발생할 수 있기 때문에 233조의 규정을 준용하는 것이 타당하다고 본다.

판례는 형사소송법이 233조에서 고소와 고소취소의 불가분에 관한 규정을 함에 있어서는 반의사불벌죄에 이를 준용하는 규정을 두지 아니한 것은 처벌을 희망하지 아니하는 의사표시나 처벌을 희망하는 의사표시의 철회에 관하여 친고죄와는 달리 공범자간에 불가분의 원칙을 적용하지 아니하고자 함에 있다고 보아야 한다고 판시하여 부정설의 입장이다(대법원 1994. 4. 26. 선고 93도1689 판결).

(5) 고소인 등에 대한 송부통지

2020년 형사소송법 개정법률에 의하면 사법경찰관이 고소·고발사건을 포함하여 범죄를 수사한 때에 범죄의 혐의가 없다고 인정되는 경우 등 그 밖의 경우에는 그 이유를 명시한 서면과 함께 관계 서류와 증거물을 지체 없이 검사에게 송부하여야 하며, 그 송부한 날로부터 7일 이내에 서면으로 고소인·고발인·피해자 또는 그 법정대리인(피해자가 사망한 경우에는 그 배우자·직계친족·형제자매를 포함한다)에게 사건을 검사에게 송치하지 아니하는 취지와 그 이유를 통지하여야 한다(245조의6). 위의 통지를 받은 고소인 또는 고발인은 해당 사법 경찰관의 소속 관서의 장에게 이의를 신청할 수 있다(245조의7 1항). 사법경찰관은 고소인 또는 고발인의 신청이 있는 때에는 지체 없이 검사에게 사건을 송치하고 관계 서류와 증거물을 송부하여야 하며, 처리결과와 그 이유를 신청인에게 통지하여야 한다(245조의7 2항).

(6) 고소의 취소

1) 고소 취소의 시기

고소는 제1심 판결선고 전까지 취소할 수 있다(232조). 국가형벌권의 행사가 피해자의 의사에 의하여 좌우되는 현상을 장기간 방치하지 않으려는 목적에서 고소 취소의 시기를 획일적으로 제1심판결 선고시까지로 한정하고 있다(대법원 1999. 4. 15. 선고 96도1922 전원합의체 판결). 제1심판결 선고 후에 고소가 취소된 때에는 그 취소의 효력이 없으므로 공소기각의 재판을 할 수 없다(대법원 1985. 2. 8. 선고 84도2682 판결). 항소심에서 공소장의 변경에 의하여 또는 공소장변경절차를 거치지 아니하고 법원 직권에 의하여 친고죄가 아닌 범죄를 친고죄로 인정한 경우에 항소심에서 고소인이 비로소 고소를 취소한 경우 항소심을 제1심이라 할 수는 없으므로 항소심에서의 고소의 취소는 그 효력이 없다(대법원 1999. 4. 15. 선고 96도1922 전원합의체 판결).[1]

〈고소의 취소 시한 취지〉

> 친고죄의 고소를 제1심 판결선고 전까지만 취소할 수 있도록 한 것은 고소인과 피고소인 사이에 자율적으로 화해할 수 있는 시간을 보장하는 동시에 국가형벌권의 행사가 전적으로 고소인의 의사에 의해 좌우되는 것을 방지하는 한편, 남상소를 막고 사법자원을 효율적으로 분배하기 위한 것이므로, 항소심에서 고소취소를 받은 피고인의 평등권을 침해하지 않는다. 그리고 반의사불벌죄에서 처벌희망의사표시의 철회 시기를 제1심 판결선고 전까지로 제한한 취지도 친고죄가 고소취소의 시한을 정한 것과 동일하다(헌재 2016. 11. 24. 선고 2014헌바451 결정).

2) 고소 취소권자

고소를 취소할 수 있는 자는 고소를 제기한 자 또는 고소의 대리행사권자이다. 피해자는 고유의 고소권자이므로 대리행사권자가 제기한 고소를 취소할 수

---

1 형사소송법 232조 1항 및 3항은 반의사불벌죄에서 처벌을 희망하는 의사표시는 제1심 판결 선고 전까지 철회할 수 있다고 규정하고 있다. 제1심 법원이 반의사불벌죄로 기소된 피고인에 대하여 소송촉진법 23조에 따라 피고인의 진술 없이 유죄를 선고하여 판결이 확정된 경우, 만일 피고인이 책임을 질 수 없는 사유로 공판절차에 출석할 수 없었음을 이유로 소송촉진법 23조의2에 따라 제1심 법원에 재심을 청구하여 재심개시결정이 내려졌다면 피해자는 재심의 제1심 판결 선고 전까지 처벌을 희망하는 의사표시를 철회할 수 있다. 그러나 피고인이 제1심 법원에 소송촉진법 23조의2에 따른 재심을 청구하는 대신 항소권회복청구를 함으로써 항소심 재판을 받게 되었다면 항소심을 제1심이라고 할 수 없는 이상 항소심 절차에서는 처벌을 희망하는 의사표시를 철회할 수 없다(대법원 2016. 11. 25. 선고 2016도9470 판결).

있다. 그러나 고유의 고소권자가 행한 고소를 대리행사권자가 취소할 수 없다. 따라서 피해자의 부친이 피해자 사망 후에 피해자를 대신하여 그 피해자가 이미 하였던 고소를 취소할 수 없다(대법원 1969. 4. 29. 선고 69도376 판결).

3) 고소 취소의 방식

고소 취소의 방식은 고소와 동일하다(239조). 고소의 취소에 대해서도 대리가 허용된다(236조). 고소의 취소나 처벌을 희망하는 의사표시의 철회는 수사기관 또는 법원에 대한 법률행위적 소송행위이므로 공소제기 전에는 고소사건을 담당하는 수사기관에, 공소제기 후에는 고소사건의 수소법원에 대하여 이루어져야 한다(대법원 2012. 2. 23. 선고 2011도17264 판결).

고소의 취소는 서면 또는 구술로 할 수 있다. 구술에 의한 고소 취소로서, 예를 들어 고소권자가 검사에 의한 피해자 진술조서작성시 고소를 취소하겠다고 명백히 하고 또 고소취소 후에는 다시 고소할 수 없다는 점도 알고 있다고 진술하였다면 그 고소는 적법하게 취소된 것이다(대법원 1983. 7. 26. 선고 83도1431 판결).

고소의 합의서를 피고인에게 작성하여준 것만으로는 고소가 적법하게 취소된 것으로는 볼 수 없다(대법원 1983. 9. 27. 선고 83도516 판결). 합의서와 고소취소의 서면은 그 제출대상이나 내용에서 구별된다고 보는 것이 타당하다. 다만, 내용상으로 고소를 취소한다는 취지가 명백히 기재되어 있는 합의서이면 고소취소의 서면으로 볼 수 있다.

4) 고소 취소의 효과

고소를 취소한 자는 다시 고소하지 못한다(232조 2항). 고소 취소의 소송법적 효과는 고소권의 소멸이다. 피해자가 취소한 경우에는 고소의 대리행사권자의 고소권이 소멸하지만, 대리행사권자가 취소한 경우에는 피해자의 고소권은 소멸되지 않는다. 친고죄에서 고소를 취소한 때에는 불기소처분 또는 공소기각의 판결을 해야 한다. 다만, 비친고죄에서의 고소취소는 양형의 참작사유가 될 수 있다.

고소 취소의 경우에도 고소와 동일하게 고소불가분의 원칙이 적용된다. 따라서 친고죄의 경우 공범자의 1인 또는 수인에 대한 고소취소는 다른 공범자에 대하여도 효력이 있다(주관적 불가분의 원칙). 한 개의 범죄사실의 일부에 대한 고소취소는 그 전부에 대하여 효력이 미친다(객관적 불가분의 원칙).

(7) 고소권의 포기

고소권의 포기란 피해자가 장차 고소권을 행사하지 않겠다는 의사표시를 하는 것을 말한다. 고소권을 포기할 수 있느냐에 대해서 ⓐ 긍정설은 고소의 포기를 인정해도 피해가 없고 친고죄에 있어서 신속하게 사건을 처리할 수 있다는 장점을 가지고 있으므로 고소권의 포기를 인정한다. ⓑ 부정설은 고소권은 공법상의 권리이므로 사적 처분을 할 수 없고 이에 대한 근거규정이 없으며, 고소권의 포기가 협박 등에 의해 강요될 소지가 있으므로 고소권의 포기를 부정한다. ⓒ 절충설은 고소의 포기를 인정하지만 고소권의 포기는 고소의 취소와 같은 방식으로 해야 한다는 견해이다.

판례는 친고죄에 있어서의 피해자의 고소권은 공법상의 권리라고 할 것이므로 법이 특히 명문으로 인정하는 경우를 제외하고는 자유처분을 할 수 없고 따라서 일단 한 고소는 취소할 수 있으나 고소 전에 고소권을 포기할 수 없다고 하여 부정설의 입장을 취하고 있다(대법원 1967. 5. 23. 선고 67도471 판결). 피해자가 고소장을 제출하여 처벌을 희망하는 의사를 분명히 표시한 후 고소를 취소한 바 없다면, 비록 고소 전에 피해자가 처벌을 원치 않았다고 하더라도 그 후에 한 피해자의 이 사건 고소는 유효하다고 할 것이다(대법원 1993. 10. 22. 선고 93도1620 판결).

고소권은 공법상의 권리이므로 사인의 처분에 맡기는 것은 바람직하지 않으며, 실제 범인과 피해자간의 고소권 포기를 허용한다면 고소권의 포기가 강요될 위험성이 있어 고소권의 포기를 인정할 수 없다.

5. 고발

누구든지 범죄가 있다고 사료하는 때에는 고발할 수 있다(234조 1항). 공무원은 그 직무를 행함에 있어 범죄가 있다고 사료하는 때에는 고발하도록 의무사항으로 하고 있다(234조 2항). 고발은 고소권자와 범인 이외의 사람이 수사기관에 대하여 범죄사실을 신고하여 그 소추를 구하는 의사표시이다. 고발인은 범죄의 피해자가 아니므로 검사가 자의적으로 불기소처분을 하였다고 하더라도 특별한 사정이 없는 한 자기의 기본권이 침해되었음을 이유로 자기관련성을 내세워 헌법소원심판을 청구할 수 없다(헌재 1990. 12. 26. 선고 90헌마20 결정).

고발은 수사의 단서이지만, 예외적으로 관세법, 조세범처벌법위반, 독점규제 및 공정거래에 관한 법률위반의 경우에는 소송조건이 되는 경우가 있다. 이와 같이 필요적 고발사건에서는 공무원 또는 공정거래위원회의 고발이 있어야 공소를 제기할 수 있다. 고발의 효과는 친고죄에서의 고소와 같이 객관적 불가분의 원칙이 적용된다. 일죄의 관계에 있는 범죄사실의 일부에 대한 고발은 그 일죄의 전부에 대하여 미친다(대법원 2005. 1. 14. 선고 2002도5411 판결).[2] 고발의 경우 주관적 불가분의 원칙을 유추적용하지 않는다. 명문의 규정이 없이 유추적용하여 피고인에게 불리한 유추해석을 하는 결과가 되어 죄형법정주의에 위배된다는 점과 필요적 고발사건의 전속고발제도를 둔 취지를 존중할 필요가 있다는 점에서 유추적용을 부정하고 있다(대법원 2010. 9. 30. 선고 2008도4762 판결).

자기 또는 배우자의 직계존속에 대해서는 고발하지 못한다(235조). 고발의 절차와 방식에 대해서는 고소의 규정을 준용하고 있다. 다만, 236조(대리고소) 규정을 준용하고 있지 않으므로 대리인에 의한 고발은 인정되지 않는다. 고발기간에 대해서 제한하지 않으며, 고발을 취소한 후에도 다시 고발할 수 있다는 점에서 고소와 구별된다.

〈고발에서의 주관적 불가분 불인정〉

조세범처벌법이나 관세법에 의한 고발의 경우 주관적 불가분의 원칙이 적용되지 않는다(대법원 2004. 9. 24. 선고 2004도4066 판결). 또한 공정거래위원회의 고발에 대해서도 주관적 불가분의 원칙이 적용되지 않는다. 판례는 고소의 주관적 불가분원칙을 규정하고 있는 형사소송법 233조를 공정거래위원회의 고발에도 유추적용된다고 해석한다면 이는 공정거래위원회의 고발이 없는 행위자에 대해서까지 형사처벌의 범위를 확장하는 것으로서, 결국 피고인에게 불리하게 형벌법규의 문언을 유추해석한 경우에 해당하므로 죄형법정주의에 반하여 허용될 수 없다고 한다(대법원 2010. 9. 30. 선고 2008도4762 판결).

6. 자수

자수라 함은 범인이 스스로 수사책임이 있는 관서에 자기의 범행을 자발적으로 신고하고 그 처분을 구하는 의사표시를 말한다. 자수는 스스로 자신의 범행을 신고하는 것이므로 수사기관의 직무상의 질문 또는 조사에 응하여 범죄사실

---

2 서울지방국세청장이 2001. 6. 29.에 이 사건 주위적 공소사실에 대하여 한 고발의 효력은 그와 일죄의 관계에 있는 이 사건 예비적 공소사실에도 미친다고 할 것이므로, 예비적 공소사실에 대하여도 적법한 고발이 있었던 것으로 보아야 한다고 판단하였다(대법원 2005. 1. 14. 선고 2002도5411 판결).

을 진술하는 것은 자백일 뿐 자수로는 되지 않는다(대법원 1992. 8. 14. 선고 92도962 판결; 대법원 2006. 9. 22. 선고 2006도4883 판결). 자수는 수사의 유력한 단서이자 형법 52조에 따른 형의 임의적 감면사유이다. 자수의 방식이나 사법경찰관의 조치는 고소규정이 준용된다(240조).

> ### 3장 1절 퀴즈

3.1.1 검사가 범죄인지서를 작성하여 사건을 수리하는 절차를 거치기 전에 범죄의 혐의가 있다고 보아 수사를 개시한 것이 적법한가?
힌트 : 대법원 2001. 10. 26. 선고 2000도2968 판결

3.1.2 본래 마약매수나 밀매의 범의를 가지고 있지 않던 甲과 乙에게 甲의 애인인 검찰의 정보원 A가 다른 검찰의 정보원을 석방하기 위해 검찰이 마약을 확보할 필요가 있으니 도와달라고 간곡히 부탁하였다. 본래 범의를 가지고 있지 아니하였던 피고인 甲과 乙은 A의 부탁을 받아들여 중국 심양에서 마약을 밀매하여 국내에 운반하였다. 甲과 乙은 입국과정에서 A의 신고로 세관에서 체포된 후 마약류거래 혐의로 기소되었다. 甲과 乙은 법원에 대하여 자신들에 대한 기소는 위법한 함정수사의 결과이므로 공소를 기각하여야 한다고 주장한다. 甲의 주장은 타당한가?
힌트 : 대법원 2005. 10. 28. 선고 2005도1247 판결

3.1.3 甲은 지방검찰청의 정보원으로 활동하고 있는 乙로부터 10여 차례에 걸쳐 "아는 여자가 필로폰을 구입하려고 하니 구해 달라"는 부탁을 받았다. 사실 乙은 포상금 획득 등 사적인 동기에 기하여 수사기관과 관련 없이 독자적으로 甲을 유인하였다. 甲은 처음에는 거절하다가 다른 사람에게 매수여부를 알아보고 가능하다고 乙에게 연락하여 필로폰 매수거래 현장에서 수사기관에 의해 체포되었다. 甲은 마약류거래 혐의로 기소되었다. 甲은 법원에 대하여 자신에 대한 기소는 위법한 함정수사의 결과이므로 공소를 기각하여야 한다고 주장한다. 甲의 주장은 타당한가?
힌트 : 대법원 2007. 7. 12. 선고 2006도2339 판결

3.1.4 검문 중이던 사법경찰관 P가, 자전거를 이용한 날치기 사건 범인과 흡사한 인상착의의 甲이 자전거를 타고 다가오는 것을 발견하고 정지를 요구하였으나 멈추지 않아, 甲의 앞을 가로막고 소속과 성명을 고지한 후 검문에 협조해 달라는 취지

로 말하였음에도 甲이 이에 불응하고 그대로 전진하였다. P가 따라가서 재차 甲
의 앞을 막고 검문에 응하라고 요구하였다. 이에 甲이 P의 멱살을 잡아 밀치거나
욕설을 하는 등 항의하여 甲은 공무집행방해죄로 기소되었다. P의 불심검문은 적
법한가?

힌트 : 대법원 2012. 9. 13. 선고 2010도6203 판결

3.1.5 비밀침해죄의 피해자인 당시 14세의 정신지체아인 甲이 범행일로부터 약 1년 5
개월 후 담임교사 등 주위 사람들에게 피해사실을 말하고 비로소 그들로부터 고
소의 의미와 취지를 설명받고 나서 그 범인을 고소하게 되었다. 이 고소는 적법
한가?

힌트 : 대법원 2007. 10. 11. 선고 2007도4962 판결

3.1.6 1심에서의 공소사실은 비친고죄였는데 항소심에서 친고죄인 공소사실로 공소장
변경이 이루어졌다. 그 후 피해자가 고소를 취소하였다. 고소취소는 유효한가?

힌트 : 대법원 2011. 8. 25. 선고 2009도9112 판결

3.1.7 어느 법인 소속의 임직원이 건설업법위반행위를 하였다. 건설부장관이 그 법인만
을 건설업법위반으로 고발하였다. 그런데 별지로 첨부된 범죄사실에 법인 대표자
의 범죄사실도 기재되었다. 건설부장관의 고발의 효력은 법인의 대표자에게도 미
치는가?

힌트 : 대법원 1992. 7. 24. 선고 92도78 판결; 대법원 2010. 9. 30. 선고
2008도4762 판결

3.1.8 甲이 1999. 3. 31에 위사감지기(緯絲感知器: 피륙을 짤 때에, 달랭이에 씨실이 있는
지를 확인하는 기구)에 대한 실용신안권 등록을 마쳤다. 乙은 甲이 실용신안권자인
乙의 동의 없이 위사감지기를 제작한 실용신안법위반의 범인임을 알았지만
2000. 1. 6에 이르러 甲을 고소하였다. 甲의 실용신안법 위반죄가 포괄적 일죄
인 경우 그 중간에 범인을 알고 제기한 고소의 고소기간의 기산점은 언제인가?

힌트 : 대법원 2004. 10. 28. 선고 2004도5014 판결

▐ 퀴즈풀이

3.1.1

검찰사건사무규칙 제2조 내지 제4조에 의하면, 검사가 범죄를 인지하는 경우에는 범죄인지서를 작성하여 사건을 수리하는 절차를 거치도록 되어 있으므로, 특별한 사정이 없는 한 수사기관이 그와 같은 절차를 거친 때에 범죄인지가 된 것으로 보아야 한다. 그러나 범죄의 인지는 실질적인 개념이고, 검찰사건사무규칙과 같은 수사기관 내부의 규정은 검찰행정의 편의를 위한 사무처리절차 규정이므로, 검사가 그와 같은 절차를 거치기 전에 범죄의 혐의가 있다고 보아 수사를 개시하는 행위를 한 때에는 이때에 범죄를 인지한 것으로 보아야 하고, 그 뒤 범죄인지서를 작성하여 사건수리 절차를 밟은 때에 비로소 범죄를 인지하였다고 볼 것이 아니다(대법원 1989. 6. 20. 선고 89도648 판결 참조). 이러한 범죄인지절차를 밟기 전에 수사를 하였다고 하더라도, 그 수사가 장차 인지의 가능성이 전혀 없는 상태하에서 행해졌다는 등의 특별한 사정이 없는 한, 인지절차가 이루어지기 전에 수사를 하였다는 이유만으로 그 수사가 위법하다고 볼 수는 없다. 또한 그 수사과정에서 작성된 피의자신문조서나 진술조서 등의 증거능력도 이를 부인할 수 없다(대법원 2001. 10. 26. 선고 2000도2968 판결).

3.1.2

본래 범의가 없던 사람에 대하여 수사기관이 범행을 적극 권유하여 범의를 유발케 하고 범죄를 행하도록 한 뒤 범행을 저지른 사람에 대하여 바로 그 범죄행위를 문제 삼아 검거하는 것이 전형적인 범의유발형의 위법한 함정수사방법이다. 이런 사실이 드러나면 수소법원은 공소기각판결을 하여야 한다(대법원 2005. 10. 28. 선고 2005도1247 판결).

3.1.3

유인자가 수사기관과 직접적인 관련을 맺지 않은 상태에서 피유인자를 상대로 단순히 수차례 반복적으로 범행을 부탁하였을 뿐 수사기관이 사술이나 계략 등을 사용하였다고 볼 수 없는 경우는, 설령 그로 인하여 피유인자의 범의가 유발되었다 하더라도 위법한 함정수사에 해당하지 않는다(대법원 2007. 7. 12. 선고 2006도2339 판결).

3.1.4

사법경찰관 P가 甲의 앞을 가로막으며 진행을 제지한 행위가 범행의 경중, 범행과의 관련성, 상황의 긴박성, 혐의의 정도, 질문의 필요성 등에 비추어 경찰관들의 목적 달성에 필요한 최소한의 범위 내에서 사회통념상 용인될 수 있는 상당한 방법으로 이루어졌다면 P의 정지질문은 위법하다고 할 수 없다(대법원 2012. 9. 13. 선고 2010도 6203 판결).

3.1.5

고소능력이 있는 사람의 고소이어야 고소의 효력을 인정할 수 있다. 고소능력이란 피해를 받은 사실을 이해하고 고소에 따른 사회생활상의 이해관계를 알아차릴 수 있는 사실상의 의사능력으로 충분하므로 민법상의 행위능력이 없는 자라도 위와 같은 능력을 갖춘 자에게는 고소능력이 인정된다. 범행 당시 고소능력이 없던 피해자가 그 후에 비로소 고소능력이 생겼다면 그 고소기간은 고소능력이 생긴 때로부터 기산해야 한다(대법원 2007. 10. 11. 선고 2007도 4962 판결).

3.1.6

국가형벌권의 행사가 피해자의 의사에 의하여 좌우되는 현상을 장기간 방치하지 않으려는 목적에서 고소취소의 시한을 획일적으로 제1심판결 선고시까지로 정하였다. 항소심에서 공소장의 변경에 의하여 또는 공소장변경절차를 거치지 아니하고 법원 직권에 의하여 친고죄가 아닌 범죄를 친고죄로 인정하였더라도 항소심을 제1심이라 할 수는 없는 것이므로, 항소심에 이르러 비로소 고소인이 고소를 취소하였다면 이는 친고죄에 대한 고소취소로서의 효력은 없다(대법원 2011. 8. 25. 선고 2009도9112 판결).

3.1.7

고발의 경우 주관적 불가분의 원칙이 적용되지 않는다. 건설부장관의 법인 대표자의 범죄사실 기재는 건설부장관 고발대상자인 법인의 범죄사실을 적시하면서 부수적으로 기재된 것에 불과하고, 법인 대표자에 대한 소추를 구하는 의사표시까지 포함된 것으로 보기는 어렵다. 따라서 법인의 대표자에게는 고발의 효력이 미치지 않는다(대법원 1992. 7. 24. 선고 92도78 판결). 또 공정거래법 70조의 양벌규정에 따라 처벌되는 법인이나 개인에 대한 고발의 효력이 그 대표자나 대리인, 사용인 등으로서 행위자인 사람에게까지 미친다고 볼 수도 없다(대법원 2010. 9. 30. 선고 2008도4762 판결).

3.1.8

고소권자가 범죄행위가 계속되는 도중에 범인을 알았다 하여도, 그 날부터 친고죄의 고소기간이 진행된다고는 볼 수 없고, 이러한 경우 고소기간은 범죄행위가 종료된 때부터 계산하여야 하며, 동종행위의 반복이 당연히 예상되는 영업범 등 포괄일죄의 경우에는 최후의 범죄행위가 종료한 때에 전체 범죄행위가 종료된 것으로 보아야 한다(대법원 2004. 10. 28. 선고 2004도5014 판결).

제2절   임의수사

I. 임의수사의 원칙

1. 의의

수사의 방법에는 임의수사와 강제수사가 있다. 임의수사는 임의적 조사에 의한 수사로서, 강제력을 행사하지 않고 상대방의 동의나 승낙을 받아서 행하는 수사를 말한다. 수사에 관하여는 그 목적을 달성하기 위하여 필요한 조사를 할 수 있다. 임의수사는 필요한 최소한도의 범위 안에서만 해야 한다(199조). 이를 임의수사의 원칙이라고 한다.

임의수사는 ① 수사의 필요성과 균형성이 구비되어야 하며, ② 상대방의 자유의사에 의한 승낙을 받아서 행할 것을 요한다. 그런데 임의수사의 원칙은 임의수사의 자유의 원칙이 아니다. 임의수사에 있어서도 수사의 필요성과 균형성이 있어야 한다. 즉, 수사가 필요로 한 경우로서 수사목적을 달성하여 얻는 이익과 수사활동으로 침해되는 이익 사이에 균형성이 있어야 한다. 또한 임의수사의 요건과 절차를 형사소송법이 규정하고 있다면 이를 준수하여야 하며, 만약 수사기관이 이를 위반하여 수사하여 얻어진 증거에 대해 그 증거능력을 부정해야 할 것이다. 예를 들어 임의수사의 유형인 피의자신문 절차에서 법률이 정한 바에 따른 진술거부권의 고지가 이루어지지 않은 경우 이로부터 작성된 피의자신문조서는 증거능력이 부정된다.

2. 임의수사와 강제수사의 구분

(1) 구분기준

임의수사와 달리 강제수사는 형사소송법에 규정되어야 한다. 강제수사는 강제처분에 의한 수사로서 법률에 특별한 규정이 있는 경우에만 허용된다. 강제수사의 의의를 상대방에게 직접 간접으로 물리적 강제력을 행사하거나 상대방에게 의무를 부담하게 하는 수사를 강제수사라고 하는 견해(형식설), 강제력의 행사여부와 관계없이 상대방의 의사에 반하여 실질적으로 그의 법익을 침해하는 수사라고 하는 견해(실질설), 수사기관의 처분이 법공동체가 공유하고 있는 최저한도의 기본적 인권을 침해할 우려가 있는 수사라는 견해(적법절차기준설), 기본권 침해를 수반하는 수사가 유추해석을 통해서도 형사소송법상의 법적 근거를 제시할 수 없으면 강제수사라는 견해(기본권기준설)가 있다.

　　최근 강제력 행사가 없는 경우에도 과학기술의 발달로 인해 새로운 수사방법이 등장하였고, 그로 인한 기본권 침해도 무시할 수 없는 상황이 되었다. 이에 따라 임의수사와 강제수사의 구분을 물리적 강제력을 기준으로 구분할 수 없다. 예를 들어 강제력 여부를 기준으로 한다면 도청이나 사진촬영에 의한 사생활 침해도 물리력을 수반하지 않으므로 임의수사로 이해할 수 있다. 따라서 새로운 형태의 과학적 수사방법에 대한 사법적 통제가 가능하게 하기 위해서는 직접·간접으로 물리적 강제력을 행사하거나, 상대방에게 의무를 부담하게 하는 경우뿐 아니라 수사기관에 의해서 상대방의 최저한도의 기본적 인권 침해를 수반하는 경우에도 강제수사라고 보아야 한다.

〈무인장비에 의한 사진촬영의 적법성〉

> 　　무인장비에 의한 제한속도 위반차량 단속은 증거를 수집·보전하는 수사활동의 일환으로서 도로에서의 위험을 방지하고 교통의 안전과 원활한 소통을 확보하기 위하여 도로교통법령에 따라 정해진 제한속도를 위반하여 차량을 주행하는 범죄가 현재 행하여지고 있고, 그 범죄의 성질·태양으로 보아 긴급하게 증거보전을 할 필요가 있는 상태에서 일반적으로 허용되는 한도를 넘지 않는 상당한 방법에 의한 것이라고 판단한다. 따라서 무인장비로 촬영한 과속운전차량의 차량번호 등을 촬영한 사진은 위법하게 수집된 증거로서 증거능력이 없다고 말할 수 없다(대법원 1999. 12. 7. 선고 98도3329 판결).

(2) 비례성의 원칙

　　비례성의 원칙은 헌법상의 원칙으로 국가권력을 제한하고 수사절차에서 관련당사자들의 기본권 제한을 가능한 한 축소시키는 역할을 한다. 임의수사와 강제수사 모두 형사절차에 의한 개인의 기본권의 침해는 사건의 의미와 기대되는 형벌에 비추어 상당성이 유지될 때에만 허용된다. 임의수사는 ① 적합하고, ② 필요하고, ③ 균형성의 원칙하에 이루어져야 하며, 강제처분에 의한 강제수사는 임의수사로서 형사소송의 목적을 달성할 수 없는 경우에 최후의 수단으로 인정되어야 하고 필요한 최소한도의 범위 안에서 해야 한다. 수사기관이 강제수사를 할 때 형사소송법이 정한 요건과 절차를 준수하지 않으면 그 결과로 획득한 증거는 위법하게 수집된 증거로서 증거능력이 배제된다.

II. 임의수사의 적법성이 문제되는 경우

1. 수사상 임의동행

(1) 임의동행의 문제점

임의동행은 수사기관이 피의자의 동의를 얻어 수사기관까지 동행하는 것을 말한다. 범죄혐의자에 대한 수사의 단서인 불심검문에 의한 경우는 '동행요구'라고 한다. 경찰관은 사람을 정지시킨 장소에서 질문을 하는 것이 그 사람에게 불리하거나 교통에 방해가 된다고 인정될 때에는 질문을 하기 위하여 가까운 경찰서·지구대·파출소 또는 출장소로 동행할 것을 요구할 수 있다. 이 경우 동행을 요구받은 사람은 그 요구를 거절할 수 있다(경찰관직무집행법 3조 2항).

그런데 수사상 필요한 때에 언제든지 피의자의 출석을 요구하여 조사할 수 있음에도 불구하고 수사의 편의상 수사관이 당사자의 동의를 받는 형식으로 피의자를 수사관서 등에 동행하는 방법을 취하고 있다. 이를 피의자신문을 위한 보조수단으로서 임의수사의 성질을 가진 임의동행(199조 1항)이라고 하며, 앞에서 말한 불심검문방법으로서의 '동행요구'와 구별된다.

수사상의 임의동행은 상대방의 신체의 자유가 현실적으로 제한되어 실질적으로 체포와 유사한 상태에 놓이게 된다. 수사관이 영장에 의해서 집행하는 것이 아님에도 불구하고 피의자의 입장에서는 강제성을 띤 동행을 회피할 방법도 없어서 제도적으로는 물론 현실적으로도 임의성이 보장되지 않는다. 그리고 아직 정식의 체포·구속단계 이전이라는 이유로 헌법 및 형사소송법이 정한 체포·구속된 피의자에게 부여하는 각종의 권리보장 장치가 제공되지 않아 피의자의 권리보호에 미흡하다는 문제점을 가지고 있으므로 그 적법성에 대해서 논란이 제기되고 있다.

(2) 임의동행의 적법성 요건

범인의 신병확보를 위해서 초동수사의 단계에 상대방의 자발적인 동의가 있는 경우 임의수사의 방법으로 수사관서에의 동행을 요구할 수 있다. 하지만 임의동행이 적법한 임의수사 방법으로 인정되기 위해서는 수사관이 동행에 앞서 피의자에게 동행을 거부할 수 있음을 알려 주었거나 동행한 피의자가 언제든지 자유로이 동행과정에서 이탈 또는 동행장소로부터 퇴거할 수 있었음이 인정되는 등 오로지 피의자의 자발적인 의사에 의하여 수사관서 등에의 동행이 이루어졌음이 객관적인 사정에 의하여 명백하게 입증된 경우이어야 한다(대법원 2006. 7. 6. 선고 2005도6810 판결). 상대방의 동의에 의한 형식이라고 하더라도 강제의 실질을 갖춘 경우에는 임의동행의 한계를 벗어나 강제수사에 해당한다고 할 수 있다.

　　임의동행에서의 임의성의 판단은 동행의 시간과 장소, 동행의 방법과 동행거부의사의 유무, 동행 이후의 조사 방법과 퇴거의사의 유무 등 여러 사정을 종합하여 객관적인 상황을 기준으로 해야 한다(대법원 1993. 11. 23. 선고 93다35155 판결). 판례는 피의자가 동행을 거부하는 의사를 표시하였음에도 불구하고 경찰관들이 영장에 의하지 아니하고 피의자를 강제로 연행한 행위는 수사상의 강제처분에 관한 형사소송법상의 절차를 무시한 채 이루어진 것으로 위법한 체포에 해당한다고 판단하였다(대법원 2013. 3. 14. 선고 2012도13611 판결).

〈동행거부권의 고지〉

　　판례는 피고인은 원심법정에서 당시 경찰관들로부터 동행 요구에 대해 거부할 수 있다는 것을 사전에 고지 받은 적이 없다고 진술하는 등. 경찰관들이 동행을 요구할 당시 피고인에게 그 요구를 거부할 수 있음을 말해주지 않은 것으로 보이고, 피고인이 경찰서에서 화장실에 갈 때도 경찰관 1명이 따라와 감시했다고 진술한 점 등에 비추어 피고인이 경찰서에 도착한 이후의 상황도 피고인이 임의로 퇴거할 수 있는 상황은 아니었던 것으로 보이는 점 등 제반 사정에 비추어 보면, 비록 사법경찰관이 피고인을 동행할 당시에 물리력을 행사한 바가 없고, 피고인이 명시적으로 거부의사를 표명한 적이 없다고 하더라도, 사법경찰관이 피고인을 수사관서까지 동행한 것은 위에서 본 적법요건이 갖추어지지 아니한 채 사법경찰관의 동행 요구를 거절할 수 없는 심리적 압박 아래 행하여진 사실상의 강제연행. 즉 불법 체포에 해당한다고 보았다(대법원 2006. 7. 6. 선고 2005도6810 판결).

2. 보호실 유치

(1) 경찰관직무집행법상의 보호조치

　　경찰서에 설치되어 있는 보호실은 영장대기자나 즉결대기자 등의 도주방지와 경찰업무의 편의 등을 위한 수용시설로 운영되고 있다. 경찰관은 수상한 행동이나 그 밖의 주위 사정을 합리적으로 판단해 볼 때 구호대상자를 발견하였을 때에는 보건의료기관이나 공공구호기관에 긴급구호를 요청하거나 경찰관서에 보호하는 등 적절한 조치를 할 수 있다(경찰관직무집행법 4조 1항). 구호대상자는 정신착란을 일으키거나 술에 취하여 자신 또는 다른 사람의 생명·신체·재산에 위해를 끼칠 우려가 있는 사람, 자살을 시도하는 사람, 미아, 병자, 부상자 등으로서 적당한 보호자가 없으며 응급구호가 필요하다고 인정되는 사람(다만, 본인이 구호를 거절하는 경우는 제외한다)에 해당하는 것이 명백하고 응급구호가 필요하다고 믿을만한 상당한 이유가 있는 사람이다.

보호조치를 필요로 하는 피구호자에 해당하는지는 구체적인 상황을 고려하여 경찰관 평균인을 기준으로 판단해야 한다. 다만, 보호조치의 취지와 목적에 비추어 현저히 불합리하게 판단해서는 안되며, 만약 피구호자의 가족 등에게 피구호자를 인계할 수 있다면 특별한 사정이 없는 한 경찰관서에서 피구호자를 보호하는 것은 허용되지 않는다(대법원 2012. 12. 13. 선고 2012도11162 판결). 피구호자를 경찰관서에서 보호하더라도 24시간을 초과할 수 없다(경찰관직무집행법 4조 7항).

. (2) 적법성

구호대상자가 아닌 경우에는 피의자가 동의하더라도 보호실 유치는 실질적으로 구속에 해당하므로, 긴급체포의 요건이 구비되지 않는다면 피의자의 동의가 있었다는 이유로 보호실에 유치하는 것은 불법구금에 해당한다고 볼 수 있다. 판례는 피의자의 의사에 반하여 구속영장을 발부받음이 없이 피의자를 보호실에 유치하는 것은 영장주의에 위배되는 위법한 구금에 해당한다고 판단하였다(대법원 1994. 3. 11. 선고 93도958 판결). 예를 들어 경찰관직무집행법상의 요건을 갖추지 않았음에도, 경찰관이 범죄수사를 목적으로 피의자에 해당하는 사람을 구호대상자로 삼아 그의 의사에 반하여 경찰관서에 데려간 행위는, 달리 현행범체포나 임의동행 등의 적법 요건을 갖추었다고 볼 사정이 없다면, 위법한 체포에 해당한다(대법원 2012. 12. 13. 선고 2012도11162 판결). 또한 즉결심판 피의자의 정당한 귀가요청을 거절한 채 다음날 즉결심판법정이 열릴 때까지 피의자를 경찰서 보호실에 강제유치시켜서 피의자를 경찰서 내 즉결피의자 대기실에 10-20분 동안 있게 한 행위는 불법감금죄(형법 124조 1항)에 해당한다(대법원 1997. 6. 13. 선고 97도877 판결).

〈보호조치와 음주측정 거부〉

경찰관이 지구대로 보호조치된 피고인에게 음주측정을 요구한 것은 경찰관직무집행법에 따른 보호조치로서, 위법한 보호조치 상태를 이용하여 음주측정 요구가 이루어졌다는 등의 특별한 사정이 없는 한 이에 불응한 피고인의 행위는 음주측정불응죄에 해당한다고 보아야 한다(대법원 2012. 2. 9. 선고 2011도4328 판결).

3. 승낙수색과 승낙검증

상대방의 동의에 의하여 이루어진 승낙수색이나 승낙검증은 승낙의 임의성이 인정되는 경우에는 임의수사로 허용된다는 견해와 이 경우의 승낙은 완전한 의미의 법익포기의 승낙이 아니므로 허용되지 않는다는 견해가 대립된다. 수사기관이 영장 없이 수색 또는 검증을 하는 데 이의제기 없이 자발적으로 명백히 승낙한 경우 그 승낙의 임의성이 인정된다면 이를 부정할 이유가 없다는 점에서 임의수사로 허용될 수 있다(다수설).

4. 거짓말탐지기에 의한 검사

(1) 임의수사의 방법

거짓말탐지기(polygraph examination)는 피의자나 피검사자에게 피의사실과 관계 있는 질문을 하고, 그에 대한 대답을 할 때 피검사자의 호흡, 혈압, 맥박, 피부전기반사 등의 생리적 변화를 검사지에 기록하는 장치를 말한다. 거짓말탐지기는 피검사자의 답변의 진위 또는 피의사실에 대한 인식의 유무를 판단하는데 사용된다. 하지만, 거짓말탐지기의 검사결과는 검사를 받는 사람의 진술의 신빙성을 가늠하는 정황증거로서의 기능만 가진다(대법원 1984. 2. 14. 선고 83도3146 판결).

(2) 진술거부권의 침해여부에 대한 검토

1) 적법설

거짓말탐지기 검사에 대하여 수사기관은 피의자의 생리변화의 측정에 불과하고 상대방의 동의가 있으면 임의처분이므로 적법하다고 주장한다. 즉, 피검사자가 거짓말탐지기의 사용을 명백히 동의하는 경우에는 임의수사로 허용된다고 보는 것이 다수설의 입장이다. 이 입장에서는 검사를 통해 얻은 자백에 특단의 사정이 없는 한 임의성을 긍정하고 있다.

2) 부적법설

피검사자의 동의가 있더라도 거짓말탐지기의 사용을 금지해야 한다는 견해가 있다. 거짓말탐지기 검사는 조사담당관의 질문에 대한 피의자의 진술이 반복되고 그 과정에서 관찰되는 피의자의 진술내용의 변화와 피의자의 생리적인 모습이 객관적 측정자료의 형태로 제시되는 것이므로 피의자의 동의가 있다 하더라도 진술거부권을 침해할 소지가 있다는 입장이다.

3) 판례의 태도

판례도 거짓말탐지기에 의한 검사는 검사를 받는 사람이 검사를 받음에 동의하였다는 점이 증거에 의해 확인되어야 한다고 명시하였다(대법원 1984. 2. 14. 선고 83도3146 판결). 따라서 피검사자의 동의 없이 강압에 의한 거짓말탐지기의 조사는 진술거부권의 침해가 되어 위법한 수사라고 할 수 있다.

피검자가 거짓말탐지기 검사에 진지하고 자유로운 의사로 동의할 때에는 이를 진술거부권을 침해한 것이라고 할 수 없다. 경우에 따라 피검자가 거짓말탐지기 검사에 응하여 혐의를 벗을 수 있는 기회가 생길 수도 있는 일이기 때문이다.

판례는 거짓말탐지기의 검사는 그 기구의 성능, 조작기술 등에 있어 신뢰도가 극히 높다고 인정하고 있으며, 그 검사자가 적격자이며, 검사를 받는 사람이 검사를 받음에 동의하였으며 검사서가 검사자 자신이 실시한 검사의 방법, 경과 및 그 결과를 충실하게 기재하였다는 등의 전제조건이 증거에 의하여 확인되면 형사소송법 313조 2항에 의하여 이를 증거로 할 수 있다고 판단하였다(대법원 1987. 7. 21. 선고 87도968 판결).

III. 임의수사의 유형

1. 피의자신문

(1) 의의

피의자신문(被疑者訊問)은 검사 또는 사법경찰관 등이 수사에 필요한 경우 피의자를 출석시켜 신문하고 진술을 듣는 것을 말한다. 피의자 자신만이 알고 있는 범죄사실에 대해서 피의자의 진술을 통해 확인하지 않고 검사가 기소 또는 불기소의 결정을 하는 것은 타당하지 않다는 점에서 피의자신문절차의 중요성이 있다. 피의자신문은 수사기관에게는 증거를 획득하고 사실조사를 할 수 있는 기회이지만, 피의자에게는 자기의 유리한 사실을 주장하여 수사기관의 혐의를 벗어날 수 있는 기회로서 기능을 가지고 있다. 따라서 피의자신문은 피의자를 소환하여 신문하지만 진술을 거부할 수 있는 권리를 확보하면서 피의자의 임의의 진술을 수집할 수 있는 임의수사의 전형적인 방법이다.

(2) 피의자신문의 주체

검사 또는 사법경찰관은 수사에 필요한 때에는 피의자의 출석을 요구하여 진술을 들을 수 있다(200조). 형사소송법 규정상 검사와 사법경찰관 또는 사법경찰리는 피의자신문의 권한을 가진다. 판례는 검사가 유죄의 자료로 제출한 사법경찰리 작성의 피고인에 대한 피의자신문조서에 대하여 피고인이 그 내용을 부인하는 이상 증거능력이 없으나, 그것이 임의로 작성된 것이 아니라고 의심할 만한 사정이 없는 한 피고인의 법정에서의 진술을 탄핵하기 위한 반대증거로 사용할 수 있다고 판단하였다(대법원 2014. 3. 13. 선고 2013도12507 판결).

(3) 피의자신문의 절차

1) 출석요구

출석요구의 통지방법은 출석요구서의 발부에 의하지만, 필요한 경우에는 구두, 인편, 전화, 모사전송, 전자우편 등에 의하여 출석을 요구할 수 있다. 이 때 피의자는 출석요구에 응할 의무가 없다. 피의자는 출석을 거부할 수 있으며, 출석 시에도 언제나 퇴거할 수 있다. 출석을 요구하는 장소도 수사관서일 것을 요하지 않으며 수사기관이 피의자가 있는 곳에 가서 신문할 수 있다.

2) 구속된 피의자의 조사실로의 구인

구속영장 발부에 의하여 적법하게 구금된 피의자가 피의자신문을 위한 출석요구에 응하지 아니하면서 수사기관 조사실에의 출석을 거부한다면 수사기관은 그 구속영장의 효력에 의하여 피의자를 조사실로 구인할 수 있다. 다만, 이러한 경우에도 그 피의자신문 절차는 어디까지나 법 199조 1항 본문, 200조의 규정에 따른 임의수사의 한 방법으로 진행되어야 한다(대법원 2013. 7. 1. 자 2013모160 결정). 즉, 구인된 피의자에 대하여 임의수사의 방법으로 피의자신문이 이루어져야 하므로, 해당 피의자는 일체의 진술을 하지 아니하거나 개개의 질문에 대하여 진술을 거부할 수 있다. 수사기관은 피의자를 신문하기 전에 그와 같은 권리를 알려주어야 한다.

3) 미란다 원칙

검사 또는 사법경찰관은 피의자를 신문하기 전에 ① 일체의 진술을 하지 아니하거나 개개의 질문에 대하여 진술을 하지 아니할 수 있다는 것, ② 진술을 하지 아니하더라도 불이익을 받지 아니한다는 것, ③ 진술을 거부할 권리를 포기하고 행한 진술은 법정에서 유죄의 증거로 사용될 수 있다는 것, ④ 신문을 받을 때에는 변호인을 참여하게 하는 등 변호인의 조력을 받을 수 있다는 것을 알려주어야 한다(244조의3 1항). 형사소송법이 보장하는 피의자의 진술거부권은 헌법이 보장하는 형사상 자기에게 불리한 진술을 강요당하지 않는 자기부죄거부의 권리에 터 잡은 것이므로, 수사기관이 피의자를 신문함에 있어서 피의자에게 미리 진술거부권을 고지하지 않은 때에는 그 피의자의 진술은 위법하게 수집된 증거로서 진술의 임의성이 인정되더라도 그 증거능력을 인정할 수 없다(대법원 2009. 8. 20. 선고 2008도8213 판결).

검사 또는 사법경찰관은 진술거부권을 알려 준 때에는 피의자가 진술을 거부할 권리와 변호인의 조력을 받을 권리를 행사할 것인지의 여부를 질문하고, 이에 대한 피의자의 답변을 조서에 기재해야 한다. 이 경우 피의자의 답변은 피의자로 하여금 자필로 기재하게 하거나 검사 또는 사법경찰관이 피의자의 답변을 기재한 부분에 기명날인 또는 서명하게 해야 한다(244조의3 2항). 판례는 사법경찰관이 피의자에게 진술거부권을 행사할 수 있음을 알려 주고 그 행사 여부를 질문하였다 하더라도, 사법경찰관 작성의 피의자신문조서에 진술거부권 행사 여부에 대한 피의자의 답변이 자필로 기재되어 있지 아니하거나 그 답변 부분에 피의자의 기명날인 또는 서명이 되어 있지 아니한 경우에는 법률이 정한 '적법한 절차와 방식'에 따라 작성된 조서라 할 수 없으므로 그 증거능력을 인정할 수 없다고 판시하였다(대법원 2013. 3. 28. 선고 2010도3359 판결).

4) 피의자신문 사항

검사 또는 사법경찰관이 피의자를 신문함에는 먼저 그 성명, 연령, 등록기준지, 주거와 직업을 물어 피의자임에 틀림없음을 확인해야 한다(241조). 인정신문에 대해서도 피의자는 진술거부권을 행사할 수 있다. 검사 또는 사법경찰관은 피의자에 대하여 범죄사실과 정상에 관한 필요사항을 신문해야 하며 그 이익되는 사실을 진술할 기회를 주어야 한다(242조). 검사 또는 사법경찰관이 사실을 발견함에 필요한 때에는 피의자와 다른 피의자 또는 피의자 아닌 자와 대질하게 할 수 있다(245조).

피고인이 피의자신문조서에 기재된 피고인 진술 및 공판기일에서 한 피고인 진술의 임의성을 다투면서 그것이 허위자백이라고 다투는 경우, 법원은 구체적인 사건에 따라 피고인의 학력, 경력, 직업, 사회적 지위, 지능 정도, 진술의 내용, 피의자신문조서의 경우 조서의 형식 등 제반 사정을 참작하여 자유로운 심증으로 피의자의 진술이 임의로 된 것인지 여부를 판단할 수 있다(대법원 2011. 2. 24. 선고 2010도14720 판결).

5) 참여자 및 신뢰관계 있는 자의 동석

검사가 피의자를 신문함에는 검찰청 수사관 또는 서기관이나 서기를 참여하게 해야 하고 사법경찰관이 피의자를 신문함에는 사법경찰관리를 참여하게 해야 한다(243조). 검사는 공소제기 여부와 관련된 사실관계를 분명하게 하기 위하여 필요한 경우에는 직권이나 피의자 또는 변호인의 신청에 의하여 전문수사자문위원을 지정하여 수사절차에 참여하게 하고 자문을 들을 수 있다(245조의2 1항). 예를 들어 첨단산업분야, 지적재산권, 증권금융, 국제거래 등 기타 전문지식이 필요한 사건의 경우 전문수사자문위원을 피의자신문에 참여하게 할 수 있다. 전문수사자문위원이 제출한 서면이나 전문수사자문위원의 설명 또는 의견의 진술에 관하여 피의자 또는 변호인에게 구술 또는 서면에 의한 의견진술의 기회를 주어야 한다(245조의2 3항).

검사 또는 사법경찰관은 피의자를 신문하는 경우 ① 피의자가 신체적 또는 정신적 장애로 사물을 변별하거나 의사를 결정·전달할 능력이 미약한 때 또는 ② 피의자의 연령·성별·국적 등의 사정을 고려하여 그 심리적 안정의 도모와 원활한 의사소통을 위하여 필요한 때에는 직권 또는 피의자·법정대리인의 신청에 따라 피의자와 신뢰관계에 있는 자를 동석하게 할 수 있다(244조의5). 구체적인 사안에서 위와 같은 동석을 허락할 것인지는 원칙적으로 검사 또는 사법경찰관이 피의자의 건강 상태 등 여러 사정을 고려하여 재량에 따라 판단해야 할 것이나, 이를 허락하는 경우에도 동석한 사람으로 하여금 피의자를 대신하여 진술하도록 하여서는 안 된다. 판례는 동석한 사람이 피의자를 대신하여 진술한 부분이 조서에 기재되어 있다면 그 부분은 피의자의 진술을 기재한 것이 아니라 동석한 사람의 진술을 기재한 조서에 해당한다고 판단하였다(대법원 2009. 6. 23. 선고 2009도1322 판결).

6) 신문조서의 작성

피의자의 진술은 조서에 기재해야 한다(244조 1항). 피의자신문조서는 피의자에게 열람하게 하거나 읽어 들려주어야 하며, 진술한 대로 기재되지 아니하였거나 사실과 다른 부분의 유무를 물어 피의자가 증감 또는 변경의 청구 등 이의를 제기하거나 의견을 진술한 때에는 이를 조서에 추가로 기재해야 한다. 이 경우 피의자가 이의를 제기하였던 부분은 읽을 수 있도록 남겨두어야 한다(244조 2항). 이는 조서의 신뢰성을 제고하기 위하여 이의를 제기한 경우 어떠한 부분에 이의가 있었는지 알 수 있도록 남겨두어, 조서의 정정과정을 공개하도록 하는 것이다.

또한 피의자가 조서에 대하여 이의나 의견이 없음을 진술한 때에는 피의자로 하여금 그 취지를 자필로 기재하게 하고 조서에 간인한 후 기명날인 또는 서명하게 한다(244조 3항). 진술자가 서명날인을 거부하면 그 사유를 기재해야 한다. 피고인의 기명만이 있고, 그 날인이나 무인이 없는, 검사 작성의 피고인에 대한 피의자신문조서는 증거능력이 없다(대법원 1981. 10. 27. 선고 81도1370 판결). 또한 피고인의 서명, 날인 및 간인이 없는 검사작성의 피고인에 대한 피의자신문조서도 증거능력이 없다(대법원 1992. 6. 23. 선고 92도954 판결).

〈조서의 내용의 열람 불허용과 증거능력〉

> 피의자신문조서 작성시 그 진술기재의 내용을 열람하거나 고지받지 못한 채 피의자신문조서가 작성된 후 공판정의 증인으로 나와 단지 검사나 재판장의 신문에 대하여 수사기관에서 사실대로 진술하였다는 취지의 증언만을 하고 있을 뿐이라면, 그 피의자신문조서와 진술조서는 증거능력이 없어 이를 유죄의 증거로 삼을 수 없다(대법원 1994. 11. 11. 선고 94도343 판결).

7) 수사과정의 기록

검사 또는 사법경찰관은 피의자가 조사장소에 도착한 시각, 조사를 시작하고 마친 시각, 그 밖에 조사과정의 진행경과를 확인하기 위하여 필요한 사항을 피의자신문조서에 기록하거나 별도의 서면에 기록한 후 수사기록에 편철해야 한다(244조의4). 이는 수사과정의 투명성과 절차의 적법성 및 진술의 임의성을 보장하기 위한 규정이다. 수사과정의 기록은 피의자진술의 임의성과 신용성의 정황적 보장 등에 대한 판단자료로 사용될 수 있다. 예를 들어 피의자가 조사 중간에 휴식을 취한 시각, 식사를 한 시각, 대질신문의 경위 및 시간, 조사 중간에 진술서를 작성하게 한 경우 그 경위와 시간 등의 조사과정의 진행경과를 기록해야 한다.

(4) 변호인의 참여

1) 의의

피의자신문시 변호인의 참여는 피의자신문에 있어 수사기관과 피의자 사이의 당사자 대등을 확보함으로써 헌법상 적법절차의 원칙과 변호인의 조력을 받을 권리를 실질적으로 보장하기 위한 것이다(대법원 2013. 3. 28. 선고 2010도3359 판결). 검사 또는 사법경찰관은 피의자 또는 그 변호인·법정대리인·배우자·직계친족·형제자매의 신청에 따라 변호인을 피의자와 접견하게 하거나 정당한 사유가 없는 한 피의자에 대한 신문에 참여하게 해야 한다(243조의2 1항). 피의자신문에 변호인의 참여를 허용한다고 하여 법원이 변호인이 선임되어 있지 않은 피의자에게 국선변호인을 선정해주어야 하는 것은 아니다. 신문에 참여하고자 하는 변호인이 2인 이상인 때에는 피의자가 신문에 참여할 변호인 1인을 지정하며, 지정이 없는 경우에는 검사 또는 사법경찰관이 이를 지정할 수 있다(243조의2 2항).

2) 의견진술권 등

피의자신문절차의 투명성과 적법절차를 보장하기 위해서 변호인의 참여를 단순히 위법수사를 감시하는 입회인으로서의 역할만을 부여하는 것은 아니다. 변호인은 필요한 경우 이의제기를 하거나 의견진술을 할 수 있는 권한을 가진다. 즉, 피의자신문에 참여한 변호인은 신문 후 의견을 진술할 수 있고, 신문 중이라도 부당한 신문방법에 대하여 이의를 제기할 수 있고, 검사 또는 사법경찰관의 승인을 얻어 의견을 진술할 수 있다(243조의2 3항). 변호인의 의견이 기재된 피의자신문조서는 변호인에게 열람하게 한 후 변호인으로 하여금 그 조서에 기명날인 또는 서명하게 해야 한다(243조의2 4항).

3) 참여제한

피의자신문에 정당한 사유가 없는 한 변호인의 참여를 제한할 수 없다(243조의2 1항). 검사 또는 사법경찰관은 변호인의 신문참여 및 그 제한에 관한 사항을 피의자신문조서에 기재해야 한다(243조의2 5항). 참여제한의 근거가 되는 '정당한 사유'라 함은 변호인이 피의자신문을 방해하거나 수사기밀을 누설하는 등의 염려가 있다고 의심할 만한 상당한 이유가 있는 특별한 사정이 있음이 객관적으로 명백하여 변호인의 참여를 제한해야 할 필요가 있다고 인정되는 경우를 말한다(대법원 2003. 11. 11. 자 2003모402 결정). 예를 들어 수사기관이 피의자신문을 하면서 정당한 사유가 없는데도 변호인에 대하여 피의자로부터 떨어진 곳으로 옮겨 앉으라고 지시를 한 다음 이러한 지시에 따르지 않았음을 이유로 변호인의 피의자신문 참여권을 제한할 수 없는 것이다(대법원 2008. 9. 12. 자 2008모793 결정).

4) 참여제한 불복방법

변호인의 참여 등에 관한 처분에 대하여 불복이 있으면 그 직무집행지의 관할법원 또는 검사의 소속검찰청에 대응한 법원에 그 처분의 취소 또는 변경을 청구할 수 있다(417조). 변호인은 검사나 사법경찰관이 변호인의 참여를 제한하거나 신문하는 과정에 퇴거시킨 처분에 대하여 불복이 있으면 준항고를 청구할 수 있다. 또한 피의자가 변호인의 참여를 원한다는 의사를 명백하게 표시하였음에도 수사기관이 정당한 사유 없이 변호인을 참여하게 하지 아니한 채 피의자를 신문하여 작성한 피의자신문조서는 위법하게 수집한 증거에 해당하므로 이를 증거로 할 수 없다(대법원 2013. 3. 28. 선고 2010도3359 판결).

(5) 피의자 진술의 영상녹화
1) 영상녹화의 의의

피의자진술은 영상녹화할 수 있다. 영상녹화는 선별녹화를 허용하지 않으며, 조사의 개시부터 종료까지의 전 과정 및 객관적 정황을 영상녹화해야 한다(244조의2 1항). 피의자진술의 영상녹화는 수사절차의 적법성과 투명성을 보장하고 인권침해를 방지하려는 취지이다. 영상녹화를 하는 경우 사전 동의를 받을 필요는 없으나, 미리 영상녹화를 한다는 사실을 알려주어야 한다(244조의2 1항). 영상녹화가 완료된 때에는 피의자 또는 변호인 앞에서 지체 없이 그 원본을 봉인하고 피의자로 하여금 서명 또는 기명날인해야 한다(244조의2 2항). 피의자 또는 변호인의 요구가 있는 때에는 영상녹화물을 재생하여 시청하게 해야 한다. 이 경우 그 내용에 대하여 이의를 진술하는 때에는 그 취지를 기재한 서면을 첨부해야 한다(244조의2 3항).

2) 영상녹화물의 절차

피의자신문의 전과정을 녹화한 영상녹화물이 피고인의 법정진술과 별도로 독립된 증거가 될 수 있는지에 대한 견해가 대립한다. ⓐ 피의자의 진술은 반드시 조서에 기재하도록 하고 오기 여부를 확인한 다음 피의자로 하여금 그 조서에 간인하게 하며 서명 또는 기명날인하도록 하고 있으며, 피고인이 될 피의자에 대한 수사절차를 엄격히 규제하고 이와 같은 절차를 거쳐 작성된 증거만 유죄의 증거로 법정에 제출하도록 한다는 점과 수사기관의 영상녹화물을 범죄인정의 근거로 하면 공판정에서 영상녹화물을 시청하는 장소로 전락할 우려가 있다는 점에서 독립적인 증거능력을 부정하는 견해가 있다. ⓑ 이에 반해 영상녹화물이 재판에 적극 활용된다는 것만으로 비판의 대상이 될 수 없고, 새로운 유형의 증거방법이라도 피고인의 인권보장과 실체적 진실발견의 이념에 기여할 수 있다면 일정한 요건 하에 활용할 필요가 있다는 점을 들어 독자적 증거능력을 인정하자는 견해가 있다.

수사기관에 의한 참고인 진술의 영상녹화를 새로 정하면서 그 용도를 참고인에 대한 진술조서의 실질적 진정성립을 증명하거나 참고인의 기억을 환기시키기 위한 것으로 한정하고 있는 현행 형사소송법 규정에 비추어보면 독립적인 본증으로서의 사용이 아니라 기억환기를 위한 자료로 제출되거나 피의자신문조서의 실질적 진정성립을 인정하기 위한 자료로만 사용하고 있다. 영상녹화물도 녹화와 편집의 과정에서 조작될 우려가 있고 수사과정에서 작성된 영상녹화물에 의해서 법관의 심증이 좌우되는 결과가 초래될 염려가 있다는 점에서 독립적인 증거능력을 부정하는 것이 타당하다. 판례도 수사기관이 참고인을 조사하는 과정에서 형사소송법 221조 1항에 따라 작성한 영상녹화물은 다른 법률에서 달리 규정하고 있는 등의 특별한 사정이 없는 한, 공소사실을 직접 증명할 수 있는 독립적인 증거인 본증으로 사용될 수는 없다는 부정설의 입장을 취하고 있다(대법원 2014. 7. 10. 선고 2012도5041 판결).

3) 특별법상의 영상녹화물

성폭력처벌법 30조 1항 및 청소년성보호법 26조 1항은 성폭력범죄의 피해자가 19세 미만이거나 신체적인 또는 정신적인 장애로 사물을 변별하거나 의사를 결정할 능력이 미약한 경우 및 아동·청소년대상 성범죄 피해자의 경우에 피해자의 진술 내용과 조사 과정을 비디오녹화기 등 영상물 녹화장치로 촬영·보존해야 한다고 규정하고, 나아가 성폭력처벌법 30조 6항 및 청소년성보호법 26조 6항에서 위 절차에 따라 촬영한 영상물에 수록된 피해자의 진술은 공판준비기일 또는 공판기일에 피해자나 조사 과정에 동석하였던 신뢰관계에 있는 사람 또는 진술조력인의 진술에 의하여 그 성립의 진정함이 인정된 경우에 증거로 할 수 있도록

규정하고 있다. 이는 일정한 성범죄의 피해자를 조사할 경우에 피해자 또는 법정
대리인이 영상물 녹화를 원하지 아니하는 의사를 표시하는 등의 사정이 없는 한
피해자의 진술을 영상물로 녹화할 의무를 수사기관에 부여하고 있는 것이다(대법
원 2014. 7. 10. 선고 2012도5041 판결).

2. 참고인조사

(1) 의의

검사 또는 사법경찰관은 수사에 필요한 때에는 피의자가 아닌 자의 출석을
요구하여 진술을 들을 수 있다(221조 1항). 이 경우 그의 동의를 받아 영상녹화할
수 있다. 피의자 이외의 제3자를 참고인이라 하며, 공판절차 또는 공판준비절차
에서 법원 또는 법관에 대하여 경험한 사실을 진술하는 증인과 구별된다. 참고인
은 증인과 달리 강제 구인하거나 답변을 강요받지 않는다.

(2) 절차

1) 출석요구

참고인에 대한 출석요구는 출석요구서에 의하고 필요한 경우에는 구두, 인
편, 전화, 모사전송, 전자우편 등에 의하여 출석을 요구할 수 있다. 참고인은 수
사기관의 출석요구에 대하여 출석의무가 없다. 다만, 범죄의 수사에 없어서는 아
니될 사실을 안다고 명백히 인정되는 자가 출석 또는 진술을 거부한 경우에는 검
사는 제1회 공판기일 전에 한하여 판사에게 그에 대한 증인신문을 청구할 수 있
다(221조의2 1항). 국가보안법에서는 검사 또는 사법경찰관으로부터 이 법에 정한
죄의 참고인으로 출석을 요구받은 자가 정당한 이유 없이 2회 이상 출석요구에
불응한 때에는 관할법원판사의 구속영장을 발부받아 구인할 수 있다(국가보안법
18조).

2) 참고인의 진술

참고인조사 전에 수사기관이 진술거부권을 고지할 필요는 없다. 참고인 입
장에서는 타인의 범죄사실에 대한 조사이기 때문에 수사기관이 진술거부권을 고
지하지 않지만, 임의수사의 방법으로 조사가 이루어지므로 참고인은 진술을 거부
할 수 있을 뿐 아니라 조사장소로부터 언제든지 퇴거할 수 있다. 수사에 대한 협
조자로서 참고인이 진술하는가 여부는 참고인의 임의에 속한다.

형사소송법은 참고인의 진술을 조서에 기재하도록 하는 강제규정은 없지만, 수사기관이 작성한 참고인 진술조서는 312조 4항에 따른 요건을 구비하면 증거능력이 인정된다.

3) 조사과정의 기록

피의자신문절차의 수사과정의 기록 규정은 참고인조사에도 준용된다(244조의4 3항). 피고인이 아닌 자가 수사과정에서 진술서를 작성하였지만 수사기관이 그에 대한 조사과정을 기록하지 아니하여 형사소송법 244조의4 3항, 1항에서 정한 절차를 위반한 경우에는, 특별한 사정이 없는 한 '적법한 절차와 방식'에 따라 수사과정에서 진술서가 작성되었다 할 수 없으므로 증거능력을 인정할 수 없다(대법원 2015. 4. 23. 선고 2013도3790 판결). 판례는 용의자의 인상착의 등에 의한 범인식별 절차에서 참고인인 목격자의 대질조사도 사후에 증거가치를 평가할 수 있도록 대질 과정과 결과를 서면화하는 조치를 취해야 한다고 판시하였다(대법원 2008. 1. 17. 선고 2007도5201 판결).3

4) 참고인진술의 영상녹화

수사기관은 참고인의 동의를 받아 참고인의 진술을 영상녹화할 수 있다(221조 3항). 참고인의 진술을 기재한 영상녹화물은 진술조서의 진정성립 및 특신상태의 입증방법과 증인의 기억환기용으로 사용된다. 다만 참고인 진술의 영상녹화에 있어서는 참고인의 동의를 요건으로 하는 점에서 피의자진술의 영상녹화의 경우와 구별된다.

3. 감정 등의 위촉

검사 또는 사법경찰관은 수사에 필요한 때에는 감정, 통역 또는 번역을 위촉

---

3 용의자의 인상착의 등에 의한 범인식별 절차에서 피해자 진술의 신빙성을 높게 평가할 수 있게 하려면, 범인의 인상착의 등에 관한 목격자의 진술 내지 묘사를 사전에 상세히 기록화한 다음, 용의자를 포함하여 그와 인상착의가 비슷한 여러 사람을 동시에 목격자와 대면시켜 범인을 지목하도록 해야 하고, 용의자와 목격자 및 비교대상자들이 상호 사전에 접촉하지 못하도록 해야 하며, 사후에 증거가치를 평가할 수 있도록 대질 과정과 결과를 문자와 사진 등으로 서면화하는 등의 조치를 취해야 하고, 사진제시에 의한 범인식별 절차에 있어서도 기본적으로 이러한 원칙에 따라야 한다(대법원 2004. 2. 27. 선고 2003도7033 판결; 대법원 2008. 7. 10. 선고 2006도2520 판결).

할 수 있다(221조 2항). 수사기관의 위촉을 받은 자는 이를 수락할 의무가 없으므로 위촉을 거절할 수 있다. 감정, 통역, 번역을 위하여 출석을 거부하거나 출석하였다가 퇴거하는 것도 자유이다. 감정을 위촉받은 처분 그 자체는 임의수사 방법이지만, 감정을 실행하기 위해서 유치처분 또는 신체검사 등의 강제처분이 필요한 때에는 검사는 판사에게 감정유치를 청구해야 한다(221조의3, 221조의4). 감정인이 작성한 감정결과를 기재한 서류는 형사소송법 313조 2항에 의해 증거능력이 인정된다.

수사기관은 국어에 통하지 아니하는 자의 진술 및 농자 또는 아자의 진술에는 통역인으로 하여금 통역하게 해야 하며(180조, 181조), 국어 아닌 문자 또는 부호는 번역하게 해야 한다(182조). 통역의 경우에는 통역인진술조서를 작성한 이외에 피의자신문조서 또는 참고인진술조서에 통역인이 진술자와 공동으로 서명해야 한다.

4. 사실조회

수사에 관하여는 공무소 기타 공사단체에 조회하여 필요한 사항의 보고를 요구할 수 있다(199조 2항). 사실조회를 할 수 있는 사항에는 제한이 없다. 사실조회를 받은 상대방은 보고의무가 있지만, 영장에 의할 것을 요하지 않고 공무소 등에 의무이행을 강제할 방법이 없으므로 강제수사라고 할 수 없으며 임의수사로 보아야 한다.

3장 2절 퀴즈

3.2.1 화물차 운전자인 피고인 甲이 경찰의 음주단속에 불응하고 도주하였다가 다른 차량에 막혀 더 이상 진행하지 못하게 되자 운전석에서 내려 다시 도주하려 경찰관에게 검거되어 지구대로 보호조치되었다. 위 보호조치는 적법한가?
     힌트 : 대법원 2012. 12. 13. 선고 2012도11162 판결

3.2.2 도로교통법 위반 사건으로 피의자신문조서를 작성하는 과정에서 피고인 甲은 변호인을 선임하고 피의자신문에 변호인의 참여를 신청하였는데 신문에 참여한 변호인이 피의자와 이야기를 나눈다면서 신문을 중단시킨다고 하여 검사는 변호인을 퇴거하는 처분을 내렸다. 위 검사의 조치는 타당한가?
     힌트 : 대법원 2003. 11. 11. 자 2003모402 결정

3.2.3 다음의 수사방법은 적법한가?
     (1) 수사기관이 대화 일방의 동의를 얻고 대화내용을 녹음하였다.
     (2) 대화당사자 중 1인이 대화하던 중 상대방 몰래 비밀녹음을 하였다.
     (3) 대화당사자 일방의 동의를 얻어 제3자가 비밀녹음을 하였다.
     (4) 3인간의 대화 중에 1인이 다른 두 사람의 대화내용을 비밀녹음하였다.

3.2.4 甲이 오토바이를 운전하여 자신의 집에 도착한 상태에서 단속경찰관 A로부터 주취운전에 관한 증거 수집을 위한 음주측정을 위하여 인근 파출소까지 동행하여 줄 것을 요구받고 이를 명백하게 거절하였으나 단속경찰관 A는 甲을 순찰차에 태워 인근 파출서로 연행하였다. 파출소 연행 이후 甲은 음주측정요구를 받게 되었는데 다시 음주측정요구에 응하지 않았다. 甲은 도로교통법 위반죄(음주측정거부) 혐의로 기소되었다. 단속경찰관의 조치는 적법한가?
     힌트 : 대법원 2006. 11. 9. 선고 2004도8404 판결

▐ 퀴즈풀이 ──────────────────────────

3.2.1

경찰서 내의 보호조치는 강제의 실질을 갖춘 경우 강제수사방법으로 보아야 한다. 보호조치 요건이 갖추어지지 않았음에도, 경찰관이 실제로는 범죄수사를 목적으로 피의자에 해당하는 사람을 이 사건 조항의 피구호자로 삼아 그의 의사에 반하여 경찰관서에 데려간 행위는, 달리 현행범체포나 임의동행 등의 적법 요건을 갖추었다고 볼 사정이 없다면, 위법한 체포에 해당한다. 보호조치의 취지와 목적에 비추어 피구호자의 가족 등에게 피구호자를 인계할 수 있다면 특별한 사정이 없는 한 경찰관서에서 피구호자를 보호하는 것은 허용되지 않는다. 일련의 과정을 전체적으로 보아 위법한 음주측정요구가 있었던 것으로 볼 수밖에 없고, 위법한 체포 상태에서 이루어진 경찰관의 음주측정요구도 위법하다(대법원 2012. 12. 13. 선고 2012도11162 판결).

3.2.2

피의자신문시 변호인의 조언과 상담을 원한다면, 위법한 조력의 우려가 있어 이를 제한하는 다른 규정이 있고 그가 이에 해당한다고 하지 않는 한 수사기관은 피의자의 위 요구를 거절할 수 없다(헌재 2004. 9. 23. 선고 2000헌마138 결정). 변호인참여 제한사유인 '정당한 사유'라 함은 변호인이 피의자신문을 방해하거나 수사기밀을 누설

하는 등의 염려가 있다고 의심할 만한 상당한 이유가 있는 특별한 사정이 있음이 객관적으로 명백하여 변호인의 참여를 제한해야 할 필요가 있다고 인정되는 경우를 말한다(대법원 2003. 11. 11. 자 2003모402 결정).

3.2.3

(1) 수사기관의 감청은 강제수사로서 대화 일방의 동의가 있다 하더라도 대화당사자 전원의 동의가 없는 한, 그리고 긴급감청이 아닌 한, 통신제한조치허가가 없는 비밀감청은 위법하다.

(2) 대화당사자 사이의 대화를 타인간의 대화라고 볼 수 없으므로 통신비밀보호법의 적용은 없다.

(3) 제3자의 경우는 설령 전화통화 당사자 일방의 동의를 받고 그 통화내용을 녹음하였다 하더라도 그 상대방의 동의가 없었던 이상, 사생활 및 통신의 불가침을 국민의 기본권의 하나로 선언하고 있는 헌법규정과 통신비밀의 보호와 통신의 자유신장을 목적으로 제정된 통신비밀보호법의 취지에 비추어 통신비밀보호법 3조 1항 위반이다(대법원 2002. 10. 8. 선고 2002도123 판결).

(4) 3인 간의 대화에 있어서 그 중 한 사람이 그 대화를 녹음하는 경우에 다른 두 사람의 발언은 그 녹음자에 대한 관계에서 '타인 간의 대화'라고 할 수 없으므로, 이와 같은 녹음행위가 통신비밀보호법 3조 1항

에 위배된다고 볼 수는 없다(대법원 2006. 10. 12. 선고 2006도4981 판결).

3.2.4

음주측정을 위하여 당해 운전자를 강제로 연행하기 위해서는 수사상의 강제처분에 관한 형사소송법상의 절차에 따라야 하고, 이러한 절차를 무시한 채 이루어진 강제연행은 위법한 체포에 해당한다. 운전자가 주취운전을 하였다고 인정할 만한 상당한 이유가 있다 하더라도 그 운전자에게 경찰공무원의 위와 같은 위법한 음주측정요구에 대해서까지 그에 응할 의무가 있다고 보아 이를 강제하는 것은 부당하므로 그에 불응하였다고 하여 음주측정거부에 관한 도로교통법 위반죄로 처벌할 수 없다(대법원 2006. 11. 9. 선고 2004도8404 판결).

제4장 강제수사와 강제처분

제1절 체포와 구속

Ⅰ. 강제수사의 의의

수사기관의 강제처분에 의한 수사를 강제수사라고 하며, 대인적 강제수사로는 체포와 구속, 대물적 강제수사로는 압수, 수색, 검증이 있다. 현행 형사소송법은 서술체계 상으로 피고인의 구속을 중심으로 상세한 규정을 두고, 수사상의 신체구속에 대해서는 약간의 특칙을 두면서 그 이외에는 피고인의 구속에 관한 규정을 준용하는 방식을 취하고 있다.

1. 강제수사법정주의(强制搜查法定主義)

강제수사는 법률에 특별한 규정이 있어야 한다(199조 1항). 강제수사법정주의는 강제수사의 적법성의 한계를 법률에 명백히 규정하여 인권침해의 위험을 방지하기 위한 것이다. 그리고 법관에 의한 적법성에 대한 구체적 판단을 가능하게 한다는 점에서 영장주의의 전제가 되는 원칙이다.

강제수사의 법률적 근거는 원칙적으로 형사소송법이지만, 예외적으로 특별법이 될 수 있다. 그러나 통신비밀보호법에 의한 감청과 같이 형사소송법이 아닌 특별법에 의해서 강제처분이 확대되는 것에 대해서 강제수사의 남용의 우려에 대한 반대의견도 있다. 따라서 강제수사는 형사소송법에 규정하는 것이 원칙이며, 특별법에 의한 강제수사 규정은 기본권 보장에 관한 헌법상 원칙에 적합해야 한다는 제한적 범위 내에서 예외적으로 인정할 수 있다.

2. 영장주의

영장주의는 강제수사의 남용을 억제하고 시민의 자유와 재산을 보장하기 위한 사법적 통제로서, 법원 또는 법관이 발부한 적법한 영장에 의하지 않으면 강제처분을 할 수 없다는 원칙이다. 영장주의는 강제처분을 할 당시에 영장이 발부되어 있을 것(사전영장)을 요하며, 강제처분을 한 후 사후영장을 발부받은 것은 영장주의의 예외가 된다. 현행범인의 체포(212조)와 긴급체포(200조의3)의 경우에는 범죄의 명백성이나 긴급성에 의해서 체포영장을 요하지 않지만 체포한 후 피의자를 구속하기 위해서는 구속영장을 발부받아야 한다.

II. 체포

1. 체포제도의 의의

체포(逮捕, arrest)는 죄를 범하였다고 의심할만한 상당한 이유가 있는 피의자를 단시간 동안 수사관서 등 일정한 장소에 인치하는 제도이다. 1995년 형사소송법의 개정에 의해서 임의동행과 보호유치 등 탈법적 수사관행을 근절하고 적법한 수사절차를 확보하기 위하여 헌법에 규정된 체포제도를 도입하였다. 체포영장제도를 도입하면서 긴급구속을 폐지하고 긴급체포를 도입하였으며, 체포된 피의자에 대해서도 적부심사제도를 인정하였다.

형사소송법상 체포는 체포영장에 의한 체포, 긴급체포, 현행범인체포의 세 가지 유형이 있다. 체포는 초동 수사단계에서의 피의자에게 가해지는 단기간의 신체구속이라는 점과 구속의 요건보다는 완화된 요건으로 피의자의 신병을 확보하여 수사절차의 원활한 진행과 형벌의 집행을 확보하는 것을 목적으로 한다. 구속은 체포 이후 계속되거나 또는 선행의 체포 없이 단독으로 행해지는 비교적 장기간의 신체구속이며, 엄격한 요건을 요구하고 구속영장 발부를 위해 피의자심문제도를 두고 있다는 점에서 체포와 구별된다.

체포는 영장주의에 따라 체포영장에 의한 체포를 원칙으로 한다. 다만 긴급체포나 현행범인의 체포의 경우에는 영장 없는 체포를 허용하고 있다. 긴급체포나 현행범인의 체포에 의하여 피의자를 구속하는 경우 구속영장을 청구하여야하며 사후에 체포영장을 받아야 하는 것은 아니다. 이와 같이 긴급체포나 현행범인의 체포는 법관의 심사에 의한 체포영장을 발부받지 않고 체포를 인정하고 있다는 점에서 이의 남용을 방지하기 위해서 그 요건과 절차를 엄격히 규정하고 있다.

2. 체포영장에 의한 체포(통상체포)

(1) 의의

피의자가 죄를 범하였다고 의심할만한 상당한 이유가 있고, 수사기관의 출석요구에 응하지 아니하거나 응하지 아니할 우려가 있는 때에는 법관이 발부한 영장에 의하여 피의자를 체포할 수 있다(200조의2 1항).

(2) 체포의 요건

1) 범죄 혐의의 상당성

체포영장이 발부되기 위해서는 피의자가 죄를 범하였다고 의심할만한 상당한 이유가 있어야 한다(200조의2 1항). 형사소송법상 유죄판결을 받을 수 있는 개연성이 높아야 하므로 무죄 추정을 깨뜨릴 수 있을 정도로 충분한 범죄혐의가 있어야 한다. 수사기관의 단순한 주관적 혐의만으로 부족하고 증거자료를 기초로 객관적이고 합리적인 혐의가 있을 것을 요한다.

2) 출석 불응 또는 불응 우려

피의자가 정당한 이유 없이 수사기관의 출석요구에 응하지 아니하거나 응하지 아니할 우려가 인정되어야 한다. 정당한 이유 없이 불응하여야 한다는 점에서 예를 들어 피의자의 질병, 사업상 또는 법률상의 용무로 인하여 출석하지 않은 경우는 이에 해당하지 않는다. 또한 다액 50만원 이하의 벌금, 구류 또는 과료에 해당하는 사건에 관하여는 피의자가 일정한 주거가 없는 경우 또는 정당한 이유 없이 출석요구에 응하지 아니한 경우에 한한다(200조의2 1항 단서). 이는 경미한 범죄에 대해 강제력의 행사를 제한함으로써 수사기관의 체포권 남용을 억제하려는 취지이다.

3) 체포의 필요성

체포영장을 발부하는 경우에는 도망이나 증거인멸의 우려의 구속사유를 구비할 것을 요구하지 않는다. 체포의 사유가 인정되는 경우에도 명백히 체포의 필요가 인정되지 아니하는 경우에는 체포의 영장을 기각하여야 한다(200조의2 2항). 체포영장의 청구를 받은 판사는 체포의 사유가 있다고 인정되는 경우에도 피의자의 연령과 경력, 가족관계나 교우관계, 범죄의 경중 및 태양 기타 제반 사정에 비추어 피의자가 도망할 염려가 없고 증거를 인멸할 염려가 없는 등 명백히 체포의 필요가 없다고 인정되는 때에는 체포영장의 청구를 기각하여야 한다(규칙 96조의2). 이와 같이 체포의 필요성은 체포의 적극적 요건이 아니라 그 부존재가 명백한 경우에 한하여 체포를 해서는 아니된다는 소극적 요건으로 볼 수 있다.

(3) 체포의 절차
1) 체포영장의 청구
체포영장은 검사가 청구하고 사법경찰관은 검사에게 신청하여 검사의 청구로 체포영장을 발부받아야 한다(200조의2 1항). 체포영장의 청구에는 체포의 사유 및 필요를 인정할 수 있는 자료를 제출하여야 한다. 검사가 체포영장의 청구를 함에 있어서 동일한 범죄사실에 관하여 그 피의자에 대하여 전에 체포영장을 청구하였거나 발부받은 사실이 있는 때에는 다시 체포영장을 청구하는 취지 및 이유를 기재하여야 한다(200조의2 4항).

2) 사법경찰관이 신청한 영장의 청구여부 심의
2020년 형사소송법 개정법률에 의하면 검사가 사법경찰관이 신청한 체포영장을 정당한 이유 없이 판사에게 청구하지 아니한 경우 사법경찰관은 그 검사 소속의 지방검찰청 소재지를 관할하는 고등검찰청에 영장 청구 여부에 대한 심의를 신청할 수 있다(221조의5 1항). 이를 심의하기 위하여 각 고등검찰청에 영장심의위원회를 두며, 사법경찰관은 심의위원회에 출석하여 의견을 개진할 수 있다(221조의5 2항, 4항). 심의위원회는 위원장 1명을 포함한 10명 이내의 외부 위원으로 구성하고, 위원은 각 고등검찰청 검사장이 위촉한다(221조의5 3항).

3) 체포영장의 발부
청구를 받은 지방법원판사는 상당하다고 인정할 때에는 체포영장을 발부한다(200조의2 2항). 구속영장과 달리 체포영장은 이를 발부하기 위하여 피의자심문을 인정하지 않는다. 그런데 지방법원판사가 체포영장을 발부하지 아니할 때에는 청구서에 그 취지 및 이유를 기재하고 서명날인하여 청구한 검사에게 교부한다(200조의2 3항).

4) 체포영장의 집행

체포영장의 집행에 대해서는 구속영장의 집행에 관한 규정이 준용되고 있다. 체포영장에 의한 체포는 검사의 지휘로 사법경찰관 또는 교도관리가 집행한다. 검사는 관할구역 외에서 집행을 지휘할 수 있고 당해 관할구역의 검사에게 집행지휘를 촉탁할 수 있다(83조 1항). 사법경찰관리도 관할구역 외에서 체포영장을 집행하거나 관할구역의 사법경찰관리에게 집행을 촉탁할 수 있다(83조 2항). 교도소나 구치소에 있는 피의자에 대하여 검사의 지휘에 의하여 교도관이 집행한다(81조 3항).

체포영장을 집행할 때에는 피의자에게 체포영장을 반드시 제시해야 한다. 사전 제시를 의미하며, 체포영장을 소지하지 않은 경우에 급속을 요하는 때에는 피의자에 대하여 피의사실의 요지와 영장 발부사실을 알리고 집행할 수 있다. 이 경우 집행을 종료한 후에는 신속히 체포영장을 제시하여야 한다(200조의6).

사법경찰관 등이 체포영장을 소지하고 피의자를 체포하기 위하여는 체포 당시에 피의자에게 체포영장을 제시하고 피의자에 대한 범죄사실의 요지, 구속의 이유와 변호인을 선임할 수 있음을 말하고 변명할 기회를 주어야 한다(200조의5). 이와 같이 체포영장의 제시나 고지 등은 체포를 위한 실력행사에 들어가기 이전에 미리 하여야 하는 것이 원칙이다. 다만 달아나는 피의자를 쫓아가 붙들거나 폭력으로 대항하는 피의자를 실력으로 제압하는 경우에는 붙들거나 제압하는 과정에서 하거나, 그것이 여의치 않은 경우에라도 일단 붙들거나 제압한 후에 지체 없이 행하여야 한다(대법원 2012. 2. 9. 선고 2011도7193 판결). 체포의 이유와 변호인 선임권의 고지 등 적법한 절차를 무시한 채 이루어진 강제연행은 전형적인 위법한 체포에 해당하고, 위법한 체포상태에서 수집한 증거는 증거능력이 부정된다(대법원 2013. 3. 14. 선고 2010도2094 판결).

〈체포행위와 미란다고지〉

경찰관들이 체포영장을 소지하고 마약투약 등 혐의로 피고인을 체포하는 과정에서 피고인이 경찰관들과 마주하자마자 도망가려는 태도를 보이거나 먼저 폭력을 행사하며 대항한 바 없는 등 경찰관들이 체포를 위한 실력행사에 나아가기 전에 체포영장을 제시하고 미란다 원칙을 고지할 여유가 있었음에도 불구하고 애초부터 미란다 원칙을 체포 후에 고지할 생각으로 먼저 체포행위에 나선 행위는 적법한 공무집행이라고 보기 어렵다(대법원 2017. 9. 21. 선고 2017도10866 판결).

5) 영장에 의하지 아니한 압수, 수색, 검증

검사 또는 사법경찰관은 피의자를 체포하는 경우에 필요한 때에는 영장 없이 타인의 주거나 타인이 간수하는 가옥, 건조물, 항공기, 선차 내에서의 피의자 수색을 할 수 있다. 다만, 제200조의2에 따라 피의자를 체포하는 경우의 피의자 수색은 미리 수색영장을 발부받기 어려운 긴급한 사정이 있는 때에 한정한다(216조 1항 1호). 검사 또는 사법경찰관은 피의자를 체포하는 경우에 필요한 때에는 영장 없이 체포현장에서의 압수, 수색, 검증을 할 수 있다(216조 1항 2호).

헌법재판소는 수색에 앞서 영장을 발부받기 어려운 긴급한 사정이 있는지에 대한 여부를 구별하지 않고 피의자가 소재할 개연성이 있으면 영장 없이 곧바로 타인의 주거를 수색할 수 있도록 한 것은 헌법상의 영장주의에 위반된다는 이유로 헌법불합치 결정(헌재 2018. 4. 26. 선고 2015헌바370 결정)을 내렸고, 이에 따라서 영장 없이 타인의 주거를 수색하려는 경우에는 미리 수색영장을 발부받기 어려운 긴급한 사정이 있어야 한다고 형사소송법을 개정하였다.

(4) 체포 후의 절차

1) 체포의 통지

피의자를 체포한 때에는 변호인이 있는 경우 변호인에게, 변호인이 없는 경우 변호인선임권자 중 피의자가 지정한 자에게 피의사건명, 체포일시, 장소, 범죄사실의 요지, 체포의 이유와 변호인을 선임할 수 있는 취지를 지체없이 서면으로 통지하여야 한다(200조의6, 87조). 체포된 피의자는 수사기관, 교도소장, 구치소장 및 그 대리자에게 변호사를 지정하여 변호인의 선임을 의뢰할 수 있다(200조의6, 90조 1항). 변호인의 선임을 의뢰받은 수사기관 등은 급속히 피의자가 지명한 변호사에게 그 취지를 통지하여야 한다(200조의6, 90조 2항).

2) 구속영장의 청구 또는 석방

체포한 피의자를 구속하고자 할 때에는 체포한 때부터 48시간 이내에 구속영장을 청구하여야 하고, 그 기간 내에 구속영장을 청구하지 아니하는 때에는 피의자를 즉시 석방하여야 한다(200조의2 5항). 피의자를 체포 또는 구속한 검사 또는 사법경찰관은 체포 또는 구속된 피의자와 체포적부심사청구권자 중에서 피의자가 지정하는 자에게 체포적부심사를 청구할 수 있음을 알려야 한다(214조의2 2항). 피의자가 체포적부심사를 청구한 때에는 법원이 수사관계 서류와 증거물을 접수한 때로부터 결정 후 검찰청에 반환된 때까지의 기간은 이 48시간의 구속영장 청구제한 기간에 산입하지 않는다.

체포된 피의자를 구속하고자 할 때 구속영장을 48시간 이내에 신청하면 되는 것이며, 위 시간 이내에 구속영장이 발부될 것까지 요하지 않는다. 다만 체포된 피의자를 구속영장에 의하여 구속한 경우에 그 구속기간은 피의자를 체포한 날로부터 기산한다(203조의2).

3. 긴급체포

(1) 긴급체포의 의의

긴급체포는 수사기관이 현행범인이 아닌 피의자를 사전영장을 발부 받기 위해 시간을 지체할 수 없는 긴급한 경우에 체포영장 없이 체포하는 경우를 말한다. 긴급체포는 영장주의의 원칙을 고수하다가 중대한 범죄를 범한 범인을 놓치는 결과를 방지하기 위해서 영장주의의 예외를 인정하는 것이다. 헌법 12조 3항 단서조항은 현행범인인 경우와 장기 3년 이상의 형에 해당하는 죄를 범하고 도피 또는 증거인멸의 염려가 있을 때에는 사후에 영장을 청구할 수 있다고 규정하고 있다.

(2) 긴급체포의 요건

긴급체포를 하기 위해서는 사건의 중대성, 범죄혐의의 상당성, 체포의 필요성, 긴급성의 요건이 충족되어야 한다(200조의3 1항). 긴급체포는 영장주의원칙에 대한 예외인 만큼 형사소송법 200조의3 1항의 요건을 모두 갖춘 경우에 한하여 예외적으로 허용되어야 하고, 요건을 갖추지 못한 긴급체포는 법적 근거에 의하지 아니한 영장 없는 체포로서 위법한 체포에 해당한다(대법원 2006. 9. 8. 선고 2006도148 판결).

① 사건의 중대성 요건으로 법정형이 사형, 무기 또는 장기 3년 이상의 징역이나 금고에 해당하는 중대한 범죄가 그 대상으로 된다.

② 범죄혐의의 상당성과 관련해서 죄를 범하였다고 의심할만한 상당한 이유가 있어야 하는데, 수사기관의 주관적 혐의만으로는 부족하고 범죄혐의에 대한 객관적 합리적 근거가 필요하다.

③ 체포의 필요성 요건으로 피의자가 증거를 인멸할 염려가 있거나 피의자가 도망하거나 도망할 염려가 있어야 한다. 긴급체포의 경우 구속사유가 존재할

것을 요하는데, 구속사유 중 주거부정은 제외하고 있다.

　④ 긴급성의 요건은 시간을 지체하면 체포, 구속이 불가능하게 되거나 현저히 곤란해지는 긴박한 상황이어야 함을 말한다. 이 경우 긴급을 요한다 함은 피의자를 우연히 발견한 경우 등과 같이 체포영장을 받을 시간적 여유가 없는 때를 말한다. 이를 위하여는 판사의 체포영장을 받을 시간적 여유가 없거나 체포가 현저히 곤란할 것을 요한다. 위의 긴급체포의 요건을 갖추었는지 여부는 사후에 밝혀진 사정을 기초로 판단하는 것이 아니라 체포 당시의 상황을 기초로 판단해야 하고, 이에 관한 검사나 사법경찰관 등 수사주체의 판단에는 상당한 재량의 여지가 있다고 할 것이다. 다만, 긴급체포 당시의 상황으로 보아서도 그 요건의 충족 여부에 관한 검사나 사법경찰관의 판단이 경험칙에 비추어 현저히 합리성을 잃은 경우에는 그 체포는 위법하다고 하여야 한다(대법원 2006. 9. 8. 선고 2006도148 판결).

〈합리적 근거가 없는 긴급체포 사례〉

　피고인이 참고인 조사를 받는 줄 알고 검찰청에 자진출석하였는데 예상과는 달리 갑자기 피의자로 조사한다고 하므로 임의수사에 의한 협조를 거부하면서 그에 대한 위증 및 위증교사 혐의에 대하여 조사를 시작하기도 전에 귀가를 요구한 것이므로, 검사가 피고인을 긴급체포하려고 할 당시 피고인이 위증 및 위증교사의 범행을 범하였다고 의심할 만한 상당한 이유가 있었다고 볼 수 없고, 기록에 비추어 보면 피고인이 임의수사에 대한 협조를 거부하고 자신의 혐의사실에 대한 조사가 이루어지기 전에 퇴거를 요구하면서 검사의 제지에도 불구하고, 퇴거하였다고 하여 도망할 우려가 있다거나 증거를 인멸할 우려가 있다고 보기도 어려우므로, 위와 같이 긴급체포를 하려고 한 것은 그 당시 상황에 비추어 보아 형사소송법 200조의3 1항의 요건을 갖추지 못한 것으로 쉽게 보여져 이를 실행한 검사 등의 판단이 현저히 합리성을 잃었다고 할 것이다(대법원 2006. 9. 8. 선고 2006도148 판결).

〈긴급체포 인정 사례〉

　피고인에 대한 고소사건을 담당하던 경찰관이 피고인의 소재를 파악하려고 하던 중 늦은 밤 주거지로 귀가하던 피고인을 발견하고 체포한 사안에서, 피고인이 계속 소재를 감추려는 의도가 다분하고 증거인멸 및 도망의 염려가 인정된다면 위법한 체포에 해당한다고 보기는 어렵다(대법원 2005. 12. 9. 선고 2005도7569 판결).

〈긴급체포 부정 사례〉

피고인이 필로폰을 투약한다는 제보를 받은 경찰관이 제보의 정확성을 사전에 확인한 후에 제보자를 불러 조사하기 위하여 피고인의 주거지를 방문하였다가, 그곳에서 피고인을 발견하고 피고인의 전화번호로 전화를 하여 나오라고 하였으나 응하지 않자 피고인의 집 문을 강제로 열고 들어가 피고인을 긴급체포한 사안에서 피고인이 마약에 관한 죄를 범하였다고 의심할 만한 상당한 이유가 있었더라도, 경찰관이 이미 피고인의 신원과 주거지 및 전화번호 등을 모두 파악하고 있었고, 당시 마약 투약의 범죄 증거가 급속하게 소멸될 상황도 아니었던 점 등의 사정을 감안하면, 긴급체포가 미리 체포영장을 받을 시간적 여유가 없었던 경우에 해당하지 않아 위법하다(대법원 2016. 10. 13. 선고 2016도5814 판결).

(3) 긴급체포의 절차

1) 영장에 의하지 않는 체포절차

긴급체포는 영장에 의하지 아니한 체포와 승인 및 긴급체포서 작성 등의 절차에 의한다. 먼저 검사 또는 사법경찰관은 체포영장을 받을 수 없는 사유 및 긴급체포를 한다는 사유를 알리고 영장 없이 체포할 수 있다. 긴급체포하는 경우에도 피의사실의 요지, 체포의 이유와 변호인을 선임할 수 있음을 말하고 변명할 기회를 주어야 한다(200조의5). 이러한 고지는 긴급체포의 경우에도 체포를 위한 실력행사에 들어가기 이전에 미리 해야 하는 것이 원칙이나, 달아나는 피의자를 쫓아가 붙들거나 폭력으로 대항하는 피의자를 실력으로 제압하는 경우에는 붙들거나 제압하는 과정에서 하거나, 그것이 여의치 않은 경우이라면 일단 붙들거나 제압한 후에는 지체 없이 행해야 한다(대법원 2000. 7. 4. 선고 99도4341 판결).

2) 승인 및 체포서 작성

사법경찰관이 피의자를 체포한 경우에는 즉시 검사의 승인을 얻어야 한다(200조의3 2항). 검사 또는 사법경찰관은 피의자를 체포한 경우에는 즉시 긴급체포서를 작성해야 하고, 긴급체포서에는 범죄사실의 요지, 긴급체포의 사유 등을 기재해야 한다(200조의3 4항).

(4) 체포 후의 조치

1) 구속영장의 청구

검사 또는 사법경찰관은 긴급체포한 피의자를 구속하고자 할 때에는 지체 없이 검사는 관할지방법원판사에게 구속영장을 청구해야 하고, 사법경찰관은 검사에게 신청하여 검사의 청구로 관할지방법원판사에게 구속영장을 청구해야 한다. 2020년 형사소송법 개정법률에 의하면 검사가 사법경찰관이 신청한 구속영장을 정당한 이유 없이 판사에게 청구하지 아니한 경우 사법경찰관은 그 검사 소속의 지방검찰청 소재지를 관할하는 고등검찰청에 구속영장 청구 여부에 대한 심의를 신청할 수 있다(221조의5 1항).

구속영장청구는 피의자를 체포한 때로부터 48시간 이내에 청구해야 하며, 구속영장을 청구할 때에는 긴급체포서를 첨부해야 한다(200조의4 1항). 이 규정은 구속영장을 청구하는 기간이 48시간을 초과할 수 없도록 규정하고 있지만, 영장 없는 체포를 48시간까지 인정하게 되어 헌법상의 영장주의의 취지를 무의미하게 만들 뿐 아니라 체포영장에 의한 체포와 긴급체포의 효과를 동일하게 하여 통상의 체포로 해야 할 경우까지 영장 없는 긴급체포로 할 것이라는 우려가 있다. 긴급체포의 남용을 방지하기 위하여 긴급체포한 즉시 지체없이 체포영장을 받도록 하는 것이 타당하다고 본다.

2) 피의자의 석방

구속영장을 청구하지 아니하거나 발부받지 못한 때에는 피의자를 즉시 석방해야 한다. 사법경찰관이 긴급체포한 피의자에 대하여 구속영장을 신청하지 아니하고 석방한 경우에는 즉시 검사에게 보고해야 한다(200조의4 2항). 검사는 구속영장을 청구하지 아니하고 피의자를 석방한 경우에는 석방한 날부터 30일 이내에 서면으로 ① 긴급체포 후 석방된 자의 인적사항, ② 긴급체포의 일시·장소와 긴급체포하게 된 구체적 이유, ③ 석방의 일시·장소 및 사유, ④ 긴급체포 및 석방한 검사 또는 사법경찰관의 성명을 법원에 통지해야 한다. 이 경우 긴급체포서의 사본을 첨부해야 한다(200조의4 4항). 구속영장을 청구하지 아니하고 피의자를 석방한 경우에는 영장 없이 동일한 범죄사실에 대하여 다시 체포하지 못한다(200조의4 3항).

〈석방통지 누락과 긴급체포의 위법〉

공소외 7이 2009. 11. 2. 22:00경 긴급체포되어 조사를 받고 구속영장이 청구되지 아니하여 2009. 11. 4. 20:10경 석방되었음에도 검사가 그로부터 30일 이내에 법 제200조의4에 따른 석방통지를 법원에 하지 아니한 사실을 알 수 있으나, 공소외 7에 대한 긴급체포 당시의 상황과 경위, 긴급체포 후 조사 과정 등에 특별한 위법이 있다고 볼 수 없는 이상, 단지 사후에 석방통지가 법에 따라 이루어지지 않았다는 사정만으로 그 긴급체포에 의한 유치 중에 작성된 공소외 7에 대한 피의자신문조서들의 작성이 소급하여 위법하게 된다고 볼 수는 없다(대법원 2014. 8. 26. 선고 2011도6035 판결).

⟨긴급체포의 적법성 심사⟩

사법경찰관이 검사에게 긴급체포된 피의자에 대한 긴급체포 승인 건의와 함께 구속영장을 신청한 경우, 검사는 긴급체포의 승인 및 구속영장의 청구가 피의자의 인권에 대한 부당한 침해를 초래하지 않도록 긴급체포의 적법성 여부를 심사하면서 수사서류 뿐만 아니라 피의자를 검찰청으로 출석시켜 직접 대면조사할 수 있는 권한을 가진다. 검사의 구속영장 청구 전 피의자 대면조사는 강제수사가 아니므로 피의자는 검사의 출석 요구에 응할 의무가 없다(대법원 2010. 10. 28. 선고 2008도11999 판결).

(5) 긴급체포와 압수·수색·검증

검사 또는 사법경찰관은 피의자를 긴급체포하는 경우에 필요한 때에는 영장 없이 타인의 주거나 타인이 간수하는 가옥 등에서 피의자를 수색하거나, 체포 현장에서 압수·수색·검증을 할 수 있다(216조 1항). 긴급체포에 의하여 체포된 자가 소유·소지 또는 보관하는 물건에 대하여 긴급히 압수할 필요가 있는 경우에는 체포한 때부터 24시간 이내에 한하여 영장 없이 압수·수색 또는 검증을 할 수 있다(217조 1항). 긴급체포 현장에서 압수한 물건을 계속 압수할 필요가 있는 경우에는 지체 없이 압수수색영장을 청구해야 한다. 이 경우 압수수색영장의 청구는 체포한 때부터 48시간 이내에 해야 한다(217조 2항). 압수수색영장을 발부받지 못한 때에는 압수한 물건을 즉시 반환하여야 한다(217조 3항).

4. 현행범인의 체포

(1) 현행범인체포 의의

현행범인은 누구든지 영장없이 체포할 수 있다(212조). 현행범인이라는 범죄의 명백성에 근거하여 영장주의의 엄격성을 완화하는 예외를 인정하고 있다. 준현행범인도 현행범인으로 간주하고 있으므로 준현행범인의 체포도 영장주의의 예외가 인정되며, 검사 또는 사법경찰관리 아닌 자가 현행범인을 체포한 때에는 즉시 검사 또는 사법경찰관리에게 인도해야 한다(213조 1항).

(2) 현행범인과 준현행범인

1) 현행범인

현행범인은 범죄의 실행 중이거나 실행의 즉후인 자를 말한다. 범죄의 실행 중이라 함은 범행에 착수하여 종료하지 않은 것을 말하고, 범죄의 실행의 즉후라고 함은 범죄의 실행행위를 종료한 직후라는 것이 체포하는 자의 입장에서 볼 때 명백한 경우를 말한다(대법원 2002. 5. 10. 선고 2001도300 판결).

판례는 '범죄의 실행행위를 종료한 직후'라고 함은 범죄행위를 실행하여 끝마친 순간 또는 이에 아주 접착된 시간적 단계를 의미하는 것으로 해석되므로, 시간적으로나 장소적으로 보아 체포를 당하는 자가 방금 범죄를 실행한 범인이라는 점에 관한 죄증이 명백히 존재하는 것으로 인정되는 경우에만 현행범인으로 볼 수 있다고 판단하고 있다(대법원 2007. 4. 13. 선고 2007도1249 판결).

현행범인 여부에 대한 판단은 시간적 접착성뿐 아니라 장소적 접착성도 함께 고려하여 판단해야 한다. 판례는 상해행위를 종료한 순간과 아주 접착된 시간적 단계에 있고. 체포된 장소도 상해범행을 저지른 장소라면 방금 범죄를 실행한 범인이라고 볼 죄증이 명백히 존재하므로 현행범인으로 볼 수 있다고 판시하였다(대법원 2006. 2. 10. 선고 2005도7158 판결). 또한 피해자의 자동차를 발로 걷어차고 그와 싸우는 범행을 한 지 겨우 10분 후에 지나지 않고, 그 장소도 범행 현장에 인접한 위 학교의 운동장이라면 방금 범죄를 실행한 범인으로 볼 증거가 명백하다고 판시하였다(대법원 1993. 8. 13. 선고 93도926 판결).

〈현행범인이 아닌 경우〉

> 교장실에서 식칼을 들고 피해자를 협박한지 40분 후에 교무실에 앉아 있는 자를 체포하였다면 위법한 현행범인의 체포이며(대법원 1991. 9. 24. 선고 91도1314 판결), 또한 운전을 종료한 후 40분 이상이 경과한 시점에서 길가에 앉아있는 자를 술 냄새가 난다는 이유로 체포한 경우에는 '방금 음주운전을 실행한 범인이라는 점에 관한 죄증이 명백하다고 할 수 없는 상태'에서 이루어진 것으로서 위법하다고 판시하였다(대법원 2007. 4. 13. 선고 2007도1249 판결).

2) 준현행범인

준현행범인은 현행범인은 아니지만 현행범인으로 간주되는 자를 말한다. ① 범인으로 호창되어 추적되고 있는 때, ② 장물이나 범죄에 사용되었다고 인정함에 충분한 흉기 기타의 물건을 소지하고 있는 때, ③ 신체 또는 의복류에 현저한 증적이 있는 때, ④ 누구임을 물음에 대하여 도망하려 하는 때에 해당하는 자는 현행범인으로 간주된다(211조 2항). 예를 들어 순찰 중이던 경찰관이 교통사고를 낸 차량이 도주하였다는 무전연락을 받고 주변을 수색하다가 범퍼 등의 파손상태로 보아 사고차량으로 인정되는 차량에서 내리는 사람을 발견한 경우, 형사소송법 211조 2항 2호 소정의 '장물이나 범죄에 사용되었다고 인정함에 충분한 흉기 기타의 물건을 소지하고 있는 때'에 해당하므로 준현행범인으로 영장 없이 체포할 수 있다(대법원 2000. 7. 4. 선고 99도4341 판결).

다만, 누구임을 물음에 대하여 도망하려 한 때의 요건은 범행과의 시간적 접착성과 범행의 명백성과는 관련성이 약한 경우에 해당하므로 다른 상황들을 종합적으로 고려하여 범행과의 관련성이 강하게 인정되는 경우에 한해서 준현행범인으로 인정하여야 할 것이다.

(3) 현행범인체포의 요건

1) 범인·범죄의 명백성

현행범인을 체포하기 위해서는 특정한 범죄의 혐의가 명백하고(범죄의 명백성), 그 범행이 체포하려고 하는 그 범인에 의하여 실행된 것임이 명백해야 한다(범인의 명백성). 형식상 죄를 범한 것처럼 보이더라도 구성요건해당성이 없거나 위법성조각사유나 책임조각사유가 명백한 경우에는 현행범인으로 체포할 수 없다.

2) 체포의 필요성

현행범인의 체포에는 구속사유가 필요하지 않다고 보는 소극설의 입장과 구속사유가 필요하다는 적극설이 대립한다. 형사소송법은 현행범인의 체포를 통상체포의 예외적인 것으로 인정하고 있는데 통상의 체포의 경우에도 구속사유가 필요하지 않은 점과 긴급체포와 달리 현행범인의 체포에는 도망이나 증거인멸의 우려와 같은 구속사유가 필요하다는 규정이 없다는 점에서 구속사유가 필요하지 않다는 소극설이 타당하다.

판례는 현행범인 체포의 요건으로서는 행위의 가벌성, 범죄의 현행성·시간적 접착성, 범인·범죄의 명백성 외에 체포의 필요성, 즉 도망 또는 증거인멸의 염려가 있어야 한다는 적극설의 입장을 취하고 있다(대법원 2018. 3. 29. 선고 2017도21537 판결; 대법원 2016. 2. 18. 선고 2015도13726 판결).

〈현행범인의 체포의 요건〉

현행범인으로 체포하기 위하여는 행위의 가벌성, 범죄의 현행성과 시간적 접착성, 범인·범죄의 명백성 이외에 체포의 필요성, 즉 도망 또는 증거인멸의 염려가 있어야 한다. 이러한 현행범인 체포의 요건을 갖추었는지 여부는 체포 당시의 상황을 기초로 판단하여야 하고, 이에 관한 검사나 사법경찰관 등 수사주체의 판단에는 상당한 재량의 여지가 있지만, 체포 당시의 상황으로 볼 때 그 요건의 충족 여부에 관한 검사나 사법경찰관 등의 판단이 경험칙에 비추어 현저히 합리성을 잃은 경우에는 그 체포는 위법하다고 보아야 한다(대법원 2017. 4. 7. 선고 2016도19907 판결).

3) 비례성의 원칙

다액 50만원 이하의 벌금, 구류 또는 과료에 해당하는 죄의 현행범인에 대하여는 범인의 주거가 분명하지 아니한 때에 한하여 현행범인으로 체포할 수 있다 (214조). 경미사건은 비례성의 원칙에 따라 주거부정에 한하여 현행범인을 체포할 수 있다는 한계를 나타낸 것이다.

(4) 현행범인의 체포절차

사법경찰리가 현행범인을 체포하는 경우에는 반드시 범죄사실의 요지, 구속의 이유와 변호인을 선임할 수 있음을 말하고 변명할 기회를 주어야 하며, 이와 같은 고지는 체포를 위한 실력행사에 들어가기 전에 미리 해야 하는 것이 원칙이다.

현행범인을 체포하는 과정에서 적정한 한계의 범위 내에서 실력행사가 가능하다. 일정한 실력행사는 체포의 목적을 달성하기 위한 적정한 수단이 되어야 한다. 다만, 적정한 한계를 벗어나는 체포행위는 형사소송법상 현행범인 체포행위로 될 수 없으며, 그 적정한 한계를 벗어나는 행위인가 여부는 정당행위의 일반적 요건을 갖추었는지 여부에 따라 결정되어야 할 것이다(대법원 1999. 1. 26. 선고 98도3029 판결).

(5) 체포 후의 조치

일반시민이 현행범인을 체포한 때에는 즉시 검사 또는 사법경찰관리에게 인도해야 한다(213조 1항). 여기서 '즉시'라고 함은 반드시 체포시점과 시간적으로 밀착된 시점이어야 하는 것은 아니고, '정당한 이유 없이 인도를 지연하거나 체포를 계속하는 등으로 불필요한 지체를 함이 없이'라는 뜻으로 볼 것이다(대법원 2011. 12. 22. 선고 2011도12927 판결). 사인에게 체포권을 전적으로 일임할 수 없고 체포 후에 임의로 석방하게 되면 체포권의 남용이 일어날 수 있으므로, 사인이 체포한 현행범인을 수사기관에 인도하지 않고 석방하는 것은 허용되지 않는다.

검사 등이 현행범인을 체포하거나 현행범인을 인도받은 후 현행범인을 구속하고자 하는 경우 48시간 이내에 구속영장을 청구해야 하고 그 기간 내에 구속영장을 청구하지 아니하는 때에는 즉시 석방해야 한다(213조의2, 200조의2 5항). 검사 또는 사법경찰관리 아닌 자에 의하여 현행범인이 체포된 후 인도된 경우 구속영장 청구기간인 48시간의 기산점은 검사 등이 현행범인을 인도받은 때를 기준으로 한다(대법원 2011. 12. 22. 선고 2011도12927 판결).

사법경찰관리가 현행범인의 인도를 받은 때에는 체포자의 성명, 주거, 체포의 사유를 물어야 하고 필요한 때에는 체포자에 대하여 경찰관서에 동행함을 요구할 수 있다(213조 2항).

〈구속피의자의 출석불응과 조사 수인의무〉

구속영장 발부에 의하여 적법하게 구금된 피의자가 피의자신문을 위한 출석요구에 응하지 아니하면서 수사기관 조사실에 출석을 거부한다면 수사기관은 그 구속영장의 효력에 의하여 피의자를 조사실로 구인할 수 있다고 보아야 한다. 다만 이러한 경우에도 그 피의자신문 절차는 어디까지나 법 제199조 제1항 본문, 제200조의 규정에 따른 임의수사의 한 방법으로 진행되어야 하므로, 피의자는 헌법 제12조 제2항과 법 제244조의3에 따라 일체의 진술을 하지 아니하거나 개개의 질문에 대하여 진술을 거부할 수 있고, 수사기관은 피의자를 신문하기 전에 그와 같은 권리를 알려주어야 한다(대법원 2013. 7. 1. 자 2013모160 결정).

III. 피의자구속

1. 피의자구속의 의의

(1) 피의자구속과 피고인구속의 차이

구속은 피고인 또는 피의자의 신체의 자유를 제한하여 형사소송의 진행과 형벌의 집행을 확보하기 위한 제도이다. 피의자구속은 체포보다는 장기간 피의자의 신체자유를 제한하는 대인적 강제처분이다. 구속은 구금과 구인을 포괄하는 개념으로 구금은 피고인 또는 피의자를 구치소 등에 감금하는 처분이며, 구인은 법원 기타의 장소에 인치하는 강제처분이다. 피의자구속은 피의자의 신병 확보와 공판정에의 출석 확보, 형의 집행 확보를 위하여 필요한 최소한도로 인정되고 있으며, 피의자체포에 연속되는 구속과 체포를 거치지 않는 구속의 두 가지 유형이 있다. 피의자구속은 검사의 영장청구에 의해 판사가 발부한 영장이 필요하고, 구속기간이 10일이고 재구속의 제한규정이 있는 반면에 피고인구속은 수소법원이 영장을 발부하고 구속기간이 2개월이며, 재구속의 제한이 없다는 점에서 구별된다.

(2) 불구속 수사의 원칙

형사소송법은 피의자에 대한 수사는 불구속상태에서 함을 원칙으로 한다는 규정을 두고 있다(198조). 피의자구속은 증거인멸에 의한 수사의 방해를 제거하며 구속된 피의자를 조사하는 등의 적정한 방법으로 범죄수사를 하기 위한 불가결의 수단으로 활용되지만, 이에 반해 피의자에게 끼치는 폐해는 심각하다. 피의자는 신체의 자유를 제한받음으로써 방어의 기회를 제한받고 가족과 사회로부터 단절이 이루어져서 직업활동을 중단하거나 경제적 어려움에 처하게 되고, 구속으로 인해 유죄의 인상을 심어주어 명예를 침해받을 수 있다. 따라서 수사의 적정성을 확보하기 위해 필요한 정당한 공익의 요구가 있는 예외적인 경우에 한하여 피의자구속이 인정되어야 하므로, 단순한 기능적 측면에서 편의상 수사를 용이하게 하거나 피의자의 자백을 받기 위해서 구속하는 것은 어떠한 경우에도 허용될 수 없다.

2. 구속의 요건

피의자구속은 ① 피의자가 죄를 범하였다고 의심할 만한 상당한 이유가 있고, ② 일정한 주거가 없는 때, 증거를 인멸할 염려가 있는 때, 도망하거나 도망할 염려가 있는 때에 해당하는 구속사유가 있어야 한다(201조 1항, 70조 1항). 두 가지 요건 중 범죄혐의의 존재가 전제되어야 하며, 구속사유 중 어느 하나에 해당하여야 한다. 이외에도 비례성의 원칙도 구속의 요건이 된다.

구속사유는 구체적 사실을 기초로 인정되어야 하며, 객관적 자료로서 뒷받침되어야 한다. 구속영장을 청구할 때에 구속의 필요성을 인정할 수 있는 자료를 제출하여야 한다고 규정하고 있다(201조 2항).

(1) 범죄혐의의 상당성

구속의 사유로서 피의자가 죄를 범하였다고 의심할만한 상당한 이유가 있어야 한다. 즉, 범죄의 혐의가 있어야 한다. 범죄 혐의의 정도는 유죄판결을 받을 고도의 개연성이 인정될 수 있을 정도의 객관적 혐의가 있을 것을 요한다. 현저한 범죄의 혐의가 있는지 여부는 법관이 검사가 제출한 수사자료를 토대로 판단하며, 구속시를 기준으로 한다.

(2) 구속사유
1) 일정한 주거가 없는 때
주거부정이란 일정한 주소와 거소가 없는 상태를 말한다. 일정한 주거의 유무는 형식적으로 판단할 것이 아니라 주거의 종류, 거주기간, 주민등록의 유무, 피의자의 직업관계, 가족관계 등을 실질적으로 판단하여야 한다. 주거부정은 도망의 위험이 있다는 것을 추정하는 판단자료일 수 있지만, 이를 독립된 구속사유라고 볼 수 없다. 따라서 주거부정은 통상적인 사건의 경우에는 독자적인 의미가 없고, 경미한 사건 예를 들어 다액 50만원 이하의 벌금이나 구류 또는 과료에 해당하는 범죄를 범한 피의자가 일정한 주거가 없는 경우에만 독자적인 구속사유가 될 수 있다(201조 1항, 70조 3항).

2) 증거를 인멸할 염려가 있는 때

증거인멸의 염려는 인적·물적 증거방법에 대해 부정하게 영향을 미쳐서 법원 또는 수사기관의 진실발견을 어렵게 만드는 것을 말한다. 예를 들어 피의자가 직접 또는 공범이나 참고인에게 부정한 방법으로 압력을 가하거나 영향력을 행사하여 증거물이나 증거서류를 멸실하거나 위조, 변조 또는 은닉하게 하는 경우를 말한다. 피의자가 피의사실을 다투거나 자백을 거부한다는 이유만으로 증거인멸의 염려가 있다고 판단해서는 안된다.

3) 도망하거나 도망할 염려가 있는 때

도망 또는 도망할 염려는 피의자가 수사기관에 대하여 그 소재파악을 어렵게 만들어 그에 대한 소환이나 구인을 할 수 없거나 불가능하게 할 염려가 있는 때를 말한다. 예를 들어 피의자가 종전의 주거지를 이탈하여 잠적하거나, 돌아오지 않을 의사로 외국으로 도피하는 것을 말한다. 도망할 염려에 대한 판단은 단순한 추측이 아니라 특정한 사실로부터 고도의 개연성이 추론될 수 있어야 한다. 특히 중형이 선고될 것이 예상되는 때에는 이를 이유로 도망의 염려가 있다고 인정할 수 있지만, 이 이유만으로 일률적으로 정할 수는 없고 구체적인 사정을 평가하여 판단하여야 할 것이다. 그리고 단순한 자살위험이 있다는 사정만으로 도망할 염려가 있다고 할 수 없다.

(3) 일반적 고려사항

법원은 구속사유를 심사함에 있어서 범죄의 중대성, 재범의 위험성, 피해자 및 중요 참고인 등에 대한 위해우려 등을 고려하여야 한다(70조 2항). 종전의 수사관행상 구속사유를 판단함에 있어서 주로 범죄의 중대성을 중심으로 심사하였던 점과 법률에 열거된 구속사유만으로 구속여부에 대한 판단기준이 구체화되어 있지 않았던 점을 개선하기 위해서 2007년 형사소송법을 개정하면서 구속사유 심사시 범죄의 중대성, 재범의 위험성, 피해자 및 중요 참고인 등에 대한 위해우려 등을 고려하도록 규정하였다.

〈검사의 구속영장 청구 전 피의자 대면조사〉

> 검사가 구속영장 청구 전에 피의자를 대면조사하기 위하여 사법경찰관리에게 피의자를 검찰청으로 인치할 것을 명하는 것은 적법하고 타당한 수사지휘 활동에 해당하고, 수사지휘를 전달받은 사법경찰관리는 이를 준수할 의무를 부담한다. 다만, 검사의 구속영장 청구 전 피의자 대면조사는 긴급체포의 적법성을 의심할 만한 사유가 기록 기타 객관적 자료에 나타나고 피의자의 대면조사를 통해 그 여부의 판단이 가능할 것으로 보이는 예외적인 경우에 한하여 허용된다(대법원 2010. 10. 28. 선고 2008도11999 판결).

3. 피의자 구속영장의 청구

(1) 청구권자

구속영장의 청구권자는 검사에 한하고, 사법경찰관은 검사에게 신청하여 검사의 청구에 의하여 구속영장을 발부받을 수 있다(201조 1항). 2020년 형사소송법 개정법률에 의하면 검사가 사법경찰관이 신청한 구속영장을 정당한 이유 없이 판사에게 청구하지 아니한 경우 사법경찰관은 그 검사 소속의 지방검찰청 소재지를 관할하는 고등검찰청에 영장 청구 여부에 대한 심의를 신청할 수 있다(221조의5 1항). 이를 심의하기 위하여 각 고등검찰청에 영장심의위원회를 두며, 사법경찰관은 심의위원회에 출석하여 의견을 개진할 수 있다(221조의5 2항, 4항).

〈검사의 영장불청구에 대한 고소인의 권리는 없다〉

> 고소인 또는 고발인, 그 밖의 일반국민이 검사에 대하여 영장청구 등의 강제처분을 위한 조치를 취하도록 요구하거나 신청할 수 있는 권리를 가진다고 할 수 없고, 검사가 수사과정에서 영장의 청구 등 강제처분을 위한 조치를 취하지 아니함으로 말미암아 고소인 또는 고발인, 그 밖의 일반 국민의 법률상의 지위가 직접적으로 어떤 영향을 받는다고도 할 수 없다(대법원 2007. 5. 25. 자 2007모82 결정).

(2) 청구의 방식

구속영장의 청구는 구속영장청구서 서면에 의한다. 구속영장청구서에는 ①
피의자의 성명(분명하지 아니한 때에는 인상, 체격, 그 밖에 피의자를 특정할 수 있는 사항),
주민등록번호 등, 직업, 주거, ② 피의자에게 변호인이 있는 때에는 그 성명, ③
죄명 및 범죄사실의 요지, ④ 7일을 넘는 유효기간을 필요로 하는 때에는 그 취
지 및 사유, ⑤ 여러 통의 영장을 청구하는 때에는 그 취지 및 사유, ⑥ 인치구금
할 장소, ⑦ 구속의 사유, ⑧ 피의자의 체포여부 및 체포된 경우에는 그 형식, ⑨
피의자가 지정한 사람에게 체포이유 등을 알린 경우에는 그 사람의 성명과 연락
처 등을 기재하여야 한다(규칙 95조의2).

검사는 구속의 필요를 인정할 수 있는 자료를 제출하여야 한다(201조 2항). 체
포영장에 의하여 체포된 자 또는 현행범인으로 체포된 자에 대하여 구속영장을
청구하는 경우에는 체포영장 또는 현행범인으로 체포된 취지 및 체포의 일시와
장소가 기재된 서류를, 긴급체포된 피의자에 대하여 구속영장을 청구할 때에는
긴급체포서를 추가로 제출하여야 한다. 검사가 동일한 범죄사실에 관하여 그 피
의자에 대하여 전에 구속영장을 청구하거나 발부받은 사실이 있을 때에는 다시
구속영장을 청구하는 취지 및 이유를 기재하여야 한다(201조 5항).

4. 구속전 피의자심문

(1) 필요적 심문제도

구속영장을 청구받은 판사는 지체 없이 체포된 피의자를 심문하여야 한다
(201조의2 1항). 체포되지 않은 피의자의 경우에는 구속영장을 청구받은 판사는 피
의자가 죄를 범하였다고 의심할 만한 이유가 있는 경우에 구인을 위한 구속영장
을 발부하여 피의자를 구인한 후 심문하여야 한다(201조의2 2항). 이와 같이 법관
이 피의자를 직접 심문하여 구속사유가 충족되었는지 여부를 판단하고 피의자에
게 변명과 이익되는 진술의 기회를 주는 것은 인신구속의 남용을 방지하는 효과
를 가진다. 특히 피의자의 신청이나 법관의 재량에 따라 피의자심문을 하는 것이
아니라 필요적으로 피의자와 대면하여 심사하는 영장실질심사는 영장주의의 실
효성을 확보하기 위한 제도적 장치이다. 영장주의가 법관의 사법적 통제로서 구
속을 규제하는 기능을 하기 위해서는 수사기관이 작성한 수사기록을 대상으로
형식적 심사를 하는 것이 아니라 법관이 피의자를 직접 심문하여 실질적으로 피
의자의 청문권을 보장해야 하는 것이다.

(2) 피의자심문을 위한 준비절차

1) 심문기일의 지정과 통지

구속영장을 청구받은 판사는 심문기일을 정해야 한다. 체포된 피의자에 대한 심문기일은 특별한 사정이 없는 한 구속영장이 청구된 날의 다음날까지 심문하여야 한다(201조의2 1항). 구속영장을 청구받은 판사는 체포된 피의자는 즉시, 그리고 구인영장에 의해 인치된 피의자는 피의자를 인치한 후 즉시 검사, 피의자 및 변호인에게 심문기일과 장소를 통지하여야 한다. 판사는 지정된 심문기일에 피의자를 심문할 수 없는 특별한 사정이 있는 경우에는 그 심문기일을 변경할 수 있다(규칙 96조의22).

2) 피의자의 인치

판사가 피의자를 심문하기 위해서 피의자를 법원에 인치하여야 한다. 피의자가 체포되어 있지 않은 때에는 판사는 피의자가 죄를 범하였다고 의심할 만한 이유가 있는 경우에 구인을 위한 구속영장을 발부하여 피의자를 구인한 후 심문하여야 한다. 다만, 피의자가 도망하는 등의 사유로 심문할 수 없는 경우에는 그러하지 아니하다(201조의2 2항). 피의자가 체포되어 있는 때에는 검사는 심문기일에 피의자를 출석시켜야 한다(201조의2 3항). 법원이 인치받은 피의자를 유치할 필요가 있는 때에는 교도소, 구치소 또는 경찰서 유치장에 유치할 수 있다. 이 경우 유치기간은 인치한 때로부터 24시간을 초과할 수 없다(201조의2 10항, 71조의2).

3) 국선변호인의 선정

심문할 피의자에게 변호인이 없는 때에는 판사는 직권으로 변호인을 선정하여야 한다. 이 경우 변호인의 선정은 피의자에 대한 구속영장 청구가 기각되어 효력이 소멸한 경우를 제외하고는 제1심까지 효력이 있다(201조의2 8항). 법원은 변호인의 사정이나 그 밖의 사유로 변호인 선정결정이 취소되어 변호인이 없게 된 때에는 직권으로 변호인을 다시 선정할 수 있다(201조의2 9항).

(3) 피의자심문기일의 절차

1) 심문 장소 및 비공개

피의자에 대한 심문절차는 이를 공개하지 아니한다. 다만 재판장은 상당하다고 인정되는 경우에는 피의자의 친족, 피해자 등 이해관계인의 방청을 허락할 수 있다(규칙 96조의14). 피의자의 심문은 법원 청사 내에서 하여야 한다. 피의자가 출석을 거부하거나 질병 기타 부득이한 사유로 법원에 출석할 수 없는 때에는 경찰서, 구치소 기타 적당한 장소에서 심문할 수 있다(규칙 96조의15).

판사는 심문하는 때에는 공범의 분리심문이나 그 밖에 수사상의 비밀보호를 위하여 필요한 조치를 하여야 한다(201조의2 5항).

2) 심문의 진행

판사는 피의자에게 구속영장청구서에 기재된 범죄사실의 요지를 고지하고, 피의자에게 일체의 진술을 하지 아니하거나 개개의 질문에 대하여 진술을 거부할 수 있으며, 이익되는 사실을 진술할 수 있음을 알려주어야 한다(규칙 96조의16 1항). 판사는 구속 여부를 판단하기 위하여 필요한 사항에 관하여 신속하고 간결하게 심문하여야 한다. 증거인멸 또는 도망의 염려를 판단하기 위하여 필요한 때에는 피의자의 경력, 가족관계나 교우관계 등 개인적인 사항에 관하여 심문할 수 있다(규칙 96조의16 2항).

검사와 변호인은 판사의 심문이 끝난 후에 의견을 진술할 수 있다. 다만, 필요한 경우에는 심문 도중에도 판사의 허가를 얻어 의견을 진술할 수 있다(규칙 96조의16 3항). 피의자는 판사의 심문 도중에도 변호인에게 조력을 구할 수 있다(규칙 96조의16 4항). 판사는 구속 여부의 판단을 위하여 필요하다고 인정하는 때에는 심문장소에 출석한 피해자 그 밖의 제3자를 심문할 수 있다(규칙 96조의16 5항). 구속영장이 청구된 피의자의 법정대리인, 배우자, 직계친족, 형제자매나 가족, 동거인 또는 고용주는 판사의 허가를 얻어 사건에 관한 의견을 진술할 수 있다(규칙 96조의16 6항). 판사는 심문을 위하여 필요하다고 인정하는 경우에는 호송경찰관 기타의 자를 퇴실하게 하고 심문을 진행할 수 있다(규칙 96조의16 7항).

3) 심문조서의 작성

피의자심문을 하는 경우 법원사무관 등은 심문의 요지 등을 조서로 작성해야 한다(201조의2 6항). 영장재판실무가 상세한 질문답변형태로 이루어지고 있고, 추후 공판절차의 증거자료로 제공하기 위하여 영장재판 과정을 정확하게 기록으로 남길 필요가 있어서 공판조서에 준하여 심문조서를 작성하여야 한다. 법원이 피의자심문조서를 작성하는 때에는 조서기재의 정확성 여부를 피의자에게 확인하고 조서에 간인하여 기명날인 또는 서명을 받아야 한다. 심문에 참여한 검사,

피고인, 피의자 또는 변호인이 조서의 기재의 정확성에 대하여 이의를 진술한 때에는 그 진술의 요지를 조서에 기재하여야 한다(201조의2 10항, 48조). 이와 같이 작성된 피의자심문조서는 형사소송법 315조(당연히 증거능력이 있는 서류) 3호 소정의 기타 특히 신용할만한 정황에 의하여 작성된 문서에 해당하여 증거능력이 인정된다(대법원 2004. 1. 16. 선고 2003도5693 판결).

5. 구속여부 결정

(1) 구속영장의 발부

구속영장의 청구를 받은 지방법원 판사는 신속히 구속영장의 발부여부를 결정하여야 한다(201조 3항). 지방법원판사는 상당하다고 인정할 때에는 예를 들어 피의자에게 구속의 요건이 충족되었다고 인정하는 때에는 구속영장을 발부하여야 한다(201조 4항).

구속영장에는 피의자의 성명, 주거, 죄명, 공소사실의 요지, 인치 구금할 장소, 발부년월일, 그 유효기간과 그 기간을 경과하면 집행에 착수하지 못하며 영장을 반환하여야 할 취지를 기재하고 재판장 또는 수명법관이 서명날인하여야 한다(209조, 75조 1항). 피의자의 성명이 분명하지 아니한 때에는 인상, 체격, 기타 피고인을 특정할 수 있는 사항으로 피의자를 표시할 수 있다. 피의자의 주거가 분명하지 아니한 때에는 그 주거의 기재를 생략할 수 있다(209조, 75조 1항). 구속영장의 유효기간은 영장발부일로부터 7일로 한다. 다만 법관이 상당하다고 인정하는 때에는 7일을 넘는 기간을 정할 수 있다(규칙 178조).

피의자심문을 하는 경우 법원이 구속영장청구서·수사 관계 서류 및 증거물을 접수한 날부터 구속영장을 발부하여 검찰청에 반환한 날까지의 기간은 사법경찰관 및 검사의 구속기간에 이를 산입하지 아니한다(201조의2 7항). 이는 구속 전 피의자심문으로 인하여 수사기관의 수사에 지장을 초래하는 것을 고려한 것이다.

(2) 기각결정

지방법원판사는 검사의 구속영장청구가 부적법하거나 이유가 없으면 구속영장의 청구를 기각하는데, 청구를 기각하여 구속영장을 발부하지 아니할 때에는 청구서에 그 취지 및 이유를 기재하고 서명날인하여 청구한 검사에게 교부한다(201조 4항). 체포영장에 의하여 체포된 자, 긴급체포된 자 및 현행범인으로 체포된 자에 대해 구속영장의 청구가 기각된 때에는 피의자를 즉시 석방하여야 한다 (200조의4 2항).

검사의 구속영장청구에 대한 지방법원판사의 결정은 형사소송법 402조의 규정에 의하여 항고의 대상이 되는 법원의 결정에 해당하지 아니하고, 416조 1항의 규정에 의하여 준항고의 대상이 되는 '재판장 또는 수명법관의 구금 등에 관한 재판'에도 해당하지 아니하므로 항고 또는 준항고의 방법으로 불복할 수 없다(대법원 2006. 12. 18. 자 2006모646 결정). 다만 영장청구가 기각된 경우 검사에게는 증거 등을 보강하여 영장의 발부를 재청구할 수 있도록 허용하고 있으므로 간접적으로 불복하는 방법을 찾을 수 있다.

6. 구속영장의 집행

(1) 수사기관의 사전 영장제시

피의자에 대한 구속영장은 검사의 지휘에 의하여 사법경찰관리가 집행하며, 교도소 또는 구치소에 있는 피의자에 대하여는 검사의 지휘에 의하여 교도관이 집행한다(209조, 81조). 검사는 관할구역 외에서 구속영장의 집행을 지휘할 수 있고, 당해 관할구역의 검사에게 집행지휘를 촉탁할 수 있다(209조, 83조 1항).

구속영장을 집행함에는 피의자에게 이를 제시하여야 한다(209조, 85조 1항). 구속영장을 소지하지 않은 경우에 급속을 요하는 때에는 피의사실의 요지와 영장이 발부되었음을 고하고 집행할 수 있다. 이 경우에는 집행을 완료한 후 신속히 구속영장을 제시하여야 한다(209조, 85조 4항).

검사 또는 사법경찰관은 피의자를 구속하는 경우에 필요한 때에는 영장 없이 타인의 주거나 타인이 간수하는 가옥, 건조물, 항공기, 선차 내에서의 피의자 수색을 할 수 있다. 다만, 제201조에 따라 피의자를 구속하는 경우의 피의자 수색은 미리 수색영장을 발부받기 어려운 긴급한 사정이 있는 때에 한정한다(216조 1항 1호). 검사 또는 사법경찰관은 피의자를 구속하는 경우에 필요한 때에는 영장 없이 체포현장에서의 압수, 수색, 검증을 할 수 있다(216조 1항 2호).

(2) 구속 이유 등의 고지와 통지

구속영장을 집행할 때에는 피의사실의 요지, 구속의 이유와 변호인을 선임할 수 있음을 말하고 변명할 기회를 주어야 한다(209조, 200조의5). 수사기관이 피의자를 구속하면서 구속이유 등을 고지하지 않고 구속상태에서 증거를 수집한 경우에는 이는 적법한 절차에 따르지 아니하고 수집한 증거에 해당하여 증거능력을 인정할 수 없다(대법원 2013. 3. 14. 선고 2010도2094 판결).

피의자를 구속한 때에는 변호인이 있은 경우에는 변호인에게, 변호인이 없는 경우에는 변호인 선임권자 중 피의자가 지정한 자에게 피의사건명, 구속일시·장소, 범죄사실의 요지, 구속이유와 변호인을 선임할 수 있는 취지를 지체 없이 서면으로 통지하여야 한다(209조, 87조). 피의자, 변호인, 법정대리인, 특별대리인, 배우자, 직계친족과 형제자매는 구속영장을 발부한 법원에 구속영장등본의 교부를 청구할 수 있다(규칙 100조 1항).

또한 피의자를 구속한 검사 또는 사법경찰관은 구속된 피의자와 구속적부심사청구권자 중에서 피의자가 지정하는 자에게 구속적부심사를 청구할 수 있음을 알려야 한다(214조의2 2항).

(3) 영장 집행 후의 절차

구속영장을 집행한 후에는 신속히 구속영장에 기재된 장소에 피의자를 구금하여야 한다. 구속영장의 집행을 받은 피의자를 호송할 경우에 필요한 때에는 근접한 교도소 또는 구치소에 임시로 유치할 수 있다(209조, 86조). 판례는 구속영장에는 구금할 수 있는 장소를 특정경찰서 유치장으로 기재되었는데 수사기관이 지정된 이외의 장소로 임의적 구금장소를 변경하여 다른 장소에 사실상 구금하였다면 이는 피의자의 방어권이나 접견교통권의 행사에 중대한 장애를 초래하므로 위법하다고 판시하였다(대법원 1996. 5. 15. 자 95모94 결정).

7. 피의자 구속기간

사법경찰관이 피의자를 구속한 때에는 10일 이내에 피의자를 검사에게 인치하지 아니하면 석방하여야 한다(202조). 검사가 피의자를 구속한 때 또는 사법경찰관으로부터 피의자의 인치를 받은 때에는 10일 이내에 공소를 제기하지 아니하면 석방하여야 한다(203조). 다만 지방법원판사는 검사의 신청에 의하여 수사를 계속함에 상당한 이유가 있다고 인정한 때에는 10일을 초과하지 아니하는 한도에서 검사의 구속기간의 연장을 1차에 한하여 허가할 수 있다(205조 1항). 검사의 연장신청에 대한 결정은 지방법원판사의 재량에 속하며, 구속기간의 연장을 허가하지 않는 판사의 결정에 대하여는 항고 또는 준항고가 허용되지 않는다.

피의자가 체포영장에 의한 체포·긴급체포·현행범인의 체포에 의하여 체포 또는 구인된 때에는 구속기간은 피의자를 체포 또는 구인한 날로부터 가산한다 (203조의2). 이때 구속기간의 계산에는 기간의 초일은 시간을 계산함이 없이 1일로 산정하며, 기간의 말일이 공휴일 또는 토요일에 해당하더라도 이를 기간에 산입한다(66조).

피의자심문을 위하여 법원이 구속영장청구서·수사관계서류 및 증거물을 접수한 날부터 구속영장을 발부하여 검찰청에 반환한 날까지의 기간 및 체포·구속적부심사를 청구한 경우 법원이 수사관계서류와 증거물을 접수한 때부터 기각결정 후 검찰청에 반환된 때까지의 기간은 수사기관의 피의자구속기간에 산입하지 아니한다(201조의2 7항, 214조의2 13항).

〈국가보안법 위반사건의 구속기간〉

> 국가보안법 제19조에 의하면 지방법원판사는 제3조 내지 제10조의 죄로서 사법경찰관에게 1차, 검사에게 2차에 한하여 매회 각 10일 이내 기간동안 구속기간의 연장을 허가할 수 있다. 그러나 국가보안법 제7조(찬양·고무) 및 제10조(불고지)의 죄는 구성요건이 특별히 복잡한 것도 아니고 사건의 성질상 증거수집이 더욱 어려운 것도 아님에도 불구하고 국가보안법 제19조가 제7조 및 제10조의 범죄에 대하여서까지 형사소송법상의 수사기관에 의한 피의자구속기간 30일보다 20일이나 많은 50일을 인정한 것은 국가형벌권과 국민의 기본권과의 상충관계 형량을 잘못하여 불필요한 장기구속을 허용하는 것이어서 결국 헌법 제37조 제2항의 기본권제한입법의 원리인 과잉금지의 원칙을 현저하게 위배하여 피의자의 신체의 자유, 무죄추정의 원칙 및 신속한 재판을 받을 권리를 침해한 것이다(헌재 1992. 4. 14. 선고 90헌마82 결정).

8. 재구속의 제한

검사 또는 사법경찰관에 의하여 구속되었다가 석방된 자는 다른 중요한 증거를 발견한 경우를 제외하고는 동일한 범죄사실에 관하여 재차 구속하지 못한다. 이 경우에 1개의 목적을 위하여 동시 또는 수단·결과의 관계에서 행하여진 행위는 동일한 범죄사실로 간주한다(208조). 재구속의 제한은 동일사건에 대한 수사기관의 중복적 구속을 방지하여 피의자의 인권을 보장하기 위한 것이다. 재구속의 제한은 피의자를 구속하는 경우에만 적용되고 법원이 피고인을 구속하는 경우에는 적용되지 않는다.

9. 이중구속과 별건구속

(1) 이중구속

이중구속이란 이미 구속영장이 발부되어 구속되어 있는 피의자 또는 피고인에 대하여 다시 구속영장을 발부받아 이를 집행하는 것을 말한다. 수사기관이 피의자의 구속기간 내에 수사를 마무리 짓지 못하여 계속 구속상태를 유지할 필요가 있을 때에 구속된 피의자에 대하여 다른 범죄사실로 구속할 수 있는가가 문제된다. ⓐ 부정설은 구속 중인 자는 이미 구속되어 있으므로 도망의 염려가 없어 집행의 필요성이 없으며, 구속피의자의 석방으로 인한 수사의 어려움에 대비하기 위해서는 구속된 자가 석방되는 시점에 새로운 구속영장을 집행하면 되므로 이중구속은 필요하지 않다고 한다. ⓑ 긍정설은 구속의 효력은 원칙적으로 구속영장에 기재된 범죄사실에만 미치는 것이며, 구속된 피의자에 대해서도 석방에 대비하여 미리 구속영장을 집행해 둘 현실적인 필요가 있다는 점을 들어 이중구속을 인정하고 있다.

판례는 긍정설의 입장에서 구속기간이 만료될 무렵에 종전 구속영장에 기재된 범죄사실과 다른 범죄사실로 피고인을 구속하였다는 사정만으로 피고인에 대한 구속이 위법하다고 할 수 없다고 판시하였다(대법원 2000. 11. 10. 자 2000모134 결정).

그런데 이미 구속되어 있는 자는 다시 구속할 필요가 없으며, 구속된 피의자의 석방을 대비하여 석방 전에 구속영장을 발부받았다가 81조에 따라 검사의 지휘에 의하여 교도관이 집행하는 규정을 두고 있다는 점에서 이중구속으로 동시에 수개의 구속영장을 집행하는 것을 허용할 필요가 없다는 부정설이 타당하다.

(2) 별건구속

별건구속이란 수사기관이 본래 수사하고자 하는 사건인 본건에 대한 구속의 요건이 구비되어 있지 않은 경우에 본건의 수사에 이용할 목적으로 본건과 관계없는 별개의 사건을 이유로 피의자를 구속하는 것을 말한다. 구속 후 별개의 사건은 무시하고 본건의 수사에 집중하여 수사하고 이를 바탕으로 본건 구속으로 이행하게 된다. 별건구속은 별건 그 자체만을 놓고 보면 구속사유가 갖추어진 경우이므로 적법해 보이지만, 본건에 관한 한 위법한 수사방법으로 보아야 한다. 별건구속은 그 기간이 만료한 후에는 본건에 의한 구속으로 이어질 수 있으므로 구속기간의 제한을 받지 않으며, 본건의 범죄사실로 다시 구속하더라도 재구속의 제한을 받지 않는다. 무엇보다 사실상 본건을 위하여 구속되었음에도 절차적으로 본건에 대한 영장실질심사가 이루어지지 않았다는 점에서 영장주의에 반하기 때문에 별건구속은 위법하다고 보는 것이 타당하다.

Ⅳ. 피고인구속

1. 피고인구속의 의의

피고인의 구속은 피고인의 신체의 자유를 제한함으로써 공판기일에의 출석을 확보하고 재판의 진행을 원활하게 하고 재판이 확정되었을 때 그 집행의 확실성을 보장하기 위하여 인정되는 법원의 강제처분이다. 피고인의 구속에는 구인과 구금이 포함된다(69조). 수사기관의 피의자의 구속이 공판절차로 이어지는 경우가 대부분이지만, 예를 들어 불구속피고인이 공판기일에 출석하지 않거나 불출석의 염려가 있어 피고인을 구속할 수 있다. 또한 불구속피고인에 대하여 징역형이 선고되어 확정되면 교도소에 수감하는 방법으로 집행하게 되는데 재판의 집행을 확보하기 위하여 판결선고와 동시에 미리 법정에서 피고인을 구속할 수 있다.

2. 피고인구속의 요건

피고인구속은 수소법원이 직권으로 행하며 검사의 청구를 요하지 않는다. 법원은 피고인이 죄를 범하였다고 의심할만한 상당한 이유가 있고 구속사유로서 ① 피고인이 일정한 주거가 없는 때, ② 피고인이 증거를 인멸할 염려가 있는 때, ③ 피고인이 도망하거나 도망할 염려가 있는 때에 한하여 피고인을 구속할 수 있다(70조 1항). 또한 다액 50만원 이하의 벌금, 구류 또는 과료에 해당하는 사건에 관하여는 주거부정의 경우를 제한 외에는 구속할 수 없다(동조 3항).

3. 피고인구속의 절차

(1) 구속 이유 등의 고지

피고인에 대한 구속은 수소법원이 행한다. 법원은 피고인에 대하여 범죄사실의 요지, 구속의 이유와 변호인을 선임할 수 있음을 말하고 변명할 기회를 준 후가 아니면 구속할 수 없다. 다만 피고인이 도망한 경우에는 그러하지 아니하다(72조). 그리고 법원은 합의부원으로 하여금 이러한 절차를 이행하게 할 수 있다

(72조의2). 피고인에 대한 범죄사실 등의 고지와 변명할 기회의 부여는 구속영장의 발부 전에 행하여져야 한다. 형사소송법 72조의 절차는 피고인을 구속함에 있어 법관에 의한 사전 청문절차를 규정한 것으로서, 구속영장을 집행함에 있어 집행기관이 취하여야 하는 절차가 아니라 구속영장 발부함에 있어 수소법원 등 법관이 취하여야 하는 절차이다(대법원 2000. 11. 10. 자 2000모134 결정). 따라서 법원이 사전에 72조의 고지절차를 거치지 아니한 채 피고인에 대하여 구속영장을 발부하였다면 그러한 발부결정은 위법하다. 다만, 피고인이 이미 변호인을 선정하여 공판절차에서 변명과 증거의 제출을 다하고 그의 변호 아래 판결을 선고받은 경우 등과 같이 피고인을 위한 절차적 권리가 실질적으로 보장되었다고 볼 수 있는 경우에는 그 구속영장의 발부결정은 위법하지 않다(대법원 2016. 6. 14. 자 2015모1032 결정).

(2) 구속영장의 발부

피고인을 구속할 때는 법원이 구속영장을 발부하여야 한다(73조). 구속영장에는 피고인의 성명, 주거, 죄명, 공소사실의 요지, 인치 구금할 장소, 발부연월일, 그 유효기간과 그 기간을 경과하면 집행에 착수하지 못하여 영장을 반환하여야 할 취지를 기재하고 재판장 또는 수명법관이 서명날인하여야 한다(75조 1항).

4. 구속영장의 집행

피고인에 대한 구속영장은 원칙적으로 검사의 지휘에 의하여 사법경찰관리가 집행하며, 급속을 요하는 경우에는 재판장, 수명법관 또는 수탁판사가 지휘할 수 있다(81조 1항). 교도소 또는 구치소에 있는 피고인에 대하여 발부된 구속영장은 검사의 지휘에 의하여 교도관이 집행한다(81조 3항). 구속영장을 집행함에는 피고인에게 이를 제시하여야 하나, 구속영장을 소지하지 아니한 경우에 급속을 요하는 때에는 공소사실의 요지와 영장이 발부되었음을 고하고 집행할 수 있다(85조 1항, 3항). 이 경우에는 집행을 완료한 후 신속히 구속영장을 제시하여야 한다(85조 4항). 또한 구속영장의 집행시 구속이유 등의 고지(87조), 공소사실의 요지와 변호인을 선임할 권리의 고지(88조) 등을 하여야 한다.

5. 피고인의 구속기간

피고인에 대한 구속기간은 2개월로 한다(92조 1항). 제1심 구속기간의 기산점은 공소제기시이다. 다만 수소법원이 공소제기 후 불구속피고인을 구속하는 경우에는 구속영장을 집행하여 피고인을 사실상 구속한 날이 구속기간의 기산일이된다. 기피신청(22조), 공소장변경(298조 4항), 피고인의 심신상실(306조 1항) 또는질병(306조 2항)으로 인하여 공판절차가 정지된 기간 및 공소제기 전의 체포·구인·구금기간은 피고인의 구속기간에 산입하지 아니한다(92조 3항).

　　피고인에 대한 구속기간 내에 재판을 끝내지 못하고 구속기간을 다시 연장하여 특히 구속을 계속 할 필요가 있는 경우에는 심급마다 2개월 단위로 2차에한하여 결정으로 갱신할 수 있다(92조 2항). 다만 상소심은 피고인 또는 변호인이신청한 증거의 조사, 상소이유를 보충하는 서면의 제출 등으로 추가 심리가 필요한 부득이한 경우에는 3차에 한하여 갱신할 수 있다. 갱신은 늦어도 구속기간의말일까지 이루어져야 한다. 이러한 갱신절차 없이 구속기간이 경과하면 구속영장의 효력이 상실되므로 검사의 지휘에 의하여 피고인을 석방하여야 한다. 피고인에 대한 구속기간은 제1심에서 6개월, 제2심 및 제3심에서 각각 4개월까지 가능하지만 상소심에서 추가심리가 부득이한 경우에는 각각 6개월까지 연장할 수 있어 법원은 최장 18개월 동안 구속이 가능할 수 있다.

6. 재구속의 제한

　　피고인의 구속은 재구속의 제한을 받지 않는다. 피고인구속은 수소법원 아닌 검사가 형의 확정 후 형을 집행하기 위하여 발부하는 집행영장과 전혀 다른것이고, 수소법원의 구속에는 검사 또는 사법경찰관의 피의자구속에 적용되는208조의 재구속제한 규정이 적용되지 않는다. 판례는 구속기간의 만료로 피고인에 대한 구속의 효력이 상실된 후 항소법원이 피고인에 대한 판결을 선고하면서피고인을 구속하였다 하여 이를 재구속 또는 이중구속이라 할 수 없다고 하였다(대법원 1985. 7. 23. 자 85모12 결정).

V. 체포·구속적부심사

1. 의의

　　체포·구속적부심사제도는 수사기관에 의해 체포 또는 구속된 피의자에 대하여 법원이 그 체포 또는 구속의 적법여부와 필요성을 심사하는 제도를 말한다.체포·구속된 피의자에 대하여 피의사실과 체포 내지 구속사유 등을 알려 그에 대한 자유로운 변명의 기회를 주어 체포·구속의 적부를 심사함으로써 피의자의 권리보호에 이바지하는 제도이다(대법원 2004. 1. 16. 선고 2003도5693 판결).

수사단계에서 법원에 청구, 법원이 심사하여 그 체포와 구속이 부적법·부당한 경우에는 체포 또는 구속된 피의자를 석방한다는 점에서 수소법원이 구속된 피고인을 석방하는 제도인 보석과 구별되며, 검사가 구속을 취소하여 피의자를 석방하는 제도인 구속취소와 구별된다.

2. 헌법과 형사소송법 개정연혁

헌법상 체포·구속적부심사제도는 영미법상 인신보호영장제도(the Writ of Habeas Corpus)를 연원으로 하고 있고, 그 중에서도 미국법의 영향을 직접적으로 받았다고 볼 수 있다. 미국식 인신보호영장제도는 '미군정법령 제176호'가 1948. 4. 1. 시행됨으로써 우리나라에 도입된 것인데, 1948. 7. 17. 제정된 헌법 9조 3항은 '누구든지 체포, 구금을 받은 때에는 즉시 변호인의 조력을 받을 권리와 그 당부의 심사를 법원에 청구할 권리가 보장된다.'라고 규정하여 체포·구금에 관한 적부심사제도를 명시하였다. 1962년 헌법(제3공화국헌법) 10조 5항에는 '누구든지 체포·구금을 받은 때에는 적부의 심사를 법원에 청구할 권리를 가진다. 사인(私人)으로부터 신체의 자유의 불법한 침해를 받은 때에도 법률이 정하는 바에 의하여 구제를 법원에 청구할 권리를 가진다.'라고 규정되었다가 1972년 헌법(제4공화국헌법)에서는 이에 관한 규정이 삭제되었고, 1980년 헌법(제5공화국헌법) 11조 5항에 '누구든지 체포·구금을 당한 때에는 법률이 정하는 바에 의하여 적부의 심사를 법원에 청구할 권리를 가진다.'라고 규정되었다가, 현행 헌법 12조 6항에는 '누구든지 체포 또는 구속을 당한 때에는 적부의 심사를 법원에 청구할 권리를 가진다.'라고 규정되었다.

1954. 9. 23에 공포된 형사소송법은 201조 4항에 구속을 받은 자 또는 그 변호인, 법정대리인, 배우자, 직계친족, 형제자매, 호주나 가족은 관할법원에 구속의 적법여부의 심사를 청구할 수 있다고 규정하였다. 하지만, 1973. 2. 1. 형사소송법 개정법률에서 폐지되었다가 1980. 12. 18. 시행된 형사소송법에서 공안사건이나 사형, 무기 또는 단기 5년 이상의 징역이나 금고에 해당하는 죄 또는 검사의 범죄인지사건으로 구속영장이 발부된 자에게는 청구권을 배제하였다. 1988. 2. 25. 시행된 형사소송법에서는 이러한 배제규정을 삭제하였다. 1997. 1. 1. 시행된 형사소송법은 체포영장에 의해 체포된 피의자에게 확대 적용되었으며, 구속된

피의자에 대하여 피의자의 출석을 보증할 만한 보증금의 납입을 조건으로 하여 결정으로 석방을 명할 수 있는 피의자보석을 인정하였다.

2007. 12. 21. 시행된 형사소송법에서 청구권자를 체포 또는 구속된 피의자라고 하여 영장에 의하지 않은 불법체포와 구속의 피의자에게도 적부심사를 청구할 수 있게 하였다. 피의자를 체포 또는 구속한 검사 또는 사법경찰관은 적부심사를 청구할 수 있음을 알려야 하며, 체포·적부심사의 조서작성을 의무화하였다.

〈헌법상의 독자적인 지위를 가진 청구권의 성격〉

> 체포·구속적부심사청구권은 헌법적 차원에서 독자적인 지위를 가지고 있기 때문에 입법자가 전반적인 법체계를 통하여 관련자에게 그 구체적인 절차적 권리를 제대로 행사할 수 있는 기회를 최소한 1회 이상 제공하여야 할 의무가 있다고 보아야 한다(대법원 1997. 8. 27. 자 97모21 결정).

3. 적부심사의 청구

(1) 청구권자

체포·구속적부심사의 청구권자는 체포 또는 구속된 피의자, 그 변호인, 법정대리인, 배우자, 직계친족, 형제자매나 가족, 동거인 또는 고용주이다(214조의2 1항). 청구권자는 피고인이 아니라 피의자이며, 수사기관에 의하여 체포 또는 구속되어 있는 자를 말한다. 따라서 사인에 의하여 불법하게 체포·구속되어 있는 자는 이에 해당하지 않는다. 반드시 체포영장 또는 구속영장에 의해 체포·구속된 피의자만을 말하는 것은 아니므로 임의동행으로 보호실에 유치된 자이거나 긴급체포 또는 현행범인의 체포에 의하여 체포된 상태에서 구속영장이 청구되지 않은 피의자도 적부심사를 청구할 수 있다.

(2) 청구 고지와 청구의 방법

피의자를 체포 또는 구속한 검사 또는 사법경찰관은 체포 또는 구속된 피의자와 피의자 이외의 청구권자 중에서 피의자가 지정하는 자에게 적부심사를 청구할 수 있음을 알려야 한다(214조의2 2항). 적부심사의 청구권자는 긴급체포서, 현행범인체포서, 체포영장, 구속영장 또는 그 청구서를 보관하고 있는 검사, 사법경찰관 또는 법원사무관등에게 그 등본의 교부를 청구할 수 있다(규칙 101조).

적부심사의 청구는 청구서를 작성하여 제출하여야 한다. 적부심사 청구서에는 체포 또는 구속된 피의자의 성명, 주민등록번호 등, 주거, 체포 또는 구속된 일자, 청구의 취지 및 청구의 이유, 청구인의 성명 및 체포 또는 구속된 피의자와의 관계를 기재해야 한다(규칙 102조).

(3) 청구사유

체포·구속적부심사의 청구사유는 체포·구속의 불법 및 체포·구속의 계속이 부당한지 여부이다.

ⓐ 체포·구속이 불법한 경우로는 ① 적법한 영장에 의하지 않은 경우 예를 들어 구속사유가 없음에도 불구하고 구속영장이 발부된 경우, ② 발부된 체포영장이나 구속영장이 적법한 요건을 구비하지 않은 경우 예를 들어 48시간 이후에 구속영장이 청구되어 발부된 경우이거나 재구속 제한에 위반하여 구속영장이 발부된 경우, ③ 체포 또는 구속기간이 경과하였음에도 불구하고 계속되는 경우, ④ 피의자가 경미한 사건으로 주거가 일정함에도 구속영장이 발부된 경우 등이다.

ⓑ 구속계속의 필요성이 없는 경우로는 구속 당시는 적법하였으나 그 이후의 사정변경 예를 들어 피해자와의 합의, 피해변상, 고소의 취소 등으로 구속의 계속이 부당하게 되는 경우이다. 구속을 계속할 필요성이 있는가를 판단하는 기준시기는 심사시가 되어야 한다.

4. 법원의 심사

(1) 적부심사의 관할법원

체포·구속 적부심사 청구사건은 지방법원 합의부 또는 단독판사가 심사한다. 체포영장 또는 구속영장을 발부한 법관은 적부심사의 심문·조사·결정에 관여하지 못한다. 다만, 체포영장 또는 구속영장을 발부한 법관 외에는 심문·조사·결정을 할 판사가 없는 경우에는 그러하지 아니하다(214조의2 12항).

(2) 심문기일의 통지

적부심사의 청구를 받은 법원은 청구서가 접수된 때로부터 48시간 이내에 체포 또는 구속된 피의자를 심문하여야 한다(214조의2 4항). 청구를 받은 법원은 지체 없이 청구인, 변호인, 검사 및 피의자를 구금하고 있는 관서(경찰서, 교도소 또는 구치소 등)의 장에게 심문기일과 장소를 통지하여야 한다(규칙 104조 1항).

(3) 국선변호인의 선정

체포 또는 구속된 피의자에게 변호인이 없는 때에는 그 피의자가 33조에 해당할 경우 법원은 국선변호인을 선정하여야 한다(214조의2 10항). 국선변호인이 선정되어 있는 경우에는 심문기일에 변호인이 반드시 출석해야 한다. 심문기일에 출석한 검사·변호인·청구인은 법원의 심문이 끝난 후 의견을 진술할 수 있다. 다만, 필요한 경우에는 심문 도중에도 판사의 허가를 얻어 의견을 진술할 수 있다(규칙 105조 1항). 피의자는 판사의 심문 도중에도 변호인에게 조력을 구할 수 있으며, 체포 또는 구속된 피의자, 변호인, 청구인은 피의자에게 유리한 자료를 낼 수 있다(규칙 105조 2, 3항).

피의자 심문에 참여할 변호인은 지방법원 판사에게 제출된 구속영장청구서 및 그에 첨부된 고소·고발장, 피의자의 진술을 기재한 서류와 피의자가 제출한 서류를 열람할 수 있다(규칙 96조의21 1항). 이 경우 검사는 증거인멸 또는 피의자나 공범 관계에 있는 자가 도망할 염려가 있는 등 수사에 방해가 될 염려가 있는 때에는 지방법원 판사에게 위의 서류(구속영장청구서는 제외한다)의 열람 제한에 관한 의견을 제출할 수 있고, 지방법원 판사는 검사의 의견이 상당하다고 인정하는 때에는 그 전부 또는 일부의 열람을 제한할 수 있다(규칙 96조의21 2항).

(4) 심문의 진행

사건을 수사 중인 검사 또는 사법경찰관은 심문기일까지 수사관계서류와 증거물을 법원에 제출하여야 하고, 피의자를 구금하고 있는 관서의 장은 위 심문기일에 피의자를 출석시켜야 한다. 피의자의 출정은 절차개시요건이다. 검사·변호인·청구인은 심문기일에 출석하여 의견을 진술할 수 있다(214조의2 9항). 법원이 심문을 하는 경우 공범의 분리심문이나 그 밖에 수사상의 비밀보호를 위한 적절한 조치를 취하여야 한다(214조의2 11항).

심문기일에 피의자를 심문하는 경우에는 법원사무관 등은 심문의 요지 등을 조서로 작성하여야 한다(214조의2 10항, 201조의2 6항). 구속적부심문조서는 특히 신용할 만한 정황에 의하여 작성된 문서라고 할 것이므로 특별한 사정이 없는 한, 피고인이 증거로 함에 부동의하더라도 형사소송법 315조 3호에 의하여 당연히 그 증거능력이 인정된다(대법원 2004. 1. 16. 선고 2003도5693 판결).

(5) 심문 없이 기각결정하는 경우

청구를 받은 법원은 ① 청구권자 아닌 자가 청구하거나 동일한 체포영장 또는 구속영장의 발부에 대하여 재청구한 때와 ② 공범 또는 공동피의자의 순차청구가 수사방해의 목적임이 명백한 때에는 심문 없이 결정으로 청구를 기각할 수 있다(214조의2 3항).

5. 법원의 결정

(1) 기각결정, 석방결정

체포 또는 구속의 적부심사청구에 대한 결정은 체포 또는 구속된 피의자에 대한 심문이 종료된 때로부터 24시간 이내에 이를 하여야 한다(규칙 106조). 이 경우 법원이 수사관계서류와 증거물을 접수한 날로부터 검찰청에 반환된 때까지의 기간은 체포 또는 구속기간에 산입되지 않는다(214조의2 13항). 기간불산입 규정은 적부심사기간으로 인해 사실상 구속기간이 단축되어 수사에 지장을 가져오는 결과를 방지하고 전격기소의 폐해를 방지하기 위한 것이다.

피의자를 심문하고 수사관계서류와 증거물을 조사하여 그 청구가 이유 없다고 인정한 때에는 결정으로 이를 기각하여야 한다. 또한 법원은 체포·구속심사의 청구가 1. 청구권자 아닌 자가 청구하거나 동일한 체포영장 또는 구속영장의 발부에 대하여 재청구한 때, 2. 공범 또는 공동피의자의 순차청구가 수사방해의 목적임이 명백한 때에는 심문 없이 결정으로 청구를 기각할 수 있다(214조의2 4항).

그러나 법원이 청구가 이유 있다고 인정한 때에는 결정으로 체포 또는 구속된 피의자의 석방을 명하여야 한다(214조의2 4항). 기각결정과 석방결정에 대해서는 항고하지 못한다(214조의2 8항). 석방결정은 결정서의 등본이 검찰청에 송달된 때에 효력을 발생한다(42조). 체포 또는 구속적부심사결정에 의하여 석방된 피의자가 도망하거나 죄증을 인멸하는 경우를 제외하고는 동일한 범죄사실에 관하여 재차 체포 또는 구속하지 못한다(214조의3 1항).

(2) 전격기소 후 심사결정

수사단계에서 구속된 피의자가 구속적부심사청구권을 행사한 경우에는 그 청구인에게 적부심사절차에서 구속의 정당성에 대하여 법원으로부터 심사를 받을 수 있는 절차적 지위를 인정할 수 있다(헌재 2004. 3. 25. 선고 2002헌바104 결정). 검사의 일방적인 전격기소로 인해 법원으로부터 실질적인 심사를 받고자 하는 청구인의 '절차적 기회'가 박탈되어 그 청구를 기각할 수밖에 없는 것은 헌법에 합치되지 않는다는 헌법재판소의 2002헌바104 헌법불합치 결정이 있었다. 이에 따라 검사의 전격기소로 인하여 피의자가 피고인의 지위를 가진다 하더라도 해당 청구의 적부심사를 계속 진행할 수 있다고 2004. 10. 16. 형사소송법을 개정하였다. 즉, 적부심사 청구 후 피의자에 대하여 공소제기가 있는 경우에도 체포구속된 피의자를 심문하고 청구의 이유 유무를 판단하여야 한다(214조의2 4항).

(3) 보증금납입 조건부 석방제도(피의자보석)

1) 의의

피의자보석은 구속적부심사를 청구한 피의자에 대하여 법원이 출석을 보증할만한 보증금의 납입을 조건으로 피의자를 석방하는 제도이다. 법원은 구속된 피의자에 대하여 피의자의 출석을 보증할 만한 보증금의 납입을 조건으로 하여 결정으로 석방을 명할 수 있다(214조의2 5항). 피고인에게 인정되는 보석을 제한적이기는 하지만 피의자에게 인정하고 있다는 점에서 피의자보석이며, 피의자에게 보증금 납입을 조건으로 구속의 집행을 정지한다는 점에서 보증금 납입조건부 피의자석방이라고 한다.

피의자보석은 보석제도를 피의자에 대해서까지 확대한 것이라고 할 수 있지만, 구속적부심사의 청구가 있을 때에만 가능하고, 법원의 직권에 의하여 석방을 명할 수 있는 직권보석과 재량보석의 성격을 가지고 있다. 피의자에 대해서도 보석을 인정하여 구속된 피의자에게 석방의 가능성을 넓혔다는 점에서는 의의가 있으나, 보석제도를 확대하려는 취지를 가진 것이라면 보석에 관한 규정을 피의자에게 준용하는 방법을 취하면 되는데 피고인에 대한 보석이 필요적 보석인 것과 비교하여 피의자에게 임의적 보석만을 인정하고 있다.

피의자보석은 보석청구가 아닌 구속적부심사가 있어야 보석 석방이 가능하고, 보증금납입만을 석방조건으로 하고 있으므로 보석조건이 다양화되어 있는 피고인보석과 구별된다. 또한 피의자보석은 법원의 직권에 의해서만 석방이 결정되고 석방결정으로 구속영장의 효력이 상실되므로 보석 취소제도가 인정되지 않고 재구속만 가능하다는 점에서도 피고인보석과 구별된다.

2) 피의자보석의 제외사유

법원은 ① 죄증을 인멸할 염려가 있다고 믿을만한 충분한 이유가 있는 때,

② 피해자, 당해 사건의 재판에 필요한 사실을 알고 있다고 인정되는 자 또는 그 친족의 생명·신체나 재산에 해를 가하거나 가할 염려가 있다고 믿을만한 충분한 이유가 있는 때 보증금 납입을 조건으로 석방을 명할 수 없다(214조의2 5항 단서). 이와 같은 제외사유는 실체적 진실발견을 해하거나 피해자 또는 증인보호가 필요한 경우에는 피의자보석을 허용하지 않겠다는 취지를 가지고 있다.

3) 피의자보석 결정과 집행

피의자보석의 경우 보증금 결정이나 집행절차에 관하여는 보석에 관한 규정을 준용한다(214조의2 7항, 99조). 법원은 보석의 조건을 정함에 있어서 ① 범죄의 성질 및 죄상, ② 증거의 증명력, ③ 피고인의 전과·성격·환경 및 자산, ④ 피해자에 대한 배상 등 범행 후의 정황에 관련된 사항을 고려하여야 한다. 법원은 석방결정을 하는 경우에 주거의 제한, 법원 또는 검사가 지정하는 일시·장소에 출석할 의무 기타 적당한 조건을 부가할 수 있다(214조의2 6항).

법원은 보증금 납입의 조건을 이행한 후가 아니면 보석 석방결정을 집행하지 못한다. 보석청구자 이외의 자에게 보증금의 납입을 허가할 수 있으며, 유가증권 또는 피고인 외의 자가 제출한 보증서로써 보증금에 갈음함을 허가할 수 있다(214조의2 7항, 99조).

4) 재체포·재구속의 제한

석방된 피의자에 대하여 ① 도망한 때, ② 도망하거나 죄증을 인멸할 염려가 있다고 믿을만한 충분한 이유가 있는 때, ③ 출석요구를 받고 정당한 이유 없이 출석하지 아니한 때, ④ 주거의 제한 기타 법원이 정한 조건을 위반한 때에 해당하는 사유가 있는 경우를 제외하고는 동일한 범죄사실에 관하여 재차 체포 또는 구속하지 못한다(214조의3 2항).

5) 보증금의 몰수

임의적 몰수로서 법원은 ① 석방된 자를 214조의3 2항에 열거된 사유(재체포·재구속 제한의 예외사유)로 재차 구속할 때, ② 공소가 제기된 후 법원이 석방된 자를 동일한 범죄사실에 관하여 재차 구속할 때인 경우에 직권 또는 검사의 청구에 의하여 결정으로 납입된 보증금의 전부 또는 일부를 몰수할 수 있다(214조의4 1항).

필요적 몰수로서 법원은 석방된 자가 동일한 범죄사실에 관하여 형의 선고

를 받고 그 판결이 확정된 후, 집행하기 위한 소환을 받고 정당한 이유 없이 출
석하지 아니하거나 도망한 때에는 직권 또는 검사의 청구에 의하여 결정으로 보
증금의 전부 또는 일부를 몰수하여야 한다(214조의4 2항).

6) 항고

체포 또는 구속 적부심사의 기각결정이나 석방결정에 대해서 항고하지 못한
다고 규정하고 있지만(214조의2 8항), 보증금납입 조건부 피의자 석방결정의 경우
에는 이러한 규정을 두고 있지 않으므로 이에 대해 항고할 수 있는지가 문제된
다. 판례는 보증금납입 조건부 피의자 석방결정에 대하여 항고하지 못한다는 규
정이 없을 뿐만 아니라, 구속적부심사의 석방결정과 피의자보석의 석방결정은 원
래 그 실질적인 취지와 내용을 달리 하는 것이고, 또한 기소 후 보석결정에 대하
여 항고가 인정되는 점에 비추어 그 보석결정과 성질 및 내용이 유사한 기소 전
보증금 납입 조건부 석방결정에 대하여도 항고할 수 있도록 하는 것이 균형에 맞
는다는 점에서 석방결정에 대하여는 피의자나 검사가 그 취소의 실익이 있는 한
항고할 수 있다고 판시하였다(대법원 1997. 8. 27. 자 97모21 결정).

Ⅵ. 보석

1. 보석의 의의

보석(保釋)이란 일정한 보석보증금의 납부 등을 조건으로 구속의 집행을 정
지하여 구속된 피고인을 석방하는 제도이다. 보석은 피고인이 그 대상이라는 점
에서 피의자에게 청구권이 있는 체포·구속적부심사와 구별된다. 보석은 피고인
측에 신청권이 있고 보증금납부 등의 조건을 부과한다는 점에서 직권에 의한 구
속집행정지와 다르며, 보석은 유효한 구속영장을 전제로 한다는 점에서 구속영장
의 효력이 상실되는 구속의 취소와 구별된다.

보석제도를 인정하는 이유는 피고인의 출석을 확보할 수 있을 정도의 담보
를 조건으로 피고인을 석방하면서도 피고인의 신체를 구속하지 않고 구속과 동
일한 효과를 달성하는 동시에 피고인이 자유로운 상태에서 방어준비를 할 수 있
게 하는 점이다. 보석은 무죄추정의 이념에 바탕을 두어 피고인이 자유로운 상태
에서 방어권을 행사할 수 있도록 하고, 보증금 납입 등을 조건으로 구속과 목적
을 달성할 수 있으므로 불필요한 구속을 억제하고 이로 인한 폐해를 방지하는 효

과를 거둘 수 있다. 특히 피고인에게 자유를 주어 방어준비를 할 수 있게 함으로써 피고인의 소송주체로서의 지위를 강화하는 점에서 당사자주의 이념을 실현하기 위한 제도라고 할 수 있다. 2007년 형사소송법 개정을 통해서 보석조건을 다양화함으로써 불구속 원칙의 확대와 실질적 평등원칙을 실현할 수 있게 하고, 개별 사안의 특성과 피고인이 처해있는 구체적 사정에 가장 적합한 보석의 조건을 정할 수 있도록 하였다.

2. 보석의 종류

보석은 보석의 청구가 있는 때에는 제외사유가 없는 한 보석을 허가해야 할 의무가 있는 필요적 보석(95조)과 법원의 재량으로 보석을 허가할 수 있는 임의적 보석(96조)으로 나눌 수 있다. 필요적 보석은 보석청구가 있으면 법원이 반드시 보석을 허가해야 한다. 이에 반해 임의적 보석은 보충적으로 인정되고 있으며 그 허가 여부가 법원의 재량에 의하여 행해진다. 예를 들어 피고인의 건강을 이유로 보석을 허가하는 경우의 병보석이 임의적 보석에 해당한다. 또한 보석은 그 청구 유무에 따라 피고인의 청구에 의한 청구보석(95조, 96조)과 법원의 직권에 의한 직권보석(96조)으로 나눌 수 있다.

형사소송법은 필요적 보석을 원칙으로 하고, 필요적 보석은 청구보석에 대하여만 인정된다. 다만 청구보석에서도 제외사유가 인정되면 임의적 보석을 적용할 수 있으므로, 임의적 보석은 청구보석과 직권보석에 모두 인정되고 있다.

(1) 필요적 보석의 원칙

보석청구가 있으면 일정한 제외사유에 해당하지 않는 한 보석을 허가하여야 한다(95조). 형사소송법 95조는 일정한 제외사유 이외의 경우에는 필요적으로 보석을 허가하여야 한다는 것이지 여기에 해당하는 경우에는 보석을 허가하지 아니할 것을 규정한 것이라고 할 수 없다(대법원 1990. 4. 18. 자 90모22 결정).

(2) 필요적 보석의 제외사유

필요적 보석의 제외사유는 실형선고의 가능성이 높은 경우(95조 1호, 2호), 도망 또는 증거인멸의 염려가 큰 경우(3호, 4호, 5호), 피해자 등에 대한 가해염려가 있는 경우(6호) 등이다. 이러한 제외사유의 범위가 너무 광범위하여 필요적 보석이 원칙이 아니라 예외로 운영되고 있다는 비판을 받아왔다.

1) 피고인이 사형, 무기 또는 장기 10년이 넘는 징역이나 금고에 해당하는 죄를 범한 때(95조 1호)

중대한 범죄를 범한 때에는 실형을 받을 개연성이 높아서 피고인의 출석을 확보하기 어렵다고 본 것이다. 죄는 공소장에 기재된 죄를 기준으로 하며, 공소장 변경이 있는 경우에는 변경된 공소사실을 기준으로 한다.

2) 피고인이 누범에 해당하거나 상습범인 죄를 범한 때

누범과 상습범을 제외사유로 하고 있는 것은 실형의 가능성이 높아 도망의 염려가 현저하게 있기 때문이다. 상습범인 죄를 범한 때라 함은 상습범의 구성요건에 해당하는 죄를 범한 경우를 말한다.

3) 피고인이 죄증을 인멸하거나 인멸할 염려가 있다고 믿을 만한 충분한 이유가 있는 때

죄증을 인멸할 염려가 있다 함은 구속사유의 하나인 증거인멸의 염려와 같은 의미이다. 이러한 증거인멸의 염려는 당해 범죄의 객관적 사정, 피고인의 지위와 활동, 공판진행과정 등의 구체적인 사정을 고려하여 판단하여야 한다. 죄증인멸의 대상이 되는 사실은 범죄구성요건 사실뿐 아니라 범죄의 배경사실이나 양형사실도 포함된다.

4) 피고인이 도망하거나 도망할 염려가 있다고 믿을만한 충분한 이유가 있는 때

도망할 염려라 함은 보증금이나 보석의 조건으로도 피고인의 출석을 확보할 수 없는 경우를 말한다. 보석은 피고인이 도망하였을 때 보석의 취소 또는 보증금의 몰수를 통해 도망을 방지하기 위한 제도인데 도망의 염려를 이유로 보석을 허가하지 않는다는 것은 논리적 모순이라는 비판을 받는다.

5) 피고인의 주거가 분명하지 않을 때

주거불명은 법원이 피고인의 주거를 알 수 없는 경우를 말한다. 주거부정은 구속사유로도 독립된 사유라고 할 수 없는 것인데, 이를 필요적 제외사유라고 한 것은 타당하다고 할 수 없다.

6) 피고인이 피해자, 당해 사건의 재판에 필요한 사실을 알고 있다고 인정되는 자 또는 그 친족의 생명, 신체나 재산에 해를 가하거나 가할 염려가 있다고 믿을만한 충분한 이유가 있을 때

이 제외사유는 피해자와 증인 보호의 입법취지를 가지고 있다. 1995년 형사소송법 개정으로 필요적 보석의 제외사유로 추가되었는데, 피해자 등 보호의 필요성에 대한 객관적으로 신뢰할만한 충분한 이유가 있어야 한다.

(3) 제외사유와 여죄 고려

구속영장의 효력은 구속영장에 기재된 범죄사실에 미친다. 필요적 보석의 제외사유를 판단함에 있어서 구속영장에 기재된 범죄사실 이외에 여죄도 고려할 수 있는가에 대해서 견해가 대립한다. ⓐ 구속의 효력은 구속영장에 기재된 범죄사실에 미치므로 보석의 제외사유 판단에 여죄를 고려할 수 없다는 소극설과 ⓑ 여죄사실과 병합심리 중인 경우에는 여죄도 고려할 수 있다는 절충설과 ⓒ 구속은 피고인에 대한 것이므로 구속영장에 기재된 사실뿐 아니라 여죄사실도 고려해야 한다는 적극설이 있다. 구속영장은 사건을 단위로 하므로 구속의 효력과 관련하여 제외사유의 판단에 여죄를 고려할 수 없다고 보는 소극설이 타당하다(다수설).

〈구속의 효력이 미치는 범위〉

> 형사소송법 75조 1항은, "구속영장에는 피고인의 성명, 주거, 죄명, 공소사실의 요지, 인치구금할 장소, 발부연월일, 그 유효기간과 그 기간을 경과하면 집행에 착수하지 못하며 영장을 반환하여야 할 취지를 기재하고 재판장 또는 수명법관이 서명날인하여야 한다."고 규정하고 있는바, 구속의 효력은 원칙적으로 위 방식에 따라 작성된 구속영장에 기재된 범죄사실에만 미치는 것이다(대법원 2000. 11. 10. 자 2000모134 결정).

(4) 임의적 보석

법원은 상당한 이유가 있으면 직권 또는 보석청구권자의 청구에 의하여 결정으로 보석을 허가할 수 있다(96조). 예를 들어 피고인의 중대한 질병 등을 이유로 법원이 직권으로 보석을 허가하는 병보석(病保釋)이 이에 해당한다. 이와 같이 임의적 보석은 법원의 직권에 의하므로 직권보석이라고 하며, 제외사유에 해당하는 때에도 보석을 허가할 수 있다는 점에서 재량보석이라고 한다.

3. 보석의 절차

(1) 보석의 청구

피고인, 피고인의 변호인·법정대리인·배우자·직계친족·형제자매·가족·동거인 또는 고용주는 법원에 구속된 피고인의 보석을 청구할 수 있다(94조). 보석의 청구는 공소제기 후 재판의 확정 전까지 심급을 불문하고 할 수 있으며, 보석허가결정이 있기 전까지 철회할 수 있다. 다만 상소기간이나 상소 중에는 보석에 관한 결정은 소송기록이 원심법원에 있는 때에는 원심법원에 해야 한다(105조).

보석의 청구는 서면에 의하여야 한다. 보석청구서에는 청구취지 및 청구이유 등을 기재하여야 하며, 법원에 서면을 제출할 때 그 청구서의 부본을 첨부하여야 한다(규칙 53조). 보석의 청구인은 적합한 보석조건에 관한 의견을 밝히고 이에 관한 소명자료를 낼 수 있으며, 보석조건을 결정함에 있어 이행가능한 조건인지 여부를 판단하기 위하여 필요한 범위 내에서 피고인(피고인이 미성년자인 경우에는 그 법정대리인 등)의 자력 또는 자산 정도에 관한 서면을 제출하여야 한다(규칙 53조의2).

(2) 검사의 의견

재판장은 보석에 관한 결정을 하기 전에 검사의 의견을 물어야 하고, 검사는 재판장의 의견요청에 지체 없이 의견을 표명하여야 한다(97조 1항). 형사소송법은 검사에게 의견을 구하는 주체를 재판장으로 명확히 규정하고, 신속한 신병결정을 위하여 검사는 지체 없이 의견을 밝힐 의무가 있음을 명시하였다.

검사는 법원으로부터 보석, 구속취소 또는 구속집행정지에 관한 의견요청이 있을 때에는 의견서와 소송서류 및 증거물을 지체 없이 법원에 제출하여야 한다. 이 경우 특별한 사정이 없는 한 의견요청을 받은 날의 다음날까지 제출하여야 한다(규칙 54조 1항). 보석에 대한 의견요청을 받은 검사는 보석허가가 상당하지 아니하다는 의견일 때에는 그 사유를 명시하여야 하며, 보석허가가 상당하다는 의견일 때에는 보석조건에 대하여 의견을 나타낼 수 있다(규칙 동조 2, 3항).

법원이 보석에 관한 결정을 함에 있어 검사의 의견을 듣도록 한 규정은 검사에게 구속 계속의 필요성에 관한 이유와 자료를 법원에 제출할 수 있는 기회를 부여하고 법원으로 하여금 그 제출된 자료 등을 참고하게 하여 결정의 적정을 기하려는 것을 목적으로 하는 것이다. 만약 법원이 검사의 의견을 듣지 아니한 채

보석에 관한 결정을 하였다고 하더라도 그 결정이 적정한 이상, 절차상의 하자만을 들어 그 결정을 취소할 수는 없다(대법원 1997. 11. 27. 자 97모88 결정). 검사의 의견이 법원에 대하여 구속력을 가지는 것은 아니다.

(3) 법원의 심문

보석의 청구를 받은 법원은 지체없이 심문기일을 정하여 구속된 피고인을 심문하여야 한다(규칙 54조의2 1항). 다만, ① 청구권자 이외의 사람이 보석을 청구한 때, ② 동일한 피고인에 대하여 중복하여 보석을 청구하거나 재청구한 때, ③ 공판준비 또는 공판기일에 피고인에게 그 이익되는 사실을 진술할 기회를 준 때, ④ 이미 제출한 자료만으로 보석을 허가하거나 불허가할 것이 명백한 때에는 피고인을 심문하지 아니하고 결정할 수 있다(규칙 54조의2 1항). 심문기일을 정한 법원은 검사, 변호인, 보석청구인 및 피고인을 구금하고 있는 관서의 장에게 심문기일과 장소를 통지하여야 하고, 피고인을 구금하고 있는 관서의 장은 위 심문기일에 피고인을 출석시켜야 한다(규칙 54조의2 2항). 피고인, 변호인, 보석청구인은 피고인에게 유리한 자료를 낼 수 있으며, 검사, 변호인, 보석청구인은 심문기일에 출석하여 의견을 진술할 수 있다(규칙 54조의2 3, 4항). 법원은 보석결정을 위하여 필요한 자료의 제출을 요구할 수 있으며, 사실조사를 할 수 있고 증인을 심문하거나 감정을 명할 수 있다.

(4) 법원의 결정

법원은 특별한 사정이 없는 한 보석 또는 구속취소의 청구를 받은 날부터 7일 이내에 그에 관한 결정을 하여야 한다(규칙 55조). 보석불허가결정에는 피고인이, 보석허가결정에는 검사가 보통항고를 할 수 있다(403조 2항).

1) 불허가결정

법원은 보석의 청구가 부적법하거나 부당한 경우에는 그 청구를 기각해야 한다. 다만 필요적 보석의 경우 제외사유에 해당하지 않는 한 보석청구를 기각할 수 없다. 불허가결정시에는 결정이유에 제외사유 중 어느 사유에 해당하는 지를 명시해야 한다(규칙 55조의2).

2) 허가결정

법원은 보석을 허가하는 경우에는 필요하고 상당한 범위 안에서 보석의 조건 중 하나 이상의 조건을 정하여야 한다(98조). 보석은 2007년 개정 이후 보증금 이외의 다양한 출석담보수단을 조건으로 피고인을 석방하는 제도로 바뀌었다. 보석 조건을 다양화하면서 다양한 보석조건을 차등 없이 병렬적으로 규정하여 법원이 하나 또는 그 이상의 조건을 피고인의 개별사정을 감안하여 적절히 부과할 수 있게 하였고, 보증금 납부 외의 석방조건을 다양화하여 보석의 기회를 확대함으로써 자력이 없는 자에게도 석방의 기회를 넓혀주어 경제적 불평등에 따른 문제를 해결할 수 있게 되었다.

(5) 보석의 조건

1) 보석의 조건 결정시 고려사항

보석의 조건을 정함에 있어서 ① 범죄의 성질 및 죄상(罪狀), ② 증거의 증명력, ③ 피고인의 전과·성격·환경 및 자산, ④ 피해자에 대한 배상 등 범행 후의 정황에 관련된 사항을 고려하여야 한다(98조 1항). 보석의 조건은 임의적 조건이므로 사정변경을 이유로 변경할 수 있다. 즉, 법원은 직권 또는 보석청구권자의 신청에 따라 결정으로 피고인의 보석조건을 변경하거나 일정기간 동안 당해 조건의 이행을 유예할 수 있다(102조 1항). 다만 이 경우에는 그 취지를 검사에게 지체 없이 통지하여야 한다(규칙 55조의4).

2) 보석의 조건 부과

보석 허가결정시 다음 조건 중 하나 이상의 조건을 정하여야 한다(98조).

① 법원이 지정하는 일시·장소에 출석하고 증거를 인멸하지 아니하겠다는 서약서를 제출할 것이다(동조 1호).

② 법원이 정하는 보증금 상당의 금액을 납입할 것을 약속하는 약정서를 제출할 것이다(동조 2호). 피고인이 정당한 사유 없이 재판기일에 출석하지 않는 경우 법원이 정하는 보증금을 납입하겠다는 약정서를 제출하는 보석의 조건이다.

③ 법원이 지정하는 장소로 주거를 제한하고 이를 변경할 필요가 있는 경우에는 법원의 허가를 받는 등 도주를 방지하기 위하여 행하는 조치를 수인할 것이다(동조 3호). 법원이 보증금 납입조건 이외에 추가적으로 부과하는 조건 중에서 가장 활용도가 높은 보석의 조건이다.

④ 피해자, 당해 사건의 재판에 필요한 사실을 알고 있다고 인정되는 자 또는 그 친족의 생명·신체·재산에 해를 가하는 행위를 하지 아니하고 주거·직장 등 그 주변에 접근하지 아니할 것이다(동조 4호). 성폭력범죄 또는 가정폭력범죄의 피고인이 피해자나 그 가족 등에게 위해를 가할 염려가 있는 경우에 활용되는 보석의 조건이다.

⑤ 피고인 외의 자가 작성한 출석보증서를 제출할 것이다(동조 5호). 제3자의 출석보증서는 이를 조건으로 보석허가결정에 따라 석방된 피고인이 정당한 사유 없이 기일에 불출석하는 경우에는 결정으로 그 출석보증인에 대하여 500만원 이하의 과태료를 부과할 수 있다고 규정하여 출석보증서의 실효성을 기하였다(100조의2).

⑥ 법원의 허가 없이 외국으로 출국하지 아니할 것을 서약할 것이다(동조 6호). 형사재판이 계속 중인 피고인의 경우 해외여행 및 출국을 하는 경우 미리 법원에 허가를 받도록 하는 것을 제도화한 것으로서, 출국금지의 서약 조건은 단독으로보다는 다른 조건에 부과하여 활용할 수 있다.

⑦ 법원이 지정하는 방법으로 피해자의 권리회복에 필요한 금원을 공탁하거나 그에 상당한 담보를 제공할 것이다(동조 7호). 이는 피해자와 합의하려고 하지만, 합의에 이르지 못한 피고인을 위한 조건이며, 피고인이 공탁을 하거나 담보를 제공할 것을 피해자의 권리회복을 위하여 조치하게 하는 방법으로 피해변제를 한 후 보석을 가능하도록 한 것이다.

⑧ 피고인 또는 법원이 지정하는 자가 보증금을 납입하거나 담보를 제공할 것이다(동조 8호). 2007년 형사소송법 개정에서 보증금 납입뿐 아니라 담보제공을 추가하였는데, 담보의 방법에 대해서는 인적 담보 외에도 저당권, 질권 등의 물적 담보도 가능하다. 법원은 피고인의 자력 또는 자산 정도로는 이행할 수 없는 조건을 정할 수 없다고 규정하여 과다한 보증금을 결정할 수 없도록 하였다(99조 2항).

⑨ 그 밖에 피고인의 출석을 보증하기 위하여 법원이 정하는 적당한 조건을 이행할 것이다(동조 9호). 위에서 언급한 보석의 조건 외에 피고인의 출석 담보를 위한 새로운 조건을 부과할 수 있도록 법원에게 재량을 인정한 규정을 두었다.

3) 보석조건의 변경

법원은 직권 또는 보석 청구권자의 신청에 따라 결정으로 피고인의 보석조건을 변경하거나 일정기간 동안 당해 조건의 이행을 유예할 수 있다(102조2 1항). 보석조건을 변경하는 결정을 하는 경우 검사에게 지체 없이 그 취지를 통지하여야 한다.

4. 보석의 집행

보석허가결정은 재판의 일종이므로 그 집행기관은 검사가 된다. 보석의 허가결정시 그 집행은 피고인을 석방하는 것이다. 그런데 보석의 조건 중 서약서의 제출, 보증금 납입약정서의 제출, 제3자 출석보증서의 제출, 피해금액의 공탁 및 담보의 제공, 보증금의 납입 및 담보의 제공의 조건은 이를 이행한 후가 아니면 보석허가결정을 집행하지 못하며, 법원은 필요하다고 인정하는 때에는 다른 조건에 관하여도 그 이행 이후 보석허가결정을 집행하도록 정할 수 있다(100조 1항). 보증금의 현금납입은 피고인에게 경제적 부담이 될 수 있으므로, 법원은 보석청구자 이외의 자에게 보증금 납입을 허가할 수 있으며, 유가증권 또는 피고인 외의 자가 제출한 보증서로써 보증금에 갈음함을 허가할 수 있다(100조 2, 3항). 보증서에는 보증금액을 언제든지 납입할 것을 기재하여야 한다(100조 4항).

법원은 보석허가결정에 따라 석방된 피고인이 보석조건을 준수하는데 필요한 범위 안에서 관공서나 그 밖의 공사단체에 대하여 적절한 조치를 취할 것을 요구할 수 있다(100조 5항). 예를 들어 주거제한을 조건으로 석방된 피고인에 대하여는 주거지를 관할하는 경찰서장에게 그 제한의 준수여부 등에 관한 조사를 요구할 수 있다(규칙 55조의3 1항). 보석조건 준수에 필요한 조치를 받은 관공서 그 밖의 공사단체의 장(경찰서장, 출입국관리관서의 장 등)은 조치의 내용과 경과 등을 법원에 통지하여야 한다(규칙 55조 3항).

5. 보석의 취소와 실효

(1) 보석의 취소

법원은 피고인이 ① 도망한 때, ② 도망하거나 죄증을 인멸할 염려가 있다고 믿을 만한 충분한 이유가 있는 때, ③ 소환을 받고 정당한 사유 없이 출석하지 아니한 때, ④ 피해자, 당해 사건의 재판에 필요한 사실을 알고 있다고 인정되는 자 또는 그 친족의 생명·신체·재산에 해를 가하거나 가할 염려가 있다고 믿을 만한 충분한 이유가 있는 때, ⑤ 법원이 정한 조건을 위반한 때에는 직권 또는 검사의 청구에 의하여 보석을 취소할 수 있다. 보석취소결정에 대해서는 피고인이, 검사의 보석취소청구에 대한 기각결정에 대해서는 검사가 각각 보통항고할 수 있다(403조 2항).

보석취소 결정이 있는 때에는 검사는 그 취소결정의 등본 또는 기간을 정한 구속집행정지결정의 등본에 의하여 피고인을 재구금하여야 한다. 다만, 급속을 요하는 경우에는 재판장, 수명법관 또는 수탁판사가 재구금을 지휘할 수 있다(규칙 56조).

(2) 보석의 실효

구속영장의 효력이 소멸한 때에는 보석도 그 효력을 상실한다. 보석을 취소하는 때에는 보석의 조건의 효력이 상실되는데, 다만, 피고인 또는 법원이 지정하는 자가 보증금을 납입하거나 담보를 제공할 것을 조건으로 한 경우에는 예외로 한다(104조의2). 구속영장의 효력이 소멸되거나 보석결정의 취소 시에는 당연히 보석조건의 준수가 불필요하므로 근거규정을 둘 필요가 없다는 지적이 있었으나, 구속영장의 효력 소멸과 보석 취소의 경우 보석조건은 더 이상 필요하지 아니하므로 자동적으로 보석 조건의 효력을 상실하는 규정을 두었다(104조의2 1항). 다만, 보석의 취소에서 법원이 보증금을 몰취할 수 있도록 보증금에 관한 보석조건은 효력 상실 대상에서 제외하였다(104조의2 2항).

6. 보증금의 몰취

(1) 임의적 몰취

법원은 보석을 취소하는 때에는 직권 또는 검사의 청구에 따라 결정으로 보증금 또는 담보의 전부 또는 일부를 몰취할 수 있다(103조 1항).

보석보증금몰취결정은 반드시 보석취소와 동시에 하여야만 하는지 여부에 대해서 견해의 대립이 있다. ⓐ 보증금몰취결정은 보석의 취소결정과 동시에 하여야 한다는 견해와 ⓑ 취소결정 후에도 보증금몰취결정을 할 수 있다는 견해로 대립된다.

이에 대하여 판례는 보석보증금을 몰취하려면 반드시 보석취소와 동시에 하여야만 가능한 것이 아니라 보석취소 후에 별도로 보증금몰취결정을 할 수도 있다고 판시하였다(대법원 2001. 5. 29. 자 2000모22 전원합의체 결정). 그 논거로 보석취소결정은 그 성질상 신속을 요하는 경우가 대부분임에 반하여, 보증금몰취결정에 있어서는 그 몰취의 요부(보석조건위반 등 귀책사유의 유무) 및 몰취 금액의 범위 등에 관하여 신중히 검토하여야 할 필요성이 있다는 점과 형사소송법 104조가 구속 또는 보석을 취소하거나 구속영장의 효력이 소멸된 때에는 몰취하지 아니한 보증금을 청구한 날로부터 7일 이내에 환부하도록 규정되어 있다고 하여도, 이 규정의 해석상 보석취소 후에 보증금몰취를 하는 것이 불가능하게 되는 것도 아니라는 점을 들고 있다.

(2) 필요적 몰취

보석보증금은 소송절차 진행 중의 피고인의 출석을 담보하는 기능 외에 형 확정 후의 형 집행을 위한 출석을 담보하는 기능도 담당한다. 법원은 보증금의 납입 또는 담보제공을 조건으로 석방된 피고인이 동일한 범죄사실에 관하여 형의 선고를 받고 그 판결이 확정된 후 집행하기 위한 소환을 받고 정당한 사유 없이 출석하지 아니하거나 도망한 때에는 직권 또는 검사의 청구에 따라 결정으로 보증금 또는 담보의 전부 또는 일부를 몰취하여야 한다(103조 2항).

(3) 보증금의 환부

구속 또는 보석을 취소하거나 구속영장의 효력이 소멸된 때에는 몰취하지 아니한 보증금 또는 담보를 청구한 날로부터 7일 이내에 환부하여야 한다(104조).

VII. 구속의 집행정지와 실효

1. 구속의 집행정지

(1) 의의

구속의 집행정지는 구속영장의 효력을 유지한 채 구속의 집행만을 정지하여 피의자·피고인을 석방하는 제도이다. 구속의 집행정지는 구속영장의 효력이 유지된다는 점에서 구속의 취소와 구별되며, 구속영장의 효력이 유지되지만 보증금 납입 등을 조건으로 하지 않는다는 점에서 보석이나 보증금납입조건부 석방제도와 구별된다.

(2) 절차

사법경찰관은 검사에게 신청하여 피의자에 대한 구속의 집행정지를 할 수 있으며, 검사는 구속된 피의자에 대한 구속집행을 정지할 수 있도록 하고 있다

(209조, 101조 1항). 검사가 구속한 피의자를 석방한 때에는 지체없이 검사는 영장을 발부한 법원에 그 사유를 서면으로 통지하여야 한다(204조).

법원 또는 지방법원판사는 상당한 이유가 있는 때에는 결정으로 구속된 피의자·피고인을 친족·보호단체 기타 적당한 자에게 부탁하거나 피고인·피의자의 주거를 제한하여 구속의 집행을 정지할 수 있다(101조 1항, 209조). 법원 또는 지방법원판사가 피의자·피고인의 구속집행정지결정을 함에는 검사의 의견을 물어야 한다. 다만 급속을 요하는 경우에는 그러하지 아니하다(101조 2항, 209조).

(3) 구속집행정지의 취소

법원은 직권 또는 검사의 청구에 의하여 결정으로 피고인에 대한 구속의 집행정지를 취소할 수 있고(102조 2항). 구속된 피의자에 대하여는 지방법원판사 또는 검사가 결정으로 구속의 집행정지를 취소할 수 있다(209조, 102조 2항). 구속집행정지의 취소사유는 보석의 취소사유와 같다. 다만 구속된 국회의원에 대한 석방요구가 있으면 당연히 구속영장의 집행이 정지된다(101조 4항).

〈구속집행정지결정에 대한 검사의 보통항고〉

법원이 피고인의 구속 또는 그 유지 여부의 필요성에 관하여 한 재판의 효력이 검사나 다른 기관의 이견이나 불복이 있다 하여 좌우되거나 제한받는다면 이는 영장주의에 위반된다고 할 것인바, 구속집행정지결정에 대한 검사의 즉시항고를 인정하는 이 사건 법률조항은 검사의 불복을 그 피고인에 대한 구속집행을 정지할 필요가 있다는 법원의 판단보다 우선시킬 뿐만 아니라, 사실상 법원의 구속집행정지결정을 무의미하게 할 수 있는 권한을 검사에게 부여한 것이라는 점에서 헌법 제12조 제3항의 영장주의원칙에 위배된다(헌재 2012. 6. 27. 선고 2011헌가36 결정). 헌법재판소의 위헌결정에 따라 형사소송법 101조 3항은 삭제되었고, 검사는 구속집행정지결정에 대해서 즉시항고는 허용되지 않고 보통항고를 할 수 있다.

2. 구속의 실효

(1) 구속의 취소

구속의 사유가 없거나 소멸된 때에는 검사는 피의자에 대한 구속을 취소하여야 하며, 법원은 직권 또는 검사·피고인·변호인과 변호인선임권자의 청구에 의하여 결정으로 피고인의 구속을 취소하여야 한다(209조, 93조). 검사가 구속을 취소하는 경우에는 영장을 발부한 지방법원판사에게 그 사유를 서면으로 통지하여야 한다(204조). 구속의 사유가 없는 때란 처음부터 구속사유가 존재하지 않는 경우를 말하고, 구속사유가 소멸된 때란 구속수사 중 구속사유가 사후적으로 소멸된 경우를 말한다.

재판장은 검사의 청구에 의하거나 급속을 요하는 경우 외에는 구속취소결정 전에 검사의 의견을 물어야 한다(97조 2항). 검사는 구속취소결정에 따른 의견요청에 대하여 지체 없이 의견을 표명하여야 하며, 구속을 취소하는 결정에 대하여는 검사는 즉시항고를 할 수 있다(97조 3항, 4항).

(2) 구속의 당연실효

구속기간이 만료되면 구속영장의 효력은 당연히 상실되며, 따라서 구속된 피의자·피고인을 즉시 석방하여야 한다(202조, 203조). 또한 피고인에 대하여 무죄, 면소, 형의 면제, 형의 선고유예, 형의 집행유예, 공소기각 또는 벌금이나 과료를 과하는 판결이 선고된 때에도 구속영장은 효력을 잃는다(331조). 이 경우 무죄 등의 판결이 선고되면 그 판결의 확정을 기다리지 않고 구속영장의 효력이 상실된다.

4장 1절 퀴즈

4.1.1 검사가 참고인 조사를 받는 줄 알고 검찰청에 자진출석한 변호사사무실 사무장 甲을 이미 소환되어 있던 다른 참고인과 대질시킨 것이 아니라 곧바로 피의자신 문조서를 받기 시작하였다. 사무장 甲은 조사를 거부하고 변호사에게 전화하였 다. 변호사가 도착하여 담당검사에게 "참고인조사를 한다고 하여 임의수사에 응 하였는데 甲에게 피의자조사를 한다면 응하지 않겠다"고 말하고 甲에게 "검사실 을 나가라"고 말했다, 변호사의 지시에 따라 甲이 일어서서 검사실을 나가려고 하자 담당검사는 甲에게 "긴급체포한다"고 말했다. 검사의 긴급체포는 적법한가? 힌트 : 대법원 2006. 9. 8. 선고 2006도148 판결

4.1.2 경찰관 P는 음주운전을 종료한 후 40분 이상이 경과한 시점에서 길가에 앉아 있 던 甲에게서 술냄새가 난다는 점만을 근거로 甲을 음주운전의 현행범인으로 체포 하였다. 경찰관 P의 체포는 적법한가? 힌트 : 대법원 2007. 4. 13. 선고 2007도1249 판결

4.1.3 도로교통법위반 피의사건에서 기소유예 처분을 받은 甲이 그 후 혐의 없음을 주 장함과 동시에 수사경찰관의 처벌을 요구하는 진정서를 검찰청에 제출하였다. 甲 은 이 진정사건을 담당한 검사 A가 甲에 대한 위 피의사건을 재기(再起: 재차 수 사함)하자 검사 A에게 전화를 하여 "다른 검사가 이 사건을 담당하게 해달라"고 말을 한 후에 검사의 교체를 요구하고자 부장검사 부속실에서 면담을 기다리고 있던 중 대기하고 있던 甲을 검사 A가 도로교통법 위반 피의사실을 근거로 긴급 체포하였다. 검사 A의 긴급체포는 적법한가? 힌트 : 대법원 2003. 3. 27. 자 2002모81 결정

4.1.4 공장을 점거하여 농성 중인 노동조합 조합원인 甲이 기자회견장 촬영을 위해 공 장 밖으로 나오자, 전투경찰대원들이 甲을 방패로 에워싸 이동하지 못하게 체포 하였다. 경찰대원들이 체포하는 과정에서 체포의 이유 등을 제대로 고지하지 않

다가 30~40분이 지난 후 甲의 항의를 받고 나서야 비로소 체포의 이유 등을 고
지하였다. 위 경찰대원들의 체포는 적법한가?

힌트 : 대법원 2017. 3. 15. 선고 2013도2168 판결

4.1.5 甲은 제1사건의 범죄사실에 관하여 제1차 구속영장에 의하여 구속된 상태에서
기소되어 재판을 받았다. 그 재판 진행 중 甲에 대한 제2사건이 추가 기소되자
제1심법원은 "제2사건을 제1사건에 병합하여 심리한다"는 결정을 하였다. 병합
된 사건의 제4회 공판기일에서 검사가 제2사건의 공소장에 의하여 공소사실, 죄
명, 적용법조를 낭독하고 이에 대하여 변호인의 변호 아래 피고인 甲은 공소사실
을 일부 부인하는 취지의 진술을 하였다. 그 후 제2사건에 관하여 어떤 증거제출
이나 증거조사 등 추가심리가 진행되지 않은 상태에서 제1심법원은 제1차 구속
영장에 의한 구속기간이 곧 만료하게 되자, 법정 외에서 별도의 사전 청문절차
없이 甲에 대하여 제2사건의 범죄사실에 관하여 제2차 구속영장을 발부하였고
위 구속영장이 집행되었다. 법원의 제2차 구속영장 집행은 적법한가?

힌트 : 대법원 2016. 6. 14. 자 2015모1032 결정

4.1.6 피의자 甲은 야간흉기휴대상해죄로 수사를 받던 중 구속영장이 발부되어 적법하
게 구속되자 구속적부심사를 청구하였다. 청구를 받은 법원이 심문기일에 구속된
피의자를 심문하고 피의사실을 인정한 甲의 진술을 기재한 구속적부심문조서가
작성되었다. 甲의 본안재판에서 甲은 이 심문조서를 증거로 함에 부동의하였다.
그럼에도 본안재판을 담당한 제1심 법원은 이 심문조서를 유죄증거로 사용하여
甲을 유죄로 판단하였다. 이 법원의 재판에 위법성이 있는가?

힌트 : 대법원 2004. 1. 16. 선고 2003도5693 판결

4.1.7 피고인 甲의 보석신청을 받은 법원은 보석에 관한 결정을 하기 전에 검사 A에게
의견요청을 하였다. 검사 A는 죄증을 인멸할 우려가 있다는 의견을 제시하였다.
법원은 검사 A의 의견과 달리 보석허가결정을 하였다. 법원의 결정에 흠이 있
는가?

힌트 : 97조 1항

▌ 퀴즈풀이

4.1.1

참고인조사인줄 알고 검찰청에 자진출석한 피의자에 대한 검사의 긴급체포는 위법하다. 긴급체포의 요건을 갖추었는지 여부는 사후에 밝혀진 사정을 기초로 판단하는 것이 아니라 체포 당시의 상황을 기초로 판단하여야 하고, 이에 관한 검사나 사법경찰관 등 수사주체의 판단에는 상당한 재량의 여지가 있다. 그러나 긴급체포 당시의 상황으로 보아서도 그 요건의 충족 여부에 관한 검사나 사법경찰관의 판단이 경험칙에 비추어 현저히 합리성을 잃은 경우에 그 체포는 위법한 체포이다(대법원 2006. 9. 8. 선고 2006도148 판결).

4.1.2

사안에서 피고인에게서 술냄새가 난다는 점만을 근거로 피고인 甲을 음주운전의 현행범으로 체포한 것은 피고인이 '방금 음주운전을 실행한 범인이라는 점에 관한 죄증이 명백하다고 할 수 없는 상태'에서 이루어진 것이므로 위법한 현행범 체포이다. 적법한 현행범인 체포의 요건 중 '범죄의 실행행위를 종료한 직후'라고 함은, 범죄행위를 실행하여 끝마친 순간 또는 이에 아주 접착된 시간적 단계를 의미하는 것이므로 시간적으로나 장소적으로 보아 체포를 당하는 자가 방금 범죄를 실행한 범인이라는 점에 관한 죄증이 명백히 존재하는 것으로

인정되는 경우에만 현행범인으로 볼 수 있다(대법원 2007. 4. 13. 선고 2007도1249 판결).

4.1.3

사안의 긴급체포는 체포영장을 발부받을 수 없을 정도로 긴급을 요하는 경우에 해당한다고 볼 수 없어 긴급성의 요건을 갖추지 못하였을 뿐만 아니라, 甲이 도망할 염려나 증거를 인멸할 염려가 있다고 볼 수도 없는 만큼 형사소송법 70조 1항 2호나 3호의 요건 또한 갖추지 못한 것으로서, 이를 실행한 검사 A의 판단은 당시의 상황과 경험칙에 비추어 현저히 합리성을 잃은 경우에 해당하므로, 이 긴급체포는 위법한 체포에 해당한다(대법원 2003. 3. 27. 자 2002모81 결정).

4.1.4

경찰대원들의 체포는 요건과 절차에서 위법하다. 甲이 어떤 범죄행위를 목전에서 저지르려고 하거나 이들의 행위로 인하여 인명·신체에 위해를 미치거나 재산에 중대한 손해를 끼칠 우려 등 긴급한 사정이 있는 경우가 아닌데도 방패를 든 전투경찰대원들이 위 甲을 둘러싸고 이동하지 못하게 가둔 행위는 (구) 경찰관 직무집행법 6조 1항에 근거한 제지 조치라고 볼 수 없고, 이는 형사소송법상 체포에 해당한다. 검사 또는 사법경찰관리가 현행범인을 체포하는 경우에는 반드시 피의사실의 요지, 체포의

이유와 변호인을 선임할 수 있음을 말하고 변명할 기회를 주어야 한다(형사소송법 213조의2, 200조의5). 이와 같은 고지는 체포를 위한 실력행사에 들어가기 전에 미리 하는 것이 원칙이다(대법원 2017. 3. 15. 선고 2013도2168 판결).

4.1.5

형사소송법 72조 규정은 피고인을 구속함에 있어서 법관에 의한 사전 청문절차를 규정한 것이다. 사안에서 제1심법원은 제2차 구속영장을 발부하기 전에 위 법 72조에 따른 절차를 경유하지 아니하였다. 법원이 사전에 위 규정에 따른 절차를 거치지 아니한 채 피고인 甲에 대하여 구속영장을 발부하였으므로 그 발부결정은 위법하다(대법원 2016. 6. 14. 자 2015모1032 결정).

4.1.6

법원 또는 합의부원, 검사, 변호인, 청구인이 구속된 피의자를 심문하고 그에 대한 피의자의 진술 등을 기재한 구속적부심문조서는 형사소송법 311조가 규정한 문서에는 해당하지 않는다. 그러나 이 심문조서는 315조 3호의 특히 신용할 만한 정황에 의하여 작성된 문서이므로 특별한 사정이 없는 한 피고인이 증거로 함에 부동의하더라도 그 증거능력이 인정된다(대법원 2004. 1. 16. 선고 2003도5693 판결).

4.1.7

법원의 결정에 절차상의 흠은 없다. 법원은 보석에 관한 결정을 할 때 검사의 의견을 물어야 한다(97조 1항). 법원의 의견요청이 있는 때에는 검사는 지체 없이 의견을 표명하여야 한다. 그러나 검사의 의견은 법원에 대한 구속력이 없다.

제2절 대물적 강제처분

I. 수사상의 압수·수색

1. 압수·수색의 의의

(1) 대물적 강제처분의 성격

대물적 강제처분은 증거물이나 몰수할 것으로 예상되는 물건 등을 수집·보전하는 강제처분을 말한다. 강제처분의 대상이 물건이라는 점에서 대물적 강제처분은 사람의 신체를 대상으로 하는 대인적 강제처분과 구별된다. 형사소송법이 규정하고 있는 압수·수색·검증과 통신비밀보호법이 규정하고 있는 감청이 대물적 강제처분에 해당한다.

대물적 강제처분은 강제처분법정주의와 영장주의 원칙의 적용을 받는다. 수사기관이 수사로 행하는 대물적 강제수사는 범죄의 혐의가 있어야 하고, 필요성이 인정되어야 하고, 해당 사건과의 관련성, 즉 혐의사실과의 객관적 관련성과 피의자와 사이의 인적 관련성이 인정되어야 한다. 대물적 강제처분에 의하지 않으면 증거방법을 확보할 수 없는 불가피성이 인정되어야 하고 그 목적달성을 위하여 필요한 최소한의 범위 내로 한정하여야 한다(대법원 2008. 7. 10. 선고 2008도2245 판결).

(2) 압수의 의의

압수(押收)는 수사기관이 소유자나 점유자의 의사에 반하여 물건에 대한 점유를 취득하는 대물적 강제처분이다. 수사기관의 압수에는 점유취득의 과정에서 강제성을 수반하는 협의의 압수인 압류(106조 1항)와 임의제출받은 물건이나 유류물에 대하여 영장 없이 압수하는 영치(218조)의 형태가 있다. 압수할 물건을 지정하여 소유자, 소지자 또는 보관자에게 제출을 명하는 제출명령(106조 2항)은 법원의 명령형태의 재판에 의한 압수이며, 수사기관의 제출명령에는 상대방이 이에 응할 의무가 없으므로 수사기관의 압수에는 제출명령이 포함되지 않는다.

수사기관에 의한 압수는 사전영장에 의한 압수와 예외적으로 사후영장에 의한 압수, 영장 없이 가능한 압수로 구분할 수 있다.

(3) 수색의 의의

수색(搜索)은 압수할 물건 또는 체포할 사람을 발견할 목적으로 주거, 물건, 사람의 신체, 또는 기타의 장소에 대하여 행하는 대물적 강제처분이다. 실무상 압수·수색은 단일영장에 의하여 집행하고 있으며, 수색은 압수를 위한 전제로 행해지고 있다.

2. 압수·수색의 요건

압수·수색의 요건으로 ① 필요성, ② 범죄혐의의 존재, ③ 피의사건과의 관련성을 구비하여야 한다. 검사는 범죄수사에 필요한 때에는 피의자가 죄를 범하였다고 의심할 만한 정황이 있고 해당 사건과 관계가 있다고 인정할 수 있는 것에 한정하여 지방법원판사에게 청구하여 발부받은 영장에 의하여 압수, 수색 또는 검증을 할 수 있다(215조 1항). 사법경찰관은 검사에게 신청하여 검사의 청구로 지방법원판사가 발부한 영장에 의하여 압수, 수색 또는 검증을 할 수 있다(215조 2항).

수사기관은 범죄수사에 필요한 때 압수·수색을 할 수 있는데, 범죄수사에 필요한 때라 함은 압수할 물건이 증거방법으로 의미가 있거나 몰수될 개연성이 있어야 하고, 수색은 압수할 물건을 발견하기 위한 것이어야 하는 등 강제수사로서의 압수·수색의 필요성이 있어야 한다. 압수·수색을 할 때에는 피의자가 죄를 범하였다고 의심할만한 정황이 있어야 하며, 압수·수색은 피의사실과 관계가 있다고 인정될 수 있는 것에 한한다.

2011년 형사소송법 개정을 통해서 피고사건과의 관련성 요건을 추가하여 압수·수색의 요건을 엄격히 하였다. 피의자에게 범죄의 혐의가 있고 피의자와의 관련이 있다고 하더라도 피의사건 자체와 관련이 없으면 더 이상 압수·수색이 허용되지 않는다. 예를 들어 통신사실확인자료 제공요청에 의하여 취득한 통신사실확인자료를 범죄의 수사·소추 또는 예방을 위하여 사용하는 경우 그 대상범죄는 통신사실확인자료 제공요청의 목적이 된 범죄나 이와 관련된 범죄에 한정되어야 한다(대법원 2014. 10. 27. 선고 2014도2121 판결). 이 때 압수·수색영장을 청구를 할 때에는 피의자에게 범죄의 혐의가 있다고 인정되는 자료와 압수, 수색 또는 검증의 필요 및 해당 사건과의 관련성을 인정할 수 있는 자료를 제출하여야 한다(규칙 108조 1항).

〈객관적 관련성과 인적 관련성〉

통신사실 확인자료는 혐의사실과의 객관적 관련성이 있어야 한다. 객관적 관련성은 통신사실 확인자료제공요청 허가서에 기재된 혐의사실 자체 또는 그와 기본적 사실관계가 동일한 범행과 직접 관련되어 있는 경우는 물론 범행 동기와 경위, 범행 수단 및 방법, 범행 시간과 장소 등을 증명하기 위한 간접증거나 정황증거 등으로 사용될 수 있는 경우에도 인정될 수 있다. 피의자와 사이의 인적 관련성은 통신사실 확인자료제공요청 허가서에 기재된 대상자의 공동정범이나 교사범 등 공범이나 간접정범은 물론 필요적 공범 등에 대한 피고사건에 대해서도 인정될 수 있다(대법원 2017. 1. 25. 선고 2016도13489 판결).

3. 압수의 대상

(1) 압수의 목적물

압수의 대상은 피의사건과 관계가 있다고 인정할 수 있는 것에 한정하여 증거물 또는 몰수할 것으로 사료하는 물건이다(106조 1항). 단, 법률에 다른 규정이 있는 때에는 예외로 한다. 증거물의 압수는 형사절차의 진행을 확보하기 위한 것이며, 몰수물의 압수는 유죄판결에 대비하여 형집행을 확보하기 위한 것이다.

(2) 정보저장매체의 압수

법원은 압수의 목적물이 컴퓨터용디스크, 그 밖에 이와 비슷한 정보저장매체인 경우에는 기억된 정보의 범위를 정하여 출력하거나 복제하여 제출받아야 한다. 다만, 범위를 정하여 출력 또는 복제하는 방법이 불가능하거나 압수의 목적을 달성하기에 현저히 곤란하다고 인정되는 때에는 정보저장매체 등을 압수할 수 있다(106조 3항). 법원은 위의 정보를 제공받은 경우 「개인정보 보호법」 2조 3호에 따른 정보주체에게 해당 사실을 지체 없이 알려야 한다(동조 4항).

전자정보에 대한 압수·수색영장을 집행할 때에는 원칙적으로 영장 발부의 사유인 혐의사실과 관련된 부분만을 문서 출력물로 수집하거나 수사기관이 휴대한 저장매체에 해당 파일을 복사하는 방식으로 이루어져야 한다. 저장매체 자체 또는 적법하게 획득한 복제본을 탐색하여 혐의사실과 관련된 전자정보를 문서로 출력하거나 파일로 복제하는 일련의 과정 역시 전체적으로 하나의 영장에 기한 압수·수색의 일환에 해당하므로, 그러한 경우의 문서출력 또는 파일복제의 대상 역시 저장매체 소재지에서의 압수·수색과 마찬가지로 혐의사실과 관련된 부분으로 한정되어야 한다(대법원 2015. 7. 16. 자 2011모1839 전원합의체 결정). 예를 들어 수사기관 사무실 등으로 옮긴 저장매체에서 범죄 혐의 관련성에 대한 구분 없이 저장된 전자정보 중 임의로 문서출력 혹은 파일복사를 하는 행위는 특별한 사정이 없는 한 영장주의 등 원칙에 반하는 위법한 집행이다(대법원 2011. 5. 26. 자 2009모1190 결정).

저장매체에 대한 압수·수색 과정에서 범위를 정하여 출력 또는 복제하는 방법이 불가능하거나 압수의 목적을 달성하기에 현저히 곤란한 예외적인 사정이 인정되어 전자정보가 담긴 저장매체 또는 하드카피나 이미징 등 형태를 수사기관 사무실 등으로 옮겨 복제·탐색·출력하는 경우에는 피압수·수색 당사자나 변호인에게 참여의 기회를 보장하고 혐의사실과 무관한 전자정보의 임의적인 복제 등을 막기 위한 적절한 조치를 취하는 등 영장주의 원칙과 적법절차를 준수하여야 한다. 만약 그러한 조치가 취해지지 않았다면 피압수자 측이 참여하지 아니한다는 의사를 명시적으로 표시하였거나 절차 위반행위가 이루어진 과정의 성질과 내용 등에 비추어 피압수자 측에 절차 참여를 보장한 취지가 실질적으로 침해되었다고 볼 수 없을 정도 등의 특별한 사정이 없는 이상 압수·수색이 적법하다고 평가할 수 없다(대법원 2015. 7. 16. 자 2011모1839 전원합의체 결정).

〈압수과정에서의 참여권 보장과 예외〉

압수·수색영장에 기한 압수·수색이 이미 종료한 이상 파일변환, 복호화 작업단계만을 구분하여 취소할 수는 없고, 압수·수색 과정 전체를 하나의 절차로 파악하여 그 과정에서 나타난 위법이 그 절차 전체를 위법하게 할 정도로 중대한지 여부에 따라 전체적으로 그 압수·수색 처분을 취소할 것인지를 가려야 할 것이다. 이 사건에서 파일변환, 복호화 작업 단계를 제외한 나머지 압수·수색 과정, 즉 원본서버의 압수, 이미징 복제, 관련정보 출력 등의 과정에서 모두 피의자 또는 변호인이 실제로 참여하였거나 적어도 참여의 기회가 보장되었고, 파일변환 및 복호화 작업은 범죄혐의와 관련된 정보를 탐색하는 과정 그 자체라기보다는 탐색을 위한 준비과정에 불과하여 참여권이 가지는 의미가 상대적으로 크다고 보기 어려운 점 등을 종합하여 볼 때, 이 사건 파일변환 및 복호화 작업 시 참여권이 보장되지 않았다고 하더라도 그것이 이 사건 압수·수색영장에 기한 압수·수색 과정 전체를 위법하게 할 정도로 중대하다고 보기는 어렵다고 할 것이다(대법원 2015. 10. 15. 자 2013모1969 결정).

(3) 우편물의 압수

수사기관은 사건과 관계가 있다고 인정할 수 있는 것에 한정하여 우체물 또는 통신비밀보호법 2조 3호에 따른 전기통신에 관한 것으로서 체신관서, 그 밖의 관련 기관 등이 소지 또는 보관하는 물건의 제출을 명하거나 압수를 할 수 있다 (107조 1항). 위의 처분을 할 때에는 발신인이나 수신인에게 그 취지를 통지하여야 한다. 단, 심리에 방해될 염려가 있는 경우에는 예외로 한다(107조 2항, 219조).

〈우편물통관검사의 성격〉

> 우편물 통관검사절차에서 이루어지는 우편물의 개봉, 시료채취, 성분분석 등의 검사는 수출입물품에 대한 적정한 통관 등을 목적으로 한 행정조사의 성격을 가지는 것으로서 수사기관의 강제처분이라고 할 수 없으므로, 압수·수색영장 없이 우편물의 개봉, 시료채취, 성분분석 등 검사가 진행되었다 하더라도 특별한 사정이 없는 한 위법하다고 볼 수 없다(대법원 2013. 9. 26. 선고 2013 도7718 판결).

(4) 압수·수색의 제한

1) 군사상의 비밀과 제한

군사상 비밀을 요하는 장소는 그 책임자의 승낙 없이는 압수 또는 수색할 수 없다. 이 경우 책임자는 국가의 중대한 이익을 해하는 경우를 제외하고는 승낙을 거부하지 못한다(110조, 219조).

2) 공무상의 비밀과 제한

공무원 또는 공무원이었던 자가 소지 또는 보관하는 물건에 관하여는 본인 또는 그 해당 공무소가 직무상의 비밀에 관한 것임을 신고한 때에는 그 소속공무소 또는 당해 감독관공서의 승낙 없이는 압수하지 못한다. 소속공무소 또는 당해 감독관공서는 국가의 중대한 이익을 해하는 경우를 제외하고는 승낙을 거부하지 못한다(111조, 219조).

3) 업무상의 비밀과 압수

변호사, 변리사, 공증인, 공인회계사, 세무사, 대서업자, 의사, 한의사, 치과의사, 약사, 약종상, 조산사, 간호사, 종교의 직에 있는 자 또는 이러한 직에 있던 자가 그 업무상 위탁을 받아 소지 또는 보관하는 물건으로 타인의 비밀에 관한 것은 압수를 거부할 수 있다. 단, 그 타인의 승낙이 있거나 중대한 공익상 필요가 있는 때에는 예외로 한다(112조).

4. 수색의 대상

압수는 물건에 대한 것이지만, 수색은 사람의 신체, 물건 또는 주거 기타의 장소를 대상으로 한다(109조 1항, 219조). 수색은 피고사건과 관계가 있다고 인정할 수 있는 것에 한정하여 압수를 위하여 행해지며, 그 외에 범인의 발견을 목적으로 행해지기도 한다. 피의자 아닌 자의 신체, 물건, 주거 기타 장소에 관하여는 압수할 물건이 있음을 인정할 수 있는 경우에 한하여 수색할 수 있다(109조 2항, 219조).

5. 압수·수색의 절차

(1) 압수·수색영장의 청구

검사는 지방법원 판사에게 청구하여 발부받은 영장에 의하여 압수·수색 또는 검증을 할 수 있다. 사법경찰관은 검사에게 신청하여 검사의 청구로 영장을 발부받아 압수·수색 또는 검증을 할 수 있다. 2020년 형사소송법 개정법률에 의하면 검사가 사법경찰관이 신청한 압수·수색영장을 정당한 이유 없이 판사에게 청구하지 아니한 경우 사법경찰관은 그 검사 소속의 지방검찰청 소재지를 관할하는 고등검찰청에 영장 청구 여부에 대한 심의를 신청할 수 있다(221조의5 1항).

압수, 수색 또는 검증을 위한 영장의 청구서에는 ① 피의자의 성명, 주민등록번호 등, 직업, 주거, 피의자에게 변호인이 있는 때에는 그 성명, 죄명 및 범죄사실의 요지, 7일을 넘는 유효기간을 필요로 하는 때에는 그 취지 및 사유, 여러 통의 영장을 청구하는 때에는 그 취지 및 사유, ② 압수할 물건, 수색 또는 검증할 장소, 신체나 물건, ③ 압수, 수색 또는 검증의 사유, ④ 일출 전 또는 일몰 후에 압수, 수색 또는 검증을 할 필요가 있는 때에는 그 취지 및 사유, ⑤ 법 216조 3항에 따라 청구하는 경우에는 영장 없이 압수, 수색 또는 검증을 한 일시 및 장소, ⑥ 법 217조 2항에 따라 청구하는 경우에는 체포한 일시 및 장소와 영장 없이 압수, 수색 또는 검증을 한 일시 및 장소, ⑦ 「통신비밀보호법」 2조 3호에 따른 전기통신을 압수·수색하고자 할 경우 그 작성기간을 기재하여야 한다(규칙 107조).

(2) 영장의 발부

압수·수색영장에는 피고인의 성명, 죄명, 압수할 물건, 수색할 장소, 신체, 물건, 발부년월일, 유효기간과 그 기간을 경과하면 집행에 착수하지 못하며 영장을 반환하여야 한다는 취지 기타 대법원규칙으로 정한 사항을 기재하고 재판장 또는 수명법관이 서명날인하여야 한다. 다만, 압수·수색할 물건이 전기통신에 관한 것인 경우에는 작성기간을 기재하여어야 한다(114조의 1항).

(3) 영장의 집행

압수·수색영장은 검사의 지휘에 의하여 사법경찰관리가 집행한다. 압수·수색영장은 처분을 받는 자에게 반드시 제시하여야 한다(118조, 219조). 현장에서 압수·수색을 당하는 사람이 여러 명일 경우에는 그 사람들 모두에게 개별적으로 영장을 제시해야 하는 것이 원칙이다. 예를 들어 수사기관이 압수·수색에 착수하면서 그 장소의 관리책임자에게 영장을 제시하였다고 하더라도, 물건을 소지하고 있는 다른 사람으로부터 이를 압수하고자 하는 때에는 그 사람에게 따로 영장을 제시하여야 한다(대법원 2009. 3. 12. 선고 2008도763 판결).

체포·구속에서와 같이 영장을 소지하지 않은 경우의 긴급집행은 인정되지 않는다. 압수·수색영장의 집행 중에는 타인의 출입을 금지할 수 있고, 잠금장치를 열거나 개봉 기타 필요한 처분을 할 수 있다(119조, 120조, 219조). 압수·수색영장의 집행을 중지한 경우에 필요한 때에는 집행이 종료될 때까지 그 장소를 폐쇄하거나 간수자를 둘 수 있다(127조, 219조).

압수·수색영장은 수사기관의 압수·수색에 대한 허가장으로서 거기에 기재되는 유효기간은 집행에 착수할 수 있는 종기(終期)를 의미한다. 수사기관이 압수·수색영장을 제시하고 집행에 착수하여 압수·수색을 실시하고 그 집행을 종료하였다면 이미 그 영장은 목적을 달성하여 효력이 상실된다. 동일한 장소 또는 목적물에 대하여 다시 압수·수색할 필요가 있는 경우에는 그 필요성을 소명하여 법원으로부터 새로운 압수·수색영장을 발부받아야 하고, 발부받은 압수·수색영장의 유효기간이 남아있다고 하여 이를 제시하고 다시 압수·수색을 할 수는 없다(대법원 1999. 12. 1. 자 99모161 결정).

〈영장의 사전제시의 요건〉

사법경찰관이 이 사건 영장의 피압수자인 공소외 1에게 이 사건 영장을 제시하면서 표지에 해당하는 첫 페이지와 공소외 1의 혐의사실이 기재된 부분만을 보여 주고, 이 사건 영장의 내용 중 압수·수색·검증할 물건, 압수·수색·검증할 장소, 압수·수색·검증을 필요로 하는 사유, 압수 대상 및 방법의 제한 등 필요적 기재 사항 및 그와 일체를 이루는 부분을 확인하지 못하게 한 것은 이 사건 영장을 집행할 때 피압수자인 공소외 1이 그 내용을 충분히 알 수 있도록 제시한 것으로 보기 어렵다. 따라서 사법경찰관의 공소외 1에 대한 이 사건 영장 제시는 형사소송법 제219조, 제118조에 따른 적법한 압수·수색영장의 제시라고 볼 수 없다(대법원 2017. 9. 21. 선고 2015도 12400 판결).

(4) 당사자의 참여

검사, 피의자 또는 변호인은 압수·수색영장의 집행에 참여할 수 있다(121조, 219조). 피의자의 압수·수색영장의 집행에 대한 참여권을 보장하고 있는 것은 영장집행 절차의 적정성을 도모하기 위한 것이므로, 피의자가 압수·수색 집행에 대한 참여권을 포기하겠다는 명시적인 의사가 없는 이상, 기본적으로 압수·수색영장의 집행에 대한 피의자의 참여권은 보장되어야 한다. 압수·수색영장을 집행함에는 미리 집행의 일시와 장소를 검사, 피의자, 변호인에게 통지하여야 하며, 당사자가 참여하지 아니한다는 의사를 명시한 때 또는 급속을 요하는 때에는 예외로 한다(122조, 219조).

저장매체에 대한 압수·수색 과정에서 범위를 정하여 출력·복제하는 방법이 불가능하거나 압수의 목적을 달성하기에 현저히 곤란한 예외적인 사정이 인정되어 전자정보가 담긴 저장매체, 하드카피나 이미징(imaging) 등 형태를 수사기관 사무실 등으로 옮겨 복제·탐색·출력하는 경우, 피압수자나 변호인에게 참여 기회를 보장하여야 한다. 다만 피압수자 측이 위와 같은 절차나 과정에 참여하지 않는다는 의사를 명시적으로 표시하였거나 절차 위반행위가 이루어진 과정의 성질과 내용 등에 비추어 피압수자에게 절차 참여를 보장한 취지가 실질적으로 침해되었다고 볼 수 없는 경우에는 압수·수색의 적법성을 부정할 수 없다(대법원 2019. 7. 11. 선고 2018도20504 판결).

〈참여의 기회 보장〉

압수·수색의 일련의 과정에서 형사소송법 219조, 121조에서 규정하는 피압수·수색 당사자나 변호인에게 참여의 기회를 보장하고 혐의사실과 무관한 전자정보의 임의적인 복제 등을 막기 위한 적절한 조치를 취하는 등 영장주의 원칙과 적법절차를 준수하여야 한다. 만약 그러한 조치가 취해지지 않았다면 피압수자 측이 참여하지 아니한다는 의사를 명시적으로 표시하였거나 절차 위반행위가 이루어진 과정의 성질과 내용 등에 비추어 피압수자 측에 절차 참여를 보장한 취지가 실질적으로 침해되었다고 볼 수 없을 정도에 해당한다는 등의 특별한 사정이 없는 이상 압수·수색이 적법하다고 평가할 수 없고, 비록 수사기관이 저장매체 또는 복제본에서 혐의사실과 관련된 전자정 보만을 복제·출력하였다 하더라도 달리 볼 것은 아니다(대법원 2015. 7. 16. 자 2011모1839 전 원합의체 결정).

〈피의자 등에 대한 사전통지를 생략할 수 있는 예외〉

압수·수색영장을 집행함에는 원칙적으로 미리 집행의 일시와 장소를 피의자 등에게 통지하여야 하나(122조 본문), '급속을 요하는 때'에는 위와 같은 통지를 생략할 수 있다(122조 단서). 여기 서 '급속을 요하는 때'라고 함은 압수·수색영장 집행 사실을 미리 알려주면 증거물을 은닉할 염려 등이 있어 압수·수색의 실효를 거두기 어려울 경우라고 해석함이 옳다(대법원 2012. 10. 11. 선 고 2012도7455 판결).

(5) 책임자의 참여

공무소, 군사용의 항공기 또는 선차 내에서 압수·수색영장을 집행함에는 그 책임자에게 참여할 것을 통지하여야 한다(123조 1항, 219조). 또한 타인의 주거, 간 수자 있는 가옥, 건조물, 항공기 또는 선차 내에서 압수·수색영장을 집행함에는 주거주, 간수자 또는 이에 준하는 자를 참여하게 하여야 한다(123조 2항, 219조). 주 거주, 간수자 등을 참여하게 하지 못할 때에는 인거인 또는 지방공공단체의 직원 을 참여하게 하여야 한다(123조 3항, 219조). 이는 주거주 등의 참여를 통해서 영장 집행절차의 적정성을 담보하기 위해서이다.

(6) 영장집행에의 제한

여자의 신체에 대하여 수색할 때에는 성년의 여자를 참여하게 하여야 한다 (124조, 219조). 일출 전, 일몰 후에는 압수·수색영장에 야간집행을 할 수 있는 기 재가 없으면 그 영장을 집행하기 위하여 타인의 주거, 간수자 있는 가옥, 건조물, 항공기 또는 선차 내에 들어가지 못한다(125조, 219조). 그러나 도박 기타 풍속을 해하는 행위에 상용된다고 인정하는 장소와 여관, 음식점 기타 야간에 공중이 출 입할 수 있는 장소(단, 공개한 시간 내에 한한다)에 대하여는 야간집행의 제한을 받지 아니한다(126조, 219조).

(7) 영장집행 후의 조치

1) 압수조서 및 압수목록 작성

증거물 또는 몰수할 물건을 압수하였을 때에는 압수조서를 작성하여야 하고 (49조 1항), 압수조서에는 품종, 외형상의 특징과 수량을 기재하여야 한다(49조 3항). 사법경찰관은 압수조서에는 압수경위를, 압수목록에는 물건의 특징을 각각 구체적으로 적어야 한다(수사준칙규정 44조 2항).

2) 수색증명서, 압수목록의 교부

수색한 경우에 증거물 또는 몰수할 물건이 없는 때에는 그 취지의 증명서를 교부하여야 한다(128조, 219조). 증거물 또는 몰수할 물건을 압수한 경우에는 목록을 작성하여 소유자, 소지자, 보관자 기타 이에 준할 자에게 교부하여야 한다(129조, 219조). 수사기관이 작성하여 피압수자 등에게 교부해야 하는 압수물 목록에는 작성연월일을 기재하고, 그 내용은 사실에 부합하여야 한다. 압수물 목록은 피압수자 등이 압수물에 대한 환부·가환부신청을 하거나 압수처분에 대한 준항고를 하는 등 권리행사절차를 밟는 가장 기초적인 자료가 되므로, 이러한 권리행사에 지장이 없도록 압수 직후 현장에서 바로 작성하여 교부해야 하는 것이 원칙이다 (대법원 2009. 3. 12. 선고 2008도763 판결).

〈압수된 전자정보의 상세목록〉

압수의 목적물이 컴퓨터용디스크 그 밖에 이와 비슷한 정보저장매체인 경우, 법원은 압수·수색영장의 집행에 관하여 범죄 혐의사실과 관련 있는 정보의 탐색·복제·출력이 완료된 때에는 지체 없이 압수된 정보의 상세목록을 피의자 등에게 교부할 것을 정할 수 있다. 압수된 정보의 상세목록에는 정보의 파일 명세가 특정되어 있어야 하고, 수사기관은 이를 출력한 서면을 교부하거나 전자파일 형태로 복사해 주거나 이메일을 전송하는 등의 방식으로도 할 수 있다(대법원 2018. 2. 8. 선고 2017도13263 판결).

6. 압수물의 관리와 처분

압수물의 보관은 검사 또는 사법경찰관의 직무에 속한다. 압수물에 대하여는 그 상실 또는 파손의 방지를 위하여 상당한 조치를 하여야 한다(131조, 219조). 수사기관의 청사로 운반하여 직접 보관하는 것이 원칙이다(자청보관의 원칙). 그러나 운반 또는 보관에 불편한 압수물에 관하여는 간수자를 두거나 소유자 또는 적당한 자의 승낙을 얻어 보관하게 할 수 있다(130조 1항, 219조). 이러한 위탁보관은 보관자의 승낙을 얻어 보관하는 것이므로 임치계약의 성격을 가진다.

환부하여야 할 압수물 중 환부를 받을 자가 누구인지 알 수 없거나 그 소재가 불명한 경우로서 그 압수물의 멸실·파손·부패 또는 현저한 가치 감소의 염려가 있거나 보관하기 어려운 압수물은 매각하여 대가를 보관할 수 있다(130조 2항, 219조). 이러한 대가보관은 몰수할 압수물의 재산권 행사에 중대한 영향을 미치므로 환부하여야 할 압수물 중 환부받을 자가 불명한 경우에 한하여 행할 수 있다. 대가보관을 함에는 검사, 피해자, 피의자 또는 변호인에게 미리 통지하여야 한다(135조, 219조). 대가보관은 몰수와의 관계에서는 압수물과 동일성이 인정된다. 법원은 대가를 추징하지 않고 압수물을 몰수할 수 있다.

위험발생의 염려가 있는 압수물은 폐기할 수 있고, 법령상 생산·제조·소지·소유 또는 유통이 금지된 압수물로서 부패의 염려가 있거나 보관하기 어려운 압수물은 소유자 등 권한 있는 자의 동의를 받아 폐기할 수 있다(130조 3항). 유사석유제품, 지적재산권 침해사범의 압수물, 불합격판정을 받은 농수산물 등의 경우 결국 폐기될 수밖에 없음에도 불구하고 재판확정시까지 보관해야 하는 것에 대한 예산 등의 낭비가 있었기 때문에 소유자 등 권한 있는 자의 동의를 받아서 사전 폐기를 가능하게 하였다.

7. 압수물의 가환부와 환부

(1) 압수물의 가환부

가환부는 압수의 효력을 존속시키면서 압수물을 잠정적으로 환부하는 제도이다. 가환부의 대상은 증거에 공할 압수물인 증거물에 한한다(133조, 219조). 가환부는 소유자, 소지자, 보관자 또는 제출인의 청구에 의하여 수사기관이 결정하며, 결정 전에 미리 검사, 피해자, 피의자 또는 변호인에게 통지하여야 한다(135조, 219조). 가환부는 압수 자체의 효력을 잃게 하는 것이 아니다. 가환부를 받은 자는 압수물에 대한 보관의무가 있으며 이를 임의로 처분하지 못한다.

(2) 압수물의 환부

환부는 압수를 계속할 필요가 없게 된 경우 압수의 효력을 소멸시키고 압수물을 종국적으로 피압수자에게 반환하는 처분이다. 검사는 사본을 확보한 경우 등 압수를 계속할 필요가 없다고 인정되는 압수물 및 증거에 사용할 압수물에 대하여 공소제기 전이라도 소유자, 소지자, 보관자 또는 제출인의 청구가 있는 때에는 환부 또는 가환부하여야 한다(218조의2 1항). 압수물을 환부하기 위해서는 압수를 계속할 필요가 없을 것을 요하므로 증거로 사용될 압수물이나 몰수의 대상이 되는 압수물은 환부할 수 없다.

압수물에 대하여 더 이상 압수를 계속할 필요가 없어진 때에는 수사기관은 환부가 불가능하여 국고에 귀속시키는 경우를 제외하고는 반드시 그 압수물을 환부하여야 하고, 환부를 받을 자로 하여금 그 환부청구권을 포기하게 하는 등의 방법으로 압수물의 환부의무를 면할 수는 없다. 압수의 요건을 상실한 경우의 압수물의 환부는 필요적이고 의무적이라고 할 수 있으며, 압수물에 대한 몰수의 선고가 포함되지 않은 형사판결이 선고되어 확정된 경우 검사에게 그 압수물을 제출자나 소유자 기타 권리자에게 환부하여야 할 의무가 당연히 발생하는 것이고, 권리자의 환부신청에 의한 검사의 환부결정 등 어떤 처분에 의하여 비로소 환부의무가 발생하는 것은 아니다(대법원 2001. 4. 10. 선고 2000다49343 판결).

⟨소유권 포기의 의사표시와 환부의무⟩

피압수자 등 환부를 받을 자가 압수 후 그 소유권을 포기하는 등에 의하여 실체법상의 권리를 상실하더라도 그 때문에 압수물을 환부하여야 하는 수사기관의 의무에 어떠한 영향을 미칠 수 없고, 또한 수사기관에 대하여 형사소송법상의 환부청구권을 포기한다는 의사표시를 하더라도 그 효력이 없어 그에 의하여 수사기관의 필요적 환부의무가 면제된다고 볼 수는 없으므로, 압수물의 소유권이나 그 환부청구권을 포기하는 의사표시로 인하여 위 환부의무에 대응하는 압수물에 대한 환부청구권이 소멸하는 것은 아니다(대법원 1996. 8. 16. 자 94모51 전원합의체 결정).

(3) 법원의 결정

수사기관의 압수물의 환부는 수사기관의 처분에 의하며, 사법경찰관이 환부할 때에는 검사의 지휘를 받는다(218조의2 4항). 소유자 등의 청구에 대하여 검사가 이를 거부하는 경우에는 신청인은 해당 검사의 소속 검찰청에 대응한 법원에 압수물의 환부 또는 가환부 결정을 청구할 수 있다(218조의2 2항). 이에 따라서 법원이 환부 또는 가환부를 결정하면 검사는 신청인에게 압수물을 환부 또는 가환부하여야 한다(218조의2 3항).

(4) 국고 귀속

압수물의 환부를 받을 자의 소재가 불명하거나 기타 사유로 환불할 수 없는 경우에는 일정한 절차를 거쳐서 압수물을 국고에 귀속할 수 있다(219조, 486조). 형사소송법은 압수물을 국고에 귀속시키는 절차와 방법에 관하여 엄격히 규정함과 아울러 압수된 범칙물이 범인에게 복귀되지 아니하도록 필요에 따른 준비를 하여 두고 있다. 그런데, 법률이 정하고 있는 이러한 방법 이외에 피압수자 등으로 하여금 그 압수물에 대한 환부청구권을 포기하게 하는 등의 방법으로 압수물의 환부의무를 면하게 함으로써 압수를 계속할 필요가 없어진 물건을 국고에 귀속시킬 수 있는 길을 허용하는 것은 적법절차에 의한 인권보장 및 재산권 보장의 헌법정신에도 어긋난다. 예를 들어 일정한 압수물에 대한 권리를 포기하는 대가로 기소유예 등의 처분을 하고 해당 압수물을 국고에 귀속시키는 행위는 허용되지 않는다.

(5) 압수 장물의 피해자환부

압수한 장물은 피해자에게 환부할 이유가 명백한 때에는 수사가 종결되기 전이라도 결정으로 피해자에게 환부할 수 있다(134조, 219조). 환부결정을 함에는 검사, 피해자, 피고인 또는 변호인에게 미리 통지하여야 한다(135조, 219조). 환부할 이유가 명백한 때라 함은 사법상 피해자가 그 압수된 물건의 인도를 청구할 수 있는 권리가 있음이 명백한 경우를 의미한다. 압수장물에 대해서 피해자가 인도청구권이 있는지 여부에 관하여 사실상, 법률상 다소라도 의문이 있는 경우에는 환부할 명백한 이유가 있는 경우라고는 할 수 없다(대법원 1984. 7. 16. 자 84모38 결정). 환부할 이유가 명백하지 않은 경우에는 이를 피해자에게 환부할 것이 아니라 민사소송에 의하여 해결하는 것이 타당하다.

수사절차에서 피해자에게 환부되지 않은 압수장물은 피해자에게 환부할 이유가 명백한 것은 판결로써 피해자에게 환부하는 선고를 하여야 한다(333조 1항). 압수장물을 처분하였을 때에는 판결로써 그 대가로 취득한 것을 피해자에게 교부하는 선고를 하여야 한다(333조 2항). 피해자에게 가환부한 장물에 대하여 별단의 선고가 없는 때에는 피해자 환부의 선고가 있는 것으로 간주한다(333조 3항).

II. 수사상의 검증

1. 수사상의 검증의 의의

수사상의 검증이란 수사기관이 사람의 신체나 장소 또는 물건의 성질, 형상을 오관의 작용에 의하여 인식하는 강제처분을 말한다. 수사기관의 검증은 강제처분에 해당하므로 원칙적으로 법관의 영장에 의해야 하지만, 법원의 검증은 증거조사의 방법이므로 영장을 요하지 않는다.

사람의 신체에 대한 검증과 물건이나 장소에 대한 검증으로 구분할 수 있는데 사람의 신체에 대한 검증을 신체검사라고 한다. 신체검사는 사람의 신체 자체를 검사의 대상으로 한다는 점에서 신체 외부나 착의에 대한 증거물의 수색인 신체수색과 구별된다.

2. 검증의 시기

수사 실무상 범죄의 현장이나 기타 장소, 신체 또는 물건에 대해서 사실을 발견하기 위해서 필요한 경우에 행한다. 검증을 함에는 사람의 신체, 사체의 해부, 분묘의 발굴, 물건의 파괴 기타 필요한 처분을 할 수 있다(140조, 219조). 사체의 해부 또는 분묘의 발굴을 하는 때에는 예를 잊지 아니하도록 주의하고 미리 유족에게 통지하여야 한다(141조, 219조).

공소제기 이후에도 수사기관에 의한 검증이 허용되는지가 문제된다. 공소제기 후 제1회 공판기일 전까지는 증거보전절차에 의해서, 그 이후에는 수소법원에 의한 검증이 인정되므로 공소제기 후에는 수사기관에 의한 검증을 부정하는 것이 타당하다.

3. 절차

사전영장에 의한 검증(215조)과 영장에 의하지 않는 검증(216조, 217조)의 절차는 압수·수색의 절차에 준한다. 일출 전, 일몰 후에는 가주, 간수자 또는 이에 준하는 자의 승낙이 없으면 검증을 하기 위하여 타인의 주거, 간수자 있는 가옥, 건조물, 항공기, 선차 내에 들어가지 못한다. 단, 일출 후에는 검증의 목적을 달성할 수 없을 염려가 있는 경우에는 예외로 한다. 일몰 전에 검증에 착수한 때에는 일몰 후라도 검증을 계속할 수 있다(143조, 219조).

검증을 한 경우 검증 결과를 조서에 기재하여야 한다(49조 1항). 검사 또는 사법경찰관이 적법한 절차와 방식에 따라 작성한 검증조서는 공판준비 또는 공판기일에서 원진술자인 수사기관의 진술에 의하여 그 성립의 진정함이 증명된 때에는 증거로 할 수 있다(312조 6항).

〈사경작성 검증조서〉

사법경찰관이 작성한 검증조서에 피의자이던 피고인이 검사 이외의 수사기관 앞에서 자백한 범행내용을 현장에 따라 진술·재연한 내용이 기재되고 그 재연 과정을 촬영한 사진이 첨부되어 있다면, 그러한 기재나 사진은 피고인이 공판정에서 그 진술내용 및 범행재연의 상황을 모두 부인하는 이상 증거능력이 없다(대법원 2006. 1. 13. 선고 2003도6548 판결).

4. 신체검사

(1) 신체검사의 절차

신체검사에 관하여는 검사를 당하는 자의 성별, 연령, 건강상태 기타 사정을 고려하여 그 사람의 건강과 명예를 해하지 아니하도록 주의하여야 한다(141조 1항). 피고인 아닌 자의 신체검사는 증적의 존재를 확인할 수 있는 현저한 사유가 있는 경우에 한하여 할 수 있다(141조 2항). 여자의 신체를 검사하는 경우에는 의사나 성년의 여자를 참여하게 하여야 한다(141조 3항). 예를 들어 피의자의 지문을 채취하거나 피해자의 상처부위를 확인하는 경우 등이 이에 해당한다. 다만 혈액검사나 방사선 촬영 등 신체검사에 전문적인 지식과 경험을 요구하는 경우에는 감정의 방법에 의하여야 한다.

(2) 체내검사와 체내강제수색

체내검사는 신체의 내부에 침해를 가하는 강제수사이다. 마약사범에 대한 수사의 경우 마약류는 일정기간 소변에 남아있기 때문에 마약사용에 관한 증거를 확보하기 위해서 피의자가 임의로 소변을 제출하지 않는 경우에는 강제채뇨의 방법을 사용할 수 있다. 또한 교통사고의 경우에도 운전자의 혈중알콜농도를 측정하기 위해서 또는 성폭력범죄수사의 경우 DNA 감식을 위하여 강제채혈의 방법을 사용할 수 있다. 체내검사로서 강제채뇨·강제채혈·체내강제수색은 헌법이 보장한 인격권과 인간의 존엄성을 침해할 위험성이 높다는 점에서 피검사자의 건강을 현저히 해치지 않는 범위 내에서 허용되어야 하며, 영장주의는 물론 체내검사의 보충성의 원칙, 검사방법의 상당성의 요건을 구비하여야 한다.

⟨의료인의 혈액 임의제출과 압수절차의 적법성⟩

의료인이 진료 목적으로 채혈한 환자의 혈액을 수사기관에 임의로 제출하였다면 그 혈액의 증거사용에 대하여도 환자의 사생활의 비밀 기타 인격적 법익이 침해되는 등의 특별한 사정이 없는 한 반드시 그 환자의 동의를 받아야 하는 것이 아니고, 당시 간호사가 위 혈액의 소지자 겸 보관자인 병원 또는 담당의사를 대리하여 혈액을 경찰관에게 임의로 제출할 수 있는 권한이 없었다고 볼 특별한 사정이 없는 이상, 그 압수절차가 피의자의 동의 및 영장 없이 행하여졌다고 하더라도 이것은 적법절차를 위반한 것은 아니다(대법원 1999. 9. 3. 선고 98도968 판결).

(3) 강제채뇨와 강제채혈

1) 강체채뇨

강제 채뇨는 피의자가 임의로 소변을 제출하지 않는 경우 피의자에 대하여 강제력을 사용해서 도뇨관(catheter)을 요도를 통하여 방광에 삽입한 뒤 체내에 있는 소변을 배출시켜 소변을 취득·보관하는 행위이다. 수사기관이 범죄 증거를 수집할 목적으로 하는 강제 채뇨는 피의자의 신체에 직접적인 작용을 수반할 뿐만 아니라 피의자에게 신체적 고통이나 장애를 초래하거나 수치심이나 굴욕감을 줄 수 있다. 따라서 피의자에게 범죄 혐의가 있고 그 범죄가 중대한지, 소변성분 분석을 통해서 범죄 혐의를 밝힐 수 있는지, 범죄 증거를 수집하기 위하여 피의자의 신체에서 소변을 확보하는 것이 필요한 것인지, 채뇨가 아닌 다른 수단으로는 증명이 곤란한지 등을 고려하여 범죄 수사를 위해서 강제 채뇨가 부득이하다고 인정되는 경우에 최후의 수단으로 적법한 절차에 따라 허용된다고 보아야 한다(대법원 2018. 7. 12. 선고 2018도6219 판결).

피의자가 동행을 거부하는 의사를 표시하였음에도 불구하고 경찰관들이 영장에 의하지 아니하고 피의자를 강제로 연행한 행위는 위법한 체포에 해당하고, 이와 같이 위법한 체포상태에서 마약 투약 혐의를 확인하기 위한 1차 채뇨 요구가 이루어진 경우, 채뇨 요구를 위한 위법한 체포와 그에 이은 채뇨 요구는 마약 투약이라는 범죄행위에 대한 증거 수집을 위하여 연속하여 이루어진 것으로서 전체적으로 보아 위법한 채뇨 요구가 있었던 것으로 볼 수 있다. 다만, 피의자가 법관이 발부한 구속영장에 의하여 적법하게 구금된 상태에서 법관이 발부한 압수영장에 의하여 2차 채뇨 및 채모 절차가 적법하게 이루어졌다면 이와 같은 사정은 체포과정에서의 절차적 위법과 2차적 증거 수집 사이의 인과관계를 희석하게 할 만한 정황에 속한다고 할 것이다(대법원 2013. 3. 14. 선고 2012도13611 판결).

〈채뇨의 압수영장집행의 적법성〉

> 피고인에 대한 피의사실이 중대하고 객관적 사실에 근거한 명백한 범죄 혐의가 있었다고 보이고, 경찰관의 장시간에 걸친 설득에도 피고인이 소변의 임의 제출을 거부하면서 판사가 적법하게 발부한 압수영장의 집행에 저항하자 경찰관이 다른 방법으로 수사 목적을 달성하기 곤란하다고 판단하여 강제로 피고인을 소변 채취에 적합한 장소인 인근 병원 응급실로 데리고 가 의사의 지시를 받은 응급구조사로 하여금 피고인의 신체에서 소변을 채취하도록 하였다면, 그 과정에서 피고인에 대한 강제력의 행사가 필요 최소한도를 벗어나지 않았으므로, 이러한 경찰관의 조치는 형사소송법 제219조, 제120조 제1항에서 정한 '압수영장의 집행에 필요한 처분'으로서 허용된다(대법원 2018. 7. 12. 선고 2018도6219 판결).

2) 강제채혈

사법경찰관이 도로교통법 규정에 따라 호흡측정 또는 혈액 검사 등의 방법으로 운전자가 술에 취한 상태에서 운전하였는지를 조사하는 것은, 수사기관과 경찰행정조사자의 지위를 겸하는 주체가 형사소송에서 사용될 증거를 수집하기 위한 수사로서의 성격을 가짐과 아울러 교통상 위험의 방지를 목적으로 하는 운전면허 정지·취소의 행정처분을 위한 자료를 수집하는 행정조사의 성격을 동시에 가지고 있다. 음주운전 여부에 관한 조사방법 중 혈액 채취는 상대방의 신체에 대한 직접적인 침해를 수반하는 방법이다. 도로교통법은 채혈조사의 경우 호흡조사와 달리 운전자에게 조사에 응할 의무를 부과하는 규정을 두지 아니할 뿐만 아니라, 측정에 앞서 운전자의 동의를 받도록 규정하고 있으므로(도로교통법 44조 3항), 운전자의 동의 없이 채혈조사를 하는 것은 허용되지 아니한다.

수사기관이 범죄 증거를 수집할 목적으로 피의자의 동의 없이 피의자의 혈액을 취득·보관하는 행위는 ① 법원으로부터 감정처분허가장을 받아 '감정에 필요한 처분'으로도 할 수 있고, ② 압수의 방법으로도 할 수 있다. 압수의 방법에 의하는 경우 혈액의 취득을 위하여 피의자의 신체로부터 혈액을 채취하는 행위는 그 혈액의 압수를 위한 것으로서 형사소송법에서 정한 '압수영장의 집행에 있어 필요한 처분'에 해당한다고 할 것이다. 이와 같이 판례는 피의자의 신체로부터 혈액을 채취하기 위해서는 감정처분허가장 또는 압수영장이 필요한 것으로 보고 있다(대법원 2012. 11. 15. 선고 2011도15258 판결). 다만 음주운전 중 교통사고를 야기한 후 운전자가 의식불명 상태에 빠져 있는 등으로 호흡조사에 의한 음주측정이 불가능하고 채혈에 대한 동의를 받을 수도 없으며 법원으로부터 감정처분허가장이나 사전 압수영장을 발부받을 시간적 여유도 없는 긴급한 상황이 발생한 경우에는 수사기관은 예외적인 요건 하에 음주운전 범죄의 증거 수집을 위하여 운전자의 동의나 사전 영장 없이 혈액을 채취하여 압수할 수 있으나 이 경우에도 형사소송법에 따라 사후에 지체 없이 법원으로부터 압수영장을 받아야 한다(대법원 2016. 12. 27. 선고 2014두46850 판결).

〈혈액에 대한 영장 없는 압수와 사후 압수영장〉

음주운전 중 교통사고를 야기한 후 피의자가 의식불명 상태에 빠져 있는 상태에서 법원으로부터 혈액 채취에 대한 감정처분허가장이나 사전 압수영장을 발부받을 시간적 여유도 없는 긴급한 상황이 생긴 경우 피의자의 신체 내지 의복류에 주취로 인한 냄새가 강하게 나는 등 범죄의 증적이 현저한 준현행범인으로서의 요건이 갖추어져 있고 교통사고 발생 시각으로부터 사회통념상 범행 직후라고 볼 수 있는 시간 내라면, 피의자의 생명·신체를 구조하기 위하여 사고현장으로부터 곧바로 후송된 병원 응급실 등의 장소는 현행범인 체포의 범죄 장소에 준한다 할 것이다. 검사 또는 사법경찰관은 피의자의 혈중알코올농도 등 증거의 수집을 위하여 의료법상 의료인의 자격이 있는 자로 하여금 의료용 기구로 의학적인 방법에 따라 필요최소한의 한도 내에서 피의자의 혈액을 채취하게 한 후 그 혈액을 영장 없이 압수할 수 있다. 하지만 이 경우에도 사후에 지체 없이 강제채혈에 의한 압수의 사유 등을 기재한 영장청구서에 의하여 법원으로부터 압수영장을 받아야 한다(대법원 2012. 11. 15. 선고 2011도15258 판결).

〈호흡측정 후 혈액채취에 의한 음주측정의 적법성〉

경찰관이 음주운전 혐의를 제대로 밝히기 위하여 운전자의 자발적인 동의를 얻어 혈액 채취에 의한 측정의 방법으로 다시 음주측정을 하는 것을 위법하다고 볼 수는 없다. 이 경우 운전자가 일단 호흡측정에 응한 이상 재차 음주측정에 응할 의무까지 당연히 있다고 할 수는 없다. 운전자의 혈액 채취에 대한 동의의 임의성을 담보하기 위하여는 경찰관이 미리 운전자에게 혈액 채취를 거부할 수 있음을 알려주었거나 운전자가 언제든지 자유로이 혈액 채취에 응하지 아니할 수 있었음이 인정되는 등 운전자의 자발적인 의사에 의하여 혈액 채취가 이루어졌다는 것이 객관적인 사정에 의하여 명백한 경우에 한하여 혈액 채취에 의한 측정의 적법성이 인정된다(대법원 2015. 7. 9. 선고 2014도16051 판결).

III. 수사상의 감정유치

1. 감정유치의 의의

검사 또는 사법경찰관은 수사에 필요한 때에는 감정을 위촉할 수 있다(221조 2항). 감정 자체는 강제처분이 아니라 임의수사이지만, 감정을 행함에 있어 피의자에게 강제력의 행사가 필요한 경우가 있는데 이 경우 감정에 필요한 처분으로 감정유치를 행할 수 있다. 수사상 감정유치는 피의자의 정신감정 또는 신체감정을 위하여 일정기간 동안 병원 기타 적당한 장소에 피의자를 유치하는 강제처분이다. 검사는 감정을 위촉하는 경우에 유치처분이 필요할 때에는 판사에게 이를 청구하여야 하며, 판사는 청구가 상당하다고 인정할 때에는 허가장을 발부하여야 한다(221조의4 2, 3항). 감정유치는 실질적으로 피의자의 신체의 자유를 구속하는 것이므로 피의자의 구속에 관한 규정을 준용하고 있다(172조 7항).

2. 감정유치의 절차

감정을 위촉받은 자는 감정에 관하여 필요한 때에는 판사의 허가를 얻어 타인의 주거, 간수자 있는 가옥, 건조물, 항공기, 선차 내에 들어 갈 수 있고 신체의 검사, 사체의 해부, 분묘발굴, 물건의 파괴를 할 수 있다(173조 1항). 판사는 피고인의 성명, 죄명, 들어갈 장소, 검사할 신체, 해부할 사체, 발굴할 분묘, 파괴할 물건, 감정인의 성명과 유효기간을 기재한 허가장을 발부하여야 한다(173조 2항). 감정인은 감정처분을 받는 자에게 허가장을 제시하여야 한다(173조 3항).

피고인의 정신 또는 신체에 관한 감정에 필요한 때에는 법원은 기간을 정하여 병원 기타 적당한 장소에 피고인을 유치하게 할 수 있고 감정이 완료되면 즉시 유치를 해제하여야 한다(172조 3항). 감정유치기간은 미결구금일수의 산입에 있어서는 이를 구속으로 간주한다(172조 8항).

IV. 영장에 의하지 않은 압수·수색·검증

1. 체포·구속을 위한 피의자·피고인 수색

검사 또는 사법경찰관은 체포영장에 의한 체포, 긴급체포 또는 현행범인 체포의 경우와 구속영장에 의하여 피의자·피고인을 구속하는 경우에 필요한 때에

는 영장 없이 타인의 주거나 타인이 간수하는 가옥, 건조물, 항공기, 선차 내에서
피의자 또는 피고인을 수색할 수 있다(216조 1항 1호, 137조). 체포 또는 구속을 위
한 수색은 수사기관에 의해서만 인정되며 일반인은 현행범인의 체포를 위해 타
인의 주거 등을 수색할 수 없다.

피의자 또는 피고인이 타인의 주거 등에 숨어있다고 인정되는 경우에는 체
포나 구속을 위해 먼저 그들의 소재를 발견하기 위한 수색을 할 필요가 있기 때
문에 영장주의의 예외를 인정한 것이다. 영장주의의 예외라는 점에서 피의자의
발견을 위하여 수색하기 위해서는 피의자를 체포·구속 전이어야 하고, 수색과
체포·구속이 시간적으로 접속해야 할 필요는 없지만 타인의 주거 등에 피의자가
소재한다는 개연성이 있어야 한다.

2. 체포현장에서의 압수·수색·검증

(1) 영장주의의 예외 근거

피의자를 체포·구속하는 경우에 필요한 때에는 영장 없이 체포현장에서 압
수·수색·검증을 할 수 있다(216조 1항). 피의자를 체포·구속하는 경우에 체포현장
에서 증거수집을 위하여 행하는 압수·수색·검증에 대하여 영장주의의 예외를 인
정하고 있는데 그 근거에 대해서는 견해의 대립이 있다.

ⓐ 긴급행위설은 영장 없는 압수·수색·검증은 피체포자의 저항을 억압하고
도망을 방지함과 동시에 현장에서의 증거를 은닉하거나 인멸하는 것을 방지하기
위한 긴급조치라고 보는 견해이다(다수설).

ⓑ 부수처분설은 영장에 의한 체포·구속과 같은 중한 기본권 침해가 허용되
는 이상 그보다 경한 소유권이나 사생활 침해의 경우는 영장 없이도 가능하다고
견해이다.

부수처분설은 체포영장을 발부받을 수 없는 긴급상태의 존재를 요구하지 않
고 적법한 체포가 있으면 영장 없이 압수·수색·검증이 가능하다는 점에서 대물
적 강제처분의 독자성을 간과하고 있다. 특히 압수의 경우 유력한 증거물이나 몰
수물이 존재하는 체포현장에서 긴급하게 이것을 수집·보전하기 위한 필요성이
인정되어야 한다는 점에서 긴급행위설이 타당하다. 예를 들어 체포자의 안전을
위하여 흉기를 빼앗고 피의자가 증거를 파괴, 은닉하는 것을 예방하기 위한 긴급
조치로서 영장주의의 예외를 인정할 수 있는 것이다.

(2) 압수·수색·검증이 허용되는 시간적 범위

체포현장에서의 압수·수색·검증이 체포와의 사이에 시간적 접착성이 요구된다. 그런데 체포행위와 압수 등의 행위와의 사이에 어느 정도의 시간적 접착성이 인정되는지에 대해서는 견해의 대립이 있다. 체포 전에도 또는 체포 도중에 피의자가 도주한 경우에도 영장 없이 압수·수색·검증을 허용할 수 있는지에 대해서 견해의 차이가 있다.

ⓐ 압수·수색·검증이 체포행위에 시간적으로 접착되어 있으면 족하고 체포의 전후나 체포의 성공여부도 불문하고 허용된다는 견해(체포접착설)와 ⓑ 압수·수색·검증의 당시에 피의자가 현장에 있으면 족하다는 견해(현장설), ⓒ 피의자가 압수·수색·검증의 현장에 있고 체포에 착수할 것을 요한다는 견해(체포착수설), ⓓ 현실적으로 체포되는 경우에 한하며 체포도중에 피의자가 도주한 경우에는 더 이상 압수·수색·검증을 할 수 없다는 견해(체포설)가 있다.

피의자를 체포하는 경우라고 하기 위해서는 피의자가 현장에 있어야 할 것이다. 피의자가 외출한 상태에서 돌아오면 체포할 의도를 가지고 체포 전에 영장 없이 압수·수색·검증을 할 수 있다고 허용하면 이는 강제처분의 적법성을 이후의 체포행위에 좌우되는 결과가 되어 타당하지 않다. 체포 도중에 피의자가 도주한 경우 현장에 있는 증거물을 지체 없이 압수·수색할 필요가 있으므로 피의자의 체포가 실패한 경우에도 허용해야 하고, 적어도 피의자가 수색장소에 현재하고 있고 체포에 착수할 것을 요한다고 보는 것이 타당하다.

(3) 압수 후의 절차

체포현장에서 영장 없이 압수할 수 있는 대상은 체포의 원인이 된 범죄사실과 관련되는 증거물 및 몰수물 이외에 체포자에게 위험을 줄 수 있는 흉기 내지 도주의 수단이 되는 용구 등에 한한다. 이 때 검사 또는 사법경찰관은 압수한 물건을 계속 압수할 필요가 있는 경우에는 지체 없이 압수수색 영장을 청구하여야 한다. 이 경우 압수수색 영장의 청구는 체포한 때부터 48시간 이내에 하여야 한다(217조 2항). 검사 또는 사법경찰관은 청구한 압수·수색 영장을 발부받지 못한 때에는 압수한 물건을 즉시 반환하여야 한다(217조 3항).

〈사후 압수영장 위반의 경우〉

> 경찰이 피고인의 집에서 20m 떨어진 곳에서 피고인을 체포하여 수갑을 채운 후 피고인의 집으
> 로 가서 집안을 수색하여 칼과 합의서를 압수하였을 뿐만 아니라 적법한 시간 내에 압수·수색영
> 장을 청구하여 발부받지도 않은 경우 칼과 합의서는 임의제출물이 아니라 영장없이 위법하게 압수
> 된 것으로서 증거능력이 없다(대법원 2010. 7. 22. 선고 2009도14376 판결).

〈현행범인 체포와 사후 영장 위반〉

> 구 정보통신망 이용촉진 및 정보보호 등에 관한 법률 위반(음란물유포)의 범죄혐의를 이유로
> 발부받은 압수·수색영장으로 피고인의 주거지를 수색하는 과정에서 대마가 발견되자 이에 피고인
> 을 마약류관리에 관한 법률 위반(대마)죄의 현행범으로 체포하면서 위 대마를 압수하였으나, 이후
> 사후 압수·수색영장을 받지 아니한 사실이 인정되므로 위 압수한 대마 및 그 압수조서 중 "위 대
> 마를 피고인에게서 압수하였다"는 취지의 기재 등은 형사소송법상 영장주의를 위반하여 수집한 증
> 거로, 그 절차위반의 정도가 적법절차의 실질적인 내용을 침해하는 것이어서 그 증거능력을 배제
> 하는 것이 형사사법 정의실현의 취지에 합치된다(대법원 2009. 5. 14. 선고 2008도10914 판결).

3. 범죄장소에서의 압수·수색·검증

범행 중 또는 범행 직후의 범죄 장소에서 긴급을 요하여 법원판사의 영장을
받을 수 없는 때에는 영장 없이 압수·수색 또는 검증을 할 수 있다. 이 경우에는
사후에 지체없이 영장을 받아야 한다(216조 3항). 현행범인의 체포의 경우 체포현
장에서 압수·수색·검증이 허용되기 때문에 범죄장소에서의 압수·수색·검증은
피의자의 체포나 구속을 전제로 하지 않고 현행범인의 체포가 이루어지지 않은
상황에서 압수·수색의 긴급성에 대처하기 위해서 사전영장주의의 예외를 인정하
고 있다. 예를 들어 주취운전이라는 범죄행위로 당해 음주운전자를 구속·체포하
지 아니한 경우에도 필요하다면 그 차량열쇠는 범행 중 또는 범행 직후의 범죄장
소에서의 압수로서 영장 없이 이를 압수할 수 있다(대법원 1998. 5. 8. 선고 97다54482
판결). 다만 범죄현장에서 급속을 요한다는 이유로 압수수색 영장 없이 행하여졌
고 그 때 작성된 압수·수색·검증조서가 이후 법원의 사후영장을 받은 적이 없다
면 이를 유죄의 증거로 쓸 수 없다(대법원 1984. 3. 13. 선고 83도3006 판결).

〈현행범 체포에 선행하는 압수·수색의 적법성〉

피고인이 지구대에 임의동행되어 있는 상태에서 경찰관이 피고인의 집과 차량을 수색한 것은 사후에 지체없이 입수·수색영장을 받지 아니한 이상 위법하다. 현행범 체포행위에 선행하는 압수·수색은 허용되지 아니하고, 현행범으로 체포된 자가 압수·수색의 현장에 있음을 요하며, 또한 형사소송법 217조 1항의 '긴급체포할 수 있는 자'란 현실적으로 '긴급체포된 자'로 해석하여야 한다 (서울중앙지방법원 2006. 10. 31. 선고 2006노2113 판결).

4. 긴급체포 후의 압수·수색·검증

(1) 긴급압수 수색의 요건

검사 또는 사법경찰관은 긴급체포된 자가 소유·소지 또는 보관하는 물건에 대하여 긴급히 압수할 필요가 있는 경우에는 체포한 때부터 24시간 이내에 한하여 영장 없이 압수·수색 또는 검증을 할 수 있다(217조 1항). 긴급체포된 사실이 밝혀진 경우 피의자와 관련된 사람이 소유·소지 또는 보관하는 물건에 대해 증거물을 은닉하는 것을 방지하기 위한 취지이다. 따라서 긴급체포에 부수하여 당연히 인정되는 것이 아니라 이를 위해서는 긴급성의 요건이 필요하다. 수사기관은 체포된 자가 소유·소지 또는 보관하는 물건에 대하여 긴급히 압수할 필요가 있는 경우에는 체포한 때부터 24시간 이내에 한하여 영장 없이 압수·수색 또는 검증을 할 수 있다(217조 1항).

압수·수색·검증의 대상은 긴급체포된 자가 소유·소지 또는 보관하고 있는 물건이다. 따라서 타인의 물건을 피의자가 소지·보관하거나 타인이 피의자 소유의 물건을 소지·보관하는 경우에도 압수 등이 가능하다. 긴급체포 후의 압수는 긴급체포의 원인이 된 범죄사실에 관한 증거에 한정되며, 당해 범죄사실의 수사에 필요한 최소한의 범위 내에서 인정해야 한다.

(2) 긴급압수·수색·검증기간과 사후영장청구

영장 없이 압수·수색·검증할 수 있는 기간은 긴급체포 후 24시간 이내에 한한다(217조 1항). 따라서 24시간이 지난 때에는 구속영장이 발부되었는가 여부를 불문하고 영장 없이 압수·수색·검증할 수 없다.

검사 또는 사법경찰관은 위 압수한 물건을 계속 압수할 필요가 있는 경우에는 지체 없이 압수수색 영장을 청구하여야 한다(217조 2항). 이 경우 압수수색 영장의 청구는 체포한 때로부터 48시간 이내에 하여야 한다. 긴급체포시 압수한 물건에 대하여 압수수색 영장을 청구하여 이를 발부받지 아니하고도 즉시 반환하지 아니한 압수물은 이를 유죄 인정의 증거로 사용할 수 없다. 영장주의의 중요성에 비추어 볼 때 피고인이나 변호인이 이를 증거로 함에 동의한다고 하더라도 증거능력을 인정할 수 없다(대법원 2009. 12. 24. 선고 2009도11401 판결).

〈강제처분의 사유와 관련성〉

경찰관이 전화사기죄 범행의 혐의자를 긴급체포하면서 그가 보관하고 있던 다른 사람의 주민등록증, 운전면허증 등을 압수한 사안에서, 이는 해당 범죄사실의 수사에 필요한 범위 내의 압수이므로 적법하다. 어떤 물건이 긴급체포의 사유가 된 범죄사실 수사에 필요한 최소한의 범위 내의 것으로서 압수의 대상이 되는 것인지는 당해 범죄사실의 구체적인 내용과 성질, 압수하고자 하는 물건의 형상·성질, 당해 범죄사실과의 관련 정도와 증거가치, 인멸의 우려는 물론 압수로 인하여 발생하는 불이익의 정도 등 압수 당시의 여러 사정을 종합적으로 고려하여 객관적으로 판단하여야 한다(대법원 2008. 7. 10. 선고 2008도2245 판결).

(3) 유류물 또는 임의제출물의 영치

검사, 사법경찰관은 피의자 기타인의 유류한 물건이나 소유자, 소지자 또는 보관자가 임의로 제출한 물건을 영장 없이 압수할 수 있다(218조). 이 경우 영장없는 압수이기는 하지만 상대방의 의사에 반하는 것이 아니므로 영치에 대하여 압수영장을 요하지 않는다.

영치의 목적물은 반드시 증거물 또는 몰수 대상물에 한정되지 않는다. 임의제출물의 경우 제출자가 반드시 적법한 권리자일 필요는 없다. 예를 들어 절도범인이 자신이 절취한 장물을 수사기관에 임의로 제출할 수 있다. 소유자, 소지자또는 보관자가 아닌 자로부터 제출받은 물건을 영장 없이 압수한 경우 그 '압수물' 및 '압수물을 찍은 사진'은 이를 유죄 인정의 증거로 사용할 수 없는 것이고, 헌법과 형사소송법이 선언한 영장주의의 중요성에 비추어 볼 때 피고인이나 변호인이 이를 증거로 함에 동의하였다고 하더라도 유죄 인정의 증거로 사용할 수없다(대법원 2010. 1. 28. 선고 2009도10092 판결).

〈소지자, 보관자의 임의제출의 적법성〉

교도관이 보관하고 있는 비망록의 증거사용에 대하여도 재소자의 사생활의 비밀 기타 인격적 법익이 침해되는 등의 특별한 사정이 없는 한 반드시 그 재소자의 동의를 받아야 하는 것은 아니

다. 따라서 검사가 교도관으로부터 그가 보관하고 있던 피고인의 비망록을 뇌물수수 등의 증거자
료로 임의로 제출받아 이를 압수한 경우, 그 압수절차가 피고인의 승낙 및 영장 없이 행하여졌다
고 하더라도 이에 석법절차를 위반한 위법이 있다고 할 수 없다(대법원 2008. 5. 15. 선고 2008
도1097 판결).

V. 통신제한조치와 감청

1. 통신제한조치의 종류와 요건

통신비밀보호법(이하 '통비법'으로 약칭한다)은 통신에 대한 제한조치를 '통신제
한조치'라 명명하고 통신제한조치를 '우편물의 검열'과 '전기통신의 감청', 두 가
지로 분류(통비법 3조 2항)하고 있다. 그 밖에 '통신사실확인자료제공'이나 '비공개
대화의 녹음·청취'도 이에 준하여 규제한다. 검열이란 '우편물에 대하여 당사자
의 동의 없이 이를 개봉하거나 기타의 방법으로 그 내용을 지득 또는 채록하거나
유치하는 것'(통비법 2조 6호)이며, 감청이란 '전기통신에 대하여 당사자의 동의 없
이 전자장치·기계장치 등을 사용하여 통신의 음향·문언·부호·영상을 청취·공
독(共讀)하여 그 내용을 지득·채록하거나 전기통신의 송·수신을 방해하는 것'(통
비법 2조 7호)이고 '통신사실확인자료'란 통비법이 열거하는 각목'1의 어느 하나에
해당하는 전기통신사실에 관한 자료이다(2조 11호).

주의할 것은 ① 통신제한조치를 취할 수 있는 범죄의 구성요건이 제한적(制
限的)으로 열거되어 있으며(통비법 5조 1항의 1호~11호에 열거되어 있다. 그 대상이 되는 범
죄는 무거운 범죄이거나, 통신제한조치를 취함이 그 범죄의 예방이나 증거수집에 적합한 방법이
될 수 있는 범죄들이다), ② 그 범죄들을 계획 또는 실행하고 있거나 실행하였다고
의심할만한 충분한 이유가 있고, ③ 다른 방법으로는 그 범죄의 실행을 저지하거
나 범인의 체포 또는 증거의 수집(蒐集)이 어려운 경우에 한한다(보충성의 원칙, 3조
2항, 5조 1항)는 점이다.

---

1 통신비밀보호법 2조 11호 "'통신사실확인자료'라 함은 다음 각목의 어느 하나에 해당하는 전기
통신사실에 관한 자료를 말한다. 가. 가입자의 전기통신일시 나. 전기통신개시·종료시간 다.
발·착신 통신번호 등 상대방의 가입자번호 라. 사용도수 마. 컴퓨터통신 또는 인터넷의 사용자
가 전기통신역무를 이용한 사실에 관한 컴퓨터통신 또는 인터넷의 로그기록자료 바. 정보통신
망에 접속된 정보통신기기의 위치를 확인할 수 있는 발신기지국의 위치추적자료 사. 컴퓨터통
신 또는 인터넷의 사용자가 정보통신망에 접속하기 위하여 사용하는 정보통신기기의 위치를
확인할 수 있는 접속지의 추적자료"[시행 2010. 5. 3][법률 제9819호, 2009. 11. 2, 일부개정].

〈통비법이 보호하는 대화에 사물에서 발생하는 음향이 포함되는지 여부〉

통비법은 통신의 비밀을 보호하고 통신의 자유를 신장하는 것을 입법 목적으로 하여 통신 및 대화의 비밀과 자유를 제한함에 있어 그 대상을 한정하고 엄격한 법적 절차를 밟도록 규정하고 있다 (1조). 이에 따라 누구든지 위 법과 형사소송법 또는 군사법원법의 규정에 의하지 않고는 공개되지 않은 타인 간의 대화를 녹음하거나 청취할 수 없고(3조 1항 본문), 공개되지 않은 타인 간의 대화를 녹음하거나 전자장치 또는 기계적 수단을 이용하여 청취함으로써 취득한 대화의 내용은 재판 또는 징계절차에서 증거로 사용할 수 없다(14조 2항, 1항·4조). D가 상해혐의로 기소된 상해 피고사건에서 평소 친분이 있던 상해피해자 V와 휴대전화로 통화를 마친 후 전화가 끊기지 않은 상태에서 "1∼2분간 몸싸움을 연상시키는 '악' 소리와 '우당탕' 소리를 들었다"고 증언한 검찰측 증인이 있었다. D의 변호인은 "'우당탕'하는 소리와 '악'하는 V의 비명을 들었다는 O의 진술은 통비법이 보호하고 있는 '공개되지 않은 타인 간 대화'의 청취에 해당하고, 이 같은 타인 간의 대화를 당사자의 동이 없이 청취한 내용은 형사재판에서 증거로 사용할 수 없으므로 증거능력이 없다."고 주장하며 상고하였다. 대법원은 "통비법의 위 규정들의 문언, 내용, 체계와 입법 취지 등에 비추어 보면, 통비법에서 보호하는 타인 간의 '대화'는 원칙적으로 현장에 있는 당사자들이 육성으로 말을 주고받는 의사소통행위를 가리킨다. 따라서 사람의 육성이 아닌 사물에서 발생하는 음향은 타인 간의 '대화'에 해당하지 않는다. 또한 사람의 목소리라고 하더라도 상대방에게 의사를 전달하는 말이 아닌 단순한 비명소리나 탄식 등은 타인과 의사소통을 하기 위한 것이 아니라면 특별한 사정이 없는 한 타인 간의 '대화'에 해당한다고 볼 수 없다. 한편 국민의 인간으로서의 존엄과 가치를 보장하는 것은 국가기관의 기본적인 의무에 속하는 것이고 이는 형사절차에서도 구현되어야 한다. 위와 같은 소리가 비록 통비법에서 말하는 타인 간의 '대화'에는 해당하지 않더라도, 형사절차에서 그러한 증거를 사용할 수 있는지 여부는 개별적인 사안에서 효과적인 형사소추와 형사절차상 진실발견이라는 공익과 개인의 인격적 이익 등의 보호이익을 비교형량하여 결정하여야 한다 (대법원 2013. 11. 28. 선고 2010도12244 판결 등 참조). 대화에 속하지 않는 사람의 목소리를 녹음하거나 청취하는 행위가 개인의 사생활의 비밀과 자유 또는 인격권을 중대하게 침해하여 사회통념상 허용되는 한도를 벗어난 것이라면, 단지 형사소추에 필요한 증거라는 사정만을 들어 곧바로 형사소송에서 진실발견이라는 공익이 개인의 인격적 이익 등 보호이익보다 우월한 것으로 섣불리 단정해서는 안 된다. 그러나 그러한 한도를 벗어난 것이 아니라면 위와 같은 목소리를 들었다는 진술을 형사절차에서 증거로 사용할 수 있다"고 판시하였다(대법원 2017. 3. 15. 선고 2016도19843 판결).

2. 수사기관의 통신제한조치허가서 획득절차

수사기관의 통신제한조치허가서 획득절차를 형사소송법상의 통상적 강제처분(압수·수색·검증) 영장 획득절차와 비교하여 검토하면 다음과 같은 특색이 있다.

(1) 형사소송법상의 강제처분

통신제한조치는 형사소송법상의 강제처분(압수·수색·검증)과 성질이 다른 것이기 때문에 통비법에 의하여 별도로 규율되고 있다. 그러나 통신제한조치도 기본권(통신의 프라이버시)의 권리제한조치라는 점에서 형사소송법상의 통상의 강제처분과 다를 바가 없으므로 그 관할법원이나 청구권자, 청구절차는 통상의 형사소송법상의 강제처분과 같다. 따라서 통비법 시행령 42조는 범죄수사를 위한 통신제한조치에 대하여는 그 성질에 반하지 아니하는 범위 안에서 형사소송법 또는 형사소송규칙의 압수·수색·검증에 관한 규정을 준용하도록 하고 있다.

통신제한조치의 관할법원은 그 제한조치를 받을 통신당사자의 쌍방 또는 일방의 주소지 또는 소재지를 관할하는 지방법원 또는 지원(보통군사법원을 포함한다)이며(통비법 6조 3항), 통신제한조치허가서의 청구권자는 검사이다. 사법경찰관은 검사를 경유하여 통신제한조치허가서의 발부를 청구할 수 있을 뿐이다(통비법 6조 1항·2항).

(2) 영장주의의 적용

통신제한조치의 경우에도 원칙적으로 영장주의가 적용된다. 따라서 법집행기관이나 정보수사기관이 내국인에 대하여 통신제한조치를 하려면 사전에 영장(이 영장을 실무상 '통신제한조치 허가서'라 한다)을 발부받아야 한다. 다만 예외적으로 긴급한 사유가 있는 때에는 먼저 통신제한조치를 취하고 통신제한조치를 집행한 때로부터 36시간 이내에 법원의 허가를 받아야 한다(통비법 8조 1항, 2항). 통비법은 이를 '긴급통신제한조치'로 부르고 있다.

(3) 계속적 처분

통신제한조치는 일시적으로 행하여지는 경우(통비법 5조 1항)와 일정한 기간을 정하여 계속적으로 행하여지는 경우(통비법 5조 2항)가 있다. 실무상 후자의 경우가 더 많이 행해질 것으로 보인다. 이처럼 통신제한조치에는 형사소송법상의 대물적(対物的) 강제처분(압수·수색·검증, 215조)과는 달리 기간의 정함이 있을 수 있다. 통신제한조치의 기간은 2개월을 초과하지 못하고, 그 기간 중 통신제한조치의 목적이 달성되었을 경우에는 즉시 종료하여야 한다(통비법 6조 7항). 그런데 기간 연장의 횟수에 제한이 없어 위헌시비를 불러일으켰다. 2010. 12. 28. 헌재는 이 조항에 대하여 헌법불합치 결정2을 내렸으며, 2019년 법률을 개정하여 통신제한조치의 허가요건이 존속하는 경우 2개월의 범위에서 연장을 청구할 수 있다.

3. 계좌추적영장과 통신제한조치허가서의 대상물특정

압수·수색영장에는 죄명, 압수할 물건, 수색할 장소, 신체, 물건을 특정하여야 하며(114조 1항, 219조) 통신제한조치허가서에도 통신제한조치의 종류, 그 목적, 대상, 범위 및 기간을 특정하여 기재하여야 한다(통비법 6조 6항). 이 요건을 특정성요건(a particularity requirement)이라고 한다. 압수·수색 영장에 죄명을 명시하도록한 이유는 이 특정성요건의 충족과 관계있다.

첫째, 대상물을 몇 개 특정하여 열거하고 '기타 본 건과 관계있는 일체의 물건'을 압수물로 기재함은 특정성요건을 충족한 것으로 볼 것인가? 대상물을 전혀 특정하지 않고 죄명과 혐의사실을 적시한 뒤 '본 건과 관계있는 일체의 물건'을 압수물로 기재하는 것보다는 특정성이 있지만 영장주의의 정신에 비추어 이것도 무효로 볼 여지가 있다.

둘째, 특정성을 요구하는 취지에 비추어 볼 때 죄명의 기재 외에 적용법조가 구체적으로 열거되어야 하는가? 명예훼손이라는 죄명을 기재하는 것으로 족하고 구체적인 적용법조까지 요구할 수 없으며, 상세한 피의사실의 요지까지 요구할 수는 없을 것이다. 압수와 수색처분은 체포·구속의 경우와 달리 아직 피의사실의 내용이 명확하지 아니한 단계에서 혐의사실을 구체화하기 위하여 행하여지는

---

2 "가. 통신제한조치기간의 연장을 허가함에 있어 총연장기간 또는 총연장횟수의 제한을 두고 그 최소한의 연장기간동안 범죄혐의를 입증하지 못하는 경우 통신제한조치를 중단하게 한다고 하여도, 여전히 통신제한조치를 해야 할 필요가 있으면 법원에 새로운 통신제한조치의 허가를 청구할 수 있으므로 이로써 수사목적을 달성하는데 충분하다. 또한 법원이 실제 통신제한조치의 기간연장절차의 남용을 통제하는데 한계가 있는 이상 통신제한조치 기간연장에 사법적 통제절차가 있다는 사정만으로는 그 남용으로 인하여 개인의 통신의 비밀이 과도하게 제한되는 것을 막을 수 없다. 그럼에도 통신제한조치기간을 연장함에 있어 법운용자의 남용을 막을 수 있는 최소한의 한계를 설정하지 아니한 이 사건 법률조항은 침해의 최소성 원칙에 위반한다. 나아가 통신제한조치가 내려진 피의자나 피내사자는 자신이 감청을 당하고 있다는 사실을 모르는 기본권제한의 특성상 방어권을 행사하기 어려운 상태에 있으므로 통신제한조치기간의 연장을 허가함에 있어 총연장기간 또는 총연장횟수의 제한이 없을 경우 수사와 전혀 관계없는 개인의 내밀한 사생활의 비밀이 침해당할 우려도 심히 크기 때문에 기본권 제한의 법익균형성 요건도 갖추지 못하였다. 따라서 이 사건 법률조항은 헌법에 위반된다."[헌재 2010. 12. 28. 선고 2009헌가30 결정(통신비밀보호법 6조 7항 단서 위헌제청)].

것이 보통이기 때문이다.

셋째, 최근에는 금융계좌추적을 목적으로 하는 계좌추적용 압수·수색·검증영장(검찰사건사무규칙)이 광범위하게 청구·발부되어 합리적 제한방안이 모색되고 있다. 금융계좌추적용 압수·수색영장을 청구하기 위해서는 계좌번호와 개설은행 외에 명의인의 인적사항, 요구대상 거래기간, 요구의 법적 근거, 사용목적 등의 사항을 기재하여야 한다. 포괄계좌는 압수·수색의 대상자만 특정되고 그 대상자가 개설한 모든 금융기관의 예금계좌 전부를 말한다. 이런 경우 대상자가 특정되어 있다고 하더라도 대상물이 너무 포괄적이어서 해당 사건과의 관련성이 특정되었다고 보기 어렵고 대상자에 대한 사생활 비밀의 침해가 크기 때문에 엄격한 제한이 필요하다.

대법원은 2000. 4. 1.자부터 금융계좌추적용 영장을 별도로 만들어 사용하고 (대법원 송무예규 759호), 영장심사 시 일부기각제도[압수수색검증영장 등의 일부기각 시의 업무처리지침(대법원 송무예규 760호)]를 적극 활용하여 예금계좌추적과 관련한 영장 심사를 강화하는 방침을 정하였다. 대검찰청도 검찰의 계좌추적관행에 대한 비판이 제기되자 계좌추적의 범위와 한계에 관한 특별지시(1999. 9. 8.자)를 통하여 ① 금융거래의 추적은 가급적 혐의사실에 대한 보강증거 수집차원에서 최소한으로 실시함을 원칙으로 하고, ② 추적대상 금융거래기간과 영장유효기간을 혐의사실 입증에 필요한 기간으로 제한하며, ③ 추적대상은 혐의자 및 관련인물로 하되 필요한 최소한의 범위로 한정한다는 원칙을 수립하였다.

〈인터넷회선감청 규정의 헌법불합치결정〉

인터넷회선감청은 인터넷회선을 통하여 흐르는 전기신호 형태의 '패킷'을 중간에 확보한 다음 재조합 기술을 거쳐 그 내용을 파악하는 이른바 '패킷감청'의 방식으로 이루어진다. '패킷감청'의 방식으로 이루어지는 인터넷회선 감청은 수사기관이 실제 감청 집행을 하는 단계에서는 해당 인터넷회선을 통하여 흐르는 불특정 다수인의 모든 정보가 패킷 형태로 수집되어 일단 수사기관에 그대로 전송되므로, 다른 통신제한조치에 비하여 감청 집행을 통해 수사기관이 취득하는 자료가 비교할 수 없을 정도로 매우 방대하다는 점에 주목할 필요가 있다. 따라서 인터넷회선 감청은 집행 및 그 이후에 제3자의 정보나 범죄수사와 무관한 정보까지 수사기관에 의해 수집·보관되고 있지는 않는지, 수사기관이 원래 허가받은 목적, 범위 내에서 자료를 이용·처리하고 있는지 등을 감독 내지 통제할 법적 장치가 강하게 요구된다.

그런데 이 사건 법률조항(통신비밀보호법 5조 2항)은 인터넷회선 감청의 특성을 고려하여 그 집행 단계나 집행 이후에 수사기관의 권한 남용을 통제하고 관련 기본권의 침해를 최소화하기 위한 제도적 조치가 제대로 마련되어 있지 않은 상태에서, 범죄수사 목적을 이유로 인터넷회선 감청을 통신제한조치 허가 대상 중 하나로 정하고 있으므로 침해의 최소성 요건을 충족한다고 할 수 없다. 또한 과잉금지원칙에 위반하는 것으로 청구인의 기본권을 침해한다. 다만 이 사건 법률조항에 대해 단순위헌결정을 하는 대신 헌법불합치결정을 선고하되, 입법자가 이 사건 법률조항의 위헌성을 제거하고 합리적인 내용으로 개정할 때까지 일정 기간 이를 잠정적으로 적용할 필요가 있다(헌재 2018. 8. 30. 선고 2016헌마263 결정).

VI. 수사상의 증거보전(證據保全)

1. 증거보전의 의의

증거조사나 증인신문은 공판절차의 증거조사 단계에서 이루어지지만, 미리 증거를 보전하지 아니하면 그 증거를 사용하기 곤란한 사정이 있는 경우(184조)나 범죄수사에 없어서는 안될 사실을 안다고 명백히 인정되는 자가 출석 및 진술을 거부하는 경우(221조의2)에는 수사절차나 제1회 공판기일 이전이라도 이를 허용하고 있다.

증거보전이라 함은 검사, 피고인, 피의자 또는 변호인은 미리 증거를 보전하지 아니하면 그 증거를 사용하기 곤란한 사정이 있는 때에는 제1회 공판기일 전이라도 판사에게 압수, 수색, 검증, 증인신문 또는 감정을 청구하여 그 결과를 보전하는 것을 말한다(184조). 피의자나 피고인이 판사를 통하여 강제적으로 자신에게 유리한 증거를 확보하는 제도라는 점에서 중요한 의의가 있다.

2. 증거보전의 요건

(1) 증거보전의 필요성

증거보전을 위해서는 증거를 보전하지 않으면 그 증거를 사용하기 곤란한 사정이 있는 때에 인정된다(184조 1항). 이와 같이 증거보전의 필요성이 있어야 하는데, 그 예로써 증거물이 멸실·훼손·은닉되거나 변경될 염려가 있거나, 증인의 장기간의 해외여행 등이 예정되어 있어서 증언을 할 수 없는 경우 및 감정대상의 멸실·훼손·변경의 염려가 있거나 감정인을 증인으로 신문하지 못하게 될 위험성 등이 있는 경우를 들 수 있다.

(2) 제1회 공판기일 전

증거보전은 제1회 공판기일 전에 한하여 허용된다. 제1회 공판기일 후에는 수소법원에서의 증거조사가 가능하므로 판사에게 증거보전을 청구할 필요가 없다. 제1회 공판기일 전의 의미는 실질적으로 수소법원에서 증거조사가 가능한 시점을 말하는데, 이에 대해서는 ① 검사의 모두진술이 종료되는 시점까지라는 견해, ② 모두절차가 끝난 때까지라고 보는 견해, ③ 증거조사가 개시되기 전까지라는 견해가 대립한다. 검사의 모두진술이 있은 후 행하여지는 피고인의 모두진술절차에서 피고인은 증거수집이나 증거조사의 필요성을 수소법원에 진술할 수 있으므로 검사의 모두진술이 종료되면 증거보전을 청구할 수 없다고 보는 것이 타당하다. 따라서 제1회 공판기일 전이란 검사의 모두진술이 종료되는 시점까지 또는 같은 의미로 피고인의 모두진술이 시작되기 전까지를 의미한다고 볼 수 있다.

3. 증거보전의 절차

증거보전의 청구권자는 검사·피의자·피고인 또는 변호인이다(184조 1항). 검사의 경우는 수사절차나 공소제기 후 제1회 공판기일 전에, 피의자의 경우는 수사절차에서 피고인은 공소제기 후 제1회 공판기일 이전에 청구할 수 있다. 증거보전을 청구할 수 있는 처분은 압수, 수색, 검증, 증인신문 또는 감정이다(184조 1항). 따라서 증거보전절차에서 피의자 또는 피고인의 신문을 청구할 수는 없다. 다만 증거보전절차에서 공범자인 공동피의자에 대한 증인신문의 청구는 허용된다.

판례는 공동피고인과 피고인이 뇌물을 주고 받은 사이로 필요적 공범관계에 있다고 하더라도 검사는 수사단계에서 피고인에 대한 증거를 미리 보전하기 위하여 필요한 경우에는 판사에게 공동피고인을 증인으로 신문할 것을 청구할 수 있다고 판단하였다(대법원 1988. 11. 8. 선고 86도1646 판결).

증거보전의 청구는 서면으로 그 사유를 소명하여야 한다(184조 3항). 증거보전의 청구는 보전을 필요로 하는 증거를 관할하는 지방법원 판사에게 하여야 한다(규칙 91조). 증거보전의 청구를 받은 판사는 청구가 적법하고 필요하다고 인정되면 증거보전처분의 절차로 이행하여야 한다. 그러나 청구가 부적법하거나 증거보전의 필요가 없다고 인정되면 청구를 기각하는 결정을 하여야 한다. 증거보전의 청구를 기각하는 결정에 대하여는 3일 이내에 항고할 수 있다(184조 4항).

증거보전의 청구를 받은 판사는 그 처분에 관하여 법원 또는 재판장과 동일한 권한이 있다(184조 2항). 따라서 법원이 행하는 압수, 수색, 검증, 증인신문 또

는 감정에 관한 규정이 준용되며, 또한 당사자의 증거조사 참여권 및 증인신문권
에 관한 규정도 준용된다(184조 2항, 163조).

4. 증거보전 후의 절차

증거보전절차를 통하여 취득한 증거 예를 들어 압수한 물건 또는 압수·수색·
검증조서, 증인신문조서, 감정서 등은 증거보전을 행한 판사가 소속한 법원에서
보관한다. 검사, 피의자, 피고인 또는 변호인은 판사의 허가를 얻어 그 서류와 증
거물을 열람 또는 등사할 수 있다(185조). 증거보전을 청구한 자는 물론이고 그
상대방에게도 열람 또는 등사할 수 있다.

증거보전절차에서 작성된 조서는 법원 또는 법관의 조서로서 당연히 증거능
력이 인정된다(311조). 다만, 증거보전절차에서 감정인이 제출한 감정서는 형사소
송법 313조 2항의 요건에 해당하면 그 증거능력이 인정된다. 한편 제1회 공판기
일 전에 증거보전절차에서 증인신문을 하면서, 피의자 및 변호인에게 증인신문의
일시와 장소를 미리 통지하지 아니하여 증인신문에 참여할 수 있는 기회를 주지
않은 채 작성된 증인신문조서는 증거능력이 없다(대법원 1992. 2. 28. 선고 91도2337
판결).

VII. 증인신문의 청구

1. 증인신문의 의의

참고인에 대한 증인신문이란 중요한 참고인이 수사기관의 출석 또는 진술을
거부하는 경우에 검사가 제1회 공판기일 전에 한하여 판사에게 그에 대한 증인신
문을 청구하여 그 진술증거를 수집·보전하는 것을 말한다(221조의2 1항). 참고인에
대한 조사는 임의수사이므로 참고인은 수사기관의 출석요구에 대하여 출석의무
가 없으며, 일단 수사기관에 출석한 후에도 진술할 의무가 없다. 이러한 참고인
조사의 성격으로 인하여 국가의 형벌권 실현을 위한 실체적 진실의 발견이 저해
되는 경우가 있는데 이러한 문제점을 극복하기 위해서 검사의 참고인에 대한 증
인신문청구권을 인정하고 있다.

2. 증인신문의 요건

증인신문의 요건으로 ① 증인신문의 필요성과 ② 제1회 공판기일 전의 요건

이 요구된다. ① 증인신문의 필요성은 범죄수사에 없어서는 아니 될 사실을 안다고 명백히 인정되는 자가 수사기관에 대하여 출석이나 진술을 거부하는 경우에 인정된다(221조의2 1항). 범죄수사에 없어서는 아니될 사실이란 피의자에 대한 범죄의 성립요건에 관한 사실 및 정상에 관한 사실을 말하며, 예를 들어 피의자의 소재를 알고 있거나 범죄를 증명하는 데 불가결한 참고인의 소재를 알고 있는 경우도 여기에 해당한다. ② 참고인에 대한 검사의 증인신문의 청구도 제1회 공판기일 전에 한하여 허용되며, 공소제기의 전후를 불문한다. 이 경우 제1회 공판기일 전이라 함은 검사의 모두진술이 끝난 시점을 말한다.

3. 증인신문의 절차

참고인에 대한 증인신문의 청구권자는 검사에 한한다(221조의2 1항). 검사가 증인신문을 청구할 때에는 서면으로 그 사유를 소명하여야 한다(221조의2 3항).

증인신문의 청구를 받은 판사가 청구가 요건에 해당하면 증인신문의 기일을 정하는 등 신문에 필요한 절차로 나아간다. 증인신문을 하는 판사는 증인신문에 관하여 법원 또는 재판장과 동일한 권한이 있다(221조의2 4항). 따라서 증인신문의 절차와 방식에 관하여 수소법원의 증인신문에 관한 규정이 준용된다. 증인신문기일을 정한 때에는 피고인·피의자 또는 변호인에게 이를 통지하여 증인신문에 참여할 수 있도록 하여야 한다(221조의2 5항).

4. 증인신문 후 절차

판사가 검사의 청구에 의하여 증인신문을 하는 때에는 참여한 법원사무관 등에게 증인신문조서를 작성하도록 하여야 하며(48조), 판사는 증인신문을 한 때에는 지체 없이 증인신문에 관한 서류를 검사에게 송부하여야 한다(221조의2 6항). 검사가 보관함에 따라 피의자, 피고인 또는 변호인에게 증인신문에 관한 서류의 열람·등사권이 인정되지 않는다. 증인신문절차에서 작성된 증인신문조서는 법관의 면전조서로서 당연히 증거능력이 인정된다(311조).

4장 2절 퀴즈

4.2.1 피의자 甲에 대한 음란물 유포 혐의를 이유로 압수·수색영장을 발부받은 사법경찰관 P가 甲의 주거지를 수색하는 과정에서 대마를 발견하자, 甲을 마약류관리에 관한 법률 위반죄의 현행범으로 체포하면서 대마를 압수하였으나 그 다음날 피고인(甲)을 석방하고도 사후 압수·수색 영장을 발부받지 않았다. 甲이 대마소지 혐의로 기소되었다. 검사가 제1심 법원에 압수물인 대마와 그 압수조서를 유죄증거로 제출하였다. 수소법원이 이 증거를 채택할 것인지를 예측하시오.
힌트 : 대법원 2009. 5. 14. 선고 2008도10914 판결

4.2.2 검사가 배임죄 혐의의 압수·수색 영장을 발부받아 甲 주식회사 빌딩 내 乙의 사무실을 압수·수색하였는데, 저장매체에 범죄혐의와 관련된 정보(유관정보)와 범죄혐의와 무관한 정보(무관정보)가 혼재된 것으로 판단하여 甲 회사의 동의를 받아 저장매체를 수사기관 사무실로 반출한 다음 乙(甲회사의 대표이사) 측의 참여하에 저장매체에 저장된 전자정보파일 전부를 '이미징'의 방법으로 다른 저장매체로 복제(제1처분)하고, 乙 측의 참여 없이 이미징한 복제본을 외장 하드디스크에 재복제(제2처분)하였으며, 乙 측의 참여 없이 하드디스크에서 유관정보를 탐색하는 과정에서 甲 회사의 별건 범죄(약사법위반조세범처벌법위반) 혐의와 관련된 전자정보 등 무관정보도 함께 출력(제3처분)하였다. 제1, 제2, 제3 처분은 적법한가?
힌트 : 대법원 2015. 7. 16. 자 2011모1839 전원합의체 결정

4.2.3 수사기관이 甲의 피의사건(공직선거법 위반) 압수·수색에 착수하면서 이 사건 사무실에 있던 甲의 비서실장 乙에게 압수·수색 영장을 제시하고, 그 뒤 그 사무실로 피의사건 압수물을 들고 온 甲의 비서관 丙으로부터 이를 압수하면서 따로 압수·수색 영장을 제시하지 않았다. 위 압수절차는 적법한가?
힌트 : 대법원 2009. 3. 12. 선고 2008도763 판결

4.2.4 서울지방법원 판사가 발부한 압수·수색영장을 근거로 국가정보원 소속 사법경찰관 P가 甲의 주거지에 대하여 압수·수색을 실시하여 압수영장 별지목록에 기재

된 물건을 압수하였다. P는 3일 후에 같은 영장에 근거하여 다시 같은 장소에서 압수·수색을 실시하여 별지목록에 기재된 다른 물건을 압수하였다. P의 압수·수색 영장의 재집행은 적법한가?

힌트 : 대법원 1999. 12. 1. 자 99모161 결정

4.2.5 재소자 甲이 맡긴 비망록(작성자 甲)을 교도관이 그 직무상 보관하고 있다가 수사기관에 임의로 제출하였고 검사가 이를 압수하였다. 甲의 비망록의 압수절차는 적법한가?

힌트 : 대법원 2008. 5. 15. 선고 2008도1097 판결

4.2.6 사법경찰관 P가 甲의 집에서 20m 떨어진 곳에서 甲을 폭력행위 등 처벌에 관한 법률위반(집단·흉기 등 상해) 혐의로 체포하여 수갑을 채운 후 甲의 집으로 가서 집안을 수색하여 칼과 합의서를 압수하였다. 그 후 P는 적법한 시간 내에 압수·수색 영장을 청구하여 발부받는 대신에 甲으로부터 그 압수물에 대한 임의제출동의서를 작성하게 하였다. 사법경찰관 P의 압수절차는 적법한가?

힌트 : 대법원 2010. 7. 22. 선고 2009도14376 판결

4.2.7 甲의 강제추행피의사건에 관한 증거보전절차에서 피해자 A에 대한 증인신문이 진행되어 증인신문조서가 작성되었다. 담당판사는 위 증인신문의 일시와 장소를 피의자와 변호인에게 미리 통지하지 아니하여 피의자(甲)와 변호인이 증인신문에 참여할 수 있는 기회가 부여되지 않았다. 甲의 강제추행피고사건의 제1심공판기일에 피해자 A가 증인으로 출석하여 법정에서 그 조서의 진정성립을 인정하였다. 그러나 변호인은 위 증인신문조서의 증거조사에 대하여 이의신청을 하였다. 수소법원이 이 증인신문조서를 증거로 채택할 것인지 여부를 예측하시오.

힌트 : 대법원 1992. 2. 28. 선고 91도2337 판결

4.2.8 재심청구사건의 피고인 甲의 변호인은 현장 보존과 증인의 진술번복의 염려로 인한 증거보전의 필요성 때문에 현장검증 및 증인신문을 하여달라는 증거보전청구를 하였다. 재심청구를 받은 법원은 이 청구를 기각하였다. 甲은 이 재판에 대해서 즉시항고할 수 있는가?

힌트 : 대법원 1984. 3. 29. 자 84모15 결정

▌ 퀴즈풀이

4.2.1

수소법원은 이 증거가 위법수집증거라고 판단하여 증거로 채택하지 않을 것이다. 피의자를 체포하는 경우에 필요한 때에는 영장 없이 체포현장에서 압수·수색을 할 수 있고 그 후 구속영장의 발부를 받지 못한 때에는 이를 즉시 환부하여야 하지만, 압수한 물건을 계속 압수할 필요가 있는 경우에는 사후에 압수·수색 영장을 받아야 한다. 사안에서 수사측은 사후 압수·수색 영장을 발부받지 않았으므로 압수한 대마 및 그 압수조서는 형사소송법상 영장주의를 위반하여 수집한 증거로, 그 절차위반의 정도가 적법절차의 실질적인 내용을 침해하는 것이어서 그 증거능력을 배제하는 것이 형사사법 정의실현의 취지에 합치된다. 따라서 위 각 증거는 증거능력이 없어 위 대마소지의 점에 관한 공소사실의 증거로 사용할 수 없다(대법원 2009. 5. 14. 선고 2008도10914 판결).

4.2.2

저장매체에 대한 압수·수색 과정에서 범위를 정하여 출력 또는 복제하는 방법이 불가능하거나 압수의 목적을 달성하기에 현저히 곤란한 예외적인 사정이 인정되어 전자정보가 담긴 저장매체 또는 하드카피나 이미징 등 형태를 수사기관 사무실 등으로 옮겨 복제·탐색·출력하는 경우에도, 그와 같은 일련의 과정에서 형사소송법 219조, 121조에서 규정하는 피압수·수색 당사자나 변호인에게 참여의 기회를 보장하고 혐의사실과 무관한 전자정보의 임의적인 복제 등을 막기 위한 적절한 조치를 취하는 등 영장주의 원칙과 적법절차를 준수하여야 한다. 만약 그러한 조치가 취해지지 않았다면 피압수자 측이 참여하지 아니한다는 의사를 명시적으로 표시하였거나 절차 위반행위가 이루어진 과정의 성질과 내용 등에 비추어 피압수자 측에 절차 참여를 보장한 취지가 실질적으로 침해되었다고 볼 수 없을 정도에 해당한다는 등의 특별한 사정이 없는 이상 압수·수색이 적법하다고 평가할 수 없고, 비록 수사기관이 저장매체 또는 복제본에서 혐의사실과 관련된 전자정보만을 복제·출력하였다 하더라도 달리 볼 것은 아니다. 따라서 제1처분은 위법하다고 볼 수 없으나, 제2·3처분은 위법의 중대성에 비추어 위 영장에 기한 압수·수색이 전체적으로 취소되어야 한다(대법원 2015. 7. 16. 자 2011모1839 전원합의체 결정).

4.2.3

병에게 압수·수색 영장을 제시하지 않은 점이 중대한 위법행위이다. 압수·수색영장은 처분을 받는 자에게 반드시 제시되어야 한다(형사소송법 219조, 118조). 현장에서 압수·수색을 당하는 사람이 여러 명일 경우에는 그 사람들 모두에게 개별적으로 영장을 제시해야 하는 것이 원칙이다. 수사기관이 압수·수색에 착수하면서 그 장소의 관리책임자에게 영장을 제시하였다고 하더라도, 물건을 소지하고 있는 다른 사람으로부터 그 소지품을 압수하고자 하는 때에는 그 사람에게 따로 영장을 제시하여야 한다(대법원 2009. 3. 12. 선고 2008도763 판결).

4.2.4

P의 압수·수색 영장의 재집행은 위법하다. 압수·수색 영장은 수사기관의 압수·수색에 대한 허가장으로서 거기에 기재되는 유효기간은 집행에 착수할 수 있는 종기를 의미하는 것이다. 수사기관이 압수·수색 영장을 제시하고 집행에 착수하여 압수·수색을 실시하고 그 집행을 종료하였다면 이미 그 영장은 목적을 달성하여 효력이 상실되는 것이다. 수사측이 동일한 장소에 다시 압수·수색할 필요가 있는 경우라면 그 필요성을 소명하여 법원으로부터 새로운 압수·수색 영장을 발부받아야 하는 것이지, 앞서 발부받은 압수·수색 영장의 유효기간이 남아 있다는 이유로 이를 제시하고 다시 압수·수색을 할 수는 없다(대법원 1999. 12. 1. 자 99모161 결정).

4.2.5

형사소송법 및 기타 법령상 교도관이 그 직무상 위탁을 받아 소지 또는 보관하는 물건으로서 재소자가 작성한 비망록을 수사기관이 수사 목적으로 압수하는 절차에 관하여 특별한 절차적 제한을 두고 있지 않으므로, 교도관이 재소자가 맡긴 비망록을 수사기관에 임의로 제출하였다면 그 비망록의 증거사용에 대하여도 재소자의 사생활의 비밀 기타 인격적 법익이 침해되는 등의 특별한 사정이 없는 한 반드시 그 재소자의 동의를 받아야 하는 것은 아니다. 따라서 검사가 교도관으로부터 보관하고 있던 피고인의 비망록을 뇌물수수 등의 증거자료로 임의로 제출받아 이를 압수한 경우, 그 압수절차가 피고인의 승낙 및 영장 없이 행하여졌다고 하더라도 이에 적법절차를 위반한 위법이 있다고 할 수 없다(대법원 2008. 5. 15. 선고 2008도1097 판결).

4.2.6

사법경찰관 P의 압수절차는 위법하다. 사법경찰관이 영장 없이 물건을 압수한 경우 칼과 합의서는 위법하게 압수된 것으로서 증거능력이 없다. 위법한 압수 직후에 피고인으로부터 작성받은 그 압수물에 대한 임의제출동의서도 위법한 압수에 기초하여 획득한 2차적 증거로서 유죄 인정의 증거로 사용할 수 없다(대법원 2010. 7. 22. 선고 2009도14376 판결).

4.2.7

수소법원은 이 이의신청을 수용하여 위 증인신문조서를 증거로 채택하지 않을 것이다. 형사소송법 184조에 의한 증거보전절차의 증인신문시 그 일시와 장소를 피의자 및 변호인에게 미리 통지하여야 한다. 그렇게 하지 아니하여 증인신문에 참여할 수 있는 기회가 부여되지 않으면 설사 제1심공판기일에 피해자 A가 증인으로 출석하여 법정에서 그 조서의 진정성립을 인정하였다

하더라도 그 증인신문조서는 증거능력이 없다(대법원 1992. 2. 28. 선고 91도2337 판결).

4.2.8
증거보전이란 장차 공판에서 사용하여야 할 증거가 멸실되거나 또는 사용하기 곤란한 사정이 있을 경우에 당사자의 청구에 의하여 공판 전에 미리 그 증거를 수집 보전하여 둘 수 있게 하는 제도로서 제1심 제1회 공판기일 전에 한하여 허용된다(형사소송법 184조). 그러나 재심청구사건에서는 증거보전절차가 허용되지 않고 증거보전청구를 기각하는 결정에 대하여 즉시항고로 불복할 수 없다(대법원 1984. 3. 29. 자 84모15 결정).

제5장 수사의 종결과 공소의 제기

제1절 검사의 수사종결

Ⅰ. 수사의 종결

1. 수사종결의 의의

수사는 공소를 제기하거나 제기하지 않은 것으로 종결된다. 수사의 종결권은 검사가 가지고 있다. 검사는 범죄사실이 명백하게 되었거나 또는 수사를 계속할 필요가 없는 경우에는 수사를 종결한다. 2020년 형사소송법 개정법률에 의하면 사법경찰관은 고소·고발 사건을 포함하여 범죄를 수사한 때에는 범죄의 혐의가 있다고 인정되는 경우에는 지체 없이 검사에게 사건을 송치하고, 관계 서류와 증거물을 검사에게 송부하여야 하며, 그 밖의 경우에는 그 이유를 명시한 서면과 함께 관계 서류와 증거물을 지체 없이 검사에게 송부하여야 한다. 이 경우 검사는 송부받은 날로부터 90일 이내에 사법경찰관에게 반환하여야 한다(245조의5).

검사의 수사종결처분은 공소제기, 불기소처분, 타관송치로 구분할 수 있다. 그러나 수사를 종결하여 공소를 제기한 후에도 수사의 필요성이 있는 경우에는 수사를 할 수 있고, 불기소처분을 한 후에도 다시 수사를 재개하거나 공소를 제기할 수 있다.

2. 공소의 제기

검사는 수사결과 범죄의 객관적 혐의가 충분하고 소송조건이 구비되어 유죄판결을 받을 수 있다고 인정할 때에는 공소를 제기한다(246조). 공소제기는 수사 종결의 가장 전형적인 형태라고 할 수 있는데, 검사가 공소장을 관할법원에 제출함으로써 이루어진다. 검사는 약식사건의 경우에는 공소의 제기와 동시에 서면으로 약식명령을 청구할 수 있다(449조).

3. 불기소처분

불기소처분에는 협의의 불기소처분, 기소유예 및 기소중지의 유형이 있다.

(1) 협의의 불기소처분

검사가 처음부터 적법한 공소를 제기할 수 없는 경우의 불기소처분에는 혐의 없음, 죄가 안 됨, 공소권 없음, 각하의 유형이 있다. ① 혐의 없음은 범죄가 인정되지 않는 경우로서 피의사실이 범죄를 구성하지 아니하거나 인정되지 아니하는 경우와 증거불충분으로 피의사실을 인정할 만한 충분한 증거가 없는 경우에 하는 처분이다. ② 죄가 안됨은 피의사실이 범죄구성요건에 해당하나 법률상 범죄의 성립을 조각하는 사유가 있어 범죄를 구성하지 아니하는 경우에 하는 처분이다. ③ 공소권 없음은 피의사실에 대하여 소송조건이 결여된 경우에 하는 처분이다. ④ 각하는 고소 또는 고발사건에 대하여 더 이상 수사의 필요성이 없다고 인정되는 명백한 사유가 있는 경우에 하는 처분이다(검찰사건사무규칙 69조 3항).

(2) 기소유예

기소유예는 피의사실이 인정되나 형법 51조의 피의자의 연령, 성행, 지능과 환경, 범행의 동기, 수단과 결과, 범행 후의 정황 등을 참작하여 공소를 제기하지 않는 것을 말한다(247조). 공소제기가 가능함에도 형법 51조의 사항을 참작하여 공소제기를 보류하는 국가보안법상의 공소보류는 기소유예와 유사하다. 공소보류는 공소의 제기 없이 2년을 경과한 때에는 검사는 공소제기를 할 수 없다(국가보안법 20조 2항).

(3) 기소중지와 참고인중지

기소중지는 검사가 피의자의 소재불명 등의 사유로 수사를 종결할 수 없는 경우에 그 사유가 해소될 때까지 수사를 중지하는 처분이다(검찰사건사무규칙 73조). 참고인중지는 검사가 참고인·고소인·고발인 또는 같은 사건의 피의자의 소재불명으로 인하여 수사를 종결할 수 없는 경우에 그 사유가 해소될 때까지 수사를 중지하는 처분이다(동규칙 74조).

기소중지와 참고인중지는 수사의 종결처분이라고 할 수 없고, 수사를 잠정적으로 중지하는 처분에 해당한다. 그러므로 중지사유가 해소된 경우에는 즉시 수사를 재기하여 공소제기 여부를 결정하여야 한다.

(4) 타관송치

검사는 사건이 소속검찰청에 대응한 법원의 관할에 속하지 아니한 때에는 사건을 서류와 증거물과 함께 관할법원에 대응한 검찰청검사에게 송치하여야 한다(256조). 또한 검사는 사건이 군사법원의 재판권에 속하는 때에는 사건을 서류와 증거물과 함께 재판권을 가진 관할 군검찰부 군검사에게 송치하여야 한다. 이 경우에 송치 전에 행한 소송행위는 송치 후에도 그 효력에 영향이 없다(256조의2).

II. 검사의 처분통지

1. 피의자에 대한 처분통지

검사는 불기소 또는 타관송치의 처분을 한 때에는 피의자에게 즉시 그 취지를 통지하여야 한다(258조 2항). 이것은 불안한 상태에 있는 피의자를 보호하기 위한 규정으로서, 검사는 불기소처분을 하는 경우 모든 피의자에게 불기소처분의 취지를 통지하여야 한다.

2. 고소인 등에 대한 처분통지

검사는 고소 또는 고발 있는 사건에 관하여 공소를 제기하거나 제기하지 아니하는 처분, 공소의 취소 또는 타관송치를 한 때에는 그 처분한 날로부터 7일 이내에 서면으로 고소인 또는 고발인에게 그 취지를 통지하여야 한다(258조 1항). 그리고 검사는 고소 또는 고발 있는 사건에 관하여 공소를 제기하지 아니하는 처분을 한 경우에 고소인 또는 고발인의 청구가 있는 때에는 7일 이내에 고소인 또는 고발인에게 그 이유를 서면으로 설명하여야 한다(259조).

3. 사법경찰관의 고소인 등에 대한 처분통지

2020년 형사소송법 개정법률에 의하면 사법경찰관이 검사에게 사건을 송치하지 아니하는 그 밖의 경우에는 그 이유를 명시한 서면과 함께 관계 서류와 증거물을 검사에게 송부하여야 하고, 그 송부한 날로부터 7일 이내에 서면으로 고소인·고발인·피해자 또는 그 법정대리인(피해자가 사망한 경우에는 그 배우자·직계친족·형제자매를 포함한다.)에게 사건을 검사에게 송치하지 아니하는 취지와 그 이유를 통지하여야 한다(245조의6).

사법경찰관의 불송치 처분에 대한 통지를 받은 고소인 등은 해당 사법 경찰관의 소속 관서의 장에게 이의를 신청할 수 있다. 사법경찰관은 이의신청이 있는 때에는 지체 없이 검사에게 사건을 송치하고 관계 서류와 증거물을 송부하여야 하며, 처리결과와 그 이유를 신청인에게 통지하여야 한다(245조의 7).

Ⅲ. 불기소처분에 대한 불복

1. 검찰항고 및 재항고

(1) 검찰항고

검찰항고는 검사의 불기소처분에 대한 내부적 견제장치로서 고소인 또는 고발인이 검사의 불기소처분에 대하여 불복이 있는 경우에 검찰조직 내부의 상급기관에 그 시정을 구하는 제도를 말한다. 검사의 불기소처분에 불복이 있는 고소인 또는 고발인은 그 검사가 속하는 지방검찰청 또는 지청을 거쳐 서면으로 관할 고등검찰청 검사장에서 항고할 수 있다. 이 경우 당해 지방검찰청 또는 지청의 검사는 항고가 이유 있다고 인정하는 때에는 그 처분을 경정하여야 한다(검찰청법 10조 1항). 또한 고등검찰청 검사장은 항고가 이유 있다고 인정하는 때에는 소속 검사로 하여금 지방검찰청 또는 지청 검사의 불기소처분을 직접 경정하게 할 수 있다. 이 경우 고등검찰청 검사는 지방검찰청 또는 지청의 검사로서 직무를 수행하는 것으로 본다(동조 2항). 항고는 고소인 등이 불기소처분의 통지를 받은 날로부터 30일 이내에 하여야 한다. 다만 항고인에게 책임이 없는 사유로 인하여 정해진 기간 내에 항고하지 못한 것을 소명한 때에는 항고기간은 그 사유가 해소된 때부터 기산한다(동조 6항).

(2) 재항고

항고인은 그 항고를 기각하는 처분에 불복하거나 항고를 한 날부터 항고에 대한 처분이 이루어지지 아니하고 3개월이 지났을 때에는 그 검사가 속한 고등검찰청을 거쳐 서면으로 검찰총장에게 재항고할 수 있다. 이 경우 해당 고등검찰청의 검사는 재항고가 이유 있다고 인정하면 그 처분을 경정하여야 한다(동조 3항). 재항고는 항고기각 결정을 통지받은 날 또는 항고 후 항고에 대한 처분이 이루어지지 아니하고 3개월이 지난 날부터 30일 이내에 하여야 한다(동조 5항).

2. 재정신청

고소인과 일정한 범죄의 고발인은 검사로부터 공소를 제기하지 아니한다는 통지를 받은 때에는 그 검사 소속의 지방검찰청 소재지를 관할하는 고등법원에 그 당부에 관한 재정을 신청할 수 있다(260조 1항). 다만 검찰항고전치주의를 채택하여 고소인 등이 재정신청을 하려면 고등검찰청 검사장에 대한 항고를 거치도록 하고 있다(동조 2항). 재정신청이 이유 있는 때에는 고등법원은 공소제기 결정을 하게 된다(262조 2항).

IV. 재정신청

1. 재정신청의 의의

재정신청제도란 검사의 불기소처분에 불복하는 고소인 등의 신청에 대하여 법원이 이를 심리하여 공소제기 여부를 결정하는 절차를 말한다. 재정신청제도는 검사의 위법하고 부당한 불기소처분을 규제하고 고소인 등의 이익을 보호하기 위한 제도이다. 기소편의주의를 채택하고 있는 법제에서 검사의 소추 재량에도 스스로 합리적 한계가 있는 것으로서 이 한계를 초월하여 기소를 하여야 할 상당한 이유가 있는 사안을 불기소처분한 경우 이는 기소편의주의의 법리에 어긋나는 부당한 조처라 하지 않을 수 없고 이러한 부당한 처분을 시정하기 위한 방법의 하나로서 재정신청제도를 두고 있다(대법원 1988. 1. 29. 자 86모58 결정). 검사의 불기소처분에 대한 불복방법으로 검찰청법에 의한 항고제도가 있지만, 검찰내부의 시정제도라는 점에서 공소권 행사의 적정성을 보장하는데 한계가 있다. 따라서 법원으로 하여금 검사의 불기소처분을 규제하게 할 필요가 있게 되는데, 이를 위하여 마련된 제도가 재정신청제도라고 할 수 있다.

현행 재정신청제도는 법원의 결정에 의하여 공소제기를 의제하는 2007년 형사소송법 개정 이전의 재판상 준기소절차와 구분되며, 검사에게 공소제기를 강제하는 제도라는 점에서 재판상 기소강제절차라고 한다. 2007년 형사소송법 개정을 통해서 재정신청의 대상을 모든 범죄로 확대하고 재정신청을 위해서는 반드시 검찰항고를 거치게 하고, 고등법원의 공소제기 결정이 있으면 검사가 공소를 제기하고 공소유지도 검사가 담당하는 등의 종래의 재정신청제도를 대폭 수정하였다.

2. 재정신청의 절차

(1) 재정신청권자

재정신청권자는 검사로부터 불기소처분의 통지를 받은 고소인이다. 다만, 형법 123조부터 126조까지의 죄에 대하여는 고발인도 재정신청을 할 수 있다(260조 1항 본문). 다만 형법 126조의 피의사실공표죄에 대하여는 피공표자의 명시한 의사에 반하여 재정을 신청할 수 없다(동조 1항 단서).

(2) 재정신청의 대상

재정신청의 대상은 모든 범죄에 대한 검사의 불기소처분이다. 불기소처분의 이유에는 제한이 없으므로 협의의 불기소처분뿐만 아니라 기소유예 처분에 대하여도 재정신청을 할 수 있다. 공소취소는 불기소처분이 아니므로 재정신청의 대상이 아니며, 진정사건에 대하여 내사종결로 처리된 경우도 재정신청을 할 수 없다.

(3) 재정신청의 절차

1) 검찰항고전치주의

재정신청을 하려면 검찰청법상의 검찰항고를 거쳐야 한다(260조 2항). 고소인에게 재정신청 이전에 상급검찰청의 판단을 받게 함으로써 검사에게 자체시정의 기회를 갖도록 하고 신속한 권리구제의 기회라는 효율성을 기하기 위한 것이다. 따라서 고소인 등은 검찰항고에 대한 고등검찰청 검사장의 항고기각처분이 있을 때 비로소 고등법원에 재정신청을 할 수 있다. 재정신청을 할 수 있는 자는 검찰청법에 의한 재항고를 할 수 없다(검찰청법 10조 3항).

항고전치주의는 예외가 인정된다. ① 항고 이후 재기수사가 이루어진 다음에 다시 공소를 제기하지 아니한다는 통지를 받은 경우, ② 항고 신청 후 항고에 대한 처분이 행하여지지 아니하고 3개월이 경과한 경우, ③ 검사가 공소시효 만료일 30일 전까지 공소를 제기하지 아니하는 경우에는 재정신청권자는 검찰항고 없이 바로 재정신청을 할 수 있다(260조 2항 단서).

2) 재정신청의 방식과 효력

재정신청을 하려는 자는 항고기각결정을 통지받은 날 또는 항고를 요하지 않는 사유가 발생한 날로부터 10일 이내에 지방검찰청 검사장 또는 지청장에게 재정신청서를 제출하여야 한다(260조 3항 본문). 다만 검사가 공소시효 만료일 30일 전까지 공소를 제기하지 아니하는 경우에는 공소시효 만료일 전날까지 재정신청서를 제출할 수 있다(260조 3항 단서). 재정신청서에는 재정신청의 대상이 되는 사건의 범죄사실과 증거 등 재정신청을 이유 있게 하는 사유를 기재하여야 한다(260조 4항).

재정신청서에 재정신청이유를 기재하도록 규정하고 있는 것은 재정신청서에 재정신청의 근거를 명시하게 함으로써 법원으로 하여금 재정신청의 범위를 신속하게 확정하고, 재정신청에 대한 결정을 신속하게 내릴 수 있도록 하며, 재정신청의 남발을 방지하려는 취지와 재정신청으로 인하여 이미 검사의 불기소처분을 받은 피고소인 또는 피고발인의 지위가 계속 불안정하게 되는 불이익을 고려하여 입법한 것이다(헌재 2009. 12. 29. 선고 2008헌마414 결정).

(4) 재정신청의 효력 및 취소

재정신청이 있으면 그에 대한 결정이 확정될 때까지 공소시효의 진행이 정지된다(262조의4 1항). 사건에 대하여 공소제기결정이 있는 때에는 공소시효에 관하여 그 결정이 있는 날에 공소가 제기된 것으로 본다(262조의4 2항). 고소인 또는 고발인이 수인인 경우에 공동신청권자 중 1인의 재정신청은 그 전원을 위하여 효력을 발생한다(264조 1항).

재정신청은 고등법원의 재정결정이 있을 때까지 취소할 수 있고 재정신청을 취소한 자는 다시 재정신청을 할 수 없다(264조 2항). 재정신청의 취소는 재정신청의 경우와는 달리 다른 공동신청권자에게 효력이 미치지 않는다(264조 3항).

〈재정신청 기각결정에 대한 재항고(대법원 2015. 7. 16. 자 2013모2347 전원합의체 결정)〉

다수의견: 법정기간 준수에 대하여 도달주의 원칙을 정하고 재소자 피고인 특칙의 예외를 개별적으로 인정한 형사소송법의 규정 내용과 입법 취지, 재정신청절차가 형사재판절차와 구별되는 특수성, 법정기간 내의 도달주의를 보완할 수 있는 여러 형사소송법상 제도 및 신속한 특급우편제도의 이용 가능성 등을 종합하여 보면, 재정신청 기각결정에 대한 재항고나 그 재항고 기각결정에 대한 즉시항고로서의 재항고에 대한 법정기간의 준수 여부는 도달주의 원칙에 따라 재항고장이나

즉시항고장이 법원에 도달한 시점을 기준으로 판단하여야 하고, 거기에 재소자 피고인 특칙은 준용되지 아니한다.

　반대의견: 재정신청 기각결정에 대한 재항고는 즉시항고로서 형사소송법 415소, 405조에 의하여 불복기간이 3일로 제한되는데, 이는 재정신청 기각결정을 받은 재소자가 재항고장을 법원에 도달하도록 하기에는 너무나 짧은 기간이다. 이러한 점에서 재정신청 기각결정에 대한 재항고에 재소자에 대한 특칙이 준용되지 않는 이상 형식적으로는 재항고권이 부여되어 있다고 하더라도 실질적으로는 재항고권이 침해될 수 있으므로, 재소자인 재정신청인이 재항고를 제기하는 경우에는 재소자에 대한 특칙은 재소자인 재정신청인의 재항고장 제출에도 준용되어야 한다.

(5) 지방검찰청 검사장·지청장의 처리

　　재정신청서를 제출받은 지방검찰청 검사장 또는 지청장은 재정신청서를 제출받은 날부터 7일 이내에 재정신청서·의견서·수사 관계서류 및 증거물을 관할 고등검찰청을 경유하여 관할 고등법원에 송부하여야 한다. 다만 검찰항고를 거치지 않고 재정신청을 할 수 있는 경우(260조 2항 단서)에는 지방검찰청 검사장 또는 지청장은 ① 신청이 이유 있는 것으로 인정하는 때에는 즉시 공소를 제기하고 그 취지를 관할 고등법원과 재정신청인에게 통지하고 ② 신청이 이유 없는 것으로 인정하는 때에는 30일 이내에 관할 고등법원에 송부한다(261조).

3. 고등법원의 심리와 결정

(1) 고등법원의 심리

　　재정신청을 심리하여 기소를 강제하는 고등법원의 절차는 결정을 행하는 법원의 재판절차이기는 하지만, 공소제기를 결정하기 위한 절차로서 수사와 유사한 성격도 아울러 가지고 있다. 그러나 형사소송법이 재정신청사건을 항고절차에 준하여 결정하도록 규정하고 있으므로 수사절차가 아닌 재판절차로서 형사소송 유사의 재판절차로 파악한다(다수설).

　　재정신청사건은 불기소처분을 한 검사가 소속한 지방검찰청 소재지를 관할하는 고등법원이 관할한다(260조 1항). 법원은 재정신청서를 송부받은 날부터 3개월 이내에 항고의 절차에 준하여 재정결정을 하여야 한다(262조 2항).

　　법원은 재정결정을 함에 필요한 때에는 증거조사를 할 수 있다(262조 2항 2문). 법원은 증인신문이나 감정·검증을 행할 수 있으며 피의자신문을 할 수도 있다. 재정신청이 이유 있는가의 여부는 재정결정을 하는 시점을 기준으로 판단하여야 하므로 불기소처분 이후에 발견된 증거나 사실도 판단자료로 삼을 수 있다.

재정신청사건의 심리는 특별한 사정이 없는 한 공개하지 아니한다(262조 3항). 재정신청사건의 심리 중에는 관련서류 및 증거물을 열람 또는 등사할 수 없다(262조의2). 형사소송법이 재정신청사건의 심리를 비공개원칙으로 하고 재정신청사건의 심리 중 관련 서류 및 증거물의 열람 또는 등사를 불허하는 것은 피의자의 사생활 침해, 수사의 비밀 저해 및 민사사건에 악용하기 위한 재정신청의 남발 등을 막기 위한 입법목적이 있다(헌재 2011. 11. 24. 선고 2008헌마578 결정). 다만 재정신청사건을 심리하는 고등법원이 증거조사를 행한 경우에는 그 증거조사과정에서 작성된 서류의 전부 또는 일부의 열람 또는 등사를 허가할 수 있다(동조 단서).

(2) 고등법원의 재정결정
1) 기각결정

재정신청이 법률상의 방식에 위배되거나 이유 없는 때에는 신청을 기각한다(262조 2항 1호). 예를 들어 재정신청의 제기기간 내에 법원의 심판에 부칠 사건의 범죄사실 및 증거 등 재정신청을 이유 있게 하는 사유를 기재하지 아니한 경우에는 법률의 방식에 위배되는 때에 해당하여 기각결정을 한다(대법원 2002. 2. 23. 자 2000모216 결정). 신청이 이유 없는 때란 검사의 불기소처분이 정당한 것으로 인정된 경우를 말하는데 예를 들어 검사의 무혐의 불기소처분이 위법하다 하더라도 기록에 나타난 여러 가지 사정을 고려하여 기소유예의 불기소처분을 할 만한 사건이라고 인정되는 경우에는 재정신청을 기각할 수 있다(대법원 1997. 4. 22. 자 97모30 결정).

2016년 형사소송법 개정을 통해서 기각결정에 대해서 불복할 수 있다. 즉, 재정신청을 기각하는 결정에 대하여는 헌법·법률·명령 또는 규칙에 위반한 경우에 대법원에 즉시항고할 수 있다(262조 4항 1문). 재정신청의 기각이 확정된 사건에 대하여는 다른 중요한 증거를 발견한 경우를 제외하고는 소추할 수 없다(262조 4항 2문).

2) 공소제기결정

재정신청이 이유 있는 때에는 사건에 대한 공소제기를 결정한다(262조 2항 2호). 법원이 공소제기결정을 한 때에는 즉시 그 정본을 재정신청인·피의자와 관할 지방검찰청 검사장 또는 지청장에게 송부하여야 한다. 이 경우 관할 지방검찰청 검사장 또는 지청장에게 사건기록을 함께 송부하여야 한다(262조 5항). 고등법원의 공소제기결정에 따른 재정결정서를 송부받은 관할 지방검찰청 검사장 또는 지청장은 지체 없이 담당 검사를 지정하고 지정받은 검사는 공소를 제기하여야 한다(262조 6항). 검사는 공소제기결정이 있는 때에는 공소시효에 관하여 그 결정이 있는 날에 공소가 제기된 것으로 본다(262조의4 2항).

공소제기결정에 따라 공소를 제기한 검사는 관할 지방법원에 공소장을 제출하여야 하며 공소유지도 검사가 담당한다. 검사는 공소장변경이 필요한 경우에는 동일성의 범위 내에서 공소사실과 적용법조를 변경할 수 있고 또한 상소를 제기하는 등의 공소를 유지할 권한을 가질 뿐 공소를 취소할 수 없다(264조의2).

고등법원의 공소제기결정에 대하여는 불복할 수 없다(262조 4항). 검사는 물론이고 공소제기결정의 대상이 된 피의자도 불복할 수 없다. 고등법원의 공소제기결정에 잘못이 있더라도 공소가 제기되어 본안사건의 절차가 개시된 후에는 이러한 잘못은 본안사건에서 공소사실 자체에 대하여 무죄, 면소, 공소기각 등을 할 사유에 해당하는지를 살펴 무죄 등의 판결을 함으로써 그 잘못을 바로잡을 수 있고, 또한 본안사건에서 심리한 결과 범죄사실이 유죄로 인정되는 때에는 이를 처벌하는 것이 오히려 형사소송의 이념인 실체적 정의를 구현하는데 보다 충실하다는 점도 고려한 것이다(대법원 2010. 11. 11. 선고 2009도224 판결).

(3) 기록의 열람·등사 제한 및 비용부담

재정신청사건의 심리 중에는 관련 서류 및 증거물을 열람 또는 등사할 수 없다. 다만, 법원은 증거조사과정에서 작성된 서류의 전부 또는 일부의 열람 또는 등사를 허가할 수 있다(262조의2). 재정신청 사건의 심리가 기소여부를 결정하는 수사의 성격도 가지고 있으므로 수사기밀을 유지할 뿐만 아니라 고소인이 민사소송을 위한 증거서류 확보의 방편으로 재정신청을 남용하는 것을 막기 위해서 열람·등사를 제한한다. 다만, 법원은 증거조사과정에서 작성된 서류의 전부 또는 일부의 열람 또는 등사를 허가할 수 있다(262조의2 단서).

법원은 재정신청을 기각하는 결정을 하거나 재정신청인이 재정신청의 취소가 있는 경우에는 결정으로 재정신청인에게 신청절차에 의하여 생긴 비용의 전부 또는 일부를 부담하게 할 수 있다(262조의3 1항). 법원은 직권 또는 피의자의 신청에 따라 재정신청인에게 피의자가 재정신청절차에서 부담하였거나 부담할 변호인선임료 등 비용의 전부 또는 일부의 지급을 명할 수 있다(262조의3 2항). 비용의 지급범위와 절차에 대해서는 대법원규칙으로 정한다. 법원의 비용부담결정에 대하여는 즉시항고를 할 수 있다(262조의3 3항).

> ### 5장 1절 퀴즈

5.1.1 甲은 '공무원 乙이 공무원직권남용죄를 범하였다'는 내용으로 대통령 앞으로 청원서를 제출하였다. 대통령비서실은 이 사건을 서울동부지방검찰청으로 이첩하였다. 동부지검 검사 A는 이를 진정사건으로 내사한 후 공소권 없음 등을 이유로 내사종결 처리하였다. 甲은 검사의 이 내사종결처분을 불기소처분으로 간주하여 검찰항고를 경유하여 서울고등법원에 재정신청하였다. 서울고등법원이 이 재정신청을 인용 혹은 기각할 지 여부를 예측하시오.
힌트 : 대법원 1991. 11. 5. 자 91모68 결정

5.1.2 재정신청인인 甲에게 법원의 재정신청 기각결정이 2013. 9. 30. 송달되었고, 재정신청인이 그 기각결정에 대한 재항고(즉시항고)장을 같은 날 전주교도소장에게 제출하고 전주교도소장이 그 재항고장을 일반우편으로 관할법원에 발송하였다. 위 재항고장이 2013. 10. 14. 관할법원에 도달하자 관할법원은 2013. 10. 15. 위 재항고가 '재항고권 소멸 후에 제기된 것'으로 인정하여 재항고 기각결정을 하였다. 이 재항고기각결정은 적법한가?
힌트 : 대법원 2015. 7. 16. 자 2013모2347 전원합의체 결정

5.1.3 공직선거 후보자 甲이 기부행위 제한기간 중에 정가 금 5,000원인 책자를 권당 금 1,000원에 판매한 행위는 공직선거 및 선거부정방지법이 금지하는 기부행위에 해당하므로 검사가 그 점에 대하여 무혐의 불기소처분을 하였다. 검사의 불기소처분에 대한 재정신청이 있는 경우 법원이 여러 정황을 참작하면 기소유예를 할 만한 사안이라고 보아 재정신청을 기각결정할 수 있는가?
힌트 : 대법원 1997. 4. 22. 자 97모30 결정

✚ 퀴즈풀이

5.1.1
서울고등법원은 이 재정신청을 기각(262조 1항 1호)할 것이다. 검사의 내사종결 처리는 고소 또는 고발사건에 대한 불기소처분이라고 볼 수 없기 때문이다(대법원 1991. 11. 5. 자 91모68 결정).

5.1.2
법정기간 준수에 대하여 도달주의 원칙을 정하고 재소자 피고인 특칙의 예외를 개별적으로 인정한 형사소송법의 규정 내용과 입법 취지, 재정신청절차가 형사재판절차와 구별되는 특수성, 법정기간 내의 도달주의를 보완할 수 있는 여러 형사소송법상의 제도 및 신속한 특급우편제도의 이용 가능성 등을 종합하여 보면, 재정신청 기각결정에 대한 재항고나 그 재항고 기각결정에 대한 즉시항고로서의 재항고에 대한 법정기간의 준수 여부는 도달주의 원칙에 따라 재항고장이나 즉시항고장이 법원에 도달한 시점을 기준으로 판단하여야 하고, 거기에 재소자 피고인 특칙은 준용되지 아니한다고 해석함이 타당하다(대법원 2015. 7. 16. 자 2013모2347 전원합의체 결정).

5.1.3
공소를 제기하지 아니하는 검사의 처분의 당부에 관한 재정신청이 있는 경우에 법원은 검사의 무혐의 불기소처분이 위법하다 하더라도 기록에 나타난 여러 가지 사정을 고려하여 기소유예의 불기소처분을 할 만한 사건이라고 인정되는 경우에는 재정신청을 기각할 수 있다(대법원 1997. 4. 22. 자 97모30 결정).

제2절   공소의 제기와 공소권

I. 공소의 의의

공소란 국가기관인 검사가 법원에 대하여 특정한 형사사건의 심판을 구하는 법률행위적 소송행위를 말한다. 검사는 수사결과 범죄의 객관적 혐의가 인정되고 유죄의 판결을 받을 수 있다고 판단할 때에는 수사를 종결하고 공소를 제기하게 된다. 검사의 공소제기에 의하여 수사가 종결되고, 법원의 심판이 시작된다. 검사의 공소제기가 없으면 법원은 당해 사건에 대하여 심판을 개시할 수 없으며, 법원의 심판대상은 검사의 공소제기의 범위에 제한된다. 이를 불고불리(不告不理)의 원칙이라고 한다.

〈적용법조의 오기나 누락시 불고불리의 원칙의 적용〉

어느 범죄사실이 일반법과 특별법에 모두 해당하는 경우라 하여도 검사가 형이 보다 가벼운 일반법의 죄로 기소하면서 그 일반법의 적용을 청구하고 있는 이상 법원은 형이 더 무거운 특별법을 적용하여 특별법위반의 죄로 처단할 수는 없다. 하지만, 이러한 경우가 아니라면 공소장의 적용법조의 오기나 누락으로 잘못 기재된 적용법조에 규정된 법정형보다 법원이 그 공소장의 적용법조의 오기나 누락을 바로잡아 직권으로 적용한 법조에 규정된 법정형이 더 무겁다는 이유만으로 그 법령적용이 불고불리의 원칙에 위배되어 위법하다고 할 수 없다(대법원 2006. 4. 14. 선고 2005도9743 판결).

II. 공소권 이론

1. 공소권의 의의

공소권이란 공소를 제기하고 유지하는 검사의 권리를 말한다. 검사의 공소권은 법원의 심판권, 피고인의 방어권과 함께 형사소송의 기본골격을 구성하는 개념이다. 공소권은 공소를 제기라고 수행하는 소송법상의 권한이므로 실체법상의 형벌권과는 구별된다.

공소권의 본질과 성격을 어떻게 파악할 것인가에 대해서 견해의 대립이 있다. ⓐ 추상적 공소권설은 검사가 형사사건에 대하여 공소를 제기하여 수행할 수 있는 일반적 권한이라고 한다. 그러나 추상적 공소권설에 의하면 공소권은 국가소추주의와 기소독점주의를 채택한 결과 인정되는 국법상의 권리에 불과한 것이 되어, 공소권이 소송법상 가지는 구체적 의미와 내용을 밝힐 수 없다는 비판이 제기된다. ⓑ 구체적 공소권설은 검사가 구체적 사건에 대하여 유죄판결을 구할 수 있는 권리라고 본다. 구체적 공소권설은 민사소송의 구체적 소권설에 대응하는 이론으로서 통상의 소송조건이 구비되어 있을 뿐만 아니라 범죄의 객관적 혐의가 있어 유죄판결을 받을 법률상의 이익이 있는 경우에 발생하는 검사의 권한을 공소권이라고 본다. 따라서 구체적 공소권설을 유죄판결청구권설이라고도 한다. 그러나 구체적 공소권설은 무죄판결을 할 경우의 공소권을 설명할 수 없다는 비판이 제기된다. 이러한 비판은 유죄판결에 대한 충분한 개연성을 근거로 공소를 제기하는 권한인 검사의 공소권과 형사절차에 따른 실체형성의 결과로서 선고되는 무죄판결을 혼동한 것으로 볼 수 있다. ⓒ 실체판결청구권설은 공소권이란 검사가 구체적 사건에 대하여 법원에 유죄 또는 무죄의 실체판결을 청구하는 권한이라고 한다. 민사소송의 본안판결청구권에 대응하는 것으로서 통상의 소송조건이 구비되면 공소권은 검사가 구체적 사건에 대하여 실체판결을 구하는 권리라고 본다. 그러나 실체판결청구권설에 대하여는 형벌권을 실현하는 절차인 형사절차에 민사소송의 본안판결청구권설의 논리를 도입함으로써 민사소송과 형사소송의 본질적 차이를 간과하고 있다는 비판이 있다.

　　공소권이론은 공소권의 성격을 명확히 하여 검사의 공소권 남용을 억제하고자 하는 정책적 기능에 주안점이 있다. 구체적 공소권설을 취할 경우 공소권은 검사의 법원에 대한 단순한 권리가 아니라 사실상 유죄판결을 받을 수 있을 정도의 고도의 개연성이 있을 때 그 행사가 가능하다고 보고 있다. 따라서 그 정도에 이르지 않을 경우 공소제기로 인한 피고인의 권리침해가 정당화될 수 없어서 공소권의 남용으로부터 피고인의 보호가 가능할 수 있으며, 결국 검사의 공소권남용을 억제하는 정책적 기능을 수행할 수 있다는 점에서 구체적 공소권설이 타당하다(다수설).

III. 공소권남용이론

1. 공소권남용이론의 의의

공소권남용이론은 검사가 공소권을 남용하여 공소를 제기하였다고 인정되는 경우에는 유무죄의 실체판결을 할 것이 아니라 공소기각 또는 면소판결의 형식재판으로 소송을 종결시켜야 한다는 이론을 말한다. 공소권남용이라 함은 공소권 행사가 형식적으로는 적법하지만 실질적으로 부당한 경우를 말한다. 검사의 공소제기가 비록 형식적으로는 적법하다고 하더라도 실질적으로는 소추재량을 현저하게 일탈한 것이고, 그로 인하여 절차법적, 실체법적으로 현저하게 피고인의 권리 등을 침해하게 되어 피고인의 이익을 크게 해하게 되는 결과가 될 뿐만 아니라, 거기에 피고인의 귀책사유가 없어 그 공소권의 행사가 도저히 정당하다고 용인할 수 없는 정도에 이르는 경우에는 법원은 권리남용이론에 준하여 검사가 남용한 공소권행사를 통제하고 그 공소제기가 위법하다고 선언할 수 있다(대법원 1999. 12. 10. 선고 99도577 판결).

공소권남용이론은 일본에서 위법한 공소를 억제하고 검사의 자의적인 공소권 발동을 제한하여 피고인의 인권을 보장하기 위한 필요에서 나타났다. 우리나라의 경우에도 당사자주의와 피고인의 인권보호의 강화라는 점에서 이 이론은 설득력을 가지고 있다. 검사의 소추재량을 기속재량으로 보아 일정한 한계를 넘는 검사의 공소권 행사로부터 피고인을 보호하여 그를 조기에 형사절차로부터 벗어나게 할 수 있다.

2. 공소권남용의 유형

(1) 혐의 없는 사건에 대한 공소제기

범죄의 객관적 혐의가 없음에도 불구하고 검사가 공소를 제기한 경우에 형식재판에 의하여 소송을 종결시킬 수 있는가에 관해서 견해의 대립이 있다.

ⓐ 무죄판결설은 혐의 없는 사건에 대한 기소라고 하더라고 공소제기 자체는 적법하므로 형식재판에 의한 절차의 종결은 인정될 수 없고 이에 대하여는 무죄판결을 선고해야 한다고 본다. ⓑ 공소기각판결설은 무혐의사건에 대하여 공소가 제기된 경우에는 형사소송법 327조 2호가 규정한 공소제기의 절차가 법률의 규정에 위반하여 무효인 때에 해당하는 것으로 보아 공소기각의 판결을 해야 한

다고 본다. ⓒ 공소기각결정설은 형사소송법 328조 1항 4호의 범죄가 될만한 사실이 포함되지 않은 때에 해당한다고 보아 공소기각결정을 해야 한다고 본다.

검사의 공소권은 유죄판결청구권으로서의 성질을 가지고 있으며, 유죄판결을 받을 수 있는 충분한 가능성은 공소권 행사의 기본적 전제조건이 되므로 명백히 객관적 혐의가 없거나 불충분한 사건에 대한 기소는 '공소제기의 절차가 법률의 규정에 위반하여 무효인 때'(327조 1호)에 해당하므로 공소기각의 판결에 의하여 절차를 종결해야 할 것이다(다수설).

(2) 소추재량을 벗어난 기소

검사는 형법 51조(양형의 조건)를 참작하여 공소를 제기하지 않을 수 있다(247조). 이에 의하여 피의사실이 인정되나 형법 51조 각호의 사항을 참작하여 소추를 필요로 하지 아니하는 경우에는 불기소처분으로서 기소유예를 할 수 있다. 그런데 피의사건의 성질이나 내용 등에 비추어 볼 때 기소유예를 함이 타당함에도 불구하고 검사가 소추재량을 벗어나 공소를 제기한 경우에 이를 공소권남용으로 볼 수 있는지에 대해 견해의 대립이 있다.

ⓐ 유죄판결설은 기소유예는 기소편의주의에 입각하여 검사에게 인정되는 권한이며, 소추재량의 남용은 공소기각이나 면소의 사유에 해당하지 않고 기소유예의 정상은 사건의 실체에 해당하므로 유죄판결로서 종결해야 한다고 본다. ⓑ 공소기각판결설은 검사의 소추재량은 기속재량의 성격을 가지므로 검사의 공소제기가 명백히 불합리한 경우에는 공소제기의 절차가 법률의 규정에 위반하여 무효인 때(327조 2호)에 해당하여 공소기각판결로서 종결해야 한다고 한다.

형사소송법 247조 1항에서 규정하는 검사의 소추재량권은 그 운용에 있어 자의가 허용되는 무제한의 자유재량이 아니라 그 스스로 내재적인 한계를 가지는 합목적적 자유재량으로 이해하는 것이 타당하다. 헌법재판소는 기소편의주의 혹은 소추재량권의 내재적 제약은 바로 형법 51조에 집약되어 있는 것으로 판단되며, 따라서 형법 51조에 규정된 사항들이나 이러한 사항들과 동등하게 평가될 만한 사항 이외의 사항에 기한 검사의 기소유예처분은 소추재량권의 내재적 한계를 넘는 자의적 처분으로서 정의와 형평에 반한다고 판시하고 있다(헌재 1995. 1. 20. 선고 94헌마246 전원재판부 결정). 대법원도 검사가 범죄의 혐의가 충분하고 소송조건이 구비되어 있는 경우에도 개개의 구체적 사안에 따라 형법 51조에 정한 사항을 참작하여 불기소처분(기소유예)을 할 수 있는 재량을 갖고 있기는 하나 그 재량에도 스스로 합리적 한계가 있다고 보았다(대법원 1988. 1. 29. 자 86모58 결정). 검사의 기소유예의 선택에 대해서도 합리적 한계가 있는 것과 같이 기소유예의 사건임에도 공소제기를 하는 것 역시 그 합리적 한계가 있어야 하며, 기소유예 여부에 관한 검사의 선택에 명백한 잘못이 있어서 소추재량의 합리적 한계를 벗어나는 경우에는 공소기각의 판결로서 절차를 종결시키는 것이 타당하다.

(3) 차별적 공소제기

차별적 공소제기는 범죄의 성질과 내용이 비슷한 다수의 피의자들 가운데 선별하여 일부만을 기소하고 일부는 수사에 착수하지도 않거나 불기소처분으로 종결하는 것을 말한다. 이와 같은 검사의 차별적 공소제기에 대해서 ⓐ 실체판결설은 검사의 차별적 공소제기는 공소기각의 사유에 해당하지 않는다는 이유로 유무죄의 실체판결을 해야 한다고 한다. ⓑ 공소기각판결설은 검사의 차별적 공소제기가 헌법이 규정한 평등원칙에 위반하여 명백히 불합리한 경우라면 이를 위법한 공소권 행사로서 공소기각판결의 대상이 된다고 본다.

판례는 어떤 사람에 대하여 공소가 제기된 경우 그 공소가 제기된 사람과 동일하거나 다소 중한 범죄구성요건에 해당하는 행위를 하였음에도 불기소된 사람이 있다는 사유만으로는 그 공소의 제기가 평등권 내지 조리에 반하는 것으로서 공소권남용에 해당한다고 할 수 없다고 판시하고 있다(대법원 1999. 12. 10. 선고 99도577 판결; 대법원 2006. 12. 22. 선고 2006도1623 판결). 특히 검사의 차별적 공소제기로서 자의적인 공소권의 행사로 인정되려면 단순히 직무상의 과실에 의한 것만으로는 부족하고 적어도 그에 관한 미필적이나마 어떤 의도가 있음이 인정되어야 한다(대법원 2008. 2. 14. 선고 2007도9737 판결; 대법원 2012. 7. 12. 선고 2010도9349 판결).

(4) 항소심판결 선고 후의 누락사건에 대한 공소제기

누락기소라 함은 검사가 경합범에 해당하는 수개의 범죄사실에 대하여 동시기소나 추가기소가 가능하였음에도 불구하고 피고인이 병합심리를 받지 못하게 할 의도로 동시에 기소해야 할 사건의 일부를 누락하여 관련사건의 항소심 판결이 선고된 후에 비로소 기소한 경우를 말한다. 누락기소를 통해 피고인은 병합심리를 통한 양형상의 혜택을 받을 기회를 잃게 될 뿐만 아니라 중복적으로 절차에 관여해야 하는 불이익을 입게 된다.

판례는 공소가 종전사건의 항소심 판결 선고 전에 제기되지 아니하여 피고인이 관련사건과 병합하여 재판을 받지 못하게 된 불이익을 받게 되었다고 하더라도 그것이 검사가 자의적으로 공소권을 행사하여 소추재량권을 현저히 일탈한 위법으로 인한 것으로는 볼 수 없다면, 그 공소가 공소권을 남용하여 제기된 것이라고는 볼 수 없다고 판시하였다(대법원 1998. 7. 10. 선고 98도1273 판결). 판례는 기록상 검사가 자의적으로 이 사건 범행에 대한 수사와 공소의 제기를 지연하다가 종전 사건에 대한 항소심판결이 선고된 후에야 비로소 공소를 제기하였음을 인정할 아무런 자료를 발견할 수가 없는 경우에도 공소권남용으로 볼 수 없다고 판단하였다(대법원 2004. 7. 8. 선고 2004도2189 판결).

〈누락기소의 공소권남용 요건〉

> 검사가 관련사건을 수사할 당시 이 사건 범죄사실이 확인된 경우 이를 입건하여 관련사건과 함께 기소하는 것이 상당하기는 하나 이를 간과하였다고 하여 검사가 자의적으로 공소권을 행사하여 소추재량권을 현저히 일탈한 위법이 있다고 보여지지 아니할 뿐 아니라, 검사가 위 항소심판결 선고 이후에 이 사건 공소를 제기한 것이 검사의 태만 내지 위법한 부작위에 의한 것으로 인정되지 아니한다(대법원 1996. 2. 13. 선고 94도2658 판결).

IV. 공소제기의 기본원칙

1. 국가소추주의

형사소송법 246조는 공소는 검사가 제기하여 수행한다고 규정하여, 국가소추주의로서의 검사소추주의를 명시하고 있다. 국가소추주의란 공소제기의 권한을 국가기관이 가지는 것을 말하며, 여기서 검사가 국가기관인 것이다.

국가소추주의와 대비되는 개념으로 사인소추주의가 있다. 사인소추주의에는 피해자소추주의와 공중소추주의가 있다. 사인소추주의는 일정한 범죄로 인하여 피해를 입은 피해자가 직접 법원에 소추하여 범인에 대한 처벌을 구하는 제도를 말한다. 독일은 국가소추주의를 원칙으로 하면서도 주거침입이나 비밀침해 또는 모욕과 같은 경미한 범죄에 대해서 예외적으로 피해자소추를 허용하고 있다. 미국의 공중소추주의는 검사 이외의 소추기관으로 대배심을 두어 기소 여부에 대한 결정을 맡기고 있다.

2. 기소독점주의

(1) 기소독점주의의 의의

형사소송법 246조는 국가소추주의와 함께 기소독점주의를 선언하고 있다. 국가소추주의를 전제로 국가기관 중에서도 검사만이 공소를 제기하고 수행할 권한을 갖는 것을 검사의 기소독점주의라고 한다.

기소독점주의는 검사의 동일체의 원칙에 의하여 전국적으로 통일된 조직체를 이루고 있는 검사에게 소추권을 행사하게 함으로써 공소제기의 전국적인 통일성을 확보하고 공소권 행사의 적정성을 보장할 수 있으며, 공익의 대표자인 검사가 공평한 공소권을 행사할 수 있다는 장점이 있다. 하지만, 검찰의 중립성이 보장되지 않으면 정치권력의 영향으로 부당한 공소권 행사가 우려되고 관료제의 권력성과 결합하여 공소권의 행사가 검사의 자의와 독선으로 흐를 위험성이 있다.

(2) 기소독점주의의 예외와 제한

1) 기소독점주의의 예외

기소독점주의에 대한 예외로는 경찰서장의 즉결심판청구를 들 수 있다. 즉결심판청구권자는 검사가 아니라 경찰서장이다. 즉결심판은 20만원 이하의 벌금, 구류 또는 과료에 처할 사건에 대하여 관할경찰서장 또는 관할해양경찰서장이 법원에 그 처벌을 청구하도록 하고 있다(즉결심판법 3조). 즉결심판으로 처리되는 사건의 범위는 법정형이 아니라 선고형을 기준으로 정해진다.

2) 기소독점주의의 제한

검사의 기소독점주의를 채택하는 경우에도 그 제도적 단점을 극복하기 위해서 형사소송법은 기소독점주의에 대한 법적 규제를 도입하고 있다.

ⓐ 재정신청에 의한 기소강제절차에 의하면 검사의 불기소처분에 불복하는 고소인이 고등법원에 재정신청을 하고 법원에 의해 이유가 있는 것으로 받아들여지면 법원은 사건에 대한 공소제기를 결정한다. 법원의 공소제기 결정이 있는 경우에 검사의 공소제기가 강제된다는 점에서 기소독점주의의 중요한 규제제도이다. ⓑ 불기소처분에 대한 검찰항고는 고소 또는 고발사건에 관한 불기소처분에 대하여 불복이 있는 고소인 또는 고발인이 고등검찰청 검사장에게 항고하거

나(검찰청법 10조 1항), 항고기각 처분에 불복하는 고발인은 검찰총장에게 재항고할 수 있다(동법 10조 2항). 검찰내부의 시정제도라는 점에서 그 실효성에 의문이 있지만, 검사의 불기소처분에 대해서 상급청의 판단을 받는다는 점에서 실질적으로 기소독점주의를 규제할 수 있는 효과적인 제도이다. ⓒ 불기소처분에 대한 통지 및 이유고지제도는 고소인 또는 고발인에게 불기소처분의 취지를 통지하게 하고(258조), 이 경우 고소인 또는 고발인의 청구가 있는 때에는 7일 이내에 고소인 또는 고발인에게 그 이유를 서면으로 설명하여야 한다(259조). 이 제도는 재정신청과 검찰항고의 기초를 제공하고 검사의 공소권행사를 신중하게 하는 심리적 견제장치로서 기능한다.

3. 기소편의주의

(1) 기소편의주의의 의의

기소편의주의란 수사결과 범죄의 객관적 혐의가 존재하고 소송조건이 구비되어 있는 경우에도 검사의 재량에 의한 불기소를 인정하는 것을 말한다. 형사소송법 247조는 "검사는 형법 51조의 사항을 참작하여 공소를 제기하지 아니할 수 있다"라고 규정하고 있다. 즉, 검사가 기소할 수 있으나 재량에 의하여 기소하지 않는 것으로서 기소유예처분을 인정하고 있는 입법주의가 기소편의주의이다. 또한 공소의 취소는 제1심 판결선고 전까지 할 수 있으므로(255조), 기소편의주의의 내용으로 검사에게 공소를 제기한 후에도 공소를 취소할 수 있는 권한을 인정하고 있다.

기소편의주의는 기소법정주의와 대립되는 제도이다. 기소법정주의는 수사결과 공소를 제기함에 충분한 혐의가 인정되고 소송조건을 갖춘 때에는 반드시 공소를 제기해야 한다는 원칙이다. 기소법정주의는 검사의 소추재량을 제한함으로써 공소제기에 대한 검사의 독선과 정치적 영향력을 배제할 수 있다는 장점이 있다. 이에 대해 기소편의주의는 형사사법의 탄력적 운용을 통하여 구체적 정의를 실현할 수 있고, 형사정책적 고려에 의하여 개선의 여지가 큰 범죄인의 정상적인 사회복귀에 기여할 수 있다는 장점을 가지고 있다. 또한 피의자에 대한 불필요한 기소를 억제함으로써 소송경제에도 기여하게 된다. 그러나 기소편의주의는 공소제기에 대한 검사의 자의를 배제하기 어려워 법적 안정성을 유지할 수 없고, 정치적 영향에 좌우되는 경우 형사사법에 대한 국민의 신뢰를 확보하는데 장애가 될 수 있다는 문제점을 안고 있다.

(2) 기소편의주의의 내용

1) 기소유예제도

① 기소유예의 의의

기소유예(起訴猶豫)는 피의사실이 인정됨에도 불구하고 검사가 형법 51조의 사항을 참작하여 공소를 제기하지 않는 것을 말한다(247조 1항). 경미한 범죄자나 초범자들에 대하여 구체적 타당성을 고려하여 검사의 재량에 의하여 불기소처분을 함으로써 그들의 정상적인 사회복귀를 돕는다는 형사정책적 의의가 있다.

② 기소유예의 기준

검사가 기소유예를 함에 있어서 참작해야 할 사정은 ① 범인의 연령, 성행, 지능과 환경, ② 피해자에 대한 관계, ③ 범행의 동기, 수단과 결과, ④ 범행 후의 정황이다(형법 51조). 예를 들어 피의자가 소년이거나 학생인 경우의 범인에 관한 사항과 피의자가 잘못을 깊이 뉘우치고 있거나 피해자와 합의를 한 경우와 같은 범죄 후의 정황에 관한 사항과 사안이 경미한 경우와 같은 범죄사실과 관련된 사항들을 고려하고 있다.

③ 조건부 기소유예

소년법은 검사는 피의자에 대하여 범죄예방자원봉사위원의 선도(善導) 또는 소년의 선도·교육과 관련된 단체·시설에서의 상담·교육·활동 등에 해당하는 선도 등을 받게 하고, 피의사건에 대한 공소를 제기하지 아니할 수 있다고 규정하고 있다(소년법 49조의3). 이 경우 소년과 소년의 친권자·후견인 등 법정대리인의 동의를 받아야 한다. 보호관찰 등에 관한 법률은 검사가 보호관찰관이 선도함을 조건으로 보호관찰관 선도조건부 기소유예(보호관찰법 15조 3호)를 행할 수 있다고 규정하고 있다. 이를 선도조건부 기소유예라고 하며 피의자에게 일정한 의무를 부과하여 이를 지키는 것을 조건으로 기소를 유예하는 것이다.

④ 기소유예의 효과

기소유예는 검사의 처분이기 때문에 법원의 확정판결과는 달리 일사부재리의 효력이 인정되지 않는다. 따라서 검사가 기소유예처분을 한 사건에 대하여 다시 공소를 제기하더라도 공소제기의 효력에 영향이 없으며, 법원이 이에 대하여 유죄판결을 선고하였다고 하더라도 일사부재리의 원칙에 반한다고 할 수 없다.

〈기소유예처분 후의 재기와 일사부재리의 원칙〉

> 검사가 절도죄에 관하여 일단 기소유예의 처분을 한 것을 그 후 다시 재기하여 기소하였다 하여도 기소의 효력에 아무런 영향이 없는 것이고, 법원이 그 기소사실에 대하여 유죄판결을 선고하였다 하여 그것이 일사부재리의 원칙에 반하는 것이라 할 수 없다(대법원 1983. 12. 27. 선고 83도2686 판결).

2) 공소의 취소

① 공소취소의 의의

기소편의주의는 검사에게 공소를 제기한 후에 공소취소를 인정하는 기소변경주의도 그 내용으로 포함한다. 공소취소는 검사 스스로 잘못된 공소제기를 시정하는 성격과 공소제기 후의 사정변경을 고려하는 정책적인 제도이다. 공소취소는 검사만이 할 수 있는데, 재정신청에 대한 고등법원의 공소제기 결정에 따라 공소를 제기한 때에는 공소를 취소할 수 없다(264조의2).

② 공소취소의 사유

공소취소의 사유를 법률에 규정하고 있지 않다. 형사소송법은 공소는 제1심판결의 선고 전까지 취소할 수 있다고 규정하고 있다(255조 1항). 예를 들어 실무상 공소제기 후 소추필요성이 없어진 경우이거나 소추의 요건이 흠결된 경우 또는 증거불충분으로 무죄의 선고가 예상되는 경우에는 공소를 취소하지만, 그 이외의 경우라도 검사가 상당하다고 인정되는 경우에는 공소를 취소할 수 있으며, 그 취소의 효력은 동일하게 인정된다.

③ 공소취소의 절차

공소취소는 취소사유를 기재한 서면으로 하여야 하며, 단, 공판정에서는 구술로써 할 수 있다(255조 2항). 공소는 제1심판결의 선고 전까지 취소할 수 있고, 공소를 취소한 때에는 7일 이내에 서면으로 고소인 또는 고발인에게 통지하여야 한다(258조 1항).

④ 공소취소의 효과와 재기소 제한

검사가 공소를 취소하면 법원은 이에 대하여 공소기각의 결정을 선고하여야 한다(328조 1항 1호). 공소취소에 의한 공소기각의 결정이 확정된 때에는 공소취소 후 그 범죄사실에 대한 다른 중요한 증거를 발견한 경우에 한하여 다시 공소를 제기할 수 있다(329조). '다른 중요한 증거를 발견한 경우'라 함은 공소취소 전의 증거만으로서는 증거불충분으로 무죄가 선고될 가능성이 있으나 새로 발견된 증거를 추가하면 충분히 유죄의 확신을 가지게 될 정도의 증거가 있는 경우를 말한다(대법원 1977. 12. 27. 선고 77도1308 판결).

V. 공소제기의 방식

1. 공소장의 제출

공소를 제기함에는 공소장을 관할법원에 제출하여야 한다(245조 1항). 공소제기에는 공소장의 제출과 공소장에 피고인의 성명 기타 피고인을 특정할 수 있는 사항, 죄명, 공소사실, 적용법조 등 일정한 사항을 기재하도록 하고 있다. 공소의 제기에 서면주의와 엄격한 요식행위를 요구하는 것은 공소장에 의하여 법원의 심판의 대상과 피고인의 방어의 대상을 명확히 하려는 데 그 목적이 있다. 검사에 의한 공소장의 제출은 공소제기라는 소송행위가 성립하기 위한 본질적 요소이므로, 이러한 공소장의 제출이 없는 경우에는 소송행위로서의 공소제기가 성립되었다고 할 수 없다(대법원 2003. 11. 14. 선고 2003도2735 판결).

검사가 관할법원에 공소장을 제출하는 경우에 공소장에는 피고인의 수에 상응한 부본을 첨부하여야 한다(254조 2항). 법원은 이 공소장부본을 늦어도 제1회 공판기일 5일 전까지 피고인 또는 변호인에게 송달하여야 한다(260조).

〈저장매체를 공소장에 첨부하여 제출하는 것은 서면주의 위반으로 무효이다〉

검사가 공소사실의 일부가 되는 범죄일람표를 컴퓨터 프로그램을 통하여 열어보거나 출력할 수 있는 전자적 형태의 문서로 작성한 후, 종이문서로 출력하여 제출하지 아니하고 전자적 형태의 문서가 저장된 저장매체 자체를 서면인 공소장에 첨부하여 제출한 경우에는, 서면인 공소장에 기재된 부분에 한하여 공소가 제기된 것으로 볼 수 있다. 이러한 형태의 공소제기를 허용하는 별도의 규정이 없을 뿐만 아니라, 저장매체나 전자적 형태의 문서를 공소장의 일부로서의 '서면'으로 볼 수도 없기 때문에 저장매체에 저장된 전자적 형태의 문서 부분까지 공소가 제기된 것이라고 할 수는 없다(대법원 2016. 12. 15. 선고 2015도3682 판결).

2. 공소장의 기재사항

(1) 필요적 기재사항

공소장에는 피고인의 성명 기타 피고인을 특정할 수 있는 사항, 죄명, 공소사실 및 적용법조를 기재하여야 한다(254조 3항). 피고인이 구속되어 있는지 여부도 필요적으로 기재하여야 한다(규칙 117조 1항 2호). 또한 공소장에는 검사가 기명날인 또는 서명하여야 한다(57조 1항).

1) 피고인을 특정할 수 있는 사항

공소장에는 피고인의 성명 기타 피고인을 특정할 수 있는 사항으로서 주민등록번호, 직업, 주거 및 등록기준지를 기재해야 한다. 다만, 피고인이 법인인 때에는 사무소 및 대표자의 성명과 주소를 기재하여야 한다(규칙 117조 1항). 특정의 정도는 피고인을 타인과 구별할 수 있는 정도면 족하다. 예를 들어 피고인이 성명 등을 묵비하여서 성명을 알 수 없는 경우에는 피고인의 인상 체격 및 유치번호를 기재하고 피고인의 사진을 첨부하는 방법에 의하여 피고인을 특정할 수도 있다.

〈성명모용과 공소제기의 효력〉

> 피의자가 다른 사람의 성명을 모용한 탓으로 공소장에 피모용자가 피고인으로 표시되었다 하더라도 이는 당사자의 표시상의 착오일 뿐이고, 검사는 모용자에 대하여 공소를 제기한 것이므로 모용자가 피고인이 되고 피모용자에게 공소의 효력이 미친다고는 할 수 없다. 따라서 검사가 공소장의 피고인표시를 정정하여 바로 잡은 경우에는 처음부터 모용자에 대한 공소의 제기가 있었고, 피모용자에 대한 공소의 제기가 있었던 것은 아니다(대법원 1997. 11. 28. 선고 97도2215 판결).

2) 죄명

공소장에는 죄명을 기재하여야 한다. 죄명은 구체적으로 표시해야 한다. 형법범의 죄명은 대검찰청에서 제정한 형법죄명표에 의하여 표시하고, 특별법범의 경우 명칭 다음에 위반이라는 문자를 더하여 표시한다. 공소장에 적용법조를 기재하는 이유는 공소사실의 법률적 평가를 명확히 하여 피고인의 방어권을 보장하고자 함에 있는 것이므로, 적용법조의 기재에 오기나 누락이 있는 경우라 할지라도 이로 인하여 피고인의 방어에 실질적인 불이익을 주지 않는 한 공소제기의 효력에는 영향이 없다(대법원 2006. 4. 28. 선고 2005도4085 판결).

3) 공소사실

① 공소사실의 특정

공소사실(公訴事實)이란 검사가 법원에 대하여 심판을 청구한 사실로서 공소장에 기재되어 있는 범죄사실을 말한다. 공소사실의 기재는 범죄의 시일·장소와 방법을 명시하여 사실을 특정할 수 있도록 하여야 한다(254조 4항). 공소사실의 기재에 있어서 범죄의 일시·장소·방법을 가능한 구체적으로 기재하여야 한다.

판례는 ① 범죄의 시일, 장소와 방법을 종합하여 다른 사실과 식별할 수 있도록 범죄구성요건에 해당하는 구체적 사실을 기재하여야 한다(대법원 2011. 6. 9. 선고 2011도3801 판결). ② 포괄일죄의 공소사실에도 대표적인 특정 범죄사실 또는 당해 범죄의 구체적인 범행방법 등을 기재한 다음 전체 범행의 시기와 종기, 범행횟수 또는 피해액의 합계 및 피해자나 상대방 등을 명시함으로써 당해 구성요건을 충족하는 구체적인 사실이 기재되어야 한다(대법원 2009. 7. 23. 선고 2008도5930 판결). ③ 실체적 경합범의 경우에는 수개의 범죄사실이 모두 특정되도록 공소사실을 기재하여야 한다. ④ 방조범의 공소사실을 기재함에 있어서는 그 전제가 되는 정범의 범죄구성을 충족하는 구체적 사실을 기재하여야 한다(대법원 2001. 12. 28. 선고 2001도5158 판결).

다만, 공소사실의 특정을 지나치게 엄격하게 요구하면 공소의 제기와 유지에 지장을 초래할 수 있으므로, 공소범죄의 성격에 비추어 그 개괄적 표시가 부득이하며 그에 대한 피고인의 방어권 행사에 지장이 없다면 공소사실의 특정을 인정하지 않을 수 없다(대법원 2010. 8. 26. 선고 2010도4671 판결; 대법원 2014. 4. 10. 선고 2013도1615 판결). 공소제기된 범죄의 성격에 비추어 그 공소의 원인이 된 사실의 일부가 다소 불명확하더라도 그와 함께 적시된 다른 사항들에 의하여 그 공소사실을 특정할 수 있고, 그리하여 피고인의 방어권 행사에 지장이 없다면 공소제기의 효력에는 영향이 없다(대법원 2001. 2. 23. 선고 2000도4415 판결; 대법원 2010. 4. 29. 선고 2010도2556 판결).

〈공소사실의 특정을 인정한 판례〉

① 유가증권위조의 점에 관한 공소사실의 범죄의 일시를 '2000. 초경부터 2003. 3.경 사이에'로 비교적 장기간으로 기재하였으나 공소사실이 불특정된 것으로 볼 수 없다(대법원 2006. 6. 2. 선고 2006도48 판결). ② 향응 수수로 인한 특정범죄가중처벌 등에 관한 법률 위반(알선수재)의 점에 대해서 포괄일죄인 이 부분 공소사실에 각 범행 당시 향응에 참석한 인원만큼 접대비용을 평

등하게 분할한 액수를 공소사실에 기재하여 피고인의 방어권 행사가 가능할 정도로 특정되어 있다(대법원 2010. 3. 11. 선고 2009도14828 판결). ③ 살인죄에 있어 범죄의 일시·장소와 방법은 범죄의 구성요건이 아닐 뿐만 아니라 이를 구체적으로 명확히 인정할 수 없는 경우에는 개괄적으로 설시하여도 무방하다(대법원 2008. 3. 27. 선고 2008도507 판결). ④ 뇌물수수의 점에 관하여 2억원 상당으로 기재하였다고 하더라도 이 부분 공소사실에 기재된 다른 사항들에 의하여 공소사실을 특정할 수 있고, 피고인의 방어권 행사에 지장이 있다고 볼 수 없는 경우 공소제기의 효력에 영향이 없다(대법원 2010. 4. 29. 선고 2010도2556 판결). ⑤ 피해자가 처음 피해를 당한 날로부터 상당한 시간이 흐른 이후 피해사실을 진술하게 되어 일일이 그 날짜와 시간을 기억하는 것은 어려운 일이므로, 시일을 개괄적으로 표시하는 데 부득이한 사정이 있고, 피고인의 변소 역시 피해자와 만난 사실 자체를 다투는 것이 아니므로 범행일시의 특정이 피고인의 방어권행사에 지장을 초래할 것으로는 보이지 않는다는 이유로 이 사건 공소사실이 특정되었다고 판단하였다(대법원 2013. 12. 12. 선고 2013도12803 판결).

〈공소사실의 특정을 부정한 판례〉

① 포괄일죄인 보건범죄단속에 관한 특별조치법 5조 위반죄의 공소사실로 '피고인이 일정 기간 동안 손님들에게 눈썹문신, 아이라인, 입술문신을 시술해주고 해당 시술료를 받는 영업을 하였다'라고 기재한 것만으로는, 특정인에 대한 특정 치료행위 등이 전혀 기재되어 있지 않고, 전체 범행의 횟수나 수입액수 등 범행규모의 대강을 짐작할 수 있는 사항도 기재되어 있지 않아 공소사실이 특정되었다고 볼 수 없다(대법원 2009. 7. 23. 선고 2008도5930 판결). ② 막연히 피해자의 이메일 출력물을 제3자에게 보여준 것이 타인의 비밀 누설행위에 해당한다는 취지로만 되어 있는 공소사실이 심판의 대상과 피고인의 방어범위를 확정할 수 있을 정도로 특정되었다고 보기 어렵다(대법원 2006. 3. 24. 선고 2005도7309 판결). ③ '일정한 기간 사이에 성명불상의 고객들에게 1일 평균 매상액 상당을 판매하여 그 대금 상당액을 편취하였다'는 내용은 피해자나 피해액이 특정되었다고 할 수 없다(대법원 1996. 2. 13. 선고 95도2121 판결). ④ "마약류 취급자가 아님에도, 2008년 1월경부터 같은 해 2월 일자불상 15:00경까지 사이에 메스암페타민 약 0.7g을 매수한 외에, 그때부터 2009년 2월 내지 3월 일자불상 07:00경까지 총 21회에 걸쳐 매수·투약하였다"는 공소사실의 기재는 특정한 구체적 사실의 기재에 해당한다고 볼 수 없다(대법원 2010. 10. 14. 선고 2010도9835 판결).

② 공소사실 불특정의 효과

공소사실이 특정되지 않으면 공소제기의 절차가 법률의 규정에 위반하여 무효인 때에 해당하여 공소기각의 판결을 선고하여야 한다(327조 2호). 재판장은 소송관계를 명료하게 하기 위하여 검사, 피고인 또는 변호인에게 사실상과 법률상의 사항에 관하여 석명을 구하거나 입증을 촉구할 수 있다(규칙 141조 1항). 법원은 공소사실이 특정되지 아니한 경우에는 바로 절차를 종결시킬 것이 아니라 검사에게 석명을 구하여 이를 특정할 기회를 준 다음에 만약 이를 명확하게 하지 아니한 때에 공소기각을 할 것이다(대법원 1983. 6. 14. 선고 83도293 판결). 그러므로 검사에게 공소사실 특정에 관한 석명에 이르지 아니한 채 곧바로 공소사실의 불특정을 이유로 공소기각의 판결을 한 법원의 조치는 위법하다(대법원 2006. 5. 11. 선고 2004도5972 판결).

4) 적용법조

적용법조는 공소사실에 적용된 법률적 평가를 의미한다. 적용법조는 죄명과 함께 공소의 범위를 확정하는 보조적 기능을 하고, 공소사실의 법률적 평가를 명확히 하여 피고인의 방어권을 보장하는 데 중요한 기능을 한다. 적용법조의 기재는 형법각칙의 본조 및 특별형법의 본조와 함께 총칙상의 미수·공범·누범·죄수 등에 관한 법조도 기재해야 한다.

공소장에 적용법조를 기재하는 이유는 공소사실의 법률적 평가를 명확히 하여 피고인의 방어권을 보장하고자 함에 있는 것이므로, 적용법조의 기재에 오기나 누락이 있는 경우라 할지라도 이로 인하여 피고인의 방어에 실질적인 불이익을 주지 않는 한 공소제기의 효력에는 영향이 없다. 이 경우 법원은 공소장 변경의 절차 없이 적용법조의 오기를 바로잡아 공소장에 기재되어 있지 않은 법조를 적용할 수 있다(대법원 2006. 4. 28. 선고 2005도4085 판결).

그러나 공소사실의 기재만 있고 죄명과 함께 적용법조의 전부 또는 중요부분의 기재가 없거나 적용법조의 오기나 누락에 의하여 공소사실에 대한 법적 평가를 그르칠 염려가 있는 경우에는 피고인의 방어권 행사에 실질적 불이익을 가져올 수 있으므로 이 때에는 공소제기의 효력을 인정하지 않아야 한다.

(2) 임의적 기재사항

1) 범죄사실과 적용법조의 예비적·택일적 기재

공소장에는 수개의 범죄사실과 적용법조를 예비적 또는 택일적으로 기재할 수 있다(254조 5항). 예비적 기재란 수개의 범죄사실 또는 적용법조에 대하여 심판의 순서를 정하여 선순위의 주된 범죄사실의 심판을 구하고 만약 이것이 인정되지 않는 경우에 후순위의 다른 범죄사실 또는 적용법조의 심판을 구한다는 취지

로 기재하는 것을 말한다. 이 경우 선순위의 공소사실을 주위적(또는 본위적) 공소
사실, 후순위의 공소사실을 예비적 공소사실이라고 한다. 택일적 기재란 수개의
범죄사실이나 적용법조에 대하여 심판의 순서를 정하지 않고 어느 것을 심판하
여 인정하여도 좋다는 취지로 기재하는 것을 말한다. 이와 같이 공소사실과 적용
법조의 예비적·택일적 기재를 인정하는 것은 검사가 공소사실에 대한 확신을 가
지지 못한 경우이거나 법률적 구성을 확정할 수 없는 경우에도 공소제기를 용이
하게 할 수 있도록 하기 위한 것이다.

2) 예비적·택일적 기재의 허용범위

공소사실과 적용법조를 예비적·택일적 기재를 하는 경우 공소사실의 동일성
을 요하는가에 대해서는 견해의 대립이 있다.

ⓐ 비한정설은 공소사실의 동일성이 인정되지 않는 실체적 경합관계에 있는
수개의 범죄사실 사이에서도 예비적·택일적 기재가 인정된다는 견해이다. 형사
소송법 254조 5항이 수개의 범죄사실에 대한 예비적 택일적 기재를 규정하고 있
을 뿐 공소사실의 동일성을 요구하지 않으며, 검사가 수개의 범죄사실을 독립적
으로 기재하거나 수개의 공소장을 제출하도록 하는 것은 소송경제에 반한다는
점을 근거로 하고 있다.

ⓑ 한정설은 예비적·택일적 기재는 범죄사실의 동일성이 인정되는 범위 내
에서만 허용된다는 견해이다. 공소사실의 동일성이 인정되지 않는 수개의 사실을
공소장에 예비적·택일적으로 기재하는 것을 허용하는 것은 조건부 공소제기를
허용하는 결과가 되고, 동일성이 인정되지 않는 수개의 범죄사실은 경합범으로
기소하거나 추가기소를 하는 것이 타당하다는 점을 들고 있다(다수설).

판례는 수개의 범죄사실간에 범죄사실의 동일성이 인정되는 범위 내에서 예
비적 또는 택일적으로 기재할 수 있을 뿐 아니라, 그들 범죄사실 상호간에 범죄
의 일시, 장소, 수단 및 객체 등이 달라서 수개의 범죄사실로 인정되는 경우에도
이들 수개의 범죄사실을 예비적 또는 택일적으로 기재할 수 있다고 판시하여 비
한정설의 입장을 취하고 있다(대법원 1966. 3. 24. 선고 65도114 전원합의체 판결). 그런
데 두 개의 경합범인 공소사실을 예비적·택일적으로 기재하게 되면 둘 중 하나
는 무죄판결을 할 수밖에 없는 부당한 결과가 발생할 수 있으며, 공소장변경시
예비적·택일적 기재의 경우에는 공소사실의 동일성을 해하지 아니하는 한도에서
허가해야 한다는 규정을 두고 있는 점에서 공소제기시 예비적·택일적 기재를 동

일성이 인정되는 범위 내에서만 인정된다고 보는 한정설이 타당하다(다수설).

3) 법원의 심판대상

① 예비적 기재의 경우에는 주위적 공소사실뿐만 아니라 예비적 공소사실도 법원의 심판대상이 된다. 예비적 기재의 경우에는 검사가 기재한 순서에 따라 심리와 판단을 행하여야 한다. 법원은 주위적 공소사실에 대하여 먼저 심판을 하여야 하고, 주위적 공소사실이 유죄로 인정되지 않는 경우에 한하여 예비적 공소사실에 대하여 심판을 할 수 있다. 검사가 주위적 공소사실로 공소를 제기하였는데 법원이 이에 대해서 판단하지 아니하고 예비적 공소사실만을 판단하는 것은 위법하다.

예비적 기재의 경우 주위적 공소사실을 유죄로 인정하면 판결주문에 유죄를 선고하고 예비적 공소사실에 대하여는 판단할 필요가 없다. 다만 예비적 공소사실을 유죄로 인정하면 판결주문에 유죄를 선고하고 주위적 공소사실에 대해서 이를 인정하지 않은지를 판결이유에서 판단하여야 한다.

② 택일적 기재의 경우에는 공소사실 전부가 심판의 대상이 된다. 법원의 심판의 순서에 관계 없이 어느 공소사실을 먼저 심판하여도 된다. 택일적 기재는 심판순서에 제한이 없으므로 어느 하나의 공소사실에 유죄를 인정하면 다른 공소사실에 대해서 판단할 필요가 없다.

3. 공소장일본주의

(1) 공소장일본주의의 의의

공소장에는 사건에 관하여 법원에 예단을 생기게 할 수 있는 서류 기타 물건을 첨부하거나 그 내용을 인용하여서는 아니된다(규칙 118조 2항). 공소장일본주의란 검사가 공소를 제기할 때 법원에 공소장 하나만을 제출하도록 하여 수사기관의 심증을 차단함으로써 법관이 사건에 대하여 예단을 가지지 않고 백지의 상태에서 공판심리에 임하도록 하는 것을 말한다.

공소장일본주의는 당사자주의 소송구조의 기본적 전제조건이 되며, 공소제기시의 법관의 예단을 배제하려는 예단배제의 원칙이 제도적으로 표현된 것이다. 또한 공소장일본주의는 법관의 심증형성은 공판기일의 심리에 의해서 이루어져야 한다는 점에서 공판중심주의를 실현하기 위한 제도이면서, 법관이 사전에 수사기록을 검토하여 심증을 형성하는 것을 막을 뿐 아니라 위법한 증거에의 접촉

을 차단하여 증거능력이 있는 증거에 의해서만 심증형성이 가능하게 하는 역할
을 한다.

(2) 공소장일본주의의 내용
1) 첨부의 금지
공소장에는 사건에 관하여 법원에 예단이 생기게 할 수 있는 서류 기타 물건
을 첨부해서는 안 된다. 공소장에 첨부가 금지되는 것은 사건에 관하여 법원에
예단을 줄 수 있는 서류 기타 물건이다. 법원에 예단이 생기게 할 수 있는 서류
기타 물건이란 사건의 실체심리 이전에 법관의 심증형성에 영향을 줄 수 있는 자
료를 말한다. 예를 들어 피의자신문조서나 참고인진술서 등의 수사서류나 증거물
을 첨부하는 것은 허용되지 않는다.
다만, 형사소송규칙은 공소장에 공소제기 전에 변호인이 선임되거나 보조인
의 신고가 있는 경우 그 변호인선임서 또는 보조인신고서를, 공소제기 전에 특별
대리인의 선임이 있는 경우 그 특별대리인 선임결정등본을, 공소제기당시 피고인
이 구속되어 있거나, 체포 또는 구속된 후 석방된 경우 체포영장, 긴급체포서, 구
속영장 기타 구속에 관한 서류를 각 첨부하여야 한다고 규정하고 있다(규칙 118조
1항).

2) 인용의 금지
공소장에는 법원에 예단을 줄 수 있는 서류나 물건의 내용을 인용하여서는
안된다. 다만 공소사실을 특정하기 위하여 필요한 경우에는 문서의 일부 또는 전
부를 인용할 수 있다. 예를 들어 문서에 의한 협박이나 명예훼손 사건에 있어서
는 문서의 기재내용 자체가 범죄사실의 중요한 요소이므로 이를 인용하는 것이
허용될 수 있다.
공소장일본주의의 위배 여부는 공소사실로 기재된 범죄의 유형과 내용 등에
비추어 볼 때에 공소장에 첨부 또는 인용된 서류 기타 물건의 내용, 그리고 법령
이 요구하는 사항 이외에 공소장에 기재된 사실이 법관 또는 배심원에게 예단을
생기게 하여 법관 또는 배심원이 범죄사실의 실체를 파악하는 데 장애가 될 수
있는지 여부를 기준으로 당해 사건에서 구체적으로 판단하여야 한다(대법원 2009.
10. 22. 선고 2009도7436 전원합의체 판결).

3) 기타 사실의 기재

공소장에 법령이 요구하는 사항 외의 사실로서 법원에 예단이 생기게 할 수 있는 사유를 나열하는 것이 허용되지 않는다. 이것은 '기타 사실의 기재 금지'로서 공소장일본주의의 내용에 포함된다(대법원 1994. 3. 11. 선고 93도3145 판결). 즉, 예단을 생기게 할 수 있는 서류나 물건의 첨부 또는 인용 금지뿐 아니라, 그 밖에도 법원에 예단이 생기게 할 수 있는 사유를 공소장에 기재하는 것이 금지된다. 따라서 법원에 예단을 줄 수 있는 여사기재는 공소장일본주의에 반한다. 다만 예단을 생기게 할 염려가 없는 단순한 여사기재는 공소장일본주의 위반이라고는 할 수 없고 검사에게 그 부분을 삭제하도록 명하면 족할 것이다.

법원에 예단이 생기게 할 수 있는 기타 사실의 기재의 예로는 ① 전과사실 ② 피고인의 악성격·악경력 ③ 범죄의 동기 ④ 여죄의 기재가 문제된다.

① 전과사실의 기재는 전과가 범죄구성요건의 요소이거나 사실상 범죄사실의 내용을 이루는 경우 이외에는 공소사실에 동종의 전과를 기재하는 것은 공소장일본주의에 반한다. ② 피고인의 악성격이나 악경력을 기재하는 것은 범죄의 구성요건요소가 된 경우 이외에는 기재가 허용되지 않는다. ③ 범죄의 동기나 원인은 범죄사실이 아니므로 그 기재가 허용되지 않는다. 다만, 살인, 방화 등의 경우 범죄의 직접적인 동기 또는 공소범죄사실과 밀접불가분의 관계에 있는 동기를 공소사실에 기재하는 것은 허용된다(대법원 2007. 5. 11. 선고 2007도748 판결). ④ 여죄의 기재는 법관에게 예단을 줄 수 있으므로 허용되지 않으나, 구체적 범죄사실의 기재가 없는 단순한 여죄의 지적의 경우에는 단순여사기재로 공소제기를 무효로 하지 않고 삭제를 명하면 된다.

(3) 공소장일본주의의 적용범위

공소장일본주의는 정식재판절차에서만 적용되고, 공소제기 이후의 절차인 공판절차갱신 후의 절차, 상소심의 절차, 파기환송 후의 절차에는 공소장일본주의가 적용되지 않는다. 서면심리방식으로 이루어지는 약식절차나 즉결심판절차에서도 공소장일본주의가 적용되지 않는다. 검사가 약식명령을 청구하는 때에는 약식명령의 청구와 동시에 수사기록과 증거물을 제출하여야 한다(규칙 170조).

(4) 공소장일본주의 위반의 효과

공소장일본주의의 위반은 공소제기의 방식에 대한 중대한 위반으로서 공소

제기의 절차가 법률의 규정에 위반하여 무효인 때에 해당하므로 법원은 공소기
각의 판결을 선고하여야 한다(327조 2호). 다만, 판례는 공소장 기재의 방식에 관
하여 피고인측으로부터 아무런 이의가 제기되지 아니하였고 법원 역시 범죄사실
의 실체를 파악하는 데 지장이 없다고 판단하여 그대로 공판절차를 진행한 결과
증거조사절차가 마무리되어 법관의 심증형성이 이루어진 단계에서는 소송절차의
동적 안정성 및 소송경제의 이념 등에 비추어 볼 때 이제는 더 이상 공소장일본
주의 위배를 주장하여 이미 진행된 소송절차의 효력을 다툴 수는 없다고 판시하
고 있다(대법원 2009. 10. 22. 선고 2009도7436 전원합의체 판결).

VI. 공소제기의 효과

1. 공소제기의 효과

(1) 법원에 소송계속(訴訟係屬)의 효과
1) 소송계속의 의의

공소제기에 의하여 사건은 법원에 계속된다. 수소법원이 심리와 재판을 진
행하고 있는 상태에 있는 것을 소송계속이라고 한다. 검사의 공소제기에 의하여
사건이 수소법원의 지배하에 있게 된다.

2) 소송계속의 적극적 효과

소송계속의 적극적 효과로서 공소제기에 의하여 법원은 당해 사건을 심판할
권리와 의무를 가지며, 검사와 피고인은 당사자로서 당해 사건의 심리에 관여하
고 법원의 심판을 받을 권리와 의무를 가지게 된다. 또한 소송계속의 소극적 효
과로서 공소제기에 의하여 사건이 특정법원의 지배하에 있으면 동일사건에 대하
여 이중으로 공소를 제기할 수 없다. 이를 이중기소의 금지라고 하며, 동일한 사
건이 동일한 법원에 이중으로 공소제기된 경우에는 후소에 대하여는 공소기각의
판결로서 종결하여야 한다(327조 3호).

(2) 공소시효 정지의 효과

공소가 제기되면 공소시효의 진행을 정지하는 효력을 가진다(253조 1항). 공
소제기가 있으면 비록 소송조건을 결여한 경우에도 공소시효는 정지된다. 그리고
공범의 1인에 대한 시효정지는 다른 공범자에 대하여도 효력이 미친다(동조 2항).

2. 공소제기의 효력범위

(1) 주관적 효력범위

공소제기는 검사가 공소장에 피고인으로 지정한 사람 이외의 다른 사람에게는 효력이 미치지 않는다(248조 1항). 따라서 법원은 검사가 공소장에서 성명 등의 기재에 의하여 특정한 피고인에 대하여만 심판할 수 있다. 공범 중 1인에 대한 공소제기가 있어도 다른 공범자에 대하여는 그 효력이 미치지 않는다.

(2) 공소제기의 객관적 효력범위
1) 공소불가분의 원칙

1개의 범죄사실의 일부에 대한 공소는 그 전부에 대하여 효력이 미친다(248조 2항). 또한 공소제기는 공소사실과 단일성 및 동일성이 인정되는 범위 내의 전체 사실에 효력이 미친다. 다만 공소사실의 동일성이 인정되는 경우에도 이는 법원의 잠재적 심판의 대상에 그칠 뿐 현실적으로 심판하기 위해서는 공소장 변경의 절차를 거쳐야 한다.

2) 일죄의 일부에 대한 공소제기
① 의의

일죄의 일부에 대한 공소제기란 일죄의 전부에 대하여 범죄의 객관적 혐의가 인정되고 소송조건이 구비되어 있음에도 불구하고 그 일부만을 공소 제기한 경우를 말한다. 주로 결합범 형태의 단순일죄나 과형상의 일죄에서 문제가 된다. 예를 들면 강도상해나 강도강간의 혐의가 충분한데도 검사가 강도사실에 대하여만 공소를 제기하거나, 포괄일죄를 구성하는 다수의 범죄행위 가운데 일부에 대해서만 공소를 제기하는 경우가 여기에 해당한다.
② 일부 공소제기의 허용성 여부

수개의 부분행위 가운데 일부의 행위에 대하여만 범죄의 객관적 혐의가 인정되고 소송조건이 갖추어져 있는 경우에 그 부분에 대해서만 공소를 제기하는 것은 처음부터 일부 공소제기의 문제가 아니다. 일죄의 전부에 대하여 객관적 혐의가 인정되고 소송조건이 구비되어 있는 경우에도 검사가 일죄의 일부만을 공소 제기할 수 있는가에 대해서는 학설의 대립이 있다.

ⓐ 소극설은 일죄의 일부에 대한 공소제기를 허용하면 실체적 진실발견을

무시하고 검사의 자의를 인정하는 결과가 되기 때문에 이를 허용하지 않는다는 견해이다. 소극설에 의하면 법원은 검사가 일부 공소제기한 경우에는 공소기각의 판결을 선고해야 한다. ⓑ 적극설은 검사에게 공소권의 행사에 대한 기소편의주의가 인정되고 있으므로 공소권의 주체인 검사가 일죄의 일부 공소제기를 하는 것이 허용된다는 견해이다. 검사가 소추재량권을 벗어나지 않는 한 일죄의 일부에 대한 공소제기 자체는 허용된다고 본다(다수설).

판례는 과형상 일죄 가운데 일부 범죄에 대해서만 공소를 제기한 경우에 그 중 어느 하나의 죄로만 공소를 제기할 수 있다고 판시하여 적극설의 입장을 취하고 있다(대법원 1999. 11. 26. 선고 99도1904 판결; 대법원 2008. 2. 14. 선고 2005도4202 판결).

③ 일부 공소제기의 효력

검사가 일죄의 일부만을 기소한 경우에도 일죄의 전부에 대하여 공소제기의 효력이 미친다(248조 2항). 법원의 현실적 심판의 대상은 공소장에 기재되어 있는 일죄의 일부에 한정되므로 법원이 일죄의 전부에 대하여 심판하기 위해서는 검사의 공소장변경이 있어야만 한다.

④ 친고죄의 일부에 대한 공소제기

친족상도례에 있어서 일정한 친족관계에 있는 공갈피해자의 고소가 있는 경우 검사가 폭행, 협박죄만으로 공소를 제기하였더라도 검사의 일죄의 일부의 공소제기는 전부에 대하여 미친다. 예를 들어 공갈피해자가 폭행, 협박만을 고소하였더라도 그 고소의 효력은 전부에 대해서 효력을 가지므로 검사가 피해자의 고소에 따라 일부만을 공소제기를 한 경우에도 공소제기의 효력은 전부에 대하여 미친다. 다만, 친고죄에 대하여 고소가 없거나 고소가 취소된 경우 또는 친족상도례에 있어서의 공갈죄의 고소기간이 경과한 후에 고소가 있는 경우에는 공소제기시 소송조건이 구비되지 않은 상황이므로 검사에게 일죄의 일부의 공소제기가 허용되지 않는다. 일죄의 일부 공소제기는 범죄의 객관적 혐의와 소송조건이 구비된 상황을 전제로 한다는 점에서 피해자의 고소가 없는 경우의 일부 기소는 허용될 수 없으며, 친고죄는 그 전체가 사건으로서의 불가분성을 가지고 있으며 일부 공소제기를 인정한다면 일정한 범죄를 친고죄로 규정한 입법취지에 맞지 않게 된다.

판례는 형법 개정 전 친고죄였던 강간죄 사례에서, 고소가 없거나 고소가 취소된 경우 또는 강간죄의 고소기간이 경과된 후에 고소가 있는 때에는 강간죄로 공소를 제기할 수 없으며, 그 강간범행의 수단으로 또는 그에 수반하여 저질러진

폭행·협박을 따로 떼어내어 폭행죄·협박죄 또는 폭력행위처벌법 위반죄로 공소
제기할 수 없다고 판시하였다(대법원 2002. 5. 16. 선고 2002도51 전원합의체 판결).

VII. 공소시효

1. 공소시효의 의의

공소시효란 범죄행위가 종료된 후에 일정기간이 경과하면 국가의 형사소추
권을 소멸시키는 제도를 말한다. 공소시효제도는 시간의 경과에 따른 범죄인에
대한 처벌필요성이 감소되었다는 점과 장기간의 경과로 인하여 범죄에 대한 증
거멸실 등으로 재판이 어렵다는 점 및 국가의 태만으로 인한 책임을 범인에게만
전가할 수 없다는 점을 고려한 것이다. 특히 범죄 후 일정기간이 경과하면 범죄
를 둘러싼 이해관계자들의 사실상의 상태를 존중하려는 취지를 가지고 있다.

2. 공소시효의 기간과 결정기준

(1) 공소시효의 기간

공소시효의 기간은 법정형의 경중에 따라 최단 1년에서 최장 25년까지이다.
① 사형에 해당하는 범죄는 25년 ② 무기징역 또는 무기금고에 해당하는 범죄는
15년 ③ 장기 10년 이상의 징역 또는 금고에 해당하는 범죄는 10년 ④ 장기 10
년 미만의 징역 또는 금고에 해당하는 범죄는 7년 ⑤ 장기 5년 미만의 징역 또는
금고, 장기 10년 이상의 자격정지 또는 벌금에 해당하는 범죄는 5년 ⑥ 장기 5년
이상의 자격정지에 해당하는 범죄는 3년 ⑦ 장기 5년 미만의 자격정지 구류, 과
료 또는 몰수에 해당하는 범죄는 1년의 경과로 각각 공소시효가 완성된다(249조 1
항). 공소가 제기된 범죄는 판결의 확정 없이 공소를 제기한 때로부터 25년을 경
과하면 공소시효가 완성된 것으로 간주한다(249조 2항).

(2) 공소시효기간의 결정기준
1) 법정형

공소시효의 기준이 되는 형은 처단형이 아니라 법정형이다. 2개 이상의 형을
병과하거나 2개 이상의 형에서 그 1개를 과할 범죄의 경우에는 중한 형에 의하여
공소시효의 기간을 결정한다(250조). 여기서 2개 이상의 형을 병과한 경우는 2개
이상의 주형이 병과된 경우를 말하며, 2개 이상의 형에서 그 1개를 과할 경우는

수개의 형이 선택적으로 규정되어 있는 경우를 말한다. 예를 들어 징역형과 벌금형이 병과되었을 경우에는 징역형이 공소시효의 기준이 된다.

형법에 의하여 형을 가중 또는 감경한 경우에는 가중 또는 감경하지 아니한 형에 의하여 공소시효의 기간을 산정한다(251조). 교사범이나 방조범의 경우에는 정범의 법정형을 기준으로 하고, 필요적 공범의 경우에는 행위자를 기준으로 개별적으로 공소시효를 결정한다.

법률의 변경에 의하여 법정형이 변경된 경우에는 형법 1조 2항에 의하여 당해 범죄에 적용될 법률의 법정형을 기준으로 공소시효기간을 정하여야 한다. 다만 실체법의 개정에 의하여 법정형이 변경된 경우가 아니라 소송법의 개정으로 시효기간이 변경된 때에는 그 개정이 공소시효완성 전에 이루어진 한 그것이 공소시효를 연장하는 경우라도 신법을 적용하여야 할 것이다. 가중 또는 감경하지 아니한 형을 기준으로 한다는 것은 형법에 의하여 형이 가중·감경된 경우에 한하므로 특별법에 의하여 형이 가중·감경된 경우에는 그 법에 정한 법정형을 기준으로 시효기간을 정하여야 한다.

2) 공소장에 기재된 공소사실

법정형을 판단하는 기초가 되는 범죄사실은 공소장에 기재된 공소사실을 기준으로 한다. 과형상 일죄는 실체법상 수개의 죄에 해당하므로 과형상 일죄인 상상적 경합범의 경우에도 각 범죄사실에 대하여 개별적으로 판단하여야 한다. 공소장에 수개의 공소사실이 예비적·택일적으로 기재된 경우에도 각 범죄사실에 대하여 개별적으로 판단하여야 한다.

판례는 공무원이 취급하는 사건에 관하여 청탁 또는 알선을 할 의사와 능력이 없음에도 청탁 또는 알선을 한다고 기망하여 금품을 교부받은 경우에 성립하는 사기죄와 변호사법 위반죄는 상상적 경합의 관계에 있으므로(대법원 2006. 1. 27. 선고 2005도8704 판결), 변호사법 위반죄의 공소시효가 완성되었다고 하여 그 죄와 상상적 경합관계에 있는 사기죄의 공소시효까지 완성되는 것은 아니라고 판시하였다(대법원 2006. 12. 8. 선고 2006도6356 판결).

3) 공소장변경의 경우

공소제기 후 공소장이 변경된 경우에 변경된 공소사실에 대한 공소시효의 완성 여부와 관련하여 공소제기의 효력은 동일성이 인정되는 사실에 대하여 미치므로 공소제기시를 기준으로 판단하여야 한다. 따라서 공소제기 당시의 공소사실에 대한 법정형을 기준으로 하면 공소제기 당시 아직 공소시효가 완성되지 않았으나 변경된 공소사실에 대한 법정형을 기준으로 하면 공소제기 당시 이미 공소시효가 완성된 경우에는 공소시효의 완성을 이유로 면소판결을 선고하여야 한다(대법원 2001. 8. 24. 선고 2001도2902 판결). 법원이 공소장변경 없이 다른 사실을 인정하는 경우에는 그 다른 사실에 대한 법정형이 기준이 된다(대법원 2013. 7. 26. 선고 2013도6182 판결).

(3) 공소시효의 기산점
1) 범죄행위의 종료시

공소시효는 범죄행위가 종료된 때로부터 진행한다(252조 1항). 결과범의 경우는 결과가 발생한 때, 거동범이나 미수범의 경우는 실행행위를 종료한 때, 포괄일죄의 경우는 최종의 범죄행위가 종료된 때, 계속범의 경우는 법익침해가 종료된 때로부터 공소시효가 진행한다. 과형상의 일죄는 소송법상으로 일죄로 다루어지지만, 수죄에 해당하므로 개별적으로 판단하여야 한다.

2) 공범에 관한 특칙

공범에 관한 특칙으로 최종행위가 종료한 때로부터 모든 공범에 대한 시효기간이 진행한다(252조 2항). 공범에 대한 시효를 획일적으로 정함으로써 처벌의 형평을 도모하기 위한 것이다. 이와 같이 형사소송법은 공범 중 1인에 대한 공소의 제기로 다른 공범자에 대하여도 공소시효가 정지되도록 규정하고 있는데, 위 공범의 개념이나 유형에 관하여는 아무런 규정을 두고 있지 아니하다.

형사소송법 253조 2항의 공범을 해석할 때에는 공범 사이의 처벌의 형평이라는 위 조항의 입법 취지, 국가형벌권의 적정한 실현이라는 형사소송법의 기본이념, 국가형벌권 행사의 대상을 규정한 형법 등 실체법과의 체계적 조화 등의 관점을 종합적으로 고려하여야 하고, 특히 위 조항이 공소제기 효력의 인적 범위를 확장하는 예외를 마련하여 놓은 것이므로 원칙적으로 엄격하게 해석하여야 하고 피고인에게 불리한 방향으로 확장하여 해석해서는 아니 된다(대법원 2015. 2. 12. 선고 2012도4842 판결).

〈대향범에서의 공범에 관한 특칙 적용여부〉

판례는 형사소송법 253조 2항에서 말하는 '공범'에는 뇌물공여죄와 뇌물수수죄 사이와 같은 대향범 관계에 있는 자는 포함되지 않는다고 판시하고 있다. 뇌물공여죄와 뇌물수수죄 사이와 같은 이른바 대향범 관계에 있는 자는 서로 대향된 행위의 존재를 필요로 할 뿐 각자 자신의 구성요건을 실현하고 별도의 형벌규정에 따라 처벌되는 것이어서, 2인 이상이 가공하여 공동의 구성요건을 실현하는 공범관계에 있는 자와는 본질적으로 다르며, 대향범 관계에 있는 자 사이에서는 각자 상대방의 범행에 대하여 형법 총칙의 공범규정이 적용되지 아니한다(대법원 2015. 2. 12. 선고 2012도4842 판결).

3) 기산점에 관한 특칙

미성년자에 대한 성범죄의 특칙으로 성폭력처벌법은 미성년자에 대한 성폭력범죄의 공소시효를 해당 성폭력범죄로 피해를 당한 미성년자가 성년에 달한 날부터 진행하도록 규정하고 있다(21조 1항). 또한 일정한 범죄의 경우에 DNA증거 등 그 죄를 증명할 수 있는 과학적인 증거가 있는 때에는 공소시효를 10년 연장하고 있다(동조 2항). 청소년성보호법은 아동·청소년대상 성범죄의 공소시효는 해당 성범죄로 피해를 당한 아동·청소년이 성년에 달한 날부터 진행한다(20조 1항).

3. 공소시효의 정지

(1) 공소시효정지의 의의

공소시효의 정지는 일정한 사유로 인하여 공소시효의 진행이 정지되는 것을 말한다. 형사소송법은 이미 진행된 기간을 전부 무효로 하고 처음부터 시효기간을 다시 진행시키는 공소시효의 중단은 인정하지 않고 있다. 따라서 정지된 공소시효는 정지사유가 없어진 때로부터 나머지 시효기간이 다시 진행하게 된다.

(2) 공소시효정지의 사유

공소시효는 ① 공소제기, ② 범인의 국외도피, ③ 재정신청, ④ 소년법상의 심리개시결정의 사유가 있으면 공소시효의 진행이 정지된다.

① 공소가 제기되면 공소시효의 진행이 정지되고 공소기각 또는 관할위반의 재판이 확정된 때로부터 다시 진행한다(253조 1항). 이 때 공소제기가 적법 유효할 것을 요하는 것은 아니다.

② 범인이 형사처분을 면할 목적으로 국외에 있는 경우 그 기간 동안 공소

시효는 정지된다(253조 3항). 중대시긴의 범인들이 국외에 체류하여 처벌을 면하는 것을 방지하기 위한 것이다. 이 규정은 범인이 국내에서 범죄를 저지르고 형사처분을 면할 목적으로 국외로 도피한 경우뿐만 아니라, 범인이 국외에서 범죄를 저지르고 형사처분을 면할 목적으로 국외에서 체류를 계속하는 경우에도 적용된다(대법원 2015. 6. 24. 선고 2015도5916 판결).

③ 검사의 불기소처분에 대하여 재정신청이 있는 경우에는 고등법원의 재정결정이 있을 때까지 공소시효의 진행이 정지된다(262조의4 1항). 다만, 재정신청에 대해 기각결정을 한 경우에는 공소시효가 다시 진행된다.

④ 소년보호사건에 대하여 소년부판사가 심리개시결정을 한 때에는 그 심리개시 결정이 있는 때로부터 그 사건에 대한 보호처분의 결정이 확정될 때까지 공소시효의 진행이 정지된다(소년법 54조). 또한 가정폭력처벌법상의 가정폭력범죄에 대한 공소시효는 일정한 경우를 제외하고는 당해 가정보호사건이 법원에 송치된 때로부터 시효의 진행이 정지된다(가정폭력처벌법 17조 1항).

(3) 공소시효의 정지의 효력범위

공소시효정지의 효력은 객관적으로 공소사실과 동일성이 인정되는 사건 전체에 대하여 미친다. 또한 공소시효정지의 효력은 주관적으로 공소가 제기된 피고인, 재정신청의 대상이 된 피의자, 소년보호사건의 소년범에게만 미친다. 한편 공범의 1인에 대한 공소제기로 인한 시효정지는 다른 공범자에게도 효력이 미치고 당해 사건의 재판이 확정된 때로부터 진행한다(253조 2항). 여기서 공범인가 여부에 대해서는 법원이 결정한다. 따라서 피고인과 공범관계에 있는 자로서 공소가 제기되었으나 범죄의 증명이 없다는 이유로 무죄판결이 확정된 경우에는 그를 피고인과 공범이라고 할 수 없으므로 그에 대한 공소제기는 피고인에 대한 공소시효정지의 효력이 없지만, 공범관계에 있는 자로서 공소제기된 자가 책임조각을 이유로 무죄로 된 경우에는 그에 대한 공소제기는 다른 공범자에 대하여 공소시효정지의 효력이 있다(대법원 1999. 3. 9. 선고 98도4621 판결).

4. 공소시효의 완성

공소의 제기 없이 공소시효기간이 경과하면 공소시효가 완성된다(249조 1항). 공소시효의 완성은 소송조건에 해당하므로 수사절차에서 공소시효의 완성사실이 드러나면 검사는 공소권 없음을 이유로 불기소처분을 하여야 한다. 공소가 제기된 후에 공소시효의 완성사실이 드러나면 법원은 면소의 판결을 하여야 한다(326 조 3호). 공소가 제기된 범죄라도 판결의 확정 없이 공소가 제기된 때로부터 25년 을 경과하면 공소시효가 완성된 것으로 간주한다(249조 2항).

VIII. 공소제기 후의 수사

1. 공소제기 후 수사의 의의

형사절차에서 수사는 범인의 발견과 증거의 수집을 목적으로 하므로 주로 공소제기 전에 이루어진다. 그런데 공소가 제기된 이후에도 공소유지나 공범수사 를 위해서 수사가 필요할 수 있다. 예를 들면 공소제기 후에 공소장에 기재된 공 소사실에 포함되는 다른 사실이 추가로 밝혀진 경우이거나 수사기관에 검거된 공범이 범행을 부인하여서 공소제기된 피고인에 대한 참고인 자격으로서의 수사 가 필요한 경우가 있을 수 있다. 이와 같이 공소제기 후의 수사는 수사기관이 공 소제기 후에 공소를 유지하거나 공소유지 여부를 결정하기 위하여 행하는 수사 를 말하는데, 허용된다고 하더라도 공소제기 전과 같이 제한 없이 허용될 수는 없다. 특히 공소제기 후의 수사는 피고인 신문의 허용 여부 및 구속 및 압수·수 색·검증의 강제수사의 허용여부가 문제된다. 검사에게 이를 허용하여 피고인을 수사하는 것은 피고인의 당사자적 지위와 모순되기 때문이다.

2. 공소제기 후의 임의수사

(1) 피고인의 신문

공소제기 후에 피고인신문이 가능한가에 대하여는 견해의 대립이 있다. ① 적극설은 형사소송법 199조 1항 규정상 임의수사의 시기에 대하여 제한을 하고 있지 않으므로 허용된다는 입장이다. ② 소극설은 당사자주의의 소송구조에서 서 로 대등한 당사자(검사)가 다른 당사자인 피고인을 소환하여 신문하는 것은 허용 되지 않는다는 입장이다. ③ 원칙적으로는 허용되지 않지만 제1회 공판기일 전에 한하여 허용된다는 절충설도 있다.

판례는 검사작성의 피고인에 대한 진술조서가 공소제기 후에 작성된 것이라 는 이유만으로는 곧 그 증거능력이 인정된다는 입장을 취하고 있다(대법원 1984. 9. 25. 선고 84도1646 판결). 검사작성의 피고인에 대한 진술조서를 증거로 채택한 법원 의 조치는 증거법칙을 어긴 위법이 없다고 한다(대법원 1982. 6. 8. 선고 82도754 판결).

이러한 판례의 태도는 당사자주의의 관점에서 공소제기 후에 검사가 대등한 당사자인 피고인을 신문하는 것을 피의자신문과 동일시 할 수 없으며, 피고인의 방어권을 침해하여 공정한 재판의 이념에도 반하는 결과를 가져온다. 그러므로 공소제기 후 검사가 피고인을 신문하여 작성한 조서는 그 형태가 진술조서의 방식이라고 하더라도 허용되지 않으며, 위법하게 수집된 증거로서 증거능력을 인정할 수 없다고 보는 소극설이 타당하다(다수설).

(2) 증인에 대한 참고인조사

참고인조사는 원칙적으로 공소제기 후에도 허용된다. 참고인조사는 임의수사로서 상대방의 동의하에 이루어지는 수사방법이기 때문이다. 다만 공판기일에서 이미 증언을 마친 증인을 수사기관이 소환하여 법정 외에서 공판정에서의 진술을 번복시키는 방식으로 작성하는 진술조서는 위법한 수사방법으로 증거능력을 인정할 수 없다. 증거능력을 부정하는 이유는 당사자주의·공판중심주의·직접주의를 지향하는 현행 형사소송법의 소송구조에 위배될 뿐만 아니라, 헌법 27조가 보장하는 기본권인 법관의 면전에서 모든 증거자료가 조사·진술되고 이에 대하여 피고인이 공격·방어할 수 있는 기회가 실질적으로 부여되는 재판을 받을 권리를 침해하기 때문이다(대법원 2000. 6. 15. 선고 99도1108 전원합의체 판결). 판례는 수사기관이 이미 증언을 마친 증인에게 수사기관에 출석할 것을 요구하여 그 증인을 상대로 위증의 혐의를 조사하여 작성한 피의자 신문조서를 법원에 제출한 경우에도 그 신문조서의 증거능력이 없다고 판단하였다(대법원 2013. 8. 14. 선고 2012도13665 판결).

(3) 기타의 조사활동

수사기관은 공소제기 후에도 필요한 경우 감정위촉과 통역·번역의 위촉, 공무소 등에의 사실조회를 할 수 있다.

3. 공소제기 후의 강제수사

(1) 피고인의 구속

공소제기 후 행하는 피고인의 구속은 수소법원의 권한에 속한다(70조). 피고인은 공판절차에서 검사와 대등한 지위를 가지므로 검사에게 피고인을 구속할 권한을 인정할 수는 없으며, 수소법원이 피고인에 대한 구속영장을 발부함에는 검사의 청구가 있어야 하는 것은 아니다. 따라서 공소제기 후 수사기관에 의한 피고인의 구속은 허용되지 않는다.

(2) 압수·수색·검증

공소제기 후에 수사기관이 공소제기 후에 지방법원판사에게 청구하여 발부 받은 영장에 의하여 압수·수색·검증을 허용할 수 있는가에 대해서 견해의 대립 이 있다. ⓐ 긍정설은 제1회 공판기일 전에 한하여 수사기관에 의한 압수·수색· 검증이 허용된다고 보고 있다. ⓑ 부정설은 공소제기 후에는 강제처분에 관한 권한이 수소법원으로 이전되고, 공소제기 후 제1회 공판기일 전에 검사에게 증거 보전청구권을 인정하고 있다는 점에서 이를 허용하지 않는다.

판례도 부정설의 입장으로서 수소법원 이외의 지방법원 판사에게 청구하여 발부받은 영장에 의하여 압수·수색을 하였다면, 그와 같이 수집된 증거는 기본 적 인권 보장을 위해 마련된 적법한 절차에 따르지 않은 것으로서 원칙적으로 유 죄의 증거가 될 수 없다고 한다(대법원 2011. 4. 28. 선고 2009도10412 판결).

한편 예외적으로 수사기관의 공소제기 후의 압수·수색·검증이 허용되는 경 우로는 ① 검사 또는 사법경찰관이 피고인에 대한 구속영장을 집행하는 경우에 는 그 집행현장에서 영장 없이 압수·수색·검증을 할 수 있다(216조 2항). ② 공소 제기 후에도 수사기관은 피고인이나 제3자가 피고사건에 대한 증거물을 수사기 관에 제출하는 경우 임의제출물을 압수할 수 있다.

5장 2절 퀴즈

5.2.1 검사 A는 구속영장기재의 범죄사실인 선행사건(자동차번호판절도와 공기호부정사용)으로 피고인을 신문할 당시 여죄로 후행사건(총포·도검·화약류등단속법위반)을 자백하였고 압수물까지 있었음에도 후행사건을 포함시키지 않은 채 선행사건만을 먼저 기소하였고, 곧이어 후행사건이 검찰에 송치되어 같은 검사 A에게 배당이 되었음에도 후행사건의 기소를 서두르지 않고 있다가 선행사건의 판결이 확정된 후에야 비로소 후행사건에 대한 피의자신문을 한 후 별도로 기소하였다. 이 사안에서는 경찰에서 후행사건의 수사관계로 선행사건과 분리하여 뒤늦게 따로 송치한 관계로 선행사건의 기소 당시에 후행사건은 검찰에 송치되기 전이었고 불구속으로 송치된 후행사건에 대하여 검사가 제1회 피의자신문을 할 당시 선행사건의 유죄판결이 의외로 빨리 확정된 사정이 있었다. 검사 A의 후행사건에 대한 기소가 공소권남용에 해당하는가?
힌트 : 대법원 1999. 12. 10. 선고 99도577 판결

5.2.2 甲과 乙과 丙은 폭력사건으로 현행범인으로 체포되어 전원 입건된 후 검찰에 송치되었다. 검사는 정상을 참작하여 甲과 乙은 각각 혐의 없음과 기소유예로 불기소처분을 하고 丙은 약식기소하였다. 丙은 자신보다 다소 중한 범죄구성요건에 해당하는 행위를 한 사람이 불기소되었다는 사유만으로 자신에 대한 공소제기가 공소권남용에 해당한다고 주장하였다. 제1심의 반응을 예측하시오.
힌트 : 대법원 2012. 7. 12. 선고 2010도9349 판결

5.2.3 검사는 신용협동조합의 상무로 재직하였던 甲을 '피해자 A를 비롯한 다수의 사람들로부터 대출 명의를 빌려 변제능력이 없는 사람들에게 대출을 함으로써 조합에 손해를 가한 업무상 배임의 포괄일죄'로 기소하였다. 검사는 제1심재판 중, '피해자 A명의로 이루어진 대출의 경우 그 대출금이 위 조합의 시재금 부족분에 충당되었을 뿐 甲이 이를 현실로 인출, 사용한 적이 없다'는 이유로 그 부분 공소사실을 철회하였고, 이에 따라 甲은 나머지 공소사실에 관하여 유죄판결을 받

았고 그 판결이 확정되었다. 검사가 그 후 위 피해자(甲의 대출행위로 말미암아 위
조합에 대하여 법률상 채무를 부담하게 된 피해자) A의 고소에 근거하여 피해자 A에
대한 사기죄로 다시 공소제기하였다. 검사의 사기죄 공소제기는 적법한가?

힌트 : 2004. 9. 23. 선고 2004도3203 판결

5.2.4 검사 A가 작성한 공소장에 다음과 같은 사항이 기재되어 있다. 이와 같은 공소제
기가 무효인지 유효인지 판단하시오.

(1) 정당의 후보자 추천 관련 금품수수 범행의 공소사실과 관련하여 범죄사
실 이전 단계의 정황과 경위, 범행을 전후하여 관계자들이 주고받은 대
화 내용 등을 장황하게 기재하였다.

힌트 : 대법원 2009. 10. 22. 선고 2009도7436 전원합의체 판결

(2) 공소장의 공소사실 첫머리에 소년부송치처분 등 범죄전력을 기재하였다.

힌트 : 대법원 1990. 10. 16. 선고 90도1813 판결

(3) 공소장에 기재된 첫머리 사실이 공소사실의 범의나 공모관계, 공소범행
에 이르게 된 동기나 경위를 기재하였다.

힌트 : 대법원 1992. 9. 22. 선고 92도1751 판결

(4) 살인, 방화 등의 경우 범죄의 직접적인 동기 또는 공소범죄사실과 밀접
불가분의 관계에 있는 동기를 공소사실에 기재하였다.

힌트 : 대법원 2007. 5. 11. 선고 2007도748 판결

5.2.5 검사 A는 다음과 같이 공소장에 공소사실을 기재하였다. 각각의 공소장의 효력이
무효인지 유효인지 판단하시오.

(1) 유가증권위조죄의 공소사실의 범죄의 일시를 '2000. 초경부터 2003. 3.
경 사이에'로 비교적 장기간으로 기재하였다. 피고인은 1996년경 공소
외1과 협의하여 이 사건 주권발행에 관여하여 그 이후로 계속 이를 보관
하다가 2003. 3.경 그 중 일부를 공소외2와 공소외3에게 교부하였다고
주장하는 이 사건에서의 쟁점은 위 주권이 1996년경 증자될 당시 적법
하게 발행되었는지 아니면 공소사실과 같은 시기에 위조된 것인지 여부
로서 그 쟁점이 명확하였다.

힌트 : 대법원 2006. 6. 2. 선고 2006도48 판결

(2) 성폭력범죄의 공소사실에서 범죄일시를 '2014년 6월에서 8월 초순 사이

일자불상경'으로 기재하였다. 피해자는 지적장애 2급의 장애인이다.

힌트 : 대법원 2017. 1. 25. 선고 2016도14989 판결

(3) 검사는 길이 4~7㎝인 피고인의 모발을 대상으로 가스크로마토그라피/질량분석법에 의한 실험을 한 결과 메스암페타민 양성반응이 나왔다는 국립과학수사연구소의 감정 결과에 기초하여 위 정도 길이의 모발에서 메스암페타민이 검출된 경우 그 사용가능한 기간을 체포시로부터 역으로 추산한 다음 그 전 기간을 범행일시로 하고, 위 기간 중의 피고인의 행적에 대하여 조사를 하지 아니한 채 피고인의 주거지인 의왕시를 범행장소로 하여 향정신성의약품관리법위반의 점에 대한 공소를 제기하였다. 검사는 모발이 구체적으로 어느 부위에서 검출된 것인지, 실험의 경과는 어떠하였으며, 검출된 양은 어느 정도인지에 관한 구체적인 내용은 적시하지 않았다.

힌트 : 대법원 2000. 11. 24. 선고 2000도2119 판결

5.2.6 검사가 피고인을 상대로 특정범죄 가중처벌 등에 관한 법률 5조의3 1항 2호, 형법 268조(도로교통법 위반죄 부분 제외)를 적용하여 기소하였지만, 이 사건 공소사실의 내용 등에 비추어 보면, 이는 특정범죄 가중처벌 등에 관한 법률 5조의3 1항 1호, 2호, 형법 268조의 오기이거나 '1호(피해자를 사망에 이르게 하고 도주하거나, 도주 후에 피해자가 사망한 경우에는 무기 또는 5년 이상의 징역에 처한다)'가 누락된 것으로 볼 수 있다. 피고인도 이 사건 공소사실(도로교통법 위반죄 부분 제외)이 피고인의 자동차 운전상의 업무상 과실로 교통사고를 일으켜 피해자들 2인을 다치게 한 뒤 피해자들을 구호하는 등의 필요한 조치를 취하지 않은 채 도주하여 그 피해자들 중 1인이 사망하였다는 내용임을 알고 그에 대한 변소나 방어를 하여 왔다. 제1심법원이 그와 같은 공소장의 적용법조의 오기 내지 누락의 점을 바로잡아 특정범죄 가중처벌 등에 관한 법률 5조의3 1항 1호, 2호, 형법 268조를 적용한 뒤 그 법정형에 따라 처단하는 것이 불고불리의 원칙에 위배되는가?

힌트 : 대법원 2006. 4. 14. 선고 2005도9743 판결

5.2.7 검사가 수개의 협박 범행을 먼저 기소하고 다시 별개의 협박 범행을 추가로 기소하였는데 이를 병합하여 심리하는 과정에서 전후에 기소된 각각의 범행이 모두 포괄하여 하나의 협박죄를 구성하는 것으로 밝혀진 경우 법원이 각각의 범행을 포괄하여 하나의 협박죄를 인정한 조치가 혹 이중기소를 금지하는 법의 취지에

반하여 위법한가?

힌트 : 대법원 2007. 8. 23. 선고 2007도2595 판결

5.2.8 검사가 2000. 2. 20. 피고인에 대하여 피고인이 1995년 7월 하순 무렵 병원의 지하문서고에 들어가 병록지 22매를 절취하였다는 내용을 공소사실로 하여 절도죄로 공소를 제기하였다가 2001. 3. 21.에 이르러 피고인에 대한 공소사실을 종전의 절도죄에서 피고인이 1995년 7월 하순 무렵 병원 지하문서고에 들어가 건조물에 침입하였다는 내용의 건조물침입죄로 변경하는 공소장변경 신청을 하였다. 법원은 검사의 공소장변경 신청을 허가한 후 공소장변경을 이유로 피고인에 대한 제1심판결을 파기한 다음 변경된 공소사실에 대한 범죄의 증명이 있다고 보아 피고인을 유죄로 인정하여 징역 6월에 집행유예 1년의 형을 선고하였다. 위 법원의 유죄판결은 적법한가?

힌트 : 대법원 2001. 8. 24. 선고 2001도2902 판결

5.2.9 제1심 공판기일에서 증언을 마친 乙을 검사가 소환하여 乙의 법정에서의 증언 내용을 검사가 추궁하여 乙로부터 그 중 일부가 진실이 아니라는 취지의 번복 진술을 받아내었다. 공소제기 후 검사의 乙 소환조사는 적법한가?

힌트 : 대법원 2013. 8. 14. 선고 2012도13665 판결

5.2.10 주식회사의 임원 甲은 5개의 횡령행위를 범한 혐의로 기소되었다. 공소장에 적시된 5개(각각 1, 2, 3, 4, 5행위로 지칭한다)의 구체적 공소사실은 甲의 각 횡령행위의 시기, 횡령금액을 명시하는 방식으로 구성되었다. 검사는 그 중 1, 2의 횡령행위의 일부를 구성하는, 무단인출액의 임의사용 용도에 관하여는 그 용도들을 구체적으로 특정하지 않았다(예를 들어 2횡령행위는 총액 1천만 원을 무단인출한 행위인데 수사단계에서 甲이 무단인출한 돈의 사용처에 관한 증빙자료를 제시하지 않아 검사는 무단인출한 날자와 총액만을 특정한 것이다). 제1심 제1회 공판기일에 甲의 변호인은 재판부에 "공소장이 특정되지 않았으므로 공소기각판결을 구합니다."라고 요청하였다. '5개의 횡령행위는 실체적 경합의 관계에 있지 않고 1개의 포괄적 일죄의 관계에 있다'는 점에 대하여는 검사, 재판부, 변호인 사이에 의견이 일치되어 있다. 재판부의 응답을 예측하시오.

힌트 : 대법원 2005. 1. 14. 선고 2004도6646 판결

❚ 퀴즈풀이

5.2.1

검사가 후행사건에 대해서 별도로 기소함으로써 피고인으로 하여금 선행사건과 후행사건을 함께 재판받을 수 없게 한 사실은 인정된다. 그러나 검사가 자의적으로 공소권을 행사한 것이라고 하기 위해서는 단순히 직무상의 과실에 의한 것만으로는 부족하고 적어도 미필적이나마 어떤 의도가 있어야 한다. 사안에서 검사 A의 행태는 어떤 의도를 가진 자의적인 기소라고 볼 수 없어 공소권남용으로 보기 어렵다(대법원 1999. 12. 10. 선고 99도577 판결).

5.2.2

검사에게는 범죄의 구성요건에 해당하는 경우에 피의자의 연령, 성행, 지능과 환경, 피해자에 대한 관계, 범행의 동기, 수단과 결과, 범행 후의 정황 등의 사항을 참작하여 공소를 제기할 것인지의 여부를 결정할 수 있는 재량권(247조)이 부여되어 있다. 이 재량권의 행사에 따른 공소의 제기는 소추재량권을 현저히 일탈하였다고 인정되지 않는 이상 공소권을 남용한 경우에 해당한다고 할 수 없다. 따라서 어떤 사람에 대하여 공소가 제기된 경우 그 공소가 제기된 사람과 동일하거나 다소 중한 범죄구성요건에 해당하는 행위를 하였음에도 불기소된 사람이 있다는 사유만으로는 그 공소의 제기가 평등권 내지 조리에 반하는 것으로

서 공소권남용에 해당한다고 할 수 없다(대법원 2012. 7. 12. 선고 2010도9349 판결).

5.2.3

공소사실의 동일성이 인정되지 아니하고 실체적 경합관계에 있는 수개의 공소사실의 전부 또는 일부를 철회하는 공소취소의 경우 그에 따라 공소기각의 결정이 확정된 때에는 그 범죄사실에 대하여는 형사소송법 329조의 규정에 의하여 다른 중요한 증거가 발견되지 않는 한 재기소가 허용되지 아니하지만, 이와 달리 포괄일죄로 기소된 공소사실 중 일부에 대하여 형사소송법 298조 소정의 공소장변경의 방식으로 이루어지는 공소사실의 일부 철회의 경우에는 그러한 제한이 적용되지 아니한다(대법원 2004. 9. 23. 선고 2004도3203 판결).

5.2.4

(1) 이러한 범죄는 당 내부적으로도 일부 핵심 인사만 알 수 있도록 은밀하고도 계획적으로 행하여지는 성격을 가지기 때문에 검사로서는 그 범의나 공모관계, 범행의 동기나 경위 등을 명확히 하기 위하여 구체적인 사정을 적시할 필요도 어느 정도 있다는 점에서 적법하다고 볼 여지가 있다(대법원 2009. 10. 22. 선고 2009도7436 전원합의체 판결).

(2) 공소장의 공소사실 첫머리에 소년부송

치처분 등 범죄전력을 기재하였다 하더라도 이는 피고인의 특정에 관한 사항으로서 그와 같은 내용의 기재가 있다 하여 공소제기의 절차가 법률의 규정에 위반된 것이라고 할 수 없다(대법원 1990. 10. 16. 선고 90도1813 판결).

(3) 공소사실에 전혀 없는 새로운 사실을 추가하여 인정한 것이 아니라 공범관계를 보다 명확하게 하기 위하여 범죄사실에 이르게 된 경위를 보다 구체적으로 정리하고 보충한 것에 불과하다면, 공소사실과 기본적 사실의 동일성의 범위를 벗어난 것이라고 볼 수 없다(대법원 1992. 9. 22. 선고 92도1751 판결).

(4) 살인, 방화 등의 경우 범죄의 직접적인 동기 또는 공소범죄사실과 밀접불가분의 관계에 있는 동기를 공소사실에 기재하는 것이 공소장일본주의 위반이 아님은 명백하고, 설사 범죄의 직접적인 동기가 아닌 경우에도 동기의 기재는 공소장의 효력에 영향을 미치지 아니한다(대법원 2007. 5. 11. 선고 2007도748 판결).

5.2.5

(1) 공소사실은 이러한 요소를 종합하여 구성요건 해당사실을 다른 사실과 식별할 수 있는 정도로 기재하면 족하고, 공소장에 범죄의 일시, 장소 등이 구체적으로 적시되지 않았더라도 위의 정도에 반하지 아니하고 공소범죄의 성격에 비추어 그 개괄적 표시가 부득이하며 그에 대한 피고인의 방어권행사에 지장이 없다면 그 공소내용이 특정되지 않았다고 볼 수 없다(대법원 2006. 6. 2. 선고 2006도48 판결).

(2) 피해자의 진술 외에는 객관적인 증거를 확보하기 쉽지 않은 성폭력범죄의 특성에 비추어 볼 때, 검사로서는 피해자가 가진 진술능력의 한계로 말미암아 공소사실의 범죄일시를 일정한 시점으로 특정하기 곤란하여 부득이하게 개괄적으로 표시할 수밖에 없었을 것으로 보인다(대법원 2017. 1. 25. 선고 2016도14989 판결).

(3) 약물범죄는 공소범죄의 성격에 비추어 범죄의 일시·장소 등에 관한 개괄적인 표시가 부득이한 경우가 있다. 그러나 검사는 가능한 한 기소당시의 증거에 의하여 이를 특정하여야 한다. 이에 이르지 아니함으로써 사실상 피고인의 방어권행사에 지장을 가져오는 경우에는 구체적인 범죄사실의 기재가 있는 공소장이라고 할 수 없다(대법원 2000. 11. 24. 선고 2000도2119 판결).

5.2.6

어느 범죄사실이 일반법과 특별법에 모두 해당하는 경우라 하여도 검사가 형이 보다 가벼운 일반법의 죄로 기소하면서 그 일반법의 적용을 청구하고 있는 이상 법원은 형이 더 무거운 특별법을 적용하여 특별법위반의 죄로 처단할 수는 없다(대법원 1960. 9. 9. 선고 4293형상366 판결 등 참조). 그러나 그런 경우가 아니라면 제1심법원이 공소장의 적용법조의 오기 내지 누락의 점을 바로잡아 특정범죄 가중처벌 등에 관한 법률 5조의3 1항 1호, 2호, 형법 268조를 적용한 뒤 그 법정형에 따라 처단하였다고 하여 피고인의 방어에 실질적인 불이익을 주었다고 할 수 없으므로 이를 두고 단지 그 법정형이 더 무겁다는 이유만으로 불고불리의 원칙에 위배되거나 법령적용을 잘못한 위법이 있다고 할 수 없다(대법원 2006. 4. 14. 선고 2005도9743 판결).

5.2.7
이중기소에 대하여 공소기각판결을 하도록 한 형사소송법 327조 3호의 취지는 동일사건에 대하여 피고인으로 하여금 이중처벌의 위험을 받지 아니하게 하고 법원이 2개의 실체판결을 하지 아니하도록 함에 있으므로, 위와 같은 경우 법원이 각각의 범행을 포괄하여 하나의 협박죄로 인정한다고 하여 이중기소를 금하는 위 법의 취지에 반하는 것이 아니다. 또 법원이 실체적 경합범으로 기소된 범죄사실에 대하여 그 범죄사실을 그대로 인정하면서 다만 죄수에 관한 법률적인 평가만을 달리하여 포괄일죄로 처단하더라도 이는 피고인의 방어에 불이익을 미치는 것이 아니므로 공소장변경 없이도 포괄일죄로 처벌할 수 있다. 따라서 비록 협박죄의 포괄일죄로 공소장을 변경하는 절차가 없었다거나 추가기소의 공소장의 제출이 포괄일죄를 구성하는 행위로서 먼저 기소된 공소장에 누락된 것을 추가·보충하는 취지의 것이라는 석명절차를 거치지 아니하였다 하더라도, 법원은 전후에 기소된 범죄사실 전부에 대하여 실체판단을 할 수 있고, 추가기소된 부분에 대하여 공소기각판결을 할 필요는 없다(대법원 2007. 8. 23. 선고 2007도2595 판결).

5.2.8
공소사실이 변경됨에 따라 법정형에 차이가 있는 경우, 공소시효기간의 기준이 되는 법정형은 변경된 공소사실에 대한 법정형이다. 피고인에 대한 변경된 공소사실인 건조물침입죄의 법정형은 3년 이하의 징역 또는 벌금이어서 범죄행위의 종료일로부터 3년의 기간이 경과하면 그 공소시효가 완성됨이 명백한바(2000년 2001년 당시의 형사소송법 249조 1항 5호), 피고인에 대하여 건조물침입의 범죄행위가 종료된 때로부터 3년이 훨씬 지난 2000. 2. 20. 이 사건 공소가 제기되었으므로 이 사건 공소 제기 당시 변경된 공소사실인 건조물침입죄에 대하여는 이미 공소시효가 완성된 것이다. 법원이 피고인에 대하여 면소판결을 선고하여야 함에도 불구하고 유죄판결을 한 것은 위법하다(대법원 2001. 8. 24. 선고 2001도2902 판결).

5.2.9
공판준비 또는 공판기일에서 이미 증언을 마친 증인을 검사가 소환한 후 피고인에게 유리한 그 증언 내용을 추궁하여 이를 일방적으로 번복시키는 방식으로 작성한 진술조서를 유죄의 증거로 삼는 것은 당사자주의·공판중심주의·직접주의를 지향하는 현행 형사소송법의 소송구조에 어긋나는 것일 뿐만 아니라, 헌법 27조가 보장하는 기본권, 즉 법관의 면전에서 모든 증거자료가 조사·진술되고 이에 대하여 피고인이 공격·방어할 수 있는 기회가 실질적으로 부여되는 재판을 받을 권리를 침해하는 것이다(대법원 2013. 8. 14. 선고 2012도13665 판결).

5.2.10
재판부는 변호인 C의 주장을 배척할 것이

다. 그 이유는 다음과 같다.

공소장의 공소사실 기재를 구체적으로 특정하게 한 254조와 298조의 입법취지는 법원에 대하여 심판의 대상을 한정하고, 甲에게 방어의 범위를 특정하여 그 방어권 행사를 쉽게 해 주기 위한 데에 있는 것이다. 따라서 공소사실은 이러한 요소를 종합하여 구성요건 해당사실을 다른 사실과 구별할 수 있을 정도로 기재(식별설)하면 족하다. 포괄일죄는 그 일죄의 일부를 구성하는 개개의 행위에 대하여 구체적으로 특정되지 아니하더라도 그 전체 범행의 시기와 종기, 범행방법, 피해자나 상대방, 범행횟수나 피해액의 합계 등을 명시하면 이로써 그 범죄사실은 특정된다.

사안에서 검사가 무단인출액의 임의사용 용도에 관하여 그 용도들을 구체적으로 특정하지 못한 것은 甲이 무단인출한 돈의 사용처에 관한 증빙자료를 제시하지 않은 데 기인하는 것이므로 검사로서는 특정을 위하여 최선을 다한 것이다.

제6장 공판심리의 범위와 공판준비

제1절 공판심리의 범위

Ⅰ. 소송물의 의의와 범주

1. 소송물의 의의

소송물이란 법원이 심판하는 대상을 말한다. 탄핵주의에서는 불고불리의 원칙상 공소권자의 공소제기에 의해 일차적으로 소송물이 결정된다. 검사는 공소장에 범죄의 일시와 장소 및 방법을 명시하여 사실을 특정할 수 있도록 공소사실을 기재하는바(254조 1항과 4항), 심판의 대상은 그렇게 기재된 공소사실에서부터 출발한다.

그런데 범죄사실의 일부에 대한 공소는 그 효력이 전부에 미친다(248조 2항). 따라서 범죄사실의 일부만 공소장에 기재되더라도 범죄사실의 전부가 심판대상으로 취급될 가능성이 생긴다. 이는 범죄사실의 일부에 대해 공소가 제기된 후에 나머지 부분이 다시 기소되면 이중기소가 되어 후의 공소제기에 대해서는 공소기각 판결이 선고된다는 점(327조 3호)과 범죄사실의 일부에 대해 확정판결이 선고된 후에 나머지 부분이 다시 기소되면 면소판결이 선고된다는 점(326조 1호) 등에서도 확인된다. 이중기소를 금지하고 확정판결이 선고된 사건을 면소판결로 처리하는 것은 공소제기 시 공소장에 현실적으로 기재되지 않는 공소사실이라도 이미 심판대상에 포함된 것이라는 인식을 바탕으로 하고 있기 때문이다.

여기서 과연 소송물이 공소장에 기재된 공소사실에 국한되는지 그것을 넘어

선 범위까지 확장되는지 문제된다. 이에 관한 이론이 소송물론인데, 그 내용은
당사자주의와 직권주의 중 어느 입장을 중시하는가에 따라 달라진다. 즉, 당사자
주의는 소송물을 공소장 기재의 공소사실로 한정하는 반면, 직권주의는 공소장에
기재된 공소사실을 넘어서는 부분에 대한 심판을 적극적으로 수용하는 것이다.
공판심리의 범위는 이렇게 심판대상, 즉 소송물의 범위를 설정하는 작업에서부터
시작되는데, 소송물론의 여러 이론들을 정리하면 다음과 같다.

2. 소송물의 범주

(1) 학설의 대립

공소장에 기재된 공소사실을 넘어서는 부분도 별도의 조치 없이 당연히 심
판대상에 포함되는지에 관하여 견해가 대립된다.

ⓐ 공소사실대상설(公訴事實對象說)

'하나의 단일한 사건으로서 공소장에 기재된 공소사실과 동일성이 인정되는
사실'은 전부 심판의 대상, 즉 소송물이 된다는 이론이다. 따라서 그러한 범위에
속하는 한 법원은 적극적으로 공소장기재사항을 넘어서는 부분이라도 심판할 수
있고 거기에는 아무런 절차가 필요 없다고 주장한다. 직권주의를 바탕으로 하는
견해이다.

ⓑ 소인대상설(訴因對象說)

심판의 대상, 즉 소송물은 소인(訴因)이라는 이론이다. 여기서 소인이란 구체
적으로 공소장에 기재된 공소사실을 말한다. 따라서 소인대상설은 공소장에 기재
된 공소사실만을 소송물로 인정하는 이론인 셈이다. 하지만 여기서도 당사자의
구체적인 행위를 통한 소인의 변경은 가능하며, 그렇게 소인이 변경될 경우에는
변경된 부분에 대해서도 심판할 수 있게 된다. 따라서 소인대상설에서는 소인변
경이 가능한 범위가 어디까지인지가 문제되고, 그에 대해 '하나의 단일한 사건으
로서 공소장에 기재된 공소사실과 동일성이 인정되는 범위'라는 명제가 원용된
다. 당사자주의 사고에서 나온 이론이다.

ⓒ 이원설(二元說)

심판의 대상을 잠재적 심판의 범위와 현실적 심판의 범위라는 두 차원으로
나누어 설명하는 이론이다. 즉, 잠재적 심판의 범위는 '하나의 단일한 사건으로서
공소장에 기재된 공소사실과 동일성이 인정되는 범위'이지만, 현실적 심판의 범
위는 '공소장에 기재된 사실'에 국한된다는 것이다. 아울러 잠재적 심판범위의 사

실을 현실적 심판범위로 이전시키려면 일정한 절차가 필요해지는데, 형사소송법상의 공소장변경제도가 그것이라고 설명한다.

(2) 판례의 태도

판례는 이원설의 입장을 취한다(대법원 1971. 11. 23. 선고 71도1548 판결; 대법원 1983. 11. 8. 선고 82도2119 판결; 대법원 1989. 2. 14. 선고 85도1435 판결). 공소장에 기재된 공소사실과 동일성이 인정되는 범위가 당해 소송에서 심판할 수 있는 대상이지만, 현실적인 심판 범위는 공소장의 기재를 통해 특정되어야 한다는 것이다.

II. 확장될 수 있는 범위

1. 사건의 동일성 범위

(1) 검토의 필요성

소송물의 범주에 관한 여러 이론들 중에서 어느 것을 취하든 사건의 동일성은 궁극적인 심판의 범위로 설정된다. 특히 이원설에 의하면 동일성의 범위는 잠재적 심판의 범위가 된다. 여기서 과연 동일성의 범위가 어디까지를 말하는지 검토해야 할 필요성이 제기된다.

(2) 동일성의 의의

소송절차가 진행되는 과정에서 전의 사건과 후의 사건이 같은 것으로 평가되면 동일한 사건이라고 한다. 즉, 사건의 종단면을 검토하여 사건이 같을 때 동일한 사건이 되는 것이다. 소송은 동적·발전적 과정이라는 점을 감안한다면 사건은 시간적 흐름에 따라 변화하게 되므로 사건의 동일성 여부에 관한 판단은 중요한 문제가 된다.

(3) 요건

사건이 동일하기 위해서는 다음의 두 요건이 갖추어져야 한다.

1) 피고인의 동일

피고인이 동일해야 한다. 공소제기시의 피고인이 재판 때까지 유지되어야 한다는 의미이다.

2) 범죄사실의 동일-학설의 대립

동일성의 핵심은 범죄사실의 동일이다. 동일성 여부의 판단기준에 관해서는 다음의 견해가 제시된다.

ⓐ 기본적 사실 동일설

두 사실의 기초가 되는 사회적 사실상황이 기본적 부분에서 동일하면 두 사실이 동일하다고 판단하는 이론이다. 공소사실은 법적 평가 이전에 사회적 사실에 불과하다는 관점에 입각하여 순수하게 사실론의 관점에서 사실의 동일성 여부를 결정하려는 이론이다. 이에 따르면, ① 형법 347조 1항의 사기죄(자기가 이익을 취한 경우)와 347조 2항의 사기죄(제3자에게 이익을 취하게 한 경우)가 동일성이 인정되는 것은 물론이고, ② 금품을 받은 사실이 인정된다면 수뢰죄로 논하건 배임수재죄로 논하건 공갈죄로 논하건 동일성이 인정되며, ③ 목을 조르고 폭행한 사실이 있는 이상 살인미수로 기소하였다가 강간치상죄로 변경하는 경우까지도 동일성이 인정된다.

ⓑ 죄질 동일설

두 사건의 동일성이 인정되려면 두 사건을 문제삼는 구성요건이 죄질(유형적 본질)에 있어서 동일해야 한다는 이론이다. 공소사실은 행해진 사실에 대한 자연적·사회적 서술이 아니라 구성요건이라는 규범적·법적 평가를 통해 파악된 범죄사실이기 때문에 동일성 여부 역시 구성요건이라는 규범의 구체적 내용에 따라 판단해야 한다는 설명이다. 따라서 ① 형법 347조 1항의 사기죄와 347조 2항의 사기죄는 동일성이 인정되지만, ② 수뢰죄와 배임수재죄 및 공갈죄는 구성요건의 죄질이 다르므로 동일성이 인정되지 않으며, ③ 살인미수와 강간치상 간에도 죄질의 동일성이 인정되지 않는다.

ⓒ 구성요건 공통설

변경 전의 사실과 변경 후의 사실이 각기 나름대로의 구성요건에 포섭될텐데, 변경 후의 사실이 변경 전의 구성요건에도 상당 부분 부합하는 것이면 두 사실의 동일성이 인정된다는 이론이다. 즉, 변경전의 A 사실이 甲 구성요건에 해당하고 변경 후의 B 사실이 乙 구성요건에 해당할 때 변경 후의 B 사실이 甲 구성요건에도 상당부분 부합되면 甲과 乙의 구성요건이 죄질에 있어서 동일하지 않더라도 A와 B 사실의 동일성이 인정된다는 것이다. 사실론적 차원에서 동일성 여부를 판단하려는 점은 기본적 사실동일성과 시각을 같이 하나, 공소사실이 구성요건과의 관계 속에서 의미를 갖는 것이라는 점을 잊지 않으려는 관점이다. 이에 따르면, ① 형법 347조 1항의 사기죄와 347조 2항의 사기죄 사이의 변경에서 동일성이 인정되는 것은 물론이고, ② 수뢰죄와 배임수재죄 및 공갈죄 간의 변경에도 동일성이 인정되지만, ③ 두 사실이 살인미수에서 강간치상으로 바뀔 때에는 동일성이 부정된다.

3) 범죄사실의 동일-판례의 태도

판례는 1990년대 초반까지만 해도 순수한 의미의 기본적 사실 동일설을 취하여 왔다(대법원 1972. 3. 28. 선고 72도116 판결). 그리하여 목을 조르고 폭행한 사실이 있는 이상 살인미수죄를 강간치상죄로 변경할 수 있고(대법원 1984. 6. 26. 선고 84도666 판결), 돈을 수령한 사실이 있는 이상 횡령죄를 사기죄로 변경할 수 있다고 판시하였다(대법원 1983. 11. 8. 선고 83도2500 판결). 하지만 1994년의 전원합의체 판결은 기본적 사실의 동일성 여부를 판단함에 있어서 법익이나 죄질과 같은 규범적 요소도 고려해야 한다고 방향을 다소 전환하였다(대법원 1994. 3. 22. 선고 93도2080 판결). 이러한 판례의 기준을 '규범적 사실 동일설'이라고 부르기도 한다.

〈규범적 사실 동일설의 전원합의체 판결(대법원 1994. 3. 22. 선고 93도2080 판결)〉

> 장물취득죄로 유죄의 확정판결을 받았다. 강도상해의 범인으로부터 장물을 취득했다는 것이다(A). 그런데 다시 강도상해죄로 기소되었다. 강도상해의 범행을 같이 했다는 것이다(B). 양 사건의 동일성 여부의 판단을 어떻게 해야 할까? 범행 A와 범행 B를 순수하게 사실적 차원에서만 평가하면 동일성이 인정될 수 있다. 금품을 강취하여 분배하는 일련의 범죄행위 중에서 후반부만 개입했느냐(A) 처음부터 개입했느냐(B)의 문제이기 때문이다. 하지만 규범적 요소를 고려하면 양 죄의 행위태양과 피해법익 및 죄질이 현저하게 다르기 때문에 동일성이 부정된다는 것이 전원합의체 판결의 내용이다. 따라서 면소판결이 아니라 실체재판을 해야 한다는 결론이다. 이를 계기로 다음의 기준이 정립되었다. "기본적 사실관계의 동일성 여부는 자연적·사회적 사실관계의 동일성에 덧붙여서 규범적 요소도 고려하여 판단해야 한다."

2. 심판의 기본단위(사건의 단일성 범위)

(1) 검토의 필요성

심판대상을 어떻게 설정하고 확장될 수 있는 심판범위를 어디까지로 하든, 하나의 소송에서는 하나의 단일한 사건만을 심판할 수 있다. 여기서 하나의 단일한 사건이 무엇인지 설명할 필요가 있는데, 다음과 같다.

(2) 단일성의 의의

특정시점에서 사건을 관찰하여 사건이 한 개일 때 그것을 단일한 사건이라고 한다. 즉, 사건의 횡단면을 검토하여 사건의 개수가 하나이면 단일한 사건이 된다.

(3) 요건

사건이 단일하기 위해서는 다음의 두 가지 요건이 갖추어져야 한다.

1) 피고인의 단일

피고인이 1인이어야 한다. 피고인이 수인이면 사건은 수개가 된다. 따라서 공동피고인으로 기소되면 수개의 사건이고, 심리가 병합되는 경우에도 마찬가지이다.

2) 범죄사실의 단일

범죄사실이 하나여야 한다. 범죄사실이 수개이면 관련사건으로 취급되더라도 수개의 사건으로 처리된다. 여기서 범죄사실의 단일여부를 결정하는 기준이 있어야 하는데, 사회일반인의 생활경험에 의해 판단한다는 일반적인 견해이다. 판례 역시 마찬가지여서, 실체법상 단순일죄(대법원 1996. 9. 24. 선고 96도2151 판결)나 포괄일죄(대법원 2006. 4. 27. 선고 2006도514 판결)뿐 아니라 상상적 경합범(대법원 1990. 1. 25. 선고 89도1317 판결)의 경우도 단일한 범죄사실로 판단한다.

III. 공소장 변경

1. 의의

공소장 변경이란 공소장에 기재된 공소사실이나 적용 법조를 추가·철회·변경하는 것을 말한다(298조 1항 1문). 법문에는 명시되어 있지 않지만, 죄명의 변경도 포함된다는 것이 일반적인 견해이다.

공소장 변경에는 한계가 있어야 하는데, 그 범주가 바로 사건의 동일성 범위이다. 즉, 공소사실의 동일성이 인정되는 범위에서 공소장 변경이 허용되는 것이다(298조 1항 2문). 따라서 동일성 범위 밖의 범죄사실을 심판하려면 공소장 변경으로는 안 되고 별도의 공소제기가 요구된다.

2. 절차

(1) 개관

공소장을 변경하기 위해서는 검사와 법원의 합의가 필요하다. 구체적인 절차는 검사가 법원에 공소장 변경을 신청하고 법원이 응하는 경우(298조 1항)와 법원이 검사에게 공소장 변경을 요구하고 검사가 따르는 경우(298조 2항)로 나누어진다.

(2) 검사의 신청에 의한 변경

1) 검사의 신청

검사는 공소장 변경의 필요가 있는 경우 법원에 변경허가를 신청할 수 있다. 신청의 방식은 원칙적으로 서면에 의한다. 즉, 검사는 공소장변경 허가신청서를 법원에 제출해야 하고, 피고인의 수에 상응하는 부본도 첨부해야 하는 것이다(규칙 142조 1항과 2항). 법원은 검사가 첨부한 부본을 피고인 또는 변호인에게 즉시 송달해야 하지만(규칙 142조 3항), 부본의 송달은 피고인의 방어권을 보장하기 위한 것이므로 부본이 송달절차를 거치지 않고 공판정에서 직접 교부되었더라도 피고인이 충분히 진술 및 변론을 한 때에는 판결에 영향을 미치지 않는다는 것이 판례의 입장이다(대법원 1986. 9. 23. 선고 85도1041 판결).

덧붙여서, 서면에 의하지 않는 예외적인 방법도 마련되어 있다. 피고인에게 이익이 되거나 피고인이 동의하는 경우 피고인이 재정하는 공판정에서 구술에 의한 공소장 변경도 허가될 수 있다(규칙 142조 5항).

〈신청의 시기〉

> 공소장 변경은 심리를 위한 것이므로 검사의 신청은 법원이 공판의 심리를 종결하기 전에 해야 한다. 판례에 의하면, 법원이 심리를 종결한 후에 검사가 공소장 변경을 신청한 경우에는 법원이 심리를 재개하여 공소장 변경을 허가할 의무가 없다고 한다(대법원 1986. 10. 14. 선고 86도1691 판결).

2) 법원의 허가

검사가 공소장 변경을 신청하면 법원은 공소사실의 동일성을 해하지 않는 한도에서 허가하게 된다. 여기서 법원의 허가가 의무인지 재량인시 문제되는데, 동일성의 범위 내라면 의무라는 것이 일반적인 견해이고, 판례 역시 마찬가지이다(대법원 1975. 10. 23. 선고 75도2712 판결). 그리고 법원이 허가한 경우에는 그 사유를 신속하게 피고인 또는 변호인에게 고지해야 한다(298조 3항). 또한 검사도 공판기일에 공소장 변경 허가신청서에 기재된 공소사실과 죄명 및 적용법조를 낭독해야 하며, 다만 재판장이 필요하다고 인정하는 경우에만 공소장 변경 요지의 진술로 갈음할 수 있을 뿐이다(규칙 142조 4항).

(3) 법원의 요구에 의한 변경

1) 법원의 요구

법원의 공소장 변경 요구는 심리가 진행되면서 하게 될 것이므로 최소한 제1회 공판기일 이후여야 가능하다는 것이 일반적인 견해이다. 공소장 변경의 요구는 소송지휘의 한 내용이므로 공판정에서 구두로 행해지게 된다. 문제는 공소장변경의 필요가 있는 경우 법원의 요구가 의무인지 여부인데, 다음과 같이 견해가대립된다.

ⓐ 의무설

직권주의를 바탕으로 하는 견해이다. 법원에게 변경요구의 의무를 지우므로, 변경요구의 필요가 있는 사안에서 법원이 변경요구를 하지 않고 판결을 내리면 심리미진으로 상소이유가 된다.

ⓑ 재량설

당사자주의를 바탕으로 하는 견해이다. 공소장 변경의 책임은 검사가 지게되므로, 법원은 검사가 제기한 공소의 범위 안에서 심리하면 족할 뿐 적극적으로 공소장 변경을 요구할 의무는 부담하지 않는다고 한다.

ⓒ 예외적 의무설

공소장 변경의 요구는 원칙적으로 법원의 재량에 속하지만, 공소장 변경 없이 피고인을 무죄방면하거나 경한 범죄사실로 처벌하는 것이 현저히 정의에 반하는 경우에 한하여 법원에게 공소장 변경의 의무가 부담된다는 견해이다. 당사자주의를 기본으로 하면서 직권주의를 가미하는 입장이다.

ⓓ 판례의 태도

판례는 종래 재량설을 취하는 것으로 설명되었다. 공소장 변경의 요구는 법원의 권한이지 의무가 아니므로, 법원이 공소장 변경의 요구를 하지 않고 판결을 선고하여도 심리미진의 위법이 아니라는 판시가 발견되기 때문이다(대법원 1979. 11. 27. 선고 79도2410 판결; 대법원 1984. 2. 28. 선고 83도3334 판결; 대법원 1999. 12. 24. 선고 99도3003 판결). 하지만 최근에는 "현저히 정의와 형평에 반하는 경우"가 아니면 허가 여부가 법원의 재량이라고 하여, 예외적 의무설로 기우는 경향도 보이고 있다(대법원 2011. 1. 27. 선고 2009도10701 판결).

2) 검사의 변경

법원이 공소장 변경을 요구한 사안에서 검사가 법원의 요구대로 공소장을 변경하면 당연히 변경된 내용을 대상으로 심리가 진행된다. 그런데 문제는 검사가 법원의 요구에 따르지 않는 경우이다. 이 때 두 가지의 논제가 제기되는데, 첫째는 검사의 불응에도 불구하고 법원의 요구만으로 공소장 변경의 효과가 발생하는지 여부이고, 둘째는 검사의 불응이 의무위반인지 여부이다. 논제를 나누어 설명하면 다음과 같다.

① 첫째의 논제는 법원의 공소장 변경 요구에 형성력을 부여할 것인지 여부에 따라 결과가 달라진다. ⓐ 긍정설(검사가 불응하더라도 법원의 요구에 형성력이 부여되어 공소장 변경의 효과가 발생된다는 견해)과 ⓑ 부정설(법원의 요구에는 형성력이 없으므로 검사가 불응하는 경우 공소장 변경의 효과가 발생되지 않는다는 견해)이 대립된다.

② 둘째의 논제는 법원의 공소장 변경 요구를 검사에 대한 명령으로 취급할 수 있는가의 문제이다. ⓐ 명령효설(법원의 요구에 명령 효과를 부여하므로 검사의 불응이 의무위반이라고 주장하는 견해)과 ⓑ 권고효설(법원의 요구는 권고에 불과하므로 검사가 따르지 않더라도 의무위반이 되지 않는다는 견해)이 대립된다.

〈항소심에서의 공소장 변경〉

공소장 변경은 심판의 대상에 영향을 주는 것이므로 사실심의 절차에서만 가능하다. 통상적으로는 제1심의 절차에서 행해지며, 제1심이라면 간이공판절차에서도 가능하다. 반면에 상고심은 법률심을 원칙으로 하므로 공소장 변경이 허용되지 않는다. 여기서 문제는 항소심에서는 공소장 변경이 허용되는지 여부이다. 항소심의 구조를 ⓐ 사후심으로 파악하면 심판대상은 제1심에서 확정해야 하기 때문에 항소심에서의 공소장 변경이 불허되지만, ⓑ 속심으로 파악하면 항소심에서도 심

판대상의 변경이 가능하기 때문에 공소장 변경이 허용된다. 판례는 항소심을 속심으로 보는 연장
선상에서 항소심에서의 공소장 변경을 허용한다(대법원 1995. 2. 17. 선고 94도3297 판결; 대법
원 1995. 12. 5. 선고 94도1520 판결).

Ⅳ. 공소장 변경 없이 심리할 수 있는 범위

1. 일반적인 경우

(1) 논제

지금까지 살펴본 내용을 정리하면, 공소장에 명시적으로 기재된 공소사실과
다르게 심리하게 위해서는 '동일성의 범위' 내에서 '공소장 변경의 절차'를 거쳐
야 한다는 것이다. 그런데 한 걸음 더 나아가 공소장의 기재내용과 다르더라도
동일성의 범위 내이면서 '다름의 정도가 경한' 사안에서는 공소장 변경이라는 절
차를 거칠 필요도 없이 심리할 수 있는 경우가 있다. 이것이 곧 공소장 변경 없
이 심리할 수 있는 범위인데, 범위설정의 기준을 정리하면 다음과 같다.

(2) 학설

공소장 변경의 필요 여부를 결정하는 기준에 관한 대표적인 학설은 동일구
성요건설과 사실기재설이다. 그리고 동일구성요건설과 같은 계열에서 법률구성
설도 제시된다.

ⓐ 동일구성요건설

구성요건이 동일한 범위 내에서는 공소장 변경이 없어도 심리할 수 있으나,
구성요건이 달라지면 공소장 변경을 요한다는 이론이다. 여기서의 구성요건이 특
별구성요건을 의미함은 물론이다. 따라서 범죄의 일시, 장소가 다를지라도 특별
구성요건을 같이하면 법원은 공소장 변경 없이도 다른 사실을 심리할 수 있으나,
절도죄가 횡령죄로 바뀌는 경우와 같이 구성요건의 변경이 있으면 공소장 변경
절차를 거쳐야 한다고 설명한다.

ⓑ 법률구성설

구체적인 사실관계가 다르더라도 법률구성에 영향을 주지 않으면 공소장 변
경을 요하지 않는다는 견해이다. 동일구성요건설과 출발을 같이 하지만, 단순히
특별구성요건의 동일에 머무르지 않고 형법총칙 상의 적용법조까지 포함한 법률

구성 전체의 동일을 요구한다는 특색을 지닌다.

ⓒ 사실기재설

공소장에 기재된 사실과 실질적인 내용이 달라지는지를 검토하여 공소장 변경의 필요성 여부를 판단하자는 이론이다. 즉, 실질적으로 달라지지 않으면 공소장 변경 없이도 심리할 수 있으나, 실질적인 차이가 인정되면 공소장 변경이 필요하다고 한다. 여기서는 실질적인 차이를 판단하는 기준이 문제되는데, 피고인의 방어권 행사에 불이익이 초래되는지 여부가 중요한 기준이라고 설명한다.

(3) 판례

판례는 사실기재설의 입장을 취하는 것으로 알려져 있다(대법원 1987. 4. 14. 선고 86도2075 판결). 하지만 그러면서도 구성요건이 같은 경우에는 대부분 공소장 변경이 필요하지 않다고 판시함으로써 순수한 사실기재설보다 공소장 변경 불요의 범위를 넓히는 것으로 확인된다. 사안별로 정리하면 다음과 같다.

① 구성요건이 같은 때에는 사실이 달라지더라도 원칙적으로 공소장 변경이 요구되지 않는다. 즉, 단순히 상해정도에서 차이가 나는 경우(대법원 1984. 10. 23. 선고 84도1803 판결), 뇌물전달자가 다른 경우(대법원 1984. 5. 29. 선고 84도682 판결), 인과관계의 진행에서만 차이가 나는 경우(대법원 1989. 12. 26. 선고 89도1557 판결) 등과 같은 사소한 차이 뿐 아니라 범죄의 객체나 방법이 달라지는 경우(대법원 1987. 12. 22. 선고 87도2168 판결; 대법원 1990. 3. 13. 선고 90도94 판결; 대법원 1994. 12. 9. 선고 94도1888 판결)에도 공소장 변경이 요구되지 않는다는 것이다. 반면 범죄의 일시가 변경된 경우에는 단순한 착오라면 공소장 변경이 필요하지 않지만 변경된 범행 일시의 인정이 피고인에게 예기치 않은 타격을 주어 방어권 행사에 불이익을 줄 우려가 있는 경우에는 공소장 변경 절차를 거쳐야 한다고 판시한다(대법원 1992. 10. 27. 선고 92도1824 판결; 대법원 1992. 12. 22. 선고 92도2596 판결).

② 구성요건이 다른 때에도 사실의 변화가 없이 법적 평가만을 달리하는 경우에는 피고인의 방어권 행사에 불이익이 초래되지 않으므로 공소장 변경이 필요 없다고 한다. 즉, 공소장에 뇌물수수죄로 기재된 사안을 뇌물약속죄로 인정한다든지(대법원 1988. 11. 22. 선고 86도1223 판결), 허위사실적시명예훼손죄로 기재된 사안을 사실적시명예훼손죄로 인정하는 경우(대법원 1993. 9. 24. 선고 93도1732 판결), 본인이 이익을 위한 사기죄로 기재된 사안을 제3자 이익취득을 위한 사기죄로 인정하는 경우(대법원 2006. 4. 28. 선고 2005도4085 판결), 횡령죄로 기재된 사안을 배임

죄로 인정하는 경우(대법원 2000. 9. 8. 선고 2000도258 판결) 등에서 모두 공소장 변경이 필요하지 않다고 판시한다. 죄수판단이나 공범유형의 변경 역시 마찬가지여서, 공소장에 경합범으로 기재된 적용법조를 포괄일죄나 상상적 경합으로 판단하거나(대법원 1987. 7. 21. 선고 87도546 판결), 공동정범으로 기소된 피고인에게 방조범의 죄책을 인정하는 경우(대법원 1995. 9. 26. 선고 95도456 판결)에는 피고인의 방어권 행사에 불이익이 없는 한 공소장 변경이 필요하지 않다고 한다.

③ 구성요건이 다르면서 사실 부분까지 변화하는 경우에는 원칙적으로 공소장 변경이 요구된다. 즉, 특수절도죄를 장물운반죄로(대법원 1965. 1. 26. 선고 64도681 판결), 특수강도죄를 특수공갈죄로(대법원 1968. 9. 19. 선고 68도995 판결), 명예훼손죄를 모욕죄로(대법원 1972. 5. 31. 선고 70도1859 판결), 사기죄를 상습사기죄로(대법원 1977. 9. 13. 선고 77도2233 판결) 변경하는 경우에는 피고인의 방어권에 불이익이 초래될 수 있으므로 공소장 변경이 필요해지는 것이다. 하지만 변경되는 사실이 공소장에 기재된 사실의 일부를 이루는 소위 축소사실의 경우라면 공소장 변경이 요구되지 않을 수도 있는바, 이는 항을 바꾸어서 설명한다.

2. 축소사실의 인정

(1) 논제

공소장에 기재된 사실보다 축소된 사실의 심리는 사실과 구성요건이 모두 달라지는 경우이지만 심리대상인 사실이 공소장에 기재된 사실에 포함되어 있기 때문에 피고인의 방어권 행사에 불이익을 주지 않을 가능성이 많다. 따라서 사실과 구성요건이 모두 달라진다는 점에만 근거하여 문제를 처리할 수 없게 된다. 여기서 축소사실의 인정이 별개의 논제로 제기되는데, 해결해야 할 논점은 두 가지이다. 첫째, 축소사실의 경우 공소장 변경 없이도 유죄판결을 선고할 수 있는지의 문제이다. 둘째, 유죄판결의 선고가 법원의 재량인지 의무인지의 문제이다.

(2) 인정여부 -유죄판결 선고의 가능성-

공소장에 기재된 사실보다 축소된 사실의 심리를 공소장 변경 없이도 할 수 있는지에 대하여 ⓐ 동일구성요건설이나 법률구성설은 구성요건 자체가 달라지는 사안이므로 부정함에 반하여 ⓑ 사실기재설은 피고인의 방어권 행사에 불이익이 초래되는지 여부를 기준으로 판단하기를 요구하게 된다. 앞에서 설명한 바와 같이 판례는 원칙적으로 사실기재설의 입장을 취하며, 그 결과 ① 강간치상의 공소사실을 강간죄로(대법원 1980. 7. 8. 선고 80도1227 판결), ② 강간치사의 공소사실을 강간미수로(대법원 1969. 2. 18. 선고 68도1601 판결), ③ 특수절도의 공소사실을 절도죄로(대법원 1973. 7. 24. 선고 73도1256 판결), ④ 강도상해죄의 공소사실을 절도죄와 상해죄로(대법원 1965. 10. 26. 선고 65도599 판결), ⑤ 강도강간죄의 공소사실을 강간죄로(대법원 1987. 5. 12. 선고 87도792 판결) 변경하여 심리하는 것은 피고인의 방어권 행사의 불이익을 초래하지 않으므로 허용된다고 판시한다. 하지만 고의범을 과실범으로(대법원 1981. 12. 8. 선고 80도2824 판결), 미수를 예비로(대법원 1999. 11. 26. 선고 99도2461 판결) 인정하려면 공소장 변경이 요구되므로 주의를 요한다.

(3) 재량여부 -유죄판결 선고의 재량성-

축소사실의 인정이 허용된다고 하더라도 그것이 법원의 의무인가는 또 다른 쟁점이 된다. 즉, 법원이 공소장 기재사실 전체에 대하여 유죄의 심증을 갖지 못하였지만 축소사실에 대해 유죄의 심증을 가진 경우 그에 대한 심판을 의무적으로 해야 하는가의 문제이다. 판례는 원칙적으로 재량이지만, 무죄 판단이 현저히 정의와 형평에 반한 경우에 한해 의무적으로 심판해야 한다는 입장을 취한다(대법원 1993. 12. 28. 선고 93도3058 판결).

> ### 6장 1절 퀴즈

6.1.1 검사 Q는 甲을 장물취득죄로 기소하였다. 그러나 재판 진행도중 甲에게는 장물취득죄의 고의가 없어서 장물취득죄에는 해당되지 않는 반면, 업무상과실 장물취득죄에 해당됨이 밝혀졌다. 다음의 물음에 답하시오.

   (1) Q가 업무상과실 장물취득죄로 공소장 변경을 신청한다면, 법원은 허가해야 하는가?

   (2) Q가 공소장 변경을 신청하지 않을 때, 법원이 Q에게 공소장 변경의 신청을 요구하지 않고 무죄판결을 선고하였다면, 이는 심리미진인가?

   (3) 공소장이 변경되지 않았음에도 법원이 甲에게 업무상과실 장물취득죄로 유죄판결을 선고했다면, 이는 위법한가?

6.1.2 甲은 소란을 피우면서 A를 주먹과 발로 수회 구타하여 타박상을 입혔다. 이로 인해 甲은 경범죄처벌법위반(인근소란)으로 범칙금 통고처분을 받고 범칙금을 납부하였는데, 그 후 다시 상해의 공소사실로 기소되었다. 법원은 어떤 재판을 내려야 하는가?
   힌트 : 대법원 2003. 7. 11. 선고 2002도2642 판결; 대법원 2011. 4. 28. 선고 2009도12249 판결

6.1.3 甲은 운전하다 보행자를 추돌하였다. 운전자보험의 보험금을 수령하였고 업무상과실치상죄(교통사고처리특례법 위반)로 유죄의 확정판결을 받았다. 그런데 그 후 사건의 내용이 다른 것으로 밝혀졌다. 고의로 교통사고를 내고 보험금을 수령한 사안이었던 것이다. 그래서 검사가 다시 甲을 사기죄로 기소하였다면 법원은 어떤 재판을 해야 하는가?
   힌트 : 대법원 2010. 2. 25. 선고 2009도14263 판결

6.1.4 甲은 "2015년 7월 1일 저녁 7시경에 A의 집에 들어가서 보석 2점과 미화 5천 달러를 절취하였다"는 혐의로 수사를 받았다. 검사 Q는 甲의 범행을 입증할 증

거를 충분히 확보한 후 甲을 야간주거침입절도죄로 기소하였다. 그런데 법원은 검사의 공소사실을 인정하지만 7월 1일 저녁 7시를 주간으로 판단하고 있다. 공소장 변경이 없는 상태에서 법원은 甲에게 절도죄와 주거침입죄의 경합범으로 유죄판결을 선고할 수 있는가?

6.1.5 甲은 세관직원에게 부탁하여 밀수입하려고 홍콩에서 구입한 손목시계 등을 가지고 김포공항에 입국하였다. 그런데 통관시켜 줄 세관직원을 찾지 못하여 보세창고에 예치시켰다. 검사는 甲을 관세포탈 미수의 죄로 기소하였다. 하지만 甲에게 관세포탈죄의 실행착수가 인정되지 않는다고 할 때, 법원은 공소장 변경 없이 甲에게 관세포탈 예비의 죄로 유죄판결을 선고할 수 있는가?
힌트 : 대법원 1983. 4. 12. 선고 82도2939 판결

■ 퀴즈풀이

6.1.1
(1) 우선, 장물취득죄에서 업무상과실 장물취득죄로의 변경이 동일성의 범위 내인지 판단해야 한다. 그래야 공소장 변경이 가능하기 때문이다. 판례는 기본적 사실동일설의 토대 위에 규범적 요소를 고려하는 정도여서 고의범과 과실범 간에는 동일성이 인정되리라 판단된다. 다음에, 동일성의 범위 내에서는 공소장 변경의 허가가 법원에게 의무인지 검토되어야 한다. 판례에 따르면 법원의 허가는 의무이고(대법원 1975. 10. 23. 선고 75도2712 판결), 따라서 Q가 업무상과실 장물취득죄로 공소장 변경을 신청하면 법원은 허가해야 한다.
(2) 공소장 변경 절차에서 법원의 요구가 의무인지 문제된다. 판례는 무죄판결이 현저히 정의와 형평에 반하는 경우가 아니면 법원의 요구는 재량이라고 한다(대법원 2011. 1. 27. 선고 2009도10701 판결). 피고인의 죄책이 업무상과실 장물취득죄라는 과실의 재산범죄임을 고려하면, 법원의 무죄판결은 현저히 정의와 형평에 반하는 경우가 아니라고 판단된다. 따라서 법원의 판결에는 심리미진이 없다.
(3) 장물취득죄의 공소사실을 공소장 변경 없이 업무상과실 장물취득죄의 유죄로 판결하는 것이 불고불리원칙위반인지가 문제된다. 판례는 피고인의 방어권 행사에 실질적으로 불이익이 초래되는지 여부를 기준으로 판단하면서, 고의범의 공소사실을 공소장 변경 없이 과실범의 유죄로 판결하는 것은 인정될 수 없다고 판시한다(대법원 1981. 12. 8. 선고 80도2824 판결).

6.1.2
범칙금 납부에도 기판력이 인정된다(경범죄처벌법 8조 3항). 따라서 범칙금 납부의 대상(범칙행위)인 '인근소란'과 새롭게 기소된 대상(공소사실)인 '상해'가 동일성의 범위 내에 있으면 법원은 면소판결을 내려야 한다. 판례는 공소사실이 범칙행위의 통상적 행태에 포함되므로 양자 간에 동일성이 인정된다고 판시한다(대법원 2003. 7. 11. 선고 2002도2642 판결). 하지만 단순상해에 머무르지 않고 특수상해로까지 나간 경우라면 동일성을 부정하는 판례도 있으니 주의를 요한다(대법원 2011. 4. 28. 선고 2009도12249 판결).

6.1.3
업무상과실치상죄와 사기죄 간의 동일성 여부를 검토하면 된다. 판례는 동일성의 판단에 규범적 요소도 고려하는바, 이에 따르면 양 사건 간에는 동일성이 부정된다(대법원 2010. 2. 25. 선고 2009도14263 판결). 따라서 법원은 면소판결이 아니라 실체재판을 해야 한다.

6.1.4
야간주거침입절도죄를 주거침입죄와 절도
죄의 경합범으로 판단하는 것은 죄수관계
의 변경이다. 이 때 공소장 변경이 필요한
지 검토하면 된다. 사실관계가 달라지는 것
이 아니라 법적 평가만의 변경이므로 공소
장 변경 없이도 유죄판결을 내릴 수 있다는
것이 판례의 입장이다(유사 사건의 판례로서
대법원 2005. 10. 28. 선고 2005도5996 판결
참조). 따라서 법원은 절도죄와 주거침입죄
의 경합범으로 유죄판결을 선고할 수 있다.

6.1.5
미수로 기소된 사건을 공소장 변경 없이 예
비로 심판할 수 있는지 묻는 문제이다. 미
수로 기소되면 피고인은 실행착수가 없었
음을 주장할 수 있으므로, 예비로 심판하기
위해서는 공소장 변경을 통해 피고인에게
다시 방어의 기회를 주어야 한다는 것이 판
례의 판시이다(대법원 1983. 4. 12. 선고 82
도2939 판결).

제2절 공판준비

Ⅰ. 공판준비의 의의와 개관

1. 공판준비의 의의

공판준비란 공판기일의 심리를 준비하기 위해서 수소법원이 행하는 일련의 절차를 말한다. 제1회 공판기일 전이든 제2회 공판기일 전이든 관계없이 공판기일의 심리를 준비하는 절차는 공판준비에 해당된다. 전자가 기일 전 공판준비이고, 후자가 기일 간 공판준비이다.

〈증거보전 등〉

> 공판준비는 수소법원이 행하는 준비절차이다. 따라서 수소법원이 관여하지 않는 증거보전절차(184조)와 증인신문청구 제도에서의 증인신문절차(221조의2)는 공판준비가 아니다. 수사단계에서 판사가 수행하는 영장발부 업무 역시 마찬가지이다.

2. 공판준비의 개관

공판준비에는 절차적 공판준비와 실체적 공판준비가 있다. 전자는 절차진행을 준비하는 것으로서, 공소장부본을 피고인이나 변호인에게 송달한다든지, 제1회 공판기일을 지정하여 통지하는 업무가 대표적인 예이다. 반면에 후자는 실체심리를 준비하는 행위이다. 공판기일 전에 증인신문 등의 증거조사를 실시하는 것은 공판기일의 실체심리를 수월하게 수행하기 위한 조치로서 실체적 공판준비의 대표적인 사례가 된다. 또한 형사소송법은 사안에 따라서 재판장에게 사건의 쟁점을 정리하고 입증계획을 수립하기 위한 별도의 준비절차를 개설할 수 있도록 하고 있는데, 이것 역시 실체적 공판준비의 강화를 위한 제도라고 할 수 있다. 덧붙여서 형사소송법은 사건의 실체적 내용에 대한 당사자의 공판준비를 돕기 위한 제도까지 마련하고 있는바, 증거개시제도가 그것이다.

II. 절차적 공판준비

1. 공소장부본의 송달

형사소송법은 검사가 공소제기를 한 경우 법원으로 하여금 제1회 공판기일 5일 전까지 피고인 또는 변호인에게 공소장부본을 송달하도록 규정하는데(266조), 이는 절차적 공판준비 업무의 대표적인 것이다.

공소장부본의 송달이 없거나 제1회 공판기일 전 5일의 기간규정을 위반한 경우에는 피고인 측이 공판기일의 모두진술 시기까지 이의신청을 할 수 있으며, 이 경우 법원은 공소장부본의 송달 업무를 다시 하거나 공판기일을 변경해야 한다. 하지만 이렇게 공소장부본을 일정 시기 전에 피고인 측에 송달하도록 한 것은 충분한 방어준비의 시간을 주어 피고인의 이익을 보장하기 위한 것이므로, 피고인 측에서 이의신청을 하지 않고 모두진술을 하면 하자가 치유된다고 보는 것이 일반적인 견해이다. 판례 역시 마찬가지이다(대법원 1992. 3. 10. 선고 91도3272 판결).

2. 국선변호인의 선정

국선변호인의 선정도 절차적 공판준비의 일환으로 행해지는 업무인데, 이는 재판장이 변호인 없는 피고인에게 국선변호인을 직권 내지 청구에 의해 선정하게 된다는 점을 서면으로 고지함에서부터 시작된다(규칙 17조 1항과 2항). 그 후 법원은 직권 내지 피고인의 청구를 받아 국선변호인을 선정하고, 이를 피고인과 변호인에게 고지하게 된다(규칙 17조 3항).

3. 공판기일의 지정과 통지 및 피고인 등의 소환

(1) 제1회 공판기일의 지정과 통지

공소장 부본이 송달되고 국선변호인 선정절차가 완료되면 재판장이 공판기일을 정하며(267조 1항), 지정된 공판기일은 법원이 검사와 변호인 및 보조인에게 통지한다(267조 3항).

(2) 피고인 등의 소환

피고인, 대표자 또는 대리인에 대해서는 단순한 공판기일의 통지가 아니라 지정된 공판기일에 법정에 출두하도록 소환하는 절차를 밟게 된다(267조 2항). 소

환은 소환장의 발부 및 송달에 의하는데(73조와 76조 1항), 소환된 피고인은 출석의
무를 지며 정당한 이유 없이 소환에 불응하면 구속영장의 발부가 가능하다(74조).
하지만 법원의 구내에 있는 피고인에 대해서는 별도의 소환절차를 거치지 않고
지정된 공판기일을 통지함으로써 소환절차를 대신하게 된다. 즉, 법원 구내에 있
는 피고인에게 공판기일을 통지하면 소환장 송달의 효력이 발생한다(268조). 아울
러 공소장부본의 송달뿐 아니라 소환장의 송달도 제1회 공판기일의 5일 전까지
행해져야 하는데(269조 1항), 이러한 유예기간은 피고인의 이익을 위한 것이므로
피고인의 이의가 없는 때에는 유예기간을 두지 않을 수도 있다(269조 2항).

(3) 공판기일의 변경

지정된 공판기일을 변경하는 것도 가능한데, 이러한 공판기일 변경의 업무
도 공판준비절차의 하나로 이해된다. 공판기일의 변경은 재판장이 직권으로 행할
수 있을 뿐 아니라 검사 혹은 피고인이나 변호인의 신청에 의해 행해질 수도 있
다(270조 1항). 당사자가 공판기일의 변경을 신청하는 경우에는 변경을 필요로 하
는 사유와 그 사유가 계속되리라고 예상되는 기간을 명시하고, 진단서 등의 자료
로 소명해야 함은 물론이다(271조, 규칙 제125조). 당사자가 공판기일의 변경을 신청
하였으나 재판장이 기각한 경우, 기각의 명령은 송달하지 아니한다(270조 2항).

Ⅲ. 실체적 공판준비

1. 증거제출과 공판기일 전의 증거조사

(1) 증거제출

검사, 피고인 또는 변호인은 공판기일 전에 서류나 물건을 증거로 제출할 수
있다(274조). 이러한 증거제출이 공판준비절차에 포함됨은 물론이다.

(2) 공판기일 전의 증거조사

법원은 검사, 피고인 또는 변호인의 신청에 의하여 공판준비에 필요하다고
인정한 때에는 공판기일 전에 피고인 또는 증인을 신문할 수 있고 검증, 감정 또
는 번역을 명할 수 있다(273조 1항). 즉, 당사자의 신청이 있으면 공판기일 전의 증
거조사까지 가능해진다. 또한 당사자의 신청을 받아들여서 증거조사를 하는 경우
재판장은 그 업무를 수명법관에게 시킬 수도 있다(273조 2항). 물론 당사자의 신청

을 받아들이지 않는 경우에는 결정으로 당사자의 신청을 기각하게 된다(273조 3항).

〈제1회 공판기일 전의 증거조사〉

제1회 공판기일 전의 증거조사에 대해서는 공소장일본주의에 저촉된다는 비판이 제기될 수 있다. 그리하여 허용 여부를 놓고 견해가 대립되는데, ⓐ 인정설은 공소장일본주의가 형사소송규칙에 규정되어 있는 원칙인바, 그것이 형사소송법에 규정되어 있는 공판준비절차에 우선할 수는 없기 때문에, 형사소송법 273조가 공판기일 전의 증거조사를 허용하고 있는 이상 제1회 공판기일 전이라 할지라도 증거조사가 가능하다고 주장하는 반면, ⓑ 부정설은 공판기일 전의 증거조사가 제1회 공판기일 전에 행해진다면 법원의 예단을 금지하는 공소장일본주의가 유명무실하게 될 것이므로 제1회 공판기일 전의 증거조사는 허용되지 않는다고 주장한다.

2. 공무소 등에 대한 조회

법원은 직권 또는 검사, 피고인이나 변호인의 신청에 의하여 공무소 또는 공사단체에 조회하여 필요한 사항의 보고 또는 보관서류의 송부를 요구할 수 있다(272조 1항). 이러한 직권 또는 신청에 의한 조회는 공판기일의 심리를 효율적으로 진행하기 위한 것이므로 공판준비절차에 해당한다. 조회를 위해서는 조회공문을 발송하게 되며, 당사자의 조회신청이 부적법하거나 이유 없다고 판단하는 때에는 결정으로 조회신청을 기각하게 된다(272조 2항).

3. 피고인 또는 변호인의 의견서제출

형사소송법은 피고인 또는 변호인으로 하여금 공소장 부본을 송달받은 날로부터 7일 이내에 공소사실에 대한 인정여부와 공판준비절차에 관한 의견 등을 기재한 의견서를 법원에 제출하도록 하고 있다(266조의2 1항 본문). 공소사실에 대한 피고인의 입장을 조기에 확인함으로써 심리계획의 수립을 용이하게 함과 동시에 피고인으로서도 공소장에 대응하는 의사표시를 할 기회를 제공하여 방어에 도움을 주기 위한 것이라고 설명된다.

하지만 피고인에게는 자기부죄거부특권이 있기 때문에 공소사실의 인정여부를 공판기일 이전에 밝히도록 요구하면 자기부죄거부특권의 침해 문제가 제기될 수 있다. 그리하여 형사소송법은 피고인으로 하여금 진술을 거부할 수도 있다고 규정하면서, 그러한 경우에는 그 취지를 의견서에 기재하여 제출하도록 요구한다 (266조의2 1항 단서). 피고인 내지 변호인이 법원에 제출한 의견서는 검사에게도 송달된다(266조의2 2항).

Ⅳ. 공판준비절차의 진행

1. 공판준비절차의 방법

형사소송법은 효율적이고 집중적인 심리를 위해 재판장이 공판준비절차를 개설할 수 있다고 하면서(266조의5 1항), 그 방법으로 서면준비와 기일준비의 두 가지를 모두 가능하도록 규정하고 있다(266조의5 2항). 즉, 공판준비절차의 실시는 의무적인 것이 아니라 재판장이 재량에 의해 선택할 수 있는 사항이며, 방법 역시 서면으로 준비하는 방법과 공판준비기일에 심리를 진행하는 방법을 모두 열어 둔 것이다. 어떤 방법에 의하든 공판준비절차를 실시하는 경우에는 검사와 피고인 및 변호인은 공판준비절차가 원활하게 진행될 수 있도록 협력해야 하며(266조의5 3항), 이를 위해 증거를 미리 수집하고 정리하는 등의 업무를 수행해야 한다.

2. 서면에 의한 공판준비

서면에 의한 공판준비는 당사자가 사건에 대한 자기의 주장과 대강적인 증거내용의 사항을 서면에 기재하여 법원에 제출하는 방법으로 행해진다. 검사와 피고인 또는 변호인은 자기의 권한으로 그러한 서면을 법원에 제출할 수 있으며(266조의6 1항), 당사자의 자발적인 서면 제출이 없는 경우에는 재판장이 검사와 피고인 또는 변호인에게 준비서면을 제출하도록 명할 수 있다(266조의6 2항). 어떤 경로를 거치든지 당사자의 준비서면이 법원에 제출되면 법원은 그 부본을 상대 당사자에게 송달하여 그에 대한 대응을 할 수 있도록 해 주어야 한다(266조의6 3항). 또한 제출된 준비서면만으로 사건의 쟁점을 정리하고 입증계획을 수립하는 것이 부족한 때에는 재판장이 검사와 피고인 또는 변호인에게 제출된 서면에 대한 설명을 요구하거나 그 밖의 공판준비에 필요한 명령을 내릴 수도 있다(266조의6 4항).

3. 공판준비기일의 공판준비

(1) 기일준비의 결정

공판준비절차의 두 번째 방법은 기일에 양 당사자를 참석시켜서 의견을 진술하도록 하는 소위 기일준비이다. 법원은 직권으로 공판준비기일을 지정할 수 있는데, 이 때에는 검사와 피고인 또는 변호인으로부터 의견을 듣도록 하고 있다 (266조의7 1항). 또한 검사와 피고인 또는 변호인은 법원에 공판준비기일을 신청할 수도 있는바, 기일지정 신청에 대한 법원의 결정에는 불복할 수 없다(266조의7 2항). 지정된 공판준비기일은 법원이 검사와 피고인 및 변호인에게 통지하여 알려야 한다(266조의8 3항).

(2) 기일준비의 구성

공판준비기일의 절차를 진행하기 위해서는 검사와 변호인이 출석해야 하고 (266조의8 1항), 법원사무관 등을 참여시킨다(266조의8 2항). 피고인에게 변호인이 선임되어 있지 않은 경우가 문제될 수 있는데, 공판준비기일이 지정된 사건은 필요적 국선사건으로 취급되므로 그러한 때에는 국선변호인의 선정 작업이 선행된다(266조의8 4항). 공판준비기일에서 피고인의 출석은 필요사항이 아니라 피고인 본인의 선택사항이지만, 법원이 필요하다고 인정하면 피고인을 소환하는 것도 가능하다(266조의8 5항). 피고인이 공판준비기일에 출석한 경우에는 재판장이 피고인에게 진술거부권이 있음을 알려주어 피고인의 자기부죄거부특권을 실질적으로 보장해 주어야 한다(266조의8 6항).

(3) 기일준비의 심리

공판준비기일의 진행은 합의부원의 판사 중의 한 사람으로 하여금 담당하게 할 수 있다. 그러한 업무를 담당하는 수명법관에게는 공판준비기일의 절차진행에 관하여 재판장과 동일한 권한이 부여된다(266조의7 3항). 공판준비기일의 절차는 공개하는 것이 원칙이고, 다만 공개함으로써 절차진행에 방해가 초래될 우려가 있다고 법원이 판단하는 경우에만 비공개의 절차진행이 가능하다(266조의7 4항). 공판준비절차의 심리는 원칙적으로 공판절차의 심리방법에 따라 행해지며, 공판절차에서의 법원 또는 재판장의 결정에 대한 이의신청 규정 역시 공판준비기일에 준용된다(266조의9 2항).

(4) 기일준비의 종료

공판준비가 기일준비로 진행되는 경우에는 공판준비절차를 종결하기 위하여 공판준비기일을 종료해야 한다. 법원은 공판준비기일의 심리가 완료되었다고 판단하는 때에 공판준비기일을 종료하는데, 형사소송법은 공판준비기일의 종료 시에 법원으로 하여금 검사와 피고인 또는 변호인에게 사건의 쟁점 및 증거에 관한 정리결과를 고지하고 그에 대한 이의의 유무를 확인하도록 요구하고 있다(266조의 10 1항).

공판준비기일조서에는 사건의 쟁점 및 증거에 관한 정리결과를 기재한다(266조의10 2항). 공판준비기일조서의 기재사항을 사건의 쟁점 및 증거에 관한 정리결과로 제한하고 공판조서와 같이 자세하게 요구하지 않은 이유는 그렇게 할 경우 공판준비기일이 본안재판처럼 될 염려가 있고 피고인의 방어라는 측면에서도 불리해진다는 판단에 따른 것으로 설명된다.

4. 공판준비절차의 업무

서면준비이든 기일준비이든 공판준비절차에서는 공판기일의 심리를 효율적이고 집중적으로 수행하기 위해 사건의 쟁점을 정리하고 입증계획을 수립하는 등의 업무가 행해진다. 이에 관하여 형사소송법은 공판준비절차에서의 업무를 다음과 같이 구체적으로 열거하고 있다(266조의9 1항).

① 사건의 쟁점을 정리하는 업무를 행한다. 공소사실 또는 적용법조가 무엇인지 명확하게 하는 행위, 공소사실 또는 적용법조의 추가·철회·변경의 요구가 있는 경우에 그것의 허가 여부를 결정하는 행위, 공소사실과 관련하여 주장할 내용이 무엇인지 명확하게 정리하는 행위 등이 사건의 쟁점을 정리하는 업무에 속한다.

② 증거에 관한 사항을 정리하여 입증계획을 수립하는 업무도 공판준비절차에서 행해진다. 구체적으로는, 증거신청을 하도록 하는 행위, 신청된 증거에 대하여 입증취지와 내용이 무엇인지 명확하게 하는 행위, 증거신청에 관한 당사자의 의견을 확인하는 행위, 증거 채부의 결정을 하는 행위, 증거조사의 순서와 방법을 정하는 행위 등은 모두 이 두 번째 영역의 공판준비절차 업무이다. 덧붙여서, 증거개시에 관한 결정이 필요한 경우에 그에 관련된 업무도 공판준비절차에서 수행될 수 있는데, 이에 대해서는 별도의 항을 설정하여 설명하기로 한다.

③ 기타 공판기일의 절차를 준비하는 업무가 있다. 계산이 어렵거나 복잡한

내용이 있을 때 그에 대한 설명을 듣는 행위, 증거의 열람 또는 등사와 관련된 신청이 있을 때 그에 대한 당부를 결정하는 행위, 공판기일을 지정하거나 변경하는 행위, 그리고 그 밖의 공판절차의 진행에 필요한 사항을 정하는 행위 등은 기타 업무로서 공판준비절차에서 행해질 수 있는 것들이다.

5. 공판준비절차의 종결

서면준비절차의 종료 내지 공판준비기일의 종료가 이루어지면 법원은 공판준비절차를 종결하게 된다. 즉, 공판준비절차에서의 주요 업무인 사건의 쟁점 및 증거의 정리가 완료된 때에 법원은 공판준비절차 전체를 종결하게 되는 것이다(266조의12 1호). 다만 공판준비절차의 업무가 완료되지 않았더라도 공판준비절차를 종결해야 하는 경우가 있는데, 형사소송법은 그러한 사유로서 사건을 공판준비절차에 부친 뒤 3월이 지난 때와 검사·변호인 또는 소환받은 피고인이 출석하지 아니한 때를 규정하고 있다(266조의12 2호와 3호). 이는 공판준비절차가 지연되는 것을 방지하기 위한 조치로 설명된다.

6. 기타 사항

형사소송법은 공판준비절차의 실효성을 담보하기 위하여 실권효 규정을 두고 있다. 즉, 공판준비기일을 거쳐서 쟁점정리와 증거채부절차가 종결된 때에는 예외적인 사유가 없는 한 공판준비기일에서 신청하지 아니한 새로운 증거는 공판기일에 신청할 수 없다. 예외적인 사유로서 형사소송법이 규정하는 것은 ① 새로운 증거의 신청으로 인하여 소송을 현저히 지연시키지 아니하는 때와 ② 중대한 과실 없이 공판준비기일에 제출하지 못하는 등 부득이한 사유를 소명한 때이다(266조의13 1항). 또한 실권효는 당사자가 증거신청을 할 수 없다는 의미이므로, 법원이 직권증거조사를 하는 경우는 당연히 실권효의 제한에서 벗어난다. 즉, 공판준비기일에 당사자가 신청하지 않은 증거에 대하여 법원이 직권으로 증거조사를 하는 것은 허용된다(266조의13 2항).

아울러 형사소송법은 공판기일의 재개에 관한 규정을 공판준비기일에 준용하고(266조의14), 기일 간 공판준비절차를 인정함으로써 제1회 공판기일 이후에도 쟁점 및 증거의 정리를 위하여 필요한 경우 사건을 공판준비절차에 부칠 수 있도록 규정하고 있다(266조의15).

V. 증거개시제도

1. 의의와 필요성

(1) 의의

증거개시(證據開示, discovery)는 공소제기 이후 당사자가 보관하는 소송관련 증거를 당사자 상호간에 교환하는 제도이다. 형사소송법은 검사가 보관하고 있는 증거의 개시를 주된 축으로 하면서(266조의3과 266조의4), 그에 덧붙여 피고인 측이 보관하고 있는 증거의 개시에 대해서도 규정함으로써(266조의11), 증거개시의 평형을 맞추고 있다.

(2) 필요성

증거개시제도는 쟁점을 명확히 하고 소송의 충실과 효율을 도모하기 위한 제도이다. 아울러 피고인에게 충분한 방어의 기회를 보장하여 실질적인 당사자 대등주의를 실현한다는 점과 소송의 쟁점을 양 당사자가 정확히 파악한 후 충실히 소송준비를 하여 공판에 임하게 함으로써 신속한 재판을 실현할 수 있다는 점도 증거개시제도의 필요성으로 제시된다.

2. 검사의 증거개시

(1) 개관

형사소송법은 266조의3과 266조의4에서 검사의 증거개시에 관하여 규정한다. 즉, 피고인 또는 변호인에게 공소제기 후 검사가 보관하고 있는 증거관련 서류나 물건 등의 열람·등사 또는 교부를 신청할 수 있도록 하며, 검사가 거부한 때에는 법원에 불복신청을 할 수 있도록 규정한다. 검사에게는 신청의 전제가 되는 서류 등의 목록을 개시할 의무가 부과되며, 검사가 법원의 열람·등사 또는 교부의 결정을 이행하지 아니한 경우 해당 서류 등에 대해서는 증거신청을 하지 못하도록 규제한다.

(2) 증거개시의 신청과 대상
1) 신청

검사의 증거개시는 피고인 또는 변호인이 검사에게 신청한다. 다만, 피고인에게 변호인이 있는 경우에는 피고인은 대상증거의 열람만을 신청할 수 있을 뿐이고 등사 내지 교부를 신청할 수는 없다는 점에 주의를 요한다(266조의3 1항).

2) 대상

피고인과 변호인은 검사가 법원에 제출할 증거의 목록을 열람·등사 또는 교부받을 수 있다. 그럼으로써 검사의 입증계획을 파악하여 그에 대한 방어의 계획을 실질적으로 수립하도록 피고인과 변호인에게 기회를 제공하는 것이다. 하지만 더욱 중요한 증거개시의 대상은 단순히 증거목록만이 아니라 법원에 제출할 증거 자체인데, 원칙적으로 검사가 갖고 있는 모든 증거가 개시의 대상에 포함되어 있다. 구체적으로 정리하면 다음과 같다.

① 검사가 증거로 신청할 서류 또는 물건은 증거개시의 대상이 된다(266조의3 1항 1호). 즉, 검사가 보관하고 있는 서류 또는 물건 중에서 공소사실의 인정 또는 양형에 영향을 미칠 수 있는 것으로 판단하여 증거로 제출할 예정인 서류 또는 물건은 모두 증거개시의 대상이 되는 것이다. 따라서 수사기관이 수집·작성하여 증거로 제출할 조서 및 진술서뿐 아니라 수사기관이 보관하고 있는 물적 증거가 모두 증거개시의 대상이다.

② 검사가 증인으로 신청할 사람의 성명과 사건과의 관계 등이 기재된 서면 또는 그 사람이 공판기일 전에 행한 진술을 기재한 서류 등도 증거개시의 대상이 된다(266조의3 1항 2호). 검사가 제출할 인적 증거에 관련된 주요사실까지 개시의 대상으로 하고 있는 셈이다.

③ 검사가 제출할 증거의 증명력을 보강하여 줄 증거도 증거개시의 대상이다(266조의3 1항 3호). 검사가 증거로 제출할 서류 또는 물건 및 증인의 증언이 지니는 증명력을 보강하기 위한 보조증거도 피고인과 변호인에게 개시하도록 하고 있는 것이다.

④ 피고인 또는 변호인이 행한 법률상·사실상 주장과 관련된 증거도 증거개시의 대상이 된다(266조의3 1항 4호). 피고인 측의 주장을 부인하기 위한 반대증거가 대표적인 것인데, 관련 형사재판확정기록이나 불기소처분기록 등이 포함된다.

⑤ 위 각 증거에는 형식이 도면·사진·녹음테이프·비디오테이프·컴퓨터용 디스크 및 그 밖에 정보를 담기 위하여 만들어진 물건으로서 문서가 아닌 특수매체가 포함된다. 다만 특수매체에 대한 등사는 필요 최소한의 범위에 한한다(266조의3 6항).

〈피고인에게 유리한 증거〉

> 검사가 피고인의 유죄와 양형가중을 입증하기 위한 증거 이외에 피고인에게 유리한 증거도 검사의 수중에 있는 것이면 개시대상에 포함되는지 문제된다. 검사가 공익의 대표자라는 점을 강조하면 인정해야 할 것이고, 증거개시의 대상이 제출예정 증거에 한정된다는 점에 주목하면 부정의 견해도 주장될 수 있다. 이에 관하여 헌법재판소는 증거개시의 대상에는 검사가 신청할 예정인 증거뿐 아니라 피고인에게 유리한 증거까지 포함된다고 판시한 바 있다(헌재 2010. 6. 24. 선고 2009헌마257 결정). 또한 관련 판례 중에는 피고인의 무죄를 입증할 수 있는 증거를 검사가 재판 과정에서 제출하지 않아 피고인이 징역형을 집행받은 경우에 국가에게 배상책임이 있다고 판시한 것도 주목된다(대법원 2002. 2. 22. 선고 2001다23447 판결).

(3) 증거개시의 한계

피고인 측의 증거개시 신청이 있는 경우 검사가 법원에 제출할 증거의 목록에 대해서는 개시를 거부할 수 없다(266조의3 5항). 하지만 증거 자체에 관해서는 검사에게 일정 요건 하에 피고인 측의 증거개시 신청을 거부하거나 그 범위를 제한하여 증거개시할 수 있는 여지가 마련되어 있다. 즉, 국가안보, 증인보호의 필요성, 증거인멸의 염려, 관련사건의 수사에 장애를 가져올 것으로 예상되는 경우에는 피고인 측의 증거개시 신청을 검사가 거부하거나 그 범위를 제한할 수 있는 것이다(266조의3 2항). 다만 검사가 증거개시를 거부하거나 범위를 제한하는 경우에는 그 이유를 지체 없이 서면으로 피고인 측에 통지해야 하고(266조의3 3항), 피고인 측은 검사가 48시간 이내에 통지하지 아니한 경우에 통지를 기다릴 필요 없이 법원에 불복신청을 할 수 있다(266조의3 4항).

(4) 불복절차

1) 피고인 측의 불복 신청

검사가 증거개시를 거부하거나 그 범위를 제한하여 개시하는 경우에 피고인 측이 불복할 수 있는 방법이 마련되어야 증거개시제도는 실효성을 지닐 수 있다. 그리하여 형사소송법은 검사의 증거개시 거부나 범위제한에 대한 피고인 측의 불복방법을 따로 마련하고 있는데, 그것은 곧 법원에 해당 증거의 열람 또는 등사를 허용해 주도록 신청하는 것이다(266조의4 1항). 즉, 피고인과 변호인은 검사의 개시 거부에 대항하여 법원에 대해 증거개시 허용의 신청권을 갖는다.

2) 법원의 심리절차와 결정

피고인 측이 법원에 증거개시 허용을 신청하면, 법원은 검사에게 의견제시의 기회를 부여해야 한다(266조의4 3항). 그럼으로써 검사로 하여금 증거개시의 거부 및 범위 제한의 사유를 설명할 수 있게 한다. 또한 법원은 피고인이나 그 밖의 이해관계인에 대해서도 심문할 수 있을 뿐 아니라, 해당 증거를 법원에 제시하도록 검사에게 요구할 수도 있다(266조의4 4항).

불복절차에 대한 심리를 마친 후 법원은 결정을 내려야 하는데, 형사소송법은 열람·등사 또는 교부를 허용하는 경우에 생길 폐해의 유형과 정도, 피고인의 방어 또는 재판의 신속한 진행을 위한 필요성, 해당 증거의 중요성 등을 고려하여 검사에게 열람 또는 등사를 허용하도록 명할 것인지를 판단해야 한다고 규정한다(266조의4 2항).

3) 법원 결정의 효력

법원이 검사에게 해당 증거의 개시를 허용하도록 결정하면 검사는 그러한 법원의 결정을 지체 없이 이행해야 한다. 문제는 이행하지 않을 경우에 어떠한 제재를 취할 것인가 하는 점인데, 형사소송법은 검사가 법원의 증거개시 명령을 이행하지 않은 증거에 대해서는 공판정에서 증거신청을 할 수 없도록 함으로써 증거로서의 사용을 금지하고 있다(266조의4 5항).

〈검사의 이행거부〉

> 법원이 증거개시 허용결정을 하였는데 검사가 이행하지 않은 경우, 형사소송법은 위와 같이 해당 증거의 사용금지라는 불이익을 부과한다. 그런데 헌법재판소는 한 걸음 더 나아가, 검사의 이행거부는 "피고인의 열람·등사권을 침해하고 나아가 피고인의 신속·공정한 재판을 받을 권리 및 변호인의 조력을 받을 권리까지 침해하게"된다고 판시한다(헌재 2010. 6. 24. 선고 2009헌마257 결정). 즉, 법원의 허용결정에 대한 검사의 이행거부는 해당증거의 사용금지라는 불이익을 넘어서, 그것 자체가 위헌이라는 것이다.

(5) 보안의무

검사의 증거개시는 피고인의 방어능력을 강화하고 신속한 재판을 실현하며 실체적 진실의 규명에 도움을 주려는 목적으로 시행되는 제도이다. 하지만 검사로부터 개시된 증거가 이러한 소송절차상의 의도 이외에 다른 목적으로 사용된다면 증거개시제도의 본질을 해하게 되며 심각한 부작용이 초래될 수 있다. 그리하여 형사소송법은 피고인 또는 변호인이 검사로부터 개시된 증거를 소송 준비를 위해 사용하는 것 이외의 목적으로 다른 사람에게 교부 또는 제시하는 행위를 금하고 있다. 즉, 피고인과 변호인에게 개시된 증거의 보안의무를 부담지우며, 이를 위반한 경우 처벌하도록 규정하고 있는 것이다(266조의16).

3. 피고인 측의 증거개시

(1) 한정적 개시

형사소송법은 검사의 증거개시와 더불어 피고인 측의 증거개시도 일정한 범위 내에서 강제하고 있다. 피고인 측의 증거개시 역시 실체적 진실의 발견과 신속한 재판의 보장 및 집중심리주의의 실행을 위해 필요하기 때문이다. 다만 피고인 측에게는 항상 증거개시의 의무를 부담지우는 것이 아니라, 피고인 측이 공판준비절차에서 현장부재나 심신상실 또는 심신미약 등의 주장을 한 때에 한하여 그러한 주장을 뒷받침하기 위하여 피고인 측이 지니고 있는 증거를 개시하도록 한다(266조의11 1항). 이렇게 피고인 측의 증거개시 대상을 현장부재나 심신장애 등의 주장과 관련된 증거로만 제한한 것은 검사와 피고인 사이의 힘의 불균형을 고려한 것이라고 설명된다.

(2) 조건부 개시

피고인 측에게 증거개시 의무를 부담지우더라도 이는 검사가 증거개시의무를 이행한 경우에 한하여 시행하는 것이 타당하다. 이와 관련하여 형사소송법은 검사가 개시의무를 이행하지 아니한 경우에는 피고인 측도 증거개시를 거부할 수 있도록 규정한다(266조의11 2항). 이는 검사와 피고인의 힘의 불균형을 감안하고 아울러 증거개시 제도가 본래 피고인의 방어권을 강화하기 위한 제도임을 염두에 둔 것으로 설명된다.

(3) 피고인 측의 증거개시 거부에 대한 불복방법

검사의 증거개시와 마찬가지로 피고인 측의 증거개시에 대해서도 거부에 대한 불복방법이 마련되어야 제도의 실효성이 확보될 수 있다. 그리하여 형사소송법은 피고인 측이 증거개시를 거부하는 경우에 검사로 하여금 법원에 해당 증거의 개시를 허용해 주도록 신청하는 절차를 규정하고 있다(266조의11 3항과 4항). 검사가 법원에 피고인 측이 보관하는 증거의 개시허용을 신청한 때에는 법원이 심리를 진행하여 허용 여부를 결정하는데, 심리 절차는 검사의 증거개시 거부에 대하여 피고인 측이 불복하는 경우에 준하여 진행된다. 법원이 증거개시를 명령하였음에도 피고인 측이 개시하지 않는다면 그러한 증거를 공판정에 제출할 수 없도록 한 것도 마찬가지이다.

> 6장 2절 퀴즈

6.2.1 다음 〈보기〉에 적시된 제도들 중에서 공판준비의 내용이라고 볼 수 없는 것을 고르고, 그 이유를 설명하시오.

<보기>

---

o 증거보전(184조)　　　　o 공소장 부본의 송달(266조)
o 소환에 불응하는 피고인에 대한 구속영장 발부(73조)
o 공판기일 전의 증거조사(273조)

6.2.2 형사소송법은 증거보전(184조)과 증인신문의 청구(221조의2)에 관한 규정을 두어 1회 공판 기일 전의 증거조사를 허용하고 있다. 그럼에도 불구하고 공판기일 전의 증거조사(273조)의 해석에 관해서는 공소장일본주의와의 관계상 1회 공판기일 전의 증거조사가 허용되는지 논란이 제기된다. 그 이유는 무엇인가?

6.2.3 L은 야간주거침입절도죄로 기소된 甲의 변호인이다. L은 변론준비를 하다가 일주일 전에 미국으로 떠나간 A가 한국에 있을 때 甲의 범죄혐의와 관련하여 경찰로부터 참고인조사를 받았는데, A의 진술내용 중에 甲에게 결정적으로 유리한 부분이 있다는 이야기를 들었다. 이에 L은 경찰이 작성한 A에 대한 참고인진술조서의 내용을 공판기일 전에 정확히 파악하여 과연 甲을 위한 증거로 사용할 수 있을지 판단하고자 한다. 하지만 그 조서는 검사가 법원에 제출하지 않은 상태이다. L은 어떤 조치를 취하고 어떤 주장을 해야 하는가?

힌트 : 헌재 2010. 6. 24. 선고 2009헌마257 결정

6.2.4 사법경찰관 P는 관내에서 발생한 강간사건에 관한 피해신고를 받았다. 피해신고에 기초하여 甲이 유력한 용의자로 떠올랐다. P는 피해자 V가 '범인의 정액 등이 묻은 것'이라면서 제출한 팬티에서 검출된 범인의 정액에 대하여 국립과학수사연구원(이하 '국과수'로 약칭함)에 감정의뢰 하였다. 20◇◇. 10. 30. 국과수로부터

'감정 결과 그 정액 등의 혈액형은 甲의 혈액형(A형)과 다른 O형임이 확인되었다'는 통보(이하 '혈액감정회보'로 약칭함)를 받게 되자, 좀 더 정확한 판별을 위하여 20◇◇. 11. 19. 국과수에 유전자 감정을 의뢰하였다. 국과수는 20◇◇. 12. 30. 'V가 제출한 팬티에서 검출된 남성의 유전자형은 甲이나 V의 남편의 유전자형과 일치하지 않을 뿐 아니라, V의 유전자형과도 일치하지 않는다'는 회신(이하 '유전자감정회보'로 약칭함)을 하였고, 경찰은 그 무렵 그 회신을 검찰에 추송하였다. 甲은 강간혐의로 기소되었다. 공판준비기일에 甲의 국선변호인 C는 검사에게 국과수의 위 혈액감정회보와 유전자감정회보의 열람·등사를 요구하였다. 그러자 검사는, 피고인의 변호인에게 개시할 의무가 있는 증거는 '검사가 증거로 신청할 서류'에 한정되는데(266조의11 1항 1호) '혈액감정회보와 유전자감정회보는 장차 증거로 신청할 서류가 아니라면서 열람·등사를 거부'하였다. 이 문제에 대한 재판부의 판단을 예측하시오.

힌트 : 헌재 2010. 6. 24. 선고 2009헌마257 결정

✚ 퀴즈풀이

6.2.1
공판준비는 수소법원이 공판기일의 심리를 준비하기 위해 행하는 일련의 절차이다. 공소장 부본의 송달(266조)과 소환에 불응하는 피고인에 대한 구속영장 발부(73조)는 절차적 공판준비를 위한 제도이고, 공판기일 전의 증거조사(273조)는 실체적 공판준비의 제도이다. 반면에 증거보전(184조)은 수소법원이 관여하는 것이 아니므로 공판준비의 제도라고 볼 수 없다.

6.2.2
증거보전(184조)과 증인신문의 청구(221조의2)는 판사가 행하는 증거조사이다. 형사소송법의 규정은 1회 공판기일 전까지 허용하지만, 통상적으로는 수사단계에서 행해진다. 반면에 공판기일 전의 증거조사(273조)는 공소제기 후 수소법원이 행하는 증거조사이다. 따라서 수소법원의 증거조사가 1회 공판기일 전에 행해진다면 선입견이 형성될 가능성이 있어 공소장일본주의에 저촉된다는 주장이 제기되는 것이다.

6.2.3
A의 진술이 기재된 참고인진술조서는 소위 공소제기 후에 검사가 보관하고 있는 서류이다. 따라서 L은 그것에 대하여 증거개시의 신청을 할 수 있다. 신청의 상대방은 검사이며, L은 해당 조서의 열람·등사 또는 교부를 신청하면 된다(266조의3 1항). 문제는 그 조서가 피고인인 甲에게 유리한 증거로서 검사가 공판정에 증거로 제출하지 않을 가능성이 있는 증거라는 점이다. 따라서 L은 피고인에게 유리한 증거도 개시의 대상이 된다(헌재 2010. 6. 24. 선고 2009헌마257 결정)는 점을 주장해야 하는데, 이를 위해서는 검사가 공익의 대표자라는 점을 강조하는 것이 좋다. 덧붙여서, 검사가 증거개시를 거부할 경우에는 법원에 해당 조서의 열람·등사 혹은 교부를 허용해 주도록 신청할 수 있다(266조의4).

6.2.4
재판부는 검사에게 혈액감정회보와 유전자감정회보의 열람·등사를 허용하라고 명할 것이다. 그 이유는 다음과 같다.

우선 피고인의 변호인에게 검사가 개시할 의무가 있는 증거는 '검사가 증거로 신청할 서류'에 한정(266조의11 1항 1호)된다는 검사의 주장은 일견 형소법의 문리에 비추어 타당한 주장처럼 보인다.

그러나 증거개시의 대상은 "검사가 신청할 예정인 증거에 한정되지 않고 피고인에게 유리한 증거까지를 포함한 전면적인 증거개시를 원칙"(2009헌마257)으로 한다.

사안에서 혈액감정회보와 유전자감정회보는 피고인에게 유리한 증거이고, 검사에게는 객관의무가 있으므로 검사는 정부에 불리한 증거라는 이유로 피고인 측에게 개시를 거부할 수 없다.

제 7 장   공판절차

제1절   일반적인 공판절차

Ⅰ. 서

1. 공판절차의 의의와 공판구조

(1) 공판절차의 의의

공판 또는 공판절차란 공소제기로 사건이 법원에 계속된 이후 재판 확정 등의 사유로 소송이 종결될 때까지의 형사절차를 말한다. 이 중에서 특히 공판기일의 절차만을 가리켜 협의의 공판절차라고 부르기도 한다.

(2) 공판구조
1) 당사자주의와 직권주의

당사자주의와 직권주의는 공판절차에서 법원과 양 당사자 간의 관계를 어떻게 설정할 것인지에 관하여 각기 다른 프레임을 제시한다. 당사자주의는 소송의 주도적 지위를 양당사자에게 부여하고 법원에게는 단지 판단자로서의 지위만을 갖게 한다. 반면에 직권주의는 법원에 소송의 주도적 지위를 인정하고 피고인은 심리의 객체로 취급하는 시스템이다.

〈당사자추행(追行)주의〉

형사 공판절차에서는 당사자주의라고 하여도 그것의 의미가 당사자가 주도적으로 재판을 이끌어 간다는 당사자추행(追行)주의를 의미할 뿐임에 주의를 요한다. 즉, 민사소송에서와 같이 당사자의 합의로 소송절차를 마무리지을 수 있는 당사자처분주의까지는 인정되지 않는다.

2) 형사소송법의 공판구조

우리의 공판구조는 당사자주의와 직권주의를 결합한 혼합구조로 설명된다. 형사소송법은 당사자 주도의 증거조사, 모두진술과 최후진술, 공판정의 좌석배치 등에서 당사자주의를 실행하면서도, 증거조사의 직권적 요소, 피고인신문, 공소장 변경의 요구 등을 통해 직권주의를 수용하고 있다. 구체적인 내용은 제1장 제1절의 말미에서 설명한 바 있다.

2. 공판절차의 원칙

(1) 공개주의

공개주의는 일반인에게 공판의 방청을 허용하는 원칙이다. 일체의 방청을 허용하지 않고 비밀리에 심리·재판하는 밀행주의(密行主義)와 일정한 소송 관계인에게만 방청을 허용하는 당사자 공개주의에 대립된다. 공개주의의 근거로는 ① 공판절차를 국민의 감시 하에 둠으로써 재판의 공정성을 확보한다는 점과 ② 공판의 공개를 통하여 국민들로 하여금 재판의 신뢰를 갖게 한다는 점이 제시된다.

우리 법제에서는 헌법 27조 3항과 109조가 공개재판의 원칙을 규정하고 있으며, 법원조직법 57조도 역시 공개재판을 규정한다. 다만 헌법 109조 단서와 법원조직법 57조 1항 단서는 공개주의의 한계를 규정하고 있는데, 그 내용은 국가의 안전보장, 안녕질서, 선량한 풍속에 해가 될 염려가 있을 경우에 법원이 결정으로 심리를 공개하지 않을 수 있다는 것이다. 하지만 제한의 대상이 되는 부분은 심리에 한하는 것이므로 비공개 결정이 내려졌더라도 판결 선고까지 비공개로 할 수는 없다. 또한 법정에서의 방청 및 촬영에 관한 규칙은 2조에서 법정의 크기에 따라 방청인의 수를 제한하거나 위험물 등의 소지자를 법정에 출입하는 것을 금지할 수 있도록 규정하며, 제3조에서는 법정질서와 문화를 해하는 자에 대하여 퇴정명령을 내릴 수 있도록 하고 있다.

〈사진촬영과 녹음〉

공개주의를 채택하더라도 법정에서의 사진촬영과 녹음까지 허용되는 것은 아니다. 즉, 공개주의는 직접공개주의를 의미하는 것이지, 촬영과 녹음에 의한 보도라는 간접공개까지 의미하지는 않는다. 법원조직법도 법정에서의 보도는 재판장의 허가를 받아야 한다고 규정하며(법원조직법 59조), 법정에서의 방청 및 촬영에 관한 규칙은 원칙적으로 피고인의 동의가 있는 때에 한하여 보도를 허가할 수 있고 예외적으로 공공의 이익을 위하여 상당하다고 인정하는 경우에만 피고인의 동의 여부에 불구하고 보도할 수 있도록 규정하고 있다(법정에서의 방청 및 촬영에 관한 규칙 4조).

(2) 구두주의

구두주의란 구두로 제공된 자료에 의해 심리·재판하는 원칙을 말하며, 서면주의 및 조서재판주의(調書裁判主義)에 대립되는 개념이다. 구두주의는 구두의 자료가 신선하기 때문에 법관으로 하여금 실체적 진실을 발견하는 일에 더 유용하다는 인식을 바탕으로 한다. 하지만 구두주의는 실체진실을 발견하기 위한 것이기 때문에, 실체형성행위가 아닌 절차형성행위에서는 구두주의보다 서면주의가 선호된다.

(3) 직접주의

직접주의는 공판정에서 직접 심리에 관여한 법관만이 재판할 수 있다는 원칙으로서, 간접주의에 대립되는 개념이다. 형사소송법 301조가 판사의 경질이 있으면 공판절차를 갱신하도록 한 것은 직접주의의 대표적인 표현으로 설명된다.

(4) 집중심리주의

1) 의의와 필요성

집중심리주의란 법원이 공판기일에서 하나의 사건을 집중적으로 심리해야 한다는 공판절차의 원칙을 말한다. 따라서 공판기일이 연장되는 경우에는 기일의 간격을 두지 않고 연속적으로 심리할 것을 요구하게 되며, 이런 차원에서 집중심리주의는 계속심리주의로 연결된다.

집중심리주의는 일차적으로 공판중심주의를 실현하기 위한 필요조건으로 요청된다. 공판중심주의는 사건의 실체에 대한 규명을 공판정의 심리에서 실행해야 한다는 원칙이므로, 현실적으로 공판중심주의가 구현되려면 공판정에서의 생생한 심리가 끊어지지 않고 계속될 것이 요구되기 때문이다. 공판정의 심리가 중단되면 법관의 심증형성이 어려워지고 결국 법관은 심증형성을 위해 공판정에서의 심리가 아닌 다른 방법에 의지하지 않을 수 없게 된다. 여기서 편법적인 방법으로 소위 조서재판이 나오게 되는 것이므로, 이를 피하기 위해서는 집중심리주의 내지 계속심리주의가 공판절차의 기본 원칙으로 정립되어야 한다는 요청이 제기되는 것이다.

2) 내용

형사소송법은 공판중심주의를 형사사법 운영의 전면에 내세우면서 그것의 필요조건인 집중심리주의를 명문으로 규정하고 있다(267조의2 1항). 아울러 심리에 2일 이상이 필요한 경우에는 부득이한 사정이 없는 한 매일 개정하도록 하고(267조의2 2항), 재판장은 여러 공판기일을 한꺼번에 지정할 수도 있도록 규정하고 있다(267조의2 3항). 나아가 매일 연속해서 개정하지 못할 사정이 있는 경우에도 특별한 사정이 없는 한 다음 공판기일은 전의 공판기일로부터 14일 이내의 날로 지정해야 하고(267조의2 4항), 덧붙여서 소송관계인으로 하여금 기일을 준수하고 심리에 지장을 초래하지 않도록 해야 한다는 의무를 부과하였으며, 이를 위하여 재판장은 필요한 조치를 취할 수 있도록 규정하고 있다(267조의2 5항).

또한 형사소송법은 판결의 선고기일에 대해서도 명문의 규정을 두고 있다. 즉, 판결의 선고는 원칙적으로 변론이 종결된 기일에 해야 하며, 특별한 사정이 있는 때에는 따로 선고기일을 지정하되 그렇더라도 변론이 종결된 날로부터 14일 이내로 해야 한다(318조의4 1항과 3항). 다만 즉일선고의 경우에는 판결서를 선고 후에 작성할 수 있는 특칙이 마련되어 있다(318조의4 2항).

II. 공판정의 구성과 당사자의 출석

1. 공판정의 구성

공판기일의 심리는 공판정에서 한다(275조 1항). 공판정에는 판사와 검사 및 법원사무관 등이 출석하여 개정하는데(275조 2항), 검사의 좌석과 피고인 및 변호인의 좌석은 대등하며, 법대의 좌우측에 마주 보고 위치한다(275조 3항). 다만 피고인신문을 하는 때에는 피고인은 증인석에 위치한다(275조 3항). 공판정에서는 피고인의 신체를 구속하지 못하지만, 피고인이 폭력을 행사하거나 도망할 염려가 있다고 인정하는 때에는 재판장이 피고인의 신체에 대하여 구속을 명하거나 기타 필요한 조치를 할 수 있다(280조).

2. 검사의 출석

공판정에는 검사가 출석하여야 개정함을 원칙으로 한다(275조 2항). 그러나 검사가 2회 이상 공판기일의 통지를 받고도 출석하지 않거나 판결만을 선고하는 때에는 검사의 출석 없이 개정할 수 있다(278조). 여기서 2회는 연속 2회를 의미하는 것이 아니고 2회째가 개정에서 제외된다는 의미도 아니므로, 검사의 불출석이 2회에 달하면 불출석의 그 기일에 개정하더라도 적법하다는 것이 판례의 판시이다(대법원 1967. 2. 21. 선고 66도1710 판결).

3. 피고인의 출석

공판기일에는 피고인을 소환해야 한다(267조 2항). 피고인의 소환은 형사소송법이 정한 소환장의 송달 또는 이와 동일한 효력이 있는 방법에 의하여야 하고, 그 밖의 방법에 의한 사실상의 기일의 고지 또는 통지 등은 적법한 피고인 소환이라고 할 수 없다(대법원 2018. 11. 29. 선고 2018도13377 판결).

피고인이 공판기일에 출석하지 아니한 때에는 특별한 규정이 없으면 개정하지 못한다(276조). 피고인의 출석 없이도 개정할 수 있는 특별한 경우는 다음과 같다.

① 대리인의 출석이 허용되는 경우가 있다. 피고인에게 의사능력이 없는 경우에는 법정대리인이나 특별대리인의 출석만으로 개정할 수 있으며(26조와 28조), 피고인이 법인인 때에는 대표자가 법인의 소송행위를 대표하는바(27조) 그 대표자는 대리인을 출석하게 할 수 있다(276조 단서). 또한 경미사건 등에서도 대리인의 출석이 허용된다(277조).

② 다액 500만 원 이하의 벌금 또는 과료에 해당하는 경미사건에서는 피고인의 출석 없이 개정할 수 있다(277조).

③ 무죄, 형의 면제, 면소, 공소기각의 재판 등 피고인에게 유리한 재판을 할 것이 확실한 사건에서는 피고인의 출정 없이 개정할 수 있다(306조 4항과 277조).

④ 피고인이 진술하지 아니하거나 재판장의 허가 없이 퇴정하거나 재판장의 질서유지를 위한 퇴정명령을 받은 경우에는 피고인의 진술 없이 판결할 수 있다(330조). 이 중에서 피고인이 스스로 무단 퇴정한 경우에는 판결 선고만이 아니라 피고인 없이 심리도 진행할 수 있다는 것이 판례의 입장이다(대법원 1991. 6. 28. 선고 91도865 판결).

⑤ 재판장은 증인, 감정인 또는 공동피고인이 피고인의 면전에서 충분한 진술을 할 수 없다고 인정한 때에는 그 피고인을 퇴정시키고 진술하게 할 수 있다. 물론 이 때에는 진술이 종료된 후 퇴정한 자를 입정하게 하여 법원사무관으로 하여금 진술의 요지를 고지하게 하여야 한다(297조).

4. 변호인의 출석

변호인은 당사자가 아니므로 변호인의 출정은 개정의 요건이 아니다. 따라서 공판기일의 통지를 받고 변호인이 출석하지 않은 때에는 변호인 없이 개정할 수 있다. 하지만 필요적 변호사건은 변호인 없이 개정하지 못하는데, 여기서 필요적 변호사건이란 법원이 직권으로 국선변호인을 선정해야 하는 사건 및 청구 등에 의해 국선변호인이 선정된 사건을 말한다(282조 본문). 따라서 필요적 변호사건에서 변호인이 공판정에 출석하지 아니하면 법원은 직권으로 변호인을 선정해야 하며(283조), 판결만을 선고하는 경우에 예외가 인정될 뿐이다(282조 단서). 또한 필요적 변호사건에서도 변호인이 무단으로 퇴정하든지 질서문란으로 재판장으로부터 퇴정명령을 받은 경우에는 형사소송법 330조를 유추 적용하여 변호인 없이 개정할 수 있다는 것이 판례의 입장이다(대법원 1990. 6. 8. 선고 90도646 판결).

5. 전문심리위원제도

(1) 전문심리위원의 지정과 취소

법원은 소송관계를 분명하게 하거나 소송절차를 원활하게 진행하기 위하여 필요한 경우에는, 직권이나 검사, 피고인 또는 변호인의 신청에 의하여 결정으로 전문심리위원을 지정하여 공판준비 및 공판기일 등 소송절차에 참여하게 할 수 있다(279조의2 1항). 전문심리위원을 소송절차에 참여시키는 경우 법원은 검사, 피고인 또는 변호인의 의견을 들어 각 사건마다 1인 이상의 전문심리위원을 지정한다(279조의4 1항).

또한 법원은 상당하다고 인정하는 경우에 직권이나 검사, 피고인 또는 변호인의 신청으로 전문심리위원의 지정을 취소할 수도 있는데(279조의3 1항), 특히 검사와 피고인 또는 변호인이 합의하여 전문심리위원 지정의 취소를 신청한 때에는 그 지정을 취소해야 한다(279조의3 2항). 전문심리위원에 대해서는 법관의 제척, 기피에 관한 규정이 준용되고, 제척 또는 기피 신청이 있는 전문심리위원은 그 신청에 관한 결정이 확정될 때까지 그 신청이 있는 사건의 소송절차에 참여할 수 없다. 이 경우 전문심리위원은 해당 제척 또는 기피 신청에 대하여 의견을 진술할 수 있다(279조의5).

(2) 전문심리위원의 업무

전문심리위원은 전문적인 지식에 의한 설명 또는 의견을 기재한 서면을 제출하거나 기일에 전문적인 지식에 의하여 설명이나 의견을 진술할 수 있다(279조의2 2항 본문). 또한 전문심리위원은 기일에 재판장의 허가를 받아 피고인 또는 변호인, 증인 또는 감정인 등 소송관계인에게 소송관계를 분명히 하기 위해 필요한 사항을 직접 질문할 수도 있다(279조의2 3항). 하지만 전문심리위원이 재판의 합의에 참여할 수 있는 것은 아니므로 주의를 요한다(279조의2 2항 단서). 덧붙여서, 전문심리위원 또는 전문심리위원이었던 자가 그 직무수행 중에 알게 된 다른 사람의 비밀을 누설한 때에는 비밀누설죄로 처벌하고(279조의7), 전문심리위원은 형법상 뇌물죄의 적용에 있어서 공무원으로 취급된다(279조의8).

(3) 기타 사항

법원은 전문심리위원이 제출한 서면이나 전문심리위원의 설명 또는 의견의 진술에 관하여 검사, 피고인 또는 변호인에게 구술이나 서면에 의한 의견진술의 기회를 주어야 한다(279조의2 4항). 전문심리위원에게는 대법원규칙으로 정하는 바에 따라 수당을 지급하고, 필요한 경우에는 그 밖의 여비, 일당 및 숙박료를 지급할 수 있다(279조의4 2항).

Ⅲ. 소송지휘권과 법정경찰권

1. 소송지휘권

(1) 의의

소송지휘권이란 소송을 질서 있고 원활하게 진행하기 위하여 법원에 부여된 권한을 말한다. 소송지휘권은 법원의 권한이지만, 형사소송법은 "공판기일의 소송지휘는 재판장이 한다."고 규정하여(279조), 특별한 규정이 없는 경우에는 재판장으로 하여금 소송지휘권을 행사하도록 한다. 하지만 중요한 사항에 관하여는 법원이 행사하는 소송지휘권도 규정되어 있다.

소송지휘권의 법적 성격이 사법권에 내재한 본질적 권한인지 법에 의해 설정된 권한인지에 대해서는 논란이 제기될 수 있으나 사법권의 본질적인 권한이라고 파악하는 것이 일반적인 견해이다. 따라서 법에 규정되지 않은 경우에도 사법업무의 원활한 운영을 위한 소송지휘권은 당연히 인정된다.

(2) 내용
1) 변론의 제한

재판장은 소송관계인의 진술 또는 신문이 중복되거나 당해 소송과 관계없는 것일 때에는 소송관계인의 본질적 권리를 해하지 않는 범위 내에서 진술 또는 신문을 제한할 수 있다(299조).

2) 석명권

재판장은 소송관계를 명료하게 하기 위하여 검사, 피고인 또는 변호인에게 사실상과 법률상의 사항에 관하여 석명을 구하거나 입증을 촉구할 수 있으며, 합의부원은 재판장에게 고하고 석명을 구하거나 입증을 촉구할 수 있다(규칙 141조 1항과 2항). 아울러 검사, 피고인 또는 변호인은 재판장에 대하여 석명을 위한 발문을 요구할 수 있다(규칙 141조 3항).

3) 기타 재판장의 소송지휘권

공판기일의 지정과 변경(267조와 270조), 인정신문(284조), 증인신문 순서의 변경(161조의2 3항) 등도 재판장이 행사하는 소송지휘권의 내용이다.

4) 법원의 소송지휘권

국선변호인의 선임(제283조), 특별대리인의 선임(28조), 증거조사에 대한 이의신청의 결정(296조 2항), 재판장의 처분에 대한 이의신청의 결정(304조 2항), 공소장변경의 허가(298조 1항), 공판절차의 정지(306조), 변론의 분리·병합·재개(300조와 305조) 등은 법원이 행사하는 소송지휘권이다.

(3) 소송지휘권의 행사방법과 불복방법
1) 행사방법

재판장의 소송지휘권은 일반적으로 명령의 방법으로 행사되며, 법원의 소송지휘권 행사는 결정의 형식을 취한다.

2) 불복방법

검사, 피고인 또는 변호인은 재판장의 소송지휘에 대하여 이의신청을 할 수 있다(304조). 다만 이의신청의 사유는 법령위반에 국한되고(규칙 136조), 처분의 합목적성에 대한 불만은 이의신청의 사유가 되지 못한다. 방식과 시기의 면에서, 이의신청은 개개의 행위와 처분 시마다 그 이유를 간결하게 명시하여 즉시 행하여야 한다(규칙 137조).

이의신청이 제기되면 수소법원이 결정을 해야 하는데(304조), 이 결정은 이의신청이 있은 후 즉시 하여야 한다(규칙 138조). 시기에 늦은 이의신청은 중요한 사항을 대상으로 하는 것이 아닌 한 결정으로 기각한다(규칙 139조 1항). 소송지연만을 목적으로 하는 것이 명백한 이의신청도 마찬가지이다(규칙 139조 1항). 그렇지 않은 경우에는 이의신청의 당부에 대하여 판단하게 되는데, 이의신청이 이유 없다고 인정되면 기각결정을 하고(139조 2항), 이의신청이 이유 있다고 인정되면 인용결정을 한다. 인용결정을 하는 때에는 이의신청의 대상이 된 행위, 처분 또는 결정을 중지, 철회, 취소, 변경하는 등 그 이의신청에 상응하는 조치를 취하여야 한다(139조 3항).

재판장의 소송지휘권 행사와 달리 법원의 소송지휘권 행사에 대해서는 독자적인 불복의 방법이 없다. 판결 전 소송절차에서의 결정은 원칙적으로 항고의 대상이 되지 못하기 때문이다. 다만 법원의 소송지휘권 행사가 판결에 영향을 미친 법령위반 등에 해당되는 경우에는 본안사건에 대한 상소의 방법으로 불복을 제기할 수 있을 뿐이다.

2. 법정경찰권

(1) 의의

법정경찰권이란 법정질서를 유지하기 위하여 법원이 행사하는 권한이다. 소송지휘권의 내용으로 볼 수도 있지만, 사건의 실체 면과 관계없다는 점에서 독자적인 특수성을 지닌다. 법정경찰권도 법원의 권한이지만, 법원조직법은 재판장에게 위임하고 있다(법원조직법 58조 1항).

(2) 내용
1) 예방작용

재판장은 법정의 존엄과 질서를 해할 우려 있는 자에 대하여 입정금지 또는 퇴정을 명할 수 있고, 기타 법정질서유지에 필요한 명령을 발할 수 있다(법원조직법 58조2항). 기타 필요한 명령의 대표적인 것은 방청권의 발행과 소지품검사(법정에서의 방청 및 촬영 등에 관한 규칙 2조), 피고인이 폭력을 행사하거나 도망할 염려가 있다고 인정하는 경우에 피고인의 구속을 명하거나 기타 필요한 조치를 취하는 것(280조) 등이다.

2) 방해배제작용

재판장은 피고인의 퇴정을 제지하거나 법정질서를 유지하기 위하여 필요한 처분을 할 수 있고(281조 2항), 피고인과 방청인에 대하여 퇴정명령을 발할 수 있다(297조와 법원조직법 58조 2항).

3) 제재작용

법원은 법정질서의 유지를 위해 발한 명령에 위반되는 행위를 하거나 폭언이나 소란 등으로 법원의 심리를 방해하는 자에 대하여 20일 이내의 감치 또는 100만 원 이하의 과태료를 처하거나 병과할 수 있으며, 감치재판을 위해 24시간 이내의 기간 동안 구속시킬 수도 있다(법원조직법 61조 1항과 2항).

(3) 행사와 불복

법정경찰권의 실효성 있는 행사를 위해 재판장은 법정에 있어서의 질서유지를 위하여 필요하다고 인정할 때에는 개정의 전후를 불문하고 관할경찰서장에게 경찰의 파견을 요구할 수 있으며, 파견된 경찰은 법정내외의 질서유지에 관하여 재판장의 지휘를 받는다(법원조직법 60조).

재판장의 법정경찰권 행사에 대해서도 일반적인 소송지휘권의 행사에서와 마찬가지로 이의신청이 가능하다. 법원의 과태료 부과 결정이나 감치에 대해서는 항고 또는 특별항고의 방식으로 불복하는 것이 가능하다(법원조직법 61조 5항).

Ⅳ. 공판기일의 절차

1. 모두절차

모두절차는 공판기일의 절차를 시작하는 1단계이다. 통상적으로, ① 진술거부권의 고지와 인정신문, ② 검사의 모두진술, ③ 피고인의 모두진술, ④ 쟁점정리를 위한 질문과 입증계획 등의 순서로 진행된다. 구체적으로 설명하면 다음과 같다.

(1) 진술거부권의 고지와 인정신문

공판기일의 절차는 피고인에게 진술거부권을 고지하는 것에서부터 시작된다. 즉, 재판장은 인정신문에 앞서 피고인에게 진술하지 아니하거나 개개의 질문에 대하여 진술을 거부할 수 있음을 고지해야 한다(283조의2 2항). 이렇게 진술거부권의 고지절차를 인정신문보다 앞에 위치시킨 것은 피고인의 방어권을 보다 확실하게 보장하기 위한 취지로 설명된다. 진술거부권의 고지가 끝난 후에 재판장은 피고인의 성명, 연령, 등록기준지, 주거와 직업을 물어서 피고인임에 틀림없음을 확인하여야 한다(284조). 피고인으로 출석한 자가 공소장에 피고인으로 기재된 자와 동일인인지를 확인하는 절차인데, 이를 인정신문이라고 한다.

(2) 검사의 모두진술

형사소송법은 공판절차의 본격적인 진행을 검사의 모두진술에서부터 시작하도록 규정하고 있다. 즉, 검사의 공소장 낭독을 필수적이면서 출발이 되는 절차로 규정하여 본격적인 심리에 들어가기에 앞서 심리의 대상을 명확히 하도록 요구하는 것이다(285조 본문). 공소장 전체를 낭독하는 것이 오히려 사건을 파악하는 데 도움이 되지 아니하는 경우 등 재판 진행을 위하여 필요한 경우에는, 재판장이 검사에게 공소장 낭독 대신에 공소의 요지만을 진술하도록 할 수 있다(285조 단서).

(3) 피고인의 모두진술

검사의 모두진술이 끝난 뒤에는 피고인의 모두진술이 진행된다. 우선, 피고인은 공소사실의 인정여부를 진술하는데(286조1 항 본문), 이를 통해 사건의 쟁점을 조기에 파악하는 것이 가능해진다. 그리고 피고인과 변호인은 공소사실에 대한 인정여부만이 아니라 자기에게 이익되는 사실도 적극적으로 진술할 권리를 갖는다(286조 2항). 하지만 피고인에게는 진술거부권이 있으므로 피고인이 모두진술을 하지 않는 경우 이를 강제할 수는 없다는 점에 주의를 요한다(286조 1항 단서).

(4) 쟁점정리를 위한 질문과 입증계획 등의 진술

형사소송법은 검사와 피고인의 모두진술이 끝난 후에 재판장이 쟁점 정리를 위하여 피고인 또는 변호인에게 질문을 할 수 있다고 규정한다(287조 1항). 앞에서 설명하였듯이, 사건의 쟁점을 정리하는 작업은 공판준비절차를 통해서도 행해지지만, 공판준비절차에서 미진하게 정리된 부분이 있거나 혹은 공판준비절차 자체가 진행되지 않은 사건에서는 공판절차의 서두에 재판장으로 하여금 피고인 또는 변호인에게 질문을 하여 이후의 심리가 무엇을 대상으로 진행되어야 하는지 확정하도록 하는 것이다.

또한 형사소송법은 증거조사에 들어가기에 앞서 재판장으로 하여금 검사와 변호인에게 공소사실 등의 증명과 관련된 주장 및 입증계획 등을 진술하게 하고 있는데(287조 2항 본문), 이는 법원이 검사와 변호인의 향후 입증계획을 명확하게 알 수 있도록 하기 위한 취지로 설명된다. 따라서 이러한 진술기회에 검사나 변호인이 증거로 할 수 없거나 증거로 신청할 의사가 없는 자료에 기초하여 법원에 사건에 대한 예단 또는 편견을 발생하게 할 염려가 있는 사항을 진술하는 것은 금지된다(287조 2항 단서).

2. 사실심리절차

사실심리절차는 공판기일절차의 가장 핵심적인 단계이다. 사실심리절차에서는 ① 증거조사, ② 피고인신문, ③ 소송관계인의 최종변론이 행해진다.

(1) 증거조사
1) 증거조사의 종류

형사소송법은 당사자의 신청에 의한 증거조사와 직권에 의한 증거조사를 모두 인정하며, 전자를 우선하고 있다. 즉, 검사와 피고인 또는 변호인은 서류나 물건을 증거로 제출할 수 있고, 증인, 감정인, 통역인 또는 번역인의 신문을 신청할 수 있다. 법원이 직권으로 행하는 증거조사는 당사자의 신청에 의한 증거조사를 보완하는 방편으로 사용된다.

2) 증거조사의 순서

형사소송법에 의하면 증거조사의 순서는 검사가 신청한 증거의 조사를 시작으로 그 다음에 피고인 또는 변호인이 신청한 증거를 조사하고(291조의2 1항), 마지막으로 직권에 의한 증거조사를 실시하게 된다(291조의2 2항). 다만 법원은 직권 또는 검사나 피고인 및 변호인의 신청에 따라 신청조사와 직권조사의 순서를 변경할 수 있다(291조의2 3항).

3) 증거조사의 방식

형사소송법은 증거의 종류에 따라 증거조사의 방식을 다음과 같이 달리 규정한다.

① 증거서류의 조사방식은 낭독하는 것을 원칙으로 한다. 당사자가 조사를 신청한 증거서류는 신청인이 낭독하고(292조 1항), 법원이 직권으로 증거서류를 조사하는 경우에는 해당 서류의 소지인이나 재판장이 낭독한다(292조 2항). 경우에 따라서는 위 두 경우 모두 법원사무관에 의한 낭독도 가능하다(292조 4항). 이렇게 증거서류 전체를 낭독하도록 하는 것은 법정에서의 증거조사를 보다 실질화하기 위한 취지로 설명된다. 하지만 낭독이 불필요하다고 인정되는 경우에는 재판장이 해당 증거서류의 요지만을 고지하게 할 수도 있으며(292조 3항), 열람이 다른 방법보다 적절하다고 인정하는 때에는 증거서류를 제시하여 열람하게 하는 방법으로 조사할 수도 있다(292조 5항).

② 증거물의 조사방식은 제시이다. 제시를 하는 사람은 당사자가 신청한 증거물에서는 해당 증거물의 신청인이고(292조의2 1항), 직권으로 증거물을 조사하는 경우에는 해당 증거물의 소지인 내지 재판장이 된다(292조의2 2항). 물론 경우에 따라서는 이 두 경우 모두 재판장은 증거물의 제시를 법원사무관으로 하여금 행하게 할 수도 있다(292조의2 3항).

③ 증인의 조사방식은 신문이다. 증인신문의 내용에 대해서는 따로 항을 설정하여 설명한다.

④ 도면, 사진, 녹음테이프, 비디오테이프, 컴퓨터용 디스크 등이 증거로 제출되는 경우에 어떠한 방식에 의해 증거조사를 할 것인지 문제된다. 하지만 형사소송법은 이에 관하여 구체적인 증거조사 방식을 규정하지 않고 대법원규칙으로 정하도록 하여 탄력적인 대응을 가능하게 하고 있다(292조의3).

〈특수매체기록에 대한 증거조사 방식〉

형사소송규칙이 규정하는 특수매체기록의 증거조사 방식의 요체를 정리하면 다음과 같다: ① 컴퓨터용 디스크 등에 저장된 문자정보는 출력하여 인증한 등본을 조사한다(규칙 134조의7 1항).

② 녹음·녹화매체에 대한 증거조사는 재생하여 청취 또는 시청하는 방법으로 한다(134조의8 3
항). ③ 도면·사진 그 밖에 정보를 담기 위하여 만들어진 물건으로서 문서가 아닌 증거의 조사는
특별한 규정이 없으면 증거서류에 대한 조사방식(292조)이나 증거물에 대한 조사방식(292조의2)
의 규정을 준용한다(규칙 134조의9).

(2) 피고인신문

1) 피고인신문의 시기와 방법

피고인신문은 증거조사가 끝난 후에 실시하는 것이 원칙이다(296조의2 1항 본
문). 증거조사 전에 피고인신문을 행할 경우 사실심리의 중심축이 피고인신문으
로 옮겨질 가능성이 있기 때문이다. 따라서 그러한 우려가 없는 경우에는 재판장
은 증거조사가 완료되기 전이라도 피고인신문을 허가할 수 있다(296조의2 1항 단서).

피고인신문은 검사와 변호인이 순차로 실시하며(296조의2 1항 본문), 증인신문
의 방식인 교호신문 방식이 준용된다(296조의2 3항). 또한 재판장 역시 필요하다고
인정하는 경우 피고인을 신문할 수 있으며(296조의2 2항), 합의부원도 재판장에게
고하고 피고인을 신문할 수 있다(296조의2 3항).

2) 피고인 보호

피고인은 소송의 당사자이다. 따라서 신문의 과정에서 자유롭게 진술할 수
있도록 보호될 필요가 있는데, 이와 관련된 사항을 정리하면 다음과 같다.

① 피고인을 신문함에 있어서는 진술을 강요하거나 답변을 유도하거나 그
밖에 위압적·모욕적인 신문을 해서는 안 된다(규칙 140조의2). 진술의 강요가 금지
되는 것은 피고인에게 진술거부권이 부여되기 때문에 나오는 당연한 귀결이다.

② 재판장은 피고인이 다른 피고인의 면전에서 충분한 진술을 할 수 없다고
인정하는 경우 그 다른 피고인을 퇴정시킬 수 있다(297조 1항). 이 경우 피고인의
진술이 종료하면 퇴정한 공동 피고인을 입정하게 한 후 법원사무관 등으로 하여
금 진술의 요지를 고지하는 절차가 진행된다(297조 2항).

③ 피고인이 신체적 또는 정신적 장애로 사물을 변별하거나 의사를 결정·전
달할 능력이 미약하다든지, 피고인의 연령·성별·국적 등의 사정을 고려하여 심
리적 안정의 도모와 원활한 의사소통을 위해 필요한 경우에는 신뢰관계 있는 자
의 동석이 허용될 수 있다(276조의2).

(3) 최종변론

1) 검사의 의견진술

증거조사와 피고인신문이 종료되면, 검사는 사실과 법률적용에 관하여 의견을 진술해야 한다(302조 본문). 다만 검사의 출석 없이 개정한 경우에는 공소장의 기재사항에 의하여 검사의 의견진술이 있는 것으로 간주한다(302조 단서). 이를 검사의 논고라고 하며, 그 중에서 특히 검사의 양형에 대한 의견을 구형이라고 한다.

2) 피고인과 변호인의 의견진술

재판장은 검사의 의견을 들은 후 피고인과 변호인에게 최종적으로 의견진술의 기회를 주어야 한다(제303조). 최종의견 진술의 기회는 피고인과 변호인 모두에게 주어져야 한다(대법원 2018. 3. 29. 선고 2018도327 판결). 하지만 변호인이 공판기일에 출석하지 아니하여 변호인 없이 변론을 종결하는 경우에는 변호인의 변론이 없더라도 위법하지 않다는 것이 일반적인 견해이다.

3. 판결의 선고

판결의 선고는 공판기일절차의 최종 단계이다. 판결의 선고는 변론을 종결한 기일에 하는 것이 원칙이지만(318조의4 1항 본문), 특별한 사정이 있는 때에는 변론 종결 후 14일 이내에 따로 선고기일을 지정할 수도 있다(318조의4 1항 단서와 318조의4 3항).

판결의 선고는 공판정에서 재판장이 판결서의 주문을 낭독하고 이유의 요지를 설명하는 방식으로 한다(42조와 43조). 다만 변론을 종결한 기일에 판결의 선고가 내려지는 경우에는 일단 판결을 선고하고 후에 판결서가 작성될 수도 있다(318조의4 2항). 또한 형을 선고하는 판결에서는 재판장이 피고인에게 상소할 기간과 상소할 법원도 고지해야 한다(324조).

V. 증인과 증인신문

1. 증인과 증인신문의 의의

(1) 증인

증인이란 기소된 범죄사실과 관련하여 자신이 과거에 경험한 사실을 법원 또는 법관에게 진술하는 제3자를 말한다. 증인은 자기의 체험사실을 진술하는 자이기 때문에 대체성이 없고, 이 점에서 감정인과 구별된다. 또한 진술의 대상이 법원 또는 법관이라는 점에서 수사기관에게 자기의 경험사실을 진술하는 참고인과도 구별된다.

〈감정증인〉

> 증인은 자신의 경험사실을 진술하는 자이고, 감정인은 전문적인 식견에 의한 판단결과를 보고하는 자이다. 따라서 전자는 대체성이 없고 후자는 대체될 수 있다고 하는데, 경우에 따라서는 자신의 경험사실과 전문적인 식견이 모두 동원되어 진술내용이 이루어질 수도 있다. 특별한 지식에 의하여 알게 된 과거의 사실을 진술하는 감정증인이 그러한 경우인데, 그러한 자는 증인으로 취급하여 증인신문절차에 따라 신문한다(179조).

(2) 증인신문

증인신문은 증인이 체험한 사실의 진술을 듣는 증거조사의 방법이다. 증인에게는 법정에 출석해야 할 의무가 있고, 선서 및 증언의 의무가 있으며, 이러한 의무는 직접·간접적인 강제가 가능하다. 따라서 증인신문은 강제처분의 일종이다.

2. 증인적격

(1) 의의

증인적격이란 증인이 될 수 있는 형식적인 자격, 즉 증인으로 출석하여 선서하고 진술할 수 있는 자격을 말한다. 따라서 법원은 증인적격이 있는 자에 대해서만 증인신문을 할 수 있다. 여기서 누구에게 증인적격이 인정되는지가 문제되는데, 형사소송법은 "법원은 법률에 다른 규정이 없으면 누구든지 증인으로 신문할 수 있다"라고 규정하여(146조), 모든 사람에게 증인 적격을 인정한다. 따라서 어린아이나 책임무능력자뿐 아니라 피고인과 일정 관계에 있는 자 및 피해자와 일정 관계에 있는 자도 모두 증인적격이 인정된다.

하지만 예외적으로 증인적격이 문제되는 경우가 있는데, 증인거부권이 있는 공무원의 증인적격과 법관, 검사, 피고인, 변호인 등 소송주체의 증인적격이 그것이다. 항을 바꾸어 설명한다.

(2) 증인거부권이 적용되는 공무원 등의 증인적격

공무원 또는 공무원이었던 자는 직무상 알게 된 사실이 비밀에 속한 사항이라고 신고한 경우에 소속 공무소 또는 감독 관공서의 승낙 없이 증인신문을 받지 아니한다(147조 1항). 따라서 공무원 등과 해당 공무소 및 감독 관공서는 증인거부권을 갖는 셈이고, 그에 따라 증인거부권이 행사된 공무원 등에는 증인적격이 인정되지 않는다. 하지만 해당 공무소와 감독 관공서는 국가의 중대한 이익을 해하는 경우를 제외하고는 승낙을 거부하지 못하므로(147조 2항), 실제에 있어서 증인적격이 부정되는 경우는 그리 많지 않다.

〈증언거부권과의 구별〉

증인거부권이란 증인으로 출석하는 것 자체를 거부할 수 있는 권리임에 반하여, 증언거부권은 출석 및 선서를 거부할 수는 없고 증언만을 거부할 수 있는 권리이다.

(3) 법관의 증인적격

법관이 사건에 관하여 증인의 역할을 수행하면 제척사유에 해당한다(17조 4호). 따라서 법관은 당해 사건에서 법관으로서의 역할을 계속하고자 하는 한 증인적격이 없는 셈이다. 법관이 그 직무에서 탈퇴하면서 증언하는 경우는 별개의 문제이다. 법원의 서기관, 서기, 통역관들도 법관과 마찬가지로 해당 사건에서 증언하는 경우 직무에서 자동적으로 배제된다(25조 1항).

〈직무집행 배제의 시기〉

법관이 증인 역할의 수행과 관련하여 직무집행에서 배제되는 시기는 해당법관이 증인으로 신청된 때나 증인신문을 하도록 결정된 때가 아니라 이에 부응하여 법관이 증인으로 출석한 때가 된다. 그렇지 않으면 소송주체는 당해 법관을 직무집행에서 배제시킬 목적으로 증인신청을 할 수도 있을 것이기 때문이다.

(4) 검사의 증인적격

형사소송법은 법관과 달리 검사에게는 제척제도를 명문으로 규정하고 있지 않다. 그리하여 검사의 증인적격의 인정여부에 대해서는 견해가 대립된다. 우선 ⓐ 긍정설은 첫째, 검사의 증인적격을 부정하는 법률 규정이 없고, 둘째, 실체적 진실의 발견을 위해서라면 공판관여 검사에게도 증인적격을 인정할 수 있으며,

셋째, 검사가 증언한 후에 공판에 관여하더라도 법관의 경우와는 달리 적법하다는 점을 들어 검사의 증인적격을 인정한다. 하지만 ⓑ 부정설은 첫째, 공판관여 검사는 소송의 당사자이기 때문에 제3자의 위치에 있는 증인이 될 수 없고, 둘째, 검사가 증언을 하게 되면 이후 공판관여 검사로서의 직무를 제대로 수행할 수 없으며, 셋째, 그렇게 검사로서의 직무를 제대로 수행할 수 없게 된 검사를 공판절차에서 물러나게 할 강제적인 방법이 없으므로 검사에게는 증인적격을 부정해야 한다고 주장한다.

〈증언을 한 검사〉

> 현실적으로 증언을 한 검사를 당해절차에서 배제시켜야 하는지에 관해서도 견해가 대립된다. ⓐ 유지설은 검사에게 제척제도가 인정되지 않는다는 점을 들어 증언한 검사도 당해 사건에 계속 관여할 수 있다고 하는 반면, ⓑ 배제설은 검사의 객관의무를 고려하여 증언한 검사는 당해 공판절차에서 배제시켜야 한다고 주장한다.

(5) 피고인의 증인적격
1) 피고인

영미법에서는 피고인에게도 증인적격을 인정하지만, 우리 법제에서는 부정하는 것이 일반적인 견해이다. 피고인은 소송의 주체로서 제3자성이 없을 뿐 아니라 피고인을 증인으로 신문한다면 증언의무 때문에 피고인의 진술거부권(283조의2)이 침해될 수 있기 때문이다. 같은 이유로 피고인의 법정대리인, 특별대리인, 대리인, 피고인인 법인의 대표자, 그 대리인 등에게도 증인적격이 인정되지 않는다.

2) 공동피고인

피고인에게 증인적격이 인정되지 않더라도 공동피고인의 경우는 사정이 다르다는 주장이 제기될 수 있다. 공동피고인은 다른 피고인과의 관계에서 제3자의 위치를 가질 수 있을 것이기 때문이다. 우선, 변론이 분리된 절차에서는 공동피고인이라도 증인이 될 수 있다는 점에 이견이 없다. 하지만 병합심리 중인 절차에서 공동피고인이 다른 피고인의 사건에 증인이 될 수 있는지에 관해서는 견해가 대립된다.

ⓐ 긍정설

공동피고인은 자기 사건에 대해서는 증인이 못되더라도 다른 피고인의 사건에서는 증인이 될 수 있다는 견해이다. 그렇더라도 공동피고인은 자기에게 불리한 사실의 증언을 거부할 수 있기 때문에(148조), 공동피고인의 권리가 보호될 수 있다고 설명한다.

ⓑ 부정설

공판절차가 병합심리 중이라면 공동피고인도 증인이 될 수 없어야 한다는 견해이다. 병합심리 중인 공동피고인은 모두 자기 사건에 대해 피고인의 위치에 서게 되는바, 피고인에게는 진술거부권(289조)이 주어지므로 증언을 포함한 어떠한 내용의 진술도 거부할 수 있다는 점이 근거로 제시된다.

ⓒ 절충설

병합심리 중인 공동피고인이라도 다른 피고인과 공범의 관계에 없으면서 사건의 내용 자체도 실질적인 관계가 없거나 상호간에 이해가 상반되는 경우에는 증인이 될 수 있다는 견해이다.

ⓓ 판례

판례는 기본적으로 절충설을 따른다. 하지만 증인적격 인정의 대상 설정에서는 한 걸음 더 나아가 공범이 아닌 공동피고인이라면 범죄 내용의 관련성이 있더라도 증인적격을 인정하는 경향을 보인다. 그리하여 공동피고인의 각 사건이 우연히 심리만 병합된 경우라든지(대법원 1979. 3. 27. 선고 78도1031 판결) 맞고소 사건에서처럼 공동피고인 상호간에 이해관계가 상반되는 경우(대법원 1982. 9. 14. 선고 82도1000 판결)뿐 아니라, 절도범과 장물범이 공동피고인으로 병합심리 중인 경우에도(대법원 2006. 1. 12. 선고 2005도7601 판결) 상피고인에 대해서는 증인적격이 인정된다고 판시한다. 따라서 공범인 공동피고인이 병합심리 중인 경우에만 상호 증인적격이 부정되는 셈이다(대법원 2008. 6. 26. 선고 2008도3300 판결).

〈공범인 공동피고인의 공판정 진술〉

판례의 입장을 따를 때, 공범인 공동피고인은 변론이 분리되지 않는 한 상피고인에 대하여 증인적격이 인정되지 않는다. 그러면 그의 진술은 어떻게 증거로 사용될 수 있을까? '피고인의 지위에서 행하는 공판정 진술' 그 자체가 자신의 사건에서뿐 아니라 상피고인의 사건에서도 증거로 사용된다. 특히 후자와 관련하여, 판례는 공범인 공동피고인의 진술이 공판정에서 행해지면 상피고인에게 반대신문의 기회가 보장되므로 상피고인의 사건에서 증거로 사용하는 것에 무리가 없다고 설명한다(대법원 1963. 7. 25. 선고 63도185 판결).

(6) 변호인의 증인적격

피고인의 변호인에게 증인적격이 인정되는지에 대해서도 견해가 대립된다. ⓐ 긍정설은 현행법상 변호인의 증인적격을 부정하는 명문규정이 없을 뿐 아니라 실체적 진실발견과 피고인의 이익보호를 위해 변호인에 대한 증인신문이 필요할 수 있다는 점을 논거로 제시하는 반면, ⓑ 부정설은 변호인의 지위가 피고인의 보호자이지 소송의 제3자가 아니므로 변호인이 증인을 겸하면 역할의 혼동이 초래된다는 점을 논거로 제시한다.

3. 증인의 의무와 권리

(1) 증인의 의무
1) 출석의무

증인은 법원이 소환하면 출석할 의무가 있다. 강제할 방법이 문제되는데, ① 소환된 증인이 정당한 사유 없이 출석하지 않으면 결정으로 500만 원 이하의 과태료를 부과하고 출석하지 않음으로써 생긴 소송비용의 배상을 명할 수 있을 뿐 아니라(151조 1항), ② 정당한 사유 없이 소환에 응하지 않는 증인은 구인할 수 있다(152조). 또한 ③ 증인이 과태료 처분을 받고도 정당한 사유 없이 출석하지 않으면 7일 이내의 감치처분을 행할 수도 있다(151조 2항). 이러한 결정에 대해서는 즉시항고가 가능하지만 재판집행 정지의 효력은 없다(151조 8항).

2) 선서의무

증인은 증언에 앞서(156조) 진실을 말할 것과 거짓증언 시에는 위증죄로 처벌받을 것을 선서할 의무가 있다(157조). 재판장이 선서할 증인에 대하여 선서 전에 위증의 벌을 경고해야 함은 물론이다(158조). 증인이 정당한 이유 없이 선서를 거부하면 결정으로 50만 원 이하의 과태료를 부과할 수 있으며, 동 결정에 대해서는 즉시항고할 수 있다(161조).

하지만 선서무능력자, 즉 16세 미만의 자와 선서취지를 이해하지 못하는 자에게는 선서의무가 부과되지 않고, 따라서 선서 없이 신문하게 된다(159조). 설령 선서무능력자가 선서를 하였더라도 선서는 효력이 없으므로 증언에 거짓이 있어도 위증죄가 성립하지 않으며, 그저 선서 없이 행한 증언으로 취급될 뿐이다. 이때 증언은 유효하다는 것이 판례의 입장이다(대법원 1957. 3. 8. 선고 4290형상23 판결).

3) 증언의무

증인은 신문받은 사항에 대하여 증언할 의무를 지닌다. 법원 또는 법관의 신문에 대해서만이 아니라 검사나 피고인 및 변호인의 신문에 대해서도 증언해야 하고, 주신문에 대해서뿐 아니라 반대신문에 대해서도 증언의무를 진다. 증인이 정당한 이유 없이 증언을 거부한 경우에도 결정으로 50만 원 이하의 과태료에 처할 수 있고, 동 결정에 대해서는 즉시항고를 할 수 있다(161조).

하지만 증언능력이 없는 증인이 증언한 경우라면 그 증언은 증거로 사용할 수 없다. 여기서 증언능력이란 자기의 체험한 바를 진술할 수 있는 정신적 능력을 말한다. 판례는 유아에게도 증언능력을 인정한 바 있다(대법원 2006. 4. 14. 선고 2005도9561 판결).

(2) 증인의 권리

1) 증언거부권

증언거부권이란 증언의무의 이행을 거절할 수 있는 권리를 말한다. 형사소송법은 증인으로 소환되어 선서한 자라도 특정 내용의 증언에 대해서는 거부할 수 있는 권리를 인정하고 있다. 그 내용을 정리하면 다음과 같다.

① 누구든지 자기가 형사소추 또는 공소제기를 당하거나 유죄판결을 받을 사실이 발로될 염려 있는 증언은 거부할 수 있다. 뿐만 아니라 자기의 친족 또는 친족관계가 있었던 자라든지, 자기의 법정대리인 내지 후견감독인이 공소제기를 당하거나 유죄판결을 받을 사실이 발로될 염려 있는 증언도 거부할 수 있다(148조). 이는 소위 자기부죄금지특권과 신분관계의 정의(情誼)를 고려한 규정으로 설명된다.

② 변호사, 변리사, 공증인, 공인회계사, 세무사, 대서업자, 의사, 한의사, 치과의사, 약사, 약종상, 조산사, 간호사, 종교의 직에 있는 자 또는 이러한 직에 있던 자가 그 업무상 위탁을 받은 관계로 알게 된 사실로서 타인의 비밀에 관한 것은 증언을 거부할 수 있다. 단, 본인의 승낙이 있거나 중대한 공익상 필요가 있는 때에는 예외로 한다(149조). 일정한 업무에 종사하는 자의 비밀을 보호하기 위한 것이다.

③ 증인이 위와 같은 증언거부권을 가지고 있을 때에는 재판장은 신문 전에 증인에게 증언을 거부할 수 있음을 설명해야 한다(160조). 재판장에게 증언거부권 고지의무를 부과함으로써 증언거부권을 실질적으로 보장하려는 것이지만, 증언거부권을 고지하지 않고 신문한 경우라도 증언의 효력에는 영향이 없다는 것이

판례의 태도이다(대법원 1957. 3. 8. 선고 4290형상23 판결).

④ 증인이 증언을 거부하는 경우에는 거부사유를 소명해야 한다(150조). 아울러 증언거부권은 증인의 권리이지 의무가 아니므로 증인은 증언거부권을 포기하고 증언할 수 있으며, 이때 증언은 당연히 효력을 지닌다.

2) 비용청구권

소환된 증인은 법률의 규정한 바에 의하여 여비, 일당과 숙박료를 청구할 수 있다. 단, 정당한 사유 없이 선서 또는 증언을 거부한 자는 예외로 한다(168조). 소환된 증인에게만 비용청구권이 인정되는 것이고 공판정에 재정하고 있는 증인은 비용청구권이 없다는 점에 주의를 요한다.

4. 증인신문의 방법

(1) 장소적, 인적, 시간적 방법

1) 원칙

증인신문은 공판정에서 피고인 등의 당사자가 모두 있는 상태에서 공판기일에 행하는 것이 원칙이며 통상적이다. 즉, 장소는 공판정이고, 인적 측면에서 당사자가 모두 참여해야 하며, 시간은 공판기일에 행해져야 하는 것이다.

이 중 특히 당사자의 참여와 관련해서 형사소송법은 검사, 피고인 또는 변호인에게 증인신문참여권을 부여하고, 이를 실질적으로 보장하기 위해 증인신문의 시일과 장소를 참여권자에게 미리 통지하도록 규정한다(163조 본문). 물론 참여하지 아니한다는 의사를 명시한 자에 대해서는 예외로 한다(163조 단서). 나아가 검사, 피고인 또는 변호인이 증인신문에 참여하지 아니할 경우에는 법원에 대하여 필요한 사항의 신문을 청구할 수 있을 뿐 아니라, 피고인 또는 변호인의 참여 없이 증인을 신문할 경우에 피고인에게 예기하지 아니한 불이익의 증언이 진술된 때에는 반드시 그 진술내용을 피고인 또는 변호인에게 알려주어야 한다(165조).

2) 증인의 법정 외 신문

형사소송법은 증인의 법정 외 신문을 허용하고 있다. 즉, 법원은 증인의 연령, 직업, 건강상태, 기타의 사정을 고려하여 증인을 법정 외로 소환하여 신문하거나 증인의 현재지에서 신문할 수 있다(165조). 물론 이 때에는 검사, 피고인 또는 변호인의 의견을 들어야 한다(165조). 그리고 이렇게 법정 외에서 증인을 신문하도록 결정한 경우에는, 법원이 합의부원에게 법정 외의 증인신문을 명할 수 있고, 증인현재지의 지방법원 판사에게 증인신문을 촉탁할 수도 있다(167조 1항). 후자의 경우에 수탁판사는 증인이 관할구역 내에 현재하지 아니하면 증인이 현재하는 곳의 지방법원판사에게 증인신문을 전촉할 수도 있다(167조 2항). 증인신문을 위임받은 수명법관과 수탁판사는 증인의 신문에 관하여 법원 또는 재판장의 권한에 속하는 처분을 할 수 있음은 물론이다(167조 3항).

3) 피고인 등의 퇴정

형사소송법은 증인신문 시에 피고인 등을 퇴정시킬 수 있는 규정도 두고 있다. 즉, 재판장은 증인이 피고인 또는 어떤 재정인의 면전에서 충분히 진술할 수 없다고 인정되는 때에 당해인을 퇴정시키고 증인으로 하여금 진술하게 할 수 있다(297조 1항). 다만 피고인을 퇴정시킨 경우에는 증인의 진술이 끝난 후에 퇴정한 피고인을 입정하게 한 후 법원사무관 등으로 하여금 증인의 진술요지를 고지해야 한다(297조 2항).

〈피고인의 일시퇴정과 반대신문권〉

재판장이 피고인을 일시퇴정시키고 증인신문 등을 진행한 경우에도, 그 후 피고인에게 반대신문의 기회는 부여해야 한다는 것이 판례의 판시이다. 다만 그 다음 공판기일에 재판장이 증인신문의 결과를 공판조서에 의해 고지하였는데, 피고인이 "이의할 점이 없다."고 진술하여 책문권 포기의 의사를 명시하였다면 반대신문의 기회를 부여하지 않은 하자가 치유된다고 한다(대법원 2012. 2. 23. 선고 2011도15608 판결).

4) 공판기일 전의 증거조사

증거조사는 공판기일에 행하는 것이 원칙이지만 공판준비에 필요하다고 인정되는 때에는 공판기일 전이라도 증거조사가 행해질 수 있다. 형사소송법은 법원이 검사, 피고인 또는 변호인의 신청에 의하여 공판기일 전에 증인을 신문할 수 있고 검증, 감정, 번역 등의 증거조사를 행할 수 있다고 규정한다(273조 1항).

(2) 기술적 방법
1) 개별신문과 대질

증인신문은 개별신문을 원칙으로 한다. 즉, 증인신문은 각 증인에 대하여 행해져야 하고, 신문대상이 아닌 증인이 재정한 때에는 퇴정을 명하여야 한다(162조 1항과 2항). 증인이 다른 증인의 증언에 영향력을 받지 않도록 함으로써 증언의 진실성을 확보하기 위한 취지이다. 따라서 증언의 진실성을 확보하기 위해서라면 증인의 대질도 가능하다. 즉, 필요한 때에는 증인과 다른 증인 또는 피고인을 대질하게 할 수 있다(162조 3항).

2) 구두신문

증인에 대한 신문은 원칙적으로 구두로 진행해야 한다. 하지만 증인이 들을 수 없는 때에는 서면으로 물을 수 있고, 증인이 말할 수 없는 때에는 서면으로 답하게 할 수 있다(규칙 73조). 아울러 재판장은 증인신문을 행함에 있어서 증명할 사항에 관하여 가능한 한 증인으로 하여금 개별적이고 구체적인 내용을 진술하게 하여야 한다(규칙 74조 1항). 따라서 포괄적이고 막연한 질문은 허용되지 않으며, 일문일답식으로 신문이 진행되어야 하는 것이다.

3) 금지되는 신문

증인에게도 공정한 처우를 받을 권리는 보장되어야 한다. 더욱이 피해자가 증인인 경우에는 공정한 처우의 필요성은 더 절실해진다. 뿐만 아니라 재판이 원활하고 효율적으로 진행되기 위해서는 불필요한 증인신문은 제한되어야 한다. 이러한 차원에서 형사소송규칙은 증인신문에 규제를 설정하고 있다(규칙 74조 2항). 즉, ① 위협적이거나 모욕적인 신문, ② 전의 신문과 중복되는 신문, ③ 의견을 묻거나 의논에 해당하는 신문, ④ 증인이 직접 경험하지 아니한 사항에 해당하는 신문은 금지된다.

(3) 교호신문제도(交互訊問制度)
1) 의의

교호신문이란 증인을 신청한 당사자가 먼저 주신문을 하고 상대 당사자가 반대신문을 행하며, 그 후에 다시 재주신문과 재반대신문을 진행하는 증인신문의 방법을 말한다. 증인신문은 인정신문과 사실신문으로 구별되는데, 인정신문은 재판장이 행하지만, 사실신문은 교호신문의 형태로 진행된다. 교호신문은 당사자 쌍방이 주고받는 신문을 행하는 것이 실체적 진실의 규명에 도움이 된다는 관점을 바탕에 깔고 있는 당사자주의적 증인신문의 방법이라고 할 수 있다. 형사소송법은 증인신문을 교호신문의 방법으로 행하고 당사자의 교호신문이 끝난 후에 재판장과 합의부원의 신문이 가능하도록 규정한다(161조의2).

2) 주신문(主訊問)

주신문은 증인을 신청한 당사자가 행하는 신문이다. 주신문에서는 증인신문을 신청한 입증취지에 입각하여 증인의 증언을 통해 증명할 사항을 신문하며, 그에 덧붙여서 증언의 증명력을 보강하거나 다투기 위한 사항을 신문한다(규칙 75조 제1항). 주의할 점은 주신문에서 유도신문이 금지된다는 것이다. 주신문의 경우에는 신문자와 증인이 우호관계에 있는 것이 통상적이고 따라서 증인이 신문자의 유도에 따라가는 진술을 할 위험이 있기 때문이다.

3) 반대신문(反對訊問)

반대신문은 주신문 후에 반대당사자가 행하는 신문이다. 반대신문은 주신문의 모순된 점을 지적하고 반대당사자에게 유리한 누락된 사항을 끌어내는 것을 목적으로 하는 신문이므로, 반대신문에서 신문할 수 있는 사항은 주신문에 나타난 사항과 이와 관련된 사항 및 증언의 증명력을 다투기 위한 사항이다(규칙 76조 1항과 77조). 따라서 이와 무관하게 새로운 사항을 신문하는 것은 재판장의 허가가 있지 않는 한 반대신문에서 허용되지 않는다(규칙 76조 4항). 하지만 반대신문에서는 원칙적으로 유도신문이 허용된다(규칙 76조 2항). 반대신문에서는 신문자와 증인이 우호관계에 있지 않을 뿐 아니라 반대신문의 중요한 목적이 주신문에서의 왜곡된 증언을 바로 잡는 것이기 때문이다.

4) 재주신문(再主訊問)과 재반대신문(再反對訊問)

반대신문 후에 다시 주신문자가 행하는 신문이 재주신문이고, 이에 대하여 다시 반대당사자가 행하는 신문이 재반대신문이다. 재주신문과 달리 재반대신문은 재판장의 허가가 있는 경우에만 행해질 수 있다(규칙 78조)

(4) 차폐신문과 중계신문의 제도
1) 의의

증인신문을 위한 차폐조치(遮蔽措置)란 증인이 피고인이나 방청인 앞에서 증언하는 것이 정신적 부담으로 작용하는 경우에 증인과 피고인 및 방청인 사이에 차단장치를 설치하여 증인의 프라이버시와 신변을 보호하면서 동시에 증인의 원활한 진술을 유도하는 조치를 말한다. 또한 중계장치에 의한 증인신문제도는 증인과 신문자가 중계장치의 모니터를 통하여 신문하고 진술하는 새로운 방식의 증인신문 방법을 말한다. 즉, 동영상(비디오)과 음향의 송수신장치를 이용하여 증인을 신문하는 방식인 것이다.

2) 대상자

형사소송법은 ① 아동복지법 71조 1항 1호부터 3호까지의 규정에 해당하는 죄의 피해자, ② 아동·청소년의 성보호에 관한 법률 7조, 8조, 11조부터 15조까지 및 17조 1항의 규정에 해당하는 죄의 대상이 되는 아동·청소년 또는 피해자 ③ 범죄의 성질, 증인의 연령, 심신의 상태, 피고인과의 관계, 그 밖의 사정으로 인하여 피고인 등과 대면하여 진술하는 경우 심리적인 부담으로 정신의 평온을 현저하게 잃을 우려가 있다고 인정되는 자를 증인으로 신문하는 경우 상당하다고 인정하는 때에는, 검사와 피고인 또는 변호인의 의견을 들어 차폐시설을 설치하고 신문하거나 비디오 등 중계장치에 의한 중계시설을 통해 신문할 수 있다고 규정한다(165조의2).

3) 방법

차폐신문은 법정 내에 일정한 차폐시설을 설치하고 증인을 그 안에 보호한 상태에서 증인신문을 행하는 신문방법이다. 여기서 차폐시설의 구조가 어떠해야 하는지 문제되는데, 형사소송규칙은 차폐시설을 설치함에 있어 피고인과 증인이 서로의 모습을 볼 수 없도록 필요한 조치를 취해야 한다고 규정한다(규칙 84조의9). 즉, 차폐시설의 핵심으로서 피고인과 증인 간의 대면제한을 요구하는 것이다.

중계신문은 법정 외의 장소에 증언실을 설치하고 법정과 증언실을 중계장치를 통하여 중계하면서 증인신문을 행하는 방법이다. 따라서 시설적인 면에서 증언실과 중계장치의 설치가 필수적인데, 형사소송규칙은 증언실을 원칙적으로 법원 구내에 설치하되 필요한 경우에는 법원 외의 적당한 장소에 설치할 수도 있다고 규정하며(규칙 84조의5 2항), 중계장치는 영상과 음향이 모두 송수신되는 비디오 등의 설비를 사용해야 한다고 규정한다(규칙 84조의5 1항).

〈차폐의 상대방〉

통상적으로 차폐는 증인과 피고인의 대면을 차단하는 방식으로 행해진다. 앞에서 적시한 바와 같이, 형사소송규칙 역시 이를 명시하고 있다(규칙 84도의9). 하지만 증인이 차폐를 원하는 대상자에는 피고인 이외에 방청인이나 검사 혹은 변호인이 포함될 수 있다. 이를 감안하여 형사소송법은 차폐의 대상자를 '피고인 등'으로 표현하고 있으며, 판례 역시 피고인 외에 검사, 변호인, 방청인 등에 대하여도 차폐시설 등을 설치하는 방식으로 증인신문을 할 수 있다고 판시하였다. 다만, 변호인에 대한 차폐시설의 설치는 증인이 신분노출로 신변안전에 심한 심리적 부담을 느끼는 경우 등의 특별한 사정이 있는 경우에만 예외적으로 허용될 수 있다고 한다(대법원 2015. 5. 28. 선고 2014도18006 판결).

5. 피해자의 재판절차진술권

(1) 의의

피해자의 재판절차진술권이란 형사피해자가 당해 사건의 재판에 출석하여 자신이 입은 피해의 내용 및 사건에 관한 자신의 의견을 진술할 수 있는 권리를 말한다. 헌법은 27조 5항에서 피해자의 재판절차진술권을 기본권의 하나로 규정하고 있으며, 형사소송법에는 피해자의 재판절차진술권을 실현하기 위한 방안이 규정되어 있다.

(2) 형사소송법의 진술방식과 진술내용

1) 증인신문의 방식

헌법에 규정된 피해자의 재판절차진술권을 실현하기 위한 방안으로 형사소송법은 증인신문의 방식을 채택하고 있다. 즉, 피해자에게 증인신청의 기회를 부여하여 증인의 자격으로 재판절차에서 진술할 수 있도록 한 것이다.

2) 피해자 등의 신청에 의한 증인신문

형사소송법은 피해자 자신의 신청에 의한 피해자 증언의 제도를 규정하고 있다(294조의2). 즉, 진술을 증인신문의 형식으로 법정에 현출시키되, 스스로 증언하겠다고 신청하는 경우에 피해자(사망한 경우에는 배우자·직계친족·형제자매)나 법정대리인 등의 신청권자를 증언대에 세울 수 있도록 규정하고 있는 것이다. 이러한 본인의 신청에 의한 증인신문의 방식은 일반적인 증인신문의 기본 골격과 상이하다. 일반적인 증인신문은 형사절차의 당사자인 검사나 피고인 및 변호인이 신청하거나 법원의 직권에 의하여 절차가 개시되는 것임에 반하여(294조 1항), 형사소송법이 규정하는 피해자 진술의 방식은 진술자 자신의 신청에 의한 증인신문이기 때문이다.

따라서 기본 골격이 다르기 때문에, 형사소송법에 규정된 피해자 진술의 제도는 통상의 증인신문과 구별되는 다음의 특징을 지닌다. ① 예외사유가 규정되어 있다. 즉, 피해자 등이 이미 충분히 진술한 경우라든지 피해자 진술의 보장이 공판절차를 현저히 지연할 우려가 있는 경우에는 피해자 측의 신청이 있더라도 피해자에 대한 증인신문을 불허할 수 있다(294조의2 1항 단서). ② 피해자 등의 진술을 보장하더라도 절차적인 측면에서 실질적인 진술기회를 제한하는 규정을 두고 있다. 즉, 증인신문을 신청한 피해자 등이 다수인 경우에는 증인으로 신문할 자의 수를 제한할 수 있으며(294조의2 3항), 진술이 허용된 피해자 등이 정당한 이유 없이 출석하지 않은 경우에는 진술의 신청을 철회한 것으로 보게 된다(294조의2 4항).

〈통상적인 증인신문 방식에 의한 피해자 진술〉

> 피해자의 공판정 진술은 통상적인 증인신문에 의해서도 당연히 행해질 수 있다. 즉, 검사나 피고인 등의 신청에 의해 피해자를 증인으로 신문할 수 있으며(294조 1항), 법원이 직권으로 피해자에 대한 증인신문을 행하는 것도 가능하다(295조 후단).

3) 진술내용

형사소송법은 피해자에게 증인신문에 대한 증언 이외에 당해 사건에 관한 의견진술의 기회를 부여하고 있다. 즉, 피해자는 증인신문을 받는 경우에 신문에 대하여 답하는 형식의 진술만이 아니라, 피해의 정도 및 결과, 피고인의 처벌에 관한 의견, 그 밖에 당해 사건에 관한 의견을 진술할 수 있다(294조의2 2항).

4) 피해자진술의 비공개

형사소송법은 법원으로 하여금 범죄로 인한 피해자를 증인으로 신문하는 경우, 당해 피해자·법정대리인 또는 검사의 신청에 따라 피해자의 사생활의 비밀이나 신변보호를 위하여 필요하다고 인정하는 때에 심리 비공개의 결정을 할 수 있다고 규정한다(294조의3 1항). 비공개의 결정은 이유를 붙여서 고지하고(294조의3

2항), 비공개의 결정을 하더라도 적당하다고 인정되는 자의 재정(在廷)은 허가할 수 있다(294조의3 3항).

(3) 신뢰자 동석
1) 의의
신뢰자 동석 제도란 피해자가 증인으로 나서는 경우 불안감 내지 긴장감 등으로 정상적인 진술을 할 수 없다든지 법정에 출두하여 증언하는 것 자체로부터 이차적 피해를 입을 수 있을 때, 증인이 신뢰하는 사람으로 하여금 법정에서 증인을 보좌하도록 하는 제도이다.

2) 대상과 사유 및 절차
형사소송법의 신뢰자 동석 제도는 대상범죄의 제한이 없다. 조직범죄와 성폭력범죄의 피해자뿐 아니라 일반범죄의 피해자도 증인으로 법정에 서는 경우 신뢰자를 동석시킬 수 있다. 또한 단계의 면에서도 피해자가 공판정에서 증인으로 신문받는 경우뿐 아니라 수사단계에서 참고인의 자격으로 검사 또는 사법경찰관으로부터 조사받는 경우에도 신뢰자의 동석이 가능하도록 규정하고 있으므로 주의를 요한다(221조 3항).

하지만 신뢰자의 동석이 허용되는 사유는 통상적인 경우와 특수한 피해자의 경우로 구분하여 요구하는데, 이를 정리하면 다음과 같다. ① 통상적인 피해자는 증인신문을 받음에 있어서 현저하게 불안 또는 긴장을 느낄 우려가 있다고 인정되는 경우를 신뢰자 동석의 사유로 설정한다(163조의2 1항). 즉, 신뢰자 동석의 기본 취지를 반영한 일반적인 기준을 사유로 제시하고 있는 것이다. ② 13세 미만의 피해자라든지 신체적 또는 정신적 장애로 사물을 변별하거나 의사를 결정할 능력이 미약한 피해자 등과 같이 특수한 피해자가 증인신문을 받는 경우에는 신뢰자의 동석을 원칙으로 규정한다. 즉, 별도의 사유가 없어도 신뢰자를 동석시키도록 하고, 다만 신뢰자의 동석이 재판에 지장을 초래할 우려가 있는 경우에만 불허할 수 있도록 소극적 사유를 규정하고 있을 뿐이다(163조의2 2항).

신뢰자의 동석을 실행하는 절차는 직권에 의한 방법과 당사자의 신청에 의한 방법을 혼용한다. 우선, 통상적인 피해자에 대해서는 법원이 직권으로 신뢰자를 동석시킬 수도 있고, 피해자와 법정대리인 혹은 검사의 신청을 받아서 신뢰자의 동석을 법원이 허용할 수도 있다(163조의2 1항). 하지만 특수한 피해자에 대해서는 법원이 직권으로 신뢰자를 동석시키도록 규정하여 법원에 의무를 부과한다 (163조의2 2항).

3) 신뢰자의 자격과 범위

피해자에게 심리적 안정과 원활한 의사소통에 도움을 줄 수 있는 자라면 누구라도 신뢰자로 동석할 수 있도록 형사소송규칙은 규정한다(규칙 84조의3). 따라서 피해자가 선임한 변호인, 피해자가 고용한 심리상담사, 피해자와 특별한 관계를 맺고 있는 시민단체 관계자, 피해자의 의료진 등이 신뢰자로 공판절차에 참여할 수 있을 뿐 아니라, 피해자와 개인적 친분관계가 있어서 피해자를 조력할 수 있는 자 역시 신뢰자로 지정될 수 있다.

4) 신뢰자의 관여 정도

신뢰자의 관여 정도는 피해자의 심리적 불안을 해소하고 원활한 진술을 도와주는 수준이어야 한다는 것이 기본원칙이다. 따라서 그러한 보조의 역할을 넘어서 피해자의 증언내용을 유도하거나 신뢰자 본인의 의견을 말하는 것은 허용되지 않는다. 형사소송법은 신뢰자가 법원 및 소송관계인의 신문이나 증인의 진술을 방해한다든지 증인의 진술내용에 부당한 영향을 미칠 수 있는 행위를 하는 것은 허용되지 않는다고 규정한다(163조의2 제3항).

VI. 감정과 검증

1. 감정, 통역, 번역

(1) 감정
1) 의의

감정이란 특별한 학식이나 경험을 가진 제3자가 그 학식이나 경험을 이용하여 얻은 판단을 법원에 보고하는 것을 말한다. 법원으로부터 감정의 명을 받은 자를 감정인이라고 한다.

2) 감정의 개시

법원은 학식 경험이 있는 자에게 감정을 명할 수 있다(169조). 감정인에게는 감정 전에 선서하게 해야 하며, 선서의 절차는 증인선서의 규정을 준용한다(170

조). 또한 법원은 필요하다고 인정하는 경우에 공무소·학교·병원 기타 상당한 설비가 있는 단체 또는 기관에게 감정을 촉탁할 수 있는데, 이 경우에는 선서에 관한 규정이 적용되지 않는다(179조의2 1항).

3) 감정의 수행

감정인은 감정에 관하여 필요한 경우에는 재판장의 허가를 얻어 서류와 증거물을 열람 또는 등사하고 피고인 또는 증인의 신문에 참여할 수 있으며(174조 1항), 피고인 또는 증인의 신문을 구하거나 재판장의 허가를 얻어 직접 발문할 수 있다(174조 2항).

또한 법원은 필요한 때에는 감정인으로 하여금 법원 외에서 감정하게 할 수 있고, 이때에는 감정을 요하는 물건을 감정인에게 교부할 수 있다(172조 1항과 2항). 검사, 피고인 또는 변호인은 감정에 참여할 수 있으며, 이를 위해 참여권자에게 감정의 일시와 장소가 원칙적으로 통지되어야 한다(176조).

4) 감정유치

감정유치란 감정을 위해 대상자를 일정기간 유치하는 것을 말한다. 형사소송법은 피고인의 정신 또는 신체에 관한 감정이 필요한 경우에 법원이 기간을 정하여 병원 기타 적당한 장소에 피고인을 유치하게 할 수 있고, 감정이 완료되면 즉시 유치를 해제해야 한다고 규정한다(172조 3항). 감정유치를 위해서는 감정유치장을 발부해야 하고(172조 4항), 감정유치를 위해 필요한 때에는 법원이 직권 또는 피고인을 수용할 병원 기타 장소의 관리자의 신청에 의하여 사법경찰관리에게 피고인의 간수를 명할 수 있다(172조 5항). 법원은 필요한 경우에 유치기간을 연장하거나 단축할 수 있는데(172조 6항), 감정유치는 미결구금일수의 산입에서 구속으로 간주될 뿐 아니라(172조 8항) 구속에 관한 규정은 감정유치에 대하여 준용된다(172조 7항). 하지만 구속 중인 피고인에 대하여 감정유치장이 집행되었을 때에는 피고인이 유치되어 있는 기간 구속은 그 집행이 정지된 것으로 간주하며, 유치처분이 취소되거나 유치기간이 만료된 때에는 구속의 집행정지가 취소된 것으로 간주한다(173조).

5) 감정처분

감정인은 감정에 관하여 필요한 때에는 법원의 허가를 얻어 타인의 주거, 간

수자 있는 가옥, 건조물, 항공기, 선차 내에 들어 갈 수 있고 신체의 검사, 사체의
해부, 분묘의 발굴, 물건의 파괴를 할 수 있는데(173조 1항), 이를 감정처분이라고
한다. 법원이 공판정 외에서의 감정처분을 허가하기 위해서는 피고인의 성명, 죄
명, 들어갈 장소, 검사할 신체, 해부할 사체, 발굴할 분묘, 파괴할 물건, 감정인의
성명과 유효기간을 기재한 허가장을 발부해야 하고(173조 2항과 4항), 감정인은 감
정처분을 받는 자에게 허가장을 제시해야 한다(173조 3항과 4항).

6) 감정의 보고와 감정인의 신문

감정의 경과와 결과는 감정인으로 하여금 판단의 이유를 명시한 서면으로
제출하게 해야 하며(171조 1항), 감정인이 수인인 때에는 각각 또는 공동으로 제출
하게 할 수 있다(171조 2항). 또한 필요한 때에는 감정인에게 설명하게 할 수 있는
데(171조 4항), 감정증인을 신문하는 경우에는 증인신문의 규정이 적용된다(179조).

7) 기타 사항

법원은 합의부원으로 하여금 감정에 관하여 필요한 처분을 하게 할 수 있다
(175조). 또한 감정인은 법률의 정하는 바에 의하여 여비, 일당, 숙박료 외에 감정
료와 체당금의 변상을 청구할 수 있다(178조).

(2) 통역과 번역

법정에서는 국어를 사용한다(법원조직법 62조). 하지만 외국어에 의한 진술이
나 외국어로 기재된 서류의 법정제출이 금지되는 것은 아니기 때문에 통역과 번
역이 필요하게 된다. 우선 국어에 통하지 아니하는 자의 진술에는 통역인으로 하
여금 통역하게 해야 하고(180조), 농자 또는 아자의 진술 역시 통역인으로 하여금
통역하게 할 수 있다(181조). 또한 국어 아닌 문자 또는 부호는 번역하게 하여야
한다(182조). 통역과 번역은 특별한 지식에 의하여 행하는 보고이므로 감정과 유
사한 성질을 가진다. 따라서 감정에 관한 규정은 통역과 번역에 준용된다(183조).

2. 검증

(1) 의의

검증이란 검증주체가 오관의 작용에 의하여 대상의 존재와 상태를 직접 인
식하는 것을 말한다. 법원이 하는 검증과 수사기관이 하는 검증이 있는데, 법원

이 하는 검증은 증거조사의 일종으로서 영장 없이 수행된다.

(2) 검증의 대상과 방법

검증의 대상에는 제한이 없다. 즉, 유체물이든 무체물이든, 동산이든 부동산이든, 생물이든 무생물이든 오관의 작용에 의해 존재와 상태에 대한 인식이 가능한 것이면 모두 검증의 대상이 될 수 있다. 사체는 물론 사람의 신체도 검증의 대상이 된다는 점에 주의를 요한다.

아울러 법원의 검증은 수사기관의 검증과 달리 영장을 요하지 않는다. 하지만 검증에는 검사나 피고인 또는 변호인의 참여가 보장되어야 하고(145조와 121조), 압수·수색영장의 집행에서와 마찬가지로 일정한 책임자 등을 참여하게 해야 한다(145조와 123조). 법원은 검증을 수명법관에게 명하거나 수탁판사에게 촉탁할 수 있다(145조와 136조). 또한 검증을 함에 필요한 때에는 사법경찰관리에게 보조를 명할 수도 있다(144조).

(3) 검증과정의 처분

검증을 함에는 신체의 검사, 사체의 해부, 분묘의 발굴, 물건의 파괴 기타 필요한 처분을 할 수 있다(140조). 검증 중에는 검증장소에의 출입을 금할 수 있고(145조와 119조), 검증을 중지한 때에는 검증이 종료될 때까지 검증장소를 폐쇄하거나 간수자를 둘 수 있다(145조와 127조).

법원은 피고인의 신체를 검사할 수 있을 뿐 아니라 피고인 아닌 자도 증적의 존재를 확인할 수 있는 현저한 사유가 있는 경우에는 신체검사를 행할 수 있다(141조 2항). 신체검사를 위해서 피고인과(68조) 피고인 아닌 자를(142조) 법원 기타 지정한 장소에 소환할 수도 있다. 다만 신체검사에서는 검사를 당하는 자의 성별, 연령, 건강상태 기타 사정을 고려하여 그 사람의 건강과 명예를 해하지 아니하도록 주의해야 하고(141조 1항), 여자의 신체를 검사하는 경우에는 의사나 성년의 여자를 참여하게 해야 한다(141조 3항). 또한 사체의 해부 또는 분묘의 발굴을 하는 때에는 예를 잊지 않도록 주의하고 미리 유족에게 통지하여야 한다(141조 4항).

(4) 검증의 제한

타인의 주거 등에서 검증을 행하는 경우에는 원칙적으로 시각의 제한과 주거자 등의 승낙을 받아야 하는 제한이 있다. 즉, 일출 전, 일몰 후에는 가주, 간수자 또는 이에 준하는 자의 승낙이 없으면 검증을 하기 위하여 타인의 주거, 간수자 있는 가옥, 건조물, 항공기, 선차 내에 들어가지 못한다(143조 1항 본문). 하지만 예외의 사유가 있다. 즉, ① 일출 후에는 검증의 목적을 달성할 수 없을 염려가 있는 경우라면 일출 후에도 검증이 가능하고, ② 일몰 전에 검증에 착수한 때에는 일몰 후라도 검증을 계속할 수 있으며(143조 2항), ③ 야간의 압수·수색이 허용되는 장소를 검증하는 경우에는 역시 예외로 취급된다(143조 3항).

또한 군사상 비밀을 요하는 장소를 검증할 때에는 책임자의 승낙을 받아야 한다. 하지만 책임자는 국가의 중대한 이익을 해하는 경우를 제외하고는 승낙을 거부하지 못한다(145조와 121조).

(5) 검증조서

검증을 행한 경우에는 검증의 결과를 기재한 검증조서를 작성해야 한다(49조 1항). 검증조서에는 검증목적물의 현장을 명확하게 하기 위하여 도화나 사진을 첨부할 수 있다(49조 2항).

7장 1절 퀴즈

7.1.1 검사 Q는 한국주식회사의 대표이사 甲과 경리과장 乙을 업무상배임죄의 공범으로 병합기소하였다. Q는 甲의 공소사실을 입증하기 위하여 乙을 증인으로 신청하고자 한다. 乙의 증인적격을 인정받기 위하여 Q는 어떻게 해야 하는가?
힌트 : 대법원 2008. 6. 26. 선고 2008도3300 판결

7.1.2 甲은 자신의 조카(15세) A를 특수 폭행하였다는 공소사실로 기소되었다. 甲이 공판정에서 범행을 부인하자 A가 다음 공판기일에 증인으로 소환되었다. 재판장은 A에게 증언거부권을 고지하지 않았으며, A는 선서하고 증언하였다. A의 선서와 증언은 효력이 있는가?
힌트 : 대법원 1957. 3. 8. 선고 4290형상23 판결

7.1.3 A는 甲을 강간치상죄로 고소하였다. 甲은 기소되었고, A는 甲에 대한 공판에서 피해자 진술을 하려고 한다. 그런데 A는 甲을 두려워하여 직접 대면하는 것을 꺼리고 있다. 이때 (1) A가 공판정에서 진술하기 위한 절차와 방식을 설명하고, (2) A가 공판정에서 진술하는 과정에 甲과의 직접 대면을 피하기 위한 방법에는 어떤 것이 있는지 설명하시오.

7.1.4 甲은 A를 강제 추행하였다는 공소사실로 기소되었다. 재판장은 A를 증인으로 신문하면서 甲을 퇴정시켰다. 증인신문이 종료된 후 甲을 입정시켰지만 재판장은 A가 행한 진술의 요지만 고지하였을 뿐 甲에게 반대신문의 기회를 부여하지 않았다. 하지만 甲은 증인신문의 결과가 기재된 공판조서에 대해 "변경할 점과 이의할 점이 없다."고 진술하였다. 공판조서에 기재된 A의 증언내용은 증거능력이 있는가?
힌트 : 대법원 2010. 1. 14. 선고 2009도9344 판결

7.1.5 甲은 마약류관리에 관한 법률 위반죄로 기소되었다. 甲은 시종일관 범행을 부인

하였지만, 유죄판결이 확정되었다. 甲이 재심을 준비하고 있는 상황에서 별건으로 기소된 공범 乙에 대한 공판절차에 증인으로 소환되었다. 甲에게 출석의무가 있는지, 재판장은 甲에게 증언거부권을 고지해야 하는지를 설명하시오.

힌트 : 대법원 2011. 11. 24. 선고 2011도11994 판결

퀴즈풀이

7.1.1

병합심리 중인 공범은 다른 공범의 사건에 증인이 될 수 없다(대법원 2008. 6. 26. 선고 2008도3300 판결). 따라서 乙을 甲의 사건에 증인으로 세우려면 분리심리의 상태를 만들어야 하는데, 이를 위해서는 변론분리를 신청(300조)해야 한다.

7.1.2

A는 15세이므로 선서무능력자이다(159조 1호). 그런데 재판장이 A에게 선서를 시켰으므로, 선서는 효력이 없다. 선서의 효력이 없다는 것은 허위진술을 하더라도 위증죄로 처벌되지 않는다는 의미이다. 하지만 증언은 실체적 소송행위이기 때문에 효력을 지닐 수 있다는 것이 판례의 판시이다(대법원 1957. 3. 8. 선고 4290형상23 판결). 그리고 이러한 법리는 증언거부권을 가진 자에게 증언거부권을 고지하지 않고 얻어낸 증언에서도 동일하게 적용된다. A는 피고인(甲)의 친족(조카)이므로 증언거부권을 가지며(148조 1호), 재판장은 A에게 증언거부권을 고지해야 한다(160조). 그런데 재판장이 A에게 증언거부권을 고지하지 않았다면 A에게는 원칙적으로 위증죄의 죄책을 지울 수 없게 된다. 하지만 그렇더라도 A의 증언은 효력을 지닌다는 것이 위 판례의 추가적인 판시이다(대법원 1957. 3. 8. 선고 4290형상23 판결).

7.1.3

(1) A의 공판절차 진술은 증인신문의 방식으로 행해진다. 다만 피해자인 A 자신이 증인신문을 신청할 수 있다는 점이 일반적인 증인신문과 다르고, 신청이 있는 경우라도 이미 공판절차에서 충분히 진술하였음이 인정되는 경우라든지 공판절차의 지연이 현저히 우려되는 경우에는 피해자 진술이 허용되지 않음에 주의를 요한다. 증인신문에 대한 답변에서 A는 사건의 실체에 대하여 증언할 수 있을 뿐 아니라 피해의 정도 및 결과, 피고인의 처벌에 관한 의견, 그 밖에 당해 사건에 관한 의견을 진술할 수 있다(294조의2).

(2) 첫째, 피해자 증인이 피고인의 면전에서 충분히 진술할 수 없다고 인정되는 때에 재판장은 피고인을 퇴정시킬 수 있다(297조). 따라서 A가 진술하는 동안에 재판장은 甲을 퇴정시킬 수 있다. 둘째, 증인이 피고인과 대면하는 경우 심리적인 부담으로 정신의 평온을 현저하게 잃을 우려가 있다고 인정되는 때에 법원은 차폐시설을 설치하여 신문할 수 있다(165조의2). 따라서 甲이 퇴정하지 않는 경우라면 법원은 A를 차폐시설 내에 재정시켜서 진술하도록 할 수 있다. 셋째, 차폐신문과 아울러 중계신문의 방법도 가능하다(165조의2). 따라서 甲은 법정에 있고, A는 법원 구내의 다른 방에 재정시켜서 비디오 등 중계장치를 통해 신

문하는 것도 가능하다.

7.1.4

검토할 사항은 3가지이다. ① 甲을 퇴정시
킨 것은 적법한가? ② 甲에게 반대신문의
기회를 부여하지 않은 것은 적법한가? ③
甲이 이의 없다고 진술한 것은 어떤 효력
을 가지는가? ①은 적법, ②는 위법, 하지
만 ③에 의해 ②의 하자가 치유된다는 것
이 판례의 판시이다(대법원 2010. 1. 14. 선
고 2009도9344 판결). 따라서 공판조서에
기재된 A의 증언내용은 증거능력이 있다.

7.1.5

공범의 형사사건이라도 자신의 형사사건과
별개로 심리되는 경우에는 증인적격이 인
정된다. 따라서 甲은 증인으로 출석해야 한
다. 문제는 甲에게 증언거부권이 있는지 여
부이다. 형사소송법 148조는 "유죄판결을
받을 사실이 발로될 염려가 있는 증언"을
거부할 수 있다고 규정한다. 하지만 甲은
유죄판결이 확정된 상태이므로 증언거부의
사유가 인정되지 않는다. 향후 재심청구 예
정이라는 점이 증언거부권의 논거로 제시
될 수 있을까? 판례는 이를 부정한다(대법
원 2011. 11. 24. 선고 2011도11994 판결). 재
심은 피고인의 이익을 위한 절차이지 피고
인에게 추가적인 처벌이 주어지는 절차가
아니기 때문이다. 따라서 재판장은 甲에게
증언거부권을 고지해야 할 필요가 없다.

제2절 공판절차의 특칙

Ⅰ. 통상적인 공판절차에서의 특칙

1. 공판절차의 정지와 갱신

(1) 공판절차의 정지

1) 의의

공판절차의 정지란 공판심리를 방해할 중대한 사유가 발생된 경우에 그 사유가 없어질 때까지 공판절차를 진행하지 않는 것을 말한다. 피고인이 방어능력을 상실하거나, 공소장이 변경되거나, 기피신청이 있는 경우 등에서 공판절차 정지의 필요성이 제기된다.

2) 사유

공판절차가 정지될 수 있는 사유를 정리하면 다음과 같다.

① 피고인이 사물의 변별 또는 의사의 결정을 할 능력이 없는 상태에 있는 때에는 법원은 검사와 변호인의 의견과 의사의 의견을 들어서 결정으로 그 상태가 계속하는 기간 공판절차를 정지하여야 한다(306조 1항과 3항). 또한 피고인이 질병으로 인하여 출정할 수 없는 때에는 법원은 검사와 변호인의 의견과 의사의 의견을 들어서 결정으로 출정할 수 있을 때까지 공판절차를 정지하여야 한다(306조 2항과 3항). 하지만 피고사건에 대하여 무죄, 면소, 형의 면제 또는 공소기각의 재판을 할 것이 명백한 때에는 위의 사유 있는 경우에도 피고인의 출정 없이 재판할 수 있고(306조 4항), 경미사건 등으로 인하여 대리인이 출정할 수 있는 경우에도 공판절차는 정지되지 아니한다(306조 5항).

② 법원이 공소장변경을 허가하는 경우에 공소사실 또는 적용법조의 추가, 철회 또는 변경이 피고인의 불이익을 증가할 염려가 있다고 인정한 때에는 직권 또는 피고인이나 변호인의 청구에 의하여 피고인으로 하여금 필요한 방어의 준비를 하게 하기 위하여 결정으로 필요한 기간 공판절차를 정지할 수 있다(298조 4항).

③ 기피신청이 있는 경우에 기피신청이 부적법하여 기각되는 경우라든지 급속을 요하는 경우를 제외하고는 소송진행을 정지해야 하는바, 공판절차 역시 마

땅히 정지될 것이다(22조).

3) 절차

공판절차의 정지는 법원의 결정으로 한다. 원칙적으로 법원이 직권으로 결정하나 공소장변경과 관련한 공판절차 정지는 피고인이나 검사의 청구를 받아서 결정될 수도 있다. 법원이 공판절차의 정지결정을 하는 경우, 정지기간은 정할 수도 있고 정하지 않을 수도 있다.

4) 효과

공판절차가 정지되면 공판절차는 진행될 수 없다. 하지만 정지되는 것은 공판기일의 절차이므로 공판준비절차라든지 구속이나 보석에 관한 재판은 공판절차 정지의 기간 중에도 진행될 수 있다.

공판절차 정지의 기간이 경과하거나 정지결정이 취소되면 법원은 공판절차를 다시 진행해야 한다. 이때에는 공판절차 갱신의 필요가 없이 공판절차를 속개하면 되는 것이지만, 피고인의 심신상실 등의 이유로 공판절차가 정지된 경우에는 그 정지사유가 소멸된 후의 공판기일에 공판절차를 갱신해야 한다(규칙 143조).

(2) 공판절차의 갱신
1) 의의

공판절차의 갱신이란 공판절차를 진행한 법원이 판결 선고 이전에 이미 진행된 공판절차를 무시하고 다시 공판절차를 진행하는 것을 말한다. 공판절차를 진행한 법원에 의해 행해지는 처분이므로, 사건을 이송받은 법원이 공판절차를 새롭게 진행하는 것은 공판절차의 갱신이 아니다.

2) 사유

공판절차 갱신의 사유를 정리하면 다음과 같다.

① 공판개정 후 판사의 경질이 있는 때에는 공판절차를 갱신하여야 한다. 단, 판결의 선고만을 하는 경우에는 예외로 한다(301조).

② 간이공판절차의 결정이 취소된 때에는 공판절차를 갱신하여야 한다. 단, 검사, 피고인 또는 변호인이 이의가 없는 때는 그러하지 아니하다(301조의2).

③ 피고인의 심신상실이 사유가 되어 공판절차가 정지된 경우에는 그 정지

사유가 소멸한 후의 공판기일에 공판절차를 갱신하여야 한다(규칙 143조).

3) 절차

공판절차를 갱신하면 새롭게 공판절차가 시작되어야 한다. 따라서 피고인에 대한 인정신문, 검사의 공소장 낭독, 피고인의 모두진술 등이 다시 진행되어야 할 뿐 아니라 갱신 전의 공판절차에서 진행된 증거조사에 관해서도 갱신의 절차를 밟아야 한다. 즉, 재판장은 갱신 전의 공판기일에서의 피고인이나 피고인이 아닌 자의 진술 또는 법원의 검증결과를 기재한 조서에 관하여 증거조사를 한다(규칙 144조 1항 4호). 또한 재판장은 갱신 전의 공판기일에서 증거조사된 서류 또는 물건에 관하여 다시 증거조사를 해야 하는바, 다만, 증거능력 없다고 인정되는 서류 또는 물건과 증거로 함이 상당하지 않다고 인정되고 검사, 피고인 및 변호인이 이의를 하지 않는 서류 또는 물건에 대하여는 그러하지 아니하다(규칙 144조 1항 5호).

2. 변론의 병합, 분리, 재개

(1) 변론의 병합과 분리

변론의 병합이란 수개의 사건이 별개의 절차로 법원에 계속되어 있는 경우에 한 개의 절차에 계속시켜 동시에 심리하는 것을 말하며, 변론의 분리란 병합된 수개의 사건을 각기 별개의 절차로 나누어 심리하는 것을 말한다. 형사소송법은 법원이 필요하다고 인정하는 경우 직권 또는 검사, 피고인이나 변호인의 신청에 의하여 결정으로 변론을 분리하거나 병합할 수 있다고 규정한다(300조). 변론의 병합과 분리는 법원의 재량에 속한다. 따라서 동일한 피고인에 대하여 수개의 사건이 공소 제기된 경우에 반드시 병합심리가 필요하지는 않다는 것이 판례의 입장이다(대법원 1984. 2. 14. 선고 83도3013 판결)

(2) 변론의 재개

변론의 재개는 종결한 변론을 다시 시작하여 심리를 계속하는 것이다. 법원은 필요하다고 인정한 때에는 직권 또는 검사, 피고인이나 변호인의 신청에 의하여 결정으로 종결한 변론을 재개할 수 있다(305조). 변론이 재개되면 사건은 종결 전의 상태로 돌아간다. 종결된 변론의 재개 여부도 법원의 재량에 속하는 사항이기 때문에 변호인의 변론재개신청을 법원이 들어주지 않았다고 해도 위법은 아니라는 것이 판례의 입장이다(대법원 1986. 6. 10. 선고 86도769 판결).

II. 간이공판절차

1. 간이공판절차의 의의

간이공판절차란 피고인의 공판정 자백을 전제로 정식 공판절차의 일정 부분을 생략하여 심리를 신속하고 간편하게 진행하는 소송절차를 말한다(286조의2). 간이공판절차에서는 증거능력의 제한이 완화되고 증거조사절차가 간소화되는바, 이를 통해 공판절차의 효율적 운영에 기여하게 된다.

〈찬반론〉

간이공판절차는 공판절차의 효율적 운영을 도모하는 대신에 형사증거법의 중요한 사항들을 포기하는 것이기 때문에 입법론적 차원에서 찬반의 양론이 대립된다. 정리하면 다음과 같다. ⓐ 찬성론: 피고인이 공판정에서 자백한 사건은 공소사실의 중요 부분에 대한 다툼이 없을 것이므로 신속하고 간편하게 공판절차를 진행하는 것이 소송경제의 차원이나 피고인의 이익을 위해 유리하다고 주장한다. 또한 단순한 사건을 간소하게 처리함으로써 다툼이 많은 사건에 대한 공판절차를 더욱 충실하게 진행할 수 있게 된다는 점도 간이공판절차에 대한 찬성론의 부가적인 논거로 제시된다. 즉, 선택과 집중의 원리를 공판절차에 적용할 수 있도록 해 준다는 것이다. ⓑ 반대론: 간이공판절차는 공정한 재판을 포기하는 것이라는 주장이다. 특히 자백이 수사기관과 피의자 및 피고인의 왜곡된 협상에서 비롯된 것일 때에는 간이공판절차는 대단히 위험한 결과를 초래하게 된다는 비판론이 있으며, 이를 바탕으로 간이공판절차는 폐지되거나 경미한 사건에만 적용되어야 한다는 주장이 제기된다.

2. 간이공판절차의 개시

(1) 개시의 요건

간이공판절차는 피고인이 공판정에서 자백한 사건에 대해서만 개시될 수 있다. 또한 제1심 사건에 대해서만 간이공판절차가 가능하다는 것이 다수학설의 견해인데, 특기할 사항을 정리하면 다음과 같다.

1) 자백의 주체

자백은 피고인 스스로 해야 하며, 변호인의 대신 자백으로는 간이공판절차가 개시되지 못한다. 물론 피고인이 법인인 경우에는 대표자의 자백이 피고인의 자백으로 간주된다. 문제는 피고인의 법정대리인(26조)이나 특별대리인(28조)이 피고인을 대신하여 자백하는 경우인데, ⓐ 다수설은 피고인의 자백으로 인정하여 간이공판절차의 개시를 허용하지만, ⓑ 소수설은 자백의 대리 자체를 인정하지 않는 연장선에서 대리자백으로는 간이공판절차가 개시될 수 없다고 한다.

2) 자백의 내용

자백은 자기의 형사책임을 승인하는 진술이다. 따라서 공소사실을 인정할 뿐 아니라 위법성조각사유 내지 책임조각사유의 존재에 대한 주장이 없어야 한다. 하지만 자백 후에 양형사유의 주장이나 죄명 내지 적용법조만을 다투는 경우에는 자백 자체가 변경되는 것이 아니므로 간이공판절차의 개시가 가능하다.

3) 자백의 장소

자백은 공판정에서 행한 것이어야 한다. 따라서 수사기관에서 행한 자백이라든지 공판준비절차를 진행하면서 공판정 외에서 행한 자백만으로는 간이공판절차의 개시가 불가능하다.

4) 자백의 시기

자백이 공판절차의 어느 시기까지 있어야 하는지 논란된다. ⓐ 변론종결시설은 형사소송법이 간이공판절차의 개시와 관련하여 자백시기의 제한을 두고 있지 않으므로 공판절차가 개시된 이후 변론종결시까지의 자백은 모두 간이공판절차의 개시를 가능하게 한다고 주장한다. 반면에 ⓑ 피고인 모두진술시설은 형사소송법의 간이공판절차 규정이 피고인의 모두진술에 관한 규정과 피고인신문 규정의 사이에 위치하고 있는 것을 근거로 간이공판절차의 개시여부는 피고인의 모두진술이 끝나는 시점에 결정되어야 한다고 주장한다. 판례는 제1심의 제5회 공판기일에 피고인이 이전의 부인 진술을 번복하고 공소사실 전부를 자백하여 제1심이 간이공판절차에 의하여 심판하기로 한 결정을 정당하다고 판시한 바 있다(대법원 1987. 8. 18. 선고 87도1269 판결).

5) 공소사실의 일부에 대한 자백

공소사실이 경합범으로 이루어진 경우에 그 중 일부만 자백하고 나머지를 부인하면 자백한 공소사실에 대해서만 간이공판절차로 이행하는 것이 가능하다. 하지만 공소사실이 포괄일죄 내지 과형상 일죄로 구성된 경우에는 일부 자백의 공소사실만을 분리하여 간이공판절차로 이행시킬 수 없다는 것이 일반적인 견해 이다.

6) 제1심의 사건

제1심의 사건이 간이공판절차로 진행되는 것은 당연히 가능한데, 과연 상소 심에서도 간이공판절차가 행해질 수 있는지 논란된다. 다음과 같이 견해가 대립 된다.

ⓐ 상소심 허용설

항소심에 관한 규정인 형사소송법 370조가 "제2편 중 공판에 관한 규정은 본 장에 특별한 규정이 없으면 항소의 심판에 준용한다."라고 규정하며, 상고심 에 관한 규정인 형사소송법 399조는 다시 370조를 준용하고 있으므로, 결국 간 이공판절차는 항소심과 상고심에서 모두 선택될 수 있다는 견해이다.

ⓑ 항소심 허용설

상고심은 사후심으로서 증거조사가 행해지지 않으므로 증거조사절차의 간소 화를 중심내용으로 하는 간이공판절차가 사용될 여지가 없지만, 항소심은 실체심 리가 행해지는 공판이므로 형사소송법 370조의 준용규정에 의해 간이공판절차가 행해질 수 있다는 견해이다.

ⓒ 제1심 제한설

간이공판절차의 확대는 재판의 공정성을 해칠 수 있으므로 항소심과 상고심 에서는 간이공판절차가 허용되지 않는다고 해석하는 것이 타당하다는 견해이다. 다수설로 확인된다.

(2) 간이공판절차의 개시결정

간이공판절차의 요건이 갖추어진 경우에 법원은 간이공판절차의 개시여부를 결정하게 되는데, 이는 법원의 재량사항으로 해석하는 것이 일반적인 견해이다. 형사소송법 286조의2가 "결정할 수 있다"라고 규정할 뿐 아니라 피고인이 공판 정에서 자백한 경우라도 정식재판에 의한 심리의 가능성을 열어두는 것이 바람 직하기 때문이다. 법원이 간이공판절차의 개시를 결정한 경우에는 피고인에게 간 이공판절차의 취지를 설명해야 하며(규칙 131조), 개시결정의 취지를 공판조서에 기재해야 한다(38조와 51조 2항 14호). 또한 간이공판절차의 개시결정은 판결 전의 소송절차에 관한 규정이므로 항고할 수 없다(403조 1항). 다만, 간이공판절차의 요건을 갖추지 못했음에도 간이공판절차로 심리하여 판결을 내렸다면 당해 판결에 대하여 판결에 영향을 미친 법령위반을 이유로 항소 또는 상고할 수 있을 뿐이다(361조의5 1호와 383조 1호).

3. 간이공판절차의 심리

간이공판절차는 증거능력의 제한이 완화되고 증거조사가 단순해진다는 점에서 정식의 공판절차와 구별된다. 구체적인 내용을 정리하면 다음과 같다.

(1) 증거능력제한의 완화

간이공판절차에서는 전문증거에 대하여 당사자의 증거사용 동의가 있는 것으로 간주된다(318조의3 본문). 즉, 전문증거가 전문법칙의 적용을 받지 않고 증거능력을 갖게 되는 것이다. 이는 간이공판절차가 피고인이 공판정에서 자백한 사건을 심리하는 것이므로 개별증거들에 대하여 피고인이 다툴 의사가 없는 것으로 추정되기 때문이다. 따라서 당사자가 증거사용에 적극적으로 반대하는 때에는 전문법칙이 적용되는데, 형사소송법은 이를 "검사, 피고인 또는 변호인 등의 당사자가 증거로 함에 이의를 제기한 때에는 그러하지 아니하다."라고 표현한다(318조의3 단서).

(2) 증거조사절차의 간소화

간이공판절차에서는 정식의 공판절차에서 요구되는 엄격한 증거조사 방식이 필요 없고, 법원이 상당하다고 인정하는 방법에 의해 증거조사가 행해질 수 있다. 구체적으로 적시할 사항은 다음과 같다.

① 증인신문을 교호신문의 방식으로 하지 않아도 된다(161조의2 적용배제).

② 서류나 물건에 대한 증거조사를 행할 때 개별적으로 지시·설명하지 않아도 되며(제291조 적용배제), 요지의 고지·낭독 및 제시의 방법에 의할 필요도 없다(292조 적용배제).

③ 증거조사를 종료할 때 피고인에게 증거조사에 관한 의견을 묻거나 증거신청권을 고지할 필요가 없다(293조 적용배제).

④ 증인·감정인·공동피고인을 신문할 때 피고인을 퇴정시키지 않아도 된다

(297조 적용배제).

4. 간이공판절차 개시결정의 취소

간이공판절차의 개시가 결정된 경우라도 일정 사유가 인정되면 다시 정식의 공판절차로 이행하는 절차가 마련되어 있는데, 이 때 사용되는 것이 간이공판절차 개시결정의 취소제도이다. 취소를 위해서는 검사의 의견을 들어야 하며, 취소된 후에는 공판절차를 갱신해야 한다.

(1) 취소사유

간이공판절차 개시결정의 취소는 피고인의 자백이 신빙할 수 없다고 인정되거나 간이공판절차로 심판하는 것이 현저히 부당하다고 인정될 때 행해진다. 취소사유를 나누어 정리하면 다음과 같다.

1) 피고인의 자백이 신빙할 수 없을 때

피고인의 자백이 형식적으로는 있었지만 임의성이 의심된다든지 피고인의 진의가 아니라든지 내용이 모순되어 믿을 수 없는 경우 등을 말한다. 자백에 대한 보강증거가 없는 경우까지 포함시킬 것인지에 대하여는 견해의 대립이 있으나, 자백의 보강법칙은 간이공판절차에서도 적용되어 보강증거가 없는 경우에는 간이공판절차에서도 무죄판결이 선고될 것이기 때문에 굳이 간이공판절차 취소의 사유로 취급할 필요는 없다는 견해가 다수설이다.

2) 간이공판절차로 심판하는 것이 현저히 부당하다고 인정되는 때

간이공판절차의 요건이 갖추어지지 않았다면 이는 마땅히 간이공판절차 결정의 취소사유가 된다. 요건 불비는 처음부터 요건이 갖추어지지 않은 경우뿐 아니라 개시이후 요건이 흠결된 경우도 포함된다.

아울러 요건은 갖추어졌더라도 간이공판절차로 심판하는 것이 오히려 간이공판절차의 취지인 신속한 재판진행에 역행하는 경우도 현저히 부당하다고 인정되는 때에 포함될 수 있다. 예를 들어, 과형상 일죄의 공소사실 중에서 일부에 대한 자백이 있어 자백부분에 대해 간이공판절차를 개시하였지만 그러한 분리심판이 오히려 비효율적인 경우가 그러하다.

(2) 취소절차

간이공판절차의 개시결정을 취소하기 위해서는 법원은 검사의 의견을 들어야 한다(286조의3). 하지만 검사의 의견은 참고사항에 불과할 뿐 법원의 결정을 구속하는 것이 아니며, 취소의 결정은 법원의 직권사항에 속한다는 것이 일반적인 견해이다. 아울러 취소의 결정은 공판정에서 하는 것이 원칙이지만 공판기일이 아닌 때에는 결정서의 작성에 의해 할 수도 있다(38조).

(3) 공판절차의 갱신

간이공판절차의 결정이 취소된 때에는 공판절차를 갱신하여야 한다(301조의2 본문). 따라서 증거조사절차는 전면적으로 다시 실행하게 된다. 하지만 검사, 피고인 또는 변호인이 이의가 없는 때에는 공판절차를 갱신하지 않을 수도 있으니 주의를 요한다(301조의2 단서).

III. 국민 참여재판의 공판절차

1. 국민 참여재판제도의 도입과 확대

2008년 1월 1일부터 시행된 국민참여재판법은 일정 사건의 재판에서 배심원이 공판심리와 평의 및 평결에 참여하는 국민 참여재판제도를 도입하였으며, 2012년의 개정을 통해 대상사건의 범위를 확대하였다.

2. 국민 참여재판의 대상

(1) 대상사건

2008년의 국민참여재판법은 국민 참여재판의 대상사건을 일정한 중범죄로 제한하고 있었으나, 2012년의 개정을 통해 합의부 사건 일반으로 확대되었다(국민참여재판법 5조 1항 1호 내지 3호). 구체적으로는 ① 법원조직법 32조 1항(2호 및 5호는 제외)에 따른 합의부 관할 사건, ② 앞의 ①에 해당하는 사건의 미수죄·교사죄·방조죄·예비죄·음모죄에 해당하는 사건, ③ 앞의 ① 또는 ②에 해당하는 사건과 형사소송법 11조에 따른 관련 사건으로서 병합하여 심리하는 사건이 국민 참여재판의 대상사건이다.

또한, 일단 국민 참여재판이 개시되었다면, 재판의 진행 중에 공소사실의 일부 철회 또는 변경으로 대상사건에 해당하지 않게 되었더라도 원칙적으로 국민

참여재판을 계속 진행한다(국민참여재판법 6조 1항 본문). 다만, 심리의 상황이나 그 밖의 사정을 고려하여 국민 참여재판으로 진행하는 것이 적당하지 않다고 인정되는 때에는 법원이 결정으로 당해 사건을 지방법원 본원 합의부에서 국민 참여재판에 의하지 않고 심판하도록 할 수 있을 뿐이다(국민참여재판법 6조 1항 단서).

(2) 피고인의 의사

국민 참여재판은 피고인의 권리이지만 의무는 아니다. 즉, 누구든지 국민 참여재판을 받을 권리를 가지지만(국민참여재판법 3조 1항), 피고인이 원하지 않는 경우에는 국민 참여재판이 실시되지 않는다(국민참여재판법 5조 2항). 따라서 국민 참여재판의 대상사건이 기소되면 법원은 반드시 서면으로 피고인에게 국민 참여재판을 원하는지 확인해야 한다(국민참여재판법 8조 1항). 그리고 피고인은 공소장부본을 송달받은 날로부터 7일 이내에 자신의 의사가 기재된 서면을 제출해야 한다(국민참여재판법 8조 2항). 여기서 피고인이 의사확인서를 제출하지 않은 경우 어떻게 처리할 것인지 문제되는데, 법문은 국민 참여재판을 원하지 아니하는 것으로 본다고 규정하지만(국민참여재판법 8조 3항), 판례는 조금 더 여지를 두어 제1회 공판기일 전까지는 피고인이 국민 참여재판을 신청할 수 있고 법원은 그 의사를 확인하여 국민 참여재판을 진행할 수 있다고 판시한다(대법원 2009. 10. 23. 선고 2009모1032 결정). 덧붙여서, 국민 참여재판을 희망하지 않는다는 서면을 제출한 피고인도 제1회 공판기일 전까지는 의사를 변경하여 국민 참여재판을 신청할 수 있다는 것이 판례의 판시이다(대법원 2009. 10. 23. 선고 2009모1032 결정).

(3) 배제결정

기소된 사건이 국민 참여재판의 대상사건이어도 일정 사유가 있으면 법원이 검사와 피고인 또는 변호인의 의견을 들어 배제결정을 할 수 있다(국민참여재판법 9조 2항). 즉, ① 배심원·예비배심원·배심원후보자가 자신 또는 친족의 생명·신체·재산에 대한 침해 또는 침해의 우려가 있어서 출석의 어려움이 있거나 이 법에 따른 직무를 공정하게 수행하지 못할 염려가 있다고 인정되는 경우, ② 공범 관계에 있는 피고인들 중 일부가 국민 참여재판을 원하지 아니하여 국민 참여재판의 진행에 어려움이 있다고 인정되는 경우, ③ 성폭력범죄의 처벌 등에 관한 특례법 2조의 범죄로 인한 피해자 또는 법정대리인이 국민 참여재판을 원하지 아니하는 경우, ④ 그 밖에 국민 참여재판으로 진행하는 것이 적절하지 아니하다고 인정되는 경우에는 법원이 배제결정을 할 수 있다(국민참여재판법 9조 1항). 배제결정이 가능한 시기는 공소제기 후부터 공판준비기일이 종결된 다음 날까지이며(국민참여재판법 9조 1항), 법원의 배제결정에 대해서는 즉시항고가 가능하다(국민참여재판법 9조 3항).

3. 국민 참여재판을 위한 구성과 관한

(1) 배심원과 배심원단

국민참여재판법은 재판에 참여하는 시민을 배심원이라고 칭한다(국민참여재판법 2조). 배심원이 될 수 있는 기본적인 자격요건은 만 20세 이상의 국민으로서 형사상·민사상·직업상·신분상의 결격요건이 없는 자이고, 무작위 추출방식에 의해 선정된다(국민참여재판법 16조~20조와 23조). 배심원단은 법정형이 사형·무기징역 또는 무기금고에 해당하는 대상사건을 재판하는 경우에는 9인으로 구성되고, 그 외의 대상사건에 대해서는 7인의 배심원단이 재판에 참여하게 된다. 하지만 피고인 또는 변호인이 공판준비절차에서 공소사실의 주요내용을 인정한 경우에는 배심원단을 5인으로 구성할 수도 있다(국민참여재판법 13조 1항)

(2) 필요적 변호

국민 참여재판의 대상사건은 필요적 변호사건이다. 따라서 국민 참여재판에 관하여 변호인이 없는 때에는 법원이 직권으로 변호인을 선임해야 한다(국민참여재판법 7조).

(3) 관할

국민 참여재판의 관할권은 지방법원 본원 합의부가 가진다(국민참여재판법 10조 2항). 따라서 지방법원 지원 합의부에 기소된 사건 중에서 국민 참여재판 회부결정이 내려진 사건은 지방법원 본원 합의부로 이송해야 한다(국민참여재판법 10조 1항).

4. 국민 참여재판의 진행

(1) 공판준비절차

재판장은 피고인이 국민 참여재판을 원하는 의사를 표시한 경우에 사건을 공판준비절차에 필요적으로 부쳐야 한다. 다만, 공판준비절차에 부치기 전에 법원의 국민 참여재판 배제결정이 있는 때에는 그렇지 않다(국민참여재판법 36조 1항).
이는 통상의 공판절차에서 공판준비절차가 재판장의 재량에 속하는 임의적인 제
도인 점과 구별된다. 하지만 공판준비절차를 개시한 경우라도 피고인이 국민 참
여재판을 원하지 아니하는 의사를 표시하거나 법원의 국민 참여 배제결정이 있
는 때에는 공판준비절차를 종결할 수 있다(국민참여재판법 36조 2항).

국민 참여재판에서의 공판준비절차는 좁은 의미의 공판준비절차를 의미한
다. 즉, 기일의 공판준비이다. 공판준비기일의 심리는 원칙적으로 공개하며, 공개
함으로써 절차의 진행이 방해될 우려가 있는 경우에 한하여 공개하지 않을 수 있
을 뿐이다(국민참여재판법 37조 3항). 공판준비기일에는 배심원이 참여하지 않으며
(국민참여재판법 37조 4항), 심리의 진행은 법원이 행한다. 물론 법원은 합의부원으
로 하여금 공판준비기일을 진행하게 할 수 있으며, 이 경우 수명법관은 공판준비
기일에 관하여 법원 또는 재판장과 동일한 권한이 있다(국민참여재판법 37조 2항).

(2) 공판기일의 심리
1) 배심원의 선서와 재판장의 최초 설명
공판기일의 심리는 배심원의 선서와 재판장의 설명에서부터 시작된다. 배심
원은 법률에 따라 공정하게 직무를 수행할 것을 다짐하는 취지의 선서를 한다(국
민참여재판법 42조 1항). 그리고 재판장은 배심원에게 배심원의 권한·의무와 재판절
차 및 그 밖에 직무수행을 원활히 하는데 필요한 사항을 설명해야 한다(국민참여재
판법 42조 2항). 재판장의 최초 설명은 재판절차에 익숙하지 않은 배심원을 배려하
는 제도로서, 피고인에 대한 진술거부권 고지보다도 앞서 행해진다(국민참여재판규
칙 46조 1항). 따라서 이 때 본안사건에 대하여 설명해야 하는 것은 아니다. 판례에
의하면, 재판장의 최초 설명 대상에는 검사가 아직 공소장에 의하여 낭독하지 않
은 공소사실이 포함되지 않는다고 한다(대법원 2014. 11. 13. 선고 2014도8377 판결).

2) 배심원의 권리와 의무
공판절차의 진행에 있어서 배심원은 신문요청권과 필기권을 가진다. 신문요
청권이란 배심원이 피고인·증인에 대하여 필요한 사항을 신문하여 줄 것을 재판
장에게 요청하는 권한을 말한다(국민참여재판법 41조 1항 1호). 필기권은 배심원이 필
요하다고 인정되는 경우 재판장의 허가를 받아 각자 필기를 하여 이를 평의에 사
용하는 권한이다(국민참여재판법 41조 1항 2호).

배심원에게는 국민 참여재판의 원활하고 공정한 진행에 협조해야 할 의무가 있다. 구체적으로, ① 심리 도중에 법정을 떠나거나 평의·평결 또는 토의가 완결되기 전에 재판장의 허락 없이 평의·평결 또는 토의 장소를 떠나는 행위, ② 평의가 시작되기 전에 당해 사건에 관한 자신의 견해를 밝히거나 의논하는 행위, ③ 재판절차 외에서 당해 사건에 관한 정보를 수집하거나 조사하는 행위, ④ 평의·평결 또는 토의에 관한 비밀을 누설하는 행위 등이 금지된다(국민참여재판법 41조 2항).

3) 공판절차의 특칙

국민 참여재판의 심리에는 다음의 특칙이 적용된다. ① 국민 참여재판에는 간이공판절차에 관한 규정이 적용되지 않는다(국민참여재판법 43조). 배심원이 평결을 하는 재판이므로 간이공판절차에 의한 증거능력과 증거조사의 특칙의 적용이 어울리지 않기 때문이다. ② 배심원은 증거능력에 관한 심리에 관여할 수 없다(국민참여재판법 44조). 배심원은 법률전문가가 아니기 때문이다. ③ 공판절차가 개시된 후 새로 재판에 참여하는 배심원이 있는 때에는 공판절차를 갱신해야 한다(국민참여재판법 45조 1항). 갱신절차는 새로 참여한 배심원이 쟁점 및 조사한 증거를 이해할 수 있도록 진행하되, 그 부담이 과중되지 않도록 해야 한다(국민참여재판법 45조 2항).

4) 재판장의 최종 설명

재판장은 변론이 종결된 후 법정에서 배심원에게 공소사실의 요지와 적용법조, 피고인과 변호인 주장의 요지, 증거능력, 그 밖에 유의할 사항에 관하여 설명해야 하고, 이 경우 필요한 때에는 증거의 요지에 관해서도 설명할 수 있다(국민참여재판법 46조 1항). 그 밖에 유의할 사항의 설명에는 다음의 내용이 포함된다(국민참여재판규칙 37조 1항). ① 피고인의 무죄추정, 증거재판주의, 자유심증주의의 각 원칙, ② 피고인의 증거제출거부나 법정에서의 진술거부가 피고인의 유죄를 뒷받침하는 것으로 해석될 수 없다는 점, ③ 증거능력이 배제된 증거를 무시해야 한다는 점, ④ 평의와 평결의 절차에서 배심원에게 부과되는 의무, ⑤ 평의와 평결의 방법, ⑥ 배심원의 대표를 선출해야 하는 취지 및 그 방법. 이러한 재판장의 최종 설명은 배심원이 올바른 평결에 이를 수 있도록 지도하고 조력하는 기능을 수행한다. 따라서 설명의무 있는 사항을 설명하지 않으면 원칙적으로 위법하다. 하지만 그렇더라도 그 전까지의 소송행위가 일률적으로 무효가 되는 것은 아니고, 최종 설명의 하자가 배심원의 평결에 직접적인 영향을 미쳐서 피고인의 국민

참여재판을 받을 권리 등을 본질적으로 침해하였는지 여부를 신중하게 판단해야 한다는 것이 판례의 입장이다(대법원 2014. 11. 13. 선고 2014도8377 판결).

5) 평의와 평결

배심원은 피고인의 유·무죄 여부에 대해 판단하는데, 배심원 전원의 의견이 일치하면 그에 따라 평결을 내리지만, 그렇지 않은 경우에는 판사의 의견을 들은 후에 다수결에 의해 평결을 한다(국민참여재판법 46조 2항과 3항). 또한 배심원의 평결이 유죄인 경우에는 판사와 함께 양형에 관해서도 토의하고 의견을 개진하게 된다(국민참여재판법 46조 4항). 하지만 피고인의 유·무죄 여부에 관한 배심원의 평결과 양형에 관한 배심원의 의견은 법원을 기속하지 않으므로 주의를 요한다(국민참여재판법 46조 5항). 즉, 피고인의 유·무죄 여부와 양형에 관한 최종결정권을 판사에게 부여하고 있는 것이다.

〈만장일치 무죄평결의 효력〉

> 배심원이 만장일치의 무죄의견으로 평결을 내렸고, 재판부의 심증 역시 그에 부합하여 법원이 무죄판결을 선고하였다면, 그러한 판단의 기초가 되는 증거의 취사와 사실의 인정은 항소심에서도 원칙적으로 존중되어야 한다는 것이 판례의 입장이다. 따라서 그러한 사건을 항소심에서 파기하려면 새로운 증거조사를 통해 그에 명백히 반대되는 충분하고도 납득할 만한 현저한 사정이 나타나야 한다(대법원 2010. 3. 25. 선고 2009도14065 판결).

5. 판결의 선고

국민 참여재판에서도 판결의 선고는 통상적인 재판에서와 마찬가지로 재판장이 한다. 변론을 종결한 기일에 판결서를 작성한 후 판결을 선고하는 것이 원칙이며, 특별한 사정이 있는 경우에는 14일 이내에서 따로 선고기일을 지정할 수 있다는 점도 통상적인 재판과 같다(국민참여재판법 48조 1항 내지 3항). 그리고 국민참여재판을 진행하였으므로 재판장은 판결서에 배심원이 재판에 참여하였다는 취지를 기재해야 하며(국민참여재판법 49조 1항), 판결을 선고할 때 피고인에게 배심원의 평결결과를 고지해야 한다(국민참여재판법 48조 4항). 또한 배심원의 평결결과와 다른 판결을 선고하는 경우에는 판결서에 그 이유를 기재해야 할 뿐 아니라(국민참여재판법 49조 2항), 피고인에게 그 이유를 설명해야 한다(국민참여재판법 48조 4항).

> 7장 2절 퀴즈

7.2.1 甲은 밀항단속법 위반의 죄(밀항원조)로 기소되었다. 공판정에서 검사가 피고인신문을 하였다. "돈을 벌고자 A를 밀항시켰지요?" 甲이 답변하였다. "딸의 부탁이어서 A를 밀항시킨 겁니다." 甲의 답변은 간이공판절차 개시 요건으로서의 자백에 해당되는가?

힌트 : 대법원 1981. 11. 24. 선고 81도2422 판결

7.2.2 甲은 특수상해의 공소사실로 기소되었다. 제1회 공판기일에 甲은 검사의 신문에 응하여 공소사실이 모두 사실과 다름없다고 진술하였다. 하지만 변호인의 반대신문에 응하여서는 공소사실을 시인하면서도 범행의 정도가 공소사실과 같이 무거운 것은 아니라고 진술하였다. 제1심 법원은 甲의 진술을 자백으로 보아 간이공판절차에 회부하였고, 검사가 제출한 피의자신문조서와 참고인진술조서에 甲의 동의가 있는 것으로 간주하여 상당하다고 인정하는 방법으로 증거조사를 하였다. 그런데 항소심에서 甲이 공소사실을 부인한다면, 항소심 법원은 검사가 제출한 피의자신문조서와 참고인진술조서의 증거조사를 다시 하기 위해 甲과 변호인의 증거사용 동의 여부를 물어야 하는가?

힌트 : 대법원 1998. 2. 27. 선고 97도3421 판결

7.2.3 甲은 강도상해죄로 기소되었다. 공소장부본이 甲에게 송달된 후 7일이 경과하고도 甲은 국민 참여재판을 원하는 의사확인서를 제출하지 않았다. 그런데 그 후 공판준비절차가 진행되지 않은 상태에서 제1회 공판기일이 열리기 전에 자신의 변호인과 상의하여 국민 참여재판을 신청하였다. 법원은 甲의 국민 참여재판 신청을 받아들일 수 있는가?

힌트 : 대법원 2009. 10. 23. 선고 2009모1032 판결

▮ 퀴즈풀이

7.2.1
甲이 밀항원조라는 공소장 기재사실을 인정하면서 위법성조각 및 책임성조각의 주장을 하지 않는다면, 甲의 진술은 자백으로 취급된다. 범행 동기의 부인은 자백의 의미를 희석시키지 않는 것이다. 판례는 위의 사안에서 간이공판절차의 개시가 가능하다고 판시하였다(대법원 1981. 11. 24. 선고 81도2422 판결).

7.2.2
검토해야 할 사항은 다음의 3가지이다. ① 甲의 진술을 간이공판절차 개시 요건인 자백으로 볼 수 있는가? ② 피의자신문조서와 참고인진술조서에 甲의 동의가 있는 것으로 간주되는가? ③ 항소심에서 피의자신문조서와 참고인진술조서에 대한 증거조사를 다시 해야 하는가? 변호인의 반대신문에서도 甲이 공소사실을 부인한 것은 아니므로 간이공판절차의 개시는 적법하며, 甲이나 변호인의 이의제기가 없는 한 조서의 증거사용은 동의한 것으로 간주된다(318조

의3). 따라서 항소심에서 甲이 공소사실을 부인하더라도 제1심에서 적법하게 증거조사를 거친 조서는 새롭게 동의 여부를 물을 필요 없이 항소심에서도 증거로 사용할 수 있다(대법원 1998. 2. 27. 선고 97도3421 판결).

7.2.3
국민참여재판법은 피고인이 공소장부본을 송달받은 날로부터 7일 이내에 국민 참여재판을 원하는 의사확인서를 제출하지 않으면 원하지 않는 것으로 본다고 규정한다(국민참여재판법 8조 3항). 하지만 판례는 국민 참여재판을 받을 피고인의 권리를 최대한 보장하기 위해 기일 내에 의사확인서를 제출하지 않은 피고인도 제1회 공판기일이 열리기 전까지는 국민 참여재판을 신청할 수 있다고 판시한다(대법원 2009. 10. 23. 자 2009모1032 결정). 따라서 사안에서 법원은 특별한 배제결정의 사유가 없는 한, 甲의 국민 참여재판 신청을 받아들일 수 있다.

제8장 증거와 증명

제1절 증거법 총론

307조는 증거재판주의를 선언하고 있다. 증거재판주의란 고대의 신판이나 솔로몬 재판을 하지 말고 재판의 기초가 되는 사실은 합리적 추론의 결과로 인정되어야 한다는 취지이다. 합리적 추론의 근거가 되는 자료가 증거, 합리적 사실인정에 관한 규칙이 증거법, 합리적 추론과 사실인정을 뒷받침하는 절차가 증거조사절차이다.

당사자주의 하에서는 공격적 당사자인 검사가 공소사실의 존재를 공판정에서 합리적 의심의 여지 없이 증명하여야 한다. 증명의 상대방을 사실인정자라고 한다. 현행법상 사실인정자는 직업법관이고 국민참여법은 배심단에게도 1차적 사실인정권(권고적 효력)을 부여하고 있다.

307조의 사실이란 소송에서 문제되는 일체의 사실이 아니라 특히 기소된 사실, 즉 공소범죄사실을 가리킨다(통설). 또 307조의 증거는 일체의 증거를 말하는 것이 아니라 허용성 있는 증거, 즉 증거능력·증명력이 있는 증거 중 적법한 증거조사절차를 경유하여 공판정에 현출된 증거를 말한다.

증거라는 용어에서 떠오르는 이미지는 우선 증거자료이다. 증인의 증언과 증거물의 내용·형상이 그것이다. 그런데 증거자료의 공급원이 있다. 증인, 증거물이 그것이다. 이를 증거방법이라고 한다. 증거자료와 증거방법의 구별보다 더 중요한 구별은 다음과 같다.

I. 증거의 종류

1. 직접증거와 정황증거(간접증거)

(1) 직접증거

어느 증거의 증명력(신빙성, 증거가치)이 인정되면 추가적인 추리가 없어도 쟁점에 대한 해답을 제공하는 증거이다. 예를 들어 D가 V를 살해하였는가가 쟁점일 때 'D가 V를 살해하였다'는 사실로 이끄는 증거가 직접증거이다. 현장목격자의 "나는 D가 V의 목을 조르는 장면을 보았다"는 진술이나 살해장면을 찍은 사진이나 비디오테이프, 동영상(비진술증거=물증)은 직접증거이다. 이 중 현장목격자의 증언(진술의 일종이다)은 목격자의 5가지 감각기관(시각, 청각, 후각, 미각, 취각)을 통한 직접 경험(=체험=관찰=감득)에 기초한다. 그러나 증인이 자신의 주관적 기억대로 진술하는 것이라고 믿을 수 있다 하더라도 '이 증언이 과연 믿을 만한 것인가(증명력)'의 문제가 아직 남아 있다. 증인이 착각한 것이거나 거짓 증언할 수도 있기 때문이다. 다음에 피살자의 법의학적 사망원인이 무엇인가에 대해 이 목격자는 증언할 능력이 없다. 전문지식이 없기 때문이다. 법의학적 사망원인의 규명에 관하여 전문지식이 있는 사람이 공판절차에서는 감정인(169조), 수사단계에서는 수촉감정인(199조 2항)으로 등장한다.

(2) 정황증거

어느 증거의 증명력(신빙성)이 인정되더라도 추가적인 추리가 없으면 쟁점을 해결하지 못하는 증거는 정황증거(간접증거라고도 한다)이다. 살인사건에서 "현장에 도착했을 때 피고인이 총을 들고 있었는데 아직 화약냄새가 났습니다."라고 말하는 증인이나 참고인의 진술, "나(W)보다 먼저 도착한 W2는 '방금 전에 총소리를 들었다'고 말했습니다."라고 말하는 증인이나 참고인의 진술은 진술증거인 정황증거이다. D의 살인여부가 쟁점일 때 D의 지문이 범죄현장에 남아 있다면 이 증거는 정황증거인 물증이다.

보통 직접증거가 간접증거보다 증명력이 높은 경우가 많다. 그러나 반드시 직접증거가 간접증거보다 증명력이 높다고 할 수는 없다(대법원 2013. 6. 27. 선고 2013도4172 판결).

2. 진술증거로서의 증언·물증·예시증거

언어 또는 언어를 대신하는 동작으로 표현된 진술(인식·판단의 서술)이 증거가 될 때 진술증거라고 한다. 증인의 증언, 참고인의 진술을 기재한 참고인진술조서 등이 이에 해당한다. 이에 반하여 물건의 존재·상태를 입증하기 위하여 제출되는 기타의 증거가 비진술증거이다. 진술증거에는 전문법칙의 적용이 있다.

(1) 증언

증인은 법정에서 선서하고 ⓐ 쟁점(예를 들어 살인피고사건에서 피고인의 살인사실)에 대한 ⓑ 사실적 주장이 있는 진술을 하거나 혹은 진술의 의미가 있는 행동을 한다. 사실인정자는, 증인의 감각과 증인의 해석을 매개로 ⓐ 쟁점에 대한 ⓑ 사실적 주장을 인식하므로 증인·증언의 신빙성과 그 탄핵이 중요하다. 피고인의 변호인은 검찰측 증인을 탄핵해야 할 때가 있다. 예를 들어 피고인에게 적대적인 검찰측 증인이 과거에 위증죄로 기소되어 유죄판결을 받은 전력이 있는 사실은 그 증인의 증언의 신빙성을 감쇄하는 사실이다. 따라서 반대당사자에게 반대신문의 기회가 보장되어야 증언의 신빙성을 적절히 탄핵할 수 있다. 반대신문기회의 박탈은 증거조사절차의 흠을 초래할 수도 있고 더 나아가서 법정에 현출된 증거의 증거능력 박탈 등의 효과를 초래할 수도 있다.

(2) 물증(증거물)

살인에 사용된 무기, 총, 칼, 서면, 녹음물 기타 손에 잡히는 것처럼 요증사실(예를 들어 살인피고사건에서 피고인이 사람을 살해한 사실)과 관련성 있는 물건이 물증이다. 물증은 '말 없는 증인'이라는 비유적 표현이 있을 정도로 증명력이 높다. 사실인정자는 '자신의 감각'으로 증거물과 예시증거를 감득(感得)하고 해석해야 한다. 이것이 '어떤 심리적 과정을 경유하는가'는 중요한 문제이지만 별도의 학문적 검토가 필요하다. 원칙적으로 물증에 대하여는 '반대신문의 필요성'이 없다. 그러나 증거물을 증거로 사용하려면 먼저 진정성이 입증되어야 한다. 예를 들어 살인현장에서 발견된 피살자 이외의 사람의 머리카락, 혈흔의 주인공이 피고인·피의자의 것으로 주장될 때 피고인·피의자의 변호인은 그 머리카락, 혈흔의 증거연쇄를 철저히 따져볼 필요가 있다. 증거연쇄의 결함을 지적하는 것은 증거물의 진정성을 탄핵하는 가장 전형적인 반론이다. 서울시 공무원 간첩피고사건에서 검찰이 피고인의 유죄증거로 제출한 중국측 출입경기록이 위조된 것으로 판명되어 그 출입경기록은 증거능력이 부정되었다. 증거물의 진정성이 탄핵된 사례이다. 모발감정결과를 받아 든 피고인측이 그 모발은 '타인의 모발'이라는 반론을 제기한다면 증거의 진정성 문제를 제기한 것이다.

(3) 예시증거

증거제출자가 사실인정자에게 자신의 주장사실을 쉽게 이해시키기 위하여 별도로 제작하여 제시하는 증거(지도, 차트, 요약, 녹취록, 검증조서 등에 첨부된 현장사진)가 예시증거이다. 49조 2항의 '도화나 사진'이 예시증거를 규정한 조문이고 대법원 2008. 11. 13. 선고 2006도2556 판결에서 피해자가 작성한 '7개의 문자메시지 일람표'도 예시증거의 일종이다. 사실인정자는 자신의 감각으로 예시증거를 감득하고 해석한다. 국민참여재판의 도입으로 법정에서 예시증거가 사용되는 빈도는 늘어나고 있다. 국민참여재판이 아니더라도 재판부를 납득시키는데 예시증거는 매우 유용하다.

3. 인증 · 물증 · 서증

(1) 증인, 감정인, 피고인과 같이 구두로 증거자료를 제출하는 증거방법이 인증이다. 인증에 대한 증거조사방식은 신문이다.

(2) 범행에 사용된 흉기, 범행으로 획득된 피해품과 같이 어떤 물건의 존재 · 상태가 증거자료가 될 때 그 물건을 물증이라고 한다. 현장검증의 대상이 되는 현장도 물증에 속한다. 물증에 대한 증거조사방식은 제시 또는 검증이다.

(3) 범인이 범행에 사용한 흉기를 감추기 위한 목적으로 그 흉기를 신문지로 덮은 다음 벽장에 감추었다고 하자. 이 경우에 신문지의 내용은 초점이 되지 않을 것이고 따라서 이 때의 신문지는 서증이 아니라 물증이다. 이에 반하여 서면의 기재내용이 증거자료가 되는 서면이 있다면 그것이 서증이다. 서증의 증거조사방식은 공판정에서의 낭독이다.

서증은 다시 증거서류와 증거물인 서면으로 구분할 필요가 있다. 증거조사방식에 차이가 있기 때문이다. 공판조서, 증인신문조서가 대표적인 증거서류이다. 공판조서, 증인신문조서는 법원 · 법관이 작성주체가 되어 작성되는 서류이므로 진정성에 문제가 없어 공판정에서의 제시의 필요가 없다. 이에 반하여 증거물인 서면은 기재내용은 물론이고 그 존재 · 상태 자체가 문제되기 때문에 제출자가 공판정에서 제시하도록 할 필요가 있다.

〈문서와 최우량증거제출의 원칙〉

어느 문서에 적혀 있는 문자의 내용을 공소사실 존부의 직접증거 혹은 간접증거로 증명하려는 당사자는 원칙적으로 원본을 제출하여야 한다. 이 경우의 문서는 증거물인 서면으로 제출되는 것이다. 사본을 제출하여 증거로 채택되게 하려면 그렇게 할 수밖에 없는 부득이한 사유를 입증하여야 한다. 대법원 2015. 4. 23. 선고 2015도2275 판결은 "Ⓐ 공소사실을 증명하기 위하여 제출되는 수표(手票)는 그 서류의 존재 또는 상태 자체가 증거가 되는 것이어서 증거물인 서면에 해당하고, 어떠한 사실을 직접 경험한 사람의 진술에 갈음하는 대체물이 아니므로, 그 증거능력은 증거물의 예에 의하여 판단하여야 하고, 이에 대하여는 형사소송법 제310조의2에서 정한 전문법칙이 적용될 여지가 없다. 이때 수표 원본이 아니라 Ⓑ 전자복사기를 사용하여 복사한 사본이 증거로 제출되었고 피고인이 이를 증거로 하는 데 부동의한 경우 위 수표 사본을 증거로 사용하기 위해서는 ㉮ 수표 원본을 법정에 제출할 수 없거나 그 제출이 곤란한 사정이 있고, ㉯ 수표 원본이 존재하거나 존재하였으며, ㉰ 증거로 제출된 수표 사본이 원본을 정확하게 전사한 것이라는 사실이 증명되어야 한다(대법원 2008. 11. 13. 선고 2006도2556 판결 참조)"고 판시하였다.

4. 인적증거와 물적증거

증거방법이 자연인일 때 인적증거라고 하고 기타의 경우를 물적증거라고 한다. 법원이 증거방법을 취득하는 방법이 다르기 때문에 이 구별의 실익이 있다. 원칙적으로 인적증거를 취득하는 방법은 소환, 구인이고 물적증거를 취득하는 방법은 수색·압수이다. 원칙적으로 인적증거를 취득하는 방법은 소환, 구인이지만 사람의 신체상태가 증거로 되는 경우(예를 들어 상흔, 지문)에는 인증이 아니고 물증이다. 물적증거에는 물증과 서증이 포함된다.

5. 본증과 반증

거증책임을 부담하는 당사자가 요증사실을 증명하기 위하여 제출하는 증거가 본증, 상대방이 그 사실을 부정하거나 의심을 생기게 할 목적으로 제출하는 것이 반증이다. 통상은 검사가 제출하는 것이 본증이고 피고인측이 제출하는 증거가 반증이다.

6. 실질증거와 탄핵증거

범죄사실존부의 증명에 향하여진 증거가 실질증거, 실질증거의 증명력을 약화시키기 위하여 제출되는 증거가 탄핵증거이다.

II. 증거조사방식(⇨제7장 제1절 IV. 2 (1))

III. 증거의 관련성

299조, 106조, 107조, 109조, 219조에 '관계'라는 용어가 사용되고 있는데 그런 용어법의 기저에 '관련성 있는 증거만이 증거능력이 있다'는 사고방식이 잠재되어 있다. 관련성(relevancy) 개념은 언뜻 보기에 매우 광범하게 사용되는 측면이 있다. 예를 들어 거짓말 탐지기 검사결과는 일종의 감정의견인데, 이에 대하여 대법원은 '자연적(사실적) 관련성이 없다'고 판시한다. '그 증거가 제출되면 어떤 사실의 존재가, 그 증거가 없을 때보다는 더 추정되거나 덜 추정되게 되는 경향'이 있을 때 그 증거는 관련성이 있다. 관련성이 있는 증거이지만 다른 이유(불합리한 편견을 불러일으킬 우려가 있는 증거)로 그 제출을 허용할 수 없는 때가 있다. 예를 들어 피해자가 무참히 살해된 사진, 피의자·피고인의 전과사실은 양형심리 단계 이전에는 가급적 제출이 제한되는 것이 바람직하다. 관련성이 문제되는 문맥은 매우 다양하지만 이하에서는 거짓말탐지기 검사의 허용성 기준과 과학적 증거방법의 측면에 한정하여 논한다.

1. 거짓말탐지기 검사의 허용성 기준

거짓말탐지기 검사는 심리검사를 내용으로 하는 감정의 일종이다. 거짓말탐지기 감정은 좀 더 과학성을 띠려고 진화를 거듭하고 있다. 감정거짓말탐지기 검사가 지향하는 과학적 이론은 다음과 같다. '사람이 진실에 반하는 허위 진술을 하면 진술자의 심리에 혼란이 발생하고, 그것이 호흡, 맥박, 혈압 등의 생리현상에 변화를 가져오기 때문에, 그 변화를 일정한 과학적 측정방법으로 검증하여, 그 결과를 진술자의 허위진술여부 발견에 이용할 수 있다.'

거짓말탐지기 검사의 원리는 의식적으로 거짓말을 하는 자는 양심의 가책이나 거짓 발각에 대한 우려 등으로 심리상태의 변동이 일어나고 이것이 호흡, 혈압, 맥박, 피부 등에 생리적 반응을 일으킨다는 전제 아래 그 생리적 반응을 측정하여 특정인의 진술이 거짓말인지 여부를 판독하는 데에 있다. 수사실무상 최근에는 호흡운동기록과 심장맥박기록장치가 이용되고 있다. 거짓말탐지기 검사는 자연적 관련성의 측면에서 허용할만한가, 거짓말탐지기 검사를 수사수단으로 활용함은 적법절차의 정신과 진술거부권과의 관계에서 적법한가, 그리고 국립과학수사연구원이나 대검찰청 과학수사과의 거짓말탐지기 검사결과회보서는 증거능력이 있는가 여부가 문제되고 있다.

(1) '자연적 관련성' 측면에서의 허용성 기준

대법원은 종래 거짓말탐지기 검사결과의 허용성 요건을 다음과 같이 매우 엄격하게 설정해 왔다. "거짓말탐지기 검사결과에 대하여 형사소송법상 증거능력을 부여하려면 우선 그 검사결과가 '사실적 관련성', 즉 '요증사실에 대하여 필요한 최소한도의 증명력을 가지고 있음을 요한다. (중략) 이와 같은 검사결과에 대하여 '사실적 관련성(=자연적 관련성)'을 가진 증거로서 증거능력을 인정할 수 있으려면 (㉮-1) '첫째로 거짓말을 하면 반드시 일정한 심리상태의 변동이 일어나고, (㉮-2) 둘째로 그 심리상태의 변동은 반드시 일정한 생리적 반응을 일으키며, ㉯ 셋째로 그 생리적 반응에 의하여 피검사자의 말이 거짓인지 아닌지가 정확히 판정될 수 있다는 세 가지 전제요건이 충족되어야 한다.' 특히 마지막의 생리적 반응에 대한 거짓 여부 판정은 거짓말탐지기가 검사에 동의한 피검사자의 생리적 반응을 정확히 측정할 수 있는 장치이어야 하고, ㉰ 질문조항의 작성과 검사의 기술 및 방법이 합리적이어야 하며, ㉱ 검사자가 탐지기의 측정내용을 객관성 있고 정확하게 판독할 능력을 갖춘 경우라야만 그 정확성을 확보할 수 있다. 그러므로 이상과 같은 제반요건이 충족되지 않는 한 거짓말탐지기 검사결과에 대하여 형사소송법상 증거능력을 부여하기는 어려운 것이라고 보지 않을 수 없다"(대법원 1983. 9. 13. 선고 83도712 판결(살인등). "거짓말탐지기의 검사결과가 증거능력이 있는 경우에도 그 검사, 즉 감정의 결과는 검사를 받는 사람의 진술의 신빙성을 가늠하는 정황증거로서의 기능을 다하는데 그친다"(대법원 1984. 2. 14. 선고 83도3146 판결).

(2) 사실적 관련성의 의미

대법원이 언급하는 사실적 관련성이란 자연적 관련성을 지칭하는 것이다.

자연적 관련성이란 증거가 그 증명하려고 하는 사실(입증취지)에 대하여 필요최소
한도의 증명력이 있어야 함을 말한다. 증명력이 극히 낮은 증거는 법원의 자유심
증을 오히려 저해하기 때문에 자연적 관련성이 낮은 증거는 증명력심사단계로
넘길 것이 아니라 아예 증거능력을 배제하자는 발상에서 유래한다. 과학적 증거
방법의 자연적 관련성은 각각의 과학적 증거방법마다 달리 설정될 수밖에 없다.
서술의 편의상 대법원의 이 기준을 '거짓말탐지기 기준'으로 부르기로 하자. 이
기준은 매우 엄격한 기준이다. 이 기준의 성격을 음미하기 위하여 미국의 많은
법원들에서 통용되는 과학적 증거의 허용성 기준과 비교해 보기로 하자.

(3) 거짓말탐지기 기준의 엄격성

　　대법원의 거짓말탐지기 기준은 대법원의 필적감정 기준과 비교해 볼 때 매
우 엄격한 기준이다. 대법원이 제시하는 기준 중에서 ㉮는 근거하는 과학적 이론
이 유효해야 할 것을 요구하는 것이며, ㉯는 그 이론을 적용하는 기술이 유효해
야 할 것을 요구하는 것이며, ㉰와 ㉱는 자격 있는 전문가가 그 기술을 특정사건
에 적절하게 사용했음을 요구한다. 다만 대법원의 기준에서는 ㉮와 ㉯의 요건이
'과학적 공동체에 일반적으로 수용될 것'을 명시적으로 거론하지는 않았다. 지금
까지 실용화된 거짓말탐지기 분석기술은 다른 과학적 증거의 분석기술에 비하여
정확성과 신빙성이 떨어지는 것이었으므로 대법원의 기준이 거짓말탐지기 검사
결과에만 적용될 때에는 큰 문제가 없다. 그러나 만약 그 기준이 요즘 한국에서
점차 실용화되어 가는 새로운 과학적 증거, 예를 들어 유전자감식이나 모발감정,
그리고 오래 전부터 활용되어 왔던 사체부검이나 지문감식, 문서와 필적·인장감
정 등에 적용된다면 문제가 심각해진다. 왜냐하면 그 기준은 너무 엄격하여 신기
술의 사용을 지나치게 제한하는 결과를 빚을 수 있기 때문이다. 또한 최근에 법
과학실험실의 거짓말탐지기 조작과 분석기술이 비약적으로 발전하고 있는데 언
제까지나 거짓말탐지기 조작과 분석기술의 자연적 관련성을 대법원처럼 낮게 평
가해야 하는지도 의문이다. 그런데 다른 한편 대법원은 어찌 된 일인지 필적감정
을 비롯한 다른 과학적 증거분야에서만큼은 거짓말탐지기 기준과 비교하여 '느슨
한 허용성 기준'을 채용[1]해 왔다. '필적감정 기준'은 다소 느슨한 반면 거짓말탐

---

1 유서대필사건에서 대법원은 "이 사건에서 변호인들이 주장하는 접수기재가 생략되었다는 흠
　은, 추가관련된 여러 건의 감정의뢰 중의 하나이고, 결국 감정의뢰사항에 대한 회보가 누락되
　었는지 여부는 의뢰기관과의 문제일 뿐이며, 감정방법을 부동문자로 처리하는 것은 업무의 증

지기 기준은 상대적으로 엄격한 편이다.

(4) 검사결과회보서의 증거능력인정요건

통상적으로 법정에 제출되는 증거는 국립과학수사원이나 대검찰청 과학수사과가 수사기관의 촉탁에 응하여 분석한 거짓말탐지기 검사결과회보서이다. 이것은 수사기관의 촉탁으로 작성된 '수탁감정인의 감정서'의 성격을 지닌다. 이것이 증거로 사용되려면 자연적 관련성의 존재나 피검자의 진지한 동의 외에 전문증거의 예외요건을 갖추어야 한다. 전문예외요건에 대하여는 313조 1항설을 주장할 수도 있으나 313조 2항을 준용함이 타당하다(대법원 1984. 2. 14. 선고 83도3146 판결). 수탁감정인의 감정의견서나 감정인의 감정서는 모두 특별한 지식, 경험을 가진 전문가가 감정의 경과와 결과를 서면에 기재한 것이어서 양자를 질적으로 구별할 근거가 희박하기 때문이다.

2. 과학적 증거방법 일반의 증거능력과 증명력

(1) 대법원 2007. 5. 10. 선고 2007도1950 판결

2007년에 '과학적 증거방법의 증거능력과 증명력'에 관하여 리딩케이스가 될 만한 대법원판결이 선고되어 주목된다. 이 판결의 사실관계와 재판요지는 다음과 같다.

D는 'V(피해자)에 대한 특수강간미수와 특수강도, V2에 대한 강도치상' 혐의로 기소되었다. 경찰은 V에 대한 특수강간미수등의 범행이 있은 직후 V로부터 '범인의 정액'이 묻어있는 옷을 제출받아 국립과학수사원(이하 '국과수'로 약칭함)에 유전자감정을 의뢰하고 'D(피고인)가 위 사건의 범인과 동일인인지 여부를 확인'하기 위하여 D의 모발 및 타액에 대하여 국과수에 유전자감정을 의뢰하였다. DNA분석 결과 'D의 유전자형이 범인의 그것과 상이하다'는 국과수의 감정결과가 1심법원에 제출되었다. 1심과 항소심이 유죄판결을 선고하자 D가 대법원에 상고하였다. 이 사안에 대하여 대법원은 "유전자검사나 혈액형검사 등 과학적 증거

가에 능률적으로 대처하기 위한 것임을 쉽사리 인정할 수 있으므로 위 사항의 여하만으로는 감정내용의 신빙성이 좌우되는 것은 아니므로 결국 문제는 그 감정내용의 신빙성에 귀착된다"(대법원 1992. 7. 24. 선고 92도1148 판결)고 하여 사소한 감정절차상의 흠은 증거능력에 영향을 미치지 않는다고 보고 있다.

방법은 그 전제로 하는 사실이 모두 진실임이 입증되고 그 추론의 방법이 과학적으로 정당하여 오류의 가능성이 전무하거나 무시할 정도로 극소한 것으로 인정되는 경우에는 법관이 사실인정을 함에 있어 상당한 정도로 구속력을 가진다. (중략) 위와 같은 감정결과는 D의 무죄를 입증할 수 있는 유력한 증거에 해당하므로 (중략) 그 감정결과의 신뢰성을 의심할 만한 다른 사정이 있는지에 관하여 심리하여 본 다음 D의 범행 여부를 판단하였어야 할 것임에도, 이에 관하여 아무런 심리 및 판단을 하지 않았다. (중략) 이러한 취지를 담은 상고이유의 주장은 이유 있다"(대법원 2007. 5. 10. 선고 2007도1950 판결).

(2) 거짓말탐지기 검사결과의 허용성 요건에 관한 종래의 판결과의 이동(異同)
이 판결은 '과학적 증거방법 일반의 증거능력과 증명력'에 관한 대법원의 견해를 포괄적으로 표명한 판결이어서 주목된다. 대법원은 첫째, 일반적으로 승인된 과학적 증거방법은 증거능력이 있을 뿐만 아니라 강한 신빙성이 있으며, 둘째, 어느 과학적 증거방법이 일반적으로 승인된 것임을 부정하려면 "감정인이 충분한 자격을 갖추지 못하였다거나, 감정자료의 관리·보존상태 또는 검사방법이 적절하지 못하다거나, 그 결론 도출과정이 합리적이지 못하다거나 혹은 감정결과 자체에 모순점이 있다"는 점이 입증되어야 한다고 판시하고 있다. '유전자 감정의 증거능력과 증명력'을 다룬 하급심 판결은 있었지만 그 문제를 명시적으로 다룬 대법원 판결은 이 판결이 최초의 것이다. 이 판결의 내용은 거짓말탐지기 검사결과의 허용성 요건에 관한 종래의 판결2과 대동소이하지만 그 논지를 '유전자 감정을 비롯한 과학적 증거방법 일반'에까지 확장시킨 점에서 중요하다.

〈법과학의 중요성의 심화〉

2008년 1월 1일부터 '국민의 형사재판 참여에 관한 법률'과 '대폭 개정된 신형사소송법'이 시행되어 한국형 배심제가 시작되었고 배심재판이 아닌 일반형사재판에도 공판중심주의가 한층 강화되었다. 공판중심주의가 강화되면 종전에 비하여 피의자의 자백조서와 참고인의 진술조서, 법과학자의 감정서가 증거로 제출·채택되는 빈도는 낮아지는 반면 피고인의 법정진술, 증인의 법정증언, 법과학자의 법정에서의 생생한 감정의견 진술의 중요성이 점점 더 부각되고 그 활용빈도도 늘어날 것이다. 종래 법과학자의 임무는 주로 실험실에서 실험에 열중하여 감정서를 충실히 작성하

2 대법원 1986. 11. 25. 선고 85도2208 판결; 대법원 1987. 7. 21. 선고 87도968 판결; 대법원 2005. 5. 26. 선고 2005도130 판결.

는 것이었겠지만 2008년부터는 법정에서 송곳 같은 반대신문을 펼치는 변호인의 탄핵을 염두에
두고 감정에 임하고 감정서를 작성하지 않으면 낭패에 빠지는 경우가 늘어날 것이다.

법원에서 피해자가 납득하기 어려운 무죄판결이 선고되면 종래에는 그 1차적 책임이 검사나 사
법경찰관에게 귀속되었지만 2008년부터는 개별 법과학자나 법과학 연구소에게도 그 책임의 일부
를 귀속시켜야 한다는 여론이 생길 수도 있다. 또한 상업적 법과학연구소가 나타나 공적인 법과학
연구소와 경쟁하는 상황이 초래될 가능성도 배제할 수 없다.

3. 2007년 이후의 발전

2006년까지 대법원의 과학적·기술적 증거방법에 대한 태도는 필적감정분야
를 제외하면 대체로 소극적인 것이었다. 유전자감정의견과 거짓말탐지기검사 감
정의견의 증거능력요건을 엄격히 제한하고 증거능력이 인정되는 경우에도 보강
증거나 정황증거로서만 인정하는 태도가 그것이었다. 그러나 2007년부터 조금씩
변화의 모습이 엿보인다.

2007년부터 드러나고 있는 변화의 키워드는 당사자가 증거로 제출한 과학적·
기술적 증거를 증거로 사용하려면 그 과학적·기술적 증거의 '추론의 방법이 과
학적으로 정당'하여야 한다는 것이다. 2011년 판결은 한걸음 더 나아가 '과학적
추론의 가능성이 있는데도 이를 생략하고 감정인이 육안이나 상식적인 판단에
의존한 감정의견을 제출하고 법원이 이를 맹목적으로 따르는 것, 과학적 추론의
가능성이 있는데도 사실심법원이 이에 관한 감정절차를 생략하고 법관의 논리칙
과 경험칙에 의존하여 사실을 추론하는 것을 위법하다'고 질책하였다.

2007년 이후의 대법원 판결은 과학적·기술적 증거방법의 오류가능성을 시
인("추론의 방법이 과학적으로 정당하여 오류의 가능성이 전무하거나 무시할 정도로 극소한 것
으로 인정")하고 있다. 이 방침은 실용적이며 미래지향적인 방침이다. 왜 그렇게
진단하는가?

과학·기술의 발전은 기존과학·기술에 대한 도전으로부터 시작된다. 어떤 이
론·기술도 절대무오류의 이론·기술의 지위를 영원히 차지하지 못한다. 그렇다고
더 좋은 이론·기술이 발견될 때까지 실용화를 미룰 수는 없다. '불완전하나마 실
용화를 허용'하되 '이론·기술의 혁신도 도모하는 방안'이 '오류가능성이 무시할
정도로 극소'한 경우를 용인하는 한편 '오류를 최소화 하는 방안의 실효적 구축'
을 제도화시키는 방안이다. 문제는 어떻게 '오류를 극소화할 것인가'에 있다. '오

류극소화의 실효적 구축'방안으로는 감정인에 대한 자격증 부여, 범죄감정연구소 (국과수는 이 부류에 속한다)에 대한 인증 부여만큼 좋은 것이 없다. 감정인에 대한 자격증 부여, 범죄감정연구소에 대한 인증 부여의 전제조건 중 가장 중요한 것이 감정인· 감정기관에 대한 정기적인 숙련도 시험, 블라인드 테스트이다.

Ⅳ. 증거의 진정성

이 문제는 당사자가 조사를 신청한 어느 '증거가 전달하는 내용이 참인가 거짓 인가의 문제'가 아니다. 이 문제는 어느 증거가, '제출당사자가 주장하는 바로 그 증거인가(진정한 증거) 아닌가(진정하지 않은 증거)의 문제'이다. 2016년 10월부터 치 열하게 점화된 이른바 JTBC 태블릿 PC의 예를 들어보자. 한쪽(박 전대통령과 C의 변호인측)에서는 그것이 조작된 것이라고 주장하고 상대방에서는 진정한 것이라고 주장(특검과 검찰)하였다. 이것이 증거의 진정성(authenticity 혹은 authentication) 문제이다. JTBC 태블릿 PC의 진정성 여부를 판정한 주체는 국립과학수사원(국과수)이었다.

마약 복용 여부를 감정하는 방법 중 한국의 국과수에서 행하는 전문성 있는 분석방법이 모발 감정이다. 모발 감정에서 양성반응이 나와 소추 측이 피고인의 유죄증거로 제출하였더니 피고인 변호인이 "그 모발은 타인의 모발이고 피고인 의 모발이 아니다."라고 말했다면 피고인 변호인은 모발의 진정성 문제를 제기한 것이다. 국과수의 감정 대상이 된 모발이 피고인의 모발이라는 점을 입증하는 담 론을 증거 연속(COC, chain of custody)의 입증문제라고 부른다. 물증의 진정성을 입 증하기도 하고, 그 진정성을 탄핵하기도 하는 핵심과제가 증거 연속의 입증 문제 이다. 복사·복제·변형이 용이한 디지털 증거의 영역에서는 증거의 진정성 문제 (원본 아닌 사본을 증거로 인정할 수 있는가 등)가 수시로 등장하여 점점 더 이 진정성 개념의 사용 필요성은 증가하고 있다. 미국 연방 증거법(FRE)은 Article Ⅸ에 'Authentication And Identification'이라는 장에 3개의 조문(901, 902, 903)을 두고 있다.

그러나 현행 형사소송법이나 민사소송법에는 영미 증거법의 핵심개념 중의 하나인 진정성에 관한 일반조문이 없다. 그런데 당사자가 증거로 함에 동의하더 라도 법원이 '진정한 것으로 인정'하여야 증거로 할 수 있다는 형소법 318조 1항 의 진정성 개념은 영미 증거법의 진정성 개념으로 이해하는 것이 자연스럽다. 미 국 연방 증거법과 한국 형소법 318조 1항을 근거로 진정성 개념을 유용하게 정립하고 발전시킬 필요가 있다. 대법원판례 중에 디지털 증거를 증거로 채택하기 위한 전제 요건으로 증거의 진정성 입증을 요구하는 판례(대법원 2004. 9. 13. 선고 2004도3161 판결)가 있는데 이 판례는 진정성에 관한 해석론 전개의 필요성을 제기하고 있다. 다른 한편 한국 형소법의 '성립의 진정(312조 6항, 313조 1항 단서, 2항, 3항)' 개념은 영미 증거법의 진정성 개념과는 구별되는 한국 형소법 특유의 개념이지만, 시간이 지나갈수록 두 개념은 점점 접근하고 있다. 한국 형소법의 '성립의 진정' 개념과 영미 증거법의 진정성 개념의 조화로운 해석·적용이 장차의 연구과제이다.

V. 참고인·증인과 진술·증언, 감정인의 감정의견

이에 대하여는 146~168조에 집중적으로 규정되어 있다.

1. 개요

범죄피해자가 피해상황을 수사기관이나 재판부에 알리는 경우가 있다. 피해자는 보통 구두로 자신이 알고 있는 사실을 전달하고 수사기관은 이를 조서에 적는다. 구두로 말한다는 점에 착안하여 이를 피해자진술이라고 부른다. 피해자가 법정에 출석하여 선서하고 사실인정자에게 자신의 경험을 구두로 알리는 것을 특히 증언이라고 한다. 우연히 범행을 목격하거나, 목격하지 못했다 하더라도 정황사실을 경험한 사람(참고인·증인)이 진술·증언하는 수도 있다. 때로는 감정인이 수사기관·재판기관의 사실인정을 돕는 전문가로서 진술·증언할 수도 있다.

2. 증인의 조건과 의무

첫째, 증인에게는 증언능력이 있어야 한다. 보통법상 증인의 능력에는 제한이 있지만, 미국연방증거규칙은 직접경험자 모두에게 증언능력을 부여한다. 대법원 판결도 이 추세를 따르고 있다.

둘째, 증인은 증언하기에 앞서 위증벌을 경고받은 뒤 선서를 하여야 한다.

셋째, 증인은 자신의 직접 경험사실만을 증언해야 한다. 따라서 증인은 원칙적으로 의견을 말해서는 안 된다. 다만 의견은 '증인의 경험에 기초하여 합리적으로 추리되는 범위'에서만 허용된다.

〈아동·유아의 증언능력〉

아동·유아의 살인·아동성추행피해자 사건에서의 증언능력이 자주 문제되고 있다. 대법원 2004. 9. 13. 선고 2004도3161 판결은 "이 사건 및 비디오테이프 촬영 당시 V(피해자)는 만 4년 6개월 남짓, V2는 만 3년 7개월 남짓 된 여아들이나 피해자들이 경험한 사실이 '피고인 D가 V, V2의 팬티를 내리고 손으로 음부를 만졌다.'는 비교적 단순한 것으로서 V, V2 연령 정도의 유아라고 하더라도 별다른 사정이 없는 한 이를 알고 그 내용을 표현할 수 있는 범위 내의 것이라고 보여지고, V는 상담자인 C가 '할아버지가 서서 했어, 앉아서 했어?'라는 유도성 질문을 하였음에도 스스로 '누워서요.'라고 하거나 '바닥에'라고 하는 등 질문에서 주어지지 않은 답변을 자발적으로 끄집어내고 있으며, V2는 반복하여 '원장 할아버지(피고인 D)가 (성기 부분을) 때렸다.'고 진술하고 있는데 이는 그 연령의 유아 수준의 표현이라고 보여지며, 그 외 피해자들의 진술내용과 진술태도, 표현방식 등을 종합해 보면, 피해자들의 증언능력이나 그 진술의 신빙성이 인정된다"고 판시하였다. 대법원 2006. 4. 14. 선고 2005도9561 판결도 같은 취지이다.

3. 감정인의 감정의견

일정한 지식·기술을 보유한 전문가가 공판절차에서는 감정인(169~179조의2)으로 지칭된다. 수사단계에서는 이들을 감정수촉자(221조 2항)로 부른다. 증인과 달리 이들은 특별한 지식·기술에 기초하여 의견을 진술할 수 있다. 감정인은 특별한 지식·기술의 소유자이어야 한다.

8장 1절 퀴즈

8.1.1 다음 밑줄 친 증거들이 직접증거인지 정황증거인지 판정하시오.

    (1) (D의 강도피고 사건) '강도를 당했다'는 V(피해자)의 신고를 받고 현장에 출동한 P(사법경찰관)는 현장의 금고에서 <u>지문</u>을 채취했다. <u>지문조회 결과 그 지문은 D의 지문과</u> 일치하였다. P는 D의 주거로 달려 가 D의 동의를 얻어 D의 거실을 수색하였는데 V의 신용카드를 발견하였다.

    (2) (D의 살인피고 사건) <u>W의 증언</u>: "D와 V가 심하게 다투는 말을 들었습니다. 그 후 총소리가 났고 그 후 총을 든 D가 방(V가 시체로 발견된 방)에서 나갔습니다."

    (3) (D의 살인피고 사건) <u>D의 법정진술</u>: "V가 먼저 칼로 찌르려고 덤벼들었습니다. V는 폭력성이 심한 사람으로 소문 나 있었고 나를 죽일 듯이 내게 달려들어 내가 먼저 공격하지 않을 수 없었습니다."

    (4) 대부분의 <u>과학적 증거</u>(예를 들어 범죄현장(CSI)에서 획득하여 범죄실험실(CL)에서 분석한 결과=감정의견)

    (5) (D의 불법무기소지 피고사건) W의 증언 중 '<u>총을 든 D가 방(V가 시체로 발견된 방)에서 나갔습니다.</u>'는 부분

8.1.2 D는 V의 주거에 침입하여 금품을 절취한 혐의로 기소되었다. 다음의 '검찰측 증인의 증언' 중 관련성이 없는 증거를 고르시오.

    ① D의 주거에서 절취도구가 발견되었다.

    ② D가 추정범행일자에 V의 집으로 침입하는 것을 보았다.

    ③ D는 추정범행일시인 오후에 직장이던 설계사무실에 있지 않았다.

    ④ 추정범행일 밤은 보름이어서 달이 무척 밝았다.

    ⑤ 추정범행일 오전 중 D의 심리상태는 평상시와 많이 달랐다.

    ⑥ D는 얼마 전에 사귀던 G와 결별하였다.

    ⑦ D는 과거에 금품절도의 전과(前科)가 있다.

8.1.3 D는 강간혐의로 기소되었다. V가 피해 직후 경찰관 P에게 신고하였다. 즉시 현장에 출동한 P는 V가 전해 준 인상착의에 부합하는 D를 체포하였다. 체포 후 즉시 V는 'D가 자신에게 해를 가한 범인'이라고 확인해 주었다. 체포당시 D가 가지고 있던 지갑에서 다른 여성의 누드사진이 발견되었다. 검사는 이 사진을, 'D가 강간의도를 가지고 있었고 D가 V를 강간한 증거'로 조사해 줄 것을 재판부에 신청하였다. 재판부가 이 신청을 인용(認容)할지 기각할지 예측하시오.

8.1.4 D는 음주운전혐의로 기소되었다. 증인 W가 다음과 같이 증언하였다. 다음 중 증인이 '직접 경험한 사실'만을 고르시오.

① D가 '컵에 들어 있는 액체를 마셨'는데 나는 그 컵에 시바스 리갈이 들어 있었다고 생각합니다. D는 과거에 자주 그 컵에 시바스 리갈을 따라 먹었습니다.

② D는 위스키를 마셨음이 틀림없습니다. D가 앉아 있던 테이블에 빈 술잔 4개가 놓여 있었습니다. 그가 앉기 전에 위스키로 채워져 있었음을 제가 알고 있었거든요.

③ D는 위스키를 마셨습니다. 내가 직접 본 것은 아니지만 바텐더가 '컵 안에 위스키가 있었'고 말하는 것을 들었습니다.

8.1.5 재판부가 다음과 같은 검사와 D의 증인신청을 채택할 것인지를 예측하시오.
[사안] D는 V의 주거에 침입하여 금품을 절취한 혐의로 기소되었다. D는 'V가 진범과 나(D)를 혼동하여 내(D)가 범인'인 것으로 오해한 것이라는 반박을 하려고 한다. 공판에서 검사는 V가 "모친의 집을 방문한 다음 귀가하려 하였는데 내가 우리 집으로 들어가기 직전에 D가 우리 집 문을 열고 나갔습니다."라는 취지의 증언을 할 터이므로 'V를 증인으로 채택해 달라'는 신청을 하였다. 그러자 D는 '다음과 같은 증언을 할 증인을 채택하여 달라'고 신청하였다: "V는 평상시에 안경을 썼는데 그날은 안경을 쓰지 않았다."는 점을 증명하기 위하여 V를 잘 아는 이웃사람의 증언

8.1.6 D는 필로폰 소지 혐의로 기소되었다. 검사는 W(D의 옆집에 사는 이웃)를 증인으로 신청하였다. 입증취지는 "D가 작은 투명한 비닐봉지를 지니고 다녔는데 그 봉지 안에 백색가루가 들어 있었고 W는 그 가루가 필로폰이라고 판단하였다"는 것

이다. W는 필로폰 전문가는 아니다. 재판부가 이 증인신청을 채택할 것인지 기각할 것인지를 예측하시오.

8.1.7 다음 사안에서 증인의 법정진술의 증거능력을 논평하시오.

[사안] ① D는 폭행, 강제추행 혐의로 기소되었다. 1심 재판장은 3회 공판기일에 피고인 D의 폭행, 강제추행 혐의에 대하여 V를 증인으로 신문함에 있어 증인이 D의 면전에서 충분한 진술을 할 수 없다고 인정하여 D의 퇴정을 명하고 증인신문을 진행하였다. ② 당시 D에게는 변호인이 선임되어 있지 않아 변호인 또는 피고인이 증인신문과정에 전혀 참여할 수 없었다. ③ 재판장은 증인신문에서 D의 퇴정을 명하기 전에 미리 D로부터 신문사항을 제출받아 퇴정한 D를 대신하여 증인신문을 행하기는 하였으나, 증인신문이 모두 종료한 후에 D를 입정하게 하고 법원사무관 등이 진술의 요지를 고지하여 준 다음 바로 신문절차를 종결하였다. ④ 1심법원은 공판조서의 일환인 증인신문조서를 작성한 다음, 4회 공판기일에서 재판장이 증인신문 결과 등을 위 공판조서에 기초하여 고지하였는데 D는 '변경할 점과 이의할 점이 없다'고 진술하였다.

힌트 : 대법원 2010. 1. 14. 선고 2009도9344 판결

▮ 퀴즈풀이 ──────────────────────────

8.1.1

(1) 지문자체는 물증, 지문조회결과 그 지문이 D의 지문과 일치한다는 감정결과는 D가 범인일 가능성을 암시하는 간접증거이다. D의 주거에서 발견된 V의 신용카드도 D가 범인일 가능성을 암시하는 간접증거이다.

(2) W의 증언은 D가 범인일 가능성을 암시하는 간접증거이다.

(3) D의 법정진술은 추가적인 추리가 없어도 쟁점에 대한 답을 제공하는 증거이므로 직접증거이다.

(4) 대부분의 과학적 증거는 추가적인 추리가 없으면 쟁점을 해결하지 못하므로 간접증거이다.

(5) D의 불법무기소지 피고사건에서 '총을 든 D가 방(V가 시체로 발견된 방)에서 나갔습니다.'는 W의 증언은 D의 무기소지를 직접 진술하는 것이므로 직접증거이다.

8.1.2

①, ②에 관련성이 있음은 명백하다. D가 알리바이를 주장한다면 ③은 그 알리바이의 존부와 관련성이 있을 가능성이 있다. ④, ⑤도 관련성이 있을 가능성이 있다. 특단의 사정이 없는 한 ⑥은 관련성이 없다. ⑦은 관련성이 있을지 모르지만 부당한 편견을 초래할 위험이 있으므로 관련성을 부정하는 것이 보통법과 미국증거규칙의 입장이

다. 한국 대법원판결에도 그런 추정을 할 만한 판결이 있다.

8.1.3

체포 후 V가 행한 'D가 범인'이라는 진술은 관련성이 있고 다만 그 진술의 신빙성이 문제된다. 이 문제를 강학상 '범인식별진술'이라고 한다. 이 문제를 명시적으로 언급한 판결들이 있다. 다음에 체포당시 D가 가지고 있던 지갑에서 발견된 다른 여성의 누드사진을 검사가 'D가 강간의도를 가지고 있었고 D가 V를 강간한 증거'로 사용할 때 이런 증거를 악성격증거라고 한다. 성격증거는 부당한 편견을 초래할 위험이 있으므로 원칙적으로 관련성을 부정하는 것이 보통법과 미국증거규칙의 입장이고 본절 Ⅲ. 1에서 설명한 것처럼 한국 대법원판결에도 그런 추정을 할 만한 판결이 있다.

8.1.4

① D가 '컵에 들어 있는 액체를 마신 사실', 'D가 과거에 자주 그 컵에 시바스 리갈을 따라 먹은 사실'은 증인이 '직접 경험한 사실'이지만 '그 컵에 시바스 리갈이 들어 있었다는 사실'은 증인이 '직접 경험한 사실'이 아니다.

② 'D가 앉아 있던 테이블에 빈 술잔 4개가 놓여 있었고, D가 앉기 전에 술잔 4개가 위스키로 채워져 있었다는 사실'은 증인이

'직접 경험한 사실'이지만 'D가 위스키를 마신 사실'은 증인이 '직접 경험한 사실'이 아니다.

8.1.5

증거의 채부여부는 재판부의 합리적 재량의 대상이다. D가 입증하려고 하는 입증취지는 'V가 진범과 나(D)를 혼동하여 내(D)가 범인인 것으로 오해한 것이라는 반박'이다. "V는 평상시에 안경을 썼는데 그날은 안경을 쓰지 않았다."는 사실은 V 증언의 신빙성을 탄핵할 수 있는 증거이므로 검사의 입증취지와 관련성이 있어 재판부는 이 증인신청을 채택할 것이다.

8.1.6

어떤 물질이 필로폰인가 아닌가를 판정하는 문제는 기본적으로 전문가가 감정할 영역이다. 입증취지가 "D가 작은 투명한 비닐봉지를 지니고 다녔는데 그 봉지 안에 백색가루가 들어 있었다"는 사실이라면 이 증인신청이 채택될 것이지만 입증취지가 '그 백색가루가 과연 필로폰인지 여부'라면 W(D의 옆집에 사는 이웃)가 아니라 전문가의 감정 혹은 감정증인신청으로 해결하여야 할 사안이다.

8.1.7

재판장은 증인이 피고인 D의 면전에서 충분한 진술을 할 수 없다고 인정한 때에는 D를 퇴정하게 하고 증인신문을 진행함으로써 D의 직접적인 증인대면을 제한할 수 있지만, 이 경우에도 D의 반대신문권을 배제하는 것은 허용될 수 없다(297조). 변호인이 없는 D를 일시 퇴정하게 하고 증인신문을 한 다음 D에게 실질적인 반대신문의 기회를 부여하지 않은 채 이루어진 증인 V(피해자)의 법정진술은 위법한 증거로서 증거능력이 없다고 볼 여지가 있다. 그러나 D가 제4회 공판기일에서 재판장이 증인신문 결과 등을 위 공판조서에 기초하여 고지하였는데 D가 '변경할 점과 이의할 점이 없다'고 진술하였다. 이것은 책문권 포기의사를 명시한 것이다. 이로써 실질적인 반대신문의 기회를 부여받지 못한 하자는 치유되었다. 증인 W의 법정진술은 이제 적법한 증거로 변화되었다.

제2절 증거재판주의 각론

Ⅰ. 증명력판단에서의 자유심증주의

　　증거의 증명력 판단은 법관의 자유로운 심증(자유심증주의)에 위임되어 있다 (308조3). 증거의 증명력이란 증거의 실질적 가치를 의미하고 증거능력까지 법관의 재량에 위임되는 것은 아니다.

〈증명력의 유무와 정도의 다양성〉

> 　　증명력이란 증거가치. 즉, '증거가 사실에 대한 심증을 형성시키는 힘'으로도 표현할 수 있다. 증명력은 유무와 정도가 문제되고 매우 다양하게 나타난다. 증명력을 세분하면 다시 ⓐ 협의의 증명력(증거와 사실 사이의 관련성의 크기), ⓑ 신용성(얼마만큼 믿을 만한가의 문제)으로 구분하여 파악할 수 있다. '객관적 증거와 부합하는 증언'(예를 들어 강간피해자의 '범인의 성기에 빨간 점이 하나 있다'는 증언이 있는데 피고인의 성기에 실로 빨간 점이 하나 있는 경우)은 그렇지 아니한 증언보다 신용성이 높다. 어느 증언에 '그 증인만이 알 수 있는 사실'이 포함되어 있거나 다른 증거로도 확인되는 사실이 포함되어 있으면 그 증언의 신용성은 높다. '비밀폭로가 포함된 자백'(예를 들어 K 변호사 사건)은 그렇지 아니한 자백보다 신용성이 높다.

　　서유럽의 중세에는 '일정한 증거가 있으면 유죄판결을 해야 한다'든가 혹은 역으로 '일정한 증거가 없으면 유죄판결을 할 수 없다'든가 하는 법적 제한(법정증거주의)이 있었다. 그 시절에는 자백에 중점이 두어져 그 결과 고문을 유발하는 등의 폐해를 초래하였기 때문에 그에 대한 비판으로 등장한 것이 자유심증주의였다. 따라서 자유심증주의에는 자백편중풍토에 대한 비판의 의미가 담겨 있다. 또한 천차만별한 개별 증거의 증명력을 세세하게 미리 법률로 정하려는 발상도 무모한 발상이다.

　　자유심증주의는 '법관의 이성과 양심'에 대한 신뢰를 기초로 하고 있다. 그런 신뢰의 이면에는 다시 '인간의 합리적 이성에 대한 신뢰'가 자리 잡고 있다.

---

3 308조(자유심증주의)는 '증거의 증명력은 법관의 자유판단에 의한다'고 규정하고 있지만 통설은 이 조항의 의미를 '증거의 증명력은 법관의 이성과 양심에 따른 합리적인 자유판단에 의한다'로 읽는다.

자유심증주의는 실체적 진실발견에 유용하기 때문에 채택된 것(대법원 2007. 5. 10.
선고 2007도1950 판결)이므로 법관의 '무제약적인 자유심증'을 허용하는 것은 아니다.

1. 자유심증주의의 제약

자유심증주의는 증거의 증명력에 관한 지침이다. 현행법은 증거로 될 수 있
는 것은 모두 증거능력을 부여한 뒤에 그 증명력 판단을 법관의 자유로운 판단에
맡기는 '광의의 자유심증주의'를 인정하지 않았다. 현행법의 자유심증주의는 다
음과 같이 6가지 면에서 제약을 받고 있다.

(1) 주요사실과 증거능력이 있는 증거

증거능력이 있는 증거만이 주요사실을 인정하는 증거로 채택될 수 있다. 임
의성에 의문이 있는 자백(309조)과 전문증거(310조의2), 위법수집증거(308조의2)에
는 증거능력이 부정되므로 그런 증거들에 아무리 증명력이 있다 하더라도 그런
증거들은 증거조사의 대상이 될 수 없다.

(2) 자백과 보강증거

자백은 증거능력이 있고 증명력이 충분하다 하더라도 그 진실성을 담보하는
다른 보강증거가 없으면 그것만으로는 유죄의 증거로 채용될 수 없다(310조). 이
렇게 하는 이유는 자백에 실제 이상으로 강한 증명력을 부여해 왔던 실무상의 관
행과 사회통념이 여전히 강고하게 존재하고 있기 때문에 당분간 그런 현상에 인
위적인 시정장치를 마련해 둘 필요가 있기 때문이다.

(3) 법률상의 추정과 추정되는 사실

법률상 추정 조항이 있으면, 전제사실의 증명이 있고 반대사실의 증명이 없
는 한 법관은 추정사실을 인정하여야 한다. 현행법에 드물게나마 존재하는 법률
상의 추정 조항은 자유심증주의를 제한하는 셈이다. 물론 현재 이성적으로 납득
하기 어려운 법률상의 추정을 허용·강제하는 조항의 실례는 많지 않다.

(4) 공판기일의 소송절차와 공판조서

공판기일의 소송절차로서 공판조서에 기재된 것은 그 조서만으로써 증명한
다(56조). '공판조서만으로써 증명한다' 함은 공판조서 이외의 다른 증거를 참작

하거나 반증을 허용하지 않고 공판조서에 기재된 대로 인정해야 함을 의미한다. 왜 이런 예외를 인정하였을까?

공판기일의 소송절차에 법령위반이 있는가 여부를 상소심에서 심판하는 경우에 원심의 법관이나 법원사무관 등을 상소심에서 증인으로 소환하여 신문함은 번잡을 초래하기 때문이다. 반대로 상소심의 판단자료를 공판조서에 한정하면 상소심에서의 심사의 편의를 도모할 수 있다.

공판조서의 절대적 증명력을 인정하면 소송관계인은 공판기일의 소송절차 진행의 적법성 여부에 관한 입증을 용이하게 수행할 수 있다. 그러나 '공판조서의 절대적 증명력'은 공판조서 기재의 정확성이 보장될 것을 전제조건으로 한다. 이 전제조건이 구비되지 않을 때는 56조의 기계적 문리해석이 제한되어야 한다.

〈소송기록상 명백한 오기와 공판조서의 절대적 증명력 제한〉

서로 충돌되는 내용이 기재된 공판조서가 복수(2개)로 병존하는 경우에 두 개의 공판조서는 동일한 증명력을 가지는 것으로서 그 증명력에 우열이 있을 수 없다. 그 중 어느 쪽 공판조서의 기재를 진실한 것으로 볼 것인지는 그 증명력을 판단하는 문제이므로 법관의 자유로운 심증에 따를 수밖에 없다. 종래 판례는 일관하여 공판조서의 절대적 증명력을 인정하여 왔으나, 대법원 1988. 8. 9. 선고 88도1018 판결은 "피고인에게 최종의견 진술의 기회를 주었는지 여부와 같은 절차적 사항에 관하여는 '특단의 사정이 없는 한' 공판조서만으로 증명할 것이며 그 밖의 자료에 의하여 증명할 수 없다"고 판시하여, '특단의 사정이 있는 경우의 공판조서의 절대적 증명력제한의 가능성'을 열어놓았다. 특단의 사정이 있는 경우로 현재 '소송기록상 명백한 오기(誤記)'가 인정되고 있다.

(5) 상급법원의 재판상 판단의 기속력

상급법원의 재판상 판단은 '증거가 동일한 한' 당해사건에 대하여 하급심의 사실판단을 기속한다. 이 기속력은 심급제도의 특질로부터 초래되는 현상이지만 사실상 하급심의 자유심증에 제한을 가한다.

(6) 사실인정자는 '의심스러울 때는 피고인의 이익으로' 판단하여야 한다. 피고인에게는 이런 내용의 무죄추정의 원칙[275조의2(피고인의 무죄추정); 헌법 27조 4항]이 작동되는데 반사적으로 그만큼 사실인정자의 자유심증이 제한된다.

이상과 같이 현행법은, 일면에서는 법관을 신뢰하면서도 다른 일정한 경우에는 법관의 자의를 허용하지 않는 '제한된 자유심증주의'를 채용하고 있다.

2. 자유심증의 내용

(1) 증거의 의의

증거란 '과거에 생성된 사실의 존부를 추정할 수 있는 도구나 수단'이다. 특히 공소범죄사실을 비롯한 주요사실의 인정은 엄격한 증명, 즉 ⓐ 증거능력이 있는 증거자료를 ⓑ 공판정에서 ⓒ 정식의 증거조사절차를 경유하여 행하는 증명으로 인정하여야 한다. 자유심증주의는 자유로운 증명(정상관계사실과 소송법적 사실 등의 증명) 과정에서도 작동되지만 엄격한 증명과정에서 작동될 때 더 커다란 의미가 있다.

(2) 자유심증의 대상

자유심증이란 증거의 증명력 판단을 법관의 과학적·합리적 재량에 위임하는 것이다.

(3) 법관의 '자유로운 판단에 맡김'의 의의

이것은 증거의 취사선택, 모순되는 증거 중 어느 것을 채택할 것인가에 관하여 법관의 자유심사에 일임한다는 뜻이다. 자유심증주의는 합리적이고 과학적인 심증주의이어야 하기 때문에 법관의 자유심증은 논리법칙과 경험법칙에 합치되어야 한다(대법원 1994. 9. 13. 선고 94도1335 판결). 예를 들어 '망을 볼 수 있으려면 반드시 범행현장을 한 눈에 관찰할 수 있는 장소이어야 한다'는 경험법칙은 없기 때문에 증인이 피고인의 범행현장을 한 눈에 관찰할 수 없는 장소에 있었더라도 피고인에게 망보는 행위의 유죄를 인정함이 부당하지 않을 수 있다.

〈합리적이고 공정한 범인식별절차(identification)로서의 원칙인 라인업(lineup)과 예외인 쇼우업(showup)(대법원 2015. 8. 27. 선고 2015도5381 판결)〉

"일반적으로 용의자의 인상착의 등에 의한 범인식별 절차에서 용의자 한 사람을 단독으로 목격자와 대질시키거나 용의자의 사진 한 장만을 목격자에게 제시하여 범인 여부를 확인하게 하는 것(showup)은, 사람의 기억력의 한계 및 부정확성과 구체적인 상황하에서 그 용의자가 범인으로 의심받고 있다는 무의식적 암시를 목격자에게 줄 수 있는 가능성으로 인하여 그 신빙성이 낮다고 보아야 하나, 피해자의 진술 외에도 그 용의자를 범인으로 의심할 만한 다른 정황이 존재한다든가 하는 등의 부가적인 사정이 있는 경우에는 그와 달리 평가할 수 있다(대법원 2009. 6. 11. 선고

2008도12111 판결 참조).

> (중략) ① 이 사건 당일 피고인의 주거지 CCTV와 편의점 CCTV에 나타난 피고인의 실제 각 인상착의와 피해자·목격자가 이 사건 절도 범행 당시 목격한 범인의 구체적 인상착의에 관한 수사기관, 법정에서의 각 진술 내용, ② 이 사건 절도 범행의 시각·장소와 피고인이 주거지와 편의점을 출입한 시각 및 각 장소 사이의 거리, ③ 범행 시각 무렵의 피고인의 행적과 구체적 상황에 관한 피고인의 진술 내용 등 피고인을 절도 범행의 범인으로 의심할 만한 그 밖의 정황들에 비추어 보면, 원심이 목격자의 범인지목 진술에 신빙성이 있다고 판단하고 '피고인이 피해자의 주거지에 침입하여 지갑과 신용카드 등을 절취하였다'는 공소사실 부분을 유죄로 인정한 것은 정당한 것으로 수긍할 수 있고, 거기에 상고이유 주장과 같이 목격자 진술의 신빙성에 관한 법리를 오해하거나 자유심증주의의 한계를 벗어난 위법이 없다."

(4) 증거판단에 대한 상소심의 통제

자유심증주의의 순수한 형태를 고려하면 사실심리에 임하는 법관에게 어떤 외부적·법률적인 억제를 가하여서도 안된다. 그러나 현행법은 현실적으로 법관이 불합리한 판단을 행할 수 있음을 예상하여 증거판단에 대한 상소심의 통제방법을 마련하고 있다.

첫째, 법관의 유죄판결에는 반드시 이유가 명시되어야 하고 나아가 사실인정의 기초가 된 증거의 요지가 유죄판결에 적시되어야 한다(323조). 만일 유죄판결에 그것이 결여되어 있거나 불충분한 경우에는 '판결에 이유를 붙이지 않거나 이유에 모순이 있음'을 이유로 절대적 항소이유가 된다(361조의5 11호). 둘째, 증거설명에 제시된 증거의 취사선택에 불합리한 점이 존재하여 사실인정의 합리성이 의심되고 그 오인이 판결에 영향을 미친 것임이 판명된 경우에는 사실오인을 이유로 하는 절대적 항소이유가 된다(361조의5 14호).

(5) 주요판결

1) 수사상 진술과 공판정 증언이 상반되는 경우

"경찰에서의 자술서, 검사작성의 각 피의자신문조서, 다른 형사사건의 공판조서의 기재와 당해 사건의 공판정에서의 같은 사람의 증인으로서의 진술이 상반되는 경우 반드시 공판정에서의 증언은 믿어야 된다는 법칙은 없고, 상반된 증언, 감정 중에 그 어느 것을 사실인정의 자료로 인용할 것인가는 오로지 사실심 법원의 자유심증에 속한다"(대법원 1986. 9. 23. 선고 86도1547 판결).

2) 공동피고인 중 1인이 자백한 경우 그 자백의 신빙성

"공동피고인 중의 1인이 다른 공동피고인들과 공동하여 범행을 하였다고 자백한 경우, 반드시 그 자백을 전부 믿어 공동피고인들 전부에 대하여 유죄를 인정하거나 그 전부를 배척하여야 하는 것은 아니고, 자유심증주의의 원칙상 법원으로서는 자백한 피고인 자신의 범행에 관한 부분만을 취신하고, 다른 공동 피고인들이 범행에 관여하였다는 부분을 배척할 수 있다"(대법원 1995. 12. 8. 선고 95도2043 판결).

3) 피고인에 의한 반대신문의 기회가 부여되지 않은 진술의 증거가치

"형사소송법은 161조의2에서 피고인의 반대신문권을 포함한 교호신문제도를 규정함과 동시에, 310조의2에서 법관의 면전에서 진술되지 않고 피고인에 의한 반대신문의 기회가 부여되지 않은 진술에 대하여는 원칙적으로 증거능력을 부여하지 아니함으로써, 형사재판에 있어서 모든 증거는 법관의 면전에서 진술·심리되어야 한다는 직접주의와 피고인에게 불리한 증거에 대하여는 반대신문할 수 있는 권리를 원칙적으로 보장하고 있는바, 반대신문권의 보장은 형식적·절차적인 것이 아니라 실질적·효과적인 것이어야 하므로, 증인이 반대신문에 대하여 답변을 하지 아니함으로써 진술내용의 모순이나 불합리를 드러내는 것이 사실상 불가능하였다면, 그 사유가 피고인이나 변호인에게 책임 있는 것이 아닌 한 그 진술증거는 법관의 올바른 심증형성의 기초가 될 만한 진정한 증거가치를 가진다고 보기 어렵다. 따라서 이러한 증거를 채용하여 공소사실을 인정함에 있어서는 신중을 기하여야 한다. 검사 작성의 진술조서에 대하여 원진술자가 공판기일에서 그 성립의 진정을 인정하면서도 그 진술조서상의 진술내용을 탄핵하려는 변호인의 반대신문에 대하여 묵비한 것이 피고인 또는 변호인의 책임 있는 사유에 기인한 것이라고 인정할 수 없는 경우, 그 진술기재는 반대신문에 의한 증명력의 탄핵이 제대로 이루어지지 않은 것이므로 그 신빙성을 선뜻 인정하기 어렵다"(대법원 2001. 9. 14. 선고 2001도1550 판결).

4) 구속적부심문조서의 증명력

"1. 구속적부심은 구속된 피의자 또는 그 변호인 등의 청구로 수사기관과는 별개 독립의 기관인 법원에 의하여 행하여지는 것으로서 구속된 피의자에 대하여 피의사실과 구속사유 등을 알려 그에 대한 '자유로운 변명의 기회를 주어' 구속의 적부를 심사함으로써 피의자의 권리보호에 이바지하는 제도이다. 법원 또는 합의부원, 검사, 변호인, 청구인이 구속된 피의자를 심문하고 그에 대한 피의자의 진술 등을 기재한 구속적부심문조서는 형사소송법 311조가 규정한 문서에는 해당하지 않으나, 특히 신용할 만한 정황에 의하여 작성된 문서이므로 특별한 사정이 없는 한, 피고인이 증거로 함에 부동의하더라도 형사소송법 315조 3호에 의하여 당연히 그 증거능력이 인정된다. 2. 구속적부심문조서의 증명력은 다른 증거와 마찬가지로 법관의 자유판단에 맡겨져 있으나, 피의자는 구속적부심에서의 자백의 의미나 자백이 수사절차나 공판절차에서 가지는 중요성을 제대로 헤아리지 못한 나머지 허위자백을 하고라도 자유를 얻으려는 유혹을 받을 수가 있으므로, 법관은 구속적부심문조서의 자백의 기재에 관한 증명력을 평가함에 있어 이러한 점에 각별히 유의를 하여야 한다"(대법원 2004. 1. 16. 선고 2003도5693 판결).

  5) 증인 진술의 신빙성을 부정한 1심의 판단을 항소심이 뒤집을 수 있는 요건
  "1심판결 내용과 1심에서 적법하게 증거조사를 거친 증거들에 비추어 1심 증인이 한 진술의 신빙성 유무에 대한 1심의 판단이 명백하게 잘못되었다고 볼 특별한 사정이 있거나, 1심의 증거조사 결과와 항소심 변론종결시까지 추가로 이루어진 증거조사 결과를 종합하면 1심 증인이 한 진술의 신빙성 유무에 대한 1심의 판단을 그대로 유지하는 것이 현저히 부당하다고 인정되는 예외적인 경우가 아니라면, 항소심으로서는 1심 증인이 한 진술의 신빙성 유무에 대한 1심의 판단이 항소심의 판단과 다르다는 이유만으로 이에 대한 1심의 판단을 함부로 뒤집어서는 아니 된다. 특히 공소사실을 뒷받침하는 증거의 경우에는, 증인신문 절차를 진행하면서 진술에 임하는 증인의 모습과 태도를 직접 관찰한 1심이 증인의 진술에 대하여 그 신빙성을 인정할 수 없다고 판단하였음에도 불구하고, 항소심이 이를 뒤집어 그 진술의 신빙성을 인정할 수 있다고 판단할 수 있으려면, 진술의 신빙성을 배척한 1심의 판단을 수긍할 수 없는 충분하고도 납득할 만한 현저한 사정이 나타나는 경우이어야 한다"(대법원 2006. 11. 24. 선고 2006도4994 판결).

  6) 항소심은 원칙적으로 심리과정에서 심증 형성에 영향을 미칠 만한 객관적 사유가 새로 드러난 것이 없음에도 제1심의 사실인정에 관한 판단을 재평가하여 사후심적으로 판단하여 뒤집을 수 없다
  "현행 형사소송법상 항소심은 속심을 기반으로 하되 사후심적 요소도 상당

부분 들어 있는 이른바 사후심적 속심의 성격을 가지므로 항소심에서 제1심판결의 당부를 판단할 때에는 그러한 심급구조의 특성을 고려하여야 한다. 그러므로 항소심이 그 심리과정에서 심증의 형성에 영향을 미칠 만한 객관적 사유가 새로드러난 것이 없음에도 불구하고 제1심의 판단을 재평가하여 사후심적으로 판단하여 뒤집고자 할 때에는, 제1심의 증거가치 판단이 명백히 잘못되었다거나 사실인정에 이르는 논증이 논리와 경험법칙에 어긋나는 등으로 그 판단을 그대로 유지하는 것이 현저히 부당하다고 볼 만한 합리적인 사정이 있어야 하고, 그러한 예외적 사정도 없이 제1심의 사실인정에 관한 판단을 함부로 뒤집어서는 안 된다(대법원 1983. 4. 26. 선고 82도2829, 82감도612 판결; 대법원 1996. 12. 6. 선고 96도2461 판결 등 참조). 그것이 형사사건의 실체에 관한 유죄·무죄의 심증은 법정 심리에 의하여 형성하여야 한다는 공판중심주의, 그리고 법관의 면전에서 직접 조사한 증거만을 재판의 기초로 삼는 것을 원칙으로 하는 실질적 직접심리주의의 정신에 부합한다"(대법원 2017. 3. 22. 선고 2016도18031 판결).

II. 증거능력

1. 개념

증거능력의 넓은 의미는 '어느 증거를 사실인정에 사용할 수 있는 적격성'이고 좁은 의미는 어느 증거를 '엄격한 증명의 자료로 공판정에서 조사할 수 있는 법률상의 자격'이다. 형소법은 소극적으로 '증거능력이 없는 증거'[4]만 규정하고 있다. 이론상 증거능력이 없는 증거(공소장과 같이 일방당사자인 검사의 일방적인 의견이나 주장)도 있다.

증거능력이 없는 증거는 범죄사실의 인정에 사용할 수 없으므로 처음부터 증거조사의 대상으로 삼지 않는 것이 바람직하다. 증거능력 없는 증거가 신청되거나 채택될 때 법원과 반대당사자는 어떻게 대응할 것인가? 법원은 그 증거신청을 기각(295조)하여야 하고, 반대당사자는 이의신청(296조)할 수 있다. 이미 조사한 이후에 증거능력 없음이 발견될 때 법원은 직권으로 이를 배제하여야 한다.

---

4 위법수집증거(308조의2), 임의성 없는 자백(309조), 예외요건에 해당되지 않고 반대당사자의 증거로 함에 대한 동의도 없는 전문증거(310조의2).

2. 증명력과 증거능력의 대비

첫째, 증명력은 증거의 실질적 가치임에 반하여 증거능력은 증거의 형식적 자격이다. 둘째, 증명력은 사실인정자의 합리적인 자유판단의 대상임에 비하여 증거능력은 법률·판례·학설로 획일적으로 법정된다. 셋째, 선서능력자가 적법하게 선서한 후의 증인의 허위증언은 증거능력이 있지만 증명력이 없다. 넷째, '신체구속의 부당한 장기화'(309조)가 있었지만 진실된 자백에 증명력은 있을 수 있지만 증거능력은 없다.

그러나 양자는 상호 관련성이 있는 측면도 있다. 원천적으로 신용성이 낮은 증거, 편견이 개입되기 쉬운 증거(전형적으로는 전문증거)는 증명력이 낮은 경우가 경험상 보편적으로 확인되었기 때문에 아예 일률적으로 증거능력에 제한이 가하여지는 사례이다.

3. 정책적 이유로 증거능력이 없는 증거들

어느 증거의 증명력과 무관하게 다른 정책적 이유로 증거능력이 제한되는 경우들이 있다. 임의성 없는 자백(309조), 위법수집증거(308조의2)는 '수사기관의 고문등 위법수사의 억지'라는 정책적 이유로 증거능력이 제한된다. 증명력과 무관하게 다른 정책적 이유로 증거능력이 제한되는 경우이므로 이를 증거금지 혹은 법률적 관련성이 없는 증거로 표현할 수도 있다.

(1) 자백의 증거능력 제한

'피고인의 자백이 고문, 폭행, 협박, 신체구속의 부당한 장기화 또는 기망 기타의 방법으로 임의로 진술한 것이 아니라고 의심할 만한 이유가 있는 때에는 이를 유죄의 증거로 하지 못한다'(헌법 12조 7항 전단, 309조). 이것은 피의자·피고인의 신체의 자유를 보장하고 그 진술의 진실성을 담보하기 위하여 부득이한 조치이다.

(2) 위법수집증거의 배제

적법한 절차에 따르지 않고 수집한 증거는 증거로 할 수 없다(308조의2). 주로 수사단계에서의 증거수집이 위법한 경우(특히 헌법상의 보장규정에 위반하는 경우)가 이에 해당한다. 공판절차상의 소송법규 위반, 예를 들어 필요적 변호사건에서

변호인의 출석 없이 조사된 증거와 같이 증거조사절차가 위법한 경우에는 위법
수집증거의 문제가 아니고 소송행위의 가치판단문제(예를 들어 무효와 그 치유)이다.

(3) 전문증거의 원칙적 배제
진술증거는 전문법칙에 의하여 증거능력이 제한된다(310조의2). 헌법재판소는
헌법 12조 1항·3항, 그리고 헌법 27조 1항·3항을 근거로 피고인의 반대신문권이
핵심적인 방어권임을 인정하고 있다(헌재 1996. 12. 26. 선고 94헌바1 결정). 그러나 전
문법칙은 반대신문권에 대신할 만한 신용성의 정황적 보장과 그 증거를 사용할
필요성을 요건으로 하여 예외가 폭넓게 인정되고 있다(311조~316조).

4. 성질상 증명력 결여로 증명력이 없는 증거
증거의 성질상 증명력이 너무 약하여 증거능력이 없는 증거, 달리 말하여 이
론과 해석상 증명능력이 제한되는 경우가 인정되고 있다.

(1) 당해사건에 관한 의사표시적 문서
검사가 작성한 공소장과 논고, 변호인의 변론을 기재한 서면, 피고인·변호
인의 의견서(266조의2)는 '당사자의 주장과 의사표시'만을 내용으로 하는 서면이
므로 증거능력을 부정하여야 한다.

(2) 소문, 상상, 의견을 내용으로 하는 증거
사실적인 토대가 너무 약하여 사실인정을 그르칠 위험성이 있어 증거능력을
부정하여야 한다.

(3) 자연적 관련성(사실적 관련성)이 없는 증거
요증사실에 대하여 필요최소한도의 증명력이 없어 아예 증거능력이 부정된다
(대법원 1983. 9. 13. 선고 83도712 판결).

(4) 단순한 소문과 의견을 보도한 신문기사도 증거능력을 부정하여야 한다.

(5) 증인이 스스로 체험한 사실을 기초로 추측한 사항
증거능력을 부정할 필요는 없지만 증명력이 약하다.

5. 증거능력의 절대적·상대적 제한

증거능력의 제한에는 절대적인 것과 상대적인 것이 있다. 예를 들어 임의성이 없는 자백의 증거능력 제한은 절대적(309조)이지만, 전문증거는 검사와 피고인이 증거로 함에 동의하면 이를 증거로 할 수 있으므로(318조) 그 증거능력의 제한은 상대적이다.

6. 증거능력 없는 증거에 대한 증거조사

만약 사실심이 증거능력이 없는 증거를 조사하였다면 이 흠은 판결에 영향을 미친 소송절차의 법령위반(361조의5 1호)으로 상소이유가 되는가?

당해 증거가 범죄사실의 중요부분에 관한 것일 때에는 긍정하여야 할 것이다. 설사 그 증거가 판결에 거시되지 아니한 경우에도 마찬가지이다. 증거능력이 없는 증거가 적법한 증거와 함께 종합적으로 평가되고 있는 경우에도 그 조사의 위법성이 긍정되어야 한다.

III. 엄격한 증명

1. 증명의 의의

증명이란 ① 증거를 수단으로, ② 과거에 일어났던 사실(주로 범죄)의 존재를 추론의 방법으로 ③ 사실인정자(법관·배심원)에게 사실에 대한 심증(心證)을 형성시키는 것이다. 추론에는 통상인을 납득시키는데 충분한 논리칙, 경험칙(⇨Ⅶ. 불요증사실)이 동원된다.

현행법상 증명에는 크게 보아 엄격한 증명, 자유로운 증명, 소명의 3가지가 인정되고 있다.

2. 엄격한 증명

(1) 개념

① 증거능력이 있는 증거를 수단으로 삼아 ② '공판정(법정)에서의 ③ 적법한 증거조사절차를 경유하여 얻은 증거자료에 기초하여 공소범죄사실의 존재 또는 부존재를 ④ 합리적 의심의 여지가 없도록 증명하는 것이다.

(2) '엄격한 증명'의 대상

형벌권의 존부(유죄·무죄)와 범위(형량)를 정하는 사실은 엄격한 증명의 대상이다.

1) 구성요건에 해당하는 사실

주관적 구성요건요소(고의, 과실)와 객관적 구성요건요소인 실행행위, 공모, 범죄결과, 행위와 결과 사이의 인과관계의 존재

2) 위법성과 유책성(책임성)의 기초가 되는 사실의 존재

3) 위법성조각사유(정당방위등), 책임조각사유(책임무능력)에 해당하는 사실의 부존재

4) 처벌조건(예를 들어 사전수뢰죄의 공무원이 되는 것(형법 129조 2항))의 존재와 처벌조각사유(친족상도례의 친족관계 중 인적 처벌조각사유(행위자와 피해자 사이에 직계혈족관계의 존재))의 부존재

5) 몰수와 추징사유가 되는 사실

이는 형벌권의 존부와 그 범위에 관련되는 사실이므로 엄격한 증명의 대상으로 보아야 한다(다수설, 그러나 판례는 이를 엄격한 증명의 대상이 아니라고 한다).

〈몰수, 추징의 대상이 되는지 여부나 추징액의 인정〉

"몰수, 추징의 대상이 되는지 여부나 추징액의 인정은 엄격한 증명을 필요로 하지 않는바(대법원 1973. 4. 17. 선고 73도279 판결; 대법원 1982. 2. 9. 선고 81도3040 판결; 대법원 1987. 4. 14. 선고 87도399 판결 등). 원심이 수사기록에 첨부된 세무공무원의 시가감정서(이 사건 선박들의 범칙 당시의 국내도매물가를 산출한 것)에 근거하여 추징액을 결정한 것은 정당하다"(대법원 1993. 6. 22. 선고 91도3346 판결). 아마도 대법원은 "몰수·추징의 전제가 되는 범죄사실(주형)에 엄격한 증명을 요하는 이상 그 범죄행위에 제공하거나, 범죄행위로 생겼거나 또는 취득한 물건을 몰수하고 그 가액을 추징(부가형)하는 데에는 별도의 엄격한 증명을 요하지 않고 자유로운 증명으로 충분하다"고 보는 것 같다.

6) 엄격한 증명의 대상이 되는 사실을 추측시키는 간접사실도 엄격한 증명의 대상이다.

7) 형의 가중사유의 존재

누범전과(형법 35조), 수개의 범죄사실이 경합범이 되는 것을 방해하는 '금고 이상의 확정판결'(형법 37조)의 부존재는 형의 가중사유로서 그 존재는 엄격한 증명의 대상이다.

8) 형의 감면사유의 부존재

미수, 종범, 심신미약, 과잉방위, 과잉피난, 자수와 자복 등은 형의 감면사유로서 그 부존재는 엄격한 증명의 대상이다.

〈외국법의 존재와 그 내용(대법원 2011. 8. 25. 선고 2011도6507 판결)〉

"형법 6조 본문에 의하여 외국인이 대한민국 영역 외에서 대한민국 국민에 대하여 범죄를 저지른 경우 우리 형법이 적용되지만, 같은 조 단서에 의하여 행위지의 법률에 의하여 범죄를 구성하지 않거나 소추 또는 형의 집행을 면할 경우에는 우리 형법을 적용하여 처벌할 수 없고, 이 경우 행위지의 법률에 의하여 범죄를 구성하는지 여부에 대해서는 엄격한 증명에 의하여 검사가 이를 입증하여야 한다(대법원 2008. 7. 24. 선고 2008도4085 판결 등 참조)."

(3) 적법한 증거조사의 경유

엄격한 증명에는 공판정에서의 적법한 증거조사절차의 경유가 필요하다.

292조(증거서류), 292조의2(증거물), 292조의3(기타증거)(규칙 134조의8)이 특히 중요하다. 인증은 신문, 물증은 제시, 서증은 제시와 낭독, 증인신문은 교호신문 방식으로 공판정에서 반대당사자가 이의신청이나 탄핵할 수 있는 기회가 부여되고 방청객에 공개되면서 사실인정자 앞에서 진행되어야 한다. 엄격한 증명의 대상이 되는 사실을 인정하는 방식에 대하여는 법관의 재량이 허용되지 않는다(대법원 2011. 11. 10. 선고 2011도11115 판결).

Ⅳ. 자유로운 증명

1. 개념

증명의 수단이 증거능력이 없는 증거이어도 좋고[5] 반드시 적법한 증거조사 절차를 경유할 필요가 없는[6] 간편한 증명이다. 그러나 이 두 가지를 제외하면 나머지는 엄격한 증명과 다르지 아니한 증명을 자유로운 증명이라고 한다.

2. 자유로운 증명의 대상

엄격한 증명의 대상인 사실 이외의 대부분의 절차상의 사실, 소송법적 사실이 이에 해당한다.

(1) 소송법적인 사실

첫째, 절차적인 사실에 관하여 증명이 필요할 때에는 자유로운 증명으로 족하다. 예를 들어 피고인이 사망하였을 때 법원은 공소기각의 결정(328조 1항 2호)으로 소송을 종결시켜야 하는데 피고인이 사망한 사실을 입증하기 위하여 가족관계부등본이나 사망진단서 외에 피고인의 가족이 법원 앞으로 신빙성 있는 서신을 보내어 이 서신을 법원이 공판정 안에서 조사하고 사망사실을 인정하더라도 큰 문제는 없을 것이다. 둘째, 자백의 임의성 인정의 기초사실도 자유로운 증명의 대상이다(대법원 1986. 11. 25. 선고 83도1718 판결). 셋째, 대법원은 몰수·추징의 대상인지를 결정하는 사실(대법원 1993. 6. 22. 선고 91도3346 판결), 심신상실·심신미약 인정의 기초 사실도 모두 자유로운 증명의 대상이라고 한다(대법원 1995. 2. 24. 선고 94도3163 판결).

(2) 양형의 기초가 되는 사실(정상관계사실)

피고인측이 반성, 후회, 피해회복, 피해자에게 사과하거나 피해자와 합의한 사실이 이에 해당한다(서울고등법원 2012. 3. 8. 선고 2011노2156 판결). 범행의 동기, 수단, 방법, 피해정도 등 범죄사실에 속하는 사실은 범죄사실자체의 입증과 불가분

---

5 그러나 '임의성 없는 자백이나 진술'을 허용할 수는 없으므로, 주로 '전문법칙의 제약'이 없는 것을 말한다.

6 그러나 '아무런 제약이 없는 것'은 아니다. 적어도 공판정에서의 조사는 필요하다.

의 관계에 있으므로 엄격한 증명대상이지만, 범행 후의 반성, 피해변상, 피고인의 성격, 환경, 형의 집행을 유예할 만한 정상 등 범죄사실로부터 독립된 사실은 자유로운 증명대상이다. 양형을 판단하는 자료가 되는 사실은 극히 다양하기 때문에 자유로운 증명의 대상으로 삼는 것이 합리적이다. 또한 양형을 판단하는 자료가 되는 사실에는 지극히 개인적인 사실도 포함될 수 있는데 지극히 개인적인 사실은 자유로운 증명의 대상으로 삼아야 일반방청객에게 폭로되지 않아 피고인의 명예보존에 유익한 측면이 있다.

(3) 기타 소송법상의 사실

증거능력에 관한 사실(예를 들어 자백의 임의성의 기초되는 사실), 종국판결의 기초가 되는 소송조건의 유무(예를 들어 친고죄의 고소의 유무), 결정의 기초가 되는 사실(예를 들어 기일변경결정, 변론병합결정, 공판절차정지결정, 공소기각결정의 기초가 되는 사실)에 관한 증명도 자유로운 증명의 대상이다.

소송조건의 결여를 이유로 하는 형식적 종국재판이 판결의 형식을 취할 경우(예를 들어 공소기각의 판결)에는 최소한 구두변론절차를 경유하여야 한다(37조 1항). 집행유예의 취소결정을 할 때에도 마찬가지이다(335조 2항). 이 사실들은 자유로운 증명의 대상이지만 구두변론을 경유한다는 점에서 소송법이 정한 증거조사방식의 일부가 적용되고 있는 사례이다.

3. 증거조사절차

자유로운 증명은 엄격한 증명에 비하여 간편한 증명이기는 하지만 ① 공판정에서의 조사, ② 당사자에게 의견이나 반증제시의 기회가 부여되어야 하고, 또 ③ 증거가 적어도 기록(증거목록)에는 남아 있어야 한다.

필요한 증명의 정도는 엄격한 증명과 마찬가지로 합리적 의심의 여지가 없는 증명이다. 따라서 자유로운 증명과 엄격한 증명의 차이는 그리 크지 않다. 이런 의미에서 자유로운 증명을 '적정한 증명'으로 명명하는 견해도 있다.

V. 합리적 의심의 여지가 없는 증명

엄격한 증명의 정도는 유죄라고 가정하였을 때 합리적 의심의 여지가 없는 증명이어야 한다. 합리적 의심의 여지가 없는 증명이란 일반인이라면 누구도 의

심하지 않을 정도의 증명상태를 말한다. '입증취지가 진실일 것'이라는 고도의 개연성'으로 족하다. 자연과학적 진실에 요구되는, '반증을 용납하지 않는 절대적 증명'까지 요구할 수는 없다. '자연과학적 진실'이 되려면 반증의 여지가 없어야 하지만 형사재판에서는 그것을 요구할 수 없다. 소송상의 증명에 대하여는 통상 반증의 여지가 남아 있다.

1. 무죄추정의 원칙

형사피고인은 유죄판결이 확정될 때까지는 무죄로 추정된다(헌법 27조 4항, 형사소송법 275조의2). 무죄가 추정되기 때문에 이 원칙은 '의심스러울 때에는 피고인의 이익으로(in dubio pro reo)'의 원칙으로도 통한다. 무죄추정의 결과 형사소송에서는 국가(검사)가 공소범죄사실에 대한 입증책임을 부담하고 그 소송상의 증명도 합리적 의심의 여지가 없을 정도의 증명이 요구(307조 2항)된다. 만일 법관의 심증이 거기까지 미치지 못하는 경우에 수소법원은 무죄를 선고하여야 한다.

〈피고인이 범인이 아닐 수도 있다는 합리적인 의심이 남아 있으면 유죄를 인정할 수 없다〉

> "형사재판에 있어서 유죄의 인정은 법관으로 하여금 합리적인 의심을 할 여지가 없을 정도의 확신을 생기게 하는 증명력을 가진 엄격한 증거에 의하여야 하고, 이와 같은 증거가 없다면 설령 피고인에게 유죄의 의심이 간다 하더라도 피고인의 이익으로 판단할 수밖에 없다고 하는 것이 형사법의 대원칙이자 당원의 판례이다. 'V가 D와 함께 있던 시간대에 사망하였을 것으로 추정된다'는 국립과학수사연구소측의 소견은 D를 이 사건 범인으로 의심받게 하기에 족한 것이고, 또한 사체 발견 후의 D의 언동에 석연치 아니한 점도 적지 아니하지만 위와 같이 여러 면에서 D가 이 사건 범인이 아닐 수도 있다는 합리적인 의심이 남아 있는 상태에서 그러한 의문점들을 심리하여 해소하지 아니한 채, 더욱이 V가 목이 눌려 살해되었다는 결과만으로 살인의 고의에 대한 증거도 없이 D가 이 사건 살인 범행을 한 것으로 단정해 버린 원심판결은 심리를 다하지 아니하였거나 증거의 가치판단을 그르친 위법이 있다는 비난을 면하기 어렵다"(대법원 1994. 1. 28. 선고 93도2958 판결).

2. 민사재판에서의 증명의 정도와의 비교

형사재판에서 사실인정자(재판부·배심단)가 유죄를 선고하려면 공소사실의 존재에 대하여 사실인정자에게 합리적 의심이 없어야 한다. 따라서 피고인의 유죄를 이끌어 내려는 검사는 공소사실의 존재에 대하여 사실인정자가 합리적 의심을 가지지 않을 정도로 입증하여야 한다. 검사가 수행하여야 할 이 증명이 합리적 의심의 여지가 없을 정도의 증명(a proof beyond a reasonable doubt)이다. 엄격한 증명은 물론 자유로운 증명도 합리적 의심의 여지없는 증명 수준에 도달하여야 법원이 유죄판결을 할 수 있다(통설).

소송당사자의 자유로운 처분이 가능하며 사권 보호를 목적으로 하는 민사소송은 변론주의를 채택하고 그 추구하는 진실도 실체적 진실이라기보다는 상대적 진실에 가깝다. 민사소송의 당사자는 실기(失機)한 공격방어방법을 제출할 수 없고 준비절차에서 제공되지 않은 소송자료를 변론에서 제출할 수 없으며 당사자의 의무위반이 있으면 재판부가 불이익한 사실을 인정할 수도 있다. 이리하여 민사소송에서는 수소법원이 사실을 인정할 때 필요한 증명의 정도는 '증거의 우월'(a preponderance of evidence)로 족하다. '증거의 우월'의 증명정도는 합리적 의심의 여지가 없는 정도의 증명보다는 낮은 증명이다. 형사법원은 민사판결에서 확정된 사실과 다른 사실을 인정할 수 있고(대법원 1983. 6. 28. 선고 81도3011 판결), 역으로 형사상의 범죄사실로서는 증명부족의 이유로 무혐의 또는 무죄가 선고된 행위가 민사상의 불법행위로서 긍정될 수도 있다. 형사소송의 거증책임이 검사에게 있고 요증사실에 대한 증명의 정도가 민사소송과 달리 현격하게 높게 설정되는 이유는 무엇인가?

3. 적법절차의 요청

법집행을 총괄하는 검사는 강제처분권을 비롯한 막강한 조사권한을 가지고 있는 반면에 피의자·피고인에게는 아무런 조사권한이 없다. 변호인이 선임될 수 있다 하더라도 변호인의 조사권과 능력에는 한계가 있다. 형사절차에서 거증책임을 검사에게 부과하고 요증사실에 대한 증명의 정도를 민사소송보다 현격하게 높게 설정하여야 하는 것은 적법절차가 요청하는 바[7]이다. 그렇게 하지 않으면 힘의 현저한 불균형으로 말미암아 공정한 재판을 기대하기 어렵다. 사립탐정도 제도화되어 있지 않고 검사동일체의 원칙이 강력하게 작동하는 한국에서는 더더욱 그러하다. 형사재판에서 '합리적 의심의 여지가 없을 정도의 증명'을 요구하면 '진범을 기소하지 못하고 진범에게 무죄판결이 선고될 가능성'이 높아진다. 그러나 그런 증명을 요구하지 않으면 반대로 무고한 사람이 기소되고 무고한 사람에

---

7 *In re Winship*, 397 U.S. 358, 90 S.Ct. 1068, 25L.Ed.2d 368(1970).

게 유죄판결이 선고될 가능성도 생긴다. '무고한 사람이 기소되고 무고한 사람에게 유죄판결이 선고될 가능성을 감소시키려는 발상의 사회적 효용성'은 '진범을 기소하지 못하고 진범에게 무죄판결이 선고될 가능성을 감소시키려는 발상의 사회적 효용성'보다 훨씬 우월한 가치라고 믿는 가치관이 '적법절차의 정신'이다.

4. 합리적 의심의 의미

합리적 의심의 여지없는 증명이란 개념은 1789년 영국 Dublin의 반역 사건에서 그 사건의 변호인이었던 MacNally에 의하여 처음으로 사용되었다. 합리적 의심이라 함은 있을 수 있는 모든 의문, 불신을 포함하는 것이 아니다.[8]

첫째, 합리적 의심이 있다고 하려면 그 의심이 이성에 터잡은 의문이어야 한다.

둘째, 합리적 의심이 있다고 하려면 정상인의 입장에서 객관적으로 보아 요증사실과 어긋나는 사실의 존재 가능성이 추정되어야 한다. 합리적 의심의 여지가 없는 증명이란 논리적 증명이 아니기 때문에 요증사실의 존재에 대한 합리적 확실성 내지 개연적 확실성이다. 따라서 이 증명은 요증사실의 존재에 대한 절대적 확실성을 증명할 것을 요구하는 것은 아니다.

셋째, 합리적 의심 없는 증명의 개념은 상대적 가치개념이므로 이를 수치화하는 것은 적절하지 않다. 이해를 쉽게 하기 위한 부득이한 방편으로 굳이 수치를 사용하여 증명도를 표현하여 본다면 적어도 90% 이상의 개연성이 있어야 한다.

넷째, 간접사실에 의한 범죄사실의 증명은 간접사실에 경험칙을 적용하여 그로부터 범죄사실의 존재를 사실상 추정하는 것이므로 그 과정에서 합리적 의심의 여지가 있느냐 여부에 따라 주요사실의 증명여부가 긍정 또는 부정되는 것이므로 일률적으로 말할 수 없다.

5. 합리적 의심의 여지가 있는 사례들

(1) "원심이 채택한 화재현장에 대한 감정서(실화의 점 인정)는 원심이 배척한 감정인의 감정결과(실화가 아닌 누전으로 인한 화재라는 결론)보다 오히려 과학적·합리

---

8 "증거의 증명력은 법관의 자유판단에 맡겨져 있으나 그 판단은 논리와 경험칙에 합치하여야 하고, 형사재판에 있어서 유죄로 인정하기 위한 심증형성의 정도는 합리적인 의심을 할 여지가 없을 정도여야 하나, 합리성이 없는 모든 가능한 의심을 배제할 정도에 이를 것까지 요구하는 것은 아니며, 증명력이 있는 것으로 인정되는 증거를 합리적인 근거가 없는 의심을 일으켜 이를 배척하는 것은 자유심증주의의 한계를 벗어나는 것으로 허용될 수 없다"(대법원 1994. 9. 13. 선고 94도1335 판결).

적으로 우월치 못하여 유죄의 증거로 삼을 수 없다"(대법원 1983. 5. 10. 선고 82도 2279 판결).

(2) "원심이 피고인을 유죄로 인정한 가장 중요한 증거로 공동피고인 D2의 1심법정에서의 진술, 검사 및 사법경찰관 작성의 D2에 대한 피의자신문조서의 기재를 들고 있는 경우에 D2의 진술내용상 범행일자가 일관되지 않고 모호하며, 1심 증인의 진술과 상반되므로 합리적인 의심을 할 여지가 없을 정도의 확신을 생기게 할 수 없으므로 유죄의 증거로 삼을 수 없다"(대법원 1985. 10. 8. 선고 85도1146 판결).

(3) "피해자의 진술이 유일한 증거인데 그 진술내용이 일관되어 있지 아니한 경우 위 진술만으로 유죄의 증거로 삼기에는 합리적인 의심을 배제할 수 없다" (대법원 1986. 11. 25. 선고 86도1636 판결).

(4) "형사판결에 있어서 범죄사실의 증명은 법관이 합리적인 의심을 할 수 없을 정도의 고도의 개연성에 대한 확신을 요하는 것으로, 피고인에 대하여 유죄의 의심이 간다는 사정만으로는 유죄로 인정할 수는 없다"(대법원 1994. 10. 14. 선고 94도1964 판결).

(5) "형사재판에 있어 유죄의 인정은 법관으로 하여금 합리적인 의심을 할 여지가 없을 정도로 공소사실이 진실한 것이라는 확신을 가지게 하는 증명력을 가진 증거에 의하여야 할 것임에도, 원심은 위에서 본 바와 같은 신빙성이 희박한 피해자측의 증언들만으로 이 사건 공소사실을 유죄로 인정하고 말았으니, 이는 채증법칙을 위배하여 사실을 잘못 인정함으로써 판결에 영향을 미친 위법을 저질렀다"(대법원 1994. 11. 25. 선고 93도2404 판결).

(6) 거증책임·합리적인 의심의 여지가 없을 정도의 증명·무죄추정·과학적인 증거·진술내용 자체의 객관적인 합리성

"원심은, 'D는 제1심 법정에서부터 일관되게 범행을 부인하고 있고 D의 수사기관에서의 자백이 주된 증거인 이 사건에서, 검사 작성의 D에 대한 제2회 내지 제4회 피의자신문조서의 각 진술기재는, 우선 그 자백의 경위가, D는 2005. 5. 17. 그 딸인 O(피해자의 며느리이며 이 사건 발생 직후부터 용의자로 지목되어 수사를 받아왔다)와 면회를 하여 O가 범인이 아니라고 알게 되고, 그 다음 날인 같은 달 18일 검찰에서의 제1회 피의자신문시 종전 경찰에서의 자백을 번복하여 범행을 부인하였는데, 그날부터 수사기관에서 가족들과의 면회를 중지시키고 D가 범행을 부인하면 다시 딸 O를 조사하겠다고 추궁하므로 같은 달 23일의 제2회 피의자신문시부터 D가 다시 자백을 하게 된 것인 점, 나아가 그 진술내용 자체가 객관적

인 합리성이 없고 지문감식이나 모발분석, 섬유성분의 분석과 같은 객관적인 증거에 의하여 뒷받침되지 않을 뿐만 아니라 일부진술은 오히려 과학적인 증거와 배치되는 점 등에 비추어 그 신빙성이 없다'고 판단하고, '그 밖의 증거들만으로는 D가 피해자를 살해하였다는 이 사건 공소사실이 합리적인 의심의 여지가 없을 정도로 증명되었다고 보기 어렵다'는 이유로 D에게 무죄를 선고하였는바, 앞서 본 법리와 기록에 비추어 살펴보면, 원심의 위와 같은 사실인정과 판단은 정당한 것으로 수긍이 가고, 거기에 판결에 영향을 미친 채증법칙 위배, 심리미진 등의 위법이 없다"(대법원 2007. 11. 30. 선고 2007도163 판결).

VI. 소명(疎明)

소명이란 당사자가 법관에게 어떤 사실의 존재가 '일응 확실한 것일 것'이라는 정도의 심증(추측)을 불러일으키기 위하여 하는 적극적인 활동이다. 기피사유(19조 2항), 증언거부사유(150조), 증거보전청구사유(184조), 증인신문청구사유(221조의2), 상소권회복청구를 할 때의 원인된 사유(346조 2항) 등이 소명대상이다.

〈구속영장의 기각 · 발부사유, 구속적부심 재판과 소명〉

구속에 필요한 범죄혐의의 상당성의 입증은 합리적 의심의 여지가 없는 증명이 아니라 소명으로 족하다. 그리하여 구속영장청구기각재판 혹은 구속적부심에서의 석방재판의 사유는 "범죄사실의 소명이 없다."거나 "위법한 지시 및 공모 여부에 대한 소명의 정도, 변소(항변·소명) 내용 등에 비춰볼 때 범죄 성립 여부에 대한 다툼의 여지가 있다", "방어권을 보장할 필요가 있다."는 것이고, 반대로 구속영장발부재판 혹은 구속적부심청구기각재판은 "혐의 사실이 소명되고 증거 인멸과 도망의 염려가 있다."는 식으로 행하여지고 있다.

VII. 불요증사실

사실의 성질에 비추어 굳이 증명의 필요가 없는 사실이 있을까? 통설은 이를 인정한다. 통설이 거론하고 있는 불요증사실은 다음과 같다.

1. 법규

법규와 경험칙·논리칙은 사실이 아니라 법관이 사실을 인정하거나 법률을 적용할 때 사용하는 준칙이므로 본래 증명대상이 아니다. 그러나 외국법·관습법, 매우 전문적인 경험법칙처럼 특별한 지식·경험이 있어야 비로소 인식할 수 있는 것은 증명대상이므로 감정의 방법으로 그 존부·내용을 인정하여야 한다.

2. 논리칙

논리(법)칙은 논리학상·수학상의 공리로서 자명한 사고법칙을 말한다. 이것은 일반적으로 선험적인 법칙으로서 더 이상의 증명이 필요 없는 것이므로 법칙의 존부나 타당성에 관한 반증이 없는 한 현저한 사실에 속한다.

3. 경험칙

경험법칙은 크게 자연법칙과 사회법칙으로 나눌 수 있다. 자연법칙 중에서 경험적 관찰, 즉 귀납적 방법으로 정립된 것은 경험칙에 속한다. 경험칙은 반증으로 반박될 수 있다. 예를 들어 '백조(swan)는 희다'는 경험적 명제는 검은 백조가 발견됨으로써 반박될 수 있다. 다만 경험적인 자연법칙 중에서 필연의 법칙에 해당하는 것은 논리법칙이나 수학상의 공리와 같은 성격으로 보아야 한다. 예를 들어 '지구는 둥글다'는 것이나 '지구가 태양을 돈다'는 명제 등이 이에 속한다. 이에 반하여 사회적 법칙의 대부분은 사회현상에 관한 경험적 관찰이나 이론적 분류를 통하여 얻은 지식·법칙으로서 자연법칙에 비하여 불확실하고 가변적인 것이 보통이다. 사회적 법칙에 해당하는 경험칙은 개연성이나 가능성 정도의 확실성만을 가지는 일반적 규칙성을 가짐에 불과하고 흔히 예외도 인정된다. 예를 들어 '사람은 죽는다'와 같은 명제는 자연법칙적인 공지의 사실이고, '사람은 자신의 이익을 위하여 합리적으로 행동한다'는 가정은 단지 사회적 법칙성으로서의 경험칙에 불과하다. 경험칙은 말 그대로 경험적 사실에 관한 법칙 내지 규칙이다. 예를 들어 '일용노동자는 월 평균 25일간 가동할 수 있다'는 사실이 경험칙이다.

〈경험칙으로서의 위드마크 공식〉

자동차운전자가 음주 운전한 의심이 드는 사고가 발생하였을 경우에 혈중알콜농도의 측정시점은 음주운전 시점 후의 시점이다. 따라서 측정 시의 혈중알콜농도를 토대로 음주운전 시점의 혈중알콜농도를 역추산하는 방법을 강구할 수밖에 없다. 현대한국의 실무에서 활용되는 공식이 위드마크(widmark) 공식이다. 현재 실무에서 운전자에게 유리한 수치를 대입할 것을 조건으로 위드마크 공식은 과학공식에 속하는 경험칙으로 간주되고 있다. 그리고 위드마크 공식 적용의 전제가 되는 개별적이고 구체적인 사실에 대하여는 엄격한 증명을 요한다(대법원 2005. 7. 28. 선고 2005도 3904 판결).

4. 공지의 사실

소송상 규명의 필요가 있는 사실은 모두 증명의 필요가 있다. 그러나 통상의 지식·경험을 가진 사람이 의심을 품지 않을 정도로 잘 알려진 사실은 굳이 증명할 필요가 없다.

〈공지의 사실의 예(대법원 1983. 1. 22. 자 82모52 결정)〉

"재항고인의 주거지 경남 진영읍과 재항고장이 제출된 부산지방법원의 소재지 부산시 간의 거리가 육로로 42.9킬로미터임은 공지의 사실이므로 재항고인이 부산지방법원의 1982. 10. 22.자 재심청구기각결정을 같은 달 27.에 송달받고 통상의 즉시항고 기간의 말일인 같은 달 30.이 지난 그 다음달 1.에 제출한 즉시항고는 적법한 재항고이다"; 역사적 사실(1910-1918에 토지조사사업이 실시되었다), 사실상태(테헤란로에는 고층빌딩이 많다), 상식적인 정보(음주하면 판단력이 떨어진다), 확실한 자료로 용이하게 확인할 수 있는 사실(2010년 12월 25일이 무슨 요일인가?), 개념의 내용과 기호의 의미(CPU의 의미, 와이브로의 의미) 등 통상의 지식·경험을 가진 사람이 의심 없이 알고 있거나 확인할 수 있는 사실은 설사 엄격한 증명의 대상이라 하더라도 증명의 필요가 없다.

5. 법원에 현저한 사실

법원의 소재지와 주변 지역 사이의 거리, '피고인이 1회공판기일 전에 보석신청을 한 사실'과 같이 법원이 직무상 지득한 사실로서 양당사자가 용이하게 확인할 수 있는 사실도 굳이 증명할 필요가 없다.

〈법원에 현저한 사실의 예(대법원 2001. 3. 21. 자 2001모2 결정)〉

"D는 원심법원이 발송한 기록접수통지서를 2005. 12. 22. 주거지인 포항시 남구 연일읍 괴정리에서 수령하였음이 분명하므로 형사소송법 361조의3에 따른 항소이유서 제출기간은 2006. 1. 11.을 지남으로써 경과되지만, 원심법원의 소재지인 대구광역시와 D의 주거 소재지인 포항시 간의 거리가 육로로 96.5㎞인 점은 당원에 현저한 사실이므로, D의 항소이유서 제출기간은 형사소송법 67조, 형사소송규칙 44조 1항에 따라 1일이 연장되어 2006. 1. 12.로써 만료된다. 그런데 위 기록접수통지 후에 선임된 D의 변호인이 제출한 항소이유서가 2006. 1. 12. 원심법원에 제출되었음이 기록상 명백하므로, 그 항소이유서는 적법한 기간 내에 제출된 것이다"(대법원 2007. 1. 26. 선고 2006도3329 판결). "기피신청이 소송의 지연을 목적으로 함이 명백한 경우에는 그 신청 자체가 부적법한 것이므로 신청을 받은 법원 또는 법관은 이를 결정으로 기각할 수 있고, 소송지연을 목적으로 함이 명백한 기피신청인지의 여부는 기피신청인이 제출한 소명방법만에 의하여 판단할 것은 아니고, 당해 법원에 현저한 사실이거나 당해 사건기록에 나타나 있는 제반 사정들을 종합하여 판단할 수 있다."

VIII. 거증책임

1. 실질적(객관적) 거증책임(설득책임)

증명의 필요가 있는 사실(요증사실)에 대하여 당사자가 신청한 모든 증거를 조사한 이후에도 사실인정자(법원이나 배심원)가 확신을 얻지 못하는 경우에 불이익한 판단을 받을 당사자의 지위가 실질적 거증책임이다. 이것은 소송의 구체적인 진행상황과 무관하게 사전(事前)에 정하여져 있어야 한다.

피고인은 유죄판결이 확정될 때까지는 무죄로 추정(275조의2)되므로 피고인이 자신의 무죄를 적극적으로 입증할 책임은 없다. 공소범죄사실 존재의 거증책임은 검사에게 있다.[9]

2. 형식적 거증책임[10]

실질적 거증책임을 부담하는 검사(1차적 입증의 부담자)가 먼저 유죄방향의 입증을 하였는데 상당한 정도로 유죄의 심증이 형성되는 국면이 되면 피고인측에게 형식적 거증책임이 이동한다. 이 국면을 타개하기 위하여 가령 피고인이 알리바이의 존재를 주장하고 강력하게 입증하면 또 다시 검사에게 형식적 거증책임이 이동한다. 당사자주의 소송구조가 강화되면 이 문제가 더 첨예하게 표출될 것이다.

예를 들면 D는 아동성폭행 혐의로 기소되었는데, 검사는 피해아동의 옷에서

---

9 무죄추정 규정은 형소법 외에 헌법 27조 4항; 프랑스 인권선언 9조, 세계인권선언 11조 1항에도 있다.

10 형식적 거증책임은 입증의 부담, 입증의 필요, 증거제출책임, 쟁점형성책임으로 지칭되기도 한다.

채취한 생체자료(피와 피부)의 DNA와 D의 DNA가 일치한다는 감정결과를 제시(검사의 증거제출책임의 수행)하였다. D의 유죄가 굳어지는 형국(D에게 증거제출책임이 이동함)이었다. 그러자 D는 검사가 추정하는 범행일시에 해외출장 중이어서 검사가 생각하는 범죄와는 전혀 관계가 있을 수 없다는 취지의 방어(이것이 알리바이 주장이다)를 성공리에 수행(다시 증거제출책임이 검사측으로 이동)하였다.

3. 검사에게 거증책임이 있는 사실

대체로 엄격한 증명의 대상인 사실은 검사에게 거증책임이 있다. 그러나 엄격한 증명대상인 사실과 검사에게 거증책임이 있는 사실이 반드시 일치하는 것은 아니다.

범죄구성요건에 해당하는 사실, 처벌조건인 사실, 법률상 형의 가중이유가 되는 사실의 존재와 위법성 조각사유, 책임조각사유, 처벌조각사유, 법률상 형의 감면이유가 되는 사실의 부존재[11]는 검사에게 거증책임이 있다.

그러나 피고인측도 최소한 사실인정자에게, '모종의 범죄조각사유가 있는 것이 아닐까' 하는 정도의 합리적 의심을 불러일으킬 만한 증거를 제출하여야 할 사실상의 책임이 있다. 이 책임이 쟁점형성책임이다.[12]

소송조건(친고죄의 고소, 공소시효의 미만료등)의 존재도 처벌의 전제조건이므로 검사에게 거증책임이 있다.

그러나 어느 증거의 증거능력의 존재는 그 증거의 제출자에게 거증책임이 있다. 증거가 주요사실의 존재에 대한 증거일 때 검사는 주요사실의 존재를 합리적 의심의 여지가 없을 정도로 입증하여야 한다.

〈알리바이의 거증책임〉

알리바이(alibi)란 '검사가 공소장에서 주장하는 피고인의 범행장소와 범행시각에 피고인은 다른 곳에 있었다'는 취지의 '피고인측의 현장부재 주장'이다. 피고인측이 알리바이를 주장하는 맥락은 검사의 주장에 대한 반증이자 탄핵이다. 현장부재주장은 검사가 주장하는 주요사실(material

---

11 이 사실들에 대하여는 '피고인측에 거증책임을 부담시키자'는 견해(소수설)가 있을 수 있지만, ⓐ 사립탐정제도를 인정하지 않고 ⓑ 수사권을 검사에게 집중, 독점시키는 법제 하에서는 수용하기 어려운 견해이다.

12 증거제출책임(형식적 거증책임)의 일종이다.

fact)의 부존재를 주장하는 피고인측의 주장이고 주요사실의 부존재를 추인시키는 방향의 강력한 정황증거이다. 예를 들어 ① '공소장기재 범행시간에 공소장기재 범행장소가 아닌 다른 장소에서 피고인을 목격하였다'는 취지의 '목격증인(eyewitness)의 진술'이 있으면, ② '피고인이 범행시간에 제3의 장소에 있었다'는 사실(주요사실의 존재를 부정하는 방향의 정황·간접사실)을 주장하는 것이고, ③ ①의 증거는 '피고인과 범인의 동일성'(주요사실)을 부정하는 방향(예를 들어 범행은 제3자의 범행이거나 V의 자작극)으로 작용한다. 알리바이의 거증책임에 대하여는, '현장부재 주장'은 공소범죄사실의 부존재를 주장하는 것인데 공소범죄사실존재의 거증책임은 검사에게 있으므로 '공소범죄사실의 부존재'의 거증책임도 검사에게 있다는 설(다수설)과 "무죄추정은 '현장부재 주장'에 적용이 없다"는 독일판례를 따르는 소수설(이재상)이 있다. 알리바이는 어느 정도로 입증하여야 하는가? 다수설은 엄격한 증명설로 짐작된다. '알리바이의 거증책임이 검사에게 있다'는 주장이 주장하는 바는 "검사는 '알리바이가 성립할 수 없음'(알리바이가 조작된 것이거나 무의미함)을 엄격한 증명으로 증명하여야 한다"는 주장이다. 다른 한편 '알리바이의 거증책임이 피고인에게 있다'는 주장이 주장하는 바는 "피고인은 '알리바이가 성립됨'(알리바이가 진실임)을 엄격한 증명으로 증명하여야 한다"는 주장이다. 알리바이는 궁극적으로 검사의 주장을 부인하는 것이므로 '통상의 부인사건'과 달리 취급할 이유가 없다. 서울지방법원 북부지원 1997. 2. 25. 선고 96고합315 판결은 이 입장에 섰다.

4. 거증책임의 전환

피고인이 거증책임을 부담하는 경우이므로 '실질적인 합리성'이 있어야 위헌시비를 벗어날 수 있다.

(1) 명예훼손죄의 '적시된 사실의 진실성'과 '적시의 공공성' 증명13

형법 310조(사실의 진실성과 적시의 공익성에 의한 명예훼손죄의 위법성조각)가 소송법적으로 거증책임전환규정인지 여부에 대하여 견해가 갈리고 있으나 판례는 긍정설14의 입장을 명시(㉮ 부분)하고 있다. 위법성조각사유의 부존재는 형벌권의 존

---

13 명예훼손죄의 위법성조각사유의 존재에 대한 거증책임은 피고인에게 전환된다. 대법원 1996. 10. 25. 선고 95도1473 판결: "공연히 사실을 적시하여 사람의 명예를 훼손한 행위가 형법 310조의 규정에 따라서 위법성이 조각되어 처벌대상이 되지 않기 위하여는 그것이 ㉮ 진실한 사실로서 오로지 공공의 이익에 관한 때에 해당된다는 점을 행위자가 증명하여야 하는 것이나, ㉯ 그 증명은 유죄의 인정에 있어 요구되는 것과 같이 법관으로 하여금 의심할 여지가 없을 정도의 확신을 가지게 하는 증명력을 가진 엄격한 증거에 의하여야 하는 것은 아니므로, ㉰ 이때에는 전문증거에 대한 증거능력의 제한을 규정한 형사소송법 310조의2는 적용될 여지가 없다."
14 긍정설은 소수설이고 부정설이 다수설이다.

재에 관한 중요한 사실이므로 특별한 명시적 조항이 없는 한 거증책임의 전환을 함부로 인정할 수 없다는 것이 부정설의 논거이다. 언론의 자유와 표현의 자유를 확보하려면 부정설이 유익하다.

(2) 사실의 허위성의 입증

적시된 사실이 '주관적·객관적으로 허위'임은 검사가 입증하여야 한다(대법원 2010. 10. 28. 선고 2009도4949 판결). '막연한 의혹을 제기하여 허위사실적시 혐의로 기소된 사안'(허위사실적시 명예훼손, 공직선거법상 허위사실공표등)에서 검사가 적시사실이 객관적으로 허위임을 입증하는 것은 불가능하므로 "ⓐ 후보자의 비리등에 관한 의혹의 제기는 비록 그것이 공직적격 여부의 검증을 위한 것이라 하더라도 무제한 허용될 수는 없고 그러한 의혹이 진실인 것으로 믿을만한 상당한 이유가 있는 경우에 한하여 허용되어야 하며, ⓑ 이 때 의혹사실의 존재를 적극적으로 주장하는 자는 그러한 사실의 존재를 수긍할 만한 소명자료를 제시할 부담을 진다. ⓒ 그러한 소명자료를 제시하지 못한다면 달리 그 의혹사실의 존재를 인정할 증거가 없는 한 허위사실 공표로서의 책임을 져야 한다. ⓓ 제시된 소명자료 등에 의하여 그러한 의혹이 진실인 것으로 믿을 만한 상당한 이유가 있는 경우에는 비록 사후에 그 의혹이 진실이 아닌 것으로 밝혀지더라도 표현의 자유보장을 위하여 이를 벌할 수 없다"(대법원 2003. 2. 20. 선고 2001도6138 전원합의체 판결).

(3) 상해의 동시범의 특례

형법 263조(동시범)는 '독립행위가 경합하여 상해의 결과를 발생하게 한 경우에 있어서 원인된 행위가 판명되지 않은 때에는 공동정범의 예에 의한다'고 규정하여 상해결과와 폭행행위와의 인과관계가 불명확한 경우에 각자를 공동정범의 예로 처리한다. 이 조문의 입법취지는 입증곤란의 회피에 있으므로 입법으로서의 합리성이 없어 헌법위반의 의심이 있다. 이런 이유로 다수설은 이 규정을 거증책임의 전환규정으로 해석한다.

(4) 배출물과 생명신체 등의 위험 사이의 인과관계등

근로기준법 115조 1항 단서[15]나 선원법 148조 1항 단서의 사업주의 무과실,

---

15 근로기준법 115조(양벌규정) ① 다만, 사업주(사업주가 법인인 경우에는 그 대표자, 사업주가 영업에 관하여 성년자와 동일한 능력을 갖지 않는 미성년자 또는 금치산자인 경우에는 그 법

환경범죄 등의 단속 및 가중처벌에 관한 법률 11조[16]를 피고인에게 거증책임을 전환시킨 것으로 해석하는 견해가 있지만 사용자의 종업원에 대한 선임·감독의무의 이행 여부는 검사가 증명하여야 한다는 견해도 있다.

〈공직선거법 250조의 '허위사실공표죄'의 법리(대법원 2011. 12. 22. 선고 2008도11847 판결)〉

"공직선거법 250조 2항 소정의 허위사실공표죄가 성립하기 위하여는 검사가 공표된 사실이 허위라는 점을 적극적으로 증명할 것이 필요하고, 공표한 사실이 진실이라는 증명이 없다는 것만으로는 위 죄가 성립할 수 없다. 이와 관련하여 그 증명책임의 부담을 결정함에 있어 어느 사실이 적극적으로 존재한다는 것의 증명은 물론이고 어느 사실의 부존재 사실의 증명이라도 특정 기간과 장소에서의 특정 행위의 부존재 사실에 관한 것이라면 여전히 적극적 당사자인 검사가 그를 합리적 의심의 여지가 없이 증명할 의무를 부담한다(대법원 2003. 11. 28. 선고 2003도5279 판결; 대법원 2004. 2. 26. 선고 99도5190 판결; 대법원 2006. 11. 10. 선고 2005도6375 판결 등 참조).

(중략) 그러나 한편, 근거가 박약한 의혹의 제기를 광범위하게 허용할 경우 비록 나중에 그 의혹이 사실무근으로 밝혀지더라도 잠시나마 후보자의 명예가 훼손됨은 물론 임박한 선거에서 유권자들의 선택을 오도하는 중대한 결과가 야기되고 이는 오히려 공익에 현저히 반하는 결과가 되므로, 후보자의 비리 등에 관한 의혹의 제기는 비록 그것이 공직 적격 여부의 검증을 위한 것이라 하더라도 무제한 허용될 수는 없고 그러한 의혹이 진실인 것으로 믿을 만한 상당한 이유가 있는 경우에 한하여 허용되어야 하며, 그러한 상당한 이유가 있는 경우에는 비록 사후에 그 의혹이 진실이 아닌 것으로 밝혀지더라도 표현의 자유 보장을 위하여 이를 벌할 수 없다(대법원 2003. 2. 20. 선고 2001도6138 전원합의체 판결; 대법원 2007. 7. 13. 선고 2007도2879 판결 등 참조). 그리고 허위사실공표죄에 있어서 의혹을 받을 일을 한 사실이 없다고 주장하는 사람에 대하여 의혹을 받을 사실이 존재한다고 적극적으로 주장하는 자는 그러한 사실의 존재를 수긍할 만한 소명자료를 제시할 부담을 지고, 검사는 제시된 그 자료의 신빙성을 탄핵하는 방법으로 허위성의 증명을 할 수 있다. 이때 제시하여야 할 소명자료는 위 법리에 비추어 단순히 소문을 제시하는 것만으로는 부족하고 적어도 허위성에 관한 검사의 증명활동이 현실적으로 가능할 정도의 구체성은 갖추

정대리인을 사업주로 한다. 이하 이 조에서 같다)가 위반 방지에 필요한 조치를 한 경우에는 그렇지 않다.

16 환경범죄 등의 단속 및 가중처벌에 관한 법률 11조(추정)는 "사람의 생명·신체, 상수원 또는 자연생태계 등(이하 "생명·신체등"이라 한다)에 위해(3조 3항 각호의 어느 하나에 해당하는 경우를 포함한다. 이하 이 조에서 같다)를 끼칠 정도로 오염물질을 불법배출한 사업자가 있는 경우 그 오염물질의 불법배출에 의하여 위해가 발생할 수 있는 지역에서 같은 종류의 오염물질로 인하여 생명·신체등에 위해가 발생하고 그 불법배출과 발생한 위해 사이에 상당한 개연성이 있는 때에는 그 위해는 그 사업자가 불법배출한 물질로 인하여 발생한 것으로 추정한다"고 규정하고 있다.

어야 하며, 이러한 소명자료의 제시가 없거나 제시된 소명자료의 신빙성이 탄핵된 때에는 허위사실 공표로서의 책임을 져야 한다(대법원 2005. 7. 22. 선고 2005도2627 판결; 대법원 2009. 3. 12. 선고 2008도11743 판결 등 참조)."

5. 추정

(1) 의의

일정한 사실(전제사실)이 증명되면 다른 사실(추정사실)을 인정할 수 있을 때 추정이라고 한다. 추정에는 ⓐ 법률상 추정과 ⓑ 사실상 추정이 있다.

(2) 법률상 추정

법률상 추정은 법률에 추정규정이 있는 경우[17]로, 반대사실이 적극적으로 입증되지 않는 한 전제사실이 증명되면 추정사실의 인정이 강제된다. 추정을 배제하는 반대사실의 입증이 허용되는 점에서 간주규정과 다르다. 검사가 전제사실을 증명하면 피고인측이 반대사실을 입증하지 못하는 한 법원이 추정사실을 인정하게 되므로 실질적으로 거증책임이 전환되는 경우와 크게 다르지 않다.

법률상의 추정규정을 두면 그만큼 법관의 자유심증을 제한하게 되어 실제의 사례가 많지 않다. 또 급박하고 합리적인 사정이 없이 법률상의 추정규정을 두면 위헌문제(적법절차 위반)가 발생[18]한다. 1986년 대법원은 구사회보호법 5조 1항 1호를 보호감호대상자의 재범의 위험성을 법률상 추정으로 파악하였으나 위헌시비가 끊이지 않아 현재는 사회보호법이 폐지된 상태이다.

(3) 사실상 추정

법관에게 A사실이 존재하면 통상 B사실의 존재가 추정된다는 논리칙·경험칙이 있을 때 사실상 추정이 추리된다. 법관의 논리칙·경험칙에 터잡아 행하여지는 심증형성이므로 자유심증의 작용이라는 측면도 있다. 사실상의 추정은 법률상의 추정과는 달리 반대사실이 적극적으로 증명되지 않아도 당사자가 합리적

---

17 환경범죄 등의 단속 및 가중처벌에 관한 법률 11조(추정)는 법률상의 추정 사례이다.

18 대법원 1986. 1. 28. 선고 85도2379, 85감도348 판결: "사회보호법 5조 1항 1호 소정의 보호감호대상자는 재범의 위험성이 법률상 추정되므로 따로 재범의 위험성 유무를 심리판단할 필요가 없다." 반대증거가 없는 한 재범의 위험성을 법률상 추정하였던 사회보호법상의 보호감호제도는 결국 폐지되었다.

의심을 제기하여 사실상의 추정을 깨뜨리면 증명이 필요한 사실로 전환될 수 있다.

〈사실상 추정의 사례(대법원 2001. 9. 4. 선고 2000도1743 판결)〉

"불법영득의사를 실현하는 행위로서의 횡령행위가 있다는 점은 검사가 입증하여야 하는 것으로서, 그 입증은 법관으로 하여금 합리적인 의심을 할 여지가 없을 정도의 확신을 생기게 하는 증명력을 가진 엄격한 증거에 의하여야 하는 것이고 이와 같은 증거가 없다면 설령 피고인에게 유죄의 의심이 간다고 하더라도 피고인의 이익으로 판단할 수밖에 없지만, 피고인이 자신이 위탁받아 보관하고 있던 돈이 없어졌는데도 그 행방이나 사용처를 제대로 설명하지 못한다면 일단 피고인이 이를 임의소비하여 횡령한 것이라고 추단할 수 있다(대법원 1994. 9. 9. 선고 94도998 판결 참조)."

> **8장 2절 퀴즈**

8.2.1 국회의원인 D는 "甲 주식회사 대표이사 乙에게서 3차례에 걸쳐 약 9억 원의 불법정치자금을 수수하였다"는 수뢰혐의로 기소되었다. 乙은, 검찰의 소환 조사에서는 '자금을 조성하여 D에게 정치자금으로 제공하였다'고 진술하였다가 제1심 법정에서는 이를 번복하여 '자금조성사실을 시인하면서도 D에게 정치자금으로 제공한 사실을 부인하고 자금의 사용처를 달리 진술'하였다. 제1심은 증거능력이 인정되는 乙의 검찰진술을 유력한 증거로 채택하여 D에게 유죄판결을 선고하였다. D는 "증인의 검찰진술과 법정진술이 모순될 때 공판중심주의 하에서는 법정진술을 우선시켜야 하는데 제1심은 검찰진술에 신빙성을 인정하였으니 제1심은 증거의 증명력평가를 그르친 위법이 있다"고 주장하며 항소하였다. D의 주장을 논평하시오.
힌트 : 대법원 2015. 8. 20. 선고 2013도11650 전원합의체 판결

8.2.2 D는 자전거 절도혐의로 기소되었다. 공판정에서 D는 "사법경찰관 P에게 조사받을 때 '그 자전거는 쓰레기장에 놓여 있었고 1주일 동안 주인이 찾아가지 않아 버린 것으로 알고 수선하여 쓸 생각으로 내집에 가져간 것'이라고 말했는데도 P가 듣지 않고 오히려 절도를 자백하라고 마구 때려 부득이 자백한 것"이라고 진술하였다. 검사는 P가 작성한 "아무런 폭력을 행사하지 않았는데 D가 임의로 자백했다"는 취지의 수사보고서를 D의 경찰자백의 임의성을 증명하려는 증거로 조사할 것을 신청하였다. 이 증거신청을 수소법원이 채택할 것인지 여부를 예측하시오.

8.2.3 위 8.2.2의 사안에서 수소법원은 절도의 유죄를 인정한 다음 D의 전과를 조회하는 절차를 밟지 않고 검사가 구두로 'D는 1년 전에 업무상과실치상죄의 혐의로 금고 6월에 처해져 그 집행을 종료한 전과가 있다'고 한 진술을 채용하여 D를 징역 8월에 처했다. 수소법원의 판결의 적법성을 논하시오.

8.2.4 상병 D는 소속대의 경비병으로 복무를 하고 있는 자로서 20◇◇. 7. 28 오후 10시부터 같은 날 오후 12시까지 소속 연대장숙소 부근에서 초소근무를 하라는 명령을 받고 야간근무를 하고 있었다. 다음 번 초소로 근무를 하여야 할 상병 V 가 1시간 반이나 늦은 이튿날 오전 1시 30분경 나타나자, 화가 난 D는 V와 다 투다가 주먹을 휘둘렀고 주먹에 맞은 V는 코피를 흘리게 되었다. V는 코피를 닦 으며 '월남에서는 사람 하나 죽인 것은 파리를 죽이는 것이나 같았다. 너 하나 못 죽일 줄 아느냐'라고 하면서, D의 등 뒤에서 카빙총을 겨누면서 실탄을 장전하여 발사할 듯한 모습을 연출하였다. D는 당황하여 먼저 V를 사살하지 않으면 자신 이 위험하다고 느껴 뒤로 돌아서면서 소지하고 있던 카빙소총을 V의 복부를 향 하여 발사하여 V가 사망하였다. 검사는 "만일 V가 D의 등 뒤에서 카빙총의 실탄 을 발사하였다면, 이미 그 침해행위는 종료되고 따라서 D의 정당방위는 있을 수 없을 것임에도 불구하고, D가 발사를 할 때까지는 V가 발사를 하지 아니한 점으 로 보아, V에게 D를 살해할 의사가 있다고는 볼 수 없으므로 D의 생명에 대한 현재의 위험이 있다고는 볼 수 없다"고 주장하였다. D는 V가 진짜로 발사할 의 사를 가지고 있었다고 주장하였다. 검사의 입증과 D의 변호인의 입증은 대등하 게 전개되었다. 수소법원의 재판을 예측하시오.

8.2.5 피고인이 알리바이를 주장하여 수소법원이 이의 존부를 심리하였지만 알리바이 사실의 존재를 증명하는 증거와 부존재를 증명하는 증거의 신빙성이 팽팽히 맞서 고 있다. 이 경우에 수소법원은 어떻게 해야 하는가?
힌트 : 서울지방법원 북부지원 1997. 2. 25. 선고 96고합315 판결

■ 퀴즈풀이

8.2.1
D의 주장에 일리가 있지만 예외도 있을 수 있다. 공판중심주의와 실질적 직접심리주의 등 형사소송의 기본원칙상 검찰진술보다 법정진술에 더 무게를 두어야 한다는 점을 감안하더라도, 乙의 법정진술을 믿을 수 없는 사정 아래에서 乙이 법정에서 검찰진술을 번복하였다는 이유만으로 조성 자금을 피고인에게 정치자금으로 공여하였다는 검찰진술의 신빙성이 부정될 수는 없고, 진술 내용 자체의 합리성, 객관적 상당성, 전후의 일관성, 이해관계 유무 등과 함께 다른 객관적인 증거나 정황사실에 의하여 진술의 신빙성이 보강될 수 있는지, 반대로 공소사실과 배치되는 사정이 존재하는지 두루 살펴 판단할 때 자금 사용처에 관한 乙의 검찰진술의 신빙성이 인정되면 乙의 검찰진술 등을 종합하여 공소사실을 모두 유죄로 인정한 원심판단에 자유심증주의의 한계를 벗어나는 등의 잘못이 없다.

8.2.2
사안의 수사보고서는 전문증거이므로 예외요건을 구비하지 못하는 한 엄격한 증명의 자료로 사용할 수는 없다. 그러나 자백의 임의성을 기초지우는 사실은 자유로운 증명의 대상이므로 사안의 수사보고서는 증거로 사용할 수 있다. 물론 수소법원이 그

수사보고서의 내용을 신뢰하여 자백의 임의성을 인정하여야 하는 것은 아니다. 수사보고서는 여러 증거자료 중 하나일 뿐이다.

8.2.3
단순한 양형자료는 자유로운 증명의 대상이지만 피고인이 1년 전에 금고 6월에 처해져 그 집행을 종료한 전과는 누범전과로서 형벌의 범위를 증가시키는 자료이므로 엄격한 증명의 대상이다. 누범전과를 인정하려면 전과조회 절차를 밟아야 하는데 사안에서 수소법원의 판결은 위법하다.

8.2.4 검사의 유죄입증과 피고인의 무죄입증이 대등하여 진위불명일 때 수소법원은 무죄판결을 선고하여야 한다(형소법 275조의2, 325조).

8.2.5
현장부재 증명은 단순히 소극적 사실의 증명에 그치는 것이 아니라 행위자가 행위시에 그 장소에 있었음을 증명하는 것으로 검사에게 그 증명책임이 있다. 따라서 알리바이 사실의 존재를 증명하는 증거와 부존재를 증명하는 증거의 신빙성이 팽팽히 맞설 때에 수소법원은 범죄의 존재에 대하여 합리적인 의심이 있음을 이유로 무죄판결을 선고하여야 한다.

제9장 자백과 위법수집증거

제1절 자백의 증거능력과 증명력

Ⅰ. 자백의 의의

자신의 범죄사실을 인정하는 피고인 자신의 진술이 자백이다. 피고인이 유
죄임을 인정(guilty plea)하여야 자백이 되는 것은 아니다. 예를 들어 피고인이 범죄
구성사실을 시인하였지만 위법성 조각사유인 사실이나 책임조각사유인 사실을
주장하면 피고인이 유죄를 인정한 것은 아니지만 자신의 범죄사실의 주요부분을
직접 시인하는 진술을 한 것이므로 그것은 자백이다.

영미법에서는 자백(自白 confession)과 자인(自認=承認 admission)을 구분한다. 자
신의 범죄사실의 전부 또는 주요부분을 직접 시인(인정)하는 진술을 자백으로 부
르고 자신의 범죄사실을 직접 시인(인정)하는 것은 아니지만 불이익한 사실을 인
정하는 진술을 자인으로 구분한다. 예를 들어 성추행 혐의를 받고 있는 사람이 '내
가 그녀의 가슴을 만졌다'고 하는 진술은 자백이다. 자신의 혐의를 부정하지만 자
신이 추정범행장소에 있었음을 인정하는 진술은 자인이다.[1] 하나의 자인만으로는
큰 의미가 없지만 자인이 복수로 쌓이고 다른 보강증거가 덧붙여지면 자인이 중요
하게 될 수도 있다.

---

1 대법원판결 중에도 자백과 승인을 구분하여 표현한 사례가 있다. "(전략) 이른바 신용성의 정
황적 보장이란 사실의 승인, 즉 자기에게 불이익한 사실의 승인이나 자백은 재현을 기대하
기 어렵고 진실성이 강하다는데 근거를 둔 것으로서(후략)"(대법원 1983. 3. 8. 선고 82도
3248 판결).

자백은 행동2일 수도 있지만 보통은 진술(statements)이다.

II. 자백의 증거능력 제한과 제한의 실질적 근거

피고인의 자백이 고문, 폭행, 협박, '신체구속의 부당한 장기화'3 또는 기망 '기타의 방법'4으로 '임의로 진술한 것이 아니라고 의심할 만한 이유가 있는 때'에는 이를 유죄의 증거로 하지 못한다(309조). 헌법 12조 7항에도 거의 유사한 조문이 있다. 이처럼 헌법과 형소법은 증거로 쓸 수 있는 자백에 임의성을 요구한다. 임의성 없는 의심이 있는 자백의 증거능력을 부정하는 취지를 분명히 하는 것이 중요하다. 피고인측의 공판전 자백이 있을 때 소추측은 임의성 있는 자백이라고 주장하고 반대로 피고인측은 임의성 없는 자백이라고 주장하면서 다툼이 생기므로 그 의미를 분명히 할 필요가 생긴다.

1. 학설

역사적으로 허위배제설(임의성이 없다 함은 허위자백을 유인하는 정황의 존재가 없다는 의미로 본다)이 먼저 출현하였고 다음에 인권옹호설(임의성이 없다 함은 '진술의 자유를 침해하는 유형·무형의 압박의 존재'를 의미한다)이 출현하였다. 1966년의 미란다 판결 이후에 위법배제설이 출현하였다. 위법배제설은 자백획득과정에서의 적정절차 또는 적법절차를 담보하는 방법으로서, 자백획득의 방법, 과정의 위법(예를 들어 별건체포 중의 별건에 대한 자백, 위법한 긴급체포 중의 자백)을 이유로 자백을 배제한다는 입장이다. 이 입장은 설사 자백획득의 임의성이 인정되어도 자백의 증거능력을 부인하여야 할 때(변호인의 조력을 받을 권리의 침해, 미란다 경고의 불고지)가 있다고 논증할 가능성이 열려 있는 '포괄적인 발상'이다.

2. 이 문제에 대한 리딩케이스(대법원 1998. 4. 10. 선고 97도3234 판결)의 재판요지

"(A) (a-1) 임의성 없는 자백의 증거능력을 부정하는 취지가 '허위진술을 유발

---

2 현장검증에서 피의자가 범행을 재연하면 그 범행재연은 행동으로 하는 자백이다(대법원 2007. 4. 26. 선고 2007도1794 판결 참조).

3 구속기간을 제한하기 때문에 한국에서는 이 사유가 발생할 여지가 희박하다.

4 비전형적 방법에 의한 자백(예를 들어 약속 후의 자백).

또는 강요할 위험성이 있는 상태 하에서 행하여진 자백은 그 자체로 실체적 진실에 부합하지 않아 오판의 소지가 있을 뿐만 아니라 (a-2) 그 '진위 여부를 떠나서 자백을 얻기 위하여 피의자의 기본적 인권을 침해하는 위법·부당한 압박이 가하여지는 것을 사전에 막기 위한 것'이므로 그 (B) (b-1) 임의성에 다툼이 있을 때에는 (b-2) 그 '임의성을 의심할 만한 합리적이고 구체적인 사실'을 피고인이 입증할 것이 아니고, 검사가 그 '임의성의 의문점을 해소'하는 입증을 하여야 한다."

(1) 경합설

이 리딩케이스를 절충설로 보는 견해가 있지만 경합설로 명명하는 것이 더 적절하다.5 '허위배제설과 인권옹호설의 경합(競合)'이란 자백내용에 허위가 개입할 의심이 있는 경우에 증거능력을 배제(a-1)하여야 할 뿐만 아니라, 자백채취과정에 인권(구체적으로 말하면 진술의 자유) 침해의 의심이 있는 경우에도 증거능력을 배제하여야 한다(a-2)는 취지이기 때문이다.

이 판결은 피고인이 자백의 임의성을 다투어 임의성이 불명해진 경우 '의문해소'의 거증책임이 검사에게 있음도 아울러 명시(b-2 부분, 또한 대법원 1984. 8. 14. 선고 84도1139 판결 참조)하고 있다.

(2) 위법배제설

자백에 임의성을 요구하는 근거에 관한 주류적 판례는 경합설이지만 위법배제설적인 견지가 아니면 이해될 수 없는 판례도 있다. 자백획득의 임의성이 인정되어도 자백의 증거능력을 부인하는 판례들은 대법원이 위법배제설의 일단을 수용하였음을 알려 준다.

"원심은, 검사 작성의 피고인 D2에 대한 제7회 내지 제10회 피의자신문조서는 검사가 변호인의 접견을 부당하게 제한하고 있는 동안에 작성된 것이라는 이유로 그 조서의 증거능력을 부정하였는바 그 판단은 법리상 수긍할 수 있는 것이고 부당한 접견제한이 없었다는 전제에서 원심판단을 비의(非議=비난)하는 논지는 받아들일 수 없다"(대법원 1990. 8. 24. 선고 90도1285 판결); "(구) 형사소송법 제200조 제2항(현행법 제244조의3 제1항)은 '검사 또는 사법경찰관이 출석한 피의자의 진술

---

5 절충설이란 허위배제설과 인권옹호설을 절충하여 제3의 학설을 만들었다는 취지인데 그런 학설은 없다.

을 들을 때에는 미리 피의자에 대하여 진술을 거부할 수 있음을 알려야 한다'고
규정하고 있는바, 이러한 피의자의 진술거부권은 헌법이 보장하는 형사상 자기에
불리한 진술을 강요당하지 않는 자기부죄(自己負罪)거부의 권리(privilege against
self-incrimination)에 터잡은 것이므로 수사기관이 피의자를 신문함에 있어서 피의자
에게 미리 진술거부권을 고지하지 않은 때에는 ㉯ 그 피의자의 진술은 위법하게
수집된 증거로서 ㉰ 진술의 임의성이 인정되는 경우라도 증거능력이 부인되어야
한다"(대법원 1992. 6. 23. 선고 92도682 판결); "긴급체포 당시의 상황으로 보아서도
그 요건의 충족 여부에 관한 검사나 사법경찰관의 판단이 경험칙에 비추어 현저히
합리성을 잃은 경우에는 그 체포는 위법한 체포이고, 이러한 위법은 영장주의에
위배되는 중대한 것이니 그 체포에 의한 유치 중에 작성된 피의자신문조서는 위법
하게 수집된 증거로서 특별한 사정이 없는 한 이를 유죄의 증거로 할 수 없다"(대
법원 2002. 6. 11. 선고 2000도5701 판결).

3. 임의로 진술한 것이 아니라고 의심할 만한 전형적인 사유들

첫째, 고문, 폭행, 협박에 의하여 강제되었다 함은 육체적 혹은 정신적인 고
통을 줄 수 있는 강제행위 일체를 포함한다. 고문, 폭행, 협박이 있은 직후 자백
이 있다면 그 자백은 강제된 자백으로 의심하기에 충분하다. 설사 그 자백내용이
진실로 판명된다 하더라도 그 자백은 증거로 사용할 수 없다. 이 범위에서는 허
위배제설이 인권옹호설에 의하여 수정되는 셈이다.

〈임의로 진술한 것이 아니라고 의심할 만한 사례(대법원 1977. 4. 26. 선고 77도210 판결)〉

> "이 사건을 수사함에 있어서 수사기관에서 피고인 등에게 폭행 등으로 이 건 범죄사실의 자백을
> 강요하였다고 의심할 만한 다음과 같은 자료가 있다. 이 사건을 수사한 경찰관 P는 1심 증언에서
> 피고인 D를 조사할 시 '나무가지로 발바닥을 때렸다'고 자인하고 있다. 피고인 등은 '수사기관에서
> 잠을 못 자게 하였다'고 진술하고 있는 바 수사기록 71면의 피고인 D의 자백진술서의 기재시간은
> 1976. 3. 1. 0시 50분이고 280면의 진술조서는 3. 6 새벽 1시 25분이며, 345면의 진술서는 3. 6
> 오후 10시 50분, 387면의 진술서는 3. 7 새벽 3시 55분등으로 기재되어 있어 피고인등의 진술을
> 뒷받침하고 있다."

둘째, 신체구속이 부당하게 장기화된 이후의 자백도 강제된 자백으로 의심
할 만한 전형적인 자백의 하나이다.

셋째, 기타의 방법으로 자백의 임의성을 의심할 만한 정황은 수갑을 찬 상태

로 조사한다든가 혹은 먹지 못하게 한 상태로 상당한 기간 동안 조사를 지속한
후에 자백이 나온 경우를 들 수 있다. 이런 경우에는 특단의 사정이 없는 한 임
의로 진술한 것이 아니라고 의심할 만한 이유가 있다고 볼 만하다.

넷째, 피의자의 자백이 경험법칙에 위배되는 등 합리성이 의심되는 경우에
는 자백하게 된 경위를 따져 그 신빙성 유무를 검토하여야 하고, 공범의 진술이
피의자의 혐의를 인정할 유일한 증거인 경우에도 그 증명력 판단에 더욱 신중해
야 한다(인권보호수사준칙 43조 참조).

4. 임의로 진술한 것이 아니라고 의심할 만한 비전형적인 사유

비전형적 자백으로 약속자백이 있다. 기망자백과 약속자백의 구분은 애매하
다. 수사기관의 '불기소처분이나 석방의 제안 혹은 가벼운 죄를 명목으로 하는
소추를 하겠다'는 약속과 교환조건으로 행하여진 자백은 허위의 의심이 있어 자
백의 임의성에 의심을 초래한다(대법원 1983. 9. 13. 선고 83도712 판결).

그러나 처음부터 이행의 의도가 없는 수사기관의 약속 후에 행하여진 자백
은 약속자백이라기보다 기망자백이다(대법원 1985. 12. 10. 선고 85도2182, 85감도313
판결).

III. 자백의 증명력 제한(보강증거의 필요)

310조는 '불이익한 자백의 증거능력'이라는 제목으로 "피고인의 자백이 그
피고인에게 불이익한 유일의 증거인 때에는 이를 유죄의 증거로 하지 못한다."고
규정하고 있다. 그 의미는 증거능력 있는 자백 외에 다른 보강증거가 더 있어야
법원의 유죄판결이 가능하다는 취지로 이해된다. 이를 자백의 보강법칙으로 부르
기도 한다.

보강법칙의 인정근거, 보강을 요하는 자백, 보강증거를 필요로 하는 범위,
보강증거능력과 보강증거적격, 보강증거의 증명력 등이 주요쟁점들이다.

1. 보강법칙의 인정근거

보강법칙을 인정하여 자유심증주의(308조)의 중대한 예외를 인정한 이유는
무엇인가? 자백편중과 자백강요의 실무관행과 실무경향을 제한하여 만에 하나라
도 있을지 모르는 오판(誤判)사고를 막기 위한 것이다.

2. 보강을 요하는 자백

(1) 공판정 자백과 공판정외의 자백

자백편중으로 인한 오판의 방지라는 310조의 취지에 비추어 볼 때 공판정자백을 공판정외의 자백과 구별할 이유는 없으므로 피고인이 공판정에서 자백한 때라 하더라도 310조의 적용이 있다(이설 없음). 그러나 영미법에서 공판정에서의 자백에는 보강법칙의 적용이 없다.

(2) 310조의 피고인과 공범자의 자백

문제되는 피고인 D는 범죄사실을 부인하고 있는데 공범자로 기소된 D2의 신빙성 있는 자백(나는 D와 함께 범행을 하였다)이 있고 다른 증거는 없다고 하자. 특단의 사정이 없는 한 형사소송법상 '피고인'은 '문제가 되는 특정의 1인(D)'을 지칭하고 그 1인의 공범자나 공동피고인(D2, D3)까지 포섭하는 것이 아니다(소송법률관계의 개별성). 따라서 법 310조의 '피고인의 자백'이란 '특정한 1인의 피고인(D)의 자백'이다. 극단적으로 이 경우에 자백한 D2에게는 무죄, 부인한 D에게는 유죄가 선고될 수 있다. 이런 결과발생의 가능성을 불가피한 일로 치부하는 입장(판례설)과 심각하게 경계하는 입장(대부분의 학설, 미국의 일부 주법)이 있다.

이 입장은 자백의 증명력을 제한하는 법 310조와 동일한 내용이 헌법 12조 7항에도 인권조항으로 삽입되어 있으므로 피고인이 범죄사실을 자백하고 있는 경우에 법 310조의 피고인에는 공범자(D2)도 포함된다고 해석하여야 한다고 주장한다(판례 반대). 예를 들어 공범자 1인(D2)의 진술('내가 D에게 5만 달라를 주었더니 D가 이를 받았다'는 취지의 법정진술이나 법정외진술)을 유일한 근거로 삼아 부인하고 있는 다른 공범자 피고인(D)의 범죄사실을 인정함을 허용해서는 안 된다는 것이다. 왜냐하면 ① 그 경우의 공범자(D2)의 자백은 피고인(D)의 자백과 차이가 없고 또한 ② 이렇게 해석하지 않으면 극단적인 경우에 자백한 공범자(D2)는 무죄판결을 받고 부인한 피고인(D)만 유죄판결을 받게 되는 이상한 결과가 초래될 가능성이 있기 때문이다. 그러나 이 견해도 2인 이상의 공범자(D2, D3)의 자백만으로 부인하고 있는 다른 공범자 피고인(D)에게 유죄선고를 함은 인정될 수 있다고 한다. 독립하는 2인 이상의 복수의 진술이 있을 때는 310조가 예상하는 '정형적인 오판의 위험'이 해소될 수 있기 때문이라는 것이다.

3. 보강증거의 범위

(1) 죄체설과 실질설

'죄체6의 전부 또는 적어도 중요부분에 대하여 보강증거가 필요하다'는 죄체설과 범위를 한정하지 않고 '자백과 합하여 공소사실의 진실성을 담보하기에 족한 증거가 있으면 족하다'는 실질설(진실성담보설, 판례)이 갈리고 있다.

(2) 실질설에 대한 비판

310조의 취지는 사실인정자(법원)로 하여금 ㉮ 먼저 자백 이외의 다른 증거들을 충분히 조사해 본 다음에 ㉯ 자백조서 등을 조사할 것을 요구7한다. 만약 그렇게 하지 않으면 자백편중의 실무관행과 실무경향을 저지할 수 없게 될 것이다. 실질설을 취하면 죄체의 극히 일부분에 대한 증거, 혹은 죄체와 관계없는 증거만으로도 때로 자백을 보강할 수 있게 된다. 그렇게 해석하여 310조의 취지, 즉 자백편중으로 인한 오판을 방지하고 자백강요의 실무관행을 개선할 수 있겠는지 의심스럽다. 또 실질설에 따르면 법원이 유죄판결에서 '자백사실의 진실성을 담보할 수 있는 보강증거가 있다'고 판시할 때 피고인 측이 어떻게 법원의 사실인정에 대하여 '합리적인 자유심증의 범위를 일탈한 위법이 있다'고 다툴 수 있을지 애매하여진다.

(3) 소결

죄체설을 수용하여야 합당한 설명을 할 수 있다. 보강증거가 필요한 죄체의 범위에 대하여는 여러 견해가 경쟁하고 있지만 객관적 법익침해사실(이를 '죄체'로 약칭한다)의 중요부분과 그 침해사실이 누군가의 범죄행위에 기초하여 행하여진 것임을 증명(그러나 범인과 피고인의 동일성 부분에 대하여까지 보강증거를 요구하는 것은 지나치다)하는 보강증거가 필요하다.

---

6 죄체(corpus delicti)란 범죄(구성)사실의 객관적 측면(실행행위, 결과, 인과관계)을 말한다. '누범가중의 사유(금고 이상의 형을 받아 집행종료 후 3년 내에 금고 이상의 형에 해당하는 범죄를 범한 사실)', '추징의 이유가 되는 몰수불능사실'은 범죄사실이 아니므로 죄체가 아니다.

7 규칙 135조(자백의 조사 시기) 법 312조 및 법 313조에 따라 증거로 할 수 있는 피고인 또는 피고인 아닌 자의 진술을 기재한 조서 또는 서류가 피고인의 자백 진술을 내용으로 하는 경우에는 범죄사실에 관한 다른 증거를 조사한 후에 이를 조사하여야 한다.

(4) 구체적 고찰

1) 범죄의 주관적 측면

범죄의 주관적 측면인 고의와 과실, 목적범의 목적 등에 대하여는 그 성질상 보강증거를 요구함이 곤란하고 또한 그것은 객관적 사실의 입증으로 추인시킬 수 있으므로 그에 대한 보강증거까지 요구하는 것은 검사에게 가혹한 요구이다.

2) 경합범

경합범은 수개의 범죄사실이 있는 경우이므로 하나하나의 단일범죄마다 보강증거가 필요하다. 상상적 경합범은 가장 중한 범죄에 대하여 보강증거가 있으면 족하고 포괄일죄는 상습성이나 직업성, 단일한 의사의 존재를 인정할 수 있는 범위에 대하여 보강증거가 있으면 족하다.

3) 보강증거로 인정된 사안들

① "자백의 보강증거는 자백한 사실이 가공(架空, 가상)적인 것이 아니고 진실한 것이라고 인정할 수 있는 정도의 증거이면 족하고 직접증거뿐만 아니라 정황증거로도 족한 것이다. 이 사건에서 D는 경찰조사 이래 간통사실을 일관하여 자백하고 있는바, 검사 및 사법경찰관 사무취급이 작성한 D의 남편이던 H에 대한 진술조서 기재를 보면 'D가 간통사실을 자인하는 것을 들었다'는 내용 외에도 위 공소사실 기재의 '간통범행 일시 경에 D의 가출과 외박이 잦아 의심을 하게 되었다는 취지의 진술'이 있고 이러한 정도의 증거이면 D의 위 자백이 가공적인 사실이 아니라 진실한 것이라고 인정할 만한 보강증거가 될 수 있다"(대법원 1983. 5. 10. 선고 83도686 판결).

② "절도의 공소사실에 대한 피고인의 자백에 충분히 진실성이 인정되면 '피고인의 집에서 해당 피해품을 압수한 압수조서와 압수물 사진'은 그 보강증거가 된다"(대법원 2008. 5. 29. 선고 2008도2343 판결).

③ "피고인은 이 사건 공소사실 중 O로부터의 뇌물수수의 점에 관하여 검찰 및 1심 법정에서 자백하였고 그 자백에 신빙성이 있다. 피고인은 위와 같이 자백하면서 'O로부터 수수한 2억 원을 포함한 뇌물의 주요 사용처에 관하여 친구인 O2와 함께 양평 소재의 토지 및 잠실 1단지 상가 구입자금으로 사용하였다'고 일관되게 진술하였음을 알 수 있으므로, 위와 같은 피고인의 진술과 일치하는 내용의 'O2작성의 각 진술서'는 이 부분 공소사실에 대한 피고인의 자백을 보강하는

증거가 된다"(대법원 2010. 4. 29. 선고 2010도2556 판결).

④ "O의 경찰, 검찰 진술, 감정의뢰회보에 의하면, O는 2010. 2. 18. 01:35 경 위 스타렉스 차량을 타고 온 피고인으로부터 필로폰 0.06g을 건네받은 후 피고인이 위 차량을 운전해 갔다고 진술하였고, 2010. 2. 20. '피고인으로부터 채취한 소변에서 필로폰 양성 반응이 나왔다'는 것인바, 위와 같은 증거는 피고인이 필로폰 투약으로 정상적으로 운전하지 못할 우려가 있는 상태에 있었다는 공소사실 부분에 대한 자백을 보강하는 증거가 되기에 충분하다"(대법원 2010. 12. 23. 선고 2010도11272 판결).

4) 보강증거로 인정되지 못한 사안들

① D2는 D3와 함께 지나가는 행인의 손가방 1개를 낚아챈 특수절도 혐의로 기소되었다. 항소심은 D2의 1심 및 항소심 법정에서의 공소사실에 부합하는 진술(자백)과 사법경찰관 사무취급 작성의 W(참고인)에 대한 진술조서의 기재를 종합하여 "D2가 D3와 합동하여 충주시 불상(不詳) 길가를 지나는 성명불상인이 들고 가는 현금 18,000원이 들어 있는 손가방 1개를 낚아채어 절취"한 사실을 인정하여 유죄판결을 선고하였다. 사법경찰관 사무취급 작성의 W에 대한 (차량도난사실의) 진술조서의 기재내용은 "W가 1985. 4. 30. 22:00경 성남시 태평동 자기 집 앞에 세워 둔 경기 파란색 봉고화물차 1대를 도난당하였다"는 내용뿐이고 D2는 법정에서 위 봉고차의 절취사실을 시인하고 있다. "W에 대한 진술조서의 기재는 D2의 위 봉고차의 절도사실의 자백에 대한 보강증거는 될 수 있으나 D2가 위 차를 타고 충주까지 가서 이건 범행을 하였다는 자백은 그 차량을 범행의 수단, 방법으로 사용하였다는 취지가 아니고 D2가 범행장소인 충주시에 가기 위한 교통수단으로 이용하였다는 취지에 불과하여 이 사건 절도사실과는 직접적으로나 간접적으로 아무런 관계가 없다. W의 차량의 도난사실의 진술조서의 기재는 이 사건(손가방 1개의 특수절도) D2의 자백에 대한 보강증거는 될 수 없다"(대법원 1986. 2. 25. 선고 85도2656 판결).

② "실체적 경합범은 실질적으로 수죄이므로 각 범죄사실에 관하여 자백에 대한 보강증거가 있어야 하는바(대법원 1959. 6. 30. 선고 4292형상122 판결 참조), 1심이 유죄의 증거로 삼지 아니한 증거 중 '피고인이 O2로부터 필로폰을 매수하면서 그 대금을 O2가 지정하는 은행계좌로 송금한 사실'에 대한 압수수색검증영장 집행보고는 필로폰 매수행위에 대한 보강증거는 될 수 있어도 그와 실체적 경합

범 관계에 있는 필로폰 투약행위에 대한 보강증거는 될 수 없다"(대법원 2008. 2. 14. 선고 2007도10937 판결).

4. 보강증거의 자격과 적격

(1) 증거능력

보강증거는 엄격한 증명의 대상이 되는 범죄사실 인정에 사용되는 증거이기 때문에 증거능력이 있는 증거이어야 한다. 따라서 보강증거에도 전문법칙등 다른 증거법칙이 적용된다.

(2) 보강증거적격

보강증거는 자백 이외의 다른 독립증거이어야 한다. 이 점과 관련하여 대법원은 범죄의 혐의를 받기 전에 "범죄사실의 인정여부와 관계없이 (중략) 그 업무수행에 필요한 자금을 지출하면서, 스스로 그 지출한 자금내역을 자료로 남겨두기 위하여 뇌물자금과 기타 자금을 구별하지 않고 그 지출 일시, 금액, 상대방 등 내역을 그때그때 계속적, 기계적으로 기입한 수첩의 기재내용은, 피고인이 자신의 범죄사실을 시인하는 자백이라고 볼 수 없으므로, 증거능력이 있는 한 피고인의 금전출납을 증명할 수 있는 별개의 증거"(대법원 1996. 10. 17. 선고 94도2865 판결)로 보고 있다. 이에 대하여는 그것도 피고인의 자백이라는 실질에 차이가 없고 기재내용이 허위일 가능성이 높으므로 의문시하는 반대설이 유력하다.

생각건대 자백은 '범죄중·범죄직후의 자백'과 '범죄후의 자백'을 구별하여야 한다. 보강법칙이 문제되는 자백은 범죄 후 수사기관 혹은 법원의 추궁·질문을 받거나 그것을 염두에 둔 자백이다. 이에 반하여 '범죄중·범죄직후 수사기관등의 추궁과 무관하게 범인이 진술한 것은 자백강요로 인한 오판의 위험과 관련이 없다. 1996년 판결은 계속적, 기계적으로 기입한 수첩의 기재내용을 자백이 아니라고 하지만 그런 논증보다는 '범죄중·범죄직후의 자백'은 자백이지만 보강증거를 요하는 자백이 아니라고 보는 것(미국의 실무례)이 어떨까 한다.

(3) 피고인 본인이 자백하고 있는 경우 공범자의 자백

판례설에 따르면 공범자 D2의 자백은 피고인 D 본인의 자백이 아니다. 따라서 피고인 D 본인이 자백하고 있는 경우에 공범자 D2의 자백은 보강증거적격이 있다. 310조의 피고인에는 공범자(D2)도 포함된다고 해석하여야 한다는 견해도 독립하는 복수의 자백이 있으면 법이 예상하는 정형적인 오판의 위험은 해소된다고 해석하여 공범자 D2의 자백에 보강증거적격을 인정한다.

5. 보강증거의 증명력

자백의 보강증거는 그것만으로 공소사실을 인정하는데 합리적인 의심의 여지가 없을 정도의 증명력을 필요로 하지 않고, 그 사실의 존재를 일응 증명할 수 있는 정도의 증거로 족하다. 예를 들어 자백과 보강증거를 합하여 합리적인 의심의 여지가 없을 정도로 죄체를 증명(죄체설을 취할 경우)하거나, 자백사실의 진실성을 담보하는 증명(실질설을 취할 경우)이 가능하면 족하다.[8]

6. 자백의 조사 시기

"312조 및 313조에 따라 증거로 할 수 있는 피고인 또는 피고인 아닌 자의 진술을 기재한 조서 또는 서류가 피고인의 자백 진술을 내용으로 하는 경우에는 범죄사실에 관한 다른 증거를 조사한 후에 이를 조사하여야 한다"(규칙 135조(자백의 조사 시기)).

7. 보강법칙의 적용이 없는 절차

즉결심판사건(즉결심판법 10조)과 소년보호사건에는 적용이 없지만(대법원 1982. 10. 15. 자 82모36 결정) 간이공판절차와 약식절차에는 적용된다.

---

8 "자백에 대한 ㉮ 보강증거는 범죄사실의 전부 또는 중요 부분을 인정할 수 있는 정도가 되지 아니하더라도 피고인의 자백이 가공적인 것이 아닌 진실한 것임을 인정할 수 있는 정도만 되면 족할 뿐만 아니라 ㉯ 직접증거가 아닌 간접증거나 정황증거도 보강증거가 될 수 있으며(대법원 1998. 3. 13. 선고 98도159 판결; 대법원 1995. 6. 30. 선고 94도993 판결 등 참조), 또한 ㉰ 자백과 보강증거가 서로 어울려서 전체로서 범죄사실을 인정할 수 있으면 유죄의 증거로 충분하다"(대법원 1998. 12. 22. 선고 98도2890 판결).

9장 1절 퀴즈

9.1.1 살인혐의로 기소된 피고인 D가 구성요건해당사실을 인정하지만 위법성조각사유(정당방위)나 **책임조각사유**(행위당시의 책임무능력)를 주장한다. 이 사안에서 자백(confession)이 있는가?

9.1.2 기소된 범죄에 대하여 유죄임을 인정하는 진술을 유죄답변(plea of guilty)으로 부르기로 하자. 유죄답변은 자백인가?

9.1.3 (진위형) 다음 질문에 대하여 O·X로 답하시오.
   (1) 검사가 피고인 D에 대한 유죄증거로 D의 범죄시인진술(피의자신문조서, 조사자증언, 자술서=진술서)을 사용하는 때에는 그것이 언제, 누구에게 행한 것인지를 묻지 않으며, 서면이든 구술이든 모두 자백이다.
   (2) 공판정에서 (피고인·증인으로서) 한 것(법정자백), 공판정외(밖)에서 한 것(공판정외자백 혹은 법정외자백), 피의자·참고인으로서 수사기관에 대하여 한 것(수사상 자백(경찰자백, 검찰자백)), 사인(私人)에 대하여 한 것(법 313조 1항, 316조 1항·2항), 민사절차에서 증인으로서 한 것, 자신의 일기에 쓴 것을 막론하고 D의 범죄시인진술은 모두 자백이다.
   (3) 자백은 구술자백(어느 단계에서 누구에게 한 것이고 누가 기록한 것인지, 누가 법정에서 전문진술하는지 여부에 따라 적용법조가 달라진다)과 서면자백(자백진술서)으로 분류할 수 있다.
   (4) 예단배제의 원칙, 보강법칙의 취지를 존중하려면 '범죄사실에 대한 다른 증거'(예를 들어 보강증거)를 모두 조사한 후에 마지막으로 하는 것이 타당하다는 견해가 있으나 실정법적 근거가 없는 견해이다.

9.1.4 공무원 D는 수뢰혐의로, 건설업자 D2는 D의 직무에 관하여 뇌물을 공여한 혐의로 병합기소되었다. 공동피고인 D2의 임의성 있는 공판정 진술(내가 공무원 D의 직무행위에 대한 대가로 5만 달러를 주었더니 D가 이를 받고 아무도 모르게 슬쩍 안주머

니에 넣었다)이 있었는데 수소법원은 이 진술만으로 유죄의 심증을 인정하여 D에게 유죄판결을 선고하였다. 이 판결에 형소법 310조에 위반한 위법이 있는가?

힌트 : 대법원 1985. 6. 25. 선고 85도691 판결

9.1.5 D는 "도로변에서 성명불상의 V(남, 30대 초반)가 술에 취하여 잔디밭에 쓰러져 잠을 자고 있는 것을 발견하고 V에게 접근하여 V의 바지 뒷주머니에 손을 집어 넣어 현금 1,000,000원 등이 들어 있는 지갑 1개를 꺼내어 가 이를 절취"(이하 '절도피고사건'으로 약칭함)한 혐의로 기소되었다. 유죄증거로 제출된 것은 D의 법정에서의 시인진술, D가 작성한 가계부(금전출납부)가 전부이다. 가계부는 D가 혼자 생활하면서 지출한 모든 금전거래관계(술, 담배, 음식값, 외상대금, 차용금, 다른 사람의 작업을 도와주고 받은 수입, 길에서 습득한 휴대폰을 주인에게 되돌려 주고 사례비로 받은 돈 등)를 '절도피고사건'의 혐의를 받기 이전에 그날그날 있었던 자신의 현금 입출금을 기억하기 위하여 노트에 기록하여 둔 것으로 D의 구속이후에 적법하게 경찰에 압수된 것이다. 가계부의 기록 중 공소사실 일시와 장소에 근접하는 기록부분은 다음과 같다: "잔디밭에 쓰러져 잠을 자고 있는 자가 있었다. 간만에 1,000,000원을 횡재했다." 제1심은 D가 작성한 가계부(금전출납부)도 자백이므로 보강증거가 없다는 이유로 무죄판결을 선고하였다. 검사가 항소하였다. 검사의 항소이유를 예상하여 보시오.

힌트 : 대법원 1996. 10. 17. 선고 94도2865 판결

◼ 퀴즈풀이 —————————————————————————————————

9.1.1
범죄혐의와 관련하여 자기에게 불리한 사실을 인정하는 진술이 자백이다. 위법성조각사유나 책임조각사유를 주장한다 하더라도 구성요건해당사실도 자신에게 불리한 사실을 인정하는 진술이므로 자백이 있는 것이다.

9.1.2
유죄답변은 구성요건해당사실을 인정할 뿐만 아니라 위법성조각사유나 책임조각사유조차도 존재하지 않음을 인정하는 것이므로 가장 강력한 자백이다. 유죄답변한 자에 대하여 한국 형소법은 어떤 보상도 부여하고 있지 않다. 그러나 법관이 양형상 고려할 수는 있다. 한국의 법무부·검찰이 수시로 그 도입을 주장하는 '한국형 플리 바기닝 제도'는 '미국식 플리 바기닝 제도'의 일부를 도입하자는 주장인데 변번이 학계, 법원, 대한변협의 반발에 부닥쳐 좌절되고 있다. 플리 바기닝 제도도입론에 대한 반대논거는 'ⓐ 실체적 진실주의에 반하고, ⓑ 검사에게 너무나 많은 무기를 주는 것이 되어 적법절차에 반한다'는 점이다.

9.1.3
(1) O
(2) O
(3) O

(4) X 형사소송규칙 135조(자백의 조사 시기)는 "법 312조 및 법 313조에 따라 증거로 할 수 있는 피고인 또는 피고인 아닌 자의 진술을 기재한 조서 또는 서류가 피고인의 자백 진술을 내용으로 하는 경우에는 범죄사실에 관한 다른 증거를 조사한 후에 이를 조사하여야 한다."고 규정하고 있다.

9.1.4
공동피고인(D2)의 임의성 있는 진술의 피고인(D)의 형사피고사건에서의 증거능력에 대하여는 'ⓐ 공판절차에서 피고인(D)은 공범자인 공동피고인(D2)에 대하여 반대신문권이 보장되어 있고, ⓑ 공범자(D2)의 공판정자백은 공범자(D2) 자신에 대하더라도 불리한 증거로 사용되므로 증거능력을 인정하여야 한다'는 적극설(대법원 1985. 6. 25. 선고 85도691 판결), '변론을 분리하여 공범자(D2)를 증인으로 신문하지 않는 한 공범자(D2)의 (피고인 D에게) 불이익한 법정진술을 피고인(D)의 공소사실에 관한 증거로 사용할 수 없다'는 소극설, '공판정에서 불이익한 진술을 한 공범자(D2)에 대하여 피고인(D)이 충분히 반대신문하였거나 반대신문의 기회가 부여된 경우에 한하여 증거능력을 인정하자'는 절충설이 경쟁하고 있다. 판례는 공범인 공동피고인은 310조의 피고인에 포섭되지 않는다는 입장이므로 판례에 따르면 적어도 사안의 판결에 310

조 위반의 위법은 없다.

9.1.5

D가 범죄혐의를 받기 전에 범죄혐의와 관계없이, 자신의 업무수행에 필요한 내역을 계속적, 기계적으로 기입한 가계부(금전출납부)는 사무처리 내역을 증명하기 위하여 존재하는 문서로서 그 존재 자체 및 기재가 그러한 내용의 사무가 처리되었음의 여부를 판단할 수 있는 별개의 독립된 증거자료이고 D가 범죄사실을 자백하는 문서가 아니다(판례). 제1심은 사안의 가계부(금전출납부)를 자백이라고 판단하여 무죄판결을 선고하였으므로 위법한 판결이다.

제2절 위법수집증거배제법칙

Ⅰ. 위법수집증거배제법칙의 개요

2008년부터 시행된 개정형소법에서 가장 중요한 것 중 하나는 "적법한 절차에 따르지 않고 수집한 증거는 증거로 할 수 없다"는 조문(308조의2)의 신설이다. 또 2011. 7. 18.자 형소법 개정(2012. 1. 1. 시행)에서는 적법한 대물적 강제처분집행의 범위를 강제집행의 원인(빌미)이 된 영장발부범죄사건과 관련성 있는 증거에 한정[106조(압수), 107조(우체물의 압수), 215조(압수, 수색, 검증), 219조(준용규정)]하였다. 이 개정은 대법원 2008. 7. 10. 선고 2008도2245 판결; 대법원 2011. 5. 26. 자 2009모1190 결정으로 촉발되었다. 위 두 사항의 개정은 향후 위법수집증거배제법칙의 운용에 지대한 영향을 미칠 것이다.

〈위법수집증거배제법칙이라는 용어의 의미〉

> 위법한 절차에 의하여 수집된 증거는 유죄인정의 증거로 삼을 수 없다는 규칙이 있다면 그 규칙이 위법수집증거배제규칙이다. 학계에서는 이 규칙을 위법수집증거배제 '법칙'으로 지칭하고 있지만 이 규칙은 인정되기도 하고 부정되기도 하며 그 내용이 변경되기도 하므로 위법수집증거배제법칙이라는 용법보다는 위법수집증거배제규칙이 더 적절한 용어법이다.

이 법칙을 이해하려면 다음과 같은 점을 주의하여야 한다.

첫째, '위법한 절차'라고 하지만 좀 더 구체적으로 말하면 다음과 같다. 수사기관의 증거수집에는 남용의 가능성이 있고 그 남용의 결과 상대방은 심각한 손해를 경험할 수 있다. 이리하여 형소법은 수사기관이 피의자를 체포·구속할 때는 사전·사후에 미리 권리사항을 고지하도록 하고 피의자신문을 할 때는 미란다 경고를 하도록 하고 있다. 또 형소법은 수사기관이 수색·압수를 할 때에는 사전에 영장을 발부받도록 하고 집행할 때에는 상대방에게 영장원본을 제시하도록 하고 상대방이 집행현장에 참여하도록 배려하고 있다. 수사기관이 이 중에 하나라도 소홀히 하면 그 후에 수집된 증거는 진술증거이든 비진술증거이든 모두 위법수집증거가 될 수 있다. 수사기관이 사전·사후에 준수하여야 할 절차란 한마디로 요약하여 적법절차이고 적법절차를 지키지 못하는 증거수집행위가 절차위

배행위이다. 절차위배행위를 수단으로 수집된 증거가 위법수집증거이고 위법수
집증거를 증거로 사용하도록 허용할 것인가의 문제가 위법수집증거배제법칙의
문제이다.

둘째, 절차위배행위를 수단으로 수집된 증거에 대하여 예외 없이 증거능력
을 배제할 것인가? 대부분의 국가들은 일부의 위법수집증거는 배제하고 일부의
위법수집증거는 배제하지 않는다. 문제는 원칙적으로 배제하도록 할 것인가 아니
면 원칙적으로 배제하지 않도록 할 것인가의 선택의 문제이다. 현행법은 원칙적
배제를 선언하였다(308조의2). 그러므로 어떤 경우에 위법수집증거임에도 불구하
고 증거가 될 수 있는가의 문제를 분명히 할 필요가 있다. 흠(절차위배행위)의 정도
를 가지고 판별할 수밖에 없을 것이다. 흠이 사소한 경우를 대법원은 '적법절차
의 실질적 내용을 침해하는 경우에 해당하지 않는 예외적인 경우'로 표현하고 있
다. 향후에 어떤 경우가 이에 해당하는가를 주의 깊게 살펴 볼 필요가 있다.

셋째, 절차위배행위를 수단으로 수집된 1차증거가 있고 이를 수단으로 수집
한 2차증거가 있을 수 있는데 2차증거의 수집자체에는 절차위배행위가 없을 수
있다. 이 경우의 2차증거도 위법수집증거로 볼 것인가의 문제가 있다. 2차증거의
수집자체에는 절차위배행위가 없어도 2차증거는 1차증거의 과실이므로 2차증거
도 원칙적으로 배제되어야 한다는 논증을 허용할 때 그 이론을 '독수(毒樹=독나무) 독
과(毒果)' 이론이라고 한다. 2007년에 대법원은 원칙적으로 이 논증을 수용하였다.

넷째, 절차위배행위가 선행되고 어느 증거 E가 수집되었는데 그 후 다른 사
정이 개입되고 다른 증거 E2가 수집되었다고 가정하자. 선행하는 절차위배행위와
E2 사이에는 조건적인 인과관계가 인정되지만 중간에 개입된 다른 사정에 독자
적인 의미가 스며들어 최초의 선행하는 절차위배행위와 E2 사이의 조건적인 인
과관계를 부인(따라서 E2의 증거능력을 인정)할 수 있는 경우가 있지 않겠는가 하는
의문을 제기할 수 있다. 대법원은 '인과관계의 희석·단절'이라는 이론으로 이런
논증의 가능성을 열어 놓았다. 그러므로 향후에 어떤 경우에 이를 긍정하고 어떤
경우에 부정할 것인가에 관하여 주의 깊게 살펴 볼 필요가 있다.

다섯째, 위법수집증거배제법칙을 인정하는 이유가 문제된다. 대법원은 그 이
유를 '위법수사의 억제'에 두고 있다. 수사기관의 위법수사를 억제하는 방안으로
는 당해 공무원에 대하여 행정제재를 가하는 방안, 당해 공무원에 대하여 형사제
재를 가하는 방안을 고려해 볼 수 있다. 행정상 감독자는 종래 위법수사행위자에
대하여 행정제재권을 적절히 사용하지 않았고 기소권자는 형사입건이나 기소권

을 과감하게 행사하지 않았다. 그러므로 위법수집증거배제법칙을 인정하는 근거
로 위법수사의 억제를 드는 입장에 상당한 정도의 설득력이 있다.

II. 리딩케이스(대법원 2007. 11. 15. 선고 2007도3061 전원합의체 판결 기타)

피의자(도지사)의 정책특별보좌관 A가 A의 사무실에 '보관중인 물건'에 대하
여 수색·압수영장이 발부되어 집행되던 사안이다. 이 사안에 대한 재판요지는
다음과 같다.

1. "절차 조항에 따르지 않는 수사기관의 압수수색을 억제하고 재발을 방지
하는 가장 효과적이고 확실한 대응책은 이를 통하여 수집한 증거는 물론 이를 기
초로 하여 획득한 2차적 증거를 유죄 인정의 증거로 삼을 수 없도록 하는 것(저자
주: 독수독과이론의 인정)이다. 그러나 수사기관의 증거 수집 과정에서 이루어진 절
차 위반행위와 관련된 모든 사정, 즉 절차 조항의 취지와 그 위반의 내용 및 정
도, 구체적인 위반 경위와 회피가능성, 절차 조항이 보호하고자 하는 권리 또는
법익의 성질과 침해 정도 및 피고인과의 관련성, 절차 위반행위와 증거수집 사이
의 인과관계 등 관련성의 정도, 수사기관의 인식과 의도 등을 전체적·종합적으
로 살펴 볼 때, 수사기관의 절차 위반행위가 적법절차의 실질적인 내용을 침해하
는 경우에 해당하지 않는 예외적인 경우[9]라면, 법원은 그 증거를 유죄 인정의 증
거로 사용할 수 있다. 이는 적법한 절차에 따르지 않고 수집한 증거를 기초로 하
여 획득한 2차적 증거의 경우에도 마찬가지여서, '절차에 따르지 않은 증거 수집'
과 '2차적 증거 수집' 사이의 인과관계의 희석 또는 단절 여부를 중심으로 2차적
증거 수집과 관련된 모든 사정을 전체적·종합적으로 고려하여 예외적인 경우에
는 유죄 인정의 증거로 사용할 수 있다"(대법원 2007. 11. 15. 선고 2007도3061 전원합의
체 판결).

2. "① 원래 도지사 집무실에 보관 중이던 서류(업무일지)[10]를, 도지사를 보좌

---

9 수집절차상의 위법이 있지만 적법절차의 실질적인 내용을 침해하지 않는다고 판단되어 증거능
  력배제가 부정된 최초의 사례가 대법원 2011. 5. 26. 선고 2011도1902 판결이다. "압수 후 압
  수조서의 작성 및 압수목록의 작성·교부 절차가 제대로 이행되지 않은 잘못이 있다 하더라도,
  그것이 적법절차의 실질적인 내용을 침해하는 경우에 해당한다거나 위법수집증거의 배제법칙
  에 비추어 그 증거능력의 배제가 요구되는 경우에 해당한다고 볼 수는 없다."
10 업무일지(도지사의 유죄를 입증하는 방향의 사실을 경험한 참고인의 존재를 알려주는 정보를
  담고 있다).

하는 공무원(비서관 C)이 압수수색절차가 진행 중이던 압수장소에 일시적으로 가져온 경우에는 이를 영장에 기재된 압수대상물인 '(정책특별보좌관 A가 A의 사무실에) 보관중인 물건'에 포함된다고 볼 수 없고, '보관중인 물건'에, '영장집행 당시 영장기재 장소에 현존'하는 물건까지 포함된다고 해석[11]할 수는 없다"(2007년 전합판결을 적용한 광주고등법원 2008. 1. 15. 선고 2007노370 판결).

3. "② 압수·수색영장은 처분을 받는 자에게 반드시 제시하여야 하는바(형사소송법 219조, 118조), 현장에서 압수·수색을 당하는 사람이 여러 명일 경우에는 그 사람들 모두에게 개별적으로 영장을 제시해야 하는 것이 원칙이고, 수사기관이 압수·수색에 착수하면서 그 장소의 관리책임자에게 영장을 제시하였다고 하더라도, 물건을 소지하고 있는 다른 사람으로부터 이를 압수하고자 하는 때에는 그 사람에게 따로 영장을 제시하여야 한다. (중략) '작성월일을 누락한 채 일부 사실에 부합하지 않는 내용으로 작성하여 압수·수색이 종료된 지 5개월이나 지난 뒤에 이 사건 압수물 목록을 교부한 행위는 형사소송법이 정한 바에 따른 압수물 목록 작성·교부에 해당하지 않는다'고 본 원심의 판단은 정당하다. 이 예외적인 경우를 함부로 인정하게 되면 결과적으로 헌법과 형사소송법이 정한 절차에 따르지 않고 수집된 증거는 기본적 인권 보장을 위해 마련된 적법한 절차에 따르지 않은 것으로서 유죄 인정의 증거로 삼을 수 없다는 원칙을 훼손하는 결과를 초래할 위험이 있으므로,[12] (중략) 그 '예외적인 경우에 해당한다고 볼 만한 구체적이고 특별한 사정이 존재한다'는 것을 검사가 입증하여야 한다"(대법원 2009. 3. 12. 선고 2008도763 판결).

III. 적법절차의 실질적 내용의 침해

1. 위법하게 진술증거를 수집하는 행위

변호인의 접견교통권을 부당하게 침해하거나[13] 진술거부권을 고지하지 않고 피의자의 진술을 채취하는 행위는 적법절차의 실질적 내용을 침해하는 것이므로

---

11 검사의 주장이다.

12 예외적인 경우를 함부로 인정할 수 없다는 취지이다.

13 대법원 1990. 8. 24. 선고 90도1285 판결(서경원 사건), 대법원 1990. 9. 25. 선고 90도1586 판결(홍성담 사건). 그러나 피의자신문조서가 변호인의 접견 전에 작성되었다는 사실만으로 그 증거능력이 부정되는 것은 아니다(대법원 1990. 9. 25. 선고 90도1613 판결).

설사 임의성이 인정되더라도 위법수집증거로서 증거능력이 없다.[14]

2. 영장주의 위반의 절차행위

영장주의는 헌법에 의하여 보장된 중요한 가치이므로(헌법 12조 3항) 영장주의에 위반하여 증거를 수집하는 행위는 적법절차의 실질적 내용을 침해하는 행위로 보아야 한다. 요건을 구비하지 못한 위법한 긴급체포에 의한 유치 중에 감행되는 피의자신문의 결과 작성된 피의자신문조서,[15] 수사기관이 범죄 수사를 목적으로 금융실명거래 및 비밀보장에 관한 법률 4조 1항에 정한 거래정보 등을 획득하려면 반드시 법관의 영장이 필요한데 수사기관이 영장에 의하지 않고 협조공문으로 '거래정보 등'에 해당하는 신용카드 매출전표의 거래명의자에 관한 정보를 획득하는 행위(대법원 2013. 3. 28. 선고 2012도13607 판결), 영장 자체에 중대한 하자가 있는 강제집행행위, 영장 기재의 압수물건과 관련성이 없는 증거물의 압수·수색행위, 영장이 발부되었으나 압수 대상물이 특정되지 않은 영장의 집행행위, 긴급을 요하여 영장 없이 시행한 검증에 대하여 사후영장을 발부받지 아니한 경우의 검증행위(대법원 1984. 3. 13. 선고 83도3006 판결; 대법원 1989. 3. 14. 선고 88도1399 판결) 등도 적법절차의 실질적 내용을 침해하는 행위로 보아야 한다. 음란물 유포의 범죄혐의를 이유로 압수·수색영장을 발부받은 사법경찰관이 피의자의 주거지를 수색하는 과정에서 대마를 발견하자, 피의자를 마약류관리에 관한 법률위반죄의 현행범인으로 체포하면서 대마를 압수하였으나 그 다음날 피의자를 석방하고도 사후 압수·수색영장을 발부받지 않은 경우 "그 압수물과 압수조서는 형사소송법상 영장주의를 위반하여 수집한 증거로 그 절차위반의 정도가 적법절차의 실질적인 내용을 침해하는 것이어서 증거능력이 부정된다"(대법원 2009. 5. 14. 선고 2008도10914 판결).

3. 금지규정을 위반한 수사행위나 참여권을 보장하지 않은 수사행위

야간 압수·수색금지규정(125조, 219조)에 위반한 압수·수색행위, 당사자의 참여권을 보장(121~124조, 219조)하지 않은 검증행위와 감정행위, 의사나 성년의 여자를 참여(124조, 141조 3항, 219조)시키지 않은 여자의 신체검사행위 등은 적법절차의

---

14 대법원 1992. 6. 23. 선고 92도682 판결(신20세기파 사건); 대법원 2009. 8. 20. 선고 2008도 8213 판결; 대법원 2010. 5. 27. 선고 2010도1755 판결.
15 대법원 2002. 6. 11. 선고 2000도5701 판결.

실질적인 내용을 침해하는 행위이다. 따라서 그 결과 작성된 압수조서·검증조서는 증거능력이 없다. 적법한 절차에 의하지 아니한 음주 측정결과를 기재한 음주운전자 적발보고행위도 적법절차의 실질적인 내용을 침해하는 행위이므로 그 후 작성된 조서 등은 유죄 인정의 증거로 사용할 수 없다(대법원 2010. 1. 14. 선고 2009도8376 판결).

4. 312조의 적법한 절차와 방식을 위반하여 생성된 조서

312조는 수사기관으로 하여금 피의자신문조서와 참고인진술조서를 적법한 절차와 방식에 따라 작성할 것을 요구하고 있다. 만약 피의자신문조서와 참고인진술조서가 이 절차와 방식을 위배하여 작성되면 적법절차의 실질적 내용을 침해하는 것인가?

대법원은 원칙적으로 이를 긍정하는 입장이다. 예를 들어 "244조의3 2항에 규정한 방식에 위반하여 진술거부권 행사 여부에 대한 피의자의 답변이 자필로 기재되어 있지 않거나 그 답변 부분에 피의자의 기명날인 또는 서명이 되어 있지 않은 사법경찰관 작성의 피의자신문조서", "피의자가 변호인의 참여를 원한다는 의사를 명백하게 표시하였음에도 수사기관이 정당한 사유 없이 변호인을 참여하게 하지 않은 채 피의자를 신문하여 작성한 피의자신문조서"(대법원 2012. 5. 24. 선고 2011도7757 판결; 대법원 2013. 3. 28. 선고 2010도3359 판결), 조사과정이 기록되지 않은 참고인진술조서(대법원 2015. 4. 23. 선고 2013도3790 판결)는 적법절차의 실질적 내용을 침해하는 위법수집증거이다. 검사의 서명(기명)·날인이 누락된 검사 작성의 피의자신문조서[16]도 마찬가지이다.

---

16 "형사소송법 제57조 제1항은 '공무원이 작성하는 서류에는 법률에 다른 규정이 없는 때에는 작성년월일과 소속공무소를 기재하고 서명날인하여야 한다'고 규정하고 있는바, 그 서명날인은 공무원이 작성하는 서류에 관하여 그 기재 내용의 정확성과 완전성을 담보하는 것이므로 검사 작성의 피의자신문조서에 작성자인 검사의 서명날인이 되어 있지 아니한 경우 그 피의자신문조서는 공무원이 작성하는 서류로서의 요건을 갖추지 못한 것으로서 위 법규정에 위반되어 무효이고 따라서 이에 대하여 증거능력을 인정할 수 없다고 보아야 할 것이며, 그 피의자신문조서에 진술자인 피고인의 서명날인이 되어 있다거나, 피고인이 법정에서 그 피의자신문조서에 대하여 진정성립과 임의성을 인정하였다고 하여 달리 볼 것은 아니라고 할 것이다"(대법원 2001. 9. 28. 선고 2001도4091 판결).

IV. 위법수집증거배제의 예외이론

이에 관하여는 우선 미국연방대법원의 예외이론이 주목되고 있다. 미국과 한국의 역사와 문화가 다르고, 사회경제적 지형, 정치적 지형이 판이하므로 대법원이 미국연방대법원의 예외이론을 100% 그대로 원용할 것 같지는 않다. 그러나 대법원이 미국연방대법원의 예외이론을 참고할 가능성이 있으므로 이하에서 미국연방대법원의 예외이론의 대강을 살펴본다.

1. 미국연방대법원의 예외이론의 대강

(1) 독립된 정보원(情報源)의 이론

수사기관이 위법한 압수물과 무관한 독립된 자료에 의하여 독과실과 동일한 과실의 존재를 파악하고 있었던 경우 그 과실은 증거로 할 수 있다.

(2) 불가피한 발견의 이론

외견상 위법수집증거라 할 수 있지만 시간이 지나면 어차피 수사기관이 그 증거를 발견할 수 있었다면 그 증거는 증거로 할 수 있다. 절차위배행위 혹은 위법수집증거(毒樹, 독나무)와 거기서 파생된 2차증거(毒果, 증거물일 수도 있고 진술증거일 수도 있다) 사이에 인과관계가 인정되지 않는 경우가 이에 해당한다.

(3) 오염순화의 예외이론

위법수집증거이지만 피의자가 그것을 증거로 함에 동의(한국대법원은 부정)하거나, 절차위배행위가 있었지만 수사기관의 적법한 보완조치로 원래의 위법성이 희석되는 경우가 이에 해당한다.

2. 대법원의 인과관계의 희석·단절이론

대법원은 미국연방대법원의 (1), (2), (3) 등의 카테고리를 통합하여 '인과관계의 희석·단절 여부'라는 용어로 포섭하여 이 문제를 풀고 있다. 따라서 향후 우리는 위법수집된 1차증거·2차증거가 있어도 어떤 경우에 증거능력을 배제하고 어떤 경우에 위법의 정도가 경미하거나 사후적인 사정변경으로 증거능력이 인정되는 사례로 볼 것인가를 개별적으로 판단하여야 한다.

V. 자백과 위법수집증거배제법칙

자백은 보통 독과(독과실)로 등장(대법원 2002. 6. 11. 선고 2000도5701 판결)하지만 독수(독나무)로 등장할 수도 있다.

〈절차위배행위의 독과로서의 자백(대법원 2002. 6. 11. 선고 2000도5701 판결)〉

"이 위법은 영장주의에 위배되는 중대한 것이니 그 체포에 의한 유치 중에 작성된 피의자신문조서는 위법하게 수집된 증거로서 특별한 사정이 없는 한 이를 유죄의 증거로 할 수 없다. (중략) 피의자 D는 현직 군수직에 종사하고 있어 검사로서도 D의 소재를 쉽게 알 수 있었고, 1999. 11. 29. D2의 위 진술(D에게 뇌물을 공여하였다는 진술: 저자 주) 이후 시간적 여유도 있었으며, D도 도망이나 증거인멸의 의도가 없었음은 물론, 언제든지 검사의 소환조사에 응할 태세를 갖추고 있었고, 그 사정을 위 검찰주사보 S로서도 충분히 알 수 있었으므로 위 긴급체포는 그 당시로 보아서도 형사소송법 200조의3 1항의 요건을 갖추지 못한 것으로 쉽게 보여져 이를 실행한 검사 등의 판단이 현저히 합리성을 잃었다. 따라서 이러한 위법한 긴급체포에 의한 유치 중에 작성된 이 사건 각 피의자신문조서는 이를 유죄의 증거로 하지 못한다."[17]

〈독수로서의 자백〉

자백은 2차증거(독과)일 경우가 많지만 독수로서의 자백도 있을 수 있다. "압수된 망치, 국방색 작업복과 야전잠바 등은 피의자 D의 증거능력 없는 자백에 의하여 획득된 것이므로 따라서 증거능력이 없다"(대법원 1977. 4. 26. 선고 77도210 판결)는 판결은 이에 해당하는 사례이다.

VI. 인과관계의 희석·단절

1. 희석·단절 긍정례

(1) 구속영장의 사전제시 없는 위법구속 중 수집한 피고인의 진술증거(대법원 2009. 4. 23. 선고 2009도526 판결)

"구속영장의 사전제시 없는 구속 중 수집한 피고인의 진술증거에 대하여 (중

---

17 요건불비의 위법한 긴급체포를 독수로 보면 그 이후 획득한 자백이 독과이다. 2002년 판결에 이런 논지가 명시되지는 않았지만 위법한 긴급체포에 의한 유치 중에 작성된 이 사건 각 피의자신문조서는 이를 유죄의 증거로 하지 못한다는 부분을 이해하려면 이와 같은 설명이 불가피하다.

략) 수사기관이 헌법 12조 3항,[18] 85조 1항, 209조에 위반하여 사전에 영장을 제시하지 않은 채 구속영장을 집행한 경우, 그 구속 중 수집한 2차적 증거들인 구속 피고인의 진술증거가 유죄 인정의 증거로 사용될 수 있는지 역시 위와 같은 법리[19]에 의하여 판단되어야 하고, 이는 81조 3항, 209조에 따라 검사의 지휘에 의하여 교도관리가 구속영장을 집행하는 경우에도 마찬가지이다. (중략) '사전에 구속영장을 제시하지 않은 채 구속영장을 집행하고, 그 구속 중 수집한 피고인의 진술증거' 중 피고인의 1심 법정진술은, 피고인이 구속집행절차의 위법성을 주장하면서 청구한 ⓐ 구속적부심사의 심문 당시 구속영장을 제시받은 바 있어 그 이후에는 구속영장에 기재된 범죄사실에 대하여 숙지하고 있었던 것으로 보이고, 구속 이후 원심(항소심)에 이르기까지 ⓑ 구속적부심사와 보석의 청구를 통하여 구속집행절차의 위법성만을 다투었을 뿐, 그 구속 중 이루어진 진술증거의 임의성이나 신빙성에 대하여는 전혀 다투지 않았을 뿐만 아니라, ⓒ 변호인과의 충분한 상의를 거친 후 공소사실 전부에 대하여 자백한 것이라면 유죄 인정의 증거로 삼을 수 있는 예외적인 경우에 해당한다."

　　(2) 수사기관이 영장에 의하지 않고 획득한 매출전표의 거래명의자에 관한 정보와 피고인의 제1심 법정자백(대법원 2013. 3. 28. 선고 2012도13607 판결)

"1. 금융실명거래 및 비밀보장에 관한 법률(이하 '금융실명법'이라 한다) 4조 1항은 '금융회사 등에 종사하는 자는 명의인(신탁의 경우에는 위탁자 또는 수익자를 말한다)의 서면상의 요구나 동의를 받지 아니하고는 그 금융거래의 내용에 대한 정보 또는 자료(이하 '거래정보 등'이라 한다)를 타인에게 제공하거나 누설하여서는 아니 되며, 누구든지 금융회사 등에 종사하는 자에게 거래정보 등의 제공을 요구하여서는 아니 된다'고 규정하면서, '법원의 제출명령 또는 법관이 발부한 영장에 따른 거래정보 등의 제공'(1호) 등을 열거하고 있고, 수사기관이 거래정보 등을 요구하는 경우 그 예외를 인정하고 있지 않다. (중략) 그럼에도 수사기관이 영장에 의하지 않고 매출전표의 거래명의자에 관한 정보를 획득하였다면, 그와 같이 수집된 증거는 원칙적으로 308조의2에서 정하는 '적법한 절차에 따르지 아니하고 수집

---

18 "체포·구속·압수 또는 수색을 할 때에는 적법한 절차에 따라 검사의 신청에 의하여 법관이 발부한 영장을 제시하여야 한다."

19 대법원 2007. 11. 15. 선고 2007도3061 전원합의체 판결에서 전개된 '인과관계 희석·단절론'을 가리킨다.

한 증거'에 해당하여 유죄의 증거로 삼을 수 없다.

2. (그러나) ① 수사기관이 의도적으로 영장주의의 정신을 회피하는 방법으로 증거를 확보한 것이 아니라고 볼 만한 사정, ② 위와 같은 정보에 기초하여 범인으로 특정되어 체포되었던 피의자가 석방된 후 상당한 시간이 경과하였음에도 다시 동일한 내용의 자백을 하였다거나 그 범행의 피해품을 수사기관에 임의로 제출하였다는 사정, ③ 2차적 증거 수집이 체포 상태에서 이루어진 자백 등으로부터 독립된 제3자의 진술에 의하여 이루어진 사정 등은 통상 2차적 증거의 증거 능력을 인정할 만한 정황에 속한다.

3. ⓐ D의 제1심 법정에서의 자백은 (중략) 특히 D에 대한 구속영장이 기각됨으로써 석방된 이후에 진행된 제3회 경찰 피의자신문 당시에도 제3범행에 관하여 자백하였고, 이 사건 범행 전부에 대한 제1심 법정 자백은 최초 자백 이후 약 3개월이 지난 시점에 공개된 법정에서 적법한 절차를 통하여 임의로 이루어진 것이라는 점 등을 전체적·종합적으로 고려하여 볼 때 이는 유죄 인정의 증거로 사용할 수 있는 경우에 해당한다. 나아가 ⓑ 제2, 3범행에 관한 각 진술서 또한 그 진술에 이르게 되기까지의 앞서 본 바와 같은 모든 사정들, 즉 수사기관이 매출전표의 거래명의자에 관한 정보를 획득하기 위하여 이 사건 카드회사에 공문까지 발송하였던 사정 등에 비추어 볼 때 의도적·기술적으로 금융실명법이 정하는 영장주의의 정신을 회피하려고 시도한 것은 아니라고 보이는 점, (중략) 특히 ⓓ 제3범행에 관한 진술서의 경우 앞서 본 바와 같이 D가 이미 석방되었음에도 불구하고 이 부분 범행 내용을 자백하면서 피해품을 수사기관에 임의로 제출한 이후에 비로소 수집된 증거인 점 등을 고려하여 볼 때, 위 증거들 역시 유죄 인정의 증거로 사용할 수 있는 경우에 해당한다."

2. 희석·단절 부정례(대법원 2013. 3. 14. 선고 2010도2094 판결)

(1) 사실관계

피고인 D는 음식점 주차장에서 나와 2012. 12. 12. 22:00경 자신의 승용차를 운전하고 20미터 가량 진행하였는데 골목길에 주차되어 있던 피해자(V) 소유 차량의 사이드 미러에 손상이 발생하였다. 그 후 D가 'V 차량의 후사경을 손상시켰다'는 이유로 V 차량의 운전자, 동승자들과 D 사이에 시비가 벌어졌고 V 차량 측의 신고로 경찰관들이 현장에 출동하였다. 경찰관들이 D의 음주운전을 의심하여 음주측정을 위해서 지구대로 동행할 것을 요구하자 D가 동행을 거부하였다.

그러자 4명의 경찰관이 D의 팔다리를 잡아 강제로 순찰차에 태워 지구대로 데려 갔으며, 그 과정에서 경찰관들은 D에게 형사소송법 제200조의5에 정한 사항을 고지[20]하는 등의 절차를 밟지 않았다. D는 지구대로 연행된 후에도 음주측정을 거부하다가 '계속 음주측정에 불응할 경우 구속된다'는 말을 듣고 호흡측정에 응하였고 그 결과 음주운전으로 처벌받는 수치(0.130%)가 나왔다. 그러자 D는 '위 호흡측정 결과를 받아들일 수 없다'는 취지로 항의하면서 혈액측정을 요구하였고 이에 경찰관이 D와 인근 병원에 동행하여 채혈을 하게 되었다. 채혈된 혈액이 국과수에 송부되었고 국과수는 혈중알코올농도 감정회보서를 경찰에 송부하였다. 혈중알코올농도 감정회보서에도 음주운전으로 처벌받는 수치(0.142%)가 나왔다. D는 도로교통법 위반(음주운전) 혐의로 기소되었다.

(2) 쟁점

이 사안에서 경찰관들은 임의동행을 거부하는 D를 위법하게 강제연행하였고 또 그 과정에서 경찰관들은 D에게 형사소송법 200조의5에 정한 사항을 고지하는 등의 절차를 밟지 않았으므로 그 후 행하여진 '호흡조사 방법에 의한 음주측정 결과'는 독수의 과실로 보인다. 그러나 '피고인(D)의 자발적인 의사에 기초하여 채혈'이 행하여졌으므로 그 후에 획득된 '국과수의 혈중 알코올농도 감정서'는 최초의 위법 수사와의 인과관계가 단절·희석된 것으로 볼 수 있지 않을까 하는 의문이 생긴다.

(3) 대법원의 판단

대법원은 "경찰관들이 D를 지구대로 강제연행한 행위는 위법한 체포에 해당하므로 그 상태에서 한 음주측정요구는 위법한 수사라고 볼 수밖에 없고, 그러한 요구에 따른 음주측정 결과 또한 적법한 절차에 따르지 아니하고 수집한 증거로서 그 증거능력을 인정할 수 없다. 나아가 D가 위와 같이 적법한 절차에 따르지 아니하고 수집한 증거인 호흡조사 방법에 의한 음주측정 결과에 이의를 제기하고 채혈을 하기에 이른 과정 등 제반 사정에 비추어 보면, 혈액채취 방법에 의한 혈중 알코올농도 감정서 및 주취운전자 적발보고서 역시 불법체포의 연장선상에서 수집된 증거 내지 이를 기초로 한 2차적 증거로서 308조의2에 규정된 '적법한 절차에 따르지 아니하고 수집된 증거'에 해당하므로 이는 원칙적으로 유죄 인정의 증거로 삼을 수 없다. 당시 불법적인 호흡측정을 마친 경찰관이 D에게 귀가를 권유하였음에도 불구하고 D 스스로 채혈을 요구하였다는 사정만으로는 그 채혈이 위법한 체

---

20 이른바 사전청문절차(준미란다 고지): 수사기관이 피의자를 체포할 때 고지하여야 하는 "피의사실의 요지, 체포의 이유와 변호인을 선임할 수 있음을 말하고 변명할 기회"를 주어야 하는 것을 말한다.

포 상태에 의한 영향이 완전하게 배제되고 피의자(D)의 자유로운 의사결정이 확실하게 보장된 상태에서 이루어진 것으로서 불법체포와 증거수집 사이의 인과관계가 단절되었다고 평가할 만한 객관적 사유가 개입되어 위법수집증거 배제의 원칙이 적용되지 않는다고 할 예외적 사유에 해당한다고 보기는 어렵다."고 판시하였다.

VII. 기타 쟁점

1. 주장적격(standing) 법리의 불인정

위법수집증거배제를 주장할 수 있는 자는 수사기관으로부터 직접 절차적 권리를 침해당한 자에 한하는가? 예를 들어 수사기관이 제3자의 절차적 권리를 침해하여 얻은 증거 E를 피고인 D의 피고사건에서 유죄증거로 사용할 수 있을까?

미국 연방대법원은 이를 인정한 바 있고 그 이론적 근거가 주장적격(standing) 법리이다. 그 논거는 다음과 같다. E가 위법수집증거라는 주장은 절차적 권리를 직접 침해당한 제3자만이 주장할 수 있고 권리를 직접 침해당하지 않은 D는 위법수집증거배제를 주장할 지위(standing)에 있지 않다는 것이다. 그러나 대법원은 이 이론을 도입하지 않았다.[21]

2. 사인에 의한 위법수집증거

위법수집증거배제는 국가기관인 수사기관의 위법활동을 억제함을 목적으로 하므로 미국연방대법원은 사인(私人)에 의한 위법수집증거를 배제하지 않는다. 그러나 대법원은 사인에 의한 위법수집증거를 일률적으로 허용하거나 배제하지 않고 공익과 사익을 비교형량하여, 공익이 클 때에는 사인에 의한 위법수집증거라도 증거로 사용할 수 있다[22]고 판시한다. 수사기관이 사인을 교사(종용, 권유, 유인)하여 증거를 수집하게 하였다면 그것은 사인의 증거수집활동이 아니라 수사기관의 증거수집활동이다.[23]

---

21 대법원 1992. 6. 23. 선고 92도682 판결; 대법원 2011. 6. 30. 선고 2009도6717 판결.

22 현재까지 사인에 의한 위법수집증거의 증거능력이 문제된 사안에서 '공익과 사익을 비교형량한 결과 사익이 더 크다고 판정되어 증거능력이 배제된 사례는 아직 없다.

23 수사기관의 요청을 받은 자가 상대방의 동의 없이 통화 내용을 녹음(일방적인 비밀녹음)한 것은 적법한 당사자녹음이 아니라 대화당사자 전부(특히 3자)의 동의를 받지 않은 불법감청이다 (대법원 2010. 10. 14. 선고 2010도9016 판결).

3. 공익과 사익의 비교형량

(1) 사인이 절취한 업무일지를 사문서위조 등의 증거로 수사기관에 교부한 태전사 사건(대법원 2008. 6. 26. 선고 2008도1584 판결)

"이 사건 업무일지 그 자체는 D(피고인) 경영의 주식회사 S건설이 그날그날 현장 및 사무실에서 수행한 업무내용 등을 담당직원이 기재한 것이고, 그 뒷면은 1996. 2. 25.자 태전사 신축 공사계약서, 1998. 2. 25.자 태전사 신축추가 공사계약서 및 1999. 11. 27.자 약정서 등 이 사건 각 문서의 위조를 위해 미리 연습한 흔적이 남아 있는 것에 불과하여, 이를 D의 사생활 영역과 관계된 자유로운 인격권의 발현물이라고 볼 수는 없고, 사문서위조·위조사문서행사 및 소송사기로 이어지는 일련의 범행에 대하여 D를 형사소추하기 위해서는 이 사건 업무일지가 반드시 필요한 증거로 보이므로, 설령 그것이 제3자에 의하여 절취된 것으로서 위 소송사기 등의 피해자측이 이를 수사기관에 증거자료로 제출하기 위하여 대가를 지급하였다 하더라도, 공익의 실현을 위하여는 이 사건 업무일지를 범죄의 증거로 제출하는 것이 허용되어야 하고, 이로 말미암아 D의 사생활 영역을 침해하는 결과가 초래된다 하더라도 이는 D가 수인하여야 할 기본권의 제한에 해당된다."

(2) 간통자의 남편이 거주를 종료한 부인의 주거에 침입하여 간통증거물을 확보한 사건(대법원 2010. 9. 9. 선고 2008도3990 판결)

"국민의 인간으로서의 존엄과 가치를 보장하는 것은 국가기관의 기본적인 의무에 속하는 것이고 이는 형사절차에서도 당연히 구현되어야 하는 것이지만, 국민의 사생활 영역에 관계된 모든 증거의 제출이 곧바로 금지되는 것으로 볼 수는 없으므로 법원으로서는 효과적인 형사소추 및 형사소송에서의 진실발견이라는 공익과 개인의 인격적 이익 등의 보호이익을 비교형량하여 그 허용 여부를 결정하여야 한다(대법원 1997. 9. 30. 선고 97도1230 판결; 대법원 2008. 6. 26. 선고 2008도1584 판결 참조). 원심은, 피고인 D, D2 사이의 간통 범행을 고소한 D의 남편인 공소외 O가 D의 주거에 침입하여 수집한 후 수사기관에 제출한 혈흔이 묻은 휴지들 및 침대시트를 목적물로 하여 이루어진 감정의뢰회보에 대하여, 다음과 같은 이유로 위 감정의뢰회보의 증거능력을 인정하고, 공소사실을 유죄로 인정하였다. 즉, O가 D의 주거에 침입한 시점은 D가 그 주거에서의 실제상 거주를 종료한 이후이고, 위 감정의뢰회보는 D, D2에 대한 형사소추를 위하여 반드시 필요한 증거이므로 공익의 실현을 위해서 위 감정의뢰회보를 증거로 제출하는 것이 허용되어야 한다. 이로 말미암아 D의 주거의 자유나 사생활의 비밀이 일정 정도 침해되는 결과를 초래한다 하더라도 이는 D가 수인하여야 할 기본권의 제한에 해당된다는 것이다. 앞서 본 법리를 원심판결 이유에 비추어 보면 위와 같은 원심판단은 정당[하다.]"

4. 선의의 예외 이론의 불인정

(1) 선의의 예외이론의 의미

선의의 예외이론(a good faith exception doctrine)이란 다음과 같은 이론이다. 수사기관의 절차수행행위가 객관적으로 위법으로 판명된다 하더라도 수사기관이 절차행위를 수행할 당시에는 주관적으로 자신의 행위가 적법한 행위라고 믿을 만한 정황이 존재하는 경우에는 위법수집증거를 배제하지 않을 여지가 있다는 이론이다. 이와 같은 이론의 탄생을 촉발한 미국의 전형적인 판례사안은 '범죄혐의의 상당성'이 인정되지 않는데 영장담당판사가 착각하여 '범죄혐의의 상당성'을 인정하여 영장을 발부한 사안이다. 나중에 상급법원에서 상당성불비로 판명되었다 하더라도 영장을 소지하고 영장을 집행한 수사기관의 영장집행은 영장담당판사의 판단을 신뢰한 선의의 집행이므로 이 경우 수사기관의 위법집행은 적법집행으로 보아야 한다는 이론이 선의의 예외이론이다.[24] 다음의 두 판결은 한국 법원이 이 이론의 수용에 적극적이지 않음을 간접적으로 보여주고 있다.

(2) 현행범(긴급) 수색·압수·검증(216조 3항)의 현행범성·긴급성요건의 불비로 판정된 사안(대법원 2012. 2. 9. 선고 2009도14884 판결)

인천 소재 S 경찰서 소속 생활질서계는 불법 게임장에 대한 112신고가 접수되면 관할 지구대 소속 경찰관들로 하여금 1차로 단속을 하도록 하고, 단속에 실패한 업소에 대해서는 리스트를 작성하여 위 생활질서계 소속 경찰관들이 리스트에 기재된 업소 주변을 살피거나 잠복하는 등의 방법으로 수사해 왔다. M게임장에 대하여 112신고가 여러 차례 접수되었으나 그때마다 단속에 실패하자, 위 생활질서계 소속 P경장 등은 평소 M게임장 주위를 탐문한 결과 폐쇄회로 티브이

---

24 United States v. Leon (468 U.S. 897)(1984); Massachusetts v. Sheppard (468 U.S. 981) (1984).

(CCTV) 및 철문이 설치되어 있으며, 환풍기가 작동되고 있는데 문을 두드려도 열어주지 않는 등, M게임장이 112신고 내용처럼 불법 게임장이라는 의심을 하게 되었다. P 등은 2008. 9. 8. 차량을 타고 위 리스트에 기재된 업소들을 돌아보던 중 같은 날 17:00경 M게임장이 있는 건물을 지나다가, 남자들이 M게임장 안으로 들어가는 것을 보고 뒤따라 들어가, M게임장 내부를 수색하여, 등급분류를 받지 않은 바다이야기 게임기 47대가 보관되어 있는 것을 확인한 후, 같은 날 18:30경 위 게임기 등을 모두 압수하였다. P 등은 사건 당일이나 그에 근접한 일시 경에 M게임장에 대한 112신고 등 첩보를 접수받은 바 없고, P 등이 M게임장을 압수·수색할 당시 M게임장에서 범죄행위가 행해지고 있다는 구체적인 단서를 갖고 있지 않았으며, 단지 위 단속리스트에 기재된 게임장들 주위를 순찰하던 도중 M게임장에 남자들이 들어가는 것을 우연히 목격한 후 따라 들어가 그 내부를 수색한 것이다. P 등이 M게임장 안에 들어가 수색하며 게임기를 압수하려고 하자, M게임장 종업원 D는 P 등에 대항하여 협박을 하여 불법 사행성 게임장의 게임기 압수라는 정당한 공무집행을 방해한 혐의로 기소되었다. P 등이 M게임장에 진입하기 전에 사전 압수·수색영장을 발부받은 것은 아니고, 게임기를 압수·수색한 후에 법원에 영장을 신청하여 영장이 발부된 사안이다. 이 사안에 대하여 대법원은 "경찰관들의 이 사건 압수·수색에 관하여 사후에 법원으로부터 영장이 발부되었다고 하여 이와 달리 볼 수 없으며 이 부분 원심판결에 형사소송법 216조 3항에 관한 법리를 오해한 위법이 없다."고 판시하였다. 현행범성·긴급성요건이 구비되지 않았는데 영장 없이 게임기를 압수·수색하였지만 경찰관은 사후적으로 법원에 영장을 신청하여 영장이 발부되었다. 사후적으로 법원에 영장을 신청하여 영장이 발부되었지만 대법원은 최초의 위법수사를 중시하여 게임기를 위법수집 증거물로 판단한 것이다.

(3) 수소법원 아닌 지방법원 판사가 피고인에 대한 강제처분영장을 발부한 경우의 영장집행은 위법한 영장집행이다(대법원 2011. 4. 28. 선고 2009도10412 판결).
　기소 이후에 피고사건에 대한 강제처분권한은 수소법원에 있으므로 강제처분을 원하는 검사는 수소법원의 직권발동을 촉구하는 방법을 강구하여야 하는데 검사가 마치 피의사건에 대한 강제처분을 하듯이 지방법원판사에게 영장을 신청하여 영장을 발부받아 집행하는 것은 설사 지방법원판사의 영장발부에 근거를 둔 것이라도 위법수집증거라는 것이다. 그러므로 이 판례는 간접적으로 선의의 예외이론을 부정하는 것이다.

5. 피고인의 증거동의의 효과

위법수집증거이지만 '피고인측이 증거로 함에 대하여 동의'하면 사후적으로 증거능력이 부여되는가? '임의성 없는 자백'은 피고인의 동의가 있어도 증거로 할 수 없다(대법원 2006. 11. 23. 선고 2004도7900 판결). 대법원은 위법수집증거에 대하더라도 동일한 효과(증거로 할 수 없다)를 부여하고 있다(대법원 2009. 12. 24. 선고 2009도11401 판결).

6. 위법수집증거의 탄핵증거적격

실질증거로서는 증거능력이 없는 위법수집증거이지만 탄핵증거로서는 사용할 수 있는가? 미국에는 긍정하는 판례가 있지만 한국의 다수설은 부정한다.

7. 거증책임과 증명방식

피고인 측에서 '검찰 측이 제출한 증거가 위법수집증거'라는 일응의 증명을 한 경우에 그 증거가 적법하게 수집된 증거, 혹은 '위법수집증거이지만 인과관계가 희석·단절되어 예외적으로 증거능력이 있는 점'에 대한 형식적 거증책임은 검찰 측에 이전되고 실질적 거증책임도 검사에게 있다.[25] 위법수집증거 여부는 소송법적 사실이므로 자유로운 증명의 대상이다.

8. 음주운전혐의자 본인의 동의 없는 채혈은 위법수집증거인가?

(1) 음주운전피의자의 동의 없이 채혈된 혈액은 음주운전피고사건에서 때로는 위법수집증거로, 때로는 적법수집증거로 판단되었다. 경찰관이 음주운전피의자의 동의를 얻지는 못하였지만 음주운전피의자의 친족(배우자, 부모, 자녀, 동서 등)의 동의를 얻어 의료인에게 채혈을 위촉하여 채취한 혈액은 위법수집증거로 판단(대법원 2011. 4. 28. 선고 2009도2109 판결)되었다. 그러나 음주운전피의자의 치료를 담당하는 의료인이 수사기관과 무관하게 치료목적으로 채취한 혈액의 일부를 그 의료인(의사, 간호사)의 동의를 얻어 평온하게 음주운전죄 수사에 필요한 만큼 확보한 사안에서의 혈액은 위법수집증거가 아닌 것으로 판단되었다(대법원 1999. 9.

---

25 "'예외적인 경우에 해당한다고 볼 만한 구체적이고 특별한 사정이 존재한다'는 것을 검사가 입증하여야 한다"(대법원 2007. 11. 15. 선고 2007도3061 전원합의체 판결).

3. 선고 98도968 판결).

〈교도관이 재소자가 맡긴 비망록을 수사기관에 임의로 제출한 경우의 비망록의 증거능력〉

"형사소송법 218조는 '검사 또는 사법경찰관은 피의자, 기타인의 유류한 물건이나 소유자, 소지자 또는 보관자가 임의로 제출한 물건을 영장 없이 압수할 수 있다'라고 규정하고 있고, 같은 법 219조에 의하여 준용되는 111조 1항은 '공무원 또는 공무원이었던 자가 소지 또는 보관하는 물건에 관하여는 본인 또는 그 해당공무소가 직무상의 비밀에 관한 것임을 신고한 때에는 그 소속공무소 또는 당해감독관공서의 승낙 없이는 압수하지 못한다'고 규정하고 있으며, 같은 조 2항은 '소속공무소 또는 당해감독관공서는 국가의 중대한 이익을 해하는 경우를 제외하고는 승낙을 거부하지 못한다'고 규정하고 있을 뿐이고, 달리 형사소송법 및 기타 법령상 교도관이 그 직무상 위탁을 받아 소지 또는 보관하는 물건으로서 재소자가 작성한 비망록을 수사기관이 수사 목적으로 압수하는 절차에 관하여 특별한 절차적 제한을 두고 있지 않으므로, 교도관이 재소자가 맡긴 비망록을 수사기관에 임의로 제출하였다면 그 비망록의 증거사용에 대하더라도 재소자의 사생활의 비밀 기타 인격적 법익이 침해되는 등의 특별한 사정이 없는 한 반드시 그 재소자의 동의를 받아야 하는 것은 아니고, 따라서 검사가 교도관으로부터 보관하고 있던 D의 비망록을 뇌물수수 등의 증거자료로 임의로 제출받아 이를 압수한 경우, 그 압수절차가 피고인의 승낙 및 영장 없이 행하여졌다고 하더라도 이에 적법절차를 위반한 위법이 있다고 할 수 없다. 또한, 이 사건 비망록에 D2의 사생활의 비밀 기타 인격적 법익이 침해되는 등의 특별한 사정이 있다고 볼만한 자료가 없으므로, 이 점에 관한 상고이유의 주장도 받아들일 수 없다"(대법원 2008. 5. 15. 선고 2008도1097 판결).

(2) 2010년의 도로교통법 개정

2010. 7. 23.자로 도로교통법이 개정되어 음주측정불응죄와 음주운전죄의 법정형이 3년 이하의 징역으로 상향[26]되었다. 따라서 2010. 7. 23. 이후부터는 음주측정불응죄의 피의자, 음주운전죄의 피의자에게 긴급체포가 가능하게 되었다. 이 긴급체포의 요건이 구비되면 수사기관은 음주운전 피의자를 긴급체포(217조 1항)할 수 있고 긴급체포를 전후하여 감정처분허가장을 발부받아 신체검사의 일환으로 채혈할 수 있게 되어 (1)과 유사한 사례들이 재발될 가능성은 다소간 감소되었다.

---

26 148조의2(벌칙) 다음 각 호의 어느 하나에 해당하는 사람은 3년 이하의 징역이나 1천만원 이하의 벌금에 처한다. 1. 44조 1항을 위반하여 술에 취한 상태에서 자동차등을 운전한 사람 2. 술에 취한 상태에 있다고 인정할 만한 상당한 이유가 있는 사람으로서 44조 2항에 따른 경찰공무원의 측정에 응하지 않은 사람 3. 45조를 위반하여 약물로 인하여 정상적으로 운전하지 못할 우려가 있는 상태에서 자동차를 운전한 사람.

9. 대화·통화·기타 의사소통행위 상대방의 동의 없는 청취·녹음·(촬영)·녹화

(1) 소통행위의 당사자가 '청취·녹음·(촬영)·녹화'(이하 '녹음'으로 약칭함)하는 당사자녹음은 위법성이 없으나 소통행위의 당사자가 아닌 '제3자가 (의사소통자전원의 동의 없이) 녹음하는 녹음'은 위법하므로 그 결과 획득된 녹음물은 위법수집증거이다.27

(2) 수사기관의 요청을 받은 (수사기관 아닌) 자가 상대방의 동의 없이 통화 내용을 녹음하는 것은 적법한 당사자녹음이 아니라 제3자의 동의를 받지 않은 불법감청(대법원 2010. 10. 14. 선고 2010도9016 판결)이다.

10. 적법한 현장채취가 인정되어 위법수집증거물성이 부정된 사안(대법원 2008. 10. 23. 선고 2008도7471 판결)

(1) 사실관계

D는 강도강간 및 강도상해 혐의로 기소되었다. 유죄증거로 제출된 것은 맥주컵, 물컵, 맥주병에 묻어 있던 D의 지문이었다. 피해자 V의 신고를 받고 현장에 출동한 인천남동경찰서 과학수사팀 소속 경장 P는 V가 범인과 함께 술을 마신 테이블 위에 놓여 있던 맥주컵에서 지문 6점을, 물컵에서 지문 8점을, 맥주병에서 지문 2점을 각각 현장에서 직접 채취하였다. P는 범행 현장에서 지문채취 대상물에 대한 지문채취를 한 후 지문을 담고 있던 물건(맥주컵, 물컵, 맥주병, 이상은 V가 운영하는 주점 내에 있던 V의 소유물)을 영장 없이 압수하였다. D는 지문을 담고 있는 물건이 위법수집증거물이므로 지문도 위법수집증거라고 주장하였다. 항소심은 유죄를 선고하였다. D가 상고하였다.

(2) 대법원의 판단

대법원은 "범행 현장에서 지문채취 대상물(맥주컵, 물컵, 맥주병)에 대한 지문채취가 먼저 이루어진 이상, 수사기관이 그 이후에 지문채취 대상물을 적법한 절차

---

27 통신비밀보호법 4조(불법검열에 의한 우편물의 내용과 불법감청에 의한 전기통신내용의 증거 사용 금지) "3조의 규정에 위반하여, 불법검열에 의하여 취득한 우편물이나 그 내용 및 불법감청에 의하여 지득 또는 채록된 전기통신의 내용은 재판 또는 징계절차에서 증거로 사용할 수 없다." 통신제한조치허가의 유효범위에 대하여는 대법원 1999. 9. 3. 선고 99도2318 판결을 참조하시오.

에 의하지 않은 채 압수하였다고 하더라도(한편, 이 사건 지문채취 대상물인 맥주컵, 물컵, 맥주병 등은 V가 운영하는 주점 내에 있던 V의 소유로서 이를 수거한 행위가 V의 의사에 반한 것이라고 볼 수 없으므로, 이를 가리켜 위법한 압수라고 보기도 어렵다), 위와 같이 채취된 지문은 위법하게 압수한 지문채취 대상물로부터 획득한 2차적 증거에 해당하지 아니함이 분명하여, 이를 가리켜 위법수집증거라고 할 수 없다"며 상고를 기각하였다.

11. 체포현장에서의 적법한 압수가 부정된 사안(대법원 2010. 7. 22. 선고 2009도14376 판결)

(1) 사실관계

D는 폭력행위등 처벌에 관한 법률위반(집단·흉기등상해) 혐의로 기소되었다. 경찰이 D의 집에서 20m 떨어진 곳에서 D를 체포하여 수갑을 채운 후 D의 집으로 가서 집안을 수색하여 칼과 합의서를 압수하고 적법한 시간 내에 압수수색영장을 청구하여 발부받지도 않았다.

(2) 대법원의 판단

이 사안에 대하여 대법원은 "위 칼과 합의서는 임의제출물이 아니라 영장 없이 위법하게 압수된 것으로서 증거능력이 없고 따라서 이를 기초로 한 2차 증거인 임의제출동의서, 압수조서 및 목록, 압수품 사진 역시 증거능력이 없다."고 판시하였다.

12. 법원의 위법수집증거의 증거능력

(1) 법원의 합리적 이유 없는 증인신문절차의 공개금지 결정(대법원 2005. 10. 28. 선고 2005도5854 판결)

"원심은 2회 공판기일에 증인에 대한 신문을 실시함에 있어 '국가의 안녕질서를 방해할 우려가 있다'는 이유로 증인신문절차의 공개를 금지한다는 결정을 선고한 후 재정한 방청객의 퇴정을 명한 상태에서 증인에 대한 증인신문을 실시하였음을 알 수 있고, 원심의 위와 같은 조치는 증인이 1심 5회 공판기일에 증인으로 출석하여 검찰에서의 진술을 번복하였다가 1심 7회 공판기일에 다시 증인으로 출석하여 1심 5회 공판기일에서는 '피고인의 처가 갓난아기를 안고 눈물을 흘리고 있는 것으로 보고 순간적으로 마음이 흔들렸기 때문에 허위로 진술하였다'고 증언하였던 점 등을 고려하여 증인이 피고인과 그의 가족들 면전에서 충분한 진술을 할 수 없다고 판단한 데에 따른 것으로 보인다. 그런데 헌법 27조 3항 후문은 '형사피고인은 상당한 이유가 없는 한 지체 없이 공개재판을 받을 권리를 가진다'고 규정하여 공개재판을 받을 권리가 형사피고인의 기본적 인권임을 선언하고 있고, 이에 따라 헌법 109조는 '재판의 심리와 판결은 공개한다. 다만, 심리는 국가의 안정보장 또는 안녕질서를 방해하거나 선량한 풍속을 해할 염려가 있을 때에는 법원의 결정으로 공개하지 아니할 수 있다'고 규정하고, 법원조직법 57조 1항도 '재판의 심리와 판결은 공개한다. 다만, 심리는 국가의 안전보장·안녕질서 또는 선량한 풍속을 해할 우려가 있는 때에는 결정으로 이를 공개하지 아니할 수 있다'고 규정하여 심리의 공개금지사유를 엄격하게 제한하고 있는바, 원심이 증인에 대한 증인신문절차의 공개금지사유로 삼은 위와 같은 사정이 '국가의 안녕질서를 방해할 우려가 있는 때'에 해당하지 아니함은 명백하고, 달리 헌법 109조, 법원조직법 57조 1항이 정한 공개금지사유를 찾아볼 수도 없으므로, 원심의 위와 같은 공개금지결정은 피고인의 공개재판을 받을 권리를 침해한 것으로서 그 절차에 의하여 이루어진 증인의 증언은 증거능력이 없고, 변호인의 반대신문권이 보장되었다 하더라도 달리 볼 수 없다."

(2) 법원의 합리적 이유 없는 심리공개금지결정(대법원 2013. 7. 26. 선고 2013도 2511 판결)

"헌법 109조, 법원조직법 57조 1항이 정한 공개금지사유가 없음에도 불구하고 재판의 심리에 관한 공개를 금지하기로 결정하였다면 그러한 공개금지결정은 피고인의 공개재판을 받을 권리를 침해한 것으로서 그 절차에 의하여 이루어진 증인의 증언은 증거능력이 없고, 변호인의 반대신문권이 보장되었더라도 달리 볼 수 없으며(대법원 2005. 10. 28. 선고 2005도5854 판결 참조), 이러한 법리는 공개금지결정의 선고가 없는 등으로 공개금지결정의 사유를 알 수 없는 경우에도 마찬가지이다."

(3) 법원의 피고인의 공판조서 열람 또는 등사청구권 침해(대법원 2003. 10. 10. 선고 2003도3282 판결)

"법이 피고인에게 공판조서의 열람 또는 등사청구권(55조 1항)을 부여한 이유는 공판조서의 열람 또는 등사를 통하여 피고인으로 하여금 진술자의 진술내용과 그 기재된 조서의 기재내용의 일치 여부를 확인할 수 있도록 기회를 줌으로써 그 조서의 정확성을 담보함과 아울러 피고인의 방어권을 충실하게 보장하려는 데 있으므로, 피고인의 공판조서에 대한 열람 또는 등사청구에 법원이 불응하여 피고인의 열람 또는 등사청구권이 침해된 경우에는 그 공판조서를 유죄의 증거로 할 수 없을 뿐만 아니라(법 55조 3항), 공판조서에 기재된 당해 피고인이나 증인의 진술도 증거로 할 수 없다. 피고인은 1심에서 2002. 11. 17.자 1회 공판기일의 공판조서와 2002. 12. 11.자 2회 공판기일의 공판조서에 대한 등사청구를 하였으나(공판기록 376면), 1심이 이에 대하여 아무런 조치를 취하지 아니함으로써 피고인의 등사청구에 불응하였으므로 1심 2회 공판기일의 공판조서는 증거능력이 없고, 따라서 그 공판조서에 기재된 증인의 각 진술은 증거로 사용할 수 없다."

(4) 제척사유가 있는 통역인이 통역하는 증인신문조서 작성행위(대법원 2011. 4. 14. 선고 2010도13583 판결)

"형사소송법 17조 4호는 법관이 사건에 관하여 증인, 감정인, 피해자의 대리인으로 된 때에는 직무집행에서 제척된다고 규정하고 있고, 위 규정은 형사소송법 25조 1항에 의하여 통역인에게 준용되므로, 통역인이 사건에 관하여 증인으로 증언한 때에는 직무집행에서 제척된다. 공소외 3은 이 사건 제1심 제2회 공판기일에 증인으로 출석하여 진술한 다음, 같은 기일에 통역인으로서 증인 공소외 2의 진술을 통역하였다. 위와 같이 제척사유가 있는 통역인이 통역한 증인 공소외 2의 증인신문조서는 유죄 인정의 증거로 사용할 수 없다. 그럼에도 불구하고, 원심이 위 증인신문조서를 유죄 인정의 증거로 삼은 것은 잘못이다(반면, 형사소송법 17조 2호는 법관이 피고인 또는 피해자의 친족 또는 친족관계가 있었던 자인 때에는 직무집행에서 제척된다고 규정하고 있고, 위 규정도 형사소송법 25조 1항에 의하여 통역인에게 준용되나, 사실혼관계에 있는 사람은 민법 소정의 친족이라고 할 수 없어 형사소송법 17조 2호에서 말하는 친족에 해당하지 않으므로, 통역인 공소외 3이 피해자 공소외 2의 사실혼 배우자라고 하더라도 공소외 3에게 형사소송법 25조 1항, 17조 2호 소정의 제척사유가 있다고 할 수 없다)."

VIII. 전자정보의 수색·압수의 적법한 집행처분의 요건과 흠의 효과(대법원 2015. 7. 16. 자 2011모1839 결정)

2015년의 한 사안에서 (1) 전자정보에 대한 하나의 수색·압수(이하 '압색'으로 약칭함) 영장에 기초한 일련의 집행처분이 행해질 때 후행 집행처분의 흠이 일견 적법하게 행하여진 선행집행처분, 더 나아가서는 일련의 집행처분전체를 무효로 하는가[따라서 피압수자(준항고인)가 일련의 압색과정을 단계적·개별적으로 구분하여 각 단계의 개별 처분의 취소를 구하더라도 준항고법원으로서는 당해 압색과정 전체를 하나의 절차로 파악하여 그 과정에서 나타난 위법이 일련의 압색절차 전체를 위법하게 할 정도로 중대한지 여부에 따라 전체적으로 그 압색 처분을 취소할 것인지를 가려야 하는가], (2) 유관정보를 탐색하는 과정에서 우연히 별건의 무관정보가 발견된 때 수사기관이 무관정보를 적법하게 압수할 수 있는 적법한 방법은 무엇인가가 문제되었다.

1. 사실관계

J 주식회사 대표이사인 자연인 L의 배임혐의를 본건으로 하는 수색·압수영장(4. 25.자 제1영장)이 적법하게 발부되어 수사기관의 일련의 복수의 집행처분[1(전자증거의 복제)·2(전자증거의 재복사)·3(전자증거의 출력)처분]이 행하여졌는데 우연히 별건(약사법위반·조세범처벌법 위반)의 혐의가 발견되어 별건수사를 위한 수색·압수(이하 '압색'으로 약칭함)를 허가하는 또 하나의 수색·압수 영장(5. 26.자 제2영장)이 발부되어 집행[4처분(별건 정보의 탐색·출력)]되었다. 검사 P는 1영장을 발부받은 당일 J 주식회사(준항고인2) 소유 빌딩 내 L의 사무실에 임하여 압색을 개시하였는데, 그곳에서의 압수 당시 저장매체에 혐의사실과 관련된 정보와 관련되지 않은 전자정보가 혼재된 것으로 판단하여 J 주식회사의 동의를 받아 저장매체 자체를 봉인하여 영장 기재 집행 장소에서 자신의 사무실로 반출하였다. P는 2011. 4. 26.경 저장매체를 대검찰청 디지털포렌식센터(이하 'DFC'로 약칭)에 인계하여 그곳에서 저장매체에 저장되어 있는 전자정보파일 전부를 '이미징'의 방법으로 다른 저장매체로 복제(1처분)하도록 하였는데, L측은 검사의 통보에 따라 2011. 4. 27. 위 저장매체의 봉인이 해제되고 위 전자정보파일이 DFC의 원격디지털공조시스템에 복제되는 과정을 참관하다가 임의로 그곳에서 퇴거하였다. P는 1처분이 완료된 후 저장매체를 J 회사에게 반환한 다음, 위와 같이 이미징한 복제본을 2011. 5. 3.부터 같은 달 6.까지 자신이 소지한 외장 하드디스크에 재복제(2처분)하고, 같은

달 9.부터 같은 달 20.까지 외장 하드디스크를 통하여 1영장 기재 범죄혐의와 관련된 전자정보를 탐색하였는데, 그 과정에서 J 회사의 약사법위반·조세범처벌법 위반 혐의와 관련된 정보들도 함께 출력(이하 '3처분'이라 한다)하였다. 2·3 처분 당시에 L측은 그 절차에 참여할 기회를 부여받지 못하였고, 실제로 참여하지도 않았다. 배임관련 전자정보를 탐색하는 과정에서 법인인 J 회사의 약사법위반·조세범처벌법 위반 혐의를 발견한 P는 이 사실을 수원지방검찰청 특별수사부에 통보하여 특별수사부 검사 P2가 2011. 5. 26.경 별건 정보를 소명자료로 제출하면서 다시 압색영장을 청구하여 수원지방법원으로부터 별도의 압색영장(이하 '2영장'이라 한다)을 발부받아 외장 하드디스크에서 별건 정보를 탐색·출력하는 방식으로 압색(4처분)을 하였고, 이때 P2는 L측에 압색 과정에 참여할 수 있는 기회를 부여하지 않았고 압수한 전자정보 목록을 교부하지 않았다. L의 변호인은 일련의 복수의 압색과정을 단계적·개별적으로 구분한 다음 "적어도 검사의 2·3·4 처분 당시에 피압수자가 집행처분에 참여할 기회가 주어지지 않았으므로 1·2·3·4 처분의 취소"를 구하는 준항고를 제기했다. 수원지방법원은 L의 변호인의 청구를 인용(認容)하여 1·2·3·4의 집행처분을 단계적으로 모두 취소하였다. 검사가 준항고법원의 결정의 취소를 구하는 재항고(특별항고)를 대법원에 제기하였다.

2. 전자정보 피압수자의 참여권의 중요성

검사의 1집행처분에는 피압수자측에서 참여하였지만 검사의 2·3·4 집행처분 당시에는 검사의 통지 등 피압수자측에게 참여기회의 부여가 없어 피압수자측에서 참여할 수 없었다. 이 흠은 사소한 흠인지 중대한 흠인지 문제된다. 이 문제에 대하여 다수의견은 "전자정보는 복제가 용이하여 전자정보가 수록된 저장매체 또는 복제본이 압색 과정에서 외부로 반출되면 압색이 종료한 후에도 복제본이 남아있을 가능성을 배제할 수 없고, 그 경우 혐의사실과 무관한 전자정보가 수사기관에 의해 다른 범죄의 수사의 단서 내지 증거로 위법하게 사용되는 등 새로운 법익침해를 초래할 가능성이 있으므로, 혐의사실 관련성에 대한 구분 없이 이루어지는 복제·탐색·출력(대법원은 이를 '압수종료 후의 적법한 임의처분'으로 보는 견해를 부정하고 아직 압수가 진행 중인 '집행처분'으로 파악한다)을 막는 절차적 조치가 중요성을 가지게 된다"면서 피압수자의 참여를 "가장 중요한 절차"로 보았다. 다수의견은 결국 피압수자의 참여결여라는 흠을 중대한 흠으로 판단한 것이다.

3. 후행 집행처분(사안에서는 2·3·4 집행처분)의 흠이 본질적이면 선행집행처분(1집행처분)이나 '일련의 집행처분전체'까지 무효로 하는가?(긍정)

다수의견은 이렇게 판단해야 하는 근거로 다음과 같이 논증한다: "전자정보에 대한 압색 과정에서 이루어진 현장에서의 저장매체 압수·이미징·탐색·복제 및 출력행위 등 수사기관의 처분은 하나의 영장에 의한 압색 과정에서 이루어지는 것이다. 그러한 일련의 행위가 모두 진행되어 압색이 종료된 이후에는 특정단계의 처분만을 취소하더라도 그 이후의 압색을 저지한다는 것을 상정할 수 없고, 수사기관으로 하여금 압색의 결과물을 보유하도록 할 것인지가 문제될 뿐이다. 그러므로 이 경우에는 L이 전체 압색 과정을 단계적·개별적으로 구분하여 각 단계의 개별 처분의 취소를 구하더라도 준항고법원으로서는 특별한 사정이 없는 한 그 구분된 개별 처분의 위법이나 취소 여부를 판단할 것이 아니라 당해 압색 과정 전체를 하나의 절차로 파악하여 그 과정에서 나타난 위법이 압색 절차 전체를 위법하게 할 정도로 중대한지 여부에 따라 전체적으로 그 압색 처분을 취소할 것인지를 가려야 할 것이다. 여기서 위법의 중대성은 위반한 절차조항의 취지, 전체과정 중에서 위반행위가 발생한 과정의 중요도, 그 위반사항에 의한 법익침해 가능성의 경중 등을 종합하여 판단하여야 한다."

4. 유관정보를 탐색하는 과정에서 우연히 별건의 무관정보가 발견된 때 수사기관이 무관정보를 적법하게 압수할 수 있는 적법한 방법

다수의견의 논증은 다음과 같다. "수사기관으로서는 더 이상의 추가 탐색을 중단하고 법원으로부터 별도의 범죄혐의에 대한 압색영장을 발부받은 경우에 한하여 그러한 정보에 대하더라도 적법하게 압색을 할 수 있다. 나아가 이러한 경우에도 별도의 압색 절차는 최초의 압색 절차와 구별되는 별개의 절차이고, 별도 범죄혐의와 관련된 전자정보는 최초의 압색영장에 의한 압색의 대상이 아니어서 저장매체의 원래 소재지에서 별도의 압색영장에 기해 압색을 진행하는 경우와 마찬가지로 피압수자는 최초의 압색 이전부터 해당 전자정보를 관리하고 있던 자이므로, 특별한 사정이 없는 한 그 피압수자에게 형사소송법 제219조, 제121조, 제129조에 따라 참여권을 보장하고 압수한 전자정보 목록을 교부하는 등 피압수자의 이익을 보호하기 위한 적절한 조치가 이루어져야 한다."

    ███ **9장 2절 퀴즈**

9.2.1 ① O는 B사건으로 구속 중인 20◇◇. 12. 12. 그 다음 날 예정된 D사건의 정
식의 참고인 조사를 앞두고 검사에 의하여 검찰청에 소환된 상태에서 'A사건(피
고인 D가 '적법한 신고 없이 O로부터 금품을 수수하였다'는 혐의의 정치자금법 위반 사
건)에 관한 진술서'(이하 '진술서'로 약칭함)를 작성하게 되었다. ② O가 A사건에
관하여 진술서를 작성하면서 D에게 금품을 교부한 정확한 일시를 기억하지 못하
자, 검사는 D에게 자금을 마련해 주었던 자로서 역시 다른 사건으로 구속 중이던
O2를 소환하여 O로 하여금 O2와 대화를 나눈 뒤 A사건에 관한 진술서를 작성
하도록 하였다. ③ A사건 진술서에는 그날 O에 대하여 진행된 조사과정에 관한
내용이 기재되어 있지 않고 또한 그 조사과정을 별도로 기록한 자료가 D의 정치
자금법 위반 사건을 심리하는 법원에 제출되어 있지 않다. ④ D는 이 진술서를
증거로 할 수 있음에 대하여 동의하지 않았다. D는 정치자금법 위반 혐의로 기소
되었는데 이 진술서가 유죄 증거로 제출되었다. 이 진술서는 위법수집증거인가?
힌트 : 대법원 2015. 4. 23. 선고 2013도3790 판결

9.2.2 서울남부지방검찰청 수사관 P는 20◇◇. 2. 6.자 압수·수색영장(이하 '이 사건
영장'이라 한다)을 발부받아 서울 강남구 개포동 (주소 생략) 주식회사 세모, 주식
회사 네모 사무실에서 O4로부터 축협 유통사업단의 영업실적표 등이 저장된
USB를 조세범처벌법위반(A죄) 혐의로 압수하였다. 이 USB는 위 혐의와 관련성
없는 증거였지만 별건인 조세범처벌법위반(B죄) 혐의와 관련된 증거였다. D, D2
는 조세범처벌법위반 혐의로 병합기소되었다. 이 USB의 점유가 수사기관의 수
중에 입수된 경위는 다음과 같다.
    ① 서울남부지방검찰청 수사관은 이 사건 영장으로 위 개포동 사무실에서
    O4로부터 'PC 1대', '영업실적표 등이 저장된 USB 1개' 등을 압수하였
    는데, 위와 같이 압수된 증거들은 그 영장에 기재된 A죄 혐의사실과 무
    관한 증거이고, ② 수사기관은 위 개포동 사무실을 압수·수색함에 있어
    상세 압수목록을 피압수자 등에게 교부하지 않았고 또 위 개포동 사무

실에서 압수한 증거들에 대하여 압수조서를 작성하지 않았다. ③ 검사
는 위 개포동 사무실에서 압수한 증거들을 피압수자에게 반환하는 등의
조치를 취하지 않고 보유하고 있다가, 20◇◇. 5. 1.에 이르러 D의 동생
인 O5를 검사실로 불러 B죄 관련 증거들인 '일시 보관 서류 등의 목록',
압수물건 수령서 및 승낙서를 작성하게 한 다음, 당시 검사실로 오게 한
세무공무원 O6에게 이를 제출하도록 하였다. ④ O5가 그때 작성한 압
수물건 수령서 및 승낙서에 첨부된 '일시 보관 서류 등의 목록'에 위
USB가 기재되어 있었다. ⑤ O5가 위와 같이 압수물건 수령서 및 승낙
서를 작성할 당시 D는 구속상태에서 배임수재 등 혐의로 재판을 받고
있었다. 이 USB는 B죄의 증거로 사용될 수 있는가?

힌트 : 대법원 2016. 3. 10. 선고 2013도11233 판결

9.2.3 20◇◇. 2. 15. 23:00경 O(D의 지인)는 D와 함께 'M모텔'에 투숙하였는데 D가
정신분열증 비슷하게 안절부절 못하는 등 정신이 이상한 것 같은 행동을 목격하
여 M모텔에서 먼저 빠져 나와 24:00경 'D가 마약을 투약하였거나 자살할 우려
가 있다'는 취지로 경찰에 신고하였다. 신고를 받은 사법경찰관 P는 D에게 마약
(메스암페타민) 투약혐의를 잡고, 20◇◇. 2. 16. 02:00경 M모텔 주인과 D의
동의를 얻어 D가 투숙한 모텔 방안으로 들어갔다. 당시 D는 마약 투약 혐의를
부인하는 한편 모텔 방안에서 운동화를 신고 안절부절 못하면서 P 앞에서 바지
와 팬티를 모두 내리는 등의 행동을 하였다. P는 D에게 '마약 투약이 의심되므
로 경찰서에 가서 채뇨를 통하여 투약 여부를 확인하자'고 하면서 동행을 요구하
였다. D는 "영장 없으면 가지 않겠다"고 말하였다. P는 D를 소속 경찰서로 데려
갔다. D는 경찰서에 도착한 이후에도 계속하여 자신의 바지와 팬티를 내린다거
나, 휴지에 물을 적셔 이를 화장실 벽면에 계속하여 붙이는 등의 행동을 하였고,
같은 날 03:25경 위 경찰서에서 채뇨를 위한 '소변채취동의서'에 서명하고 그 소
변을 제출(이하 이 절차를 '제1차 채뇨절차'라고 한다)하였고, 소변에 대한 간이시약
검사결과 메스암페타민에 대한 양성반응이 검출(간이시약검사결과)되어 이를 시인
하는 취지의 '소변검사시인서'에 서명하였다. P는 같은 날 07:50경 D를 '마약류
관리에 관한 법률' 위반(향정) 혐의로 체포의 이유와 변호인 선임권 등을 고지하
면서 D를 긴급체포하였고, 23:00경 D에 대한 구속영장과 D의 소변 및 모발 등
에 대한 압수·수색·검증영장(이하 '압수영장'이라고만 한다)을 청구하여 20◇◇.

2. 17.경 지방법원으로부터 영장이 발부되었다. P는 20◇◇. 2. 18. D에게 압수영장을 제시하고 D로부터 소변과 모발을 채취(이하 이 절차를 '제2차 채뇨·채모 절차'라고 한다)하였다. 소변과 모발을 송부받은 국립과학수사연구원은 'D의 소변과 모발에서 메스암페타민에 대한 양성반응이 검출되었다'는 내용이 담긴 소변 감정서 및 모발 감정서(이하 이를 통틀어 '각 감정서'라고 한다)를 P에게 송부하였다. D는 '마약류 관리에 관한 법률' 위반(향정) 혐의로 기소되었고 '각 감정서'가 유죄증거로 제출되었다. 각 감정서는 증거능력이 있는가?
힌트 : 대법원 2013. 3. 14. 선고 2012도13611 판결

9.2.4 동그래미시 세모동장 직무대리의 지위에 있던 D는 모년 모월 모일 모시경 시장 O에게 '시청 전자문서시스템을 통하여 1통장인 O2 등에게 시장 O를 도와 달라고 부탁하였다'는 등의 내용을 담고 있는 전자우편을 보냈다. 그런데 시청 소속 공무원인 제3자가 권한 없이 시청의 전자우편에 대한 비밀 보호조치를 해제하는 방법을 통하여 이 사건 전자우편을 수집하였다. D가 공직선거법 위반 혐의로 기소되었고 이 전자우편이 D의 유죄증거로 제출되었다. 수소법원은 이 전자우편을 증거로 채택할 수 있는가?
힌트 : 대법원 2013. 11. 28. 선고 2010도12244 판결

9.2.5 D는 "O에게 2015. 1.경 필로폰 0.7g을 100만 원에 매도하고, 같은 해 3월경 필로폰 0.7g을 50만 원에 매도"한 마약류관리에 관한 법률위반(향정) 혐의로 기소되었다. O는 2016. 9. 21.경 검찰에서 D의 공소사실 범행을 진술하는 등 다른 마약사범에 대한 수사에 협조해 오던 중, 같은 달 29일경 필로폰을 투약한 혐의 등으로 구속되었는데, 구치소에 수감되어 있던 같은 해 11. 3.경 D의 이 사건 공소사실에 관한 증거를 확보할 목적으로 검찰로부터 자신의 압수된 휴대전화를 제공받아 구속수감 상황 등을 숨긴 채 D와 통화하고 그 내용을 녹음한 다음 그 휴대전화를 검찰에 제출하였다. 이에 따라 작성된 수사보고는 "O가 2016. 11. 3. 오전 10:00경 D로부터 걸려오는 전화를 자신이 직접 녹음한 후 이를 수사기관에 임의제출하였고, 이에 필로폰 관련 대화 내용을 녹취하였으며, 휴대전화에 내장된 녹음파일을 mp3파일로 변환시켜 첨부하였음을 보고한다'는 내용으로, 첨부된 녹취록에는 'D가 이전에 O에게 준 필로폰의 품질에는 아무런 문제가 없다'는 D의 통화 내용이 포함되어 있다. D와 변호인은 이를 증거로 함에 동의

하였다. 수소법원이 녹취된 D의 통화 내용과 그 녹취록을 증거로 채택할 것인지 여부를 예측하시오.

힌트 : 대법원 2010. 10. 14. 선고 2010도9016 판결

◆ 퀴즈풀이

9.2.1

312조 4항은 검사 또는 사법경찰관이 피고인이 아닌 자의 진술을 기재한 조서의 증거능력이 인정되려면 '적법한 절차와 방식에 따라 작성된 것'이어야 한다고 규정하고 있다. 그리고 312조 5항은 피고인 또는 피고인이 아닌 자가 수사과정에서 작성한 진술서의 증거능력에 관하여는 312조 1항부터 4항까지 준용하도록 규정하고 있으므로, 위와 같은 법리는 피고인이 아닌 자가 수사과정에서 작성한 진술서의 증거능력에 관하더라도 그대로 적용된다. 한편 244조의4 3항, 1항에서 검사 또는 사법경찰관이 피의자가 아닌 자를 조사하는 경우에는 피의자를 조사하는 경우와 마찬가지로 조사장소에 도착한 시각, 조사를 시작하고 마친 시각, 그 밖에 조사과정의 진행경과를 확인하기 위하여 필요한 사항을 조서에 기록하거나 별도의 서면에 기록한 후 수사기록에 편철하여야 한다고 규정하고 있다. 이와 같이 수사기관으로 하여금 피의자가 아닌 자를 조사할 수 있도록 하면서도 그 조사과정을 기록하도록 한 취지는 수사기관이 조사과정에서 피조사자로부터 진술증거를 취득하는 과정을 투명하게 함으로써 그 과정에서의 절차적 적법성을 제도적으로 보장하려는 데 있다. 피고인이 아닌 자가 수사과정에서 진술서를 작성하였지만 수사기관이 그에 대한 조사과정을 기록하지 않아 244조의4 3항, 1항에서 정한 절차를 위반한 경우에는, 특별한 사정이 없는 한 '적법한 절차와 방식'에 따라 수사과정에서 진술서가 작성되었다 할 수 없으므로 그 증거능력을 인정할 수 없다.

9.2.2

사안의 USB는 이 사건 영장의 혐의와 관련성이 없으므로 위법수집증거이다. 다만 수사기관의 절차 위반행위가 적법절차의 실질적인 내용을 침해하는 경우에 해당하지 않는 예외적인 경우가 있으므로 사안에서 그런 사유가 있는지를 추가적으로 검토해 보아야 한다. USB의 압수 경위, 수사기관이 위 USB를 보유하고 있던 기간, O5가 압수물건 수령서 및 승낙서를 제출할 당시의 객관적 상황과 그 경위, O5가 작성한 '일시 보관 서류 등의 목록'의 내용 등을 고려하면 과연 O5가 수사기관으로부터 위 USB를 돌려받았다가 다시 세무공무원에게 제출한 것인지 의심스러울 뿐만 아니라, O5가 위 USB를 세무공무원에게 제출하였다고 하더라도 그 제출에 임의성이 있는지가 합리적인 의심을 배제할 정도로 증명되었다고 할 수 있는지 의심스럽다. O5가 압수물건 수령서 및 승낙서를 제출하였다는 사정만으로 이 사건 영장에 기재된 범죄 혐의사실과 무관한 증거인 위 USB가 압수되었다는 절차 위반행위와 최종적인 증거수집 사이의

인과관계가 단절되었다고 보기는 어렵다. 따라서 위 USB 및 그에 저장되어 있던 영업실적표는 증거능력이 없다.

9.2.3

D가 동행을 거부하겠다는 의사를 표시하였음에도 불구하고 경찰관들이 영장에 의하지 않고 D를 강제로 연행한 조치는 위법한 체포에 해당하고, 이와 같이 위법한 체포상태에서 마약 투약 여부의 확인을 위한 채뇨 요구가 이루어진 이상, 경찰관들의 채뇨 요구 또한 위법하고, 위와 같이 위법한 채뇨 요구에 의하여 수집된 '소변검사시인서'는 적법한 절차에 따르지 아니한 것으로서 유죄 인정의 증거로 삼을 수 없다.

그러나 수사기관의 연행이 위법한 체포에 해당하고 그에 이은 제1차 채뇨에 의한 증거 수집이 위법하다고 하더라도, 피고인은 이후 법관이 발부한 구속영장에 의하여 적법하게 구금되었고 법관이 발부한 압수영장에 의하여 2차 채뇨 및 채모 절차가 적법하게 이루어진 이상, 그와 같은 2차적 증거 수집이 위법한 체포 구금절차에 의하여 형성된 상태를 직접 이용하여 행하여진 것으로는 쉽사리 평가할 수 없으므로, 이와 같은 사정은 체포과정에서의 절차적 위법과 2차적 증거 수집 사이의 인과관계를 희석하게 할 만한 정황에 속한다. 중대한 범행의 수사를 위하여 피고인을 경찰서로 동행하는 과정에서 위법이 있었다는 사유만으로 법원의 영장 발부에 기하여 수집된 2차적 증거의 증거능력마저 부인한다면, 이는 오히려 헌법과 형사소송법이 형사소송에 관한 절차조항을 마련하여 적법절차의 원칙과 실체적 진실 규명의 조화를 도모하고 이를 통하여 형사 사법 정의를 실현하려 한 취지에 반하는 결과를 초래하게 될 것이라는 점도 아울러 참작될 필요가 있다. 이상과 같은 사정들을 종합하면 법관이 발부한 압수영장에 의하여 이루어진 2차 채뇨 및 채모 절차를 통해 획득된 이 사건 각 감정서는 모두 그 증거능력이 인정된다.

9.2.4

수소법원은 이 전자우편을 증거로 채택할 것이다. 그 이유는 다음과 같다. 제3자가 위와 같은 방법으로 이 사건 전자우편을 수집한 행위는 정보통신망 이용촉진 및 정보보호 등에 관한 법률 71조 11호, 49조 소정의 '정보통신망에 의하여 처리·보관 또는 전송되는 타인의 비밀을 침해 또는 누설하는 행위'로서 형사처벌되는 범죄행위에 해당할 수 있을 뿐만 아니라, 이 사건 전자우편을 발송한 피고인의 사생활의 비밀 내지 통신의 자유 등의 기본권을 침해하는 행위에 해당한다는 점에서 일응 그 증거능력을 부인하여야 할 측면이 있다. 그러나 이 사건 전자우편은 동그래미 시청의 업무상 필요에 의하여 설치된 전자관리시스템에 의하여 전송·보관되는 것으로서 그 공공적 성격을 완전히 배제할 수 없다. 또한 이 사건 형사소추의 대상이 된 행위는 구 공직선거법(2010. 1. 25. 법률 제9974호로 개정되기 전의 것, 이하 '구 공직선거법'이라 한다) 255조 3항, 85조 1항에 의하여 처벌되는 공무원의 지위를 이용한 선거운동행위로서 공무원의 정치적 중립의무를 정면으로 위반하고 이른바 관권선거를 조장할 우려가 있는 중대한 범죄에 해당한다. 따라서 이 사건 전자우편을 이 사건 공소사실에 대한 증거로 제출하는 것은 허용되어야 하고 이로 말미암아 피고인의 사생활의 비밀이나 통신의 자유가 일정 정도 침해되는 결과를 초래한다 하더라도 이는 피고인이 수인하여야 할 기본권의 제한에 해당한다.

9.2.5

사안의 녹음행위는 수사기관이 O로부터 D의 이 사건 공소사실 범행에 대한 진술을 들은 다음 추가적인 증거를 확보할 목적으로 구속수감되어 있던 O에게 그의 압수된 휴대전화를 제공하여 그로 하여금 D와 통화하고 D의 이 사건 공소사실 범행에 관한 통화 내용을 녹음하게 한 것이고, 이와 같이 수사기관이 구속수감된 자로 하여금 D의 범행에 관한 통화 내용을 녹음하게 한 행위는 수사기관 스스로가 주체가 되어 구속수감된 자의 동의만을 받고 상대방인 D의 동의가 없는 상태에서 그들의 통화 내용을 녹음한 것으로서 범죄수사를 위한 통신제한조치의 허가 등을 받지 아니한 불법감청에 해당하므로, 그 녹음 자체는 물론이고 이를 근거로 작성된 이 사건 수사보고의 기재 내용과 첨부 녹취록 및 첨부 mp3파일도 모두 D와 변호인의 증거동의에 상관없이 증거능력이 없다. 사생활 및 통신의 불가침을 국민의 기본권의 하나로 선언하고 있는 헌법규정과 통신비밀의 보호와 통신의 자유 신장을 목적으로 제정된 통신비밀보호법의 취지에 비추어 볼 때 D나 변호인이 이를 증거로 함에 동의하였다고 하더라도 달리 볼 것은 아니다(대법원 2009. 12. 24. 선고 2009도11401 판결 참조).

제10장 전문법칙과 그 예외

제1절 전문법칙 총론

Ⅰ. 전문증거와 전문법칙

1. 사람의 경험의 위험성과 반대신문의 중요성

'사람의 경험'을 진술(피고인)·증언(증인)의 형식으로 공판정에 드러내 공소사실의 존부를 입증하는 증거로 삼으려 할 때는 원칙적으로 '사실(예를 들어 살인, 뇌물수수, 음주운전 등)을 직접 경험(체험)한 사람'이 법정에 출석하여 '구술로 진술'[1]하게 하여야 한다. 이 사람은 원칙적으로 선서하고 증언[2]하여야 한다. 이 경우의 발언들이 원진술 혹은 원본증거이다. 특단의 사정이 없는 한 이 진술·증언에 대하여는 그 증언으로 말미암아 불리한 입장에 놓이게 되는 반대당사자의 반대신문이 경유되어야 한다. 반대신문이 경유되지 않은 경험적 진술은 오류일 가능성이 크기 때문이다. 이 '반대신문의 기회를 보장'하는 법리[3]가 전문법칙(hearsay rule)과 대면권(right to confront)이다.

---

1 보통의 경우를 말한 것이고 말하지 못하는 사람이라고 해서 진술·증언을 못하는 것은 아니다. 예를 들어 필담(筆談)이나 '손 언어' 등으로 얼마든지 증언할 수 있다.

2 선서하지 않고 진술하는 경우 그 진술은 증언이 아니지만 (자신이 직접 경험한) 사실에 관한 진술이므로 '증언적 성격의 진술'이고 '그렇다면 반대신문을 경유하여야 공평하지 않은가' 하는 문제가 제기된다.

3 후술하는 직접주의에서는 '반대신문의 기회를 보장'하려는 목표가 선명하게 추구되지 않는다. 이 점에서 직접주의와 전문법칙은 일응 다른 장치임을 알 수 있다.

공판에서 문제되는 어떤 요증사실을 입증하려면 '관련사실을 직접 경험한 사람의 경험적 진술'이 공판정에 직접 제출되어야 한다. 그런데 위와 같은 '법정(공판정)에서의 진술·증언이 아닌 다른 간접적인 형태의 증거가 실체관계의 증거로 제출[4]될 때' 그 증거를 전문증거라고 한다.

이 문제에 관한 핵심조문인 310조의2는 '전문증거와 증거능력의 제한'이라는 제목으로 "311조 내지 316조에 규정한 것 이외에는 공판준비 또는 공판기일에서의 진술에 대신하여 진술을 기재한 서류나 공판준비 또는 공판기일 외에서의 타인의 진술을 내용으로 하는 진술은 이를 증거로 할 수 없다."고 규정하고 있다. 이 규정에는 문장의 생략이 심하여 평범하게 읽어서는 적절한 이해가 곤란하다. 이 조문의 의미를 좀 더 선명하게 이해하려면 다음과 같이 괄호 안에 빠진 내용을 넣어 추가하고 약간의 주석을 덧붙여 읽어야 한다. "'311조 내지 316조에 규정한 것'[5] 이외에는 '공판준비 또는 공판기일에서의 (특정피고사건[6]의 유·무죄판단에 관련되는 사실에 관한 경험적[7]) 진술[8]에 대신하여 진술을 기재한 서류'나 '공판준비 또는 공판기일 외'에서의 타인의 (유·무죄판단에 관련되는 경험적) 진술을 내용으로 (단순전달) 하는 (직접 경험자 아닌 자의 공판정) 진술은 이를 증거로 할 수 없다."

첫째, '진술에 대신하여 진술을 기재한 서류'란 '수뢰혐의를 받고 있는 D(피의자·피고인)에게 5만 달러를 주었더니 안주머니에 넣더라'는 내용의 증뢰혐의자 D2의 진술이 기재된 수사기관(사법경찰관·검사) 작성의 참고인(장차 증인으로 소환되어 법정에서 구술로 진술할 가능성이 농후한 자) 진술조서가 전형적인 사례이다. 피의자신문조서, (피의자·피고인·참고인이 직접 작성한) 진술서(=자술서), 피의자·피고인·수사기관 이외의 제3자가 작성한 진술기재서, 녹취서, (법원·수사기관 작성의) 검증조서, 수사기관 작성의 실황조서(실황조사서)도 이 부류에 해당한다. 311조에서부터 316조에 이르기까지 주의하여야 할 사항은 하나 둘이 아니다. 그 중 대표적인 것

---

4 예를 들어 사람의 경험이 서면에 담기고 이 서면이 법정에 제출되거나, '직접 경험자가 타인에게 경험을 말하고 그 타인이 법정에 나와 타인의 경험을 단순전달하는 경우를 상정할 수 있다.

5 전문법칙의 예외를 규정한 조문으로 서면(조서와 진술서)의 작성주체가 누구냐에 따라 311조 (법원·법관의 조서)의 예외, 312조(검사·사법경찰관의 조서등)의 예외, 313조(진술서등)의 예외, 314조(증거능력에 대한 예외)의 예외, 315조(당연히 증거능력이 있는 서류)의 예외, 316조 (전문진술)의 예외가 있다.

6 예를 들어 '피고인 D(공무원)의 5만 달러 수뢰사건'.

7 '경험자가 스스로 경험한 사실과 그 경험을 기초로 추측한 사항'까지만 허용된다.

8 여기서의 진술은 '경험적 사실에 대한 진술', 그 중에서도 '의도된 주장(intended assertion)'에 한정하여야 한다. Federal Rules of Evidence 801조 참조.

이 312조 1항이 '피고인이 된 피의자'에 대한 피의자신문조서라는 용어를 사용한다는 점이다. 이를 문리대로 해석하면 피고인이 되지 않은 피의자신문조서에는 312조 1항의 적용이 없는 것이 아닌가, 그리고 그 경우 적용하여야 할 조문은 어느 조문인가 하는 의문이 제기될 수 있다. 그러나 형소법은 명확한 지침을 주지 않고 그 문제의 해결을 해석에 미루고 있다. 피고인이 되지 않은 피의자신문조서에도 특단의 사정이 없는 한 312조 1항을 준용하여야 할 것이다. 다음에 참고인이 도중에 피의자로 전환되는 경우 혹은 그 반대의 경우도 있을 수 있다. 이 경우 참고인 자격에서 행한 진술을 수사기관이 기재한 조서는 참고인 진술조서, 피의자로 전환된 이후의 진술을 기재한 조서는 실질적으로 피의자신문조서로 보아야 할 것이다.

둘째, '공판준비 또는 공판기일 외'에서의 타인의 (유·무죄판단에 관련되는 경험적) 진술의 예를 들어보자. 수뢰피의자 D와 D에게 뇌물을 공여한 의심을 받고 있는 뇌물공여피의자 D2를 상정하고 그 중 우선 D의 수뢰피고사건에 집중해 보자. 뇌물공여(증뢰)피의자·피고인 D2가 구치소에 있을 때 혼자 독백으로, "'피고인 D에게 5만 달러를 주었더니 안주머니에 넣더라(이것이 원진술 혹은 원본증거이다)'는 내용의 말을 하는 것을 들었다"는 취지의 같은 구치소 피수감자 C의 법정증언이 있다고 하자. C의 법정증언을 규율하는 규정이 316조 2항이다. C의 법정증언이 전형적인 전문증언이다. 이 경우 C의 법정증언은 '공판기일 외(에서)의 타인(D2)의 경험적 진술을 공판정에서 단지 전달만 하는 진술'이다. 원진술이 사실인정자 앞에서 행해지지 않았으므로 C의 법정증언은 전문증거이고 316조 2항의 예외요건을 구비하여야 증거능력이 있다.

2. 전문법칙과 직접주의의 관계

헌법재판소는 전문법칙과 직접주의 모두 "오판방지와 방어권 보장으로 공정한 재판을 달성하는 기능"을 하는데, 현행법은 직접주의(the principle of immediacy)[9]의 바탕 위에 영미법계의 전문법칙(hearsay rule)을 받아 들여 공판중심주의의 철저를 기하였다"(헌재 1994. 4. 28. 선고 93헌바26 결정)고 판시한다. 대법원도 161조의2와 310조의2의 입법취지를 헌법재판소와 거의 동일하게 새기고 있다.

---

[9] "사람의 지각내용이 요증사실을 입증하는 경우에 법원은 사실을 체험한 자를 공판정에 불러 내 그 자의 '구술에 의한 직접의 진술'에 기초하여 재판해야 한다"는 독일형소법의 증거법원리이다.

〈161조의2와 310조의2의 입법취지〉

> "형사소송법은 제161조의2에서 피고인의 반대신문권을 포함한 교호신문제도를 규정함과 동시에 제310조의2에서 법관의 면전에서 진술되지 아니하고 피고인에 의한 반대신문의 기회가 부여되지 아니한 진술에 대하여는 원칙적으로 증거능력을 부여하지 아니함으로써, 형사재판에 있어서 모든 증거는 법관의 면전에서 진술·심리되어야 한다는 직접주의와 피고인에게 불리한 증거에 대하여는 반대신문할 수 있는 권리를 원칙적으로 보장하고 있는바, 반대신문권의 보장은 형식적·절차적인 것이 아니라 실질적·효과적인 것이어야 하므로, 증인이 반대신문에 대하여 답변을 하지 아니함으로써 진술내용의 모순이나 불합리를 드러내는 것이 사실상 불가능하였다면, 그 사유가 피고인이나 변호인에게 책임 있는 것이 아닌 한 그 진술증거는 법관의 올바른 심증형성의 기초가 될 만한 진정한 증거가치를 가진다고 보기 어렵다 할 것이고, 따라서 이러한 증거를 채용하여 공소사실을 인정함에 있어서는 신중을 기하여야 할 것이다"(대법원 2001. 9. 14. 선고 2001도1550 판결).

영미법에서 전문법칙은 원칙적으로 증인의 전문증언에 대하여 작동하고 피고인의 자백에 대하여는 작동되지 않는다. 그러나 형소법상 피고인(D), 공범으로 병합기소된 공동피고인(D2)이 법정에서 선서 없이(증인적격이 없다고 해석되므로) 공소사실에 대하여 진술(주로 자신(D2)에게는 자백이고 다른 피고인(D)에게는 증언적 성격의 진술)하면 이들(D, D2)의 진술도 '자신의 경험에 대한 진술'로 간주되고 '한국형 전문법칙의 적용대상'이 된다. 이를 가리켜 '한국형 전문법칙'에는 '독일형소법의 직접주의적 시각도 반영되어 있다'고 논증한다.

3. 현행법상의 전문법칙의 예외조건 중 영미 전문법칙에 없는 독특한 제도

전문서류(주로 피의자신문조서와 진술조서)에 대하여 진술자 혹은 작성자로 하여금 공판정에서 '성립의 진정함'[10] 혹은 '내용'을 인정 또는 부인하게 함으로써 1차적으로 증거능력 존부를 결정하도록 하는 현행법의 발상(312조, 313조)은 전문법칙을 창설한 영미법에는 없는 한국법 특유의 제도이다. 이것은 현행법이 영미법보다 전문증거의 사용가능성을 더 좁혀서 엄격화시킨 측면이다.

---

10 "검사 또는 사법경찰관이 피의자 아닌 자의 진술을 기재한 조서는 공판준비 또는 공판기일에서의 원진술자의 진술에 의하여 그 성립의 진정함이 인정된 때에만 증거로 할 수 있고, 여기서 성립의 진정이라 함은 간인·서명·날인 등 조서의 형식적인 진정과 그 조서의 내용이 원진술자가 진술한 대로 기재된 것이라는 실질적인 진정을 모두 의미[한다.]"(대법원 2002. 8. 23. 선고 2002도2112 판결).

II. 311조~318조의3의 해석론 총설

법조문에는 '조서', '진술서', '서류', '진술' 등의 용어로 표현되고 있지만 실무상 이들 서류들이 문제되는 이유는 그 안에, 현재 검사(소추자)가 기소한 '특정 피고인(D)의 혐의사실(=공소사실)의 존재(유죄)를 추단할 수 있는 경험적 진술내용'이 담겨 있기 때문이다. 따라서 주어진 사안에 '조서', '진술서' 등이 등장할 때 특단의 사정이 없는 한 특정피고인에게 불리한 진술(자백)'이 담겨있다고 가정하더라도 무방하다.

'특정 피고인 D의 특정형사피고사건'(예를 들어 H 피고인의 5만 달러 수뢰사건)을 가정해 보자. 현재 주류적인 판례는, 대향적 공범자(D2, 증뢰피고인)를, '피고인 아닌 자(312조 4항, 313조 1항, 316조 1항, 316조 2항)'로 간주한다.11 그런데 많은 경우에 공범자(D2)의 '피고인 D를 범죄자로 끌어들이는 수사상·공판정의 진술'12이 피고인 D의 유죄증거로 제출되고 있다. 이 때 D2의 진술은, D2 자신의 형사피고사건에서는 자백이지만 D의 형사피고사건에서는 '피고인 아닌 자(D2)의 피고인(D)에게 불리한 진술'이 되어 그 처리가 매우 곤혹스럽다.

주류적인 판례처럼 공범자(D2)를 '피고인(D) 아닌 자'로 설정하면 '공범(D2)의 끌어들이는 진술'은 '참고인·증인의 (피고인 D에게) 적대적인 진술'과 동일하게 취급하여야 한다.

지금까지의 설명의 밑바탕에는 '소송법률관계 개별성'의 발상이 숨어 있다. 그런데 이런 발상을 혼란스럽게 하는 구법시대의 판례(예를 들어 공범피의자의, 끌어들이는, 검면진술)들이 있다. 이 판례들을 대법원이 개정법 하에서도 유지할 것인가가 현안문제이다. 대법원은 공범피의자의, 끌어들이는, 사법경찰관면전진술에 대하여 구법시대의 판례를 개정법 하에서도 계속 유지(예를 들어 대법원 2009. 11. 26. 선고 2009도6602 판결)하고 있기 때문에 이런 문제를 제기하게 된다.

---

11 대법원 1963. 7. 25. 선고 63도185 판결은 310조의 피고인에 공동피고인(공범이건 아니건 가리지 않는다)은 포함되지 않는다고 해석한다.

12 예를 들어 "나(D2)는 D와 공모하여 함께 강취하였다", 혹은 "내(D)가 5만 달러를 건넸더니 상대방(D2)이 받았다."

III. 법원·법관이 주재하는 당해절차에서 작성된 서류(311조)

1. 311조 제1문 전단

공판준비기일 또는 공판기일에 피고인이나 피고인 아닌 자(공동피고인이나 공범자도 포함된다)가 행한 진술을 기재한 조서(일체의 공판조서와 법정외의 증인신문조서, 273조에 의한 공판기일전의 피고인신문조서, 법원 또는 법관의 감정인신문조서[13])

2. 311조 제1문 후단

법원 또는 법관이 행한 검증조서

3. 311조 제2문

증거보전절차조서(184조)와 검사의 청구에 의한 1회 공판기일전의 증인신문조서(221조의2)

(1) 이 조서들이 작성되는 정황은 '특신정황이 높거나, 성립의 진정에 의심의 여지가 없다'[14]고 보기 때문에 예외가 인정된다고 한다. 그러나 이 가정은 지나친 측면이 있다. 대법원은 이 규정에 의하여 증거능력이 인정되는 것은 '당해 사건'[15]에 관하여 작성된 조서에 한한다고 보고, 다른 사건의 공판조서는 315조 3호(기타 특히 신용할 만한 정황에 의하여 작성된 문서)에 해당한다(대법원 2005. 4. 28. 선고 2004도4428 판결)[16]고 해석한다. 그러나 이 해석방법에도 다음과 같은 문제가 있다.

(2) 당해 사건의 공판기일에 피고인이나 증인이 행한 진술은 원본증거이고 이를 기재한 공판조서는 법관의 기억을 상기시키고 상급심의 하급심 심사에 참고하기 위한 자료에 불과하다. 따라서 ⓐ 부분의 규정과 이에 관한 현재의 판례(당해사건에서 작성된 공판조서에 한정)가 의미 있는 경우는, 조서가 작성된 이후 심리

---

13 171조 4항의 설명기재조서는 포함되지만 313조 3항의 감정서는 포함되지 않는다.

14 법원실무제요(형사편) II (2014).

15 예를 들어 '피고인 D의 특정 일시·장소에서의 살인사건'을 염두에 두기로 하자. 이 살인사건이 당해사건이고 기타 D의 공범이나 공동피고인인 D2의 사건이나, D의 다른 사건(가령 다른 일시·장소에서의 절도사건)은 당해사건이 아니다.

16 "다른 피고인에 대한 형사사건의 공판조서는 형사소송법 315조 3호에 정한 서류로서 당연히 증거능력이 있는바(대법원 1964. 4. 28. 선고 64도135 판결; 대법원 1966. 7. 12. 선고 66도617 판결 등 참조), 공판조서 중 일부인 증인신문조서 역시 형사소송법 315조 3호에 정한 서류로서 당연히 증거능력이 있다."

하는 판사가 달라지는 경우이다. 예를 들어 판사의 경질로 공판절차가 갱신되는 경우(301조), 파기환송전 원심의 공판조서를 상급심에서 증거로 사용하는 경우, 이송받은 법원이 이송전에 작성된 공판조서를 증거로 사용하는 경우, 재심개시결정이 내린 경우의 재심전의 공판조서 등이다.

(3) '이런 사고방식'(당해사건일 때는 311조, 다른 사건일 때는 315조 3호)은 ⓑ 법원 또는 법관이 행한 검증조서, ⓒ 증거보전절차조서(184조)와 검사의 청구에 의한 1회 공판기일 전의 증인신문조서(혹은 수사상의 증인신문조서 221조의2)의 경우에도 관철되어야 한다. ⓐ 부분의 규정에 의하여 증거능력이 인정되는 것을 '당해 사건에 관하여 작성된 조서'에 한정하는 해석에는 큰 무리가 없다. 그러나 다른 사건(가령 피고인 D의 수뢰사건을 기준으로 삼을 때 D의 절도사건이나 D2의 형사사건)의 공판조서를 315조 3호로 포섭하는 해석은 지나친 해석으로 보인다. 따라서 증명력 판단에는 다음과 같은 신중성이 요청된다.

(4) 예를 들어 "피고인 D와 공범관계에 있지 않은 D2가 먼저 기소되어 재판을 받고 D2가 자신의 재판에서, 양형상 유리한 정상을 얻으려고, D에게 범죄사실을 떠넘기는 진술을 하고, 그 진술이 공판조서에 기재되고, 후에 기소된 D의 재판에서 다른 사건의 공판조서인 D2의 형사재판에서의 공판조서가 증거로 제출되었다고 하자. D2가 D의 재판에 증인으로 출석하지 않아 D가 D2에게 반대신문을 하지 못하였는데도 위 공판조서가 D의 피고사건에서 증거능력이 인정(315조 3호)되어 D에게 유죄가 선고되는 경우"가 있을 수 있으므로 D의 반대신문권이 제한되는 사태가 생성될 수 있다. 따라서 315조 3호에 의하여 다른 사건에서 작성된 공판조서의 증거능력을 인정한다 하더라도 그 신빙성을 판단할 때는 신중성이 요구된다.

(5) '법원 또는 법관의 검증조서'에 관하여는 검증조서의 실질적인 내용에 따라 달리 취급하여야 한다. 수사과정에서 피고인이 된 피의자의 신문과정을 채록한 비디오테이프에 대한 법원 또는 법관의 검증조서는 피의자의 진술을 기재한 피의자신문조서와 실질적으로 같으므로, 피의자신문조서에 준한 취급을 하여야 한다(대법원 1992. 6. 23. 선고 92도682 판결, 따라서 이때 진술거부권이 고지되었는지 여부를 잘 살펴야 한다). 또 법원이 녹음테이프에 대하여 실시한 검증의 내용이 '녹음테이프에 녹음된 전화대화내용이 녹취서에 기재된 것과 같다'는 취지인 때 증거자료가 되는 것은 여전히 녹음테이프에 녹음된 대화내용이므로 이에 관한 검증조서의 기재는, 실질적으로 공판준비 또는 공판기일에서의 진술에 대신하여 진술을

기재한 서류와 다를 바 없어 311조 내지 315조의 예외요건을 구비한 것이 아니면 이를 유죄의 증거로 할 수 없다(대법원 1996. 10. 15. 선고 96도1669 판결).

검증조서에 첨부된 사진이나 도면 중 검증조서와 일체를 이루는 것은 그 일부만 증거능력이 인정된다. 검증조서에 검사나 피고인의 주장이나 진술을 기재한 부분이나 그들이 제출한 도면 등은 검증의 결과가 아니므로, 수사서류와 같이 취급하여야 한다. 검증현장에서 법원 또는 법관이 당사자가 아닌 제3자에게 질문하고 그 제3자의 진술 내용이 기재되는 경우도 있다. 이것이 '관계자의 진술'이다. 이에 관하여 법관의 면전 진술이라는 점에서 증거능력을 인정하는 견해가 있으나 선서 없는 진술이고 반대당사자의 반대신문권도 보장되어 있지 않으며 또한 피고인이나 변호인에게 참여의 기회를 주지 않은 채 작성된 내용이므로 그 부분은 증거능력이 없다.

(6) 증거보전절차조서

당해사건17의 증거보전절차(184조)·수사상 증인신문절차(221조의2)에서 적법하게 작성된 증인신문조서를 말한다. 그러나 다음과 같은 예외가 있음에 주의하여야 한다.

첫째, 피의자신문은 증거보전의 방법으로 청구할 수 없으므로 그 조서 중에 피의자의 진술을 기재한 부분은 증거능력이 없다(대법원 1977. 12. 13. 선고 77도2770 판결). 둘째, 피고인, 피의자 또는 변호인의 참여 없이 행한 증인신문절차에서 작성된 증인신문조서는 원칙적으로 증거능력이 없다(대법원 1997. 12. 26. 선고 97도2249 판결).

4. 중요판례

(1) 다른 공소사실로 기소되어 병합심리(예를 들어 쌍방폭행)되는 공동피고인이 선서 없이 한 법정진술(대법원 1982. 9. 14. 선고 82도1000 판결)

"O, O2는 본건과는 다른 공소사실로 기소되어 병합심리되는 공동피고인이었으므로 이 사건에 관하여는 증인의 지위에 있는데18 선서 없이 한 위 법정진술

---

17 당해사건의 개념은 쉽지 않다. 예를 들어 D가 사기죄 혐의로 기소되기 전에 증거보전절차가 행하여지고 그 후 D가 기소된 후 1심재판이 선고되고 그 후 항소되었다고 하자. 1심공판절차, 항소심 공판절차에서 공판 전에 작성된 증인신문조서는 당해사건에서 작성된 조서이다. 그러나 D의 공범으로 기소된 D2의 사건에서 이 증인신문조서는 당해사건이 아니다.

18 그러나 증언하려면 변론을 분리하여야 하는지(이런 실무례도 있다), 변론을 분리하지 않은 상태에서 증언대에 설 수 있다(이런 실무례도 있다)는 취지인지는 분명하지 않다.

이나, 피고인이 증거로 함에 동의한 바 없는 동인들에 대한 위 피의자 신문조서는 증거로 쓸 수도 없다."

(2) 법원의 공판절차진행의 위법과 그 결과를 기재한 조서

법원 또는 법관의 조서라도 피고인의 열람등사청구권이 침해된 공판조서·피고인의 공개재판을 받을 권리를 침해한 상태에서 작성된 공판조서는 증거로 할 수 없다. "법이 피고인에게 공판조서의 열람 또는 등사청구권(55조 1항)을 부여한 이유는 공판조서의 열람 또는 등사를 통하여 피고인으로 하여금 진술자의 진술내용과 그 기재된 조서의 기재내용의 일치 여부를 확인할 수 있도록 기회를 줌으로써 그 조서의 정확성을 담보함과 아울러 피고인의 방어권을 충실하게 보장하려는 데 있으므로, 피고인의 공판조서에 대한 열람 또는 등사청구에 법원이 불응하여 피고인의 열람 또는 등사청구권이 침해된 경우에는 그 공판조서를 유죄의 증거로 할 수 없을 뿐만 아니라(55조 3항), 공판조서에 기재된 당해 피고인이나 증인의 진술도 증거로 할 수 없다"(대법원 2003. 10. 10. 선고 2003도3282 판결).

(3) 수소법원이 외국에 사법공조를 요청하여 외국의 법관이 시행한 증인신문조서나 검증조서 등을 취득하는 경우가 있다. 이런 조서는 수탁판사에 의한 조서 등과 마찬가지로 311조의 '공판준비 또는 공판기일에서 작성된 조서'의 일종으로 보아 증거능력을 인정하거나 혹은 315조 3호를 적용하여 증거능력을 인정할 여지가 있다.

(4) 그러나 "범행 직후 미합중국 주검찰 수사관이 작성한 피해자 및 공범에 대한 질문서와 우리나라 법원의 형사사법공조요청에 따라 미합중국 법원의 지명을 받은 수명자(미합중국 검사)가 작성한 피해자 및 공범에 대한 증언녹취서는 이를 315조 소정의 당연히 증거능력이 인정되는 서류로는 볼 수 없다고 하더라도, 312조 또는 313조에 해당하는 조서 또는 서류로서 그 원진술자가 공판기일에서 진술을 할 수 없는 때에 해당하고, 그 각 진술 내용이나 조서 또는 서류의 작성에 허위 개입의 여지가 거의 없으며 그 진술 내용의 신빙성이나 임의성을 담보할 구체적이고 외부적인 정황이 있으므로 그 진술 또는 서류의 작성이 특히 신빙할 수 있는 상태 하에서 행하여진 것이라고 보기에 충분하므로, 314조의 규정에 의하여 그 증거능력을 인정할 수 있다"(대법원 1997. 7. 25. 선고 97도1351 판결).

(5) 검찰관이 피고인을 뇌물수수 혐의로 기소한 후, 형사사법공조절차를 거치지 아니한 채 과테말라공화국에 현지출장하여 그곳 호텔에서 뇌물공여자 갑을 상대로 참고인 진술조서를 작성한 사안에서 "검찰관의 갑에 대한 참고인조사가

증거수집을 위한 수사행위에 해당하고 그 조사 장소가 우리나라가 아닌 과테말라공화국의 영역에 속하기는 하나, 조사의 상대방이 우리나라 국민이고 그가 조사에 스스로 응함으로써 조사의 방식이나 절차에 강제력이나 위력은 물론 어떠한 비자발적 요소도 개입될 여지가 없었음이 기록상 분명하면 이는 서로 상대방 국민의 여행과 거주를 허용하는 우호국 사이에서 당연히 용인되는 우호국 국가기관과 그 국민 사이의 자유로운 의사연락의 한 형태에 지나지 않으므로 어떠한 영토주권 침해의 문제는 생겨날 수 없고, 피고인에 대한 국내 형사소송절차에서 위와 같은 사유로 인하여 위법수집증거배제법칙이 적용된다고 볼 수는 없다"(대법원 2011. 7. 14. 선고 2011도3809 판결). 이 서류는 315조 소정의 당연히 증거능력 있는 서류로 볼 수 없고, 312조~314조에 의한 서류로서 314조에 의하여 그 증거능력을 인정할 수 있다.

Ⅳ. 312조의 예외

〈개정 형사소송법 312조 1항의 시행 시점〉

> 2020년 2월에 공포된 312조 1항의 개정규정(검사가 작성한 피의자신문조서는 적법한 절차와 방식에 따라 작성된 것으로서 공판준비, 공판기일에 그 피의자였던 피고인 또는 변호인이 그 내용을 인정할 때에 한하여 증거로 할 수 있다)은 공포 후 4년 내에 시행하되, 그 기간 내에 대통령령으로 정하는 시점부터 시행한다. 대통령령으로 시행 시점이 정해지면 이하에서 312조 1항에 관한 설명과 판례는 재론될 필요가 있다. 2020년 2월 5일 현재 시행 시점은 정해지지 않았다.

다소 까다롭기는 하지만 단독기소사안일 때는 큰 문제가 없다. 반면에 병합기소사안이나 분리기소사안일 때에는 그 적용이 매우 복잡하므로 주의하여야 한다.

1. 적법한 절차와 방식에 따른 작성

312조의 예외에 해당하려면 무엇보다도 조서, 진술서 등이 '적법한 절차와 방식에 따라 작성된 것'이어야 한다. 여기서의 '적법한 절차'는 308조의2의 적법절차와 일응 구별되는 개념이다.

(1) 기명, 날인이나 무인이 없는 하자(흠)는 중대한 하자(흠)이다.[19]

---

19 기명만이 있고 **날인이나 무인**이 없는 피의자신문조서는 무효이다(대법원 1981. 10. 27. 선고 81도1370 판결).

(2) 그러나 열람·낭독 미이행, 조서의 기재내용 불고지는 가벼운 흠이다.[20]

(3) 검사 명의로 작성되었지만 실질적으로 검찰주사·주사보가 주도한 피의자신문절차에서 작성된 피의자신문조서는 검사 이외의 수사기관이 작성한 피의자신문조서로 취급된다.[21]

2. 피의자신문조서와 전문증거로서의 예외조건

피의자신문조서가 공판절차에서 피고인의 유죄를 입증하는 증거로 제출되면 그 피의자신문조서는 사실인정자에게는 전문증거가 되므로 그것이 증거로 사용되려면 '조서로서의 유효조건' 외에 전문법칙의 예외조건(312조 1항~6항)까지 충족되어야 한다. 아래에 열거하는 것은 전문법칙의 예외조건의 측면에서 주목하여야 할 판례들이다.

(1) 경찰수사과정에서 피의자가 작성한 진술서는 피의자신문조서(312조 3항)로 취급한다(대법원 1982. 9. 14. 선고 82도1479 판결).

(2) '성립의 진정'의 의미(대법원 2004. 12. 16. 선고 2002도537 판결)

"312조 1항 본문의 ㉮ '성립의 진정'이라 함은 간인·서명·날인 등 조서의 형식적 진정성립과 그 조서의 내용이 원진술자가 진술한 대로 기재된 것이라는 실질적인 진정성립을 모두 의미하는 것이다(대법원 2002. 8. 23. 선고 2002도2112 판결; 1990. 10. 16. 선고 90도1474 판결 등 다수). ㉯ 그리고 위 법문의 문언상 성립의 진정은 '원진술자의 진술에 의하여' 인정되는 방법 외에 다른 방법을 규정하고 있지 않으므로, 실질적 진정성립도 원진술자의 진술에 의하여서만 인정될 수 있다.

(3) 성립의 진정이 부인된 참고인 진술조서(대법원 1990. 10. 16. 선고 90도1474 판결)

"검사 또는 사법경찰관리 작성의 참고인에 대한 각 진술조서에 관하여 피고인이 증거로 함에 동의하지 않고, 진술자가 법정에서 위 진술조서들의 진술기재 내용이 자기가 진술한 것과 다른 데도 검사 또는 사법경찰관리가 마음대로 공소사실에 부합되도록 기재한 다음 '괜찮으니 서명날인하라'고 요구하여 할 수 없이 각 진술조서의 끝부분에 서명날인한 것이라면 위 진술조서들은 그 증거능력이 없다."

---

20 피의자신문조서의 열람·낭독이 미이행되었어도 증거능력에는 영향이 없다(대법원 1988. 5. 10. 선고 87도2716 판결).

21 대법원 1990. 9. 28. 선고 90도1483 판결; 대법원 2003. 10. 9. 선고 2002도4372 판결.

(4) 내용인정의 의미(실제사실과 부합)(대법원 1995. 5. 23. 선고 94도1735 판결)

"내용을 인정할 때라 함은 위 피의자신문조서의 기재내용이 진술내용대로 기재되어 있다는 의미가 아니고(그것은 문서의 진정성립에 속하는 사항임), 그와 같이 진술한 내용이 실제사실과 부합한다는 것을 의미한다. 피고인은 검찰 이래 원심법정에 이르기까지 사법경찰리 앞에서의 위 자백은 허위였다는 진술을 일관하고 있으므로, 결국 이 사건 피고인은 위 사법경찰리 작성의 피의자신문조서의 진술내용을 인정하지 않는 것이다."

3. D, D2가 공범혐의로 병합기소[22]되었을 때 D의 피고사건에서 D2의 취급방법

D의 피고사건에서 D2는 '피고인 아닌 자'이고, 반대로 D2의 피고사건에서는 다시 D가 '피고인 아닌 자'이다.[23]

(1) D, D2가 공범혐의로 병합기소된 사안에서 D2가 자신을 상대로 작성된 검면(자백)조서의 성립 및 임의성을 인정하면 D2의 검면자백조서는 D의 피고사건에 증거능력이 있다(대법원 1990. 12. 26. 선고 90도2362 판결).

〈그러나 D, D2가 분리기소된 경우에 관한 대법원 1999. 10. 8. 선고 99도3063 판결이 있음에 주의하여야 한다〉

"공범(D2)이나 제3자에 관한 검사 작성의 피의자신문조서 '등본'이 증거로 제출된 경우 피고인(D)이 위 공범 등에 대한 피의자신문조서를 증거로 함에 동의하지 않는 이상, 원진술자인 공범(D2)이나 제3자가 각기 자신에 대한 공판절차나 다른 공범(D3)에 대한 형사공판의 증인신문절차에서 위 수사서류의 진정성립을 인정해 놓은 것만으로는 증거능력을 부여할 수 없고, 반드시 공범이나 제3자가 현재의 사건에 '증인'으로 출석하여 그 서류의 성립의 진정을 인정하여야 증거능력이 인정된다. 비록 공범인 D2, D3이 각 자신에 대한 공판절차나 다른 공범에 대한 공판절차에서 피고인 본인 혹은 증인의 자격으로 출석하여 검사 작성의 자신들에 대한 각 피의자신문조서에 관하여 임의성 및 성립의 진정을 인정하고 있기는 하지만, 검찰관이 증거로 제출한 검사 작성의 위 각 피의자신문조서등본에 관하여 피고인이 이를 증거로 함에 동의하지 않고 있는 이상, 반드시 위 D2, D3 등이 피고인에 대한 이 사건 공판기일 등에 증인으로 출석하여 위 각 서류의 성립의 진정을 인정하기 전에는 이를 증거로 쓸 수 없다."

---

22 이 경우는 '복수의 형사피고사건'이다.
23 310조의 피고인에 공동피고인(공범인 경우이건 아니건 가리지 않는다)은 포함되지 않는다(대법원 1963. 7. 25. 선고 63도185 판결).

(2) D, D2가 공범혐의로 병합기소된 사안에서, D2가 자신을 상대로 작성된 사법경찰관(자백) 조서의 성립, 내용, 임의성을 인정하더라도, D2의 사법경찰관자백조서를 D의 피고사건에 증거로 사용하려면 D가 그 내용을 인정하여야 한다.

"공범(D2)의 사법경찰관피의자신문조서에 관한 (구)형사소송법 312조 2항(현재는 3항) 규정은 공범관계에 있는 다른 공범(D)에 대한 관계에서도 적용된다."24

4. 기타 312조 관련 중요판례

(1) 312조 1항(검사 작성의 피고인이 된 피의자신문조서)의 특신정황요건은 완화요건이 아니라 가중요건이다.25

(2) 검찰 송치 전 구속피의자로부터 받은 검사 작성의 피의자신문조서는 사법경찰관작성 피의자신문조서로 취급된다.26

(3) 헌재 2005. 5. 26. 자 2003헌가7 전원재판부(312조 1항 위헌제청)(구법 312조 1항이 규정하고 있는 검사작성 피의자신문조서의 증거능력 인정요건)

"이 사건 법률조항 본문의 규정에 의하면, 검사작성 피의자신문조서는 공판준비 또는 공판기일에서의 원진술자의 진술에 의하여 그 성립의 진정함이 인정된 때에는 같은 조항 단서의 일정한 조건 하에 이를 증거로 할 수 있다. 여기에서 성립의 진정이란 간인·서명·날인 등 조서의 '형식적인 진정'과 그 조서의 내용이 원진술자가 진술한 대로 기재된 것이라는 '실질적인 진정'을 모두 의미한다(대법원 1995. 10. 13. 선고 95도1761 판결). 즉 이 사건 법률조항에 의하면, 검사가 피고인이 되지 않은 피의자에 대하여 작성한 신문조서나 참고인진술조서·검증조서는 원진술자의 진술에 의하여 그 성립의 진정이 인정되는 것만으로 증거능력이 인정되는데 비하여, 검사작성 피의자신문조서는 그 성립의 진정이 인정되는 외에 그 진술이 특히 신빙할 수 있는 상태(이하 '특신상태'라 한다) 하에서 행하여진 때에 한하여 피고인이 공판정에서 그 내용을 부인하는 경우에도 증거능력이 인정될 수 있다. 이와 달리, 검사 이외의 수사기관이 작성한 피의자신문조서는 그것이 피고인이 된 피의자에 대한 것이라고 하더라도 성립의 진정이 인정되는 외에 피

---

24 대법원 1986. 11. 11. 선고 86도1783 판결. 이 판결은 2008년 개정법 하에서도 지속되고 있다. 대법원 2009. 10. 15. 선고 2009도1889 판결; 대법원 2010. 2. 25. 선고 2009도14409 판결.

25 대법원 2007. 1. 25. 선고 2006도7342 판결: "검사 작성의 피고인이 된 피의자신문조서에 대하여 실질적 진정성립이 인정되지 않는 이상 그 조서에 기재된 피고인의 진술이 특히 신빙할 수 있는 상태 하에서 행하여진 경우라고 하더라도 이를 증거로 사용할 수 없다."

26 대법원 1994. 8. 9. 선고 94도1228 판결.

고인이나 변호인이 그 내용을 인정할 때에 한하여 증거로 할 수 있다(312조 2항)."

(4) 사법경찰관 조사단계에서 피의자가 작성한 자필진술서의 전문예외요건은 공판정에서 원진술자가 성립의 진정을 인정하고 피고인이 그 내용을 인정하여야 한다(대법원 1982. 9. 14. 선고 82도1479 판결).

(5) 원진술자가 공판기일에서 진술조서의 내용과 다른 진술을 하거나 변호인 또는 피고인의 반대신문에 대하여 아무런 답변을 하지 않은 경우 (검사작성) 참고인진술조서는 증거능력은 있더라도 증명력은 없다(대법원 2001. 9. 14. 선고 2001도1550 판결).

(6) 영상녹화물의 실질증거로서의 증거능력(부정)(검사가 피의자신문조서 대신 피의자의 진술을 촬영한 영상녹화물은 피고인이 실질적 성립의 진정을 부인하는 경우에 실질적 성립의 진정을 증명하기 위한 증거로서만 쓸 수 있을 뿐인가(서울남부지법) 아니면 피의자신문조서를 갈음하는 독자적인 실질증거(본증)(검찰의 희망사항)로 쓸 수 있는가?(실질적 성립의 진정설)

"영상녹화물 중 피고인에 대한 영상녹화 부분은, 검사작성의 피고인에 대한 피의자신문조서의 제출 없이 유죄의 증거로 제출된다면 이는 형사소송법 244조에서 규정한 바와 같이 '피의자의 진술은 반드시 조서에 기재하도록 하고 오기 여부를 확인한 다음 피의자로 하여금 그 조서에 간인하게 하며 서명 또는 기명날인하도록 하여 피고인이 될 피의자에 대한 수사절차를 엄격히 규제하고 이 같은 절차를 거쳐 작성된 증거만 유죄의 증거로 법정에 제출'하도록 하고 있는 형사소송법의 취지를 잠탈하는 부적법한 증거로서 증거능력이 없다"(서울남부지법 2007. 6. 20. 선고 2006고단3255 판결).[27]

(7) 조사경찰관의 진술이 '그 밖의 객관적인 방법'에 포함되는가?

긍정하는 견해(검찰)가 있지만 부산지방법원(부산지방법원 2008. 4. 15. 선고 2008노131 판결)은 부정한다.

(8) "피의자의 진술을 녹취 내지 기재한 서류 또는 문서가 수사기관에서의 조사과정에서 작성된 것이라면, 그것이 '진술조서, 진술서, 자술서'라는 형식을 취하였다고 하더라도 피의자신문조서와 달리 볼 수 없다(대법원 2004. 9. 3. 선고 2004도3588 판결 등 참조)"(대법원 2010. 5. 27. 선고 2010도1755 판결)(현행법 312조 5항).

---

27 2020년 7월경 개정 형사소송법이 시행되면 312조 2항이 삭제될 것이므로 개정 형사소송법이 시행되면 불필요한 내용이다.

(9) 검증조서와 실황조사서의 적법요건

사전·사후에 영장을 발부받아 작성된 것이어야 하고 검증·실황조사에 긴급성 요건이 구비되지 못하면 증거능력 없다(대법원 1984. 3. 13. 선고 83도3006 판결; 대법원 1989. 3. 14. 선고 88도1399 판결).

(10) 사법경찰관·검사 작성의 검증조서에 포함되어 있는 피고인의 진술 또는 범행재연사진의 전문예외요건

사법경찰관면전피의자신문조서의 예외요건이 구비되어야 한다(대법원 1998. 3. 13. 선고 98도159 판결).

V. 313조 1항의 진술서·진술기재서(공판·수사의 진술채취 과정 밖에서 작성된 진술서와 진술기재서)

312조, 313조 규정 이외에 피고인 또는 피고인이 아닌 자가 작성한 진술서나 그 진술을 기재한 서류로서 그 작성자 또는 진술자의 자필이거나 그 서명 또는 날인이 있는 것은 공판준비나 공판기일에서의 그 작성자 또는 진술자의 진술에 의하여 그 성립의 진정함이 증명된 때에는 증거로 할 수 있다(313조 1항 본문). 단, 피고인의 진술을 기재한 서류는 공판준비 또는 공판기일에서의 그 작성자의 진술에 의하여 그 성립의 진정함이 증명되고 그 진술이 특히 신빙할 수 있는 상태하에서 행하여진 때에 한하여 피고인의 공판준비 또는 공판기일에서의 진술에 불구하고 증거로 할 수 있다(같은 법 같은 항 단서).

1. 본문의 진술서·진술기재서(진술녹취서)

(1) 적용대상

피고인이 원진술자(원래의 경험자)인 진술서, 피고인이 원진술자이고 제3자가 받아 적은 진술기재서, 피고인 아닌 자가 원진술자인 진술서, 피고인 아닌 자가 원진술자이고 제3자가 받아 적은 진술기재서, 공증인이 작성한 진술서와 같이 공판·수사과정 밖에서 작성된 서류가 이에 해당한다.

사인(私人)인 의사가 작성한 진단서는 313조 1항에 의하여 증거능력 유무가 가려지며, 315조의 서류에 해당하지 않는다(대법원 1967. 4. 18. 선고 67도231 판결).

압수물 자체가 증거가 되므로 압수조서는 압수사실을 증명하는 기능을 하는 보충적인 증거방법이다. 압수조서에 압수의 경과가 기재된 경우에 그 부분은 진

술서로서의 실질을 가지고 있으므로 313조 1항에 의하여 증거능력이 부여될 수 있다. 예를 들어 "피고인이 임의로 제출하는 별지 기재의 물건을 압수하였다"는 내용의 수사기관 작성의 압수조서는 피고인이 증거로 함에 동의하지 않고 원진술자의 공판기일에서의 증언에 의하여 그 성립의 진정함이 증명된 바 없다면 증거로 쓸 수 없다(대법원 1995. 1. 24. 선고 94도14756 판결).

다음에 사인이 송부한 휴대폰 문자메시지는 313조 1항 본문의 진술서에 준한다(대법원 2010. 11. 25. 선고 2010도8735 판결).

(2) 진술서와 진술기재서의 전문예외요건을 구별할 필요는 없다. '상대방의 반대신문권 행사가 방해되는 측면'에서 구별할 이유가 없기 때문이다.

2. 피고인이 원진술자인 진술서, 진술기재서의 성립진정의 인정주체

(1) 작성자는 진술서에, 진술자는 진술기재서류에 연결되므로 언제나 원진술자의 공판정(공판준비 또는 공판기일) 진술에 의하여서만 증명할 수 있다(판례).

(2) 원진술자의 자필이거나 혹은 원진술자의 서명 또는 날인이 있어야 하므로 진술을 받은 자 또는 진술을 녹취(錄取)한 자의 서명 날인은 본조에서 말하는 서명 날인이 아니다.

3. 피고인이 원진술자인 진술서, 진술기재서에 관한 단서(특신정황의 필요)는 가중요건인가 완화요건인가?

(1) 가중요건설

성립진정요건과 특신정황요건 둘 다 구비되어야 한다는 입장으로 주로 법원과 학계의 견해[28]이다. 조문에 있는 '한하여'라는 문구에 주목하고 진술자인 '피고인의 공판준비 또는 공판기일에서의 진술에 불구하고'라는 구절은 무시하여야 한다고 주장한다. 이 견해는 313조의 작성자는 언제나 피고인이라는 전제에서, 피고인의 진술을 기재한 서류는 원진술자인 피고인이 성립의 진정을 인정하고 특히 신빙할 수 있는 상태 하에서 행하여진 때에만 증거능력이 인정된다는 견해이다. 구법 312조 1항의 독해방법(원진술자가 공판정에서 '성립의 진정'을 인정해야 하는 것은 모든 진술서, 진술기재서에 보편적으로 요구되는 요건)을 답습하여야 한다는 입장이다. 성립진정요건에 특신상태라는 요건이 추가되기 때문에 가중요건설이라는 이름이 붙었다.

---

28 법원실무제요(형사편) Ⅱ (2014), 117면 참조.

(2) 완화요건설

제3자가 작성자일 때는 작성이라는 용어에 의미가 있다는 전제에서 피고인의 진술을 기재한 서류는 원진술자인 피고인이 (실질적) 진정성립을 부인하더라도 제3자인 작성자가(혹은 피고인이) 형식적 진정성립(서명, 무인, 간인 등)을 인정하고 그 진술이 특히 신빙할 수 있는 상태 하에서 행하여진 때에는 증거능력이 인정된다는 견해이다. 이 견해는 '피고인의 공판준비 또는 공판기일에서의 진술에 불구하고'라는 구절에 주목하는 견해이다. 특신상태가 증거능력취득요건을 완화하는 기능을 한다는 측면에서 완화요건설이라는 이름이 붙었다.

4. 피고인 아닌 자가 원진술자인 진술서, 진술기재서

원진술자의 자필이거나 서명 또는 날인이 있는 것으로서 원진술자의 공판정 진술에 의하여 성립의 진정이 증명되어야 한다. 특신정황(신용성의 합리적 보장)은 필요 없다.

5. 과학적 분석결과에 기초한 성립의 진정의 증명(313조 2항의 신설)

원진술자가 부당하게 공판정에서 성립의 진정을 부인하는 사례가 발생하고 있다. 예를 들어 어느 증인이 자신의 자필로 쓴 진술서를 제시받고 법정에서 '이 진술서는 증인이 작성한 서류이지요?'라는 질문을 받아 진실과 다르게 '아니요. 내가 작성한 서류가 아닙니다.'라고 답한 경우를 생각해 보자. 현재 법정에서 통용되는 '성립의 진정' 개념에 따르면 원진술자가 법정에서 성립의 진정을 부인하였기 때문에 위 자필진술서는 증거능력이 없다. 그러나 이런 사태를 용인하는 것은 누가 보아도 불합리하다. 이런 실태를 시정하기 위하여 2016년 말 313조 2항이 신설되었다. "제1항 본문에도 불구하고 진술서의 작성자가 공판준비나 공판기일에서 그 성립의 진정을 부인하는 경우에는 과학적 분석결과에 기초한 디지털포렌식 자료, 감정 등 객관적 방법으로 성립의 진정함이 증명되는 때에는 증거로 할 수 있다. 다만, 피고인 아닌 자가 작성한 진술서는 피고인 또는 변호인이 공판준비 또는 공판기일에 그 기재 내용에 관하여 작성자를 신문할 수 있었을 것을 요한다."

6. 공판·수사과정 밖에서 녹음된 음성정보

(1) 공판·수사과정 밖에서 녹음된 음성정보[29]는 313조 1항 본문의 '진술서·

---

29 이것은 녹음 내용을 풀어서 기재한 진술녹취서의 형태로 공판에 제출된다. 이것이 증거로 사

진술기재서에 준하는 것'이므로 전문증거30이고, 이때 성립의 진정을 인정하여야 하는 주체는 원진술자이다(대법원 1999. 3. 9. 선고 98도3169 판결; 대법원 2005. 12. 23. 선고 2005도2945 판결).

(2) 그러나 녹음된 음성정보의 주체가 피고인(D)일 때 성립의 진정을 인정할 주체는 원진술자인 D가 아니라 녹음자이다(판례).

(3) 녹음테이프·디지털기기에 저장·녹음된 진술인 경우에는 313조 1항의 진술서의 일종으로 보아 313조 1항을 특이하게 적용하는 다음과 같은 판례이론이 있다.

1) 사인작성 문자정보저장매체(컴퓨터 디스켓등의 디지털기기)에 수록된 정보의 성립진정 인정주체(원진술자)(대법원 1999. 9. 3. 선고 99도2317 판결)

"ⓐ '컴퓨터 디스켓에 들어 있는 문건'(디지털 정보를 디스플레이·출력한 결과물)이 증거로 사용되는 경우 그 컴퓨터 디스켓은 그 기재의 매체가 다를 뿐 실질에 있어서는 피고인 또는 피고인 아닌 자의 진술을 기재한 서류와 크게 다를 바 없고, ⓑ 압수 후의 보관 및 출력과정에 조작의 가능성이 있으며, 기본적으로 반대신문의 기회가 보장되지 않는 점 등에 비추어 그 기재내용의 진실성에 관하여는 전문법칙이 적용되고, ⓒ 따라서 형사소송법 313조 1항에 의하여 그 작성자 또는 진술자의 진술에 의하여 그 성립의 진정함이 증명된 때에 한하여 이를 증거로 사용할 수 있다."

2) 적법한 통신제한조치(감청)결과 수집된 녹음테이프·수사기관이 아닌 사인(私人)이 피고인 아닌 사람의 진술을 합법적 당사자녹음(2자간 생활관계에서의 일방적 당사자 녹음)의 형식으로 녹음한 녹음테이프의 성립진정 인정주체(원진술자)(대법원 1999. 3. 9. 선고 98도3169 판결)

"ⓐ 수사기관이 아닌 사인(私人)이 피고인 아닌 사람과의 대화내용을 녹음한 녹음테이프는 형사소송법 311조, 312조 규정 이외의 피고인 아닌 자의 진술을 기재한 서류와 다를 바 없으므로, 피고인이 그 녹음테이프를 증거로 할 수 있음에 동의하지 않는 이상, 그 증거능력을 부여하기 위하여는 첫째, ⓑ 녹음테이프가 원본이거나 원본으로부터 복사한 사본일 경우(녹음디스크에 복사할 경우에도 동일하다)

용되려면 313조 1항에 의하여 진정성립이 인정되어야 한다. 성립의 진정의 인정주체는 녹취서 작성자가 아니라 녹음된 소리의 주인인 본인(원진술자)이다.

30 비진술증거설이 유력설이고, 美·日의 판례이다. 그러나 대법원은 수사기관이 통신제한조치허가를 얻어 적법하게 감청한 녹음테이프까지 전문증거로 본다.

에는 복사과정에서 편집되는 등의 인위적 개작 없이 원본의 내용 그대로 복사된 사본일 것, 둘째, ⓒ 형사소송법 313조 1항에 따라 공판준비나 공판기일에서 원진술자의 진술에 의하여 그 녹음테이프에 녹음된 각자의 진술내용이 자신이 진술한 대로 녹음된 것이라는 점이 인정되어야 하고(대법원 1997. 3. 28. 선고 96도2417 판결 참조), ⓓ 사인이 피고인 아닌 사람과의 대화내용을 대화 상대방 몰래 녹음하였다고 하더라도 위 판시와 같은 조건이 갖추어진 이상 그것만으로는 그 녹음테이프가 위법하게 수집된 증거로서 증거능력이 없다고 할 수 없으며, 'ⓔ 사인이 피고인 아닌 사람과의 대화내용을 상대방 몰래 비디오로 촬영·녹음한 경우에도 그 비디오테이프의 진술 부분에 대하여는 위와 마찬가지로 취급하여야 한다.'"

　　3) 사인이 피고인과의 대화내용을 상대방 몰래 녹음한 비밀녹음테이프의 성립진정 인정주체(작성자=녹음자)(대법원 2005. 12. 23. 선고 2005도2945 판결)

　　"(ⓑ-1) 피고인과 피해자(사인) 사이의 대화내용에 관한 녹취서가 공소사실의 증거로 제출되어 그 '녹취서의 기재내용과 녹음테이프의 녹음내용이 동일한지 여부에 관하여 법원이 검증을 실시'[31]한 경우에 증거자료가 되는 것은 녹음테이프에 녹음된 대화내용 그 자체이고, ⓐ 그 중 피고인의 진술내용은 실질적으로 형사소송법 311조, 312조의 규정 이외에 피고인의 진술을 기재한 서류와 다름없어, 피고인이 그 녹음테이프를 증거로 할 수 있음에 동의하지 않은 이상 그 녹음테이프 검증조서의 기재 중 피고인의 진술내용을 증거로 사용하기 위해서는 313조 1항 단서에 따라 공판준비 또는 공판기일에서 그 ⓑ 작성자인 피해자의 진술에 의하여 녹음테이프에 녹음된 피고인의 진술내용이 피고인이 진술한 대로 녹음된 것임이 증명되고 나아가 그 진술이 특히 신빙할 수 있는 상태 하에서 행하여진 것임이 인정되어야 한다(대법원 2001. 10. 9. 선고 2001도3106 판결; 2004. 5. 27. 선고 2004도1449 판결 등 참조). 그리고 ⓒ 녹음테이프는 그 성질상 작성자나 진술자의 서명 혹은 날인이 없을 뿐만 아니라, ⓓ 녹음자의 의도나 특정한 기술에 의하여 그 내용이 편집, 조작될 위험성이 있음을 고려하여, 그 대화내용을 녹음한 원본이거나 혹은 원본으로부터 복사한 사본일 경우에는 복사과정에서 편집되는 등의 인위적 개작 없이 원본의 내용 그대로 복사된 사본임이 입증되어야만 하고, 그러한 입증이 없는 경우에는 쉽게 그 증거능력을 인정할 수 없다(대법원 2002. 6. 28. 선고 2001도6355 판결; 대법원 2005. 2. 18. 선고 2004도6323 판결 등 참조)."

---

31 그 결과를 기재한 서류가 311조의 '법원 또는 법관의 검증의 결과를 기재한 조서'이다.

4) 사인(私人)이 피고인 아닌 자와의 대화내용을 촬영한 비디오테이프의 증거능력: 비디오테이프에 촬영·녹음된 내용을 재생기에 의해 시청을 마친 원진술자(아동)가 비디오테이프의 피촬영자의 모습과 음성을 확인하고 자신과 동일인이라고 진술한 것은 비디오테이프에 녹음된 진술내용이 자신이 진술한 대로 녹음된 것이라는 취지의 진술을 한 것이다.

"수사기관이 아닌 사인(私人)이 D(피고인) 아닌 사람과의 대화내용을 촬영한 비디오테이프는 311조, 312조의 규정 이외에 D 아닌 자의 진술을 기재한 서류와 다를 바 없으므로, D가 그 비디오테이프를 증거로 함에 동의하지 않는 이상 그 진술 부분에 대하여 증거능력을 부여하기 위하여는, 첫째 비디오테이프가 원본이거나 원본으로부터 복사한 사본일 경우에는 복사과정에서 편집되는 등 인위적 개작 없이 원본의 내용 그대로 복사된 사본일 것, 둘째 313조 1항에 따라 공판준비나 공판기일에서 원진술자의 진술에 의하여 그 비디오테이프에 녹음된 각자의 진술내용이 자신이 진술한 대로 녹음된 것이라는 점이 인정되어야 할 것인바, 비디오테이프는 촬영대상의 상황과 피촬영자의 동태 및 대화가 녹화된 것으로서, 녹음테이프와는 달리 피촬영자의 동태를 그대로 재현할 수 있기 때문에 비디오테이프의 내용에 인위적인 조작이 가해지지 않은 것이 전제된다면, 비디오테이프에 촬영, 녹음된 내용을 재생기에 의해 시청을 마친 원진술자가 비디오테이프의 피촬영자의 모습과 음성을 확인하고 자신과 동일인이라고 진술한 것은 비디오테이프에 녹음된 진술내용이 자신이 진술한 대로 녹음된 것이라는 취지의 진술을 한 것으로 보아야 할 것이다"(대법원 2004. 9. 13. 선고 2004도3161 판결).

5) 성폭력범죄의 처벌 등에 관한 특례법(2010. 4. 15.) 26조 4항(2009년 당시는 성폭력범죄의 처벌 및 피해자보호 등에 관한 법률 21조의3)의 예외

이 조문은 원진술자 외에 조사과정에 동석하던 신뢰관계 있는 자도 성립의 진정을 인정할 수 있게 하는 조문이다. 이 사안은 영상물 녹화자가 수사기관이 아니라 사인인 경우이다(대법원 2009. 12. 24. 선고 2009도11575 판결).

7. 법원·다수설의 313조 1항 해석론의 요약

(1) '공판·수사과정 밖'에서 작성된 진술서는 원진술자(원경험자)의 자필이어야 하고,

(2) '공판·수사과정 밖'에서 작성된 진술기재서도 원진술자(원경험자)의 서명 또는 날인이 있어야 하고,

(3) 어느 경우이든 성립의 진정은 '원진술자의 공판정에서의 성립의 진정진술'로만 증명되어야 하되,

(4) 피고인의 진술이 기재된 진술서·진술기재서는 추가로 진술당시 특히 신빙할 수 있는 정황이 있었음이 증명되어야 증거로 삼을 수 있다(가중요건설).

Ⅵ. 감정의 경과와 결과를 기재한 서류(313조 3항)

(1) 법원이 명한 감정인이 작성한 감정서, 수사기관의 위촉으로 작성된 수탁감정서 모두 작성자인 감정인·수탁감정인의 공판준비기일 또는 공판기일에서의 진술(이하 '공판정 진술'로 약칭함)로 성립의 진정함이 인정된 때에 한하여 증거능력이 있다(313조 3항).[32]

(2) 179조의2는 법원이 "필요하다고 인정하는 때에는 공무소·학교·병원 기타 상당한 설비가 있는 단체 또는 기관에 대하여 감정을 촉탁"할 수 있지만 "이 경우 선서에 관한 규정"을 적용하지 않고 대신 "법원은 당해 공무소·학교·병원·단체 또는 기관이 지정한 자로 하여금 감정서를 설명"할 수 있게 한다(179조의2). 감정수요는 많은 데 비하여 자격과 능력을 구비한 감정가능인의 수가 턱없이 부족하여 감정인의 공판정 출석시간 절약을 배려한 것이다. 그러나 이 조문은 당사자(특히 피고인측)의 반대신문권을 박탈하는 측면이 있어 헌법위반의 의심이 있다.

Ⅶ. 314조의 예외

조서 기타 서류가 증거능력을 인정받으려면 원진술자등이 공판정에서 성립의 진정을 인정하고 때로는 반대당사자에 의하여 반대신문이 경유되어야 한다. 그런데 원진술자등이 사망등으로 진술을 할 수 없고(진술불능 요건=필요성 요건) 그 원진술(전문진술의 경우) 또는 작성(서면화될 경우)이 특히 신빙할 수 있는 상태 하에서 행해진 때(이른바 특신정황 요건)는 그 조서 기타 서류를 증거로 할 수 있다(314조). 필요성과 특신정황의 두 가지 사유가 함께 존재함을 조건으로 삼아 전문법칙의 예외가 인정되는 셈이다.

---

32 대법원 2011. 5. 26. 선고 2011도1902 판결. 사법경찰관의 위촉(221조)을 받아 수탁감정인이 작성한 수탁감정서도 성질상 법원이 명한 감정인이 작성한 감정서(313조 3항)와 같이 취급되어야 한다(다수설).

본조는 검사가 312조 또는 313조의 예외조건을 구비하지 못하더라도 다른 예외조건을 한 번 더 검토할 수 있게 하는 조항이므로 기본적으로 수사·소추측에 대한 배려정신이 담겨 있다. 따라서 법원은 예외요건을 엄격히(포섭범위를 좁히는 방향) 해석하는 경향에 있다.

1. 사망과 질병

사망을 입증하려면 원진술자의 사망진단서나 제적등본 등의 소명자료가 필요하고 질병의 경우에도 진단서등이 첨부되어야 한다. 거동을 못하는 정도로는 부족하고, 의식불명이나 혼미상태가 계속되어 재판부의 출장 신문도 불가능한 경우라야 한다.

2. 외국거주

"'외국거주'라 함은 진술을 요할 자가 외국에 있다는 것만으로는 부족하고, 수사 과정에서 수사기관이 그 진술을 청취하면서 그 진술자의 외국거주 여부와 장래 출국 가능성을 확인하고 만일 그 진술자의 거주지가 외국이거나 그가 가까운 장래에 출국하여 장기간 외국에 체류하는 등의 사정으로 향후 공판정에 출석하여 진술을 할 수 없는 경우가 발생할 개연성이 있다면 그 진술자의 외국 연락처를, 일시 귀국할 예정이 있다면 그 귀국 시기와 귀국시 체류 장소와 연락 방법 등을 사전에 미리 확인하고 그 진술자에게 공판정 진술을 하기 전에는 출국을 미루거나, 출국한 후라도 공판 진행 상황에 따라 일시 귀국하여 공판정에 출석하여 진술하게끔 하는 방안을 확보하여 그 진술자로 하여금 공판정에 출석하여 진술할 기회를 충분히 공하며, 그 밖에 그를 공판정에 출석시켜 진술하게 할 모든 수단을 강구하는 등 가능하고 상당한 수단을 다하더라도 그 진술을 요할 자를 법정에 출석하게 할 수 없는 사정이 있어야 예외적으로 그 요건이 충족된다"(대법원 2008. 2. 28. 선고 2007도10004 판결). 외국의 권한 있는 수사기관이 작성한 조서나 서류 등은 312조와 313조 소정의 조서나 서류가 되므로 법 314조 소정의 요건을 갖춘 것이라면 증거능력이 인정된다(대법원 1997. 7. 25. 선고 97도1351 판결).

3. 소재불명

주거가 없이 떠돌아다니는 경우나 주거지를 이탈하여 소재를 알 수 없는 경우를 말한다(대법원 1968. 12. 24. 선고 68도1545 판결). 소재불명을 이유로 314조를 적용하려면 증인에게 소환장이 송달불능이거나 증인이 소환장을 송달받고 정당한 이유 없이 불출석하는 경우만으로는 부족하고, 수소법원이 경찰관서에 소재탐지를 촉탁하고 경찰관서가 진지하게 소재탐지수사를 하였는데도 소재불명임이 판명되어야 한다(대법원 1969. 5. 13. 선고 69도364 판결; 대법원 1971. 3. 24. 선고 71도171 판결).33 그러나 소재탐지가 불가능하게 되었다는 요건이 필수적인 것은 아니다. 다른 사유로 이를 못하였거나 그 결과가 도착하지 않았다 하더라도 피고인의 소재를 알 수 없음을 소명할 수 있는 다른 자료가 있는 경우에는 소재불명으로 볼 수 있다.

4. 기타 이에 준하는 사유

첫째, 원진술자의 기억불능·상실(노인성 치매 등)로 진술하지 못하는 경우(대법원 1992. 3. 13. 선고 91도2281 판결)를 들 수 있다.

둘째, 진술을 요할 자가 일정한 주거를 가지고 있더라도 법원의 소환에 계속 불응하고 구인하더라도 구인영장이 집행되지 않는 등 법정에서의 신문이 불가능한 상태의 경우도 이에 속한다(대법원 1995. 6. 13. 선고 95도523 판결; 대법원 2005. 9. 30. 선고 2005도2654 판결).

5. 특신정황

대법원은 '특히 신빙할 수 있는 상태 하에서 행하여진 때(특신상태)'를 "ⓐ 그 진술 내용이나 ⓑ 조서 또는 서류의 작성에 허위 개입의 여지가 거의 없고, ⓒ 그 진술 내용의 신빙성이나 임의성을 담보할 구체적이고 외부적인 정황이 있는 경우"로 자리매김한다. 아래에 부정례와 긍정례를 각 1개씩 소개한다.

〈특신상태부정례(대법원 1987. 3. 24. 선고 87도81 판결)〉

> "원심은 '이 사건 공소사실을 뒷받침하는 사법경찰관 사무취급 작성의 W에 대한 진술조서는 공판기일에 진술을 요할 자인 위 W가 소재불명으로 법정에서 진술할 수 없는 경우에 해당되기는 하나 D와 위 W가 경찰에 이르른 경위와 위 W에 대한 진술조서작성 당시의 진술경위'34에 비추어

---

33 같은 취지의 대법원 1996. 5. 14. 선고 96도575 판결; 대법원 2010. 9. 9. 선고 2010도2602 판결이 있다.

34 서울형사법원 1986. 9. 25. 선고 84노5368 5부 판결: "진술조서를 작성함에 있어 사법경찰관 사무취급이 인적사항 등을 주민등록증 등 이렇다 할 자료와 면밀히 대조함이 없이 진술자가 진술하는 데에 따라 기재한 성명, 본적, 주거, 근무처, 주거지 및 근무처의 각 전화번호 등 인

그 진술조서가 특히 신빙할 수 있는 상태 하에서 진술된 것이라고 인정할 수 없으므로 그 증거능력이 없으며, 다른 증거들만으로는 이 사건 공소사실을 뒷받침할 증거가 되지 않는다'하여 D에게 무죄를 선고하고 있다. 원심의 증거취사 과정을 기록에 비추어 살펴보면 원심의 위와 같은 조치는 정당하다."

〈특신상태긍정례(대법원 1995. 6. 13. 선고 95도523 판결)〉

"피고인 D가 이 사건 목격자 W에 대한 경찰 진술조서를 증거로 함에 동의를 하지 않아 1심 및 원심법원이 W를 증인으로 채택하여 수차에 걸쳐 소환을 하였으나 W는 'D의 보복이 두렵다'는 이유로 주거를 옮기고 또 소환에도 응하지 않아 결국 구인장을 발부하였지만 그 집행조차 되지 않은 사실을 알 수 있으므로, 첫 번째 요건은 충족되었다. 또한 W는 시내버스에 승차하여 가던 중 D의 이 사건 범행을 목격하고 버스 안의 승객들에게 주의를 준 다음, 버스를 파출소 앞에 정차시켜 D를 범인으로 지목하였고, 그 직후 경찰에서 D와의 대질신문을 통해 D의 범행내용을 구체적으로 명확하게 진술한 사실을 알 수 있으므로, 두 번째 요건 또한 충족되었다. 다만 W가 '경찰에서 자신의 인적사항을 사실과 다르게 진술'한 점은 인정되지만, 그 뒤 검찰 수사과정 및 공판과정에서 W의 정확한 신원이 밝혀졌고, D의 '보복을 두려워하고 있었다'는 점을 감안하면, W가 위와 같이 인적사항을 허위진술한 것은 D의 추적을 피할 목적에서 비롯된 것이라고 쉽게 짐작되므로, 그와 같은 사정만으로 위 진술조서의 증거능력을 부정할 사유는 되지 않는다. 따라서 같은 취지에서 W에 대한 경찰 진술조서의 증거능력을 인정한 원심의 조치는 정당하다."

〈314조의 특신상태의 입증방법〉

특신상태의 존부는 소송상의 사실에 속하므로 증명의 방법은 엄격한 증명이 아니라 자유로운 증명으로 족하다. 그러나 증명의 정도는 단지 그러할 개연성이 있다는 정도로는 부족하고 합리적인 의심의 여지를 배제할 정도에 이르러야 한다. 특신상태 존재의 증명은 증거제출자(주로 검사)가 그 존재를 적극적으로 증명(적극적 증명방식)하여야 하는 것이지 '특신상태의 부존재를 의심할 만한 사유가 발견되지 않는다'는 식으로 증명(소극적 검토방식)하는 것으로는 부족하다(대법원 2014. 8. 26. 선고 2011도6035 판결). 어떤 경우에 특신상태를 인정하고 어떤 경우에 특신상태를 부정할 것인가? 영미법상의 사례들로 다음과 같은 것이 있다. 원진술자의 임종시의 진술(dying declarations), 원진술자에게 불이익한 사실의 승인(DECLARATION AGAINST INTEREST), 사건발생 직후의 자연발생적인 진술(spontaneous statements), 성폭행·성추행을 당한 아동이 피해직후 피해상황을 모친에게 말하고, 그 피해아동의 진술을 내용으로 하는 모친의 증언 등의 사안

적사항이 모두 거짓으로 진술한 것이어서 그 진술자의 신원과 소재를 확인할 수 없는 경우라면 피고인과 진술자가 함께 경찰에 이른 경위와 아울러 볼 때에 그 진술이 특히 신빙할 수 있는 상태 하에서 행하여진 것이라고는 볼 수 없다."

에서는 특신상태를 인정할 만하다. 변호인의 피의자조사절차 참여는 특신상태를 인정할 만한 징표의 하나일 뿐이고 그것만으로 특신상태를 반드시 인정해야 할 징표로 볼 수는 없다. 314조의 특신상태는 315조의 특신정황·316조의 특신상태와 구별되는 개념인가? 이를 긍정하는 견해[35]가 있고 일리 있는 주장이다. 더 나아가 312조 1항의 특신상태와 313조 1항의 특신상태까지 그 의미를 달리 새겨야 한다는 주장도 있지만 향후의 연구과제이다.

6. 증인의 증언거부권 행사와 314조의 진술불능요건의 충족여부

(1) 법정에 출석한 증인이 정당한 사유로 증언거부권을 행사하여 증언을 거절한 때는 필요성(진술불능) 요건을 충족하지 못한다(대법원 2012. 5. 17. 선고 2009도6788 판결). 이 판결은 정당한 증언거부권 행사를 보장하는 의미가 있다.

(2) 대법원은 과거에 법정에 출석한 증인이 정당한 사유 없이 증언거부권을 행사하여 증언을 거절한 때는 필요성(진술불능) 요건을 충족한다(대법원 1992. 8. 14. 선고 92도1211 판결)고 판시한 바 있으나, 2019년에 입장을 변경하여 "정당하지 않은 증언거부도 피고인이 증인의 증언거부 상황을 초래하였다는 등의 특별한 사정이 없는 한 314조의 진술불능 요건의 구비로 볼 수 없다"(대법원 2019. 11. 21. 선고 2018도13945 전원합의체 판결)고 판시하였다. 이 판결은 피고인의 반대신문권을 철저히 보장하는 의미가 있다.

7. 314조의 적용범위

검사 이외의 수사기관 작성의 공범관계에 있는 자(D2)에 대한 피의자신문조서는 그 피의자(D2)의 법정진술에 의하여 그 성립의 진정이 인정되더라도 당해 피고인(D)이 공판기일에서 그 조서의 내용을 부인하면 증거능력이 부정되므로 그 당연한 귀결로 314조의 적용이 없다(대법원 2004. 7. 15. 선고 2003도7185 전원합의체 판결). 그러나 "검사 작성의 공범관계에 있는 자(D2)에 대한 피의자신문조서는 그 피의자(D2)의 법정진술에 의하여 그 성립의 진정이 인정되면 당해 피고인(D)이 공판기일에서 그 조서의 내용을 부인하더라도 특신상태가 증명되면 증거능력이 인정된다"는 과거의 판례는 2020년 2월의 형사소송법 개정으로 312조 1항의 내용이 사법경찰관 작성 피의자신문조서의 내용과 동일하게 하는 방향의 시행조치

---

35 김민기, 형사소송법상 특신상태의 의미와 인정방법, 법원행정처, 형사재판의 쟁점과 과제(2008).

가 취해지면 차후에 판례가 변경될 가능성이 있다.

VIII. 당연히 증거능력이 있는 서류(315조)

　　형식적으로 전문증거로 포섭된다 하더라도 315조 각호의 요건이 구비되면 특별한 예외요건이 구비되었음을 증명하지 않아도 증거능력이 있다. 1호와 2호는 경험상 특신정황이 존재한다고 믿어도 좋은 경우를 유형화하여 법률로 명시한 것이고 3호는 새로 특신정황이 존재한다고 믿어도 좋은 경우를 장차 발견할 수 있다고 보고 그런 경우를 대비하는 포괄적 규정이다.

　　1. 공무원 또는 외국공무원이 그 직무상 증명할 수 있는 사항에 관하여 작성
　　　한 문서(1호)

　　(1) 가족관계기록사항에 관한 증명서
　　종전의 호적등·초본이 이에 해당한다.

　　(2) 공정증서등본 기타 공무원 또는 외국공무원의, 직무상 증명할 수 있는 사
　　　항에 관하여 작성한 문서
　　주민등록등·초본, 인감증명, 전과조회회보서, 신원증명서, 세관공무원의 범칙물자에 대한 시가감정서(대법원 1985. 4. 9. 선고 85도225 판결), 일본국 세관원 작성의 히로뽕에 대한 범칙물건감정서 등본과 분석의뢰서와 회답서(대법원 1984. 2. 28. 선고 83도3145 판결)[36]가 이에 해당한다. 그러나 "국립과학수사연구원장 작성의 감정의뢰 회보서는 공무원인 위 연구원장이 직무상 증명할 수 있는 사항에 관하여

---

36 그러나 본호의 문서성이 부정된 사례(대법원 2007. 12. 13. 선고 2007도7257 판결)가 있음에 주의하여야 한다. "대한민국 주중국 대사관 영사 작성의 사실확인서 중 공인(公印) 부분을 제외한 나머지 부분은 북한 조선상명무역공사 북경대표처 지사장이 사용 중인 승용차의 소유주가 O라는 것과 O의 신원 및 O가 대표로 있는 (상호 생략) 무역공사의 실체에 관한 내용, 위 지사장이 거주 중인 북경시 조양구 소재 주택이 북한 대남공작조직의 공작아지트로 활용되고 있다는 내용, 피고인 D3이 2006. 6. 24.경 북경에서 만난 O2가 북한공작원이라는 취지의 내용으로, 비록 영사가 공무를 수행하는 과정에서 작성된 것이지만 그 목적이 공적인 증명에 있다기보다는 상급자 등에 대한 보고에 있는 것으로서 엄격한 증빙서류를 바탕으로 하여 작성된 것이라고 할 수 없으므로, 위와 같은 내용의 각 사실 확인 부분은 형사소송법 315조 1호에서 규정한 호적의 등본 또는 초본, 공정증서등본 기타 공무원 또는 외국공무원의 직무상 증명할 수 있는 사항에 관하여 작성한 문서라고 볼 수 없고, 또한 같은 조 3호에서 규정한 기타 특히 신용할 만한 정황에 의하여 작성된 문서에 해당하여 당연히 증거능력이 있는 서류라고 할 수 없다."

작성한 문서이므로 당연히 증거능력 있는 서류"라는 판결(대법원 1982. 9. 14. 선고 82도1504 판결)은 축소해석되거나 폐기되어야 할 판례이다.

2. 상업장부·항해일지 기타 사인(私人)이 업무상 필요로 작성한 통상문서(2호)

(1) 금전출납부 등

금전출납부, 전표, 통계자료, 진료부 등은 여기에 해당하나, '공무원 아닌 사설의사'의 진단서는 여기에 해당하지 않는다.

(2) 상업장부

본호의 상업장부에 해당하는지 여부는 형식에 구애될 것이 아니라 실질을 관찰하여 판정되어야 할 사안이다. 따라서 정규의 장부가 아닌 노트나 수첩에 기재된 것이어도 본호의 상업장부에 해당할 때가 있다.

〈형식적으로 엉성하고 거친 개인수첩이라도 업무상 필요로 작성한 통상문서(특히 금전출납부)일 수 있다(대법원 1996. 10. 17. 선고 94도2865 판결)〉

"ⓑ 상업장부나 항해일지, 진료일지 또는 이와 유사한 금전출납부 등과 같이, ㉮ 범죄사실의 인정 여부와는 관계없이, ㉯ 자기에게 맡겨진 사무를 처리한 사무내역을, ㉰ 그때그때 계속적, 기계적으로 기재한 문서 등의 경우는 사무처리 내역을 증명하기 위하여 존재하는 문서로서 그 존재 자체 및 기재가 그러한 내용의 사무가 처리되었음의 여부를 판단할 수 있는, ㉱ 별개의 독립된 증거자료이고, ⓒ 설사 그 문서가 우연히 피고인 D가 작성하였고, 그 문서의 내용 중 D의 범죄사실의 존재를 추론해 낼 수 있는, 즉 공소사실에 일부 부합되는 사실의 기재가 있다고 하더라도 이를 일컬어 D가 범죄사실을 자백하는 문서라고 볼 수는 없다." 성매매 여성들이 성매매를 업으로 하면서 영업에 참고하기 위하여 성매매를 전후하여 상대 남성의 아이디와 전화번호 및 성매매방법 등을 메모지에 적어두었다가 직접 또는 W2(포주)가 고용한 또 다른 여직원이 입력하여 작성된 '메모리 카드의 출력물'의 증거능력도 이 조문에 기초하여 상업장부성이 인정된 바 있다(대법원 2007. 7. 26. 선고 2007도3219 판결).

(3) 이중장부와 수사기관 작성서류

세금을 회피하기 위하여 이중장부를 작성하였을 때 가짜(표면장부)는 여기에 해당시킬 수 없지만 진짜장부는 여기에 해당함을 인정할 수 있다. 그러나 수사기관이 수사과정에서 작성하는 문서(긴급체포서, 수사보고서 등)는 여기의 업무상 필요로 작성한 통상문서로 볼 수 없다.

(4) 2015년 국정원댓글사건판결

2015년 국정원댓글사건판결을 계기로 본호의 '업무상 필요로 작성한 통상문서'임을 인정하는 기준을 보다 정교하게 설정해야 할 과제가 생성되었다.

> "어떠한 문서가 315조 2호가 정하는 업무상 통상문서에 해당하는지를 구체적으로 판단함에 있어서는, 315조 2호 및 3호의 입법 취지를 참작하여 당해 문서가 정규적·규칙적으로 이루어지는 업무활동으로부터 나온 것인지 여부, 당해 문서를 작성하는 것이 일상적인 업무 관행 또는 직무상 강제되는 것인지 여부, 당해 문서에 기재된 정보가 취득된 즉시 또는 그 직후에 이루어져 정확성이 보장될 수 있는 것인지 여부, 당해 문서의 기록이 비교적 기계적으로 행하여지는 것이어서 기록 과정에 기록자의 주관적 개입의 여지가 거의 없다고 볼 수 있는지 여부, 당해 문서가 공시성이 있는 등으로 사후적으로 내용의 정확성을 확인·검증할 기회가 있어 신용성이 담보되어 있는지 여부 등을 종합적으로 고려하여야 한다"(대법원 2015. 7. 16. 선고 2015도2625 전원합의체 판결).

3. 기타 특히 신용할 수 있는 정황에 의하여 작성된 문서(3호)

(1) 공공기록, 역서, 정기간행물의 시장가격표, 스포츠기록, 공무소작성의 각종통계와 연감

(2) 다른 사건에서 공범의, 피고인으로서의 진술을 기재한 공판조서(대법원 1965. 6. 22. 선고 65도372 판결), 다른 피고인에 대한 형사사건의 공판조서 중 일부인 증인신문조서(대법원 2005. 4. 28. 선고 2004도4428 판결)

(3) 법원의 판결문(사본)(대법원 1981. 11. 24. 선고 81도2591 판결)[37]

(4) 구속적부심사절차에서 피의자를 심문하고 그 진술을 기재한 구속적부심문조서(대법원 2004. 1. 16. 선고 2003도5693 판결)

〈315조 3호의 리딩케이스(대법원 1983. 3. 8. 선고 82도3248 판결)〉

> "신용성의 정황적 보장이란 사실의 승인, 즉 자기에게 불이익한 사실의 승인이나 자백은 재현을 기대하기 어렵고 진실성이 강하다는데 근거를 둔 것으로서 때때로 특신상태라는 표현으로 잘못 이

---

[37] "군법회의 판결사본은 특히 신용할 만한 정황에 의하여 작성된 문서라고 볼 여지가 있으므로 원심이 이를 피고인이 증거로 함에 부동의하고, 그 진정성립의 증명이 없다는 이유로 배척한 점은 적절한 조치라고 보기 어려우나, 원심이 피고인을 무죄로 본 판단경위에 비추어 보면 위 판결사본의 증거능력을 인정한다고 하더라도 원심 결론에 소장(消長=차이)이 없다고 해석되므로, 이 점에 관한 논지는 결국 이유 없다."

해되는 경우가 많은 것은 우리 형사소송법 체계상으로는 아직 생소한 개념이며 어떠한 것이 이에 해당하는 것인가를 정형화하기 어려움에 기인하는 것이라고 생각되나 일반적으로 자기에게 유리한 진술은 그 신빙성이 약하나 반대로 자기에게 불이익한 사실의 승인은 진실성이나 신빙성이 강하다는 관점에서 '부지불각 중에 한 말', '사람이 죽음에 임해서 하는 말', '어떠한 자극에 의해서 반사적으로 한 말', '경험상 앞뒤가 맞고 이론정연한 말' 또는 '범행에 접착하여 범증은폐를 할 시간적 여유가 없을 때 한 말', '범행직후 자기의 소행에 충격을 받고 깊이 뉘우치는 상태에서 한 말' 등이 특히 신용성의 정황적 보장이 강하다고 설명되는 경우이다. 따라서 반드시 공소제기 후 법관 면전에서 한 진술이 가장 믿을 수 있고 그 앞의 수사기관에서의 진술은 상대적으로 신빙성, 진실성이 약한 것이라고 일률적으로 단정할 수 없을 뿐만 아니라 오히려 수사기관에 검거된 후 제일 먼저 작성한 청취서의 진술기재가 범행사실을 숨김없이 승인한 것이었는데 그 후의 수사과정과 공판과정에서 외부와의 접촉, 시간의 경과에 따른 자신의 장래와 가족에 대한 걱정 등이 늘어감에 따라 점차 그 진술이 진실로부터 멀어져가는 사례는 흔히 있는 것이어서 이 신용성의 정황적 보장의 존재 및 그 강약에 관하여서는 구체적 사안에 따라 이를 가릴 수밖에 없는 것이므로, 원심거시의 피고인 등의 자백이나 참고인 등의 진술 및 자술서의 기재는 그 진술이 특히 신빙할 수 있는 상태 하에서 행하여진 것이 아니라는 점에서, 즉 신용성의 정황적 보장이 없는 진술이라는 점에서도 증거능력이 없다는 소론 논지는 신용성의 정황적 보장을 오해함에 기인하는 것으로 그 이유 없음이 명백하다."

4. 이상의 서류들은 그 유형상 고도의 특신정황이 있음을 감안하여 무조건 증거능력이 인정된다. 이 중 3(3호)의 문서는 그 개념이 매우 추상적이다. 대법원은 다른 사건의 공판조서를 그 전형적인 예로 들고 있다. 당해 사건에서 공범이 아닌 공동피고인이 선서 없이 한 진술에 대하여 증거능력을 부정한 판례에 비추어 다른 사건의 공판조서 중에서 다른 피고인의 진술을 기재한 부분은 증거능력을 인정하는 데 신중을 기하여야 한다.

5. 국·공립병원 의사의 진단서

현재 대법원은 의사의 진단서를 315조의 문서에서 제외시키고 있다. 사인이 업무상 필요로 작성한 통상문서에 전문법칙의 예외를 인정함에 비추어 볼 때 국·공립병원의 의사의 진단서는 위의 문서로서 증거능력이 인정될 여지가 있다. 그래서 그런지 대법원은 군의관이 작성한 진단서는 공무원이 직무상 증명할 수 있는 사항에 관하여 작성한 문서로서 증거능력을 인정하지만(대법원 1972. 6. 13. 선고 72도922 판결) 사인(私人)인 의사가 작성한 진단서는 315조의 서류에 해당하지 않고 313조 1항에 의하여 증거능력 유무를 가려야 한다(대법원 1967. 4. 18. 선고 67도 231 판결)고 판시한다.

IX. 전문진술(316조의 예외)

앞의 서술은 모두 서류(조서, 진술서, 자술서, 녹취서)에 관한 것이나, 공판정에 출석하여 있는 어느 사람(주로는 증인일 것이고 때로 공범자인 공동피고인일 수도 있다)의 공판정진술이 타인의 진술을 내용으로 하는 경우가 있다. 이것이 '전문진술'이고 영미법계의 전문증거(hearsay evidence)의 전형적인 모습이다. 전문진술은 다시 다음 의 두 가지 유형으로 구분할 수 있다. 그 중에서도 2의 피고인 아닌 자(O)의 공판 진술이 피고인 아닌 타인(O2)의 진술을 내용으로 하는 경우(316조 2항)가 전형적인 모습이다.

1. 피고인 아닌 자의 공판정진술이 피고인의 (과거의) 진술을 내용으로 하는 때

이 형태의 전문진술은 그 원진술이 특히 신빙할 수 있는 상태 하에서 행해진 때, 즉 '특신정황'이 있는 때에 한하여 증거능력이 있다(316조 1항). 조사자 등의 공판기일이나 공판준비기일에서의 진술이 피고인의 진술을 내용으로 하는 경우 (특히 자백진술인 때에는 상당한 의미가 있다)에 증거로 할 수 있음이 명문의 규정으로 도입되었다.[38]

2. 피고인 아닌 자의 공판정 진술이 피고인 아닌 타인의 진술을 내용으로 하 는 때

(1) 이 형태의 전문진술은 원진술자가 사망·질병·소재불명 등의 사유로 공 판진술을 할 수 없고[39](즉 '필요성=진술불능' 요건이 존재하고), 그 원진술이 특히 신빙 할 수 있는 상태 하에서 행하여졌음이 증명된 때(즉 '특신정황'이 있는 때)에 한하여 증거능력이 있다(316조 2항).

---

[38] '조사자 증언'과 '특히 신빙할 수 있는 상태'의 긍정례로 대구고등법원 2008. 11. 27. 선고 2008노293 판결이 있다.

[39] 그러나 원진술자가 법정에 출석하여 수사기관에서 한 진술을 부인하는 취지로 증언한 이상 원 진술자의 진술을 내용으로 하는 조사자의 증언은 증거능력이 없다"(대법원 2008. 9. 25. 선고 2008도6985 판결).

(2) '피고인 아닌 타인'에는 공범이나 공동피고인도 포함된다. 그러나 그 사람이 공동피고인(D2)일 경우 그(D2)가 법정에서 범행을 부인하고 있으면 필요성 요건이 충족되지 못하여 이 조문(316조 2항)은 적용될 수 없다(대법원 1984. 11. 27. 선고 84도2279 판결).

3. 재전문증거

중요한 것은 허용되는 재전문증거의 범위를 획정하는 문제이다. 그 범위는 나라에 따라 학자에 따라 매우 다르므로 여기서는 대법원이 허용하는 재전문증거의 개념에 초점을 맞추어 정확히 소개하는 데 그친다.

〈재전문증거에 관한 리딩케이스(대법원 2000. 3. 10. 선고 2000도159 판결)〉

"1. (재전문증거의 의의) 원심이 들고 있는 유죄의 증거들 중 M(피해자 V의 母)의 수사기관에서부터 원심법정에 이르기까지의 진술(ⓒ,ⓓ,ⓕ)은 모두 1998. 4. 12. V로부터, 'V가 피고인 D로부터 공소사실 기재와 같은 내용의 추행을 당하였다'는 이야기를 들었다는 것인바, 이러한 M의 공판기일에서의 진술(ⓒ,ⓓ)은 형사소송법 310조의2 소정의 공판준비 또는 공판기일 외에서의 타인의 진술을 내용으로 하는 이른바 전문진술이고, ㉮ M의 수사기관에서의 진술을 기재한 조서(ⓕ)는 그와 같은 전문진술이 기재된 조서로서 이른바 재전문증거이다.

2. (전문진술이 기재된 조서의 증거능력) 전문진술은 316조 2항의 규정에 따라 원진술자가 사망, 질병, 외국거주 기타 사유로 인하여 진술할 수 없고 그 진술이 특히 신빙할 수 있는 상태 하에서 행하여진 때에 한하여 예외적으로 증거능력이 있고, ㉯ 전문진술이 기재된 조서는 312조 또는 314조의 규정에 의하여 각 그 증거능력이 인정될 수 있는 경우에 해당하여야 함은 물론 나아가 316조 2항의 규정에 따른 위와 같은 요건을 갖추어야 예외적으로 증거능력이 있다. 여기서 ㉰ 그 진술이 특히 신빙할 수 있는 상태 하에서 행하여진 때라 함은 그 '진술을 하였다는 것에 허위개입의 여지가 거의 없고, 그 진술내용의 신빙성이나 임의성을 담보할 구체적이고 외부적인 정황이 있는 경우'를 가리킨다(대법원 1995. 6. 13. 선고 95도523 판결; 1997. 4. 11. 선고 96도2865 판결; 1999. 2. 26. 선고 98도2742 판결; 1999. 11. 26. 선고 99도3786 판결 등 참조).

3. (재전문진술이나 재전문진술을 기재한 조서의 증거능력) V의 아버지인 F의 원심법정에서의 진술(ⓐ)과 인천 성폭력상담소 상담원인 Y의 검찰에서의 진술을 기재한 조서(ⓖ)는, F나 Y가, 'M이 V로부터 들었다'는 V의 피해사실을, M으로부터 다시 전해 들어서 알게 되었다는 것을 그 내용으로 하고 있다. 이러한 F의 원심법정에서의 진술은 요증사실을 경험한 자(V)의 진술(원진술)을 들은 자의 공판준비 또는 공판기일 외에서의 진술(전문진술)을 그 내용으로 하(여 법정에 전달하: 저자첨가)는 이른바 재전문진술(ⓐ)이고, Y의 검찰에서의 진술조서(ⓖ)는 그와 같은 재전문진술을 기재한 조서이다. 그런데 ㉱ '형사소송법은 전문진술에 대하여 316조에서 실질상 단순한

전문의 형태를 취하는 경우에 한하여 예외적으로 그 증거능력을 인정하는 규정을 두고 있을 뿐, 재전문진술이나 재전문진술을 기재한 조서에 대하여는 달리 그 증거능력을 인정하는 규정을 두고 있지 않으므로, 피고인이 증거로 하는 데 동의하지 않는 한, 310조의2의 규정에 의하여 이를 증거로 할 수 없다. F의 원심법정에서의 진술과 Y의 검찰에서의 진술을 기재한 조서는 재전문진술이거나 재전문진술을 기재한 조서이므로 이를 증거로 할 수 없다.”

1. 대법원은 위의 2000도159 판결(이하 '2000년 판결'로 약칭함)에서 '전문진술이 기재된 조서'(ⓕ)만을 명시적으로 '허용되는 재전문증거'로 명명하고 있다.[40] 사실인정의 주체인 법원의 입장에서 볼 때 2000년 판결에서 문제가 되고 있는 참고인진술조서의 진술기재내용은 원진술자의 경험을 전해들은 M(최초전문인)의 진술이다. 이것은 M의 경험이 아니라는 점에서 '1차의 전문성'을 띠고 있고, 또한 그 진술이 법원면전(法院面前)에서 행하여진 것(공판정 진술)이 아니라 수사기관 앞에서 행하여진 것(공판정외의 진술)이므로 '재차(再次)의 전문성'을 띠고 있다. 대법원은 이런 맥락에서 수사기관 작성의 M에 대한 참고인진술조서만을 허용되는 재전문증거로 파악하고 “ⓝ 전문진술이 기재된 조서는 312조 또는 314조의 규정에 의하여 각 그 증거능력이 인정될 수 있는 경우에 해당하여야 함(1차전문성극복)은 물론 나아가 316조 2항의 규정(2차전문성극복)에 따른 위와 같은 요건을 갖추어야 예외적으로 증거능력이 있다.”고 판시한다.

2. 허용되는 재전문증거의 전형적인 사례는 유아의 성추행피해사실을 들어서 아는 모친(M)의 '수사기관 앞에서의 전문진술'[41]이 기재된 수사기관작성 참고인진술조서이다.

(1) 대법원의 허용되는 재전문증거의 정의

'전문진술을 기재한 수사기관의 조서'이다.

(2) 재전문증거의 증거능력인정요건

최초전문자(M)의 312조 4항[42]에 따른 성립의 진정증명과 316조 2항의 요건

[진술불능(필요성)요건과 유아의 원진술당시의 특신정황 존재의 증명]이 구비되어야 한다.

---

40 재전문진술이나 재전문진술을 기재한 조서는 '재전문증거'가 아니란 말인지, 만약 그렇다면 재전문진술이나 재전문진술을 기재한 조서를 과연 무엇이라고 명명하여야 하는지에 대하여 2000년 판결은 명시하지 않지만 적어도 그 증거능력을 부정하는 것만큼은 확실하다.

41 이와 달리 316조의 전문진술은 선서한 증인의 법정에서의 전문진술이다.

42 313조의 서류를 포함시킬 것인지는 향후 판례를 기다려 보아야 할 것이지만 긍정될 것으로 예측된다. 313조의 서류를 배제하여야 할 특별한 이유가 없기 때문이다.

X. 진술의 임의성

1. 임의성의 증명

모든 진술(피고인의 진술이든 피고인 아닌 자의 진술이든) 및 그 진술을 기재한 서류는 그것이 임의로 진술되거나 작성되었다는 것이 증명된 때에만 증거로 할 수 있다(317조 1항·2항·3항). 이 원칙을 규정한 317조의 임의성과 피고인의 자백의 증거능력에 관하여 규정한 309조의 임의성이 같은 내용인지 여부가 문제된다. 위 두 조문의 임의성은 같은 의미이고 단지 그 대상만을 달리하고 있는 것[43]으로 보인다.

2. 임의성에 다툼이 있는 경우의 처리

피고인이 검사 작성의 피의자신문조서의 임의성을 다투는 경우에 법원은 구체적인 사건에 따라 피고인의 학력, 경력, 직업, 사회적 지위, 지능 정도 등 제반 사정을 참작하여 자유로운 심증으로 피고인이 그 진술을 임의로 한 것인지 여부를 판단한다. 진술이 특히 신빙할 수 있는 상태 하에서 행하여진 때, 즉 특신상태에 대한 판단도 마찬가지이다(대법원 1996. 3. 8. 선고 95도2930 판결 등 참조).

3. 중요판례

(1) 임의성에 대한 자유심증

"(진술의 내용과 진술경위를 본다) 피고인이 피의자신문조서에 기재된 피고인의 진술 및 공판기일에서의 피고인의 진술의 임의성을 다투면서 그것이 허위자백이라고 다투는 경우, 법원은 구체적인 사건에 따라 피고인의 학력, 경력, 직업, 사회적 지위, 지능 정도, 진술의 내용, 피의자신문조서의 경우 그 조서의 형식 등 제반 사정을 참작하여 자유로운 심증으로 위 진술이 임의로 된 것인지의 여부를 판단할 수 있다(대법원 2004. 10. 28. 선고 2003도8238 판결 등 참조). 피고인이 변호인의 충분한 조력을 받을 수 있는 상태에서 심사숙고 끝에 수사기관과 법원에 자백 취지의 진술하였고, O, O2, O3는 피고인이 구속되기 훨씬 이전에 이미 공소사실에 부합하는 진술을 하였으며, 그 밖에 피고인의 학력, 경력, 직업, 사회적 지위 등을 종합하여 볼 때, 피고인의 2회 검찰 피의자신문과정에서의 자백 진술은 그

---

43 309조는 피고인의 자백만을, 317조는 피고인의 자백을 제외한 다른 모든 진술과 피고인 아닌 자의 진술을 각각 대상으로 하고 있다.

임의성이 인정된다"(대법원 2011. 2. 24. 선고 2010도14720 판결).

(2) 임의성의 입증책임

"피고인이 그 진술의 임의성을 다투는 경우에 검사에게 임의성에 관한 입증책임이 있다는 것은 검사가 당해 조서를 증거로 제출하였다는 점에서 당사자주의를 일관할 때 당연한 이치이다. 그러나 진술의 임의성이라는 것은 앞에 쓴 헌법이나 형사소송법의 명문과 같이 고문, 폭행, 협박, 신체구속의 부당한 장기화 또는 기망 기타 진술의 임의성을 잃게 하는 시정이 있다는 것, 즉 증거의 수집과정에 위법성이 없다는 것이므로 진술의 임의성을 잃게 하는 위와 같은 사정이 없다44는 것은 헌법이나 형사소송법 등의 규정에 비추어 특히 이례(異例)에 속하는 것이므로 진술의 임의성은 추정된다. (중략) 따라서 반드시 공소제기 후 법관 면전에서 한 진술이 가장 믿을 수 있고 그 앞의 수사기관에서의 진술은 상대적으로 신빙성, 진실성이 약한 것이라고 일률적으로 단정할 수 없을 뿐만 아니라 오히려 수사기관에 검거된 후 제일 먼저 작성한 청취서의 진술기재가 범행사실을 숨김 없이 승인한 것이었는데 그 후의 수사과정과 공판과정에서 외부와의 접촉, 시간의 경과에 따른 자신의 장래와 가족에 대한 걱정 등이 늘어감에 따라 점차 그 진술이 진실로부터 멀어져가는 사례는 흔히 있는 것이어서 이 신용성의 정황적 보장의 존재 및 그 강약에 관하여서는 구체적 사안에 따라 이를 가릴 수밖에 없는 것[이다]"(대법원 1983. 3. 8. 선고 82도3248 판결).

(3) 임의성의 추정

"헌법이나 형사소송법의 규정에 비추어 볼 때 이례에 속하므로 진술의 임의성은 추정된다. (중략) 피고인6이 검찰에서 이 사건 범행사실을 자백하기에 이른 경위와 그 조서의 형식 및 내용, 피고인의 학력과 지능 등 기록에 나타난 여러 사정을 종합하여 볼 때, 이 피고인이 검찰에서 조사 받으면서 고문이나 기망 등에 의하여 임의성이 없는 진술을 하였다고는 보이지 않으므로, 같은 취지에서 그 증거능력을 인정한 원심의 조치는 정당하다"(대법원 1997. 10. 10. 선고 97도1720 판결).

---

44 '있다'의 오기로 보인다.

(4) 임의성의 인정과 부인의 반복

"원심판결 이유에 의하면 원심은, 피고인이 1심 공판정에서 검사와 사법경찰리 작성의 피고인에 대한 각 피의자신문조서 전부에 대하여 성립의 진정과 임의성(사법경찰리 작성의 피의자신문조서에 대하여는 그 내용까지)을 인정하였다가 그 뒤에 위 조서들의 임의성을 부인하는 취지의 진술을 하고 있으나, 위 조서들의 기재내용에 의하더라도 피고인이 참고인의 진술과 압수된 승용차의 객관적 상황 등에 의하여 인정되는 일부의 사실에 대하여만 자백하고 '피해자를 살해하였다'는 점에 대하여는 계속하여 부인하였고 이는 피고인의 1심 및 원심 공판정에서의 진술과 별로 다르지 않은 점, 위 조서들의 작성경위, 피고인의 범죄 및 사회경력 등 제반 사정에 비추어 피고인이 위 조서들의 진정성립과 임의성을 인정한 최초의 진술이 신빙성이 있다고 보여지고, 나아가 그 나머지 증거(진술조서·압수조서·검증조서 등)에 대하더라도 피고인이 위 공판기일에 이를 증거로 함에 동의하였으므로, 위 각 증거들은 모두 그 증거능력이 인정된다고 판단하였다. 원심의 위와 같은 판단은 앞서 본 법리에 따른 것으로서 정당하다"(대법원 1999. 10. 22. 선고 99도3273 판결).

> ▨   10장 1절 퀴즈

10.1.1 D는 V의 살인혐의로 기소되었다. W는 살인현장을 목격하였다. 검사는 W를 현장목격자로서 검찰측 증인으로 신청하였고 수소법원이 이 증인신청을 채택한 후 W를 증인으로 소환하였다. 증인신문기일에 W가 출석하여 선서한 후 검사의 직접신문에 다음(X)과 같이 증언하였다. (X)는 전문증거인가 원본증거인가? (X): "D가 등산용 칼로 V를 찔렀다. V가 피를 흘리며 쓰러졌다. 잠시 후 앰뷸런스가 도착하여 V가 병원으로 후송되었다."

10.1.2 ~ 10.1.4 아래 사안의 W의 일기장, W의 진술을 기재한 참고인진술조서, F의 전문진술이 전문증거인지 여부를 판단하고 전문증거라면 그것이 증거로 사용될 수 있는 예외조건을 정한 조문·조항을 적시하시오.
[사안] D는 V를 살해한 혐의(형법 250조 1항)로 기소되었다.

10.1.2 W는 D의 V 살인현장을 목격한 후 그 목격상황을 자신의 일기장에 "D가 등산용 칼로 V를 찔렀다. V가 피를 흘리며 쓰러졌다. 잠시 후 앰뷸런스가 도착하여 V가 병원으로 후송되었다."고 기재하였다. W의 일기장 중 인용부호 부분("D가 등산용 칼로 V를 찔렀다. V가 피를 흘리며 쓰러졌다. 잠시 후 앰뷸런스가 도착하여 V가 병원으로 후송되었다")이 D의 유죄증거로 법원에 제출되었다.

10.1.3 W는 D의 V 살인현장을 목격하였다. 사법경찰관 P는 W를 방문하여 "D가 등산용 칼로 V를 찔렀다. V가 피를 흘리며 쓰러졌다. 잠시 후 앰뷸런스가 도착하여 V가 병원으로 후송되었다"는 W의 진술을 청취한 후 사법경찰관이 W를 상대로 작성한 참고인진술조서를 작성하였다. 이 참고인진술조서가 D의 유죄증거로 법원에 제출되었다.

10.1.4 W는 D의 V 살인현장을 목격하였다. W는 "D가 등산용 칼로 V를 찔렀다. V가 피를 흘리며 쓰러졌다. 잠시 후 앰뷸런스가 도착하여 V가 병원으로 후송되었

다."는 취지로 친구 F에게 말한 후 캐나다로 이민 갔다. F가 증인으로 소환 받아 법정에 출석한 후 선서하고 검사의 직접신문을 받은 후 W가 이민 가기 전에 자신(F)에게 다음과 같이 말했다고 진술하였다. "D가 등산용 칼로 V를 찔렀다. V가 피를 흘리며 쓰러졌다. 잠시 후 앰뷸런스가 도착하여 V가 병원으로 후송되었다."

10.1.5 ~ 10.1.6 D는 V를 살해한 혐의(형법 250조 1항)로 기소되었다. W(V의 친구)는 "D가 V를 살해하는 현장을 생생하게 목격하였다"(X)고 주장하고 있다.

10.1.5 W가 D의 살인피고사건의 공판기일에 검찰측 증인으로 출석하여 선서한 후 검사의 직접신문에 부합하는 내용(X)의 증언을 하였다. 법원은 D의 변호인의 반대신문요청을 기각하였다. 검사가 W의 증인신청을 한 입증취지(요증사실)는 'D의 살인행위를 입증'하려는 것이다. W의 증언(X)은 증거로 사용될 수 있는가?

10.1.6 W는 목격상황(X)을 자신의 일기장에 기록해 두었다. D가 살인혐의로 기소된 뒤에 W는 지카 바이러스(Zika virus)에 감염되어 사망하였다. 검사는 목격상황(X)이 기록된 W의 일기장을 'D의 살인행위를 입증'하려는 목적으로 수소법원에 증거(조사)신청하였다. W의 일기장이 증거로 채택될 수 있는 요건을 논하시오.

✚ 퀴즈풀이

10.1.1

(X)는 (2)의 요건이 구비되지 않아 원본증거이고 따라서 이 진술에 전문법칙의 적용은 없다. 어느 진술에 전문법칙이 적용되려면 (1) 그것이 사실에 관한 의도적인 경험적 진술이어야 하고 (2) 그것이 공판정 밖(외)에서의 진술이며 (3) 그것이 주장된 내용대로의 사실의 존재가 '증거제출자(예를 들어 주로 검사)의 입증취지'이어야 한다. 위 3가지 중 어느 하나의 요건이라도 충족되지 않으면 전문법칙을 적용할 필요가 없다.
(1) (X)는 사실에 관한 의도적인 경험적 진술인가?
그렇다고 할 수 있으므로 이 측면에서는 전문법칙을 적용할 필요가 있다. '사실에 관한 경험적 진술'이 아닌 진술의 예로 다음을 들 수 있다. "죽느냐 사느냐 그것이 문제이다", "내가 하늘이요, 진리이다", "내일 점심 같이 합시다", "그날 그가 무어라고 대답했어요?"
(2) 다음에 (X)는 공판정 밖(외)에서의 진술인가?
(X)는 공판정에서의 진술이므로 이 측면에서는 전문법칙을 적용할 필요가 없다.
(3) 주장된 내용대로의 사실의 존재가 '증거제출자(사안에서는 검사)의 입증취지'인가?
이 질문에 대한 답은 긍정적이므로 이 측면에서는 전문법칙을 적용할 필요가 있다.

'검사의 입증취지'가 '주장된 내용대로의 사실의 존재'가 아닌 예를 들어 보면 다음과 같다. 일정한 발언을 했다는 사실 자체(명예훼손적 발언, 예를 들어 "당신은 과거에 성추행 혐의로 고소된 적이 있었다"는 발언을 한 사실 자체, "2월 3일까지 1억 원을 입금하지 않으면 공항을 폭파하겠다!"는 말을 한 사실 자체)가 이에 해당한다.

10.1.2

W의 일기장 중 인용부호 부분은 공판정 밖(외)에서의 경험적 진술이므로 전문증거이다. 이것이 증거로 사용되려면 313조 1항의 요건(W의 자필이거나 W의 서명 또는 날인이 있어야 하고 W가 법정에 출석하여 선서한 후 성립의 진정을 인정)이 구비되어야 한다. 이 요건이 구비되지 못하더라도 314조의 요건(진술불능요건을 구비하고 그 진술 또는 작성이 특히 신빙할 수 있는 상태 하에서 행하여졌음을 제출자가 증명)을 구비하면 증거로 쓸 수 있다.

10.1.3

이 참고인진술조서에 담겨 있는 경험적 사실은 공판정 밖(외)에서 진술된 것이므로 전문증거이다. 이 참고인진술조서는 사법경찰관이 피고인이 아닌 W의 진술을 기재한 조서이므로 312조 4항의 4가지 요건(ⓐ 적법한 절차와 방식에 따라 작성된 것으로서,

ⓑ 그 조서가 사법경찰관 앞에서 진술한 내용과 동일하게 기재되어 있음이 원진술자인 W의 공판준비 또는 공판기일에서의 진술이나 영상녹화물 또는 그 밖의 객관적인 방법에 의하여 증명되고, ⓒ 피고인 D 또는 변호인이 공판준비 또는 공판기일에 그 기재 내용에 관하여 원진술자를 신문할 수 있었으며, ⓓ 그 조서에 기재된 진술이 '특히 신빙할 수 있는 상태 하에서 행하여졌음)을 제출자가 증명'하여야 한다.

10.1.4
인용부호 부분은 F의 직접 경험이 아니라 W가 직접 경험한 내용인데 이 원진술이 공판정 밖(외)에서 진술된 것이므로 전문증거이다. 이를 특히 전문진술이라고 한다. 원진술자는 피고인 D가 아니라 W이므로 316조 2항의 예외조건(원진술자 W가 사망, 질병, 외국거주, 소재불명 그 밖에 이에 준하는 사유로 인하여 진술할 수 없고, 그 진술이 특히 신빙할 수 있는 상태 하에서 행하여졌음이 증명됨)이 구비되어야 증거로 쓸 수 있다.

10.1.5
W의 증언(X)은 전문증거가 아니라 원본증거이다. 다만 여기서 문제되는 것은 전문법칙의 예외가 아니라 D의 대면권(right to confront)을 인정할 것인가의 문제(미국, 일본헌법은 명시적으로 이를 인정하지만 한국헌법에는 명시적인 조문이 없다)이다. '반대신문을 경유하지 않았으므로 증거능력이 없다.'고 논증하면 D의 대면권을 인정하는 것이다. 이 문제에 관하여 국내에서는 논의가 활발하지 않다.

10.1.6
W의 일기장의 인용부분은 W가 직접 경험한 내용이 공판정 밖(외)에서 진술된 것이므로 전문증거이다. W의 일기장의 인용부분은 313조 1항 본문의 진술서에 해당하므로 진술불능요건이 구비되고 그 일기가 특신상태하에서 작성되었음이 증명되어야 한다. 사안에서 직접 경험자 W가 사망하였으므로 진술불능요건이 구비되었다. 따라서 그 일기가 특신상태 하에서 작성되었음을 증거제출자(사안에서는 검사)가 증명하면 예외조건이 구비된다. 다음에 '상업장부, 항해일지 기타 업무상 필요로 작성한 통상문서'에 준하는 정도의 실질을 가진 것에 대하여는 315조 3호를 적용할 수 있지만, 특단의 사정이 없는 한, 일반의 일기, 편지, 메모는 유형적으로 315조 3호 해당성을 인정하기 어렵다. 사안의 일기는 일반의 일기에 해당하므로 315조 3호는 적용될 수 없다.

제2절   전문법칙 각론

Ⅰ. 녹음테이프·사진·CCTV의 증거적 성질과 증거능력

1. 문제의 소재

292조의3은 "도면·사진·녹음테이프·비디오테이프·컴퓨터용디스크, 그 밖에 정보를 담기 위하여 만들어진 물건으로서 문서가 아닌 증거의 조사에 관하여 필요한 사항은 대법원규칙으로 정"하도록 하였는데 여기서 말하는 대법원 규칙이 형사소송규칙 134조의2~9이다. 규칙 134조의2~9는 문서 아닌 증거를 다시 ⓐ 영상녹화물(규칙 134조의2~5), ⓑ 컴퓨터디스크등(규칙 134조의7), ⓒ 음성·영상자료(규칙 134조의8), ⓓ 도면·사진 그 밖에 정보를 담기 위하여 만들어진 물건으로서 문서가 아닌 증거(규칙 134조의9)의 4가지로 분류하고 있다.

이들 증거의 학습에서 규명이 필요한 쟁점은 이들 증거가 담고 있는 정보가 전문증거인가 여부에 있다. 이 문제를 일률적으로 판단함은 적절하지 않고 이들 증거의 개별적 특성과 이들 증거가 무엇을 요증사실로 삼아 제출된 것인지 그 문맥에 따라 개별적으로 판단하여야 한다. 또 하나 생각하여야 할 점은 이들 증거의 제작동기를 살피는 일이다. 범죄행위의 직전부터 범죄행위가 진행되는 과정을 생생하게 포착하려는 의도 하에 제작된 증거를 현장증거, 범죄의 종료 후에 피의자와 참고인에게 과거의 경험을 청취하려는 의도로 제작된 증거를 청취증거로 부르기로 하자.

첫째, ⓐ 312조 2항[45], 4항의 영상녹화물(규칙 134조의2~5)은 전형적인 청취증거[46]로서 성질상 전문증거임이 명백하다. 그 수록내용은 진술서나 진술조서와 다를 바 없기 때문에 진술증거이다. 따라서 그 안에 담긴 '녹음된 진술'에 대하여는 각각 경험청취의 주체(사법경찰관인가 검사인가)와 대상(피의자인가 참고인인가)이 누구인가에 따라 피의자신문조서, 참고인 진술조서, 진술서, 진술기재서에 준하여 311조 이하의 전문법칙의 예외규정을 (유추)적용하여 증거능력을 판단하여야 한다(이

---

45 2020년 2월의 형사소송법 개정으로 2020년 7월경부터 312조 2항이 삭제될 수 있음에 주의하여야 한다.
46 '피의자의 진술을 영상녹화'(규칙 134조의2), '제3자의 진술과 영상녹화물'(규칙 134조의3).

설 없음).

둘째, ⓑ 컴퓨터디스크, 디스켓 등 디지털 디바이스에 기억된 문자정보(컴퓨터 디스켓에 담긴 문건)는 요증사실이 무엇이냐에 따라 원본증거일 수도 있고(예를 들어 음란물죄로 기소된 사건에서 음란내용을 담고 있는 디지털 컨텐츠) 전문증거(내용의 진실성을 증명하려고 하는 경우)일 수도 있으므로 요증사실이 무엇인지 그 문맥이나 증거제출자의 의도를 잘 살펴야 한다.

〈컴퓨터 디스켓에 담긴 (디지털) 문건의 증거능력〉

"컴퓨터 디스켓에 들어 있는 문건이 증거로 사용되는 경우 위 컴퓨터 디스켓은 그 기재의 매체가 다를 뿐 실질에 있어서는 피고인 또는 피고인 아닌 자의 진술을 기재한 서류와 크게 다를 바 없고, 압수 후의 보관 및 출력과정에 조작의 가능성이 있으며, 기본적으로 반대신문의 기회가 보장되지 않는 점 등에 비추어 그 기재내용의 진실성에 관하여는 전문법칙이 적용되고, 따라서 313조 1항에 의하여 그 작성자 또는 진술자의 진술에 의하여 그 성립의 진정함이 증명된 때에 한하여 이를 증거로 사용할 수 있다"(대법원 1999. 9. 3. 선고 99도2317 판결); "컴퓨터 디스켓에 담긴 문건이 증거로 사용되는 경우 그 기재 내용의 진실성에 관하여는 전문법칙이 적용된다. 따라서 피고인 또는 피고인 아닌 자가 작성하거나 또는 그 진술을 기재한 문건의 경우 원칙적으로 313조 1항 본문에 의하여 그 작성자 또는 진술자의 진술에 의하여 그 성립의 진정함이 인정된 때에 이를 증거로 사용할 수 있다"(대법원 2001. 3. 23. 선고 2000도486 판결). 그러나 컴퓨터 디스켓에 담긴 문건이라 하더라도 예외적으로 원본증거로 보아야 할 경우가 없지 않다.

특별한 논의가 필요한 대상은 ⓒ 음성자료(규칙 134조의8), ⓓ 영상·도면·사진 그 밖에 정보를 담기 위하여 만들어진 물건으로서 문서가 아닌 증거(규칙 134조의9)의 2가지로 압축된다. ⓒ는 녹음테이프의 증거적 성질에 초점을 맞추어 검토하고 ⓓ에 대하여는 사진·비디오 테이프에 초점을 맞추어 검토하여야 한다.

2. 합법적 통신제한조치·적법한 당사자녹음으로 작성된 녹음테이프

(1) 판례

대법원은 통신비밀보호법에 터잡은 합법적 감청·적법한 당사자녹음으로 작성된 녹음테이프의 수록내용도 청취증거로 보아 전문법칙을 전면적으로 준용하고 있다.[47]

---

47 "증거자료가 되는 것은 여전히 '녹음테이프에 녹음된 대화내용'임에는 변함이 없는바, 이와 같은 녹음테이프의 녹음내용은 (중략) 실질적으로는 공판준비 또는 공판기일에서의 진술에 대신

(2) 학설

1) 비진술증거설

이 견해는 '㉮ 녹음·녹화테이프(이하 녹음테이프로 약칭함) 수록내용의 정확성은 기계적 장치로 보장되어 있고, ㉯ 이에 대하여 반대신문도 고려할 수 없으므로 ㉰ 수록내용과 입증취지와의 관련성만 입증된다면 그 증거능력을 인정해도 문제가 없다'고 본다.

2) 진술증거설

이 견해는 '@ 녹음테이프 수록내용의 정확성은 기계의 정확성으로 담보되지 않으며, ⓑ 기계를 조작하는 자의 의도 여하에 따라 얼마든지 다른 내용의 기록으로 될 수 있으며, 따라서 ⓒ 녹음테이프의 수록내용을 그 작성자가 관찰한 사실을 기계장치가 대신하여 기록하고 표현한 보고서, 또는 작성자의 진술대용물'로 본다.

3) 증거로 삼기 위한 요건

진술증거설을 취하면 녹음테이프에 수록된 진술내용도 전문증거이므로 형사소송법 312조 이하의 전문법칙의 예외조건을 충족(유추적용)시키지 못하면 증거로 삼을 수 없게 된다. 어느 조문을 유추적용할 것인가에 대하여 판례와 다수설은 녹음의 주체와 원진술자의 지위에 따라 311조~313조를 적용하고 있다.

(3) 양설의 차이

진술증거설을 취하면 녹음테이프에 수록된 진술의 진정성립(312조, 313조)을 인정할 자가 사망하거나, 기타 사유로 공판정 출석이 불가능한 경우에 314조를 준용하여 해결하면 된다고 해석할 것이다. 그러나 비진술증거설(비전문증거설)의 입장에서는 진정성(authenticity)만 인정된다면 특별히 증거능력의 문제는 없고 증명력 문제만 남게 된다. 녹음자 불명의 테이프가 증거로 제출된 경우에도 진술증거설의 견지에서는 증거능력이 인정될 여지가 매우 좁아지지만, 비진술증거설의 견지에서는 증거제출자의 입증(예를 들어 감정) 여하에 따라 증거로 채택될 가능성이 열려 있는 점에서 차이가 생긴다.

하여 진술을 기재한 서류와 다를 바 없어서 형사소송법 311조 내지 315조에 규정한 것이 아니면 이를 유죄의 증거로 할 수 없다"(대법원 1996. 10. 15. 선고 96도1669 판결).

(4) 진술증거설에 대한 비판

312조 2항,[48] 4항의 영상녹화물(규칙 134조의2~5)은 전형적인 청취증거로서 성질상 전문증거임이 명백하다. 그러나 그것과 성질이 판이하게 다른 합법적인 당사자 녹음, 통신비밀보호법에 터잡은 합법적 감청으로 작성된 녹음에 대하여까지 전문법칙을 준용하려 하는 진술증거설은 과학과 기계의 성능보다 사람인 법관의 직접심리주의를 더 신뢰하는 비과학적인 발상이라는 비판에 직면하고 있다.

3. 녹음테이프의 제작(수집)과정상의 위법

앞에서 검토한 것은 '녹음테이프가 담고 있는 음성정보의 내용에 대한 전문법칙의 적용 혹은 유추적용'에 관한 것이었다. 그런데 '녹음테이프의 제작·수집과정상의 위법성'이 증거능력에 영향을 미치는가 여부는 그와 별도의 문제, 즉 위법수집증거인가 여부의 문제이다.

(1) 불법감청으로 생성된 녹음테이프

수사기관이 통신제한조치허가를 받지 않고 감행한, 즉 불법감청으로 생성된 녹음테이프는 위법수집증거로서 증거로 사용할 수 없다(통신비밀보호법 4조).

의사소통당사자가 아닌 제3의 사인이 몰래 의사소통당사자의 대화·통화를 녹음한 녹음물도 통신비밀보호법 14조, 4조에 따라 형사재판을 포함하여 모든 재판 또는 징계절차에서 증거로 사용할 수 없다.

(2) 대화상대방 중 일방의 동의만 있고 타방의 동의가 없는 경우 녹음테이프의 증거능력

대화당사자 중 1인(私人)이 대화상대방의 동의 없이 대화를 몰래 녹음한 녹음테이프는 위법수집증거인가? 수사기관이 의사소통당사자 일방의 동의만 얻고 타방당사자의 동의를 얻지 않고 녹음한 대화·통화에 대하더라도 마찬가지 문제가 발생한다.

1) 당사자의 동의의 의의

통신제한조치에 대하여 당사자의 동의가 있으면 통비법의 규제대상(불법)에

---

48 2020년 2월의 형사소송법 개정으로 2020년 7월경부터 312조 2항이 삭제될 수 있음에 주의하여야 한다.

서 제외된다(통비법 2조 6호, 7호). 여기서 '당사자의 동의'란 '당사자 쌍방의 동의' (쌍방동의설, 다수설)를 말하는가, '당사자 일방의 동의'(일방동의설)로 족한 것으로 볼 것인가?

대법원은 '당사자의 동의'의 의미를 당사자녹음과 제3자녹음으로 구분하여 당사자녹음의 경우에는 일방동의설, 제3자녹음의 경우에는 쌍방동의설의 입장을 표명하고 있다.

2) 판례에 대한 논평

판례는 크게 부당한 것 같지 않으나 장기적으로는 모든 경우에 대화당사자 전원의 동의를 요하는 방향으로의 입법적 전환이 요청된다. 수사기관의 요청으로 당사자일방이 상대방의 동의 없이 대화·통화를 녹음한 녹음물을 제3자녹음으로 간주하는 최근 판례[49]는 이런 움직임을 보여주고 있다.

4. 사진·CCTV 영상의 증거적 성질과 증거능력

검사가 살인피고사건의 피고인 D의 범행장면을 촬영한 사진과 CCTV 영상 (비디오테이프)을 입수하였다. 그러나 이 사진의 촬영자, 혹은 CCTV의 소재가 공판기일 전에 불명하였다. 검사는 법원에 이 사진의 증거조사를 신청하였지만 D 의 변호인이 증거로 함에 동의하지 않았다. 법원은 이 사진이나 CCTV의 영상을 증거로 채택할 수 있는가?

사진과 CCTV 영상이 진술증거라면 상대방의 동의가 없으므로 이 증거가 증거로 채택되려면 검사는 311조~316조의 예외요건을 구비하였음을 입증(그 중에서도 어느 조문을 유추적용할 것인가[50]의 문제도 또 하나의 쟁점이다)하여야 한다. 그러나 그것들이 비진술증거라면 검사는 '피고사건과의 관련성'만 입증하면 된다.

(1) 독립증거인 현장사진·CCTV 영상의 개념

사진과 비디오테이프·CCTV 영상이 증거로 제출되는 경우로는 크게 세 가지를 상정할 수 있다. 첫째는, 원물의 사본(시체에서 나는 악취 때문에 제출되는 시체의 상태에 관한 원본대용사진)으로 제출되는 경우이다. 둘째는, 사람의 진술내용을 명확

---

49 수사기관의 요청을 받은 자가 상대방의 동의 없이 통화 내용을 녹음한 것은 적법한 당사자녹음이 아니라 제3자의 동의를 받지 않은 불법감청이다(대법원 2010. 10. 14. 선고 2010도9016 판결).
50 진술증거설(전문증거설) 중에서는 검증조서유사설이 다수설이다.

히 하기 위한 보조자료로 제출되는 경우(예를 들어 현장검증조서나 실황조사서에 첨부되어 진술내용의 일부를 구성하는 검증보조자료로서의 현장지시사진)이다. 셋째는, 피고인의 유죄를 입증하는 독립증거로 제출되는 경우이다. 앞에서 제시한 사안의 사진과 CCTV 영상은 셋째의 용도로 제출된 것이므로 이것은 '독립증거인 현장사진·CCTV 영상'(이하 '독립증거인 현장사진'으로 약칭함)이다.

독립증거인 현장사진이란 특정인의 범행전후의 활동이나 범행장소의 상황을 촬영(구체적으로 말하면, 현재 범행이 행하여지고 있거나 행하여진 직후이고, 증거보전의 필요성 및 긴급성이 있으며, 일반적으로 허용되는 상당한 방법에 의하여 촬영)한 현장사진이다. 이 현장사진은 전문법칙의 적용이 있는 진술증거인가 아니면 비진술증거로서 전문법칙의 적용이 없는가 여부가 쟁점이다.

(2) 증거적 성질

1) 비진술증거설

이 견해는, 현장사진은 렌즈의 경험이고 사람의 지각에 기초한 표현이나 서술이 아니므로 비진술증거라고 본다. 즉, 현장사진에는 진술증거에서 나타나는 지각·기억·서술의 과정이 없으므로 허위개입의 여지가 없고 따라서 반대신문에 의한 탄핵은 불필요하여 전문법칙의 적용이 없다고 본다. 비진술증거설은 사진증거제출자에게 공소범죄사실과의 관련성, 즉 제출된 사진 등이 현장의 정확한 사진·영상이라는 사실을 입증하여 당해사진의 증명력을 증가시킬 과제만 남아 있다고 본다(대법원 1999. 9. 3. 선고 99도2317 판결).[51] 나체사진 사건 판결(대법원 1997. 9. 30. 선고 97도1230 판결), 고물상주인 CCTV 녹화테이프망실 사건(대법원 2011. 12. 8. 선고 2010도2080 판결)은 비진술증거설을 암시하는 판결들이다.[52]

---

51 "ⓐ 누구든지 자기의 얼굴 기타 모습을 함부로 촬영당하지 않을 자유를 가지나 이러한 자유도 국가권력의 행사로부터 무한으로 보호되는 것은 아니고 국가의 안전보장·질서유지·공공복리를 위하여 필요한 경우에는 상당한 제한이 따르는 것이고, 수사기관이 범죄를 수사함에 있어 '현재 범행이 행하여지고 있거나 행하여진 직후이고, 증거보전의 필요성 및 긴급성이 있으며, 일반적으로 허용되는 상당한 방법에 의하여 촬영'을 한 경우라면 위 촬영이 영장 없이 이루어졌다 하여 이를 위법하다고 단정할 수 없다. 이 사건 비디오촬영은 피고인들에 대한 범죄의 혐의가 상당히 포착된 상태에서 그 회합의 증거를 보전하기 위한 필요에서 이루어진 것이고 O2의 주거지 외부에서 담장 밖 및 2층 계단을 통하여 O2의 집에 출입하는 피고인들의 모습을 촬영한 것으로 그 촬영방법 또한 반드시 상당성이 결여된 것이라고는 할 수 없다. 위와 같은 사정 아래서 원심이 이 사건 비디오 촬영행위가 위법하지 않다고 판단하고 ⓑ 그로 인하여 취득한 비디오테이프의 증거능력을 인정한 것은 정당하다(다만, 위 비디오테이프만으로 피고인들에 대한 공소사실을 유죄로 인정할 수 있는가는 별개의 문제이다)"(대법원 1999. 9. 3. 선고 99도2317 판결).

52 법원행정처가 발간한 법원실무제요(형사편 Ⅱ)(2014)에서도 영상에 가장 가까운 '현장사진'의

2) 진술증거설

이 견해는, 증언은 사람의 관찰·기억·서술과정을 통하여 과거사실을 재현하는 것인데 사진도 기계의 힘을 빌려 과거사실을 재현하는 것일 뿐 양자 사이에 현격한 차이는 없다고 본다. 따라서 현장사진에 대하더라도 진술증거와 마찬가지의 신중한 배려가 필요하다고 본다. 이 입장은 다시 다음과 같은 두 가지 견해, 즉 312조 6항설 혹은 313조 1항 준용설로 갈라질 수 있다.

현장사진을 보고문서에 대신하는 것으로서 '검증결과를 기재한 서류'(촬영자가 수사기관인 경우 검증조서유사설, 312조 6항) 혹은 진술서(촬영자가 사인(私人)인 경우, 313조 1항)에 준하여 촬영자의 공판정 출석과 성립의 진정에 관한 증언을 요건으로 삼아 증거능력이 부여될 수 있는 것으로 보는 견해가 있을 수 있다.

3) 사견

촬영, 현상, 인화 등 사진의 작성과정에 사람이 관여하므로 허위나 조작의 가능성이 절대로 없다고 할 수는 없다. 그러나 증거의 조작가능성을 말하기로 하면 어떤 증거에나 증거의 조작가능성이 있게 마련이므로 이 논거는 타당하지 않다. 사진의 작성과정에는 사람의 진술의 생성과정과 같은 지각, 기억, 서술로 이어지는 과정이 없다. 사진에 사람이 관여하는 것은 오로지 기계적 조작과정에 불과하다. 사진에서 결정적인 것은 그것이 화학적 원리에 의한 기계적이고 화학적인 작용의 결과물이라는 점이다. 따라서 사진촬영자에게 반대신문을 통하여 사진 작성과정의 정확성을 탄핵해야 할 필요성은 그리 크지 않다. 만약 그 작성과정에 사람의 개입이나 조작의 흔적이 엿보일 때는 감정절차를 경유하여 증명력 평가 문제로 조절할 수 있다. 따라서 현장사진은 비진술증거(증거물)로 봄이 타당하며 전문법칙의 적용은 없다.

(3) 적용법조
1) 비진술증거설의 입장

촬영자의 소재가 불명이더라도 사진과 CCTV 영상의 내용과 주변정황으로 사건과의 관련성이 긍정될 수 있으면 증거로 할 수 있다. 만약 작성과정에 인위적 조작이 가하여졌는가 여부에 관하여 의문이 남으면 감정절차(예를 들어 국립과학

증거능력 및 증명력에 대하여 비진술증거설의 입장을 표명하고 있다.

수사연구원의 영상분석실의 감정)를 경유하여 증명력을 검토하면 된다.

2) 진술증거설의 입장

촬영자가 공판기일에 출정하여 증인으로서 선서하고 성립의 진정을 증언하면 전문법칙의 예외조항(312조 6항 혹은 313조 1항)을 준용하여 증거로 할 수 있다. 촬영자의 소재가 불명이면 이 사진과 CCTV 영상 비디오테이프를 증거로 채택하려면 314조의 요건(진술불능요건과 특신상태 요건의 존재 증명)이 충족되어야 한다.

II. 증거동의와 반대신문권의 포기

1. 동의의 성질과 전문증거의 증거능력 회복의 근거

"검사와 피고인이 증거로 할 수 있음을 동의한 서류 또는 '물건'('진술'의 오기로 보임)은 진정한 것으로 인정한 때에는 증거로 할 수 있다"(318조 1항). 왜 그런가?

전문증거는 원칙적으로 증거로 할 수 없다(310조의2). 그 이유는 첫째, 원진술자에 대한 반대신문이 불가능하여 반대당사자의 반대신문권을 침해하고, 둘째, 증거의 간접성으로 인하여 신용성이 떨어지고, 셋째, 사실인정자에게 진술자의 태도증거가 포착될 수 없기 때문[53]이다. 가장 중요한 이유는 첫째의 것이다.

반대신문권은 헌법상의 권리로 격상되어 있지만(헌법 12조 1항·3항, 27조 1항·3항, 그리고 헌재 1996. 12. 26. 선고 94헌바1 결정) 주로 피고인의 이익을 위하여 인정된 것이기 때문에 포기할 수 없는 권리가 아니다. 피고인이 반대신문권을 포기하면 전문증거를 배제하는 이유가 없어지므로 증거로 함에 대한 동의의 법적 성질은 '반대신문권을 포기'하여 전문증거인 서류 또는 진술에 증거능력을 부여하려는 '당사자의 법원에 대한 소송행위'이다.

2. 동의의 주체와 방식

(1) 동의의 주체

동의는 기소 후에 수소법원에게 표명되어야 한다. 법원이 직권으로 채택한 전문증거라면 검사와 피고인 쌍방으로부터 동의가 표명되어야 하지만 당사자 일방이 제출한 증거라면 상대방의 동의가 표명되어야 한다.

---

53 '사실인정자로 하여금 태도증거를 포착할 수 있도록 하여야 한다'는 요청은 전문법칙의 요청이기도 하지만 직접주의의 요청이기도 하다.

(2) 변호인도 동의할 수 있는가

변호인은 피고인의 이익을 위하여 포괄적인 대리권을 갖고 있기 때문에 피고인이 명시한 의사에 반하지 않는 한 변호인도 동의할 수 있다. 변호인이 증거로 함에 동의한 것에 대하여 피고인이 즉시 이의하지 않는 경우에는 증거능력이 인정된다. 동의에 관하여 피고인과 변호인 사이에 명백한 의사불합치가 있을 경우에는 피고인의 의사를 우선시켜야 한다. 따라서 피고인이 동의하면 별도로 변호인의 동의는 필요하지 않다.

(3) 동의의 표명방식

동의는 통상 명시적으로 표명되지만 묵시적 동의를 부정할 이유는 없다. 그러나 적어도 증거로 하더라도 좋다는 의사가 명확히 표명되어야 한다. 단지 이의를 제기하지 않았다는 소극적인 정황만으로는 동의로 볼 수 없다.

(4) 동의의 간주

피고인의 출정 없이 증거조사를 할 수 있는 경우에 피고인이 출정하지 않은 때에는 피고인의 동의가 있는 것으로 간주한다. 필요적 변호사건에서 피고인과 변호인이 재판장의 허가 없이 퇴정한 경우에도 증거동의가 있는 것으로 간주된다(대법원 1991. 6. 28. 선고 91도865 판결). 그러나 대리인 또는 변호인이 출정한 때에는 그렇지 않다(318조 2항). 법원이 간이공판절차로 진행할 것을 결정한 사건(286조의2)의 증거에 관하여는 310조의2, 312조~314조, 316조의 규정에 의한 증거에 대하여 318조 1항의 동의가 있는 것으로 간주한다. 그러나 검사, 피고인 또는 변호인이 증거로 함에 이의가 있는 때에는 그렇지 않다(318조의3).

(5) 동의의 철회와 취소

증거동의의 의사표시는 증거조사가 완료되기 전까지 취소 또는 철회할 수 있으나 일단 '증거조사가 완료'된 뒤에는 취소 또는 철회가 인정되지 않으므로 취소 또는 철회 이전에 이미 취득한 증거능력이 상실되지 않는다. 1심에서 한 증거동의를 항소심에서 취소함도 허용되지 않는다. '증거조사의 완료'란 '변론종결 전까지'의 의미와는 다르다. 동의의 효력은 변론(공판절차)의 갱신(301조)이 있거나 심급을 달리하더라도 소멸되지 않는다. 또 소송행위는 선행행위와 후행행위가 서로 연쇄를 이루며 발전하여 가므로 이미 행하여진 절차형성행위를 그 뒤에 철회·

취소가 가능하도록 함은 바람직하지 않다.54 따라서 증거로 함에 대한 동의의 철회·취소가 허용된다 하더라도 무한정 허용될 수는 없다.

(6) 동의의 주체와 철회·상반된 공판조서의 기재내용에 대한 자유심증(대법원 1988. 11. 8. 선고 88도1628 판결)

"1. 형사소송법 318조에 규정된 ㉮ 증거동의의 의사표시는 증거조사가 완료되기 전까지 취소 또는 철회할 수 있으나 ㉯ 일단 증거조사가 완료된 뒤에는 취소 또는 철회가 인정되지 않으므로 취소 또는 철회 이전에 이미 취득한 증거능력이 상실되지 않는다(대법원 1983. 4. 26. 선고 83도267 판결). 2. 증거로 함에 대한 동의의 주체는 소송주체인 당사자라 할 것이지만 ㉰ 변호인은 피고인의 명시한 의사에 반하지 않는 한 피고인을 대리하여 이를 할 수 있음은 물론이므로 (피고인이: 저자첨가) 증거로 함에 동의하지 않는다고 명시적인 의사표시를 한 경우 이외에는 변호인은 서류나 물건에 대하여 증거로 함에 동의할 수 있고 이 경우 ㉱ 변호인의 동의에 대하여 피고인이 즉시 이의하지 않는 경우에는 변호인의 동의로 증거능력이 인정되는 증거조사 완료 전까지 앞서의 동의가 취소 또는 철회하지 않은 이상 일단 부여된 증거능력은 그대로 존속한다. 3. ㉲ 제1심 공판조서상의 기재만으로는 1심판결에서 증거로 거시한 위 진술조서들에 대하여 이를 증거로 함에 동의한 것이 변호인의 일방적인 의사표시의 결과라고 단정하기 어렵고 달리 이를 인정할 아무런 자료도 엿보이지 않을 뿐 아니라 피고인이 그러한 증거에 대한 의사표시가 변호인의 일방적 의사표시에 불과하다는 이유로 이를 취소 또는 철회한 바도 없으며, 또 ㉳ 검사가 제출한 증거들 가운데 '범행현장을 목격하였다'는 취지의 진술기재가 있는 C에 대한 검사 및 사법경찰리 작성의 각 진술조서와 '피고인이 경찰신문 후 구치감에 돌아와서 범행을 자백하였다고 말하는 사실을 들었다'는 취지의 진술기재가 있는 J에 대한 검사 및 사법경찰리 작성의 각 진술조서(이는 원심 및 1심이 유죄의 증거로 삼지 않고 있다)에 대하여는 부동의하는 등 검사가 제출한 증거들에 대하여 선별하여 동의여부를 결정하였고, ㉴ 증거로 함에 동의한 진술조서들의 각 기재내용에는 1심법정에서의 피고인의 진술과 일부씩 부합되는 부분도 없지 않은 점에 비추어 볼 때 피고인이 1심법정에서 공소사실의 중요부분을 포함한 대부분에 대해 이를 부인하는 한 가지 사실만 가지고 위와 같이 동의한 것

---

54 이런 내용을 표현하는 용어가 절차유지의 원칙이다.

이 피고인의 의사와 관계없이 변호인의 일방적인 의사에 의하여 이루어졌다거나 그와 같은 동의가 피고인에게 효력을 미칠 수 없는 것이라고 인정할 수는 없다."

3. 진정성의 판단

당사자가 증거로 함에 동의하더라도 법원이 '진정한 것으로 인정'하여야 증거로 할 수 있다(318조 1항). 여기서 '진정성'의 의미를 증명력 요건으로 보는 견해와 증거능력의 요건으로 보는 견해가 있을 수 있다. 문리상으로는 후자인 것처럼 이해된다. 진정성은 증거능력의 요건이므로 자유로운 증명의 대상이다. 증거로 함에 동의한 당사자는 그 증거의 진정성이나 임의성을 다투지 않을 것으로 예상된다.

4. 동의한 후에 증명력을 다툴 수 있는가

동의는 반대신문권의 포기이지만 증거의 증명력을 다투는 것은 별개의 권리이기 때문에 이론상 동의한 후에도 증명력을 다툴 수 있다. 그러나 동의는 반대신문권의 포기이므로 동의한 당사자가 증거의 증명력을 다툰다는 명목으로 그 증거의 원진술자에 대한 증인신문을 청구하는 것을 허용할 수는 없다.

5. 임의성이 없거나 임의성에 의심이 있는 증거와 증거동의

진술증거의 임의성에 관하여 의심할 만한 사정이 나타나 있는 경우에 법원은 직권으로 그 임의성 여부에 관하여 조사를 하여야 하고, 임의성이 인정되지 않아 증거능력이 없는 진술증거는 피고인이 증거로 함에 동의하더라도 증거로 삼을 수 없다(대법원 2006. 11. 23. 선고 2004도7900 판결).

6. 신속절차에서의 특례

간이공판절차(318조의3[55])와 즉결심판절차[56]에서는 공정성보다 신속성의 요청이 우선하여 정책적으로 특례가 인정(간이공판절차)되거나 혹은 전문법칙의 적용이 배제(즉결심판절차)된다.

---

55 반대당사자의 동의를 간주하는 조문이다. 318조의3(간이공판절차에서의 증거능력에 관한 특례) "286조의2의 결정이 있는 사건의 증거에 관하여는 310조의2, 312조 내지 314조 및 316조의 규정에 의한 증거에 대하여 318조 1항의 동의가 있는 것으로 간주한다. 단, 검사, 피고인 또는 변호인이 증거로 함에 이의가 있는 때에는 그렇지 않다."

56 즉결심판절차법 10조(증거능력) "즉결심판절차에 있어서는 형사소송법 310조, 312조 3항 및 313조의 규정은 적용하지 않는다."

III. 탄핵증거

1. 탄핵증거의 개념

'공판기일에 출석하여 자신의 경험사실을 보고하는 증인 등의 진술의 증명력을 다투는 증거'가 탄핵증거이다. 전문증거로서 예외요건을 구비하지 못하고 또 상대방의 증거로 함에 대한 동의도 없으면 요증사실 입증의 증거로 쓸 수 없다. 그러나 이런 증거라도 탄핵증거로는 쓸 수 있다(318조의2).

이런 내용을 담고 있는 318조의2의 성격은 전문법칙의 예외라기보다는 전문법칙의 적용이 없는 경우이다. 왜냐하면 탄핵증거로 증명하려는 사실은 공소범죄사실이 아니라 증인 등의 진술의 증명력을 다투는 것에 불과하기 때문이다. 탄핵증거로 쓰여진 증거는 실질증거로 전용될 수 없다.

〈탄핵증거로 쓰여진 증거는 실질증거로 전용될 수 없다(대법원 1996. 9. 6. 선고 95도2945 판결)〉

"탄핵증거는 진술의 증명력을 감쇄하기 위하여 인정되는 것이고, 범죄사실 또는 그 간접사실인정의 증거로서는 허용되지 않는다(대법원 1976. 2. 10. 선고 75도3433 판결 참조). 원심이 피고인의 항소이유에 대하여 판단하면서 피고인이 탄핵증거로 제출한 검사 작성의 W(참고인)에 대한 진술조서 사본의 진술 기재에 의하여 위 V(피해자)의 상해 부위를 인정하는 듯한 설시를 하여 부적절하나, 원심은 위 검사 작성의 W에 대한 진술조서 사본을 유죄의 증거로는 채택하고 있지 않고(후략)"

2. '증명력을 다툰다'의 의미

첫째, 이것은 증명력의 감쇄를 의미한다. 둘째, 일단 감쇄된 것을 회복하기 위한 회복증거로 쓸 수 있는지 문제된다. 긍정설도 있고 부정설도 있다. 문리해석하면 부정하여야 하나 공평의 견지에서 긍정설도 일리가 있다.

3. 탄핵(증거)의 (사용가능) 범위와 증거조사방법

(1) 과거의 '자기모순진술'(증명력을 다투려는 진술을 하는 자가 과거에 그와 다른 취지로 행한 발언[57])에 한정하는 한정설(논리해석)과 비한정설(문리해석)이 있다.

---

57 증인의 현재의 증언과 모순되는 과거의 모순된 진술이 있었음을 증명하는 방법에 의한 증명력

(2) "탄핵증거는 범죄사실을 인정하는 증거가 아니므로 엄격한 증거조사를 거쳐야 할 필요가 없음은 318조의2의 규정의 문리에 비추어 명백하지만(대법원 1978. 10. 31. 선고 78도2292 판결; 1996. 1. 26. 선고 95도1333 판결 등 참조), 법정에서 이에 대한 탄핵증거로서의 증거조사는 필요하다."

〈탄핵증거로서의 증거조사(대법원 1998. 2. 27. 선고 97도1770 판결)〉

"ⓐ 검사가 유죄의 자료로 제출한 사법경찰리 작성의 피고인에 대한 피의자신문조서는 피고인이 그 내용을 부인하는 이상 증거능력이 없으나, ⓑ 그것이 임의로 작성된 것이 아니라고 의심할 만한 사정이 없는 한, ⓒ 피고인의 법정에서의 진술을 탄핵하기 위한 반대증거로 사용할 수 있으며, 또한 ⓓ 탄핵증거는 범죄사실을 인정하는 증거가 아니므로 엄격한 증거조사를 거쳐야 할 필요가 없음은 형사소송법 318조의2의 규정에 따라 명백하나 ⓔ 법정에서 이에 대한 탄핵증거로서의 증거조사는 필요하다(대법원 1996. 1. 26. 선고 95도1333 판결; 1998. 2. 27. 선고 97도1770 판결 등 참조). 한편 증거신청의 방식에 관하여 규정한 형사소송규칙 132조 1항의 취지에 비추어 보면, ⓕ 탄핵증거의 제출에 있어서도 상대방에게 이에 대한 공격방어의 수단을 강구할 기회를 사전에 부여하여야 한다는 점에서 그 '증거와 증명하고자 하는 사실과의 관계 및 입증취지 등을 미리 구체적으로 명시'하여야 하므로, 증명력을 다투고자 하는 증거의 어느 부분에 의하여 진술의 어느 부분을 다투려고 한다는 것을 사전에 상대방에게 알려야 한다."

4. 피고인의 공판정진술도 탄핵가능한가

318조의2 1항은 탄핵대상에 제한을 가하지 않았으므로 피고인의 공판정진술도 탄핵대상이라는 해석이 불가능한 것은 아니다. 대법원은 이런 문리해석에 따르고 있다(대법원 2005. 8. 19. 선고 2005도2617 판결). 납득하기 어려운 입법이다.

5. 증인의 공판정진술 후의 진술로 공판정진술을 탄핵할 수 있는가

공판준비 또는 공판기일에서 이미 피고인에게 유리한 증언을 마친 증인을 검사가 소환한 후 그 증언 내용을 추궁하여 이를 일방적으로 번복시키는 방식으로 작성한 진술조서의 증거능력을 원칙적으로 부정한 판결(대법원 2000. 6. 15. 선고 99도1108 전원합의체 판결)의 정신에 비추어 법원은 이를 부정할 것으로 추측된다.

탄핵이다.

6. 탄핵증거의 적격

(1) 임의성 없는 자백이나 진술은 증거의 세계에서 완전히 배척되어야 하므로 탄핵증거로도 쓸 수 없다(대법원 1998. 2. 27. 선고 97도1770 판결).

(2) 위법수집증거는 탄핵증거로도 쓸 수 없다(다수설).[58]

(3) '성립의 진정·내용의 인정·서명날인'이 없는 진술서와 진술기재서

판례는 탄핵증거의 적격성을 긍정하나 부정하는 학설이 많다.[59]

---

[58] 그러나 미국판례는 위법수집증거라도 탄핵증거로는 쓸 수 있다고 한다.

[59] "검사가 유죄의 자료로 제출한 증거들로서 D가 각 그 내용을 부인하는 이상 증거능력이 없으나 그러한 증거라 하더라도 임의성이 인정되는 한 탄핵증거로 사용할 수 있다"(대법원 1998. 2. 27. 선고 97도1770 판결). 그러나 진술자가 진술내용이 정확히 기재되어 있는가를 확인하지 않은 진술기재서류는 이중의 전문이므로 그 서명날인이 있는 경우에 한하여 탄핵증거가 될 수 있다(다수설).

10장 2절   퀴즈

10.2.1 D는 공직선거법 위반혐의로 고발된 후 기소되었다. 고발인 U는 자신과 W와의 대화내용을 W 모르게 녹음하였는데 테이프에 녹음된 W의 진술에 D의 유죄를 긍정하는 방향의 경험적 사실이 포함되어 있다. 검사는 유죄증거로 이 녹음테이프를 법원에 제출하였다. 법원이 이 녹음테이프와 녹취서를 증거로 채택하려면 필요한 요건을 논하시오.

힌트 : 대법원 1999. 3. 9. 선고 98도3169 판결

10.2.2 D는 공포심이나 불안감을 유발하는 문자정보를 반복적으로 V의 휴대전화에 도달하게 하는 행위를 하여 정보통신망 이용촉진 및 정보보호 등에 관한 법률 74조 1항 3호('정보통신망을 통하여 공포심이나 불안감을 유발하는 말, 음향, 글, 화상 또는 영상을 반복적으로 상대방에게 도달하게 한 자'를 1년 이하의 징역 또는 1천만 원 이하의 벌금에 처함) 위반 혐의로 기소되었다. 문자정보의 내용은 다음과 같다:

"1. 2013. 12. 18. 11:42경 '땅에 떨어진 당신의 악함을 지켜보고 있으리라, D';

2. 2013. 12. 18. 17:52~17:57경 '나요 만사 다 포기했음, 내 인생도 포기했음, 만신창이 되는 길을 선택합니다, V씨에게 개 취급당했는데 둘 다 불구덩이 속으로 가봅시다, 그 속이 얼마나 뜨거운지 봅시다, 누가 이기나 봅시다'"

검사는 D의 유죄증거로 문자메시지의 형태로 전송된 문자정보를 휴대전화기의 화면에 표시하여 이를 촬영한 사진을 증거로 신청하였다. D가 기소된 시점에서는 기술적으로 문자정보를 재현할 수 없게 되었다. D는 법정에서 문자메시지로 전송된 문자정보에 대하여 그 성립과 내용의 진정을 부인하였다. 법원이 이 증거를 채택할 것인지 여부를 예측하시오.

힌트 : 대법원 2008. 11. 13. 선고 2006도2556 판결

10.2.3 D(김사장)는 국가보안법 위반(회합) 혐의로 기소되었다. 검사는 유죄증거로 D2의 컴퓨터에 '저장'된 파일을 제출하였다. 그 파일을 출력하면 북한공작원이 작성자로 추정되는 다음과 같은 문건이 나온다: "김사장 선생 앞: 2014년 면담은 1월 30일 ~ 2월 1일까지 김사장과 ○○선생과 함께 북경에서 하였으면 하는 의견입니다." 공소사실은 "D가 2014년 1월 30일 ~ 2월 1일 사이에 정부의 허락 없이 북경에서 북한공작원과 회합하였다"는 사실이다. D2는 이 문건을 증거로 함에 동의하지 않았다. 검사가 위 전자문건을 제출한 입증취지는 회합한 사실을 입증하기 위한 것이 아니라 위 전자파일들이 D의 컴퓨터에 '저장'되어 있었고 장차 만나자는 의사를 주고받았다면 아마도 만났을 것이라는 간접사실을 입증하기 위하여 주장한 것이다. 제1심이 이 문건을 증거로 채택할지 여부를 예측하시오.

힌트 : 대법원 2013. 7. 26. 선고 2013도2511 판결; 대법원 2000. 2. 25. 선고 99도1252 판결

10.2.4 D는 "K가 '반국가단체인 북한공산집단의 구성원으로서 북한의 지령을 받고 북한에서 남파되어 대남적화통일사업을 위한 공작활동을 하는 간첩으로 자신을 포섭하려 한다'는 점을 알면서도 이를 수사기관 또는 정보기관에 고지하지 아니"하여 국가보안법(불고지죄)위반 혐의로 구속기소되었다. D는 공소사실을 부인하였다. 검사는 ㉠ D가 내용을 부인한 사법경찰리 작성의 D에 대한 피의자신문조서와 D가 스스로 작성한 자술서를 D의 법정진술을 탄핵하는 증거로 채택하여 줄 것을 요청하였다. 피의자신문조서나 자술서 작성에 임의성을 의심할 만한 사정은 없다. 수소법원은 이 증거신청을 채택하였다. 수소법원의 채택결정에 흠이 있는가?

힌트 : 대법원 1998. 2. 27. 선고 97도1770 판결

10.2.5 다음 사안을 읽고 D의 항소이유에 대한 항소심의 판단을 예측하시오.

[사안] 1. D(전 국가대표 역도선수로 키가 크다)는 "주점 여주인(V)을 강간하려 하였다가 미수에 그치고 V를 상해"한 혐의를 받게 되었다. V의 고소로 경찰에서 조사를 받게 되자 D는 V2의 주선으로 일단 V와 합의를 보기에 이르렀다. "V2의 주선에 불만을 품은 D는 사건 당일 자정을 지나서까지 V2와 술을 마시고 귀가하다가 시비가 생기게 되자 '열중쉬어!',

'차려!' 등의 구령을 붙여가며 V2의 멱살을 잡아 흔들어 V2를 상해한 후 사망"시킨 혐의가 추가되었다. D는 'V에 대한 강간치상'과 'V2에 대한 상해치사'혐의로 기소되었다. 이하 'V2에 대한 상해치사' 혐의에 대하여만 집중하시오.

D는 당초 경찰에서 참고인으로서 진술하였다. 그러다가 어느 순간에 피의자로 신문받게 되었다. D는 참고인으로 진술할 당시나 피의자로서 제1회 피의자신문을 받을 당시에는 범행을 부인하다가 그 후 태도를 바꾸어 경찰이나 검찰의 피의자신문에서 각 1회씩 범행사실을 자백하였다. D는 그 이후의 경찰이나 검찰에서 피의자신문을 받으면서 종전의 태도로 돌아가 'V2를 구타한 사실 및 V2의 사망 현장에 간 사실'을 부인하였다. '공판조서의 일부를 이루는 증거목록'에 의하면 다음과 같은 사실이 인정된다.

D는, 검사가 제출한 참고인진술조서, 피의자신문조서 중

① 경찰작성의 W(범죄현장에 거주하던 이웃사람)에 대한 진술조서("공소장에 기재된 사고발생 무렵은 깜깜한 밤중이었기 때문에 왕래자들의 인상을 파악할 수 있는 정도는 아니었으나 W는, 구령과 함께 구타하는 소리가 들려 장독대 위로 올라가보니 '키가 큰 사람이 키 작은 사람을 심하게 때리고 있었다"는 내용의 진술이다. D는 전 국가대표 역도선수로 키가 크고 V2는 키가 작다),

② 검사 및 경찰 작성의 W2(D와 같은 감방에 있었던 별개사건의 피의자로서 "D가 자신(W2)에게 V2에 대한 구타사실을 시인하였다"는 내용의 진술)에 대한 참고인진술조서에 '증거로 함에 부동의'한 것으로 기재되어 있고,

③ 다른 참고인들(W3, W4)에 대한 검사 및 경찰 작성의 참고인진술조서에 증거로 함에 동의하고,

④ 자백내용이 담겨 있는 검면 피의자신문조서의 성립 및 임의성을 인정하고,

⑤ 자백내용이 담겨 있는 경찰 작성 피의자신문조서의 성립, 임의성 및 내용인정으로 기재되어 있으나 ④, ⑤의 증거에 대한 의사표시를 D와 변호인 중 누가 한 것인지, 쌍방의 일치된 진술인지는 공판조서에 기재되어 있지 않았다.

ⓐ D와 변호인은 공판정에서 범행사실을 부인하고 있을 뿐만 아니라 범행사실에 대한 간접사실(피고인이 피의자로서 신문받을 당시 시

인하였던 구령사실, 기합사실)까지도 '기억이 없다'는 식으로 부인하
고 있고,

　　ⓑ 변호인은 제1심 공판의 결심(結審) 당시 D에게 무죄의 변론을 하
　　였다.

2. 제1심은 ③, ④, ⑤의 증거를 채택하여 D의 유죄를 인정하고 징역 3년
의 실형을 선고하였다. D가 항소하였다.

3. (제1심 공판조서의 기재상황) "ⓓ 법원이 증거조사결과에 대하여 의견
을 묻는데 대하여 D 및 변호인이 모두 '별 의견이 없다'고 진술한 것으
로 기재되어 있으며, ⓔ 증거조사 완료 전까지 그러한 증거에 대한 의
사표시가 취소 또는 철회되었다고 볼 흔적을 찾아볼 수는 없다. ⓕ D는
제1심 공판정에서 공소사실의 중요부분을 포함한 대부분에 대하여 부인
하였고, 변호인도 D에 대한 무죄변론을 하였다. 그 후 ⓖ 제1심 제3차
공판기일에 이르러 D는 'D가 위와 같이 증거로 함에 동의한 것 등은 D
가 한 일이 아니라'고 진술하고 있다. (중략) ⓜ 제1심 공판조서상의 기
재만으로는 제1심판결에서 증거로 거시한 위 진술조서들에 대하여 이를
증거로 함에 동의한 것이 변호인의 일방적인 의사표시의 결과라고 단정
하기 어렵고 D가 변호인의 일방적 의사표시에 불과하다는 이유로 증거
동의를 취소 또는 철회한 바도 없다. ⓑ 검사가 제출한 증거들 가운데
"범행현장을 목격하였다"는 취지의 진술기재가 있는 W에 대한 검사 및
사법경찰리 작성의 각 진술조서와 D가 경찰신문 후 구치감에 돌아와서
범행을 자백하였다고 말하는 사실을 들었다는 취지의 진술기재가 있는
W2에 대한 검사 및 사법경찰리 작성의 각 진술조서(이는 항소심 및 제
1심이 유죄의 증거로 삼지 않았다)에 부동의 하는 등 검사가 제출한 증
거들에 대하여 선별하여 동의여부를 결정하였고, ⓐ 증거로 함에 동의
한 진술조서들의 각 기재내용에는 제1심법정에서의 D의 진술과 일부
씩 부합되는 부분도 있었다. 검사작성의 D에 대한 피의자신문조서들은
그 내용이 제1심법정에서의 진술을 크게 벗어나지 않고 달리 D가 그
성립을 인정하지 않았다거나 D의 진술에 임의성을 의심할 만한 자료도
없다.

4. D의 항소이유: "'제1심 제3차 공판기일에 D가 증거목록상에 증거로 함
에 동의한 것'으로 기재된 부분은 변호인이 D의 의사를 무시하고 일방

적으로 증거동의 한 진술을 기재한 것이므로 이들 참고인진술조서(③)
나 피의자신문조서(④, ⑤)를 유죄의 증거로 삼아서는 안된다.'"

힌트 : 대법원 1988. 11. 8. 선고 88도1628 판결

■ 퀴즈풀이 ─────────────────────────

10.2.1

ⓐ 수사기관이 아닌 사인(私人) U가 피고인 아닌 사람 W와의 대화내용을 녹음한 녹음테이프는 311조, 312조의 규정 이외의 피고인 아닌 자의 진술을 기재한 서류와 다를 바 없으므로, 피고인 D가 그 녹음테이프를 증거로 할 수 있음에 동의하지 않는 이상, 그 증거능력을 부여하기 위하여는 첫째, ⓑ 녹음테이프가 원본이거나 원본으로부터 복사한 사본일 경우(녹음디스크에 복사할 경우에도 동일하다)에는 복사과정에서 편집되는 등의 인위적 개작 없이 원본의 내용 그대로 복사된 사본일 것, 둘째 ⓒ 313조 1항에 따라 공판준비나 공판기일에서 원진술자(사안에서는 W)의 진술에 의하여 그 녹음테이프에 녹음된 자신의 진술내용이 자신이 진술한 대로 녹음된 것이라는 점이 인정되어야 하고(대법원 1997. 3. 28. 선고 96도2417 판결 참조), ⓓ 사인(사안에서는 U)이 피고인 아닌 사람(사안에서는 W)과의 대화내용을 대화 상대방(사안에서는 W) 몰래 녹음하였다고 하더라도 그것만으로는 그 녹음테이프가 위법하게 수집된 증거로서 증거능력이 없다고 할 수 없다(대법원 1999. 3. 9. 선고 98도3169 판결).

10.2.2

법원은 이 사진을 증거(특히 물증)로 채택할 것이다.

문자메시지는 경험적 사실에 대한 의도된 주장이 없는 언어적 행동(verbal action) 혹은 '범행의 직접적인 수단'(판례)이므로 전문법칙의 대상이 되는 진술로 볼 필요가 없다. 다음에 D는 사안의 문자메시지를 313조 1항의 진술서로 간주하여 그 성립과 내용의 진정을 부인한 것 같다. 그러나 사안의 문자메시지는 전문증거로 볼 필요가 없으므로 설사 D가 법정에서 문자메시지로 전송된 문자정보에 대하여 그 성립과 내용의 진정을 부인한다 하더라도 그런 행위는 법적으로 무의미한 행위이다. 다만 '문자메시지의 전송'이라는 '언어적 행동'의 존재 자체는 증명될 필요가 있다. 사안의 사진은 D가 보낸 문자메시지의 보존을 위하여 피해자가 촬영한 것이므로 원본(서비스회사의 전자증거 원본)의 제출이 불가능함과 사진이 원본을 정확히 재현한 것이라는 점이 입증되면 이를 증거로 삼을 수 있다(최우량증거 제출의 원칙의 예외)(이상은 대법원 2008. 11. 13. 선고 2006도2556 판결 참조).

10.2.3

어떤 진술을 범죄사실에 대한 직접증거로 사용할 때에는 그 진술이 전문증거가 된다고 하더라도 그와 같은 진술을 하였다는 것 자체 또는 그 진술의 진실성과 관계없는 간접사실에 대한 정황증거로 사용할 때에는 반드시 전문증거가 되는 것은 아니다(대법원 2000. 2. 25. 선고 99도1252 판결; 대법원 2013. 7. 26. 선고 2013도2511 판결 등 참조). 진술의 진실성과 관계없는 간접사실에 대한 정황증거로 사용할 때에는 반드시 전문증거가 아니므로 D2가 이 문건을 증거로 함에 동의하지 않았다 하더라도 증거로 사용할 수 있다. 간접사실에 대한 정황증거로 사용할 수 있다는 것뿐이지 반드시 공소사실의 존재를 인정하여야 하는 것은 아니다.

10.2.4

피고인이 내용을 부인하여 증거능력이 없는 사법경찰리작성의 피의자신문조서, 피고인이 작성한 자술서를 탄핵증거로 사용할 수 있는가가 쟁점이다. 판례의 주류는 "유죄의 자료가 되는 것으로 제출된 증거의 반대증거서류(탄핵증거의 취지로 보임: 필자)에 대하여는 그것이 유죄사실을 인정하는 증거가 되는 것이 아닌 이상 반드시 그 진정성립이 증명되지 아니하거나 이를 증거로 함에 상대방의 동의가 없다고 하더라도 증거판단의 자료로 할 수 있다"(대법원 1972. 1. 31. 선고 71도2060 판결; 대법원 1974. 8. 30. 선고 74도1687 판결; 대법원 1981. 12. 22. 선고 80도1547 판결 등 참조. 대법원 1994. 11. 11. 선고 94도1159 판결)는 입장이다. 피고인이 내용을 부인하여 증거능력이 없는 사법경찰리작성의 피의자신문조서, 피고인이 작성한 자술서는 탄핵증거로 사용할 수 없다는 반대설도 있다.

10.2.5

항소심은 항소이유를 기각할 것이다.
전문증거에 대하여 피고인측의 모순적인 의사표시가 있을 때, 예를 들어 피고인측이 한편에서는 증거에 동의하면서도 다른 한편 성립의 진정, 내용을 부정하는 경우, 혹은 피고인의 의사표시와 변호인의 의사표시가 다른 경우, 혹은 공판조서의 기재와 증거목록상의 의사표시에 모순이 있는 경우에 법원은 어떻게 하여야 하는가가 쟁점이다.

이 사안에서는 공판조서의 기재[ⓐ D와 변호인은 공판정에서 범행사실을 부인하고 있을 뿐만 아니라 범행사실에 대한 간접사실(피고인이 피의자로서 신문받을 당시 시인하였던 구령사실, 기합사실)까지도 '기억이 없다'는 식으로 부인하고 있고 ⓑ 변호인은 제1심 공판의 결심(結審) 당시 D에 대하여 무죄의 변론을 하였지만 ⓓ 법원이 증거조사결과에 대하여 의견을 묻는데 대하여 D 및 변호인이 모두 '별 의견이 없다']와, 증거목록상의 의사표시[③ 다른 참고인들(W3, W4)에 대한 검사 및 경찰 작성의 참고인진술조서에 대하여는 증거로 함에 동의하고, ④ 검면피의자신문조서에 대하여는 성립 및 임의성 인정, ⑤ 경찰 작성의 피의자신문조서에 대하여는 성립, 임의성 및 내용인정으로 기재되어 있다] 사이에 모순이 있다.

이럴 때 법원은 석명권을 행사하여 피고인측의 진의를 확인할 필요가 있다. 그러나 소송절차가 상당한 정도로 원숙하게 진행된 경우에는 피고인측의 진의를 추정할 수도 있다. 사안에서 피고인측은 검사가 제출한 증거에 대하여 선택적으로 의사표시를 하였으므로 법원은 증거목록과 공판조서의 기재를 토대로 피고인측의 진의를 추정할 수 있다.

증거로 함에 대한 동의의 주체는 소송주체인 당사자(피고인 혹은 검사)이다. 변호인은 피고인의 명시한 의사에 반하지 않는 한 피고인을 대리하여 이를 할 수 있다. 변호인의 동의를 무효화시키려면 피고인이 즉시 이의하여야 하고 피고인이 즉시 이의하지 아니하면 변호인의 동의는 유효하다. 증거조사 완료 전까지는 피고인·변호인은 앞서의 동의를 취소 또는 철회할 수 있다. 그러나 증거조사 완료 후에는 앞서의 동의를 취소 또는 철회할 수 없다. 동의의 효력은 동의한 자와 그 상대방에게 미치고, 기타의 당사자에게는 미치지 않는다.

공판조서에 법원이 증거조사결과에 대하여 의견을 묻는데 대하여 D와 변호인이 모두 '별 의견이 없다'고 진술한 것으로 기재되어 있으므로 제1심 공판조서상의 기재만으로는 제1심판결에서 증거로 거시한 진술조서들에 대하여 이를 증거로 함에 동의한 것이 변호인의 일방적인 의사표시의 결과라고 단정하기 어렵다.

피고인이 검사가 제출한 증거들에 대하여 선별하여 동의여부를 결정한 점에 비추어 볼 때, D가 제1심 법정에서 공소사실의 중요부분을 포함한 대부분에 대해 이를 부인하고 있다는 한 가지 사실만 가지고 위와 같이 동의한 것이 D의 의사와는 관계없이 변호인의 일방적인 의사에 의하여 이루어졌다거나 그와 같은 동의가 D에게 효력을 미칠 수 없는 것이라고 인정할 수는 없다. 검사작성의 D에 대한 피의자신문조서는 그 내용이 제1심 법정에서의 진술을 크게 벗어나지도 않고 D의 진술에 임의성을 의심할 만한 자료도 없어 그 증거능력을 부인할 수 없다. 참고인들에 대한 진술조서들과 검사·경찰작성의 D에 대한 피의자신문조서는 D에 대한 유죄의 증거로 삼은 데에 잘못이 없다.

제11장 재 판

제1절 재판의 종류와 성립

I. 재판의 의의

법원이 법령을 피고사건에 적용하여 공권적으로 판단하는 것을 재판(裁判)이라고 한다. 유죄와 무죄에 대한 실체적 종국판단을 좁은 의미의 재판이라고 한다. 한편 소송법에서 사용되는 넓은 의미의 재판은 법원이나 법관의 의사표시에 기인한 법률행위적 소송행위 모두를 일컫는데, 이러한 개념에 의하면 공소기각, 영장발부 등도 넓은 의미의 재판에 포함된다. 재판은 법원이나 법관의 의사표시적 소송행위이므로 검사나 사법경찰관의 소송행위(예를 들어 공소제기, 송치 등)와 구별되고, 법원의 사실행위적 소송행위(예를 들어 증거조사, 판결선고 등)와도 구별된다.

형사소송법 1편 5장에 '재판'이라는 표제와 2편 3장 3절에 '공판의 재판'이라는 표제로 재판이 규정(37조부터 46조, 318조의4부터 337조)되어 있다

II. 재판의 종류

1. 재판의 기능과 내용에 따른 분류

(1) 종국재판과 종국전의 재판

재판의 기능에 따라 종국재판(終局裁判)과 종국전 재판(終局前 裁判)으로 나뉜다. 소송을 그 심급에서 종결시키는 재판을 종국재판이라고 하는데, 유죄판결·무죄판결·관할위반판결·면소판결·공소기각판결·공소기각결정이 종국재판이다. 또

한 상소심에서 행해지는 파기판결·상소기각결정도 종국재판이다. 심급에서 절차를 종결시키는 종국재판에서는 법적 안정성이 강조되어, 재판을 한 법원이 취소나 변경을 할 수 없고 당사자가 상소를 통하여 다툴 수 있을 뿐이다.

　　종국재판에 이르는 절차에서 발생되는 문제를 해결하는 재판을 종국전 재판이라고 한다. 종국전 재판은 중간재판이라고도 하는데, 종국재판을 제외한 결정이나 명령이 종국전 재판이다. 예를 들어 보석허가결정, 증거결정, 피고인퇴정명령 등이 종국전 재판이다. 종국전 재판에서는 재판진행과정에서의 합목적성이 강조되어, 법원이 스스로 취소나 변경을 할 수 있고 (즉시항고 외에는) 상소가 원칙적으로 허용되지 않는다(403조 1항).

(2) 실체재판과 형식재판

　　재판의 내용에 따라 실체재판과 형식재판으로 나뉜다. 실체재판은 피고사건의 실체(범죄의 성립여부와 형벌권의 존부)를 판단하는 재판인데, 유죄판결과 무죄판결이 실체재판이다. 실체재판은 모두 종국재판이며 판결의 형식을 취한다.

　　사건의 실체가 아니라 소송절차의 절차적·형식적 법률관계를 판단하는 재판이 형식재판이다. 종국재판 중 관할위반판결·면소판결·공소기각판결·공소기각결정은 형식재판이며, 종국전의 재판은 모두 형식재판이다.

2. 재판의 형식에 따른 분류

(1) 판결

　　법원이 행하는 종국재판은 원칙적으로 판결의 형식을 취하는데, 판결은 가장 중요한 재판형식이다. 실체재판(유·무죄판결)과 형식재판 중 관할위반판결·면소판결·공소기각판결이 판결의 형식이다. 판결은 법률에 다른 규정이 없으면 구두변론에 의하고(37조 1항), 이유를 명시하여야 한다(39조 본문). 판결에 대한 상소방법은 항소와 상고이며, 판결에 대해서만 재심과 비상상고가 허용된다(420조, 441조).

(2) 결정

　　법원이 행하는 종국전 재판은 원칙적으로 결정의 형식을 취하는데, 예를 들어 보석허가결정·증거결정·공소장변경허가 등이 결정의 형식이다. 그리고 종국재판 중 공소기각결정이나 상소기각결정은 결정의 형식을 취한다. 결정에 있어서는 구두변론을 요하지 않고 필요한 경우에 사실조사를 할 수 있다(37조 2항, 3항).

상소를 불허하는 결정이 아니면 결정에 이유를 명시하여야 한다(39조 단서). 결정
에 대한 일반적인 상소방법은 항고(즉시항고, 재항고 포함)이다.

(3) 명령

판결과 결정은 법원이 행하는 재판인 반면, 개별 법관(재판장, 수명법관, 수탁판
사)이 행하는 재판이 명령이다. 예를 들어 재판장의 공판기일지정 등이 명령의 형
식이다. 다만 약식명령은 명령이라는 명칭을 사용하지만 독립된 재판의 형식이다
(448조 이하). 명령은 결정과 마찬가지로 구두변론을 요하지 않고 필요한 경우에
사실조사를 할 수 있다(37조 2항, 3항). 명령에 대한 일반적인 상소방법은 없고, 이
의신청(304조)이나 그 법관이 소속한 법원에 재판의 취소나 변경을 청구하는 준
항고(416조)가 허용된다.

III. 소송조건

1. 의의

검사의 공소제기에 의한 피고사건의 소송계속은 당해 심급뿐만 아니라 상소
심 등을 거쳐 판결이 확정될 때까지 계속 유지되는데, 계속된 소송전체를 전체로
서의 소송이라고 한다. 전체로서의 소송이 성립·유지·발전되기 위한 조건을 소
송조건이라고 한다. 소송조건은 사건의 실체심판에 있어서 전제조건일 뿐만 아니
라 형사소송의 전체절차에서 요구되는 조건이므로 소송조건이 흠결된 경우에는
절차의 진행이 허용되지 않는다.

소송조건은 법원이 사건의 실체에 대하여 심판하기 위한 실체심판의 전제조
건이라는 점에서 실체법상 형벌권이 발생하기 위한 조건인 처벌조건(예를 들어 친
족상도례에서의 친족의 고소)과 구별된다. 소송조건이 결여된 경우에는 형식재판에
의해서 소송을 종결시키지만, 처벌조건이 흠결된 경우에는 형면제의 실체판결을
한다.

2. 종류

(1) 일반적 소송조건과 특별소송조건

모든 사건에 공통으로 필요한 소송조건이 일반적 소송조건인데, 예를 들어
법원의 재판권·관할권 등이다. 반면 특정한 사건에 대해서만 요구되는 소송조건

이 특별소송조건인데, 예를 들어 친고죄의 고소 등이다.

(2) 절대적 소송소건과 상대적 소송조건

법원이 직권으로 조사해야 하는 소송조건이 절대적 소송조건인데, 소송조건은 대부분 절대적 소송조건이다. 반면 당사자의 신청을 기다려 법원이 조사하는 소송조건이 상대적 소송조건인데, 예를 들어 토지관할은 상대적 소송조건이다.

(3) 적극적 소송소건과 소극적 소송조건

일정한 사실의 존재가 적극적으로 요구되는 소송조건이 적극적 소송조건인데, 예를 들어 재판권·관할권 등이다. 반면 일정한 사실의 부존재가 요구되는 소송조건이 소극적 소송조건인데, 당해 사건에 대해서 확정판결이 없을 것·공소가 취소되지 않을 것 등이다. 소극적 소송조건이 존재하는 경우를 소송장애사유라고 한다.

(4) 형식적 소송조건과 실체적 소송조건

소송의 절차적 측면에 관한 사유를 소송조건으로 하는 것이 형식적 소송조건인데, 예를 들어 재판권의 존재, 관할권의 존재, 친고죄에서 고소의 존재, 이중기소의 부존재 등과 같이 사건의 절차적 사유가 문제로 된 경우가 형식적 소송조건이다. 형식적 소송소건이 결여된 경우에는 공소기각결정(328조), 공소기각판결(327조), 관할위반판결(319조)로써 소송을 종결시키고, 결여된 형식적 소송조건이 사후에 보완되면 동일한 범죄사실에 대해서 다시 기소하는 것이 가능하다.

반면 소송의 실체적 측면에 관한 사유를 소송조건으로 하는 것이 실체적 소송조건인데, 사건의 실체를 전제로 하므로 사건과 관련시켜 판단하여야 하는 소송조건이다. 예를 들어 공소시효가 완성되었는지 여부와 범죄 후 법령개폐로 형이 폐지되었는지 여부는 사건의 실체를 전제로 하여 판단하게 된다. 실체적 소송조건이 결여된 경우에는 면소판결(326조)로써 소송을 종결시키고, 면소판결이 선고된 경우에는 일사부재리효력이 인정된다.

3. 조사

(1) 직권조사원칙

소송조건은 전체로서의 소송이 성립·유지·발전되기 위한 조건이므로, 법원은 소송계속 중 모든 단계에서 소송조건의 유무를 직권으로 조사하여야 한다. 예를 들어 법원은 직권으로 관할을 조사하여야 하고(1조), 친고죄에서 소송조건이 되는 고소가 유효하게 존재하는지를 직권으로 조사하여야 한다(대법원 2015. 11. 17. 선고 2013도7987 판결). 반의사불벌죄에서도 처벌불원 의사표시의 부존재를 당사자가 주장하지 않더라도 직권으로 조사하여야 한다(대법원 2002. 3. 15. 선고 2002도158 판결). 다만 예외적으로 상대적 소송조건인 토지관할의 경우에는 당사자인 피고인의 신청이 있는 경우에 조사하게 된다(320조 1항).

(2) 공소장기준으로 판단

소송조건은 형사소송의 전체절차에서 요구되므로 법원은 형사절차의 모든 단계에서 소송조건의 존재를 판단한다. 이때 소송조건의 존재여부는 심사당시의 공소사실을 기준으로 판단하게 된다. 공소장이 변경된 경우에는 변경된 공소사실을 기준으로 판단하게 되지만, 예외적으로 공소시효완성을 판단함에 있어서는 공소장이 변경되었더라도 공소제기시를 기준으로 판단하게 된다. 공소시효는 공소제기로 진행이 정지되기 때문이다(253조 1항).

4. 결여의 효과

소송조건은 전체로서의 소송이 성립·유지·발전되기 위한 조건이므로, 소송조건이 결여된 경우에 법원은 피고사건에 대해서 심리와 재판을 행할 수 없고, 형식재판을 통해서 절차를 종결하게 된다. 친고죄에 있어서 공소제기 전에 고소의 취소가 있었던 경우 법원은 형식재판인 공소기각의 판결을 선고하여야 할 것이지 범죄의 증명이 없다고 무죄의 선고를 할 수는 없다(대법원 2002. 7. 12. 선고 2001도6777 판결). 형식재판에 대하여 피고인이 무죄판결을 구하는 상소는 상소이익이 인정되지 않으므로 허용되지 않는다. 공소기각의 재판에 대하여 피고인에게는 상소권이 없으며(대법원 2008. 5. 15. 선고 2007도6793 판결), 면소판결에 대하여 무죄판결을 구하는 상소는 허용되지 않는다(대법원 1984. 11. 27. 선고 84도2106 판결).

소송조건의 결여가 여러 가지 경합한 경우에는 논리상의 순서와 하자의 정도에 따라 형식재판의 내용을 결정한다. 예를 들어 친고죄에서 고소가 취소되고 공소시효도 완성된 경우와 같이 형식적 소송조건의 결여와 실체적 소송조건의 결여가 경합한 경우 형식적 소송조건의 결여를 이유로 재판을 종결한다.

5. 추완

공소제기 시에는 소송조건이 구비되지 않았으나 소송계속 중에 소송조건이 구비된 경우에 공소제기의 하자가 치유되는지의 문제가 소송조건의 추완이다. 소송조건의 추완은 주로 친고죄에서 고소의 추완을 인정할 것인지의 문제로 논의된다. 예를 들어 친고죄인 모욕죄(형법 312조 1항)에 있어서 고소가 없음에도 공소가 제기된 후 공판절차에서 고소가 있는 경우에 실체판결을 할 수 있는지가 문제된다.

이에 대해서 ⓐ 소송의 동적 · 발전적 성격과 소송경제적 측면을 강조하여 추완을 인정하는 견해(적극설)도 있으나, ⓑ 소송조건은 법원이 사건의 실체에 대하여 심판하기 위한 실체심판의 전제조건이고 검사의 공소제기에 형식적 확실성을 엄격하게 요구해야 하므로 추완을 부정하는 것이 타당하다(소극설). 판례도 공소제기 후 비로소 고소장이 제출된 친고죄의 경우에 공소제기절차는 법률의 규정에 위반하여 무효라고 본다(대법원 1982. 9. 14. 선고 82도1504 판결).

IV. 구체적인 종국재판

1. 유죄판결

(1) 의의와 종류

피고사건에 대하여 범죄의 증명이 있는 경우에 법원이 행하는 종국재판이 유죄판결이다. 이때 피고사건이란 공소장에 특정되어 있는 범죄사실을 말하고, 범죄의 증명이란 구두변론의 방식에 따라 공판정에서 조사한 적법한 증거에 의하여 합리적 의심의 여지가 없을 정도로 범죄사실의 존재에 대하여 법원이 확신을 가진 경우를 말한다.

유죄판결은 주문의 형식에 따라 형선고의 판결, 형면제의 판결, 형선고유예의 판결 등 3가지로 구분되는데, 피고사건에 대하여 범죄의 증명이 있는 때에는 원칙적으로 형선고 판결을 하여야 한다(321조 1항). 형의 집행유예, 판결 전 구금의 산입일수, 노역장의 유치기간은 형의 선고와 동시에 판결로써 선고한다(321조 2항). 또한 가납명령(334조) · 압수장물의 환부(333조) · 소송비용의 부담(191조) 등도 형의 선고와 동시에 판결로서 선고한다.

형면제의 판결은 형법에 형을 면제하는 규정이 있는 경우(예를 들어 자수 · 과잉방위·중지미수·불능미수·친족상도례 등)에 선고할 수 있다. 형면제 판결의 주문은 '피고인에 대한 형을 면제한다.'로 표시된다.

그 외에 형선고유예 판결의 주문은 '피고인에 대한 형의 선고를 유예한다.'로 표시되는데, 자격정지 이상의 형을 받은 전과가 없는 자에게 1년 이하의 징역이나 금고, 자격정지 또는 벌금의 형을 선고할 경우에 형법 51조의 사항을 참작하여 개전의 정상이 현저한 때에 형의 선고를 유예할 수 있다(형법 59조 1항). 형선고유예의 판결을 할 경우 그 판결 이유에서는 선고형을 정해 놓아야 하고 그 형이 벌금형일 경우에는 벌금액뿐만 아니라 환형유치처분까지 해두어야 한다(대법원 2015. 1. 29. 선고 2014도15120 판결).

(2) 유죄판결에 명시할 이유

1) 의의

재판에는 원칙적으로 이유를 명시하여야 하는데, 재판의 근거를 밝히도록 하여 법관의 자의를 막고 재판의 공정을 확보하며, 소송관계자에게 상소제기 여부를 결정할 수 있는 근거를 제공하고 상소법원이 그 당부를 판단할 수 있는 자료를 제공하게 된다. 특히 유죄판결의 경우에는 일사부재리효력의 범위를 확정하고 형집행기관에게 수형자처우의 기준을 제시하기 때문에 특별히 판결이유의 기재가 상세하게 규정되어 있다.

형의 선고를 하는 때에는 판결이유에 ① 범죄될 사실, ② 증거의 요지와 ③ 법령의 적용을 명시하여야 하며, ④ 법률상 범죄의 성립을 조각하는 이유 또는 형의 가중·감면의 이유되는 사실의 진술이 있은 때에는 이에 대한 판단을 명시하여야 한다(323조). 이것은 어떤 범죄사실에 어떤 법률을 적용하였는지 객관적으로 알 수 있도록 기재하라는 의미이다(대법원 1974. 7. 26. 선고 74도1477 전원합의체 판결).

형선고판결에서 판결이유에 범죄될 사실, 증거의 요지와 법령의 적용을 명시하지 않거나 이유에 모순이 있는 것은 절대적 항소이유(361조의5 11호)이다. 반면 법률상 범죄의 성립을 조각하는 이유 또는 형의 가중·감면의 이유되는 사실의 진술이 있은 때에는 이에 대한 판단을 명시하지 않은 것은 ⓐ 단순한 소송절차의 법령위반에 불과하므로 상대적 항소이유라고 보는 견해도 있으나, ⓑ 피고인의 방어권보장을 위해서 중요한 의미를 가지는 것이므로 절대적 항소이유라고 보는 것이 타당하다.

2) 범죄될 사실

유죄판결의 이유에 기재되는 범죄될 사실이란 특정한 구성요건에 해당하고 위법하고 유책한 구체적인 사실로서 형사처벌의 근거가 되는 사실이다. 범죄될 사실을 기재함으로써 형벌법규의 적용대상과 일사부재리효력의 범위가 명확하게 된다.

범죄될 사실은 공소장에 기재된 공소사실에 대응되는 것으로서 특정한 구성 요건을 적용하기에 충분할 만큼 구체적으로 명시되어야 한다. 예를 들어 폭행치 사죄를 인정한 판결이유에서 범죄사실을 '피고인이 불상의 방법으로 피해자를 가격하여 그 충격으로 피해자가 뒤로 넘어지면서 우측 후두부가 도로 바닥에 부딪쳐 사망에 이르렀다'고 기재한 것은 구체적으로 명시하였다고 할 수 없고(대법원 1999. 12. 28. 선고 98도4181 판결), '1975. 9경부터 1980. 7. 29까지의 기간 중 교도소에서 복역한 기간을 공제한 나머지 기간 동안에 상습적으로 매달 2, 3회 가량 자기 모와 여동생에게 폭행을 가하였다'고 기재한 것도 구체적으로 명시하였다고 볼 수 없다(대법원 1981. 4. 28. 선고 81도809 판결).

교사범·방조범의 범죄사실 적시에 있어서는 정범의 범죄행위를 전제로 하므로 정범의 범죄구성요건이 되는 사실 전부가 적시되어야 한다(대법원 1981. 11. 24. 선고 81도2422 판결). 또한 형사소송법은 공소장에 기재할 공소사실에 관하여는 수 개의 범죄사실을 예비적 또는 택일적으로 기재할 수 있도록 허용하고 있지만(254 조 5항) 유죄판결의 이유에 명시하여야 할 범죄될 사실에서는 택일적으로 기재하는 것을 허용하고 있지 아니하므로, 특별한 사정이 없는 한 유죄판결의 이유에 명시하여야 할 범죄될 사실을 택일적으로 기재할 수 없다(대법원 1993. 5. 25. 선고 93도558 판결). 다만 공모공동정범에 있어 그 공모에 관하여는 모의의 구체적인 일시·장소·내용 등을 상세하게 설시하여야 할 필요는 없고, 범행에 관하여 의사가 합치되었다는 것만 적시하면 된다는 것이 판례의 입장이다(대법원 2008. 11. 13. 선고 2006도755 판결).

3) 증거의 요지

증거의 요지란 판결이유에 기재되는 범죄될 사실을 인정하는 자료가 된 증거의 개요이다. 증거의 요지를 판결이유에 명시하게 되면 법관의 사실인정의 합리성을 담보하고 소송관계인에게 판결내용의 타당성을 설득시키며 상소심에 심판자료를 제공하게 된다. 개별 증거의 내용을 구체적으로 기재하지 않고 증거의 요지만을 기재하도록 한 것(323조 1항)은 소송경제의 측면을 고려한 것이다.

증거의 요지를 명시함에 있어서는 적어도 어떤 증거에 의하여 어떤 범죄사실을 인정하였는가를 알아볼 정도로 증거의 중요부분을 표시하여야 한다(대법원 2000. 3. 10. 선고 99도5312 판결). 예를 들어 외화를 불법수출한 사실을 인정함에 있어서 구체적으로 외화를 어디에다 어떠한 방법으로 은닉하여 수출했다는 식으로 범죄사실을 설시하지 아니하더라도 위법하지 않다(대법원 1973. 11. 13. 선고 73도2216 판결). 그러나 증거의 이유를 '피고인의 법정 진술과 적법하게 채택되어 조사된 증거들'로만 기재한 것은 위법하다(대법원 2000. 3. 10. 선고 99도5312 판결).

범죄될 사실을 증명할 적극적 증거의 개요를 기재하면 되는 것이므로, 사실인정에 배치되는 증거에 대한 판단을 판결이유에 반드시 기재하여야 할 필요가 없고 피고인이 알리바이를 내세우는 증인들의 증언에 관한 판단을 하지 아니하더라도 위법하지 않다(대법원 1982. 9. 28. 선고 82도1798 판결).

4) 법령의 적용

'법령의 적용'이란 인정된 범죄사실에 대하여 적용된 구체적인 형법규정을 명시하는 것이다. 인정된 범죄사실이 실체법에 올바로 포섭되었는지를 알 수 있게 된다. 따라서 법원은 어떠한 범죄사실에 대하여 어떤 법률이 적용되었는지를 분명하게 기재하여야 한다(대법원 1974. 7. 26. 선고 74도1477 전원합의체 판결).

법령을 적용함에 있어서는 문장체로서 설시하는 문장식과 조문의 열거를 중심으로 하는 나열식 또는 열거식이 있으나, 어느 방식에 의하든 피고인이 복수인 경우에 어느 피고인에게 어느 법령이 적용되는지와 범죄사실이 여러 개인 경우에 어느 사실에 어떤 법령이 적용되었는지를 명시하여야 한다. 예를 들어 유죄판결의 판결이유에서 선택적인 법정형 중 형의 선택을 명시하지 아니하고 경합범 가중을 하면서도 어느 죄에 정한 형에 가중하는지를 명시하지 아니한 것은 위법하지만, 주문에서 형의 종류와 그 형기를 명기하였다면 위법하지 않다(대법원 2004. 4. 9. 선고 2004도340 판결). 또한 판결의 주문에서 부정기형을 선고하였다면 그 이유에서 적용법조를 표시하지 않았더라도 소년법에 따라 부정기형을 선고한 것이 명백하므로 위법하지 않다(대법원 1991. 3. 12. 선고 90도2869 판결).

5) 소송관계인의 주장에 대한 판단

법원이 소송관계인의 주장을 무시하지 않고 판단하도록, 법률상 범죄의 성립을 조각하는 이유 또는 형의 가중·감면의 이유되는 사실의 진술이 있은 때에는 이에 대한 판단이 유죄판결에 명시되어야 한다(323조 2항). 소송관계인의 주장에 대한 판단을 명시할 때에 법원은 그 판단의 결론뿐만 아니라 판단에 대한 이유도 설명해야 한다. 소송관계인의 주장에 대한 판단을 명시하는 것은 피고인의 소송주체로서의 성격을 분명히 하고 재판의 공정성을 담보하게 된다. 다만 법원이 피고인의 위와 같은 주장을 받아들인 경우에는 무죄판결을 하거나 범죄될 사실로서 기재되기 때문에, 이 규정은 법원이 피고인의 주장을 배척하는 경우에 의미가 있다.

구성요건해당성조각사유의 진술이 범죄의 성립을 조각하는 이유로 볼 수 있는지에 대하여 견해가 대립되는데, 구성요건해당성조각사유의 진술은 범죄사실을 부인하는 것과 유사하므로 그에 대한 판단까지 유죄판결에 명시하는 것은 적절치 않다. 범죄사실의 부인은 유죄판결에 명시될 이유(323조 2항)에서 말하는 범죄의 성립을 조각하는 사실의 주장에 해당되지 아니한다(대법원 1987. 12. 8. 선고 87도2068 판결). 공정증서원본불실기재죄 및 그 행사죄로 공소가 제기된 경우 피고인이 당해 등기가 실체적 권리관계에 부합하는 유효한 등기라고 주장하는 것은 공소사실에 대한 적극 부인인 것이지 범죄의 성립을 조각하는 사유에 관한 주장이 아니므로 그에 대한 판단을 판결이유에 명시하여야 할 필요가 없다(대법원 1997. 7. 11. 선고 97도1180 판결).

위법성조각사유나 책임조각사유의 주장에 대해서는 그에 대한 판단을 명시하여야 한다. 예를 들어 범행당시 술에 만취하였기 때문에 전혀 기억이 없다는 취지의 진술은 범행당시 심신상실 또는 심신미약의 상태에 있었다는 주장으로서 법률상 범죄의 성립을 조각하거나 형의 감면의 이유가 되는 사실의 진술에 해당한다(대법원 1990. 2. 13. 선고 89도2364 판결). 다만 판례는 법률의 착오를 주장하는 것은 그 착오가 사실의 착오를 가져오게 하지 아니한 이상 범죄의 성립을 조각하는 사실의 진술에 해당하지 않는다고 보고 있으나(대법원 1965. 11. 23. 선고 65도876 판결), 이것은 법률상 범죄의 성립을 조각하는 이유의 주장으로서 그에 대한 판단이 명시되어야 한다.

형의 가중·감면의 이유되는 사실의 범위에 대해서는 ⓐ 필요적 가중·감면 사유만을 의미한다는 견해가 있고, 판례도 법원이 임의로 형을 감경할 수 있음에 불과한 자수감경의 주장에 대하여 판단을 하지 아니할 수 있다는 입장이다(대법원 2011. 12. 22. 선고 2011도12041 판결). ⓑ 그러나 당사자의 주장에 대한 판단을 통해 재판의 공정성을 확보한다는 측면에서는 임의적 감면사유의 주장에 대한 판단을 명시하는 것이 타당하다.

(3) 가납의 재판

법원은 벌금, 과료 또는 추징의 선고를 하는 경우에 판결의 확정 후에는 집행할 수 없거나 집행하기 곤란할 염려가 있다고 인정한 때에는 직권 또는 검사의 청구에 의하여 피고인에게 벌금, 과료 또는 추징에 상당한 금액의 가납을 명할 수 있다(334조 1항). 가납의 재판은 형의 선고와 동시에 판결로써 선고하여야 하고(334조 2항), 이 판결은 즉시 집행할 수 있다(334조 3항). 가납의 재판은 상소에 의하여 정지되지 않는다.

2. 무죄판결

(1) 의의

피고사건이 범죄로 되지 아니하는 경우(325조 전단)나 피고사건에 대하여 범죄의 증명이 없는 경우(325조 후단)에 법원이 행하는 종국재판이 무죄판결이다. 피고사건에 대하여 국가의 형벌권이 존재하지 않음을 확인하는 무죄판결은 실체적 종국판결로서 피고인에게 가장 유리한 판결이다. 무죄판결이 선고된 때에 구속영장은 효력을 잃는다(331조).

법원에서 실제 선고되는 무죄판결은 적지 않은데, 제1심 형사공판사건에 있어서 2011년의 무죄판결비율은 17.2%, 2012년의 무죄판결비율은 21.0%, 2013년의 무죄판결비율은 12.5%, 2014년의 무죄판결비율은 7.9%, 2015년의 무죄판결비율은 4.6%이다(법원행정처, 2016 사법연감, 657면).

(2) 사유

무죄판결이 선고되는 사유는 피고사건이 범죄로 되지 아니하여 무죄인 경우와 범죄사실의 증명이 없어서 무죄인 경우이다.

1) 피고사건이 범죄로 되지 아니하는 때(325조 전단)

'피고사건이 범죄로 되지 아니하는 때'란 공소사실은 인정되지만 그 사실이 구성요건에 해당되지 않거나 위법성이 조각되거나 책임이 조각되는 경우를 말한다. 또한 형벌에 관한 법령이 헌법재판소의 위헌결정으로 인하여 소급하여 그 효력을 상실하였거나 법원에서 위헌·무효로 선언된 경우에 당해 법령을 적용하여 공소가 제기된 사건도 면소사유(326조 4호)가 아니라 무죄사유(325조 전단)라는 것이 판례의 입장이다(대법원 2013. 5. 16. 선고 2011도2631 전원합의체 판결).

다만 공소장기재만으로 이미 범죄로 되지 않음이 명백한 경우는 '공소장에 기재된 사실이 진실하다 하더라도 범죄가 될 만한 사실이 포함되지 아니하는 때'에 해당하여 공소기각결정의 사유(328조 1항 4호)가 된다.

2) 범죄사실의 증명이 없는 때(325조 후단)

'범죄사실의 증명이 없는 때'란 법원의 심리결과 공소사실의 부존재가 적극적으로 증명된 경우와 공소사실의 존부에 대하여 법원이 유죄의 확신을 갖지 못한 경우(증거불충분)를 말한다. '무죄추정의 원칙(헌법 27조 4항)'과 '의심스러운 때에는 피고인의 이익으로(in dubio pro reo) 원칙'에 따라 증거불충분의 경우에 무죄판결을 하게 된다. 피고인의 자백에 의하여 법관이 유죄의 심증을 얻은 경우라도 보강증거가 없으면(310조) 범죄사실의 증명이 없는 때에 해당하여 무죄판결을 하게 된다.

한편 공소장에 기재된 공소사실은 무죄에 해당하지만 공소사실을 공소장변경을 통해 변경하면 유죄로 인정될 수 있는 경우에 법원이 공소장변경을 요구하지 않고 무죄판결을 할 수 있는지가 문제된다. 공소장이 변경되지 않았다는 이유로 처벌하지 않는다면 현저히 정의와 형평에 반하는 것으로 인정되는 경우를 제외하고, 법원은 무죄판결을 할 수 있다는 것이 판례의 입장이다(대법원 2006. 4. 13. 선고 2005도9268 판결).

(3) 선고

무죄판결의 주문은 '피고인은 무죄'로 표시되고 죄명이나 적용법조 등을 표시할 필요도 없다. 포괄일죄의 일부에 대해서는 유죄의 증거가 없고 나머지 부분에 대해서 공소시효가 완성된 경우에는 피고인에게 유리한 무죄를 주문에 표시하고 면소부분은 판결이유에서 설명하면 된다(대법원 1977. 7. 12. 선고 77도1320 판결). 다만 포괄일죄의 일부는 유죄로 인정되지 아니하지만 일부가 유죄로 인정된 경우에는 주문에서 따로 무죄의 선고를 하지는 않는다(대법원 1995. 3. 24. 선고 94도1112 판결).

재판에는 이유를 명시하여야 하므로(39조 본문), 무죄판결을 선고하는 때에도 증거들을 배척한 취지를 합리적인 범위 내에서 기재하여야 하나, 증거를 배척하는 이유까지 일일이 설시할 필요는 없다(대법원 2014. 11. 13. 선고 2014도6341 판결). 다만 판결이유를 통해 형사소송법 325조 전단에 의한 것인지 후단에 의한 것인지는 나타나야 한다. 만약 무죄판결에서 이유를 기재하지 아니하면, 절대적 항소이유가 인정된다(361조의5 11호).

법원이 피고사건에 대하여 무죄의 판결을 선고하는 경우에는 무죄판결을 받은 피고인이 무죄판결공시 취지의 선고에 동의하지 아니하거나 피고인의 동의를 받을 수 없는 경우를 제외하고 무죄판결공시의 취지를 선고하여야 한다(형법 58조 2항). 재심에서 무죄의 선고를 한 때에는 그 판결을 관보와 그 법원소재지의 신문지에 기재하여 공고하여야 한다(440조).

3. 면소판결

(1) 의의

피고사건에 대하여 소송을 추행(追行)할 이익이 없는 경우에 소송을 종결시키는 형식재판이 면소판결이다. 면소판결은 피고사건에 대하여 확정판결이 있은 때, 사면이 있은 때, 공소의 시효가 완성되었을 때, 범죄 후의 법령개폐로 형이 폐지되었을 때 등 4가지 경우에 선고된다.

면소판결은 피고사건의 실체(범죄의 성립여부와 형벌권의 존부)를 판단하는 실체재판이 아니라 소송절차의 법률관계를 판단하는 형식재판이다. 그러나 면소판결은 확정되더라도 정지된 공소시효가 다시 진행되지 않고(253조 1항), 고소인 등의 소송비용부담(188조)·재심사유(420조 5호)·판결의 공시(형법 58조 3항)에 있어서는 무죄판결과 대등하게 취급된다. 그리고 유·무죄의 실체판결이 확정된 경우에 동일사건에 대해서는 다시 실체심리가 허용되지 않는다(일사부재리의 효력).

(2) 본질

면소판결은 소송절차의 법률관계를 판단하는 형식재판이면서도 실체재판(무죄판결)과 유사한 효력이 인정되는데, 면소판결이 형식재판인지 실체재판인지를 구별하는 문제, 즉 면소판결의 본질이 무엇인지가 논의된다. 이 논의는 면소판결을 선고함에 있어서 실체심리가 필요한 것인지, 면소판결에 일사부재리의 효력이 인정되는 이유는 무엇인지, 면소판결에 대해서 피고인이 무죄를 주장하는 상소를 할 수 있는지 등에 있어서 그 실익이 있다.

ⓐ 먼저 면소판결을 실체재판으로 보는 입장(실체재판설)이나 ⓑ 확정판결을 이유로 하는 면소판결은 형식재판이고 그 외의 이유로 하는 면소판결은 실체재판으로 보는 입장(이분설)도 있다. ⓒ 그러나 면소판결을 형식재판으로 보는 입장(형식재판설)이 다수의 견해이다. 판례도 형식재판설의 입장이다(대법원 1966. 7. 26. 선고 66도634 전원합의체 판결). 면소판결은 형벌권의 부존재를 이유로 소송을 종결하는 것이 아니라 공소권소멸을 이유로 사건의 실체에 대한 심리 없이 소송을 종결하는 것이므로 형식재판으로 보는 것이 타당하다.

면소판결을 형식재판으로 볼 경우, 면소판결에 대해서 피고인이 무죄를 주장하여 상소할 수 없게 된다. 형식재판에 의하여 피고인은 실체재판보다 형사소송절차에서 빨리 벗어나 공소제기 전의 상태로 돌아가므로 피고인이 형식재판에 대하여 무죄판결을 주장하여 상소하는 것은 상소의 이익 없기 때문이다. 판례도 공소시효가 완성되었다는 이유로 한 면소판결에 대해서는 실체판결을 구하여 상소를 할 수 없다는 입장이다(대법원 1986. 12. 9. 선고 86도1976 판결; 대법원 2005. 9. 29. 선고 2005도4738 판결).

다만 면소판결을 형식재판으로 볼 경우 면소판결에는 일사부재리효력이 인정되지 않는 것이 논리적인데, 형식재판설의 입장에서도 면소판결에 대해서는 일사부재리의 효력을 인정하고 있다. 면소판결이 선고되는 사유는 다른 형식재판의 사유와 달리 흠결된 소송조건이 사후에 보완될 수 없기 때문이다. 즉 '소송추행이익이 결여'되었기 때문에 면소판결에는 일사부재리의 효력이 인정된다. 판례도 같은 입장이다(대법원 1963. 3. 21. 선고 63도22 판결).

(3) 사유

형사소송법 326조에는 면소판결이 선고되는 사유 4가지가 규정되어 있다. 형사소송법 326조는 소송추행이익이 결여된 경우 중 일사부재리효력을 인정할 경우 4가지를 제한적으로 열거한 규정이다. 그 외의 사유는 인정되지 않는다.

1) 확정판결이 있은 때(326조 1호)

피고사건에 대하여 일사부재리효력이 인정되는 확정판결이 있음에도 불구하고 다시 기소된 경우에 법원은 면소판결을 하여 형사절차를 종결시킨다. 여기에서 확정판결이란 일사부재리효력이 인정되는 경우로서 유·무죄의 실체판결과 면소판결을 의미한다. 약식명령(457조)과 즉결심판(즉결심판법 16조)이 확정된 때에는 확정판결과 동일한 효력이 인정되므로 확정판결이 있은 때에 포함된다.

그러나 공소기각판결이나 관할위반판결은 일사부재리효력이 인정되지 않으므로 확정판결이 있은 때에 포함되지 않는다. 그리고 소년의 사건에 대한 보호처분결정도 확정판결이 있은 때에 포함되지 않는다. 비록 소년법 53조에 의하면 보호처분을 받은 소년사건에 대해서는 다시 공소를 제기할 수 없다고 규정되어 있지만, 보호처분결정은 판결이 아니기 때문이다. 따라서 소년법의 보호처분을 받은 사건과 동일한 사건에 관하여 다시 공소제기가 되었다면, 이는 공소제기 절차가 법률의 규정(소년법 53조)에 위배하여 무효인 때에 해당한 경우로서 공소기각의 판결(327조 2호)을 하여야 한다(대법원 1996. 2. 23. 선고 96도47 판결).

2) 사면이 있은 때(326조 2호)

사면으로 인하여 형벌권이 소멸된 때에는 실체심판의 이익이 없기 때문에 면소판결의 사유로 인정된다. 그런데 사면에는 일반사면과 특별사면이 있다. 일반사면의 경우에는 형 선고의 효력이 상실되고 형을 선고받지 아니한 자에 대하여는 공소권이 상실되는 반면(사면법 5조 1항 1호), 특별사면의 경우에는 형의 집행이 면제될 뿐이다(사면법 5조 1항 2호). 따라서 면소판결 사유인 '사면이 있는 때'에서 말하는 '사면'이란 일반사면만을 의미한다(대법원 2015. 5. 21. 선고 2011도1932 전원합의체 판결).

3) 공소의 시효가 완성되었을 때(326조 3호)

공소시효가 완성되면 공소권이 소멸되어 소송추행이익이 없다. 공소제기 시에 이미 공소시효가 완성된 경우 또는 판결의 확정이 없이 공소를 제기한 때로부터 25년을 경과하면 공소시효가 완성한 것으로 간주되는 경우(249조 2항)에는 면소판결을 선고하게 된다. 공소장변경이 있는 경우에 공소시효의 완성 여부는 당초의 공소제기가 있었던 시점을 기준으로 판단하지만, 공소장변경절차에 의하여 공소사실이 변경됨에 따라 그 법정형에 차이가 있는 경우에는 변경된 공소사실에 대한 법정형이 공소시효기간의 기준이 된다(대법원 2001. 8. 24. 선고 2001도2902 판결).

4) 범죄 후의 법령개폐로 형이 폐지되었을 때(326조 4호)

범죄 후 입법자가 그 범죄행위의 가벌성에 대한 가치판단을 변경하면 소송추행이익이 결여된다. 범죄 후 법률의 변경에 의하여 그 행위가 범죄를 구성하지 아니한 경우에는 신법에 의하기 때문이다(형법 1조 2항).

그런데 판례는 형법 1조 2항의 적용에 있어서 동기설을 취하고 있다. 형벌법령 제정의 이유가 된 법률이념의 변천에 따라 과거에 범죄로 보던 행위에 대하여 그 평가가 달라져 이를 범죄로 인정하고 처벌한 그 자체가 부당하였다거나 과형이 과중하였다는 반성적 고려에서 법령을 개폐하였을 경우에 비로소 형법 1조 2항에 따라 신법을 적용한다는 것이 판례의 입장이다(대법원 2010. 3. 11. 선고 2009도12930 판결). 이에 의하면 사정의 변천에 따라 그때그때의 특수한 필요에 대처하기 위하여 법령을 개폐하는 경우에는 그 법령이 개폐되었더라도 그에 대한 형이 폐지된 것이라고는 할 수 없으므로 면소판결의 사유가 아니고, 다만 법률이념의 변천에 따라 과거에 범죄로 보던 행위에 대하여 그 평가가 달라져 법령을 개폐하였을 경우만이 면소판결의 사유라고 한다(대법원 2003. 10. 10. 선고 2003도2770 판결).

(4) 심리와 선고

피고인이 공판기일에 출석하지 않으면 원칙적으로 공판을 개정하지 못하나(276조), 면소판결을 할 것이 명백한 사건의 경우에는 피고인의 출석을 요하지 않는다(277조 2호). 그리고 피고인이 사물의 변별 또는 의사의 결정을 할 능력이 없는 상태에 있는 때에 법원은 공판절차를 정지하여야 하지만(306조 1항), 피고사건에 대하여 면소판결을 할 것이 명백한 때에는 공판절차를 정지하지 않고 피고인의 출정 없이 재판할 수 있다(306조 4항).

피고사건에 대하여 면소판결이 선고되면 구속영장은 효력을 잃는다(331조). 법원은 면소판결을 선고하는 경우에 면소판결공시의 취지를 선고할 수 있다(형법 58조 3항).

4. 관할위반의 판결

(1) 의의

피고사건이 법원의 관할에 속하지 아니한 때에 법원은 관할위반판결을 선고하여야 한다(319조). 관할위반판결은 형식재판에 속하는 종국재판이다. 관할권은 법원의 재판권을 전제로 하는데, 재판권이 없는 경우에 선고되는 공소기각판결과 구별된다(327조 1호). 예외적으로 법원은 공소가 제기된 사건에 대하여 군사법원이

재판권을 가지게 되었거나 재판권을 가졌음이 판명된 때에는 결정으로 사건을
재판권이 있는 같은 심급의 군사법원으로 이송하며, 이 경우에 이송 전에 행한
소송행위는 이송 후에도 그 효력에 영향이 없다(16조의2).

(2) 사유

관할위반판결의 관할에는 토지관할과 사물관할이 모두 포함되는데, 법원은
직권으로 관할을 조사하여야 한다(1조). 사물관할은 공소제기 시와 재판 시 모두
존재해야 한다. 단독판사의 관할사건이 공소장변경에 의하여 합의부 관할사건으
로 변경된 경우에 법원은 결정으로 관할권이 있는 법원에 이송한다(8조의2)(참고로
이 규정이 신설(1995. 12. 29.)되기 전에는 공소장의 변경에 의하여 합의부 관할사건으로 변경된
경우 지방법원 단독판사는 관할위반의 판결을 선고하였다(대법원 1987. 12. 22. 선고 87도2196
판결)). 다만 실무상 동일법원 내의 합의부와 단독판사 사이의 사물관할 위반인
경우에 검사가 공소장에 수리법원은 'ㅇㅇ법원'으로만 표시할 뿐 합의·단독의
구분을 하지 않기에 법원이 사건배당을 잘못한 것으로서 재배당에 의하여 시정
하고 관할위반의 판결을 하지 않는다.

반면 토지관할은 범죄지, 피고인의 주소, 거소 또는 현재지인데(4조 1항), 각
기준 사이에 우열이 없이 하나의 피고사건에 수개의 토지관할이 존재한다. 토지
관할은 사건의 효율적 처리와 피고인의 방어권 보장을 위해서 동등한 법원 상호
간에 사건의 지역적 배분에 의한 관할이어서, 토지관할은 공소제기 시에만 존재
하면 된다. 따라서 법원은 피고인의 신청이 있는 경우에만 토지관할위반의 선고
를 하고(320조 1항), 피고인의 관할위반신청은 피고사건에 대한 진술 전에 하여야
한다(320조 2항). 다만 실무상 토지관할위반이 문제되는 경우는 별로 없는데, 현재
지 관할이 인정되는 토지관할에 있어서 관할위반 자체가 드물고 피고인이 토지
관할위반을 다투지 않는 것이 일반적이기 때문이다.

(3) 효과

관할위반인 경우 소송행위의 효력에 영향이 없다(2조). 따라서 관할위반판결
을 선고한 법원이 작성한 공판조서·검증조서·증인신문조서 등은 동일한 사건이
다시 공소제기된 법원이나 이송된 관할권 있는 법원의 공판절차에서 증거로 사
용될 수 있다. 관할위반이 선고되더라도 관할법원에 재기소하는 것도 가능하고,
구속영장의 효력도 상실되지 않는다(331조). 공소의 제기로 진행이 정지된 공소시

효도 관할위반의 재판이 확정된 때로부터 진행한다(253조 1항).

5. 공소기각의 재판

(1) 의의

피고사건에 대하여 관할권 이외의 형식적 소송조건이 결여된 경우에 절차상의 하자를 이유로 사건의 실체에 대한 심리를 하지 않고 소송을 종결시키는 형식재판을 공소기각의 재판이라고 한다. 공소기각의 재판은 그 형식에 따라 판결과 결정의 두 가지 형태가 있다. 절차상의 하자가 중대하고 명백하여 구두변론을 하지 않고도 판단할 수 있는 경우에는 결정의 형식(공소기각의 결정)을 취하고, 그렇지 않은 경우에는 판결의 형식(공소기각의 판결)을 취한다.

(2) 공소기각의 결정(328조)

공소기각결정의 사유는 형사소송법 328조에 4가지가 규정되어 있다.

① '공소가 취소되었을 때'이다. 검사는 제1심판결의 선고 전까지 공소를 취소할 수 있다(255조 1항). 검사는 이유를 기재한 서면으로 공소취소를 하여야 하고, 다만 공판정에서는 구술로써 할 수 있다(255조 2항). 공소가 취소되면 법원은 공소기각결정을 하고(328조), 공소취소에 의한 공소기각의 결정이 확정된 때에는 공소취소 후 그 범죄사실에 대한 다른 중요한 증거를 발견한 경우에 한하여 다시 공소를 제기할 수 있다(329조).

② '피고인이 사망하거나 피고인인 법인이 존속하지 아니하게 되었을 때'이다. 공소제기 후 피고인이 사망하거나 피고인인 법인이 존속하지 아니하게 된 경우 법원은 공소기각결정을 하는 것에 대해서는 이론이 없다. 그런데 공소제기 전에 이러한 사유가 있었던 경우에도 공소기각결정을 할 것인지 아니면 공소기각판결(327조 2호)을 할 것인지 명확하지 않다.

③ '관할의 경합으로 인하여 중복기소된 때'이다. 동일사건이 사물관할을 달리하는 수개의 법원에 계속된 때에는 법원합의부가 심판하고(12조), 동일사건이 사물관할을 같이하는 수개의 법원에 계속된 때에는 먼저 공소를 받은 법원이 심판한다(13조). 이때 심판을 할 수 없게 된 법원은 공소기각결정을 하게 된다.

④ '공소장에 기재된 사실이 진실하다 하더라도 범죄가 될 만한 사실이 포함되지 아니하는 때'이다. 이것은 공소장 기재사실 자체에 대한 판단으로 그 사실 자체가 죄가 되지 아니함이 명백한 경우를 말한다(대법원 2014. 5. 16. 선고 2012도

12867 판결). 예를 들어 부정수표단속법위반 사건의 공소사실 중 수표가 그 제시기일에 제시되지 아니한 사실이 명백하다면 공소기각의 결정을 하여야 한다(대법원 1973. 12. 11. 선고 73도2173 판결). 반면 범죄에 해당하는지의 여부가 공소사실 기재 자체에 의하여 명백하다고 할 수 없다면 변론을 열어 심리를 한 다음 유죄 또는 무죄의 실체적 판단을 하여야 한다(대법원 1977. 9. 28. 선고 77도2603 판결).

(3) 공소기각의 판결(327조)
공소기각결정의 사유는 형사소송법 327조에 6가지가 규정되어 있다.

1) 피고인에 대하여 재판권이 없는 때
사법판단을 내릴 수 있는 법원의 권한이 재판권인데, 형벌권을 실현시킬 수 있는 사법판단의 권한을 형사재판권이라고 한다. 형법의 적용범위 내에서 형사재판권이 존재한다. 중국 국적의 피고인이 중국에서 대한민국 국적 피해자의 인장을 위조한 경우의 사인위조죄(형법 239조 1항)는 대한민국 또는 대한민국국민에 대하여 범한 죄(형법 6조)에 해당하지 아니하므로 외국인의 국외범으로서 재판권이 없다(대법원 2002. 11. 26. 선고 2002도4929 판결).

한편 군사법원에 재판권이 있는 군인이 일반법원에 기소된 경우에는 재판권이 없는 때로서 공소기각판결을 하여야 하지만, 소송경제의 측면에서 법원은 사건을 재판권이 있는 같은 심급의 군사법원으로 이송결정을 한다(16조의2 전문). 이 경우에 이송 전에 행한 소송행위는 이송 후에도 그 효력에 영향이 없다(16조의2 후문).

2) 공소제기의 절차가 법률의 규정에 위반하여 무효인 때
'공소제기의 절차가 법률의 규정에 위반하여 무효인 때'는 무권한자에 의하여 공소가 제기되거나 공소제기의 소송조건이 결여되거나 공소장의 현저한 방식 위반이 있는 경우를 말한다(대법원 1996. 5. 14. 선고 96도561 판결). 이 규정(327조 2호)에 대해서 다수의견은 '소송조건 전반에 대한 일반조항'의 성질을 가진다고 본다.

327조 2호의 규정을 소송조건 전반에 대한 일반조항으로 보면, 중대한 위법수사에 기한 공소제기나 공소권남용 등의 형태로 파악할 수 있는 사항을 소송조건으로 유형화하여 형사재판에 반영할 수 있다. 다만 판례는 본래 범의를 가지지 아니한 자에 대하여 수사기관이 범의를 유발케 하여 범죄인을 검거하는 위법한 함정수사에 기한 공소제기는 그 절차가 법률의 규정에 위반하여 무효인 때라고 보나(대법원 2005. 10. 28. 선고 2005도1247 판결), 불법구금·구금장소의 임의적 변경은 (위법한 절차에 의하여 수집된 증거배제의 이유는 될 수 있지만) 공소제기의 절차 자체가 위법하여 무효인 경우로 보지는 않는다(대법원 1996. 5. 14. 선고 96도561 판결).

공소제기의 절차가 법률의 규정에 위반하여 무효인 때의 구체적인 예를 보면, 성명모용의 사건에서 피모용자가 소송행위를 한 때와 같이 공소제기가 없는데 착오로 소송계속이 생긴 경우, 공소사실이 불특정된 경우(대법원 2017. 2. 15. 선고 2016도19027 판결), 친고죄에서 고소가 없음에도 공소가 제기된 경우, 조세범처벌법상 범칙행위와 같이 필요적 고발사건에서 고발 없이 공소가 제기된 경우, 국회의원의 면책특권에 속하는 행위에 대해서 공소가 제기된 경우(대법원 1992. 9. 22. 선고 91도3317 판결) 등이다.

3) 공소가 제기된 사건에 대하여 다시 공소가 제기되었을 때

'공소가 제기된 사건에 대하여 다시 공소가 제기되었을 때'는 공소가 제기된 사건에 대하여 다시 별개의 공소장에 의하여 토지관할과 사물관할을 같이 하는 동일한 법원에 이중으로 공소가 제기된 경우(이중기소)를 말한다. 다른 법원에 이중기소된 경우에는 12조와 13조에 의하며 심판할 법원이 정해진다.

이중기소인지 여부는 공소사실의 동일성을 기준으로 판단한다. 기소당시에는 이중으로 기소되었더라도 그 후 공소사실과 적용법조가 적법하게 변경되어 새로운 사실의 소송계속상태가 있게 된 때에는 이중기소의 위법상태는 없다(대법원 1989. 2. 14. 선고 85도1435 판결). 이중기소의 경우에는 후에 기소된 사건에 대해서 공소기각판결을 하여야 하는데, 후에 기소된 사건에 대하여 판결선고가 있었더라도 그 사건이 확정되기 전이라면 먼저 기소된 사건을 심판하고 후에 기소된 사건은 공소기각판결을 하여야 한다(대법원 1969. 6. 24. 선고 68도858 판결).

하나의 공소장에 범죄사실이 이중으로 기재되어 있는 경우는 이중기소가 아니다. 한 개의 공소장에 동일한 사건이 중복기재된 경우는 단순한 공소장기재의 착오로서 법원은 석명권을 행사하여 검사로 하여금 이를 정정케 하든가 법원 스스로 판결이유에 그 착오사실을 정정 표시하면 충분하고 별도로 공소기각의 판결을 할 필요는 없다(대법원 1983. 5. 24. 선고 82도1199 판결).

〈추가기소가 이중기소가 아닌 경우의 효과〉

> 검사가 단순일죄인 사기 범행을 먼저 기소하고 포괄일죄인 상습사기 범행을 추가로 기소하였으나 그 심리과정에서 전후에 기소된 범죄사실이 모두 포괄하여 상습사기의 일죄를 구성하는 것으로 밝혀진 경우에, 검사가 전체를 상습범행으로 변경하는 공소장변경 신청을 하고 추가기소한 사건에 대하여는 공소취소를 하지 않더라도, 석명에 의하여 추가기소의 공소장의 제출은 포괄일죄를 구성하는 행위로서 먼저 기소된 공소장에 누락된 것을 추가 보충하고 죄명과 적용법조를 포괄일죄의 죄명과 적용법조로 변경하는 취지의 것으로서 1개의 죄에 대하여 중복하여 공소를 제기한 것이 아님이 분명하여진 경우에는 추가기소에 의하여 공소장변경이 이루어진 것으로 보아 전후에 기소된 범죄사실 전부에 대하여 실체판단을 하여야 하고 추가기소에 대하여 공소기각판결을 할 필요는 없다(대법원 1999. 11. 26. 선고 99도3929 판결).

4) 공소취소 후 그 범죄사실에 대한 다른 중요한 증거를 발견하지 못했음에도 공소가 제기되었을 때

공소취소에 의한 공소기각의 결정이 확정된 때에는 공소취소 후 그 범죄사실에 대한 다른 중요한 증거를 발견한 경우에 한하여 다시 공소를 제기할 수 있는데(329조), 공소 취소에 의한 공소기각의 결정이 확정된 때 다시 공소를 제기하는 요건으로서 '다른 중요한 증거를 발견한 경우'는 공소취소 전의 증거만으로는 증거 불충분으로 무죄가 선고될 가능성이 있으나 새로 발견된 증거를 추가하면 충분히 유죄의 확신을 가지게 될 증거가 있는 경우를 말한다(대법원 1977. 12. 27. 선고 77도1308 판결).

5) 친고죄에 대하여 고소의 취소가 있은 때

고소는 제1심 판결선고 전까지 취소할 수 있다(232조 1항). 친고죄에 있어서 공소제기 당시부터 유효한 고소가 없었던 경우는 공소제기의 절차가 법률의 규정에 위반하여 무효인 때(327조 2호)에 해당되어 공소기각의 판결이 선고되고, 공소제기 당시에 유효한 고소가 있었으나 제1심 판결선고 전에 고소가 취소된 경우는 친고죄에 대하여 고소의 취소가 있은 때(327조 5호)에 해당되어 공소기각의 판결이 선고된다.

6) 반의사불벌죄에 대하여 처벌을 희망하지 아니하는 의사표시가 있거나 처벌
을 희망하는 의사표시가 철회되었을 때

피해자의 명시한 의사에 반하여 죄를 논할 수 없는 반의사불벌죄 사건에 있
어서 처벌을 희망하는 의사표시는 제1심 판결선고 전까지 철회할 수 있다(232조 3
항). 반의사불벌죄에 있어서 처벌을 희망하는 의사가 존재하지 않다가 공소제기
후 제1심 판결선고 전에 철회된 경우에는 327조 6호에 의하여 공소기각의 판결
이 선고되나, 당초부터 처벌을 희망하지 아니하는 의사표시가 존재함에도 불구하
고 공소제기가 된 경우에는 327조 2호에 의하여 공소기각의 판결이 선고된다(대
법원 1983. 2. 8. 선고 82도2860 판결).

V. 재판의 성립

1. 의의

재판은 법원이나 법관의 의사표시에 기인한 법률행위적 소송행위이므로, 법
률행위적 소송행위에 관한 일반원칙이 적용되어 내부적으로 결정된 의사가 외부
적으로 표시되어야 소송행위로 성립된다. 따라서 재판의 성립은 내부적 성립과
외부적 성립으로 구분되고, 재판이 내부적으로 성립되면 법관의 경질이 있더라도
공판절차를 갱신할 필요가 없다는 점에서 내부적 성립과 외부적 성립을 구별하
는 실익이 있다.

2. 내부적 성립

재판의 의사표시내용이 당해 사건의 심리에 관여한 재판기관의 내부에서 형
성되는 것을 재판의 내부적 성립이라고 한다. 당해 사건의 심리에 관여하지 않은
법관이 재판의 내부적 성립에 관여한 것은 절대적 항소이유(361조의5 8호)이다. 일
단 재판이 내부적으로 성립된 후 선고만 하는 경우에는 법관이 경질되더라도 공
판절차를 갱신할 필요가 없다(301조 단서).

내부적 성립의 시기는 합의부와 단독판사의 경우가 다른데, 합의부의 재판
은 그 구성원인 법관의 합의가 성립된 때에 내부적으로 성립된다. 재판의 합의는
과반수로 결정하며(법원조직법 66조 1항), 재판의 합의는 공개하지 않는다(법원조직법
65조). 다만 대법원의 재판서에는 합의에 관여한 모든 대법관의 의견을 표시하여
야 한다(법원조직법 15조). 반면 합의과정이 없는 단독판사의 재판은 절차갱신이 필

요한지 여부의 합목적적 관점에서 성립시기가 판단되는데, 법관이 재판서에 서명·
날인한 재판서의 작성 시에 성립된 것으로 본다. 다만 단독판사가 재판서를 작성
하지 않고 재판을 선고 또는 고지하는 경우에는 재판의 선고 또는 고지 시에 내
부적 성립과 외부적 성립이 동시에 이루어진다.

3. 외부적 성립

(1) 의의

재판의 의사표시내용이 재판을 받는 사람에게 인식될 수 있는 상태에 이른
것을 재판의 외부적 성립이라고 한다. 판결의 선고 또는 결정·명령의 고지에 의
하여 재판은 외부적으로 인식될 수 있는 상태가 된다.

재판의 외부적 성립에 의하여 재판의 대외적 효력이 발생한다. 외부적 성립
시로부터 상소기간이 진행되며(343조 2항), 재판이 외부적으로 성립되면 그 재판
을 한 법원도 이를 임의로 철회하거나 변경할 수 없다(재판의 구속력). 이렇게 판결
은 그 선고에 의하여 효력을 발생하고 판결원본의 기재에 의하여 효력을 발생하
는 것이 아니므로 선고된 형과 재판서에 기재된 형이 다른 경우에 검사는 선고된
형을 집행하여야 한다(대법원 1981. 5. 14. 자 81모8 결정). 다만 대법원은 판결내용에
오류가 있음을 발견한 때에는 직권이나 당사자의 신청에 의하여 판결로써 정정
할 수 있고(400조 1항), 종국전 재판은 합목적적 이유에서 철회나 변경(예를 들어 증
거결정의 취소, 보석허가결정의 취소, 보석조건의 변경 등)이 허용된다.

(2) 선고 또는 고지의 방법

선고는 공판정에서 재판의 내용을 구술로 선언하는 행위이고, 고지는 선고
이외의 적당한 방법으로 재판의 내용을 소송관계인에게 알려주는 행위이다. 재판
중 판결은 반드시 선고를 거쳐 공표되어야 하고, 결정이나 명령은 극히 예외적인
경우 예를 들어 법원조직법 57조 2항에 의한 재판의 비공개결정 이외에는 고지
에 의하여 공표된다.

재판의 선고나 고지는 재판장이 하며, 판결을 선고함에는 주문을 낭독하고
이유의 요지를 설명하여야 한다(43조). 재판장은 판결을 선고하면서 피고인에게
적절한 훈계를 할 수 있다(규칙 147조). 형을 선고하는 경우에 재판장은 피고인에
게 상소할 기간과 상소할 법원을 고지하여야 한다(324조).

재판의 선고나 고지는 공판정에서는 재판서에 의하여 하고 기타 경우에는

재판서등본의 송달이나 다른 적당한 방법으로 하는데(42조 본문), 결정이나 명령의 고지는 재판서를 작성하지 않고 조서에만 기재할 수 있다(38조).

4. 종국재판의 부수적 효과

압수한 서류 또는 물품에 대하여 몰수의 선고가 없는 때에는 압수를 해제한 것으로 간주한다(332조). 압수한 장물로서 피해자에게 환부할 이유가 명백한 것은 판결로써 피해자에게 환부하는 선고를 하여야 하고(333조 1항), 만약 장물을 처분하였을 때에는 판결로써 그 대가로 취득한 것을 피해자에게 교부하는 선고를 하여야 한다(333조 2항). 가환부한 장물에 대하여 별단의 선고가 없는 때에는 환부의 선고가 있는 것으로 간주한다(333조 3항).

무죄, 면소, 형의 면제, 형의 선고유예, 형의 집행유예, 공소기각 또는 벌금이나 과료를 과하는 판결이 선고된 때에는 (확정되지 않더라도) 구속영장은 효력을 잃는다(331조).

VI. 재판서

1. 재판서의 방식

법관이 재판의 내용을 기재한 문서가 재판서인데, 재판형식에 따라 판결서·결정서·명령서로 구분된다. 법원사무관 등이 작성하는 조서(공판조서, 증인신문조서 등)는 재판서와 구별된다. 재판서는 「재판서 양식에 관한 예규」에 의하여 법원전산시스템에 의하여 생성되는 전자파일을 사용하여 작성하도록 그 양식이 통일되어 있다. 재판의 선고나 고지는 공판정에서 재판서에 의하여야 하므로(42조 본문), 원칙적으로 재판서는 재판의 선고나 고지 이전에 작성되어야 한다. 다만 변론을 종결한 기일에 판결을 선고하는 경우에는 판결의 선고 후에 판결서를 작성할 수 있다(318조의4 2항).

2. 재판서의 기재내용

재판서에는 법률에 다른 규정이 없으면 재판을 받는 자의 성명·연령·직업·주거를 기재하여야 하고, 재판을 받는 자가 법인인 때에는 그 명칭과 사무소를 기재하여야 한다(40조 1항, 2항). 특히 판결서에는 기소한 검사와 공판에 관여한 검사의 관직, 성명과 변호인의 성명을 기재하여야 한다(40조 3항). 수사검사의 무책임한 공소제기를 방지하기 위해서 공판검사 이외에 수사검사를 기재한다.

재판은 주문과 이유로 구성되므로, 재판서는 주문과 이유가 기재된다. 주문은 재판의 대상이 된 사실에 대한 최종적 결론으로서 재판서에서 가장 중요한 부분이다. 형을 선고하는 판결의 경우에는 주문에 구체적인 선고형을 기재하여야 하고, 그 외에 형의 집행유예·미결구금일수의 산입·노역장유치기간·재산형의 가납명령 및 소송비용의 부담 등도 주문에 기재된다.

이유는 주문에 대한 법률적·사실적 근거를 제시하는 것인데, 상소를 불허하는 결정이나 명령을 제외하고는 재판에는 이유가 명시되어야 한다(39조). 상소가 허용되는 재판에 대하여 이유를 명시하게 한 것은 재판받은 자에게 상소제기 여부에 대한 판단자료를 제공하기 위한 것이다. 판결에 이유를 붙이지 않거나 이유에 모순이 있는 것은 절대적 항소사유(361조의5 11호)이고 상대적 상고이유(383조 1호)이다. 항소심·상고심의 재판서에도 항소이유·상고이유에 대한 판단을 명시하여야 한다(369조, 398조).

재판서에는 재판한 법관이 서명날인하여야 한다(41조 1항). 재판장이 서명날인할 수 없는 때에는 다른 법관이 그 사유를 부기하고 서명날인하여야 하며 다른 법관이 서명날인할 수 없는 때에는 재판장이 그 사유를 부기하고 서명날인하여야 한다(41조 2항). 판결서 기타 대법원규칙이 정하는 재판서를 제외한 재판서에 대하여는 서명날인에 갈음하여 기명날인할 수 있다(41조 3항).

3. 재판서의 경정

판결의 선고 또는 결정·명령의 고지에 의하여 종국재판이 외부적으로 성립되면 그 재판을 한 법원도 이를 임의로 철회하거나 변경할 수 없다. 이것을 재판의 구속력이라고 한다. 그런데 종국재판의 외부적 성립 후 명백한 오류를 발견한 경우에 그 오류를 시정할 수 있는지가 문제된다.

종국재판의 구속력은 법적 안정성을 위해서 인정되므로, 법적 안정성을 해하지 않는다면 재판서의 기재내용을 시정하는 것이 허용될 수 있다. 이것을 재판서의 경정이라고 하는데, 재판서에 잘못된 계산이나 기재, 그 밖에 이와 비슷한 잘못이 있음이 분명한 때에는 법원은 직권으로 또는 당사자의 신청에 따라 경정결정을 할 수 있다(규칙 25조 1항). 예를 들어 사건번호, 사건명, 피고인의 인적사항, 검사, 변호인 표시 등에 오기임이 분명하면 경정결정을 할 수 있다. 항소심이 그 판결주문에서 제1심판결에 대한 파기범위를 오기하였음이 명백한 때에는 상고심이 재판서를 경정할 수 있다(대법원 2004. 10. 15. 선고 2004도5035 판결).

한편 대법원은 판결내용에 오류가 있음을 발견한 때에는 직권이나 당사자의 신청에 의하여 판결로써 정정할 수 있는데(400조 1항), 이를 판결정정이라고 한다.

> **11장 1절 퀴즈**

11.1.1 甲은 A에 대한 명예훼손의 혐의로 기소되었는데, 법원은 무죄의 심증을 형성하고 변론을 종결하였다. 그런데 변론종결 후 판결선고 전 피해자 A의 처벌불원의 의사표시가 법원에 제출되었다. 법원은 어떤 재판을 하여야 하는가?

11.1.2 검사는 甲의 범죄사실을 2017. 1. 16. 명예훼손죄 혐의로 기소하였다가 1심공판 중인 2017. 5. 21. 모욕죄로 공소장변경을 신청하여 법원이 그 신청을 허가하였다. 피해자 A는 2017. 5. 27. 비로소 甲의 처벌을 구하는 고소장을 제출하였다. 법원은 어떤 재판을 하여야 하는가?

11.1.3 甲은 대구지방법원에서 폭력행위처벌법위반죄로 '징역 단기 1년 6월 장기 2년(미결구금일수의 본형통산 115일)'의 형을 선고받고, 甲만이 항소하였다. 항소심인 대구고등법원은 양형부당을 이유로 제1심 판결을 파기하고 甲에게 '징역 단기 1년, 장기 1년 6월'의 형을 선고하였는데 판결서 주문에는 '甲을 징역 단기 1년 6월 장기 2년의 형에 처한다'고 기재되었다. 甲이 상고하였는데 대법원에서 甲의 상고를 기각함으로써 이 사건은 확정되었다. 검사가 판결원본의 기재에 따른 형을 집행지휘하자 甲은 '선고된 대로 집행하여야 한다'고 주장한다. 누구의 주장이 타당한가?
힌트 : 대법원 1981. 5. 14. 자 81모8 결정

11.1.4 甲은 폭행치사 혐의로 기소되었다. 제1심은 "甲은 발로 V의 우측 허벅지 부위를 수회 차고 오른쪽 주먹으로 왼쪽 얼굴 부위를 1회 때린 사실은 인정하기 어렵다"고 하면서도 "V가 甲의 방법 미상의 폭행으로 뒤로 넘어져 땅바닥에 머리를 부딪쳐 사망한 사실이 인정된다"면서 甲의 범죄사실을 "甲은 2018. 3. 25. 00:30경 甲 일행과 V 일행이 싸우던 중 위 'V가 甲에게 우산을 던지고 도망가다가 가방을 휘둘러 甲을 때렸다'는 이유로 V를 뒤쫓아 가 앞을 가로막은 후 불상의 방법으로 위 V를 가격하여 그 충격으로 위 V가 뒤로 넘어지면서 우측

후두부가 도로 바닥에 부딪쳐 같은 달 28. 04:55경 외상성 뇌출혈로 사망에 이르게 하였다.”고 판시하여 유죄를 선고하였다. 이 판결의 범죄사실기재의 타당성을 논하시오.

11.1.5 헌법재판소는 2015. 2. 26. 간통죄(형법 241조) 규정이 위헌이라고 결정하였고, 이에 형법 241조는 소급하여 효력을 상실하게 되었다. 다만 효력상실시기는 헌법재판소법 47조 3항에 의하여 종전 합헌 결정이 있던 날(2008. 10. 30.)의 다음 날인 2008. 10. 31.로 소급한다. 2015. 2. 26. 이전에 간통죄 혐의로 기소된 사건에 대하여 법원은 어떤 재판을 하여야 하는가?

11.1.6 검사가 공소사실의 일부인 범죄일람표를 컴퓨터 프로그램을 통하여 열어보거나 출력할 수 있는 전자적 형태의 문서로 작성한 다음 종이문서로 출력하지 않은 채 저장매체 자체를 서면인 공소장에 첨부하여 제출하였는데, 법원이 저장매체에 저장된 전자문서 부분을 제외하고 서면인 공소장에 기재된 부분만으로 공소사실이 특정되지 않았다고 판단하는 경우 법원은 어떤 재판을 하여야 하는가?
힌트 : 대법원 2017. 2. 15. 선고 2016도19027 판결

11.1.7 검사는 2017. 6. 30. 甲을 야간주거침입절도죄 혐의로 기소하였고 공소장에 기재된 공소사실은 ‘피고인 甲이 2010. 8. 10일 22시경 피해자 A의 집에 들어가 현금 100만 원을 절취하였다’는 내용이었다. 甲에 대한 재판이 진행되던 중 甲의 절취부분에 대한 증거가 불충분하자 검사는 2017. 8. 17.에 이르러 ‘피고인 甲이 2010. 8. 10일 22시경 피해자 A의 집에 들어가 주거를 침입하였다’는 내용의 주거침입죄로 공소장변경신청을 하였고, 법원은 공소장변경신청을 허가하였다. 법원은 어떤 재판을 하여야 하는가?
힌트 : 대법원 2001. 8. 24. 선고 2001도2902 판결

11.1.8 甲은 2014년 11월 경부고속도로 천안IC 부근에서 교통사고를 위장해 임신 7개월이던 캄보디아 국적의 아내 A를 살해한 혐의로 기소되었다. 검사는 甲이 사고 전 A의 명의로 26개의 보험에 가입해 사망보험금 규모가 95억 원에 달하는 등의 상황을 종합해 甲이 고의로 A를 살해했다고 판단해 살인죄로 기소했으나, 甲은 졸음운전으로 사고가 발생했다고 주장했다. 1심과 2심에서는 살인죄

의 유죄가 인정되어 甲에게 무기징역형이 선고되었는데, 3심에서는 "졸음운전인지 고의사고인지 단언할 수 있는 객관적 증거가 없는 이 사건에서 고의사고라고 확신할 수 있을 만큼 간접증거나 정황증거가 충분하다거나 살인의 점을 인정할 수 있다고 보기에는 더 세밀하게 심리하고 확인해야 할 부분이 많다"고 하면서 2심의 재판을 파기 환송하였고, 결국 살인죄의 무죄판결이 확정되었다. 이후 검사는 甲이 승용차에 동승한 A를 사망에 이르게 하였다는 교통사고처리특례법위반(업무상과실치사)죄로 공소를 제기하였다. 법원은 어떤 재판을 하여야 하는가?

힌트 : 대법원 2012. 5. 24. 선고 2010도3950 판결

11.1.9 甲은 허가를 받지 않고 300㎡ 미만의 종교집회장과 대중음식점을 용도변경한 혐의로 (구)건축법위반으로 기소되었다. 공판 중 300㎡ 미만의 종교집회장과 대중음식점의 용도변경은 허가를 받지 않아도 되는 것으로 건축법이 개정되었다. 이 개정은 종전의 조치가 부당하다는 반성적 조치로서 추급효가 부정된다. 법원은 어떤 재판을 하여야 하는가?

힌트 : 대법원 1992. 11. 27. 선고 92도2106 판결

11.1.10 상습절도를 범한 甲(16세)은 가정법원소년부의 보호처분결정(단기소년원송치)이 확정되었으나. 이 사건에 대해 검사는 다시 상습절도죄로 기소하였다. 법원은 어떤 재판을 하여야 하는가?

힌트 : 대법원 1996. 2. 23. 선고 96도47 판결

■ 퀴즈풀이 ─────────────────────────────────

11.1.1
명예훼손죄는 반의사불벌죄(형법 312조 2항)
이다. 판결선고 전 피해자의 처벌불원의 의
사표시가 있으면 법원은 사건의 실체에 대
한 심증을 형성했더라도 더 이상의 실체심
리를 중지하고 형식재판인 공소기각판결
(327조 6호)을 하여야 한다.

11.1.2
모욕죄(형법 311조)는 피해자의 고소가 있
어야 공소를 제기할 수 있는 친고죄이다.
그런데 공소제기 이후의 고소의 추완은 허
용되지 않는다(대법원 2006. 4. 28. 선고
2005도8976 판결). 명예훼손죄로 기소된 후
모욕죄로 공소장변경된 경우에도 마찬가지
이다. 법원은 공소제기의 절차가 법률의 규
정에 위반하여 무효인 때에 해당한다고 판
단하여 공소기각판결(327조 2호)을 선고할
것이다.

11.1.3
선고된 형과 판결원본에 기재된 형이 다를
경우에는 구술주의가 우선한다. 내부적 성
립의 내용과 외부적 성립의 내용이 다르면
사법에 대한 일반인의 신뢰가 더 중요하므
로 외부적 성립에 중점을 두어야 하기 때문
이다.

11.1.4
'유죄판결의 범죄사실의 특정정도'가 쟁점
이다. 요구되는 특정정도는 공소사실에 요
구되는 특정 정도(254조)와 동일하다. '甲이
미상의 방법으로 V를 가격하여 그 충격으
로 V가 뒤로 넘어지면서 우측 후두부가 도
로바닥에 부딪혀 사망에 이르렀다'는 범죄
사실의 기재만으로는 甲이 범한 폭행 사실의
구체적 사실을 기재하였다고 할 수 없으므로
이유불비(361조의5 11호)의 위법이 있다.

11.1.5
검사는 1심 판결선고 전까지 공소를 취소할
수 있다(255조 1항). 검사가 공소를 취소하
면 법원은 공소기각의 결정을 한다(328조 1
항). 만약 검사의 공소취소가 없다면 법원
은 무죄판결(325조)을 한다(대법원 1992. 5.
8. 선고 91도2825 판결; 대법원 2005. 4. 15.
선고 2004도9037 판결; 대법원 2009. 9. 10.
선고 2008도7537 판결). 간통사건이 2심 혹
은 3심 재판 중인 경우에는 검사의 공소취
소가 불가능하므로 법원은 무죄판결(325조)
을 하게 된다.

11.1.6
법원은 검사에게 특정을 요구하여야 하고 그
럼에도 검사가 공소장을 보정(특정)하지 않
으면 공소기각판결(327조 2호)을 하게 된다
(대법원 2017. 2. 15. 선고 2016도19027 판결).

11.1.7

야간주거침입절도죄의 법정형은 10년 이하의 징역이므로 공소시효는 10년이고, 주거침입죄의 법정형은 3년 이하의 징역이므로 공소시효는 5년이다(249조 1항). 공소제기의 효력은 공소장에 기재된 공소사실과 동일성이 인정되는 사실에 대하여 미치므로 공소제기시를 기준으로 공소시효의 완성여부를 결정하고, 공소장변경에 의하여 공소사실이 변경됨에 따라 그 법정형에 차이가 있는 경우에는 변경된 공소사실에 대한 법정형이 공소시효의 기준이다(대법원 2002. 10. 11. 선고 2002도2939 판결). 사안의 경우 공소시효완성의 판단시점은 공소제기시이므로 2017. 6. 30.이고, 공소시효 10년의 야간주거침입절도죄가 공소시효 5년의 주거침입죄로 공소사실이 변경되어 5년의 공소시효기간이 적용된다. 2017. 6. 30.은 2010. 8. 10.로부터 7년 이상의 기간이 지났으므로, 주거침입죄에 대하여는 이 사건 공소제기 당시 이미 공소시효가 완성되었다. 공소시효가 완성된 경우에 법원은 면소판결을 선고한다(326조 3호).

11.1.8

甲에 대한 교통사고처리특례법위반(업무상

과실치사)죄의 공소사실과 살인죄의 공소사실은 동일하다. 피고사건에 대하여 확정판결이 있은 때에는 면소판결하여야 하므로(326조 1호), 법원은 면소판결을 하게 된다.

11.1.9

법령의 개폐에 대하여 동기설에 따르면, 종래의 처벌자체가 부당하였다는 반성적 고려에서 법령을 개폐한 경우에만 면소사유에 해당하고, 단순한 사실관계의 변화에 따른 변경으로 추급효를 인정하는 경우에는 면소사유가 아니다. 사안은 법적견해의 변경으로 추급효가 부정되므로, 수소법원은 면소판결(326조 4호)을 한다.

11.1.10

소년법의 보호사건은 일사부재리효력이 인정되는 형사재판이 아니다. 그러나 보호처분을 받은 소년에 대해서는 다시 공소를 제기할 수 없도록 규정하고 있으므로(소년법 53조), 법원은 甲의 사건에 대해서 면소판결이 아니라 공소제기 절차가 법률의 규정에 위배하여 무효인 때에 해당하여 공소기각판결(327조 2호)을 한다.

제2절   재판의 확정과 집행, 형사보상

Ⅰ. 재판의 확정

1. 의의

재판이 통상의 불복방법으로 더 이상 다툴 수 없게 되어 그 내용을 변경할 수 없는 상태가 재판의 확정이다. 이러한 상태에 이른 재판을 확정재판이라고 한다. 형사재판은 실체적 진실의 발견을 추구하지만 실체적 진실의 발견만을 추구하여 재판이 계속 반복되고 번복되는 경우에는 법적 안정성이 유지될 수 없다. 법적 안정성의 유지를 위해서 일정한 단계가 지나면 더 이상 재판의 내용을 다툴 수 없게 하는 것이 재판의 확정이다.

재판이 외부적으로 성립하면 재판의 대외적 효력이 발생하여, 재판을 한 법원도 재판을 임의로 철회하거나 변경할 수 없고(재판의 구속력), 외부적 성립 시로부터 상소기간이 진행된다(343조 2항). 그러나 이것은 재판의 부수적 효력일 뿐이고, 재판본래의 효력은 확정재판을 통해 비로소 발생한다. 재판의 확정에 따른 재판의 효력을 '재판의 확정력'이라고 한다.

2. 시기

(1) 불복이 허용되지 않는 재판

불복이 허용되지 않는 재판은 재판의 선고·고지와 동시에 확정된다. 재판의 외부적 성립과 재판의 확정이 동시에 행해진다. 법원의 관할 또는 판결 전의 소송절차에 관한 결정에 대하여는 특히 즉시항고를 할 수 있는 경우 외에는 항고하지 못하므로(403조 1항), 이 경우 원칙적으로 그 고지와 동시에 확정된다. 항고법원 또는 고등법원의 결정도 재판에 영향을 미친 헌법·법률·명령 또는 규칙의 위반이 있음을 이유로 하는 때에 한하여 대법원에 즉시항고를 할 수 있을 뿐이므로, 즉시항고 사유가 없는 경우에는 고지와 동시에 확정된다. 최종심인 대법원이 한 결정에 대하여는 이유여하를 불문하고 불복항고할 수 없는데(대법원 1987. 1. 30. 자 87모4 결정), 상고기각결정은 다른 특별한 사정이 없는 그 등본이 피고인에게 송달되는 등의 방법으로 고지된 시기에 확정된다(대법원 2012. 1. 27. 선고 2011도

15914 판결). 대법원 판결의 내용에 오류가 있음을 발견한 때에는 판결로써 정정할 수 있는데(400조 1항), 판결의 정정은 예외적인 경우에 오기나 오산과 같은 오류를 정정하는데 불과하므로 대법원 판결도 선고와 동시에 확정된다고 본다.

(2) 불복이 허용되는 재판

상소 등 불복신청이 허용되는 재판은 불복방법이 더 이상 원용될 수 없을 때 확정된다. 먼저 불복신청기간이 도과하면 확정되는데, 항소·상고는 원심판결이 선고된 날로부터 7일(358조, 374조), 약식명령과 즉결심판은 재판을 고지받은 날로부터 7일(453조, 즉결심판법 14조, 16조), 즉시항고는 3일(405조)을 경과하면 재판이 확정된다. 그 외에 재판은 불복신청의 포기·취소, 상소기각결정과 같은 불복신청을 기각하는 재판의 확정에 의하여 확정된다.

3. 재판확정의 효력

(1) 형식적 확정력

재판이 통상의 불복방법에 의하여 다툴 수 없게 된 상태에 이른 것을 형식적 확정이라고 하며, 이에 따른 효력을 형식적 확정력이라고 한다. 이것은 재판의 대상이 된 사건을 더 이상 동일한 절차에서 다툴 수 없다는 의미이며, 소송관계인의 입장에서 불가쟁적 효력 혹은 재판을 행한 법원의 입장에서 불가변적 효력이라고도 불린다. 소송절차가 확정적으로 종결된다는 소송절차면에서의 효력이 재판의 형식적 확정력이므로, 종국재판·종국전의 재판 여부 또는 실체재판·형식재판 여부를 불문하고 모든 재판에서 발생한다.

형식적 확정력에 따른 효과를 보면, ① 종국재판의 경우에 당해 사건에 대한 소송계속이 종료되고, ② 재판집행의 기준시점이 되고(459조), ③ 유죄판결의 경우에 누범가중·선고유예의 실효·집행유예의 실효 등에 관한 기준시점이 된다. ④ 재판의 형식적 확정은 재판의 실질적(내용적) 확정의 전제가 된다.

(2) 실질적(내용적) 확정력
1) 의의

재판이 형식적으로 확정되면 그에 따라 의사표시의 내용, 즉 재판의 판단내용도 확정되는데 이를 재판의 실질적 확정 또는 내용적 확정이라고 하며, 이에 따른 효력을 실질적 확정력 또는 내용적 확정력이라고 한다. 실질적 효력은 재판의 내용면에서 발생하는 것이므로 주로 종국재판의 경우에만 문제되고, 다만 종국재판이 실체재판이든 형식재판이든 모두 실질적 확정력이 발생한다. 다만 유·무죄의 실체판결이 확정되면 사실의 존부와 구체적인 형벌권의 존부·범위가 확정되고 면소판결이 확정되면 공소권의 유무가 확정되는데, 피고사건의 실체와 관련된 내용적 확정력을 '실체적 확정력'이라고 부른다. 재판의 실체적 확정력이 발생하면 동일한 사건에 대해서 재소가 금지되는데, 이것을 '일사부재리의 효력'이라고 부른다.

2) 대내적 효과

벌금형의 가납재판과 같이 재판의 확정 전에 집행력이 인정되는 경우(334조 1항)를 제외하고 재판은 확정된 후에 집행된다(459조). 재판의 확정에 의해서 발생하는 '재판의 집행력'은 당해사건 자체에 대한 효력이라는 의미에서 실질적 확정력 중 대내적 효과라고 말한다.

재판의 집행력은 무죄판결의 경우에는 발생하지 않지만, 실체재판이든 형식재판이든 모두 발생한다. 확정된 형식재판 중 보석허가결정(95조, 96조)이나 구속영장의 발부(73조, 201조) 등은 석방이나 구속의 집행력이 있다.

3) 대외적 효과

재판이 확정되면 그 판단내용이 다른 법원을 구속하여, 후소법원은 동일한 사정하에서 동일한 사항에 대해서 다른 판단을 할 수 없게 된다. 이러한 효과를 재판의 내용적 구속력이라고 말한다. 재판의 확정에 의해서 발생하는 내용적 구속력은 다른 법원에 대한 효과라는 점에서 실질적 확정력 중 대외적 효과라고 한다. 재판의 내용적 구속력 중 대외적 효과가 '기판력'이라고 할 수 있다.

재판의 내용적 구속력은 실체재판과 형식재판 모두에서 발생한다. 다만 실체재판에서는 공소사실의 동일성이 인정되는 범위 내에서는 일사부재리의 효력이 인정되므로, 동일한 사건에 대해서는 일사부재리의 효력에 의해서 후소가 차단된다. 따라서 재판의 내용적 구속력 중 대외적 효과는 일사부재리의 효력이 인정되지 않는 형식재판에서 그 의미가 크다. 예를 들어 모욕죄와 같은 친고죄에 있어서 적법한 고소가 없어 공소기각판결이 확정된 경우라면 고소가 있었다는 주장을 하여 동일한 사실에 대해서 다시 재기소하더라도, 후소법원은 확정판결을 무시하는 실체판단을 할 수 없고 다만 공소기각판결(327조 2호)을 선고한다.

그러나 형식재판에 있어서 내용적 구속력은 사정변경이 있는 경우에는 적용되지 않는다. 형식재판이 확정된 경우라도 판단의 기초가 되었던 사정에 변경이 있는 경우에는 동일한 사건으로 볼 수 없기 때문이다. 예를 들어 모욕죄와 같은 친고죄에 있어서 적법한 고소가 없어 공소기각판결이 확정된 경우라도 고소기간 내에 다시 적법한 고소가 이루어진 경우에는 사정변경이 있는 경우이다.

4. 기판력과 일사부재리효력

(1) 기판력의 본질

(실체재판이든 형식재판이든) 재판이 확정되면 후소법원은 동일한 사정하에서 동일한 사항에 대해서 다른 판단을 할 수 없는 효과(재판의 내용적 구속력)가 발생하는데, 재판의 내용적 구속력의 대외적 효과가 '기판력'이다. 그런데 확정된 재판이 오판이었을 때 그 확정된 오판의 법적 효과를 어떻게 설명할 것인가와 관련해서 기판력의 본질이 논의된다.

ⓐ 확정재판이 실체법(형법)의 법률관계를 변경시켜 새로운 실체법을 만든다는 '실체법설'이나 ⓑ 추상적 규범인 실체법이 형사절차를 통해 구체적 법률관계로 형성되는 힘이 기판력이라는 '구체적 규범설'이 있다. ⓒ 그러나 기판력은 후소법원의 실체심리만을 차단하는 소송법 자체의 효력으로서 실체적 법률관계와는 무관하다고 보는 '소송법설'이 다수의 견해이고 타당하다. 기판력은 다툼이 있는 법률관계를 공권적인 법원의 판단을 통해서 종국적으로 해결하려는 목적에서 인정되는 것이며, 법적 안정성과 소송경제라는 재판제도 자체의 요청에서 존재하는 제도적 효력이기 때문이다.

소송법설에 의하면, 확정재판은 실체적 법률관계를 변경하지는 않지만 소송법적으로 후소법원을 구속하기 때문에 통상절차로는 그 확정판결을 파기할 수 없고, 오판에 기한 형집행에 대해서도 정당방위가 허용되지 않는다.

(2) 기판력과 일사부재리효력과의 관계

재판의 내용적 구속력인 기판력은 실체재판과 형식재판 모두에서 발생하는데, 면소판결과 유·무죄의 실체재판에서는 일사부재리효력과 중첩된다. 유·무죄의 실체판결이나 면소판결이 확정되면 동일한 범죄사실에 대해서 심리·판단하는 것이 허용되지 않는 것을 일사부재리의 효력(ne bis in idem)이라고 한다. 이것은 "모든 국민은 동일한 범죄에 대하여 거듭 처벌받지 아니한다."고 헌법 13조 1항

에 규정되어 있다. 기판력과 일사부재리효력을 동일한 것으로 볼 것인지 구별할
것인지와 관련해서 논의가 있다.

ⓐ 기판력과 일사부재리효력을 별개의 개념으로 이해하는 구별설이 있다.
국가기관의 소추활동으로 처벌의 위험에 처했던 피고인은 동일한 행위로 거듭
처벌의 위험에 놓이지 않는다는 영미법상의 '이중위험금지(double jeopardy)'가 헌법
13조 1항에 규정되어 발생된 효력이 일사부재리효력인 반면, 기판력은 재판의 내
용적 확정력 중 대외적 효과를 의미하는 소송법적 개념으로서 실체판결 자체에
내재하는 효력이라고 본다.

ⓑ 기판력과 일사부재리효력을 동일한 개념으로 이해하는 일치설이 있다.
일치설에 의하면, 재판이 확정되면 그 판단내용이 다른 법원을 구속하는 '내용적
구속력'이 발생하는데, 내용적 구속력 중 실체와 관련된 내용적 구속력이 '기판
력'이라고 보는 견해이다. 이 견해에 의하면 기판력은 유·무죄의 실체판결이 확
정된 경우에 동일사건에 대해서 다시 심리와 재판이 행해지지 않는 효력이라고
보게 되어, 일사부재리효력과 동일한 것으로 이해된다.

ⓒ 기판력의 의미를 넓게 이해하여 재판의 내용적 확정력 중 대외적 효과(내
용적 구속력)가 광의의 기판력이라고 이해하여, 기판력은 내용적 구속력과 일사부
재리효력을 포함한다는 포함설이 있다. 포함설에 의하면 형식재판과 실체재판 모
두에서 재판의 내용적 구속력이 기판력이고, 이 중 실체재판에 있어서 동일사건
에 대한 재심리금지의 효과(협의의 기판력)가 일사부재리효력이라고 보게 된다.

기판력과 일사부재리효력의 관계에 관한 논의는 일사부재리효력과 이중처벌
금지의 역사적 발전과정과 그 수용에 관한 검토에서 시작한다. 하지만 확정된 실
체판결의 경우에 일사부재리의 효력을 인정하는 것은 동일하다. 이 논의가 가져
오는 법률효과의 실질적인 차이는 미미할 뿐이고, 다만 확정된 실체판결의 경우
에 있어서 기판력이라는 명칭을 사용하지 않고 일사부재리효력이라는 명칭을 사
용할 것인지(구별설), 기판력이라는 명칭을 사용할 것인지(일치설), 협의의 기판력
혹은 일사부재리효력이라는 명칭을 사용할 것인지(포함설)의 차이를 가져온다. 판
례는 일반적으로 기판력이라는 용어를 사용하고 있다.

생각건대 기판력의 개념을 광의의 기판력과 협의의 기판력으로 구분하여 광
의의 기판력은 (형식재판을 포함한) 재판의 내용적 확정력 중 대외적 효과(내용적 구
속력)를 의미하고 협의의 기판력은 실체재판의 대외적 효과(내용적 구속력)를 의미
하며 협의의 기판력이 일사부재리효력이라고 이해하는 것(포함설)이 타당하다. 우

선 일사부재리효력은 영미의 이중처벌금지의 법리로만 설명되는 것이 아니고 용어의 기원적인 측면 등을 고려하면 대륙법계의 법리로 설명될 수도 있다. 그리고 기판력이라는 개념을 인정하여 내용적 구속력에 독자적인 의미를 부여할 필요가 있는데, 실체재판에서 확정된 사실이 다른 사건의 선결문제로 된 경우에 기판력을 인정함으로써 동일한 사건에 대해서 전후 모순되는 판결이 행해지는 것을 방지할 수 있다. 예를 들어 피고인이 방화죄에 있어서 무죄판결을 선고받아 확정된 후 보험금을 청구하였는데 검사가 이것을 사기죄로 기소한 경우, 후소법원이 방화행위를 인정해서 사기죄의 유죄판결을 하는 것은 피고인의 법적 안정성을 보호하지 못하므로, 이 경우에도 기판력의 개념을 인정하여 사기사건에 대한 후소법원은 방화사건에 대한 전소법원의 판결내용에 구속되는 것이 타당하다.

〈선결문제인 사실에 대한 확정판결의 내용적 구속력〉

> 그러나 대법원은 선결문제인 사실에 대한 확정판결의 내용적 구속력을 인정하지 않는다. 판례에 따르면 "과실로 교통사고를 발생시켰다는 각 '교통사고처리 특례법 위반죄'와 고의로 교통사고를 낸 뒤 보험금을 청구하여 수령하거나 미수에 그쳤다는 '사기 및 사기미수죄'는 서로 행위 태양이 전혀 다르고, 각 교통사고처리 특례법 위반죄의 피해자는 교통사고로 사망한 사람들이나, 사기 및 사기미수죄의 피해자는 피고인과 운전자보험계약을 체결한 보험회사들로서 역시 서로 다르며, 따라서 위 각 교통사고처리 특례법 위반죄와 사기 및 사기미수죄는 그 기본적 사실관계가 동일하다고 볼 수 없으므로, 위 전자에 관한 확정판결의 기판력이 후자에 미친다고 할 수 없다"고 한다 (대법원 2010. 2. 25. 선고 2009도14263 판결).

(3) 일사부재리효력이 미치는 재판

1) 유·무죄의 실체재판

유·무죄판결이 확정되면 일사부재리의 효력이 발생한다. 유·무죄판결이 확정된 후에 동일한 범죄사실에 대해서 다시 공소가 제기되면 법원은 면소판결을 선고한다(326조 1호). 약식명령과 즉결심판이 확정된 경우에도 확정판결과 동일한 효력이 있으므로(457조, 즉결심판법 16조), 일사부재리의 효력이 인정된다.

일사부재리효력은 형사재판에서 인정되는 것이므로, 과태료(대법원 1996. 4. 12. 선고 96도158 판결)나 통고처분(대법원 1988. 11. 8. 선고 87도1059 판결)과 같은 행정기관의 처분이나 소년법상의 보호처분결정에 대해서는 일사부재리효력이 인정되지 않는다. 보호처분결정을 받은 소년에 대해서는 그 심리가 결정된 사건은 다시 공소를 제기하지 못하는 것 일뿐이므로(소년법 53조), 보호처분을 받은 사건과 동일한 사건에 관하여 다시 공소제기된 사건에 대해서 법원은 일사부재리효력에 의한 면소판결이 아니라 공소제기 절차가 법률의 규정에 위배하여 무효인 때에 해당하여 공소기각판결(327조 2호)을 하게 된다(대법원 1996. 2. 23. 선고 96도47 판결).

다만 범칙금납부의 통고처분에서도 일사부재리효력이 인정되지 않는 것이 원칙이나, 경범죄처벌법 8조 3항과 도로교통법 164조 3항에서는 범칙금을 납부한 사람은 그 범칙행위에 대하여 다시 처벌받지 아니한다고 규정하고 있어, 예외적으로 범칙금납부에 일사부재리효력이 규정되어 있다.

〈경범죄처벌법상 범칙금납부와 일사부재리효력〉

> 그러나 범칙행위와 같은 시간과 장소에서 이루어진 행위라 하더라도 범칙행위의 동일성을 벗어난 형사범죄행위에 대해서는 범칙금납부의 일사부재리효력을 인정하지 않는 판례가 있다. 피고인이 경범죄처벌법상 음주소란 범칙행위로 범칙금 통고처분을 받아 이를 납부하였는데, 이와 근접한 일시·장소에서 위험한 물건인 과도를 들고 피해자를 쫓아가며 "죽여 버린다."고 소리쳐 협박하였다는 내용의 (구)폭력행위처벌법위반으로 기소된 경우에 범칙금의 납부에 따라 확정판결에 준하는 일사부재리의 효력이 인정되지 않는다(대법원 2012. 9. 13. 선고 2012도6612 판결).

2) 면소판결

형식재판에 있어서는 일사부재리효력이 발생하지 않는다. 그러나 형식재판인 면소판결에는 일사부재리의 효력이 인정된다. 면소판결이 선고되는 사유는 다른 형식재판의 사유와 달리 흠결된 소송조건이 사후에 보완될 수 없기 때문이다. 즉 소송추행이익이 결여되었기 때문에 면소판결에는 일사부재리효력이 인정된다.

3) 당연무효판결

판결로서 성립은 하였지만 명백하고 중대한 하자가 있어 불복신청이 없더라도 그 본래의 효력이 발생하지 않는 재판이 '당연무효의 판결'이다. 예를 들어 확정판결을 받은 사건과 동일한 사건에 대해서 다시 실체판결이 선고된 경우, 사망한 자에 대하여 형을 선고한 경우, 항소취하한 후에 선고된 항소심판결 등이다.

당연무효의 판결은 판결의 불성립(예를 들어 법관 아닌 자의 판결)은 아니고 적어도 판결로서 성립은 하였으므로, 형식적 확정력은 인정되어 당해 사건에 관해서 소송절차를 종결시키는 효력은 인정된다. 그러나 재판의 실질적 확정력 중 대내적 효과인 재판의 집행력은 발생하지 않고 대외적 효과도 발생하지 않는다. 당연무효인 확정판결도 일단 법원이 심리를 종결하여 최종적 판단을 한 것이고 이에 따라 처벌의 위험에 있었던 피고인을 재차의 심판으로부터 보호할 필요성이 있기 때문에 일사부재리효력을 인정한다.

(4) 일사부재리효력의 범위

1) 주관적 범위

일사부재리효력은 공소가 제기된 피고인에 대해서만 발생한다. 공소는 검사가 피고인으로 지정한 사람 외의 다른 사람에게는 그 효력이 미치지 않는다(248조 1항). 따라서 일사부재리효력은 그 사건의 피고인이 아니었던 다른 공동피고인에게는 미치지 않고(대법원 2006. 9. 22. 선고 2004도4751 판결), 공범 간에 서로 모순되는 판결이 생길 수도 있다.

피고인이 성명을 모용한 경우에 검사는 모용자에 대해서 공소를 제기한 것이므로 판결의 효력은 피모용자에게 미치지 않는다. 그러나 위장출석의 경우에는 판결의 효력이 피고인으로 취급된 위장출석자에게 미친다.

2) 객관적 범위

① 사실의 동일성

일사부재리효력은 하나의 범죄사실의 전부에 대해서, 즉 법원의 현실적 심판의 대상인 (공소장에 기재된) 공소사실뿐만 아니라 그와 동일성이 인정되는 모든 사실(잠재적 심판대상)에 대해서도 미친다. 공소사실과 동일성이 인정되는 사실까지 일사부재리효력이 미치는 근거에 대해서는 ⓐ 법원의 잠재적 심판대상은 언제든지 현실적 심판대상으로 전환될 수 있는 가능성이 있는 부분이기 때문이라는 견해, ⓑ 공소제기의 효력이 미치는 전체범죄사실(248조 2항)이 심판대상이기 때문이라는 견해, ⓒ 형사소추일회성의 원칙에 따라 1개의 형벌권이 인정되는 사실은 1회의 절차에서 해결하기 때문이라는 견해가 있다.

생각건대 이러한 3가지 입장에서 제시되는 근거는 서로가 모순되는 것이 아니다. 형사소송법은 형법을 실현하는 제도라는 기초에서 출발된다. 그렇다면 형사소송법은 형벌권의 구체적 실현을 목적으로 하는 절차에 관한 법률이므로 형법상 단일한 형벌권이 인정되는 사실에 대해서는 소송절차도 단일해야 하고 그 범위에서는 당연히 일사부재리효력이 발생한다.

공소사실의 동일성은 기본적 사실관계의 동일성이 있는지에 따라 결정된다. 판례는 기본적 사실관계의 동일성 여부를 판단하는 데 있어서 규범적 요소도 함께 고려해야 한다는 입장이다(대법원 1994. 3. 22. 선고 93도2080 전원합의체 판결).

② 상습범의 동일성

일사부재리효력은 하나의 범죄사실의 전부에 대해서 미치므로, 포괄일죄의 일부분에 대한 확정판결은 현실적 심판의 대상이 되지 않았던 부분에까지 미친다. 그런데 판례는 상습범인 포괄일죄에 있어서는 일사부재리효력을 제한하고 있다. 상습범으로서 포괄적 일죄의 관계에 있는 여러 개의 범죄사실 중 일부에 대하여 유죄판결이 확정된 경우에 그 확정판결의 사실심판결 선고 전에 저질러진 나머지 범죄에 대해서 일사부재리효력이 인정되기 위해서는 그 확정판결에서 당해 피고인이 상습범으로 기소되어 처단되었을 것을 필요로 하고 상습범 아닌 기본 구성요건의 범죄로 처단되는 데 그친 경우에는 그 확정판결의 일사부재리효력이 그 사실심판결 선고 전의 나머지 범죄에 대해서는 미치지 않는다고 한다(대법원 2004. 9. 16. 선고 2001도3206 전원합의체 판결).

③ 보충소송

확정판결이 행위의 불법내용을 모두 판단하지 않은 경우에 판단하지 않은 부분에 대해서 새로운 공소제기를 하는 것을 보충소송이라고 한다. 예를 들어 상해죄의 유죄판결이 선고되어 확정되었는데 후에 피해자가 사망한 경우에 확정판결에서 판단되지 못한 사망의 결과에 대해서 다시 공소제기를 하는 것이다. 그러나 일사부재리효력은 공소사실뿐만 아니라 그와 동일성이 인정되는 잠재적 심판대상에 대해서도 미치므로, 사실의 동일성이 인정되는 부분에 대한 보충소송은 허용되지 않는다.

〈즉결심판의 확정과 일사부재리효력〉

피고인이 1988. 5. 20. 17:00경부터 23:00경까지 사이에 술에 취해 주점에 찾아와 그 곳 손님들에게 시비를 걸고 주먹과 드라이버로 술탁상을 마구치는 등 약 6시간 동안 악의적으로 영업을 방해하였다는 사실로 경범죄처벌법위반으로 구류 5일의 즉결심판을 받아 확정된 경우, 피고인이 같은 날 17:00경 같은 주점에서 그곳의 손님인 피해자와 시비를 벌여 주먹으로 피해자의 얼굴을 1회 때리고 멱살잡이를 하다가 위 주점 밖으로 끌고 나와 주먹과 발로 피해자의 복부 등을 수회 때리고 차서 피해자로 하여금 그 이튿날 19:30경 외상성 장간막 파열로 인한 출혈로 사망케 한 것으로 공소제기하였다면, 법원은 이 공소사실에 대해서 이미 확정판결이 있으므로 면소판결을 하게 된다(대법원 1990. 3. 9. 선고 89도1046 판결).

3) 시간적 범위

상습범·영업범·계속범과 같은 포괄일죄에 있어서 행위가 확정판결의 전후에 걸쳐서 행하여진 경우에 일사부재리효력을 어느 시점의 행위까지 인정할 것인지가 문제된다. 일사부재리의 효력은 사실심리가 가능한 최후의 시점까지 미치는 것인데, 구체적으로 ⓐ 변론종결시설, ⓑ 판결선고시설, ⓒ 판결확정시설이 있다.

사실심리가 가능한 최종시점은 변론종결시이므로 변론종결시설이 타당한 듯하지만, 형사소송법에서는 종결한 변론의 재개를 인정하고 있으므로(305조) '사실심의 판결선고시'를 기준으로 보는 것이 타당하다. 판례도 사실심리의 가능성이 있는 최후의 시점인 판결선고시를 기준으로 하고 있다(대법원 1982. 12. 28. 선고 82도2500 판결).

판결절차가 아닌 약식명령은 그 고지를 검사와 피고인에 대한 재판서 송달로써 하고 따로 선고하지 않으므로(452조) 약식명령에 관하여는 그 기판력의 시간적 범위를 약식명령의 송달시를 기준으로 할 것인지 발령시를 기준으로 할 것인지에 대해 논란이 있다. 판례는 약식명령에서도 일사부재리효력의 시간적 범위를 판결절차와 달리 하여야 할 이유가 없으므로 그 발령시를 기준으로 본다(대법원 1984. 7. 24. 선고 84도1129 판결).

포괄일죄에 있어서 확정판결에 따른 일사부재리효력은 잠재적 심판대상 전체에 미치지만, 만약 포괄일죄의 일부의 범죄사실에 대한 유죄의 확정판결이 있는 경우에는 확정판결 이후의 범죄사실은 별개의 범죄이므로 이에 대해서 검사는 독립된 범죄로 공소를 제기하게 된다(대법원 2017. 4. 28. 선고 2016도21342 판결). 항소심의 경우에 일사부재리효력은 항소심의 구조(사후심적 속심)에 비추어 보면 항소심의 판결선고시가 기준이 되는데, 항소이유서를 제출하지 아니하여 항소기각결정(실체재판이 아니다)된 경우에도 직권조사사유가 있으면 항소법원이 직권으로 심판하여 제1심 판결을 파기하고 다시 판결할 수도 있으므로(361조의4 1항) 사실심리의 가능성이 있는 최후시점은 항소기각결정시라고 보게 된다(대법원 1993. 5. 25. 선고 93도836 판결).

(5) 일사부재리효력의 적용배제

일사부재리효력은 피고인 보호와 법적 안정성을 위해서 인정된다. 그러나 확정판결에 중대하고 명백한 오류가 있는 경우에도 피고인 보호와 법적 안정성만을 강조하는 것은 정의의 실현이라는 형사재판의 본질에 반하게 된다. 따라서 이 경우에는 예외적으로 일사부재리효력을 인정하지 않는 것이 필요한데, 형사소송법에는 상소권회복, 재심, 비상상고를 인정하여 일사부재리효력을 예외적으로 배제하고 있다.

'상소권회복'은 재판의 확정 자체가 당사자(특히 피고인)의 이익을 부당하게 박탈하는 것을 구제하기 위한 제도이고(345조), '재심'은 확정판결에 명백한 사실오인이 있는 경우에 이를 시정하여 유죄판결을 받은 자의 불이익을 구제하는 제도이고(420조), '비상상고'는 확정판결의 법령위반을 시정하여 정당한 법령의 해석·적용을 선언하는 제도이다(441조).

II. 소송비용

1. 의의

소송비용은 소송절차를 진행함에 있어서 발생한 비용으로서 형사소송비용법에서 형사소송비용으로 정한 것을 말한다. 여기에는 증인·감정인·통역인·번역인의 일당·여비·숙박료, 감정인·통역인·번역인의 감정료·통역료·번역료·그 밖의 비용, 국선변호인의 일당·여비·숙박료·보수가 포함된다(형사소송비용법 2조).

피고인에 대한 소송비용의 부담은 실질적으로 재산적 이익의 박탈이라는 점에서 벌금형과 유사한 측면이 있고, 고소인이나 고발인 등 피고인 아닌 자에 대한 소송비용의 부담은 부당한 고소·고발이나 상소·재심청구에 대한 제재의 측면도 있다. 그러나 소송비용의 부담은 범죄행위를 전제하는 형벌이 아니므로, 불이익변경금지원칙이 적용되지 않는다(대법원 2008. 3. 14. 선고 2008도488 판결).

2. 부담자

소송비용은 모두 국가가 부담하는 것이 원칙이고 검사의 책임으로 인하여 발생한 소송비용은 국가가 부담한다. 그러나 일정한 범위에서 피고인 또는 기타의 자에게 소송비용을 부담하게 할 수 있는데, 형사소송법은 이에 대해서 규정하고 있다.

(1) 피고인

형의 선고를 하는 때에는 피고인의 경제적 사정으로 소송비용을 납부할 수 없는 경우를 제외하고 피고인에게 소송비용의 전부 또는 일부를 부담하게 하여야 한다(186조 1항). 형의 집행유예선고는 형의 선고가 있는 경우이나 형의 면제와 형의 선고유예는 형의 선고가 없는 경우이다. 다만 형의 선고를 하지 아니하는 경우에도 피고인에게 책임지울 사유로 발생된 비용은 피고인에게 부담하게 할 수 있는데(186조 2항), 예를 들어 피고인이 정당한 이유 없이 공판기일에 출석하지 않아 증인을 재소환하게 된 경우 등이다.

공범의 소송비용은 공범인에게 연대부담하게 할 수 있다(187조). 여기에는 필요적 공범도 포함되며, 연대하여 부담할 소송비용은 공동심리 중에 발생한 비용에 한한다.

그러나 검사만이 상소 또는 재심청구를 한 경우에 상소 또는 재심의 청구가 기각되거나 취하된 때에는 그 소송비용을 피고인에게 부담하게 하지 못한다(189조). 피고인이 경제적 사정으로 소송비용을 납부할 수 없는 때에는 소송비용부담을 면제할 수 있다(186조 1항 단서).

(2) 제3자

고소·고발에 의하여 공소를 제기한 사건에서 피고인이 무죄·면소의 판결을 받은 경우에 고소인·고발인에게 고의 또는 중대한 과실이 있는 때에는 그 자에게 소송비용의 전부 또는 일부를 부담하게 할 수 있다(188조). 무죄판결이나 면소판결에 제한되므로 형의 면제·선고유예나 공소기각재판의 경우는 포함되지 않는다.

검사 아닌 자가 상소 또는 재심청구를 한 경우에 상소 또는 재심의 청구가 기각되거나 취하된 때에는 그 자에게 그 소송비용을 부담하게 할 수 있다(190조 1항). 피고인도 검사 아닌 자에 포함된다. 피고인 아닌 자가 피고인이 제기한 상소 또는 재심의 청구를 취하한 경우에는 그 자에게 그 소송비용을 부담하게 할 수 있다(190조 2항). 다만 변호인이 피고인을 대리하여 상소 또는 재심의 청구를 취하한 때에는 피고인을 대리하여 한 것이므로 변호인에게 소송비용을 부담하게 할 수 없다.

3. 부담절차

(1) 재판으로 종료되는 경우

재판으로 소송절차가 종료되는 경우에 '피고인'에게 소송비용을 부담하게 하는 때에는 직권으로 재판하여야 한다(191조 1항). 이 재판은 본안재판의 형식에 따라 판결 또는 결정의 형식으로 주문에서 행한다. 이러한 소송비용부담의 재판에 대해서는 본안의 재판에 관하여 상소하는 경우에 한하여 불복할 수 있는데(191조 2항), 이때 본안의 재판이란 실체재판인지 형식재판인지와 관계없이 피고사건에 관한 종국재판을 말한다. 소송비용부담의 재판에 대한 불복은 본안의 재판에 대한 상소의 전부 또는 일부가 이유 있는 경우에 한하여 받아들여질 수 있다(대법원 2016. 11. 10. 선고 2016도12437 판결). 소송비용부담 부분은 본안 부분과 분리 확정될 수 없는 것이므로, 상소심에서 원심 본안 부분을 파기하는 경우에는 소송비용부담 부분까지 함께 파기하여야 한다(대법원 2009. 4. 23. 선고 2008도11921 판결).

한편 재판으로 소송절차가 종료되는 경우에 '피고인 아닌 자'에게 소송비용을 부담하게 하는 때에는 직권으로 결정을 하여야 한다(192조 1항). 이 결정에 대하여는 즉시항고를 할 수 있다(192조 2항).

(2) 재판에 의하지 않고 종료되는 경우

재판에 의하지 아니하고 소송절차가 종료되는 경우, 예를 들어 상소취하·재심청구취하·정식재판청구취하 등에 소송비용을 부담하게 하는 때에는 사건의 최종계속법원이 직권으로 결정을 하여야 한다(193조 1항). 재판에 의하지 아니하고 소송절차가 종료되는 경우는 피고인에게 소송비용을 부담시키는 경우와 제3자에게 부담시키는 경우 모두를 포함한다. 이 결정에 대하여는 즉시항고를 할 수 있다(193조 2항).

(3) 소송비용부담액의 산정과 집행

법원이 소송비용부담액을 반드시 확정하여 선고할 필요는 없다. 소송비용의 부담에 관한 재판에서 법원은 부담시킬 소송비용의 액을 산정하여 표시할 수도 있고 추상적으로 부담자·부담부분만을 지정하여 표시할 수도 있다. 소송비용의 부담을 명하는 재판에 그 금액을 표시하지 아니한 때에는 집행을 지휘하는 검사가 산정한다(194조).

소송비용의 재판은 검사의 명령에 의하여 집행한다(477조 1항). 소송비용부담의 재판을 받은 자가 빈곤으로 인하여 이를 완납할 수 없는 때에는 그 재판의 확정 후 10일 이내에 재판을 선고한 법원에 소송비용의 전부 또는 일부에 대한 재판의 집행면제를 신청할 수 있다(487조). 소송비용의 집행면제 신청기간 내와 그 신청이 있는 때에는 소송비용부담의 재판의 집행은 그 신청에 대한 재판이 확정될 때까지 정지된다(472조). 재판의 집행을 받은 자 또는 그 법정대리인이나 배우자는 집행에 관한 검사의 처분이 부당함을 이유로 재판을 선고한 법원에 이의신청을 할 수 있다(489조). 이의신청이 있는 때에는 법원은 결정을 하여야 하고(491조 1항), 이 결정에 대하여는 즉시항고를 할 수 있다(491조 2항).

4. 무죄판결에 대한 비용보상

국가는 무죄판결이 확정된 경우에는 당해 사건의 피고인이었던 자에 대하여 그 재판에 소요된 비용을 보상하여야 한다(194조의2 1항). 이것을 '무죄판결에 대한 비용보상'이라고 하는데, 무죄판결에 대한 비용보상은 재판에 소요된 비용 자체에 대한 보상이라는 점에서, 사후적으로 볼 때 위법한 미결구금이나 형집행에 대한 보상인 '형사보상'과 구별된다.

다만 국가는 다음의 경우는 비용의 전부 또는 일부를 보상하지 아니할 수 있는데, ① 피고인이었던 자가 수사 또는 재판을 그르칠 목적으로 거짓 자백을 하거나 다른 유죄의 증거를 만들어 기소된 것으로 인정된 경우, ② 1개의 재판으로써 경합범의 일부에 대하여 무죄판결이 확정되고 다른 부분에 대하여 유죄판결이 확정된 경우, ③ 형법 9조(형사미성년자) 및 10조 1항(심신상실자)의 사유에 따른 무죄판결이 확정된 경우, ④ 그 비용이 피고인이었던 자에게 책임지울 사유로 발생한 경우이다(194조의2 2항).

무죄판결에 대한 비용보상은 피고인이었던 자의 청구에 따라 무죄판결을 선고한 법원의 합의부에서 결정으로 한다(194조의3 1항). 비용보상청구는 무죄판결이 확정된 사실을 안 날부터 3년, 무죄판결이 확정된 때부터 5년 이내에 하여야 하고(194조의3 2항), 비용보상의 결정에 대하여는 즉시항고를 할 수 있다(194조의3 3항).

무죄판결에 대한 비용보상의 범위는 피고인이었던 자 또는 그 변호인이었던 자가 공판준비 및 공판기일에 출석하는데 소요된 여비·일당·숙박료와 변호인이었던 자에 대한 보수에 한한다(194조의4 1항). 법원은 공판준비 또는 공판기일에 출석한 변호인이 2인 이상이었던 경우에는 사건의 성질, 심리 상황, 그 밖의 사정을 고려하여 변호인이었던 자의 여비·일당 및 숙박료를 대표변호인이나 그 밖의 일부 변호인의 비용만으로 한정할 수 있다(194조의4 2항).

5. 소송비용집행면제의 신청

소송비용부담의 재판을 받은 자가 빈곤으로 인하여 이를 완납할 수 없는 때에는 그 재판의 확정 후 10일 이내에 재판을 선고한 법원에 소송비용의 전부 또는 일부에 대한 재판의 집행면제를 신청할 수 있다(487조). 규정된 신청기간 내와 그 신청이 있는 때에는 소송비용부담의 재판의 집행은 그 신청에 대한 재판이 확정될 때까지 정지된다(472조). 신청이 있는 때에는 법원은 결정을 하여야 하고(491조 1항), 이 결정에 대해서 즉시항고를 할 수 있다(491조 2항).

III. 재판의 집행

1. 재판집행의 일반원칙

국가가 재판의 의사표시내용을 강제적으로 실현하는 작용이 '재판의 집행'이다. 재판의 집행에는 ① 형의 집행, ② 추징이나 소송비용 등 부수처분의 집행, ③ 과태료·보증금몰수·비용배상 등 형 이외의 제재의 집행, ④ 강제처분을 위한 영장의 집행 등이 있다.

재판의 집행 중 가장 중요한 것은 유죄판결의 집행인 형의 집행이다. 형의 집행에 의해서 국가형벌권이 구체적으로 실현되기 때문이다. 재판의 의사표시내용에 대한 강제적 실현을 요하지 않는 무죄판결이나 형식재판 등에서는 재판의 집행이 문제되지 않는다.

2. 재판집행의 시기

(1) 확정 후 즉시집행의 원칙

재판은 원칙적으로 확정한 후에 집행된다(459조). 재판은 확정된 후 즉시 집행된다(즉시집행의 원칙). 형선고의 재판에 있어서 형의 집행이 착수되지 않으면 형의 시효가 진행되고(형법 78조), 형의 시효가 완성되면 형의 집행이 면제된다(형법 77조).

한편 집행유예기간의 시기는 형사소송법 459조의 취지와 집행유예 제도의 본질 등에 비추어 보면 집행유예를 선고한 판결 확정일이지, 법원이 판결 확정일 이후의 시점을 임의로 선택할 수 없다(대법원 2002. 2. 26. 선고 2000도4637 판결).

(2) 확정 전의 재판집행

재판의 확정 후 즉시집행의 원칙에 대해서는 재판이 확정되기 전이라도 집행할 수 있는 일정한 예외가 있다. ① 결정이나 명령은 즉시항고(410조) 또는 준항고(416조 4항)의 경우를 제외하고는 즉시 집행할 수 있다. 법원의 결정에 대한 상소인 항고는 즉시항고 이외에는 재판의 집행을 정지하는 효력이 없다(409조). ② 법원은 벌금, 과료 또는 추징의 선고를 하는 경우에 판결의 확정 후에는 집행할 수 없거나 집행하기 곤란할 염려가 있다고 인정한 때에는 직권 또는 검사의 청구에 의하여 피고인에게 벌금, 과료 또는 추징에 상당한 금액의 가납을 형의 선고와 동시에 판결로써 선고할 수 있는데(334조 1항), 가납판결은 즉시로 집행할 수 있다(334조 3항).

(3) 확정 후 즉시 집행할 수 없는 경우

재판이 확정되더라도 즉시 집행할 수 없는 경우가 있다. ① 소송비용부담재판의 집행은 소송비용집행면제의 신청기간 내와 그 신청에 대한 재판이 확정될 때까지 정지된다(472조). ② 벌금과 과료는 판결확정일로부터 30일 내에 납입하여야 하므로(형법 69조 1항) 노역장유치는 벌금과 과료의 재판이 확정된 후 30일 이내에 집행될 수 없다. ③ 사형은 법무부장관의 명령에 의하여 집행한다(463조). ④ 징역, 금고 또는 구류의 선고를 받은 자가 심신의 장애로 의사능력이 없는 상태에 있는 때에는 심신장애가 회복될 때까지 형의 집행을 정지한다(470조 1항). ⑤ 보석허가결정은 조건을 이행한 후가 아니면 집행하지 못한다(100조 1항).

3. 재판집행의 지휘

재판의 집행은 그 재판을 한 법원에 대응한 검찰청검사가 지휘하고(460조 1항 본문), 상소의 재판 또는 상소의 취하로 인하여 하급법원의 재판을 집행할 경우에는 상소법원에 대응한 검찰청검사가 지휘한다(460조 3항). 검사는 공익의 대표자로서 재판의 집행을 지휘·감독하는 것이다(검찰청법 4조 4호).

다만 재판의 성질상 법원 또는 법관이 지휘할 경우가 있다(460조 1항 단서). 예를 들어 영장은 검사의 지휘에 의하여 사법경찰관리가 집행하는 것이 원칙이지만, ① 급속을 요하는 경우에는 재판장, 수명법관 또는 수탁판사가 구속영장의 집행을 지휘할 수 있고(81조 1항 단서), ② 재판장은 필요한 경우에 법원사무관등에게 압수·수색영장의 집행을 명할 수 있다(115조 1항 단서). 재판의 성질상 ③ 법원이 압수한 장물의 환부·매각·보관 등의 조치를 하고(333조), ④ 재판장은 법정의 질서를 유지하기 위하여 퇴정명령의 집행을 지휘할 수 있다(281조 2항).

4. 형의 집행을 위한 소환

사형, 징역, 금고 또는 구류의 선고를 받은 자가 구금되지 아니한 때에는 검사는 형을 집행하기 위해서 선고를 받은 자를 소환하여야 한다(473조 1항). 사형, 징역, 금고 또는 구류의 선고를 받은 자가 소환에 응하지 아니한 때에 검사는 형집행장을 발부하여 구인하여야 하고(473조 2항), 사형, 징역, 금고 또는 구류의 선고를 받은 자가 도망하거나 도망할 염려가 있는 때 또는 현재지를 알 수 없는 때에는 소환함이 없이 형집행장을 발부하여 구인할 수 있다(473조 3항). 벌금 또는 과료를 완납하지 못한 자에 대한 노역장유치의 집행에도 형의 집행에 관한 규정을 준용한다(492조).

형집행장은 구속영장과 동일한 효력이 있고(474조 2항), 형집행장의 집행에는 피고인의 구속에 관한 규정을 준용한다(475조). 따라서 사법경찰관리가 노역장유치의 집행을 위해서 벌금형을 받은 사람을 구인하려면 검사로부터 발부받은 형집행장을 그 상대방에게 제시하여야 하고(85조 1항), 형집행장을 소지하지 아니한 경우에 급속을 요하는 때에는 그 상대방에 대하여 형집행 사유와 형집행장이 발부되었음을 알리고(85조 3항) 집행할 수 있다(대법원 2013. 9. 12. 선고 2012도2349 판결). 다만 형집행장의 집행에 있어서 '피고인의 구속에 관한 규정'은 '피고인의 구속영장의 집행에 관한 규정'을 의미하므로, 형집행장의 집행에 있어서 구속의 사유(70조)나 구속이유의 고지(72조)는 준용되지 않는다(대법원 2013. 9. 12. 선고 2012도2349 판결).

Ⅳ. 형의 집행

1. 형의 집행순서

형법 41조에 규정된 형을 받은 자를 '수형인'이라고 한다(형실효법 2조 1호). 자격상실, 자격정지, 벌금, 과료와 몰수 외의 두 개 이상의 형의 집행에 있어서는 중한 형을 먼저 집행한다(462조 본문). 자격상실·자격정지는 병과형, 벌금·과료는 재산형, 몰수는 부가형이므로 자유형과 동시에 집행가능하고, 형의 경중은 형법 41조 기재의 순서에 의하여 사형, 징역, 금고, 구류의 순서로 집행된다(형법 50조 참조).

다만 검사는 소속장관의 허가를 얻어 중한 형의 집행을 정지하고 다른 형의 집행을 할 수 있다(462조 단서). 중형의 가석방기간이 경과한 후에 그 형의 집행을 정지하고 경한 형의 집행에 착수하면 경한 형의 가석방기간이 경과함으로써 양자의 형에 대해서 동시에 가석방이 가능해진다.

2. 사형의 집행

사형확정자는 원칙적으로 독거 수용되는데, 자살방지, 교육·교화프로그램, 작업, 그 밖의 적절한 처우를 위하여 필요한 경우에는 혼거 수용될 수 있다(형집행법 89조 1항). 사형을 선고한 판결이 확정된 때에 검사는 지체 없이 소송기록을 법무부장관에게 제출하여야 하고(464조), 사형은 법무부장관의 명령에 의하여 집행한다(463조). 사형집행의 명령은 판결이 확정된 날로부터 6월 이내에 하여야 하는데(465조 1항), 6개월의 기간규정은 훈시규정이다. 이때 상소권회복의 청구, 재심의 청구 또는 비상상고의 신청이 있는 경우에는 그 절차가 종료할 때까지의 기간은 산입하지 않는다(465조 2항). 사형의 선고를 받은 자가 심신의 장애로 의사능력이 없는 상태에 있거나 잉태 중에 있는 여자인 때에는 법무부장관의 명령으로 집행을 정지하고(469조 1항), 형의 집행을 정지한 경우에는 심신장애의 회복 또는 출산 후 법무부장관의 명령에 의하여 형을 집행한다(469조 2항).

법무부장관이 사형의 집행을 명한 때에는 5일 이내에 집행하여야 하고(466조), 사형은 교도소내에서 교수하여 집행한다(형법 66조). 공휴일과 토요일에는 사형을 집행하지 아니한다(형집행법 91조 2항). 사형의 집행에는 검사와 검찰청서기관과 교도소장 또는 구치소장이나 그 대리자가 참여하여야 하고(467조 1항), 검사나 교도소장 또는 구치소장의 허가가 없으면 누구든지 형의 집행장소에 들어가지 못한다(467조 2항). 사형의 집행에 참여한 검찰청서기관은 집행조서를 작성하고 검사와 교도소장 또는 구치소장이나 그 대리자와 함께 기명날인 또는 서명하여야 한다(468조).

3. 자유형의 집행

(1) 집행방법

징역형·금고형 또는 구류형의 선고를 받아 그 형이 확정되어 교정시설에 수용된 사람과 벌금 또는 과료를 완납하지 아니하여 노역장 유치명령을 받아 교정시설에 수용된 사람을 '수형자'라고 한다(형집행법 2조 2호). 징역은 교도소에 구치하여 정역에 복무하게 하며(형법 67조), 금고와 구류는 교도소에 구치한다(68조). 형기는 판결이 확정된 날로부터 기산하는데(형법 84조 1항), 형의 집행과 시효기간의 초일은 시간을 계산함이 없이 1일로 산정하고(형법 85조) 석방은 형기종료일에 한다(형법 86조).

(2) 미결구금일수의 산입

구금당한 날로부터 판결확정일 전까지 실제로 구금된 일수를 '미결구금일수'라고 한다. 판결선고 전의 구금일수는 그 전부를 유기징역, 유기금고, 벌금이나 과료에 관한 유치 또는 구류에 산입하고(형법 57조 1항), 판결선고 후 판결확정 전 구금일수(판결선고 당일의 구금일수를 포함한다)는 전부를 본형에 산입하고(482조 1항), 상소기각 결정 시에 송달기간이나 즉시항고기간 중의 미결구금일수는 전부를 본형에 산입한다(482조 2항). 구금일수의 1일은 징역, 금고, 벌금이나 과료에 관한 유치 또는 구류의 기간의 1일로 계산한다(형법 57조 2항).

기피신청으로 인하여 공판절차가 정지된 기간은 구속기간에 산입하지 아니하는데(92조 3항), 이것은 본안의 심리기간을 확보하기 위한 것뿐이므로 기피신청으로 인하여 공판절차가 정지된 상태의 구금기간도 판결선고 전의 구금일수에는 산입된다(대법원 2005. 10. 14. 선고 2005도4758 판결). 반면 구속은 원칙적으로 구속영장이 발부된 범죄사실에 대한 것이어서 그로 인한 미결구금도 당해 사건의 형의 집행과 실질적으로 동일하다고 보아 그 미결구금일수를 형에 산입하려는 것이므로, 확정된 형을 집행함에 있어 무죄로 확정된 다른 사건에서의 미결구금일수를 산입하지 않는다(대법원 1997. 12. 29. 자 97모112 결정).

(3) 집행정지

자유형의 집행정지는 필요적 집행정지와 임의적 집행정지로 구분된다.

먼저 징역, 금고 또는 구류의 선고를 받은 자가 심신의 장애로 의사능력이 없는 상태에 있는 때에는 형을 선고한 법원에 대응한 검찰청검사 또는 형의 선고를 받은 자의 현재지를 관할하는 검찰청검사의 지휘에 의하여 심신장애가 회복될 때까지 형의 집행을 필요적으로 정지한다(470조 1항). 필요적으로 형의 집행을 정지한 경우에는 검사는 형의 선고를 받은 자를 감호의무자 또는 지방공공단체에 인도하여 병원 기타 적당한 장소에 수용하게 할 수 있고(470조 2항), 형의 집행이 정지된 자는 병원 기타 적당한 장소에 수용될 때까지 교도소 또는 구치소에 구치하고 그 기간을 형기에 산입한다(470조 3항).

한편 징역, 금고 또는 구류의 선고를 받은 자에 대하여 ① 형의 집행으로 인하여 현저히 건강을 해하거나 생명을 보전할 수 없을 염려가 있는 때, ② 연령 70세 이상인 때, ③ 잉태 후 6월 이상인 때, ④ 출산 후 60일을 경과하지 아니한 때, ⑤, 직계존속이 연령 70세 이상 또는 중병이나 장애인으로 보호할 다른 친족이 없는 때, ⑥ 직계비속이 유년으로 보호할 다른 친족이 없는 때, ⑦ 기타 중대한 사유가 있는 때에는 형을 선고한 법원에 대응한 검찰청검사 또는 형의 선고를 받은 자의 현재지를 관할하는 검찰청검사의 지휘에 의하여 형의 집행을 임의로 정지할 수 있다(471조 1항).

4. 자격형의 집행

자격상실 또는 자격정지의 선고를 받은 자에 대하여는 이를 수형자원부에 기재하고 지체 없이 그 등본을 형의 선고를 받은 자의 등록기준지와 주거지의 시·구·읍·면장에게 송부하여야 한다(476조). 여기서 '수형자원부'란 자격정지 이상의 형을 받은 수형인을 기재한 명부로서 검찰청 및 군검찰부에서 관리하는 '수형인명부'를 말하는데(형실효법 2조 2호), 지방검찰청 및 그 지청과 보통검찰부에서는 자격정지 이상의 형을 선고한 재판이 확정되면 지체 없이 그 형을 선고받은 수형인을 수형인명부에 기재하여야 한다(형실효법 3조). 자격정지 이상의 형을 받은 수형인을 기재한 명표로서 수형인의 등록기준지 시·구·읍·면 사무소에서 관리하는 것을 '수형인명표'라고 한다(형실효법 2조 3호).

5. 재산형의 집행

(1) 집행방식

벌금, 과료, 몰수, 추징, 과태료, 소송비용, 비용배상 또는 가납의 재판은 검사의 명령에 의하여 집행한다(477조 1항). 여기서 검사의 명령은 집행력 있는 채무

명의와 동일한 효력이 있으며(477조 2항), 재산형은 민사집행법의 집행에 관한 방식 혹은 국세징수법에 따른 국세체납처분의 방식으로 집행할 수 있다(477조 3항, 4항). 500만 원 이하의 벌금의 형을 선고할 경우에 양형의 조건을 참작하여 그 정상에 참작할 만한 사유가 있는 때에는 1년 이상 5년 이하의 기간 형의 집행을 유예할 수 있는데(형법 62조 1항), 벌금, 과료, 추징, 과태료, 소송비용 또는 비용배상의 분할납부, 납부연기 및 납부대행기관을 통한 납부 등 납부방법에 필요한 사항은 법무부령으로 정한다(477조 6항).

(2) 집행대상

다른 형의 집행과 마찬가지로 재산형도 재판을 선고받은 본인의 재산에 대해서만 집행하는 것이 원칙이다. 다만 몰수 또는 조세, 전매 기타 공과에 관한 법령에 의하여 재판한 벌금 또는 추징은 그 재판을 받은 자가 재판확정 후 사망한 경우에는 그 상속재산에 대하여 집행할 수 있다(478조). 그리고 법인에 대하여 벌금, 과료, 몰수, 추징, 소송비용 또는 비용배상을 명한 경우에 법인이 그 재판확정 후 합병에 의하여 소멸한 때에는 합병 후 존속한 법인 또는 합병에 의하여 설립된 법인에 대하여 집행할 수 있다(479조).

(3) 가납재판과 노역장유치의 집행

가납재판에 있어서 1심가납의 재판을 집행한 후에 2심가납의 재판이 있는 때에는 1심재판의 집행은 2심가납금액의 한도에서 2심재판의 집행으로 간주되고(480조), 가납의 재판을 집행한 후 벌금, 과료 또는 추징의 재판이 확정한 때에는 그 금액의 한도에서 형의 집행이 된 것으로 간주한다(481조).

벌금과 과료는 판결확정일로부터 30일내에 납입하여야 하는데(형법 69조 1항 본문), 벌금 또는 과료를 선고할 때에는 납입하지 아니하는 경우의 유치기간을 정하여 동시에 선고하여야 한다(형법 70조 1항). 벌금을 납입하지 아니한 자는 1일 이상 3년 이하, 과료를 납입하지 아니한 자는 1일 이상 30일 미만의 기간 노역장에 유치하여 작업에 복무하게 하는데(형법 69조 2항), 선고하는 벌금이 1억 이상 5억 미만인 경우에는 300일 이상, 5억 이상 50억 미만인 경우에는 500일 이상, 50억 이상인 경우에는 1,000일 이상의 유치기간을 정하여야 한다(형법 70조 2항). 벌금 또는 과료를 완납하지 못한 자에 대한 노역장유치의 집행에는 형의 집행에 관한 규정을 준용한다(492조).

6. 몰수형의 집행과 압수물의 처분

몰수의 재판이 확정되면 몰수물은 국고에 귀속된다. 몰수물은 검사가 처분하는데(483조), 몰수물이 압수되어 있는 경우에는 검사의 집행지휘만으로 집행이 종료하나, 몰수물이 압수되어 있지 아니한 경우에는 검사가 몰수선고를 받은 자에게 그 제출을 명하고 이에 불응할 경우 몰수집행명령서를 작성하여 집달관에게 강제집행을 명하는 방법으로 집행된다(대법원 1995. 5. 9. 선고 94도2990 판결). 몰수를 집행한 후 3월 이내에 그 몰수물에 대하여 정당한 권리 있는 자가 몰수물의 교부를 청구한 때에는 검사는 파괴 또는 폐기할 것이 아니면 이를 교부하여야 하고(484조 1항), 이러한 청구가 몰수물을 처분한 후에 있는 경우에는 검사는 공매에 의하여 취득한 대가를 교부하여야 한다(484조 2항).

압수한 서류 또는 물품에 대하여 몰수의 선고가 없는 때에는 압수를 해제한 것으로 간주하므로(332조), 정당한 권리자에게 압수물을 환부하여야 한다. 다만 위조 또는 변조한 물건을 환부하는 경우에는 그 물건의 전부 또는 일부에 위조나 변조인 것을 표시하여야 하고(485조 1항), 위조 또는 변조한 물건이 압수되지 아니한 경우에는 그 물건을 제출하게 하여 그 물건의 전부 또는 일부에 위조나 변조인 것을 표시하여야 한다(485조 2항 본문).

법원은 압수한 장물로서 피해자에게 환부할 이유가 명백한 것은 판결로써 피해자에게 환부하는 선고를 하여야 하는데(333조 1항), 이때 장물을 처분하였을 경우에는 판결로써 그 대가로 취득한 것을 피해자에게 교부하는 선고를 하여야 한다(333조 2항).

V. 재판집행에 대한 구제방법

재판의 집행과 관련하여 불복이 있는 경우에 그 구제방법으로 '의의신청'과 '이의신청'이 존재한다.

먼저 형의 선고를 받은 자가 집행에 관하여 재판의 해석에 대한 의의가 있는 때에는 재판을 선고한 법원에 할 수 있는 것이 의의신청이다(488조). 판결주문의 취지가 불명확하여 주문의 해석에 의문이 있는 경우에 한하여 형을 선고받은 자가 집행에 관하여 재판의 해석에 대한 의의신청을 할 수 있다. 판결이유의 모순, 불명확 또는 부당을 주장하는 의의신청은 허용되지 않는다(대법원 1985. 8. 20. 자 85

모22 결정). 의의신청은 법원의 결정이 있을 때까지 취하할 수 있다(490조 1항).

다음으로 재판의 집행을 받은 자 또는 그 법정대리인이나 배우자는 집행에 관한 검사의 처분이 부당함을 이유로 재판을 선고한 법원에 할 수 있는 것이 이의신청이다(489조). 확정되지 아니한 판결에 대한 검사의 집행에 대해서도 이의신청을 할 수 있다(대법원 1964. 6. 23. 자 64모14 결정). 그러나 이미 재판의 집행이 종료된 후에는 이의신청의 실익이 없어 허용되지 아니한다(대법원 2001. 8. 23. 자 2001모91 결정). 이의신청은 법원의 결정이 있을 때까지 취하할 수 있다(490조 1항).

의의신청이나 이의신청이 있는 때에 법원은 결정을 하여야 하고(491조 1항), 이 결정에 대하여는 즉시항고를 할 수 있다(491조 2항).

VI. 형사보상

1. 의의

사후적으로 볼 때 형사절차에서 위법하게 구금되었거나 형의 집행을 받은 사람에 대해서 국가가 그 피해를 보상해 주는 제도가 형사보상이다. 헌법 28조에는 형사보상권이 규정되어 있는데, 헌법상의 형사보상권을 구체화한 법률이 형사보상법이다.

형사보상의 본질에 대한 이해에 따라 보상의 내용(혹은 범위)이 달라지는데, 형사보상의 본질에 대한 논의는 다음과 같다. ⓐ 국가가 손해를 받은 자에 대해서 구제할 의무를 부담하는 것에 불과하다는 사고(구제의무설)와 ⓑ 공평의 견지에서 국가가 행하는 조절보상이라고 보는 사고(공평설)도 있다. ⓒ 그러나 국가의 형사사법작용이 위법하기 때문에 위법한 처분에 대한 법률적 의무로서 국가가 형사보상을 하여야 한다는 사고(법률의무설)가 타당하다.

범죄혐의에 대한 확증은 법원이 재판을 종료할 때 비로소 범죄사실로 존재하게 되는데, 범죄혐의에 대한 국가기관의 침해권한과의 균형을 위해서 '무죄추정의 원칙'이 존재한다. 무죄추정의 원칙이 존재하는 것은 역설적으로 잘못이 없는 국민도 범죄혐의를 받고 강제처분을 받을 수 있다는 것을 전제한다. 국민이 죄를 범하지 않았음에도 수사와 재판을 받을 수 있는 위험이 존재한다고 해서 국가가 형사절차를 중단할 수는 없으므로, 국가기관의 고의·과실을 요건으로 하지 않는 형사보상이라는 제도가 국가배상제도와 별도로 존재하는 것이다. 즉 형사보상은 행위시에는 위법하다고 할 수 없었던 국가기관의 행위라도 사후적으로 볼 때 위법한 국가기관의 행위에 대한 구제제도이다.

2. 요건

형사보상은 ① 피의자로서 불기소처분을 받은 자에게 미결구금으로 인한 피해를 보상하는 경우, ② 피고인으로 무죄판결을 받은 자나 그에 준하는 자에게 미결구금 및 형의 집행으로 인한 피해를 보상하는 경우, ③ 피치료감호인으로서 청구기각판결을 받은 자에게 구금으로 인한 피해를 보상하는 경우가 있다.

(1) 피의자보상

피의자로서 구금되었던 자 중 검사로부터 불기소처분을 받은 자는, 구금된 이후 불기소처분을 할 사유가 있는 경우와 불기소처분이 종국적인 처분이 아니거나 기소유예처분인 경우를 제외하고, 국가에 대하여 그 구금에 대한 보상을 청구할 수 있다(형사보상법 27조 1항). 다만 국가는 ① 본인이 수사 또는 재판을 그르칠 목적으로 거짓 자백을 하거나 다른 유죄의 증거를 만듦으로써 구금된 것으로 인정되는 경우, ② 구금기간 중에 다른 사실에 대하여 수사가 이루어지고 그 사실에 관하여 범죄가 성립한 경우, ③ 보상을 하는 것이 선량한 풍속이나 그 밖에 사회질서에 위배된다고 인정할 특별한 사정이 있는 경우에는 피의자보상의 전부 또는 일부를 지급하지 아니할 수 있다(형사보상법 27조 2항).

(2) 피고인보상

형사소송법의 일반절차 또는 재심·비상상고절차에서 무죄재판을 받아 확정된 사건의 피고인이 미결구금을 당하였을 때에는 국가에 대하여 그 구금에 대한 보상을 청구할 수 있다(형사보상법 2조 1항). 그 외에 상소권회복에 의한 상소, 재심 또는 비상상고의 절차에서 무죄재판을 받아 확정된 사건의 피고인이 원판결에 의하여 구금되거나 형 집행을 받았을 때에는 구금 또는 형의 집행에 대한 보상을 청구할 수 있다(형사보상법 2조 2항). 특히 피고인에 대한 형사보상은 피의자보상과 달리 미결구금에 대해서뿐만 아니라 형의 집행에 대해서도 인정되는데, 근래 형벌규정에 대한 헌법재판소의 위헌결정이 이어지면서 이미 집행된 벌금형에 대한 보상청구가 급증하였다.

보안처분 중 보호감호처분의 집행은 피보호감호자의 신체자유를 박탈하는 수용처분이라는 점에서 형벌과 매우 유사한 측면이 있으므로 형사보상법의 규정을 유추적용하여 보호감호의 집행에 대한 보상을 청구할 수 있다(대법원 2004. 10. 18. 자 2004코1(2004오1) 결정). 그 외에 면소 또는 공소기각의 재판을 받아 확정된 피고인이 면소 또는 공소기각의 재판을 할 만한 사유가 없었더라면 무죄재판을 받을 만한 현저한 사유가 있었을 경우에도 국가에 대하여 구금에 대한 보상을 청구할 수 있고(형사보상법 26조 1항 1호), 이 경우 보상에 대하여는 무죄재판을 받아 확정된 사건의 피고인에 대한 보상에 관한 규정을 준용한다(형사보상법 26조 2항).

그러나 ① 형법 9조(미성년자) 또는 형법 10조 1항(심신상실자)의 사유로 무죄재판을 받은 경우, ② 본인이 수사 또는 심판을 그르칠 목적으로 거짓 자백을 하거나 다른 유죄의 증거를 만듦으로써 기소, 미결구금 또는 유죄재판을 받게 된 것으로 인정된 경우, ③ 1개의 재판으로 경합범의 일부에 대하여 무죄재판을 받고 다른 부분에 대하여 유죄재판을 받았을 경우에 법원은 재량으로 보상청구의 전부 또는 일부를 기각할 수 있다(형사보상법 4조).

(3) 피치료감호인보상

치료감호법에 따라 치료감호의 독립 청구를 받은 피치료감호청구인의 치료감호사건이 범죄로 되지 아니하거나 범죄사실의 증명이 없는 때에 해당되어 청구기각의 판결을 받아 확정된 경우에도 국가에 대하여 구금에 대한 보상을 청구할 수 있다(형사보상법 26조 1항 2호).

(4) 군사사건에 대한 보상

① 군사법원에서 무죄재판을 받아 확정된 자, ② 군사법원에서 면소 또는 공소기각의 재판을 받아 확정된 피고인이 면소 또는 공소기각의 재판을 할 만한 사유가 없었더라면 무죄재판을 받을 만한 현저한 사유가 있었을 경우, ③ 군사법원에서 치료감호법에 따라 치료감호의 독립 청구를 받은 피치료감호청구인의 치료감호사건이 범죄로 되지 아니하거나 범죄사실의 증명이 없는 때에 해당되어 청구기각의 판결을 받아 확정된 경우, ④ 군검찰부 군검사로부터 불기소처분을 받은 경우에 일반형사건과 동일하게 형사보상이 인정된다(형사보상법 29조 2항).

3. 내용

(1) 구금에 대한 보상

구금에 대한 보상은 그 구금일수에 따라 1일당 보상청구의 원인이 발생한 연도의 최저임금법에 따른 일급 최저임금액 이상 대통령령으로 정하는 금액 이하의 비율에 의한 보상금을 지급한다(형사보상법 5조 1항). 현재 구금에 대한 보상금의 한도는 1일당 보상청구의 원인이 발생한 해의 최저임금법에 따른 일급 최저임금액의 5배이다(형사보상법시행령 2조). 노역장유치의 집행을 한 경우도 구금에 대한 보상과 마찬가지이다(형사보상법 5조 5항).

법원은 구금에 대한 보상금액을 산정할 때 구금의 종류 및 기간의 장단, 구금기간 중에 입은 재산상의 손실과 얻을 수 있었던 이익의 상실 또는 정신적인 고통과 신체 손상, 경찰·검찰·법원의 각 기관의 고의 또는 과실 유무, 그 밖에 보상금액 산정과 관련되는 모든 사정을 고려하여야 한다(형사보상법 5조 2항).

(2) 사형에 대한 보상

사형 집행에 대한 보상은 집행 전 구금에 대한 보상금 외에 3천만 원 이내에서 모든 사정을 고려하여 법원이 타당하다고 인정하는 금액을 더하여 보상하고, 본인의 사망으로 인하여 발생한 재산상의 손실액이 증명되었을 때에는 그 손실액도 보상한다(형사보상법 5조 3항).

(3) 벌금·과료에 대한 보상

벌금 또는 과료의 집행에 대한 보상은 이미 징수한 벌금 또는 과료의 금액에 징수일의 다음 날부터 보상 결정일까지의 일수에 대하여 민법상 법정이율을 적용하여 계산한 금액을 더한 금액을 보상한다(형사보상법 5조 4항).

(4) 몰수·추징에 대한 보상

몰수의 집행에 대한 보상은 그 몰수물을 반환하고, 그것이 이미 처분되었을 때에는 보상결정 시의 시가를 보상한다(형사보상법 5조 6항). 추징금에 대한 보상은 그 액수에 징수일의 다음 날부터 보상 결정일까지의 일수에 대하여 민법상 법정이율을 적용하여 계산한 금액을 더한 금액을 보상한다(형사보상법 5조 7항).

(5) 손해배상과의 관계

형사보상을 받을 사람이 다른 법률에 따라 손해배상을 청구하는 것은 금지되지 않는다(형사보상법 6조 1항). 그러나 형사보상을 받을 사람이 같은 원인에 대하여 다른 법률에 따라 손해배상을 받은 경우에 그 손해배상의 액수가 이 법에 따라 받을 보상금의 액수와 같거나 그보다 많을 때에는 형사보상을 하지 않고 그 손해배상의 액수가 형사보상법에 따라 받을 보상금의 액수보다 적을 때에는 그 손해배상 금액을 빼고 보상금의 액수를 정하여야 한다(형사보상법 6조 2항). 다른 법률에 따라 손해배상을 받을 자가 같은 원인에 대하여 형사보상을 받았을 때에는 형사보상금의 액수를 빼고 손해배상의 액수를 정하여야 한다(형사보상법 6조 3항).

4. 절차

(1) 청구

1) 청구권자

피고인보상의 경우에는 무죄·면소·공소기각의 재판을 받은 본인이 청구권자이고(형사보상법 2조, 26조), 피치료감호인보상의 경우에는 치료감호청구기각의 판결을 받은 본인이 청구권자이다(형사보상법 26조 1항 2호). 무죄판결을 받은 피고인보상의 경우에는 상속인에 의한 보상청구가 인정되어, 무죄확정재판을 받은 피고인이 형사보상청구를 하지 아니하고 사망하였을 때에는 그 상속인이 이를 청구할 수 있다(형사보상법 3조 1항). 사망한 자에 대하여 재심 또는 비상상고의 절차에서 무죄재판이 있었을 때에는 보상의 청구에 관하여는 사망한 때에 무죄재판이 있었던 것으로 본다(형사보상법 3조 2항). 보상청구를 할 수 있는 같은 순위의 상속인이 여러 명인 경우에 그 중 1명이 보상청구를 하였을 때에는 보상을 청구할 수 있는 모두를 위하여 그 전부에 대하여 보상청구를 한 것으로 보고(형사보상법 11조 1항), 청구를 한 상속인 외의 상속인은 공동청구인으로서 절차에 참가할 수 있다(형사보상법 11조 2항). 법원은 보상을 청구할 수 있는 같은 순위의 다른 상속인이 있다는 사실을 알았을 때에는 지체 없이 그 상속인에게 보상청구가 있었음을 통지하여야 한다(형사보상법 11조 3항).

피의자보상의 경우에는 기소유예처분 이외의 불기소처분을 받은 본인이 청구권자이다(형사보상법 27조 1항). 피의자보상은 성질에 반하지 아니하는 한 무죄재판을 받아 확정된 사건의 피고인에 대한 보상에 관한 규정이 준용되므로(형사보상법 29조 1항), 상속인에 의한 보상청구도 인정된다.

보상청구권은 양도하거나 압류할 수 없다(형사보상법 23조 본문).

2) 청구절차
① 관할법원
피고인보상에 있어서 보상청구는 무죄·면소·공소기각재판을 한 법원에 하여야 하고(형사보상법 7조, 26조 2항), 피의자보상에 있어서는 공소를 제기하지 아니하는 처분을 한 검사가 소속된 지방검찰청의 심의회에 보상을 청구하여야 한다(형사보상법 28조 1항).

② 청구시기
보상청구는 무죄·면소·공소기각재판이 확정된 사실을 안 날부터 3년, 무죄재판이 확정된 때부터 5년 이내에 하여야 한다(형사보상법 8조, 26조 2항). 피의자보상의 청구는 검사로부터 공소를 제기하지 아니하는 처분의 고지 또는 통지를 받은 날부터 3년 이내에 하여야 한다(형사보상법 28조 3항).

③ 청구방식
보상청구를 할 때에는 보상청구서에 재판서의 등본과 그 재판의 확정증명서를 첨부하여 법원에 제출하여야 한다(형사보상법 9조 1항). 보상청구서에는 ① 청구자의 등록기준지, 주소, 성명, 생년월일, ② 청구의 원인이 된 사실과 청구액을 적어야 한다(형사보상법 9조 2항). 상속인이 보상을 청구할 때에는 본인과의 관계와 같은 순위의 상속인 유무를 소명할 수 있는 자료를 제출하여야 한다(형사보상법 10조). 피의자보상을 청구하는 자는 보상청구서에 공소를 제기하지 아니하는 처분을 받은 사실을 증명하는 서류를 첨부하여 제출하여야 한다(형사보상법 28조 2항). 보상청구는 대리인을 통하여서도 할 수 있다(형사보상법 13조).

④ 청구취소
보상청구는 법원의 보상청구에 대한 재판이 있을 때까지 취소할 수 있다. 다만 같은 순위의 상속인이 여러 명인 경우에 보상을 청구한 자는 나머지 모두의 동의 없이 청구를 취소할 수 없다(형사보상법 12조 1항). 보상청구를 취소한 경우에 보상청구권자는 다시 보상을 청구할 수 없다(형사보상법 12조 2항).

(2) 심리

1) 피고인보상청구에 대한 재판

① 심리

피고인보상청구는 법원 합의부에서 재판하는데(형사보상법 14조 1항), 법원은 검사와 청구인의 의견을 들은 후 결정을 하여야 한다(형사보상법 14조 2항). 법원은 보상청구의 원인이 된 사실인 구금일수 또는 형 집행의 내용에 관하여 직권으로 조사를 하여야 한다(형사보상법 15조).

보상을 청구한 자가 청구절차 중 사망하거나 상속인 자격을 상실한 경우에 다른 청구인이 없을 때에는 청구의 절차는 중단된다(형사보상법 19조 항). 이때 보상을 청구한 자의 상속인 또는 보상을 청구한 상속인과 같은 순위의 상속인은 2개월 이내에 청구의 절차를 승계할 수 있다(형사보상법 19조 2항). 2개월 이내에 절차를 승계하는 신청이 없을 때에는 법원은 청구를 각하하는 결정을 하여야 한다(형사보상법 19조 4항).

② 결정

법원은 보상의 청구가 이유 있을 때에는 보상결정을 하여야 하고(형사보상법 17조 1항), 보상의 청구가 이유 없을 때에는 청구기각의 결정을 하여야 한다(형사보상법 17조 2항). 보상결정에 대하여는 1주일 이내에 즉시항고를 할 수 있고(형사보상법 20조 1항), 청구기각 결정에 대하여는 즉시항고를 할 수 있다(형사보상법 20조 2항). 보상청구를 할 수 있는 같은 순위의 상속인이 여러 명인 경우에 그 중 1명에 대한 보상결정이나 청구기각의 결정은 같은 순위자 모두에 대하여 한 것으로 본다(형사보상법 18조).

법원은 ① 보상청구의 절차가 법령으로 정한 방식을 위반하여 보정할 수 없을 경우, ② 청구인이 법원의 보정명령에 따르지 아니할 경우, ③ 보상청구의 기간이 지난 후에 보상을 청구하였을 경우에는 보상청구를 각하하는 결정을 하여야 한다(형사보상법 16조). 청구각하결정에 대한 즉시항고는 규정되어 있지 않다.

법원은 보상결정이 확정되었을 때에는 2주일 내에 보상결정의 요지를 관보에 게재하여 공시하여야 하는데, 이 경우 보상결정을 받은 자의 신청이 있을 때에는 그 결정의 요지를 신청인이 선택하는 두 종류 이상의 일간신문에 각각 한 번씩 공시하여야 하며 그 공시는 신청일부터 30일 이내에 하여야 한다(형사보상법 25조 1항). 보상을 받을 자가 같은 원인에 대하여 다른 법률에 따라 손해배상을 받아 보상청구를 기각하는 결정이 확정되었을 때에도 마찬가지이다(형사보상법 25조 2항).

2) 피의자보상청구에 대한 결정

피의자보상에 관한 사항을 심의·결정하기 위하여 지방검찰청에 피의자보상심의회를 두는데(형사보상법 27조 3항), 피의자보상심의회는 법무부장관의 지휘·감독을 받고(형사보상법 27조 4항), 그 관할·구성·운영·그 밖에 필요한 사항은 대통령령으로 정한다(형사보상법 27조 5항).

피의자보상을 청구하려는 자는 공소를 제기하지 아니하는 처분을 한 검사가 소속된 지방검찰청의 심의회에 보상을 청구하여야 한다(형사보상법 28조 1항). 피의자보상을 청구하는 자는 보상청구서에 불기소처분을 받은 사실을 증명하는 서류를 첨부하여 제출하여야 한다(형사보상법 28조 2항). 피의자보상의 청구는 검사로부터 불기소처분의 고지 또는 통지를 받은 날부터 3년 이내에 하여야 한다(형사보상법 28조 3항).

피의자보상의 청구에 대한 심의회의 결정에 대하여는 행정심판법에 따른 행정심판을 청구하거나 행정소송법에 따른 행정소송을 제기할 수 있다(형사보상법 28조 4항). 심의회의 보상결정이 송달된 후 2년 이내에 보상금 지급청구를 하지 아니할 때에는 그 권리를 상실한다(형사보상법 28조 5항).

그 밖에 피의자보상에 대해서는 그 성질에 반하지 아니하는 범위에서 무죄재판을 받아 확정된 사건의 피고인에 대한 보상에 관한 규정을 준용한다(형사보상법 29조 1항).

(3) 보상금지급의 청구

보상금 지급을 청구하는 자는 보상을 결정한 법원에 대응하는 검찰청에 보상금 지급청구서를 제출하여야 한다(형사보상법 21조 1항). 청구서에는 법원의 보상결정서를 첨부하여야 한다(형사보상법 21조 2항). 보상결정이 송달된 후 2년 이내에 보상금 지급청구를 하지 아니할 때에는 권리를 상실한다(형사보상법 21조 3항). 보상금을 받을 수 있는 자가 여러 명인 경우에는 그 중 1명이 한 보상금 지급청구는 보상결정을 받은 모두를 위하여 그 전부에 대하여 보상금 지급청구를 한 것으로 본다(형사보상법 21조 4항). 국가가 보상금지급의 청구를 받고도 청구인에 대한 보상금의 지급을 지체한다면, 금전채무를 불이행한 것으로 보아 국가는 청구인에게 미지급 보상금에 대한 지급 청구일 다음 날부터 민법 397조에 따라 지연손해금을 가산하여 지급하여야 한다(대법원 2017. 5. 30. 선고 2015다223411 판결).

보상금 지급청구권은 양도하거나 압류할 수 없고(형사보상법 23조 후단), 보상금을 받을 수 있는 자가 여러 명인 경우에는 그 중 1명에 대한 보상금 지급은 그 모두에 대하여 효력이 발생한다(형사보상법 22조).

5. 명예회복

형법상 무죄·면소판결의 공시제도가 존재함에도 형사보상법에 무죄재판사건의 재판서 게재 형태의 명예회복제도가 존재한다. 법원은 피고사건에 대하여 무죄의 판결을 선고하는 경우에 피고인이 무죄판결공시 취지의 선고에 동의하지 아니하거나 피고인의 동의를 받을 수 없는 경우를 제외하고 무죄판결공시의 취지를 선고하여야 한다(형법 58조 2항). 또한 법원은 피고사건에 대하여 면소의 판결을 선고하는 경우에 면소판결공시의 취지를 선고할 수 있다(형법 58조 3항).

무죄재판을 받아 확정된 사건의 피고인은 무죄재판이 확정된 때부터 3년 이내에 확정된 무죄재판사건의 재판서를 법무부 인터넷 홈페이지에 게재하도록 해당 사건을 기소한 검사가 소속된 지방검찰청에 청구할 수 있다(형사보상법 30조). 이러한 청구가 있을 때에는 그 청구를 받은 날부터 1개월 이내에 무죄재판서를 법무부 인터넷 홈페이지에 게재하여야 하고(형사보상법 32조 1항), 그 게재기간은 1년으로 한다(형사보상법 32조 4항).

면소 또는 공소기각의 재판을 받아 확정된 피고인이 면소 또는 공소기각의 재판을 할 만한 사유가 없었더라면 무죄재판을 받을 만한 현저한 사유가 있었을 경우와 치료감호법상의 치료감호의 독립 청구를 받은 피치료감호청구인의 치료감호사건이 범죄로 되지 아니하거나 범죄사실의 증명이 없는 때에 해당되어 청구기각의 판결을 받아 확정된 경우도 무죄재판서의 게재청구와 마찬가지이다(형사보상법 34조).

11장 2절 퀴즈

11.2.1 甲은 "2017. 4. 3. 21:50경 서울 용산구 이태원동에 있는 햄버거 가게 화장실에서 乙과 공모하여 피해자 A를 칼로 찔러 A를 살해하였다"는 내용으로 기소되었다. 그런데 甲은 "2017. 2. 초순부터 2017. 4. 3. 22:00경까지 정당한 이유 없이 범죄에 공용될 우려가 있는 위험한 물건인 휴대용 칼을 소지하였고, 2017. 4. 3. 23:00경 乙이 범행 후 햄버거 가게 화장실에 버린 칼을 집어 들고 나와 용산 미8군영 내 하수구에 버려 타인의 형사사건에 관한 증거를 인멸하였다"는 내용의 범죄사실로 유죄판결을 받아 확정된 바 있다. 법원은 어떤 재판을 하여야 하는가?

힌트 : 대법원 1994. 3. 22. 선고 93도2080 전원합의체 판결

11.2.2 (구) 병역법은 공익근무요원이 정당한 사유 없이 통산 8일 이상 복무를 이탈한 경우를 처벌하고 있다. 공익근무요원 甲은 2009. 5. 8. 수원지방법원 안산지원에서 '2008. 12. 9.경부터 2008. 12. 12.경까지 4일간, 2008. 12. 15.경부터 2008. 12. 18.경까지 4일간 등 통산 8일간의 기간 동안 정당한 사유 없이 공익근무요원으로서 복무를 이탈하였다'는 내용의 구 병역법 위반죄로 징역 6월에 집행유예 2년의 판결을 선고받아 그 판결이 2009. 5. 16. 확정되었다. 그 후 甲은 2009. 1. 13.부터 2009. 1. 15.까지 3일간, 2009. 9. 17.부터 2009. 9. 21.까지 3일간, 2009. 9 .23.부터 2009. 9. 24.까지 2일간 등 정당한 사유 없이 통산 8일 이상 복무를 이탈하여 병역법위반으로 기소되었다. 법원은 어떤 재판을 하여야 하는가?

❶ (구)병역법(2009. 6. 9. 법률 제9754호로 개정되기 전의 것) 89조의2 1호: '공익근무요원으로서 정당한 사유 없이 통산 8일 이상의 기간 복무를 이탈하거나 해당 분야에 복무하지 않은 사람'은 3년 이하의 징역에 처한다.

힌트 : 대법원 2012. 1. 27. 선고 2011도15914 판결

11.2.3 제1심이 증인에게 지급한 여비에 관하여 소송비용의 부담을 명하는 재판을 하지 않았음에도 제2심이 피고인에게 위 증인여비에 관한 소송비용의 부담을 명한 조치는 정당한가?

힌트 : 대법원 2008. 3. 14. 선고 2008도488 판결

11.2.4 헌법재판소는 2015. 2. 26. 간통죄(구 형법 241조) 규정을 위헌으로 결정하여 구 형법 241조는 소급하여 효력을 상실하게 되었다. 다만 효력상실시기는 헌법재판소법 47조에 의하여 종전 합헌 결정이 있던 날(2008. 10. 30.)의 다음날인 2008. 10. 31.로 소급한다. 甲은 2010. 11. 5. 간통죄의 유죄로 벌금형을 선고받았는데, 이 재판은 확정되었고 벌금은 납부되었다. 甲의 구제방법은?

힌트 : 대법원 2013. 5. 16. 선고 2011도2631 전원합의체 판결

▐ 퀴즈풀이

11.2.1
일사부재리의 효력은 공소사실의 동일성이 인정되는 범위에서 인정된다. 공소사실의 동일성의 판단에 있어서 규범적 요소도 함께 고려하여 기본적 사실관계의 동일성이 있는지에 따라 판단하는 입장에서는 살인죄의 공소사실과 선행사건에서 유죄로 확정된 증거인멸죄 등의 범죄사실 사이에 기본적 사실관계의 동일성이 인정되지 않으므로(대법원 2017. 1. 25. 선고 2016도15526 판결), 법원은 면소판결을 하지 아니하고 실체심리를 진행하여 유·무죄의 실체재판을 한다.

11.2.2
甲의 복무이탈행위 전체가 하나의 범죄(포괄일죄)인데, 포괄일죄에 있어서 확정판결에 따른 일사부재리효력은 잠재적 심판대상 전체에 미친다. 그러나 포괄일죄의 일부의 범죄사실에 대한 유죄의 확정판결이 있는 경우에는 확정판결 이후의 범죄사실은 별개의 범죄이다. 따라서 법원은 일련의 복무이탈행위를 확정판결의 전후로 분리하여 확정판결 전인 2009. 1. 13.부터 2009. 1. 15.까지 3일간의 복무이탈 부분에 대해서는 면소를 선고하고, 나머지 2009. 9. 17.부터 2009. 9. 21.까지 3일간과 2009. 9. 23.부터 2009. 9. 24.까지 2일간의 총 5일간의 복무이탈 부분에 대해서는 병역법위반의 범

죄로 되지 아니하여 무죄판결을 선고한다.

11.2.3
소송비용의 부담은 형벌이 아니고 실질적인 의미에서 형벌에 준하여 평가되어야 할 것도 아니므로, 불이익변경금지원칙이 적용되지 않는다(대법원 2008. 3. 14. 선고 2008도488 판결). 따라서 제1심이 증인에게 지급한 여비에 관하여 소송비용의 부담을 명하는 재판을 하지 않았음에도 제2심이 피고인에게 위 증인여비에 관한 소송비용의 부담을 명한 조치는 정당하다.

11.2.4
위헌으로 결정된 형벌에 관한 법률 또는 법률의 조항에 근거한 유죄의 확정판결에 대해서는 재심을 청구할 수 있다(헌법재판소법 47조 4항). 재심이 개시된 사건에서 범죄사실에 대하여 적용하여야 할 법령은 재심판결 당시의 법령이고(대법원 2013. 7. 11. 선고 2011도14044 판결), 형벌에 관한 법령이 헌법재판소의 위헌결정으로 인하여 소급하여 그 효력을 상실한 법령을 적용하여 공소가 제기된 피고사건은 형사소송법 325조 전단의 무죄사유이다(대법원 2013. 5. 16. 선고 2011도2631 전원합의체 판결). 따라서 甲은 재심을 청구할 수 있고, 재심법원은 이 사건에 대해서 무죄판결을 하게 된다. 재심절차에서 무죄재판을 받아 확정된 사

건의 피고인이 원판결에 의하여 구금되거나 형집행을 받았을 때에는 구금 또는 형의 집행에 대한 보상을 청구할 수 있으므로(형사보상법 2조 2항), 甲은 재심에서 무죄판결을 받은 후 이미 집행된 벌금액수를 보상받을 수 있다.

제12장 상 소

제1절 상소일반

I. 상소의 의의와 종류

1. 상소의 의의

법원의 미확정 재판에 대하여 상급법원에 구제를 구하는 불복신청제도가 상소이다. 형사소송법 3편(338조부터 419조)에 상소가 4개의 장(통칙·항소·상고·항고)으로 규정되어 있다.[1] 상소제기에 의하여 진행되는 상소법원에서의 심리절차를 상소심이라고 하는데, 상소심은 상소법원 자체를 말하기도 한다.

상소에는 크게 두 가지 기능이 있다. 첫째, 잘못된 원판결에 의하여 불이익을 받는 당사자를 구제하는 기능이다. 원심법원(상소의 대상인 재판을 행한 법원)의 사실인정, 법령적용, 양형판단 또는 소송절차에 잘못이 있는 경우에 이를 시정하여 당사자의 이익을 보호한다. 둘째, 법령해석을 통일하여 법적 안정성을 실현하는 기능이다. 유사한 사안에 대하여 하급법원들 사이에 법령해석이 다른 경우에 상급법원, 특히 대법원에 의한 법령해석의 통일이 가능하고 법적 안정성이 실현된다.

상소와 구별되는 개념들이 있다. 상소는 법원의 재판에 대한 불복방법이라는 점에서 검사의 불기소처분에 대한 불복방법인 검찰항고·재정신청과 구별되

---

1 재판장·수명법관의 재판과 수사기관의 처분은 상소의 대상이 아니지만, 형사소송법 3편에는 입법의 편의상 이에 대한 구제수단인 준항고(416조·417조)가 포함되어 있다.

고, 상소는 미확정의 재판에 대한 불복방법이라는 점에서 확정판결에 대한 불복방법인 재심·비상상고와 구별된다. 또한 상소는 상급법원에 구제를 구하는 불복방법이라는 점에서 동급법원에 구제를 구하는 이의신청 또는 약식명령·즉결심판에 대한 정식재판청구와도 구별된다.

2. 상소의 종류

상소에는 항소, 상고, 항고의 세 종류가 있다. 항소는 1심 판결에 대한 상소인데, 지방법원단독판사의 1심 판결에 대해서는 지방법원 본원합의부가 관할하고, 지방법원합의부의 1심 판결에 대해서는 고등법원이 관할한다(357조).

상고는 2심 판결에 대한 상소인데, 대법원이 관할한다(371조). 예외적으로 1심 판결에 대하여 상고가 허용되는데, 이를 비약적 상고라고 한다(372조).

항고는 법원의 결정에 대한 상소이다. 항고에는 보통항고와 즉시항고가 있는데(404조, 405조), 대법원에 제기하는 항고를 재항고(즉시항고의 일종)라고 한다(415조).

II. 상소권

1. 상소권과 상소권자

(1) 상소권

상소할 수 있는 소송법상의 권리가 상소권인데, 이는 재판의 선고나 고지에 의하여 발생된다. 선고는 법원이 공판정에서 재판을 구술로 선언하는 것이고, 고지는 법원이 선고 이외의 방법으로 재판내용을 관계인에게 알려주는 것이다. 재판 중 판결은 반드시 선고를 거쳐 공표하게 되고, 그 밖의 결정이나 명령은 원칙적으로 고지에 의하여 공표된다.

재판이 선고 또는 고지된 날로부터 상소제기기간은 진행되는데(343조 2항), 항소와 상고의 제기기간은 7일(358조, 374조)이고 즉시항고의 제기기간은 3일이다(405조). 보통항고는 항고의 이익이 있는 한 언제든지 할 수 있다(404조). 상소제기기간은 기간계산의 일반원칙에 따라 초일을 산입하지 않고 익일부터 계산된다(66조).

상소권은 상소제기기간이 경과하면 소멸된다. 또한 상소권은 상소권자가 상소제기기간 내에 포기하거나 취하하는 경우에도 소멸되는데(349조), 상소를 포기·

취하한 사람은 다시 상소를 하지 못한다(354조).

(2) 상소권자

검사와 피고인은 소송의 주체로서 당연히 상소권을 가진다(338조). 검사는 피고인의 불이익뿐만 아니라 이익을 위해서도 상소할 수 있다. 당사자가 아닌 피고인의 법정대리인도 피고인의 의사에 관계없이 피고인을 위해서 상소할 수 있다(340조).

피고인의 배우자·직계친족·형제자매 또는 원심의 대리인·변호인은 피고인의 명시한 의사에 반하지 않는 한 피고인을 위해서 상소할 수 있다(341조). 원심의 대리인이나 변호인은 피고인의 상소권을 대리하여 행사하는 것이므로 피고인의 상소권이 소멸된 후에는 상소를 제기할 수 없다(대법원 1998. 3. 27. 선고 98도253 판결).

검사 또는 피고인이 아닌 사람이 결정을 받은 경우(예를 들어 과태료의 결정을 받은 증인, 151조)에는 항고를 할 수 있다(339조).

2. 상소권회복

(1) 의의와 사유

상소권자가 책임질 수 없는 사유로 인해서 상소제기기간이 경과하여 소멸된 상소권은 법원의 결정으로 회복될 수 있는데, 이를 상소권회복이라고 한다(345조부터 348조). 상소제기기간이 상소권자의 책임 없는 사유로 경과하여 발생하는 상소권자의 상소기회박탈을 구체적 타당성의 관점에서 보호하는 제도이다.

상소권회복을 청구할 수 있는 경우는 상소권자 또는 그 대리인(예를 들어 상소권자를 대신해서 상소장을 제출하는 변호인의 사무원 등)이 책임질 수 없는 사유로 인하여 상소제기기간 내에 상소를 하지 못한 때이다(345조). 책임질 수 없는 사유란 상소를 하지 못한 사유가 상소권자 본인 또는 대리인의 고의 또는 과실에 기하지 아니한 경우를 말한다(대법원 1986. 9. 17. 자 86모46 결정). 1심판결에 대하여 피고인 또는 검사가 항소하여 항소심판결이 선고되면 1심판결에 대한 항소권이 소멸되어 1심판결에 대한 항소권 회복청구와 항소는 적법하다고 볼 수 없다(대법원 2017. 3. 30. 자 2016모2874 결정).

예를 들어, 교도소장이 결정정본을 송달받고 1주일이 지난 뒤에 그 사실을 피고인에게 알렸기 때문에 항고장을 제출하지 못한 경우(대법원 1991. 5. 6. 자 91모

32 결정), 위법한 공시송달결정으로 인하여 피고인의 진술 없이 공판이 진행되고 피고인이 출석하지 않은 기일에 판결이 선고되어 상소제기기간 내에 상소를 하지 못한 경우(대법원 2014. 10. 16. 자 2014모1557 결정) 등은 상소권회복청구사유에 해당된다.

반면 상소권자 또는 대리인이 단순히 질병으로 입원하였거나 활동불가능하여 상소를 하지 못한 경우(대법원 1986. 9. 17. 자 86모46 결정), 공동피고인의 기망에 의하여 항소권을 포기하였음을 항소제기기간 경과 후에 안 경우(대법원 1984. 7. 11. 자 84모40 결정), 법정이 소란하여 판결주문을 알아들을 수 없어서 항소제기 기간 내 항소를 하지 못한 경우(대법원 1987. 4. 8. 자 87모19 결정) 등은 상소권회복청구사유에 해당되지 않는다.

(2) 절차

상소권이 있는 자(고유의 상소권자와 상소대리권자)가 상소권회복의 청구를 할 수 있다(345조). 상소권회복청구의 사유가 종료한 날로부터 상소의 제기기간에 상당한 기간 내에 서면으로 원심법원에 청구서가 제출되어야 한다(346조 1항). 상소권회복의 청구를 할 때에는 원인된 사유를 소명하여야 하고 동시에 상소장을 제출하여야 한다(346조 2항·3항). 교도소 또는 구치소에 있는 피고인이 상소권회복청구서를 교도소장이나 구치소장 또는 그 직무를 대리하는 자에게 제출한 때에는 상소권회복청구기간 내에 청구한 것으로 간주된다(355조, 344조).

적법한 상소권회복청구가 있는 때에는 법원은 지체 없이 상대방에게 그 사유를 통지하여야 하고(356조), 회복의 허용여부에 관한 결정을 하여야 한다(347조 1항). 1심판결에 대하여 검사의 항소에 의한 항소심판결이 선고된 후 피고인이 동일한 1심판결에 대하여 항소권 회복청구를 한 경우는 부적법한 청구이므로 결정으로 이를 기각하여야 한다(대법원 2017. 3. 30. 자 2016모2874 결정).

상소권회복청구의 허용여부에 관한 법원의 결정에 대해서는 즉시항고를 할 수 있다(347조 2항). 또한 상소권회복청구를 받은 법원은 그 허용여부의 결정을 할 때까지 재판의 집행을 정지하는 결정을 할 수 있다(348조 1항). 집행정지의 결정을 하면 형의 집행이 정지되어 피고인이 석방될 수 있는데, 이 경우 피고인의 구금사유가 있고 구금을 요하는 때에는 구속영장을 발부하여야 한다(348조 2항).

상소권회복청구의 인용결정이 확정되면 상소권회복청구와 동시에 한 상소제기가 적법하게 되어 일단 발생했던 재판의 확정력이 배제된다.

III. 불이익변경금지의 원칙

1. 의의

피고인이 항소 또는 상고한 사건이나 피고인을 위하여 항소 또는 상고한 사건에 대하여 상소심이 원심판결의 형보다 중한 형을 선고하지 못한다는 원칙이 불이익변경금지의 원칙이다. 원심보다 중한 형으로 변경될 수 있는 위험 때문에 피고인이 상소제기를 포기하는 것을 방지하여 피고인의 상소권을 보장하려는 정책적 배려에서 도입된 제도이다(헌재 2005. 3. 31. 선고 2004헌가27, 2005헌바8(병합); 대법원 1964. 9. 17. 선고 64도298 판결). 선고되는 형에 있어서의 불이익이 금지되는 '중형금지의 원칙'이라고도 한다(대법원 1999. 11. 26. 선고 99도3776 판결). 형사소송법에는 3편 2장 항소 중 368조에 불이익변경의 금지가 규정되어 있고, 이 규정이 상고에 준용(399조)된다.

항소심판결이 불이익변경금지의 원칙을 위반한 경우에는 판결에 영향을 미친 법령위반을 이유로 상고를 할 수 있고(383조 1호), 상고심판결이 불이익변경금지의 원칙을 위반한 경우에는 확정판결의 법령위반을 이유로 비상상고를 할 수 있다(441조).

2. 적용범위

(1) 피고인이 상소한 사건

불이익변경금지의 원칙은 피고인이 상소(항소·상고)한 사건과 피고인을 위하여 상소(항소·상고)한 사건에 대하여 원심판결의 형보다 중한 형을 선고하지 못한다는 것이다(368조, 399조). 피고인이 상소한 사건이란 피고인만이 상소한 사건을 말하는 것으로서 상소이유가 사실오인이든 양형부당이든 법령위반이든 관계없다. 따라서 불이익변경금지의 원칙은 피고인과 검사 쌍방이 상소한 사건에는 적용되지 않고(대법원 2006. 6. 15. 선고 2006도1718 판결), 검사만이 상소한 사건에도 적용되지 않는다. 그러나 피고인과 검사 쌍방이 상소하였더라도 실질적으로 피고인만이 상소한 경우와 같은 때, 예를 들어 검사가 항소 부분에 대한 항소이유서를 제출하지 아니하여 결정으로 항소를 기각하는 경우(대법원 1998. 9. 25. 선고 98도2111 판결)에는 불이익변경금지의 원칙이 적용된다.

한편 1심판결에 대해서 피고인만이 항소한 사건에서 검사가 항소심판결에 대해서 상고한 경우에 불이익변경금지의 원칙이 적용될 수 있는지가 문제된다. 이 경우 불이익변경금지의 원칙이 적용되지 않으면 피고인의 지위가 불안정해지고 피고인의 상소권보장이라는 취지에 어긋나므로, 불이익변경금지의 원칙이 적용되어 상고심은 1심판결이 선고한 형보다 중한 형을 선고할 수 없다(대법원 1957. 10. 4. 선고 4290형비상1 판결).

(2) 피고인을 위하여 상소한 사건
불이익변경금지의 원칙은 피고인이 상소(항소·상고)한 사건뿐만 아니라 피고인을 위하여 상소(항소·상고)한 사건에 대하여도 적용된다(368조, 399조). 피고인을 위하여 상소한 사건이란 당사자 이외의 상소권자인 피고인의 법정대리인(340조), 피고인의 배우자·직계친족·형제자매·원심의 대리인이나 변호인(341조)이 상소한 사건이다.

검사도 피고인의 이익을 위해서 상소할 수 있는데, 이 경우에도 불이익변경금지의 원칙이 적용되는지에 대하여 견해가 대립된다. ⓐ 검사의 상소의 이익은 피고인의 상소의 이익과는 구별되는 개념으로서 불이익변경의 금지(368조)가 적용되는 피고인을 위한 상소가 아니라고 보는 견해(소극설)가 있다. ⓑ 그러나 검사는 피고인과 대립하는 소송당사자로서가 아니라 공익의 대표자로서 피고인의 정당한 이익을 보호하기 위하여 상소한 것이므로 피고인의 상소대리권자가 피고인을 위하여 상소한 경우와 구별할 이유가 없다. 따라서 불이익변경금지의 원칙이 적용된다고 보는 견해(적극설)가 타당하다.

(3) 상소 중 항소·상고
불이익변경금지의 원칙은 피고인이 또는 피고인을 위하여 상소한 사건 중 항소사건과 상고사건에 대하여 적용된다(368조, 399조). 원심에서 별개의 사건으로 선고된 사건이 상소심에서 병합 심리되는 경우에 불이익변경금지의 원칙은 적용된다. 항소심이 1심에서 별개의 사건으로 따로 두 개의 형을 선고받고 항소한 피고인에 대하여 사건을 병합 심리한 후 경합범으로 처단하면서 1심의 각 형량보다 중한 형을 선고하더라도 병합 심리하여 선고된 형벌을 전체적·실질적으로 보면 불이익한 변경이 아닌 경우에는 불이익변경금지의 원칙에 반하는 것이 아니다. 예를 들어, 1심에서 별개의 사건으로 징역 1년에 집행유예 2년과 추징금 1천만 원 그리고 징역 1년 6월과 추징금 1백만 원의 형을 선고받고 항소한 피고인에 대하여 항소심이 사건을 병합 심리한 후 경합범으로 처단하면서 1심의 각 형량보다 중한 형인 징역 2년과 추징금 1,100만 원을 선고한 것은 불이익변경에 해당되지 않는다(대법원 2001. 9. 18. 선고 2001도3448 판결).

불이익변경금지의 원칙은 상소법원이 직접 파기자판하는 경우(364조 6항)뿐만 아니라, 파기환송하는 경우(366조)나 파기이송하는 경우(367조)에도 적용된다(대법원 2006. 5. 26. 선고 2005도8607 판결). 상소심이 파기자판하는지 또는 파기환송·이송하는지에 따라 불이익변경금지의 원칙의 적용여부가 달라지면 피고인의 상소권보장이라는 취지에 어긋나기 때문이다.

약식명령이나 즉결심판에 대한 정식재판의 청구는 상소가 아니므로 이론상 불이익변경금지의 원칙이 적용되지 않게 된다. 다만 형사소송법에서는, 피고인이 정식재판을 청구한 사건에서는 약식명령의 형보다 중한 종류의 형을 선고하지 못하는 것이 원칙이고(457조의2 1항) 중한 형을 선고하는 경우에는 판결서에 양형의 이유를 적도록 규정하고 있다(457조의2 2항). 즉결심판의 경우는 판례에 의해서 불이익변경금지가 보장된다. 판례는 즉결심판에 대하여 피고인만이 정식재판을 청구한 사건에 있어서도 형사소송법 457조의2를 적용하여, 즉결심판의 형보다 무거운 형이 선고되지 못한다(대법원 1999. 1. 15. 선고 98도2550 판결).[2]

한편 '항고사건'의 경우에 불이익변경금지의 원칙이 적용되는지에 대하여 견해가 대립한다. ⓐ 보호처분결정에 대한 항고의 경우 등에서는 항고심이 불이익하게 형사제재를 변경할 수 없도록 불이익변경금지의 원칙을 적용하자는 소수의 견해가 있다. ⓑ 그러나 보안처분과 형벌은 구별되며, 정책적 배려에서 도입된 불이익변경금지의 원칙은 형사소송법에서 항소사건과 상고사건에 대해서만 규정되어 있다. 따라서 항고사건에는 불이익변경금지의 원칙이 적용되지 않는다고 보는 것이 바람직하다.

3. 내용

(1) 불이익변경금지의 대상

불이익변경이 금지되는 것은 '형의 선고'이다. 1심 법원에서 치료감호처분만 선고되고 피고인만이 항소한 사건에서 징역 1년 6월의 형을 선고한 것은 불이익변경금지의 원칙에 반하는 것이다(대법원 1983. 6. 14. 선고 83도765 판결).

---

2 형사소송법 457조의2(형종 상향의 금지 등)가 2017. 12. 19. 개정되어 판례변경의 가능성이 존재한다.

원심에서 선고한 형이 중하게 변경되지 않는 한, 피고인의 범죄사실이 중하게 변경되는 것(대법원 1996. 3. 8. 선고 95도1738 판결: 주류 판매량을 1심보다 많이 인정한 경우), 적용되는 법령과 죄명이 중하게 변경되는 것(대법원 2013. 2. 28. 선고 2011도14986 판결: 사문서위조 및 위조사문서행사에 대하여 사서명위조와 위조사서명행사의 사실이 추가되는 경우)은 불이익변경금지의 원칙에 반하지 않는다. 그리고 불이익변경금지의 원칙은 상소심에서 경한 사실이 인정되거나 경한 법령이 적용되는 경우에 형까지 경하게 변경되는 것을 의미하지 않는다. 피고인만이 항소한 사건에서 항소심이 1심이 인정한 범죄사실의 일부를 무죄로 인정하면서도 1심과 동일한 형을 선고하는 것은 불이익변경금지 원칙에 반하지 않는다(대법원 2003. 2. 11. 선고 2002도5679 판결).

〈적용법조와 죄명이 중하게 변경된 경우의 벌금형의 선고〉

약식명령사건에서 사문서위조와 위조사문서행사의 사실이 인정되어 벌금형이 선고되었으나 피고인만이 정식재판을 청구한 사건에서 사서명위조와 위조사서명행사의 사실이 추가적으로 인정된 경우에 비록 사서명위조죄(형법 239조 1항)와 위조사서명행사죄(형법 239조 2항)의 법정형에 유기징역형만이 있더라도 벌금형이 선고된다(대법원 2013. 2. 28. 선고 2011도14986 판결).

불이익변경금지의 원칙에서 금지되는 '형'이란 형법 41조에 규정된 형이 원칙이나 이에 제한되지 않고 실질적으로 피고인에게 형벌과 동일한 불이익을 주는 처분이 포함된다는 것이 다수의 견해이다. 판례는 원칙적으로 형법 41조에 규정된 형으로 적용하고 있는데, 다음과 같다.

추징은 몰수와 마찬가지로 형에 준하므로, 피고인만이 상고한 사건에서 추징액이 원심보다 피고인에게 더 불리하도록 변경될 수 없다(대법원 2006. 11. 9. 선고 2006도4888 판결). 피고인에 대한 벌금형이 1심보다 감경되었다면 비록 그 벌금형에 대한 노역장유치기간이 1심보다 더 길어졌더라도 전체적으로 보아 형이 불이익하게 변경된 것이 아니다(대법원 2000. 11. 24. 선고 2000도3945 판결). 그러나 형벌이 아닌 소송비용의 부담은 불이익변경금지의 원칙이 적용되지 않으므로, 환송 후 원심이 처음으로 피고인에게 1심 및 원심 소송비용의 일부의 부담을 명할 수 있다(대법원 2008. 3. 14. 선고 2008도488 판결). 피고인만이 항소한 경우라도 항소심이 처음으로 전자장치부착법에 따른 위치추적 전자장치의 부착명령을 선고할 수 있다(대법원 2010. 11. 25. 선고 2010도9013 판결).

다만 예외적으로 판례는 성폭력처벌법 16조 2항에 의한 이수명령은 보안처분이지만 실질적으로는 신체적 자유를 제한하는 것이므로, 1심의 벌금형과 동일한 벌금형을 선고하면서 성폭력 치료프로그램 24시간의 이수명령을 병과한 것은 피고인에게 불이익하게 변경된 것으로서 허용되지 않는다고 본다(대법원 2015. 9. 15. 선고 2015도11362 판결).

(2) 불이익변경판단의 구체적 적용

불이익변경의 판단기준은 형사소송법에 규정되어 있지 않은데, 다수의 견해와 판례(대법원 1998. 3. 26. 선고 97도1716 전원합의체 판결)에 따르면 형법 41조(형의 종류)와 50조(형의 경중)가 원칙적인 기준이 되고, 보충적으로 원심판결과 상소심판결의 형을 전체적·실질적으로 고려하여 불이익변경여부가 판단된다.

이에 따라 먼저 원칙적인 형의 경중이라는 기준으로 보면, 상소심에서 동종의 형량을 증가시키거나 다른 형을 추가하는 것은 불이익변경에 해당된다. 1심이 피고인에게 금고 6월을 선고하자 피고인만이 항소한 경우에 항소심이 피고인에게 징역 6월에 집행유예 1년을 선고한 것은 불이익하지 않고(대법원 2013. 12. 12. 선고 2013도6608 판결 참조), 징역 10월에 집행유예 2년을 선고한 1심판결을 항소심이 파기하고 벌금 1,000만 원을 선고한 것과 같이 징역형의 집행유예를 벌금형으로 변경하는 것은 불이익하지 않다(대법원 1990. 9. 25. 선고 90도1534 판결). 그러나 선고유예는 형이 선고된 것이 아니므로 1심의 징역형 선고유예의 판결에 대하여 피고인만이 항소한 경우에 2심이 벌금형을 선고한 것은 1심판결의 형보다 중한 형을 선고한 것에 해당된다(대법원 1999. 11. 26. 선고 99도3776 판결). 한편 소년이 상소심에서 성년으로 되어 부정기형을 정기형으로 변경하는 경우에는 부정기형의 단기가 지나면 석방가능성이 있으므로 부정기형 중 최단기형을 기준으로 정기형과 비교한다(대법원 2006. 4. 14. 선고 2006도734 판결).

다음으로 형을 전체적·실질적 기준으로 판단하는 것은 특히 (유예의 기간이 경과하면 형의 선고가 실효되는) 집행유예의 경우에서 많이 사용된다. 예를 들어 징역 1년 6월을 선고한 1심판결에 대해 피고인만이 항소한 경우에 항소심이 피고인에게 징역 1년 6월에 집행유예 3년 및 벌금 5천만 원을 선고한 형은 집행유예의 실효나 취소가능성, 벌금 미납 시 노역장 유치 가능성과 그 기간 등을 전체적·실질적으로 고려하면 피고인에게 불이익하다(대법원 2013. 12. 12. 선고 2012도7198 판결). 징역 2년 6월 및 벌금 750만 원의 형을 선고한 1심판결에 대하여 피고인만이 항소한 항소심에서 징역 2년 6월에 집행유예 3년 및 벌금 1,500만원을 선고한 것도 불이익하다(대법원 1981. 1. 27. 선고 80도2977 판결). 집행유예가 실효되거나 취소되는 경우 등을 고려하면 자유형의 기간을 늘리거나 벌금형의 액수를 높이는 것은 피고인에게 불이익할 수 있기 때문이다.

그러나 징역 2년 6월을 선고하고 벌금 1,500만 원을 선고유예한 1심판결에 대하여 항소심이 징역 2년 6월에 집행유예 4년 및 벌금 1,000만 원을 선고한 것은 불이익하지 않고(대법원 1976. 10. 12. 선고 74도1785 판결), 1심에서 징역 2년에 집행유예 3년 및 금 5억여 원 추징을 선고한 것을 항소심에서 징역 1년에 집행유예 2년 및 금 6억여 원 추징으로 변경한 것도 형을 전체적·실질적 기준으로 판단하면 불이익하지 않다(대법원 1998. 5. 12. 선고 96도2850 판결).

Ⅳ. 상소의 이익

1. 의의

상소권자가 상소를 통해 원심재판에 불복을 제거하여 얻게 되는 이익이 상소의 이익이다. 상소는 원심법원의 사실인정, 법령적용, 양형판단 또는 소송절차에 잘못이 있어 발생한 불이익을 시정하여 당사자를 구제하기 위한 제도이므로, 상소권자가 상소하기 위해서는 시정할 불이익이 있어야 한다. 상소의 이익은 상소권 자체에 내재하는 당연한 요청이다. 판례도 피고인을 위한 상소는 피고인에게 불이익한 재판을 시정하여 이익된 재판을 청구함을 그 본질로 하는 것이므로 피고인은 재판이 자기에게 불이익하지 아니하면 이에 대한 상소권이 없다고 한다(대법원 2008. 5. 15. 선고 2007도6793 판결).

상소의 이익은 상소의 이유와 구별된다. 상소의 이유는 원심재판의 사실인정, 법령적용, 양형 등에 있어서 구체적으로 어떤 오류가 있는가를 판단하는 문제이다. 상소의 이유가 있는지 여부는 상소의 이익이 있음을 전제로 하여 판단하는 것이다.

상소의 이익은 상소의 적법요건이므로, 상소의 이익이 없는 상소는 기각된다. 상소의 이익이 없음이 상소장의 기재에 명백한 경우에 원심법원은 상소를 기각하는 결정을 해야 하고(360조 1항, 376조), 원심법원이 상소기각결정을 하지 아니하면 상소법원이 상소를 기각하는 결정을 해야 한다(362조 1항, 381조). 다만 유죄판결에 대한 상소와 같이 상소의 이익이 없음이 상소이유를 검토하는 과정에서 나타나는 경우에는 상소법원이 상소기각판결을 하게 된다(364조 4항, 399조).

2. 검사의 상소의 이익

검사는 피고인과 대립하는 소송의 당사자이므로 피고인에게 불이익한 상소를 할 수 있다. 검사는 무죄판결에 대한 상소나 유죄판결에 대하여 중한 형을 구하는 상소를 할 수 있다. 검사는 피고인과 대립하는 소송당사자이지만 다른 한편으로 공익의 대표자로서 법원에 대한 법령의 정당한 적용청구의 직무와 권한이 있다(검찰청법 4조 1항 3호). 따라서 검사는 피고인에게 불이익한 상소뿐만 아니라 피고인의 정당한 이익을 보호하기 위한 상소도 할 수 있다(대법원 1993. 3. 4. 자 92모21 결정).

〈피고인의 정당한 이익을 위한 검사의 상소〉

> 인터넷 법률신문 2015. 7. 2.자에 "검사가 피고인 위해 이례적 항소"라는 제목의 기사가 실렸다. 아동을 강제추행하여 1심에서 징역 4년형이 선고된 70대 노인에 대해 검찰이 '양형이 너무 무겁다'며 홀로 항소를 제기하여 항소심에서 집행유예가 선고되었다. 검사는 공익의 대변인으로서 피해자뿐만 아니라 피고인의 정당한 이익을 위해서도 항소를 할 수 있긴 하지만, 이는 매우 이례적인 일이라고 한다.

3. 피고인의 상소의 이익

(1) 상소이익의 판단기준

피고인은 원심재판이 자신에게 불이익한 경우에 상소를 할 수 있을 뿐, 원심재판을 불이익하게 변경하는 상소는 상소이익이 없기 때문에 허용되지 않는다. 피고인에게 누범에 해당하는 전과가 있음에도 불구하고 원심법원이 형법 35조 2항에 의한 누범가중을 하지 아니한 것은 위법하지만, 피고인이 이를 이유로 상소하는 것은 자기에게 불이익을 주장하는 것이 되므로 이는 적법하지 않다(대법원 1953. 5. 19. 선고 4286형상15 판결; 대법원 1994. 8. 12. 선고 94도1591 판결).

피고인의 상소이익을 판단하는 기준으로 ⓐ 피고인의 주관적 측면을 기준으로 하는 주관설, ⓑ 사회윤리적 입장에서 사회통념을 기준으로 하는 사회통념설 등이 있으나, ⓒ 법익박탈의 대소라는 법률적·객관적 기준에 따르는 객관설이 지배적인 견해이다. 상소제도는 불이익을 받는 당사자의 이익을 보호하는 기능뿐

만 아니라 법령해석의 통일을 통해 법적 안정성을 실현하는 기능이 있으며, 자의
적인 상소이익의 판단을 방지한다는 점에서 형의 경중을 정한 형법 50조와 불이
익변경금지를 규정한 형사소송법 368조를 상소이익의 판단기준으로 보는 객관설
이 타당하다.

(2) 유죄판결에 대한 상소

유죄판결은 피고인에게 가장 불리한 재판이므로 피고인이 무죄를 주장하거
나 경한 형의 선고를 구하는 경우에는 상소이익이 존재한다. 형선고판결(형집행유
예판결 포함), 형면제판결, 형선고유예판결에 대하여 무죄를 주장하거나 경한 형의
선고를 주장하여 상소할 수 있고, 소송조건의 결여를 주장하여 상소할 수도 있다.

그러나 원심판결에 대하여 중한 형을 구하는 상소는 상소이익이 없으므로, 1
심의 벌금형의 선고에 대하여 피고인이 징역형의 집행유예를 구하여 상소하는
것은 비록 피고인의 주관적 측면에서는 상소이익이 있을 수 있으나, 법률적·객
관적 기준에 의하면 상소이익이 없다(헌재 2005. 3. 31. 2004헌가27, 2005헌바8(병합)).

(3) 무죄판결에 대한 상소

무죄판결은 피고인에게 가장 유리한 재판이므로 피고인에게 무죄판결에 대
하여 상소를 구할 상소이익이 없다. 무죄판결에 대해서 피고인이 유죄판결뿐만
아니라 면소판결이나 공소기각재판을 구하는 상소는 허용되지 않는다.

다만 무죄판결 자체가 아니라 무죄판결의 이유만을 다투는 상소가 허용되는
지에 대하여 견해가 대립한다. ⓐ 심신상실을 이유로 선고된 무죄판결에 대해서
는 상소를 인정해야 한다는 견해도 있으나, ⓑ 상소는 판결이유가 아니라 판결주
문에 대해서 허용되는 것이며 법익박탈의 대소라는 법률적·객관적 기준에 의하
면 무죄판결에 대해서는 상소이익이 없으므로 상소이익을 부정하는 것이 타당하
다. 판례도 재판의 이유만을 다투기 위하여 상소하는 것은 허용되지 않는다는 입
장이다(대법원 1993. 3. 4. 자 92모21 결정).

(4) 형식재판에 대한 상소

공소기각재판, 관할위반판결, 면소판결 등의 형식재판에 대하여 피고인이 무
죄판결을 구하는 상소가 허용되는지가 문제된다. 무죄판결은 확정시에 일사부재
리의 효력이 발생하고 형사보상을 받을 수 있는 점에서 상소이익을 긍정하는 견

해도 있다. 주관설이나 사회통념설에 의하면, 무죄판결이 피고인의 사회적 평판 등에서 이익이 있으므로 상소이익이 인정된다고 볼 수도 있고 반대로 형식재판에 의하여 형사절차에서 빨리 해방되므로 상소이익이 인정되지 않는다고 볼 수도 있다.

그러나 법익박탈의 대소라는 법률적·객관적 기준에 의하면 형식재판에 대하여 피고인이 무죄판결을 구하는 상소는 상소이익이 인정되지 않으므로 허용되지 않는 것이 타당하다. 판례도 공소기각의 재판은 피고인을 유죄판결의 위험으로부터 벗어나게 하는 피고인에게 유리한 재판이므로 공소기각의 재판에 대하여 피고인에게 상소권이 없다고 하고(대법원 2008. 5. 15. 선고 2007도6793 판결), 면소판결에 대하여 무죄판결을 구하는 상소는 허용되지 않는다는 입장이다(대법원 1984. 11. 27. 선고 84도2106 판결). 비록 형식재판 중 항소기각판결에 대해서는 피고인에게 원칙적으로 상소이익이 있으나, 1심의 유죄판결에 대하여 검사만 항소하여 항소가 기각된 경우의 항소기각판결은 피고인에게 불이익한 판결이 아니므로 피고인은 그 판결에 대하여 상고할 수 없다(대법원 1990. 1. 25. 선고 89도2166 판결).

V. 상소제기절차

1. 상소제기의 방식

상소제기는 법률상의 방식에 따라 이루어져야 하고, 법률상의 방식에 위반하여 상소가 제기된 경우에는 원심법원이 상소기각의 결정을 하거나(360조 1항, 376조 1항, 407조 1항) 상소법원이 상소기각의 결정을 한다(362조 1항, 381조, 413조). 원심법원의 상소기각결정에 대해서는 즉시항고를 할 수 있다(360조 2항, 376조 2항, 407조 2항). 상소의 제기가 있으면 법원은 지체 없이 상대방에게 그 사유를 통지하여야 한다(356조).

상소제기는 서면(상소장)에 의하여야 하며 구술에 의한 상소제기는 허용되지 않는다(343조 1항). 상소제기에 있어서 재소자에 대한 특칙이 존재하여, (교도소 또는 구치소에 있는) 재소자 피고인이 문맹 등의 이유로 상소장을 작성할 수 없는 때에는 교도소장 또는 구치소장은 소속공무원으로 하여금 대서하게 하여야 한다(344조 2항).

상소장은 원심법원에 제출되어야 하는데(359조, 375조, 406조), 교도소 또는 구치소에 있는 재소자 피고인은 교도소장·구치소장·그 직무를 대리하는 사람에게 제출하면 된다(344조 1항). 상소장의 제출은 상소제기기간 내에 원심법원에 도달되어야 한다(343조 1항, 357조, 375조, 406조).

재판이 선고 또는 고지된 날로부터 상소제기기간은 진행되는데(343조 2항), 재판의 선고나 고지 전에 한 상소는 부적법하다. 항소와 상고의 제기기간은 판결 선고일로부터 7일(358조, 374조)이고, 즉시항고와 준항고의 제기기간은 재판고지일로부터 3일(405조, 416조 3항)이다. 보통항고는 항고의 이익이 있는 한 언제든지 할 수 있다(404조). 상소제기기간은 기간계산의 일반원칙에 따라 초일을 산입하지 않고 익일부터 계산되고(66조 1항), 기간의 말일이 공휴일 또는 토요일에 해당하는 날은 기간에 산입되지 않는다(66조 3항).

2. 상소제기의 효력

상소장이 원심법원에 제출되면 상소제기의 효력이 발생하는데, 상소제기의 효력에는 정지의 효력과 이심의 효력이 있다.

(1) 정지의 효력

상소가 제기되면 재판의 확정과 집행이 정지된다(정지의 효력). 상소의 제기에 의하여 재판의 확정이 정지되는 효력은 항상 발생하나, 재판의 집행이 정지되는 효력에는 예외가 있다. 항고의 경우에 즉시항고를 제외하고는 재판의 집행이 정지되는 효력이 없고(409조), 재산형(벌금·과료·추징)에 대한 가납재판의 집행은 상소에 의하여 정지되지 않는다(334조 3항).

(2) 이심의 효력

상소가 제기되면 소송계속은 원심법원에서 상소법원으로 넘어간다(이심의 효력). 이심의 효력이 발생하는 시점에 대해서는 학설의 대립이 있다. ⓐ 원심법원으로부터 상소장·증거물·소송기록이 상소법원에 송부된 시점에 이심의 효력이 발생된다고 보는 견해(소송기록송부기준설)와 ⓑ 상소장이 원심법원에 제출되도록 규정(359조, 375조, 406조)된 것을 강조하여 상소장이 원심법원에 제출된 시점에 이심의 효력이 발생된다고 보는 견해(상소제기기준설)가 있다.

이심의 효력발생시점에 관한 견해의 대립은 소송기록이 상소법원에 도달하기 전에 원심법원의 구속에 관한 결정을 어떻게 이해할 것인지의 문제와 연결된다. 논리적으로 보면, 소송기록송부기준설에 의하면 소송기록이 상소심에 도달되기 전까지는 원심법원이 수소법원으로서 피고인의 구속에 관한 결정을 스스로 할 수 있는 반면, 상소제기기준설에 의하면 상소장이 원심법원에 제출된 이후에 원심법원은 수소법원으로서 피고인의 신체구속에 관한 판단을 스스로 할 수 없게 된다. 그런데 형사소송법 105조(상소와 구속에 관한 결정)에서는 "상소기간 중 또는 상소 중의 사건에 관하여 구속기간의 갱신, 구속의 취소, 보석, 구속의 집행정지와 그 정지의 취소에 대한 결정은 소송기록이 원심법원에 있는 때에는 원심법원이 하여야 한다."고 규정되어 있으므로, 소송기록이 상소법원에 도달하기 전에 피고인에 대한 원심법원의 구속에 관한 결정여부와 관련하여 논해지는 이심의 효력발생시점에 대한 논의의 실익은 미미하다. 상소장이 원심법원에 제출된 이후에 원심법원은 수소법원으로서 피고인의 신체구속에 관한 판단을 스스로 할 수 없다는 상소제기기준설에서도 형사소송법 105조를 근거로 원심법원이 상소법원의 구속에 관한 결정을 대행한다고 설명한다.

다만 형사소송법 105조에는 소송기록이 원심법원에 있는 경우에 "구속기간의 갱신, 구속의 취소, 보석, 구속의 집행정지와 그 정지의 취소에 대한 결정"에 대해서만 원심법원이 하도록 규정되어 있을 뿐, 구속 자체나 보석의 취소에 대해서는 언급되어 있지 않다. 이와 관련하여 형사소송규칙 57조 1항에 "상소기간 중 또는 상소 중의 사건에 관한 피고인의 구속, 구속기간갱신, 구속취소, 보석, 보석의 취소, 구속집행정지와 그 정지의 취소의 결정은 소송기록이 상소법원에 도달하기까지는 원심법원이 이를 하여야 한다."고 규정되어 있다. 법률에 없는 사항을 대법원규칙인 형사소송규칙에서 규정한 것이 위법한 것이 아닌지에 대하여 논란이 있으나, 판례는 불출석상태에서 징역형을 선고받고 항소한 피고인에 대하여 1심법원이 소송기록이 항소법원에 도달하기 전에 구속영장을 발부한 것은 적법하다고 본다(대법원 2007. 7. 10. 자 2007모460 결정).

3. 상소의 포기와 취하

(1) 상소의 포기

상소권자가 상소제기기간 내에 원심법원에 대하여 상소권을 스스로 포기하여 소멸시키는 소송행위가 상소의 포기이다. 상소제기기간이 진행되기 이전, 즉 재판의 선고나 고지 전에 미리 상소를 포기할 수는 없다. 상소의 포기는 원심법원에 서면으로 한다(353조, 352조 1항). 다만 공판정에서는 구술로써 할 수 있는데, 공판정에서 상소포기는 실무상 선고 직후에만 가능하고 그 사유를 조서에 기재하여야 한다(352조 2항).

상소제기기간 내에 상소의 포기가 있으면 재상소가 금지되고(354조: 형사소송법 354조에는 "상소를 취하한 자 또는 상소의 포기나 취하에 동의한 자"에 대해서만 재상소의 금지가 규정될 뿐 '상소를 포기한 자'에 대해서는 언급이 없으나, 상소포기에 의하여 상소권은 소멸되므로 재상소는 당연히 금지된다), 상소제기기간의 경과 전에 재판이 확정되어 형의 집행이 가능해진다. 상소의 포기는 상소기간 만료 전에 당해 재판의 확정을 원하는 당사자를 위해서 존재하는 제도이나, 일방당사자가 상소를 포기하더라도 타방당사자가 상소를 포기하지 않는 한 원심재판은 확정되지는 않는다. 상소의 포기에 따른 상소권소멸은 당해 심급의 재판에 한정되는 것이므로, 항소를 포기한 당사자도 상대당사자의 항소에 기한 항소심판결에 불복하여 상고할 수 있다. 다만 피고인이 항소권을 포기하고 검사만이 제기한 항소를 이유 없다고 하여 기각한 항소심판결의 경우에는 항소를 포기한 피고인에게 소송의 이익이 없으므로 상고가 허용되지 않는다(대법원 1983. 12. 27. 자 83도2936 결정).

고유의 상소권자(검사, 피고인, 직접 결정을 받은 자)는 상소의 포기를 할 수 있다(349조 본문). 미성년자 등 법정대리인이 있는 피고인은 법정대리인의 동의를 얻을 수 없는 예외적인 경우를 제외하고 법정대리인의 동의를 얻어야 상소의 포기를 할 수 있다(350조). 그런데 형사소송법 341조에 규정된 다른 상소권자나 변호인은 상소의 포기를 할 수 없는지가 논란이다. 한편으로 상소의 취하에서는 형사소송법 341조에 규정된 자에 대해서 명시적으로 상소취하를 허용(351조)하면서 상소의 포기에서는 명시적인 규정이 없으며, 다른 한편으로 피고인과 상소권의 대리행사자이더라도 사형 또는 무기징역이나 무기금고가 선고된 판결에 대하여는 상소의 포기를 할 수 없다고 규정한 형사소송법 349조 단서에서는 형사소송법 341조에 규정된 자의 상소포기라는 개념을 전제로 하고 있기 때문이다.

(2) 상소의 취하

일단 제기한 상소를 철회하는 소송행위가 상소의 취하이다. 상소취하는 상소심의 종국재판 전까지 가능하다. 상소의 대상인 원심재판이 일부상소를 할 수 있는 경우라면 일부취하도 가능하다. 상소의 취하는 상소법원에 하는데, 소송기록이 상소법원에 송부되지 아니한 때에는 원심법원에 할 수 있다(353조). 상소의 취하도 포기와 마찬가지로 서면으로 하여야 하나, 공판정에서는 구술로써 할 수 있다(352조).

상소의 취하가 있으면 상소권이 소멸되어 재상소가 금지된다(354조). 상소의 포기와 마찬가지로 상소의 취하에 따른 상소권소멸은 당해 심급의 재판에 한정되는 것이므로, 항소를 취하한 당사자도 상대당사자의 항소에 기한 항소심판결에 불복하여 상고할 수 있다.

고유의 상소권자뿐만 아니라 피고인의 법정대리인·배우자·직계친족·형제자매·원심의 대리인이나 변호인도 피고인의 동의를 얻어 상소를 취하할 수 있다(351조). 변호인의 상소취하에 피고인의 동의가 없다면 상소취하의 효력은 발생하지 아니하고(대법원 2015. 9. 10. 선고 2015도7821 판결), 피고인은 자기가 한 상소뿐만 아니라 다른 상소권자가 한 상소도 취하할 수 있다. 그리고 상소의 포기와 마찬가지로 미성년자 등 법정대리인이 있는 피고인은 법정대리인의 동의를 얻을 수 없는 예외적인 경우를 제외하고 법정대리인의 동의를 얻어야 상소의 취하를 할 수 있다(350조). 미성년자인 피고인이 상고제기 후 바로 상고취하를 하여도 친권자의 동의가 없으면 효력이 없다(대법원 1983. 9. 13. 선고 83도1774 판결).

(3) 상소절차속행의 신청(상소의 포기·취하의 효력을 다투는 절차)

상소포기·취하의 부존재나 무효를 주장하는 사람은 포기·취하 시에 소송기록이 있었던 법원에 절차속행의 신청을 할 수 있다(규칙 154조 1항). 상소절차속행의 신청이 인용되면 절차가 속행되고, 신청기각결정에 대하여는 즉시항고가 가능하다(규칙 154조 2항·3항).

사회보호법(1980. 12. 제정, 2005. 8. 폐지)에 따른 보호감호를 선고받은 피고인이 보호감호가 선고된 것으로 알고 상고를 제기하였으나 보호감호청구가 기각되었다는 취지의 교도관의 말과 공판출정 교도관이 작성한 판결선고결과보고서의 기재를 믿고 착오에 빠져 판결등본송달을 기다리지 않고 상고를 취하하여 보호감호처분이 확정된 경우는 피고인에게 책임질 수 없는 사유로 인하여 상고취하가 발생한 것이 아니어서 상소절차속행신청이 기각된다(대법원 1992. 3. 13. 자 92모1 결정).

VI. 일부상소

1. 의의

'공소불가분의 원칙'(248조 2항)에 의하여 공소사실의 동일성이 인정되는 한 개의 사건에 대하여는 한 개의 재판이 있다. 이것은 상소의 경우에도 마찬가지이어서 재판의 일부에 대한 상소는 그 일부와 불가분의 관계에 있는 부분에 대해서도 상소의 효력이 미친다(342조 2항). 이것을 '상소불가분의 원칙'이라고 한다. 피고사건의 주위적 주문과 불가분적 관계에 있는 주문에 대한 상소, 일죄의 일부에 대한 상소, 경합범에 대하여 1개의 형이 선고된 경우에 경합범의 일부 죄에 대해서 상소가 제기되면 상소불가분의 원칙이 적용된다(대법원 2008. 11. 20. 선고 2008도5596 전원합의체 판결).

그런데 형사소송법 342조 1항에서는 재판의 일부에 대하여 상소를 할 수 있다고 하여 일부상소를 인정하고 있다. '일부상소'는 상소되지 아니한 부분에 대하여 재판이 확정되고 상소법원의 심판범위를 축소하여 소송경제를 도모하기 위한 제도이다. 일부상소는 상소불가분의 원칙이 적용되지 않는 경우에 사용되는 제도이다. 따라서 일부상소에 있어서 재판의 일부는 한 개의 사건의 일부가 아니라 경합범 관계의 수개의 사건이 병합·심리되고 판결주문이 수개인 경우의 재판의 일부를 말한다.

2. 허용범위

(1) 허용되는 경우

일부상소가 허용되는 대표적인 경우는 경합범 중 일부는 유죄가 선고되고 일부는 무죄가 선고된 경우이다. 이 경우 피고인만이 유죄부분에 대하여 상소한 때에는 무죄부분은 확정되고 유죄부분만 상소심에 이심된다. 반대로 이 경우에 검사만이 무죄부분에 대하여 상소한 때에는 유죄부분은 확정되고 무죄부분만 상소심에 이심되므로 상소심에서 원심을 파기할 때에는 무죄부분만이 파기되는데(대법원 1992. 1. 21. 선고 91도1402 전원합의체 판결), 이때 형법 37조 전단의 경합범으로서 하나의 형으로 처벌받을 수 있었던 피고인이 형법 37조 후단의 경합범으로서 두 개의 형으로 처벌받게 되는 불이익이 발생할 수 있지만 이것은 형법 39조 1항에 따라 양형으로 해결하게 된다. 다만 원심이 두 개의 죄를 경합범으로 보고 한 죄는 유죄, 다른 한 죄는 무죄를 각 선고하자 검사만이 무죄부분에 대하여 상고하였더라도 상고심이 두 죄가 상상적 경합관계라고 판단한다면 유죄부분도 상고심의 심판대상이 된다(대법원 1980. 12. 9. 선고 80도384 전원합의체 판결).

경합범 중 일부는 유죄, 일부는 무죄가 선고된 경우에 검사는 무죄부분에 대하여 피고인은 유죄부분에 대하여 각각 일부상소한 때에는 원심판결 전부가 이심되는 것이고, 만약 무죄부분에 대한 검사의 상고만 이유 있다면 피고인에게 하나의 형이 선고되어야 하므로 무죄부분뿐만 아니라 유죄부분도 함께 파기되어야 한다(대법원 2002. 6. 20. 선고 2002도807 전원합의체 판결).

경합범 중 일부는 유죄, 일부는 면소·공소기각·관할위반이 선고된 경우도 일부상소가 허용된다. 그 외에 경합범 전부에 대하여 유죄가 선고되더라도, 경합범 중 일부는 형이 선고되고 일부는 형의 면제·선고유예가 선고된 경우와 일부는 징역형이 선고되고 일부는 벌금형이 선고된 경우(대법원 2009. 4. 23. 선고 2008도11921 판결)에도 일부상소가 허용된다. 또한 경합범 전부에 대하여 무죄가 선고된 경우에도 일부상소가 허용된다.

(2) 허용되지 않는 경우

'상소불가분의 원칙'에 따라 일부상소는 그 일부와 불가분의 관계에 있는 부분에 대해서도 효력이 미치므로(342조 2항), 단순일죄, 포괄일죄, 과형상 일죄 등 일죄의 일부에 대한 상소는 허용되지 않는다(대법원 2007. 6. 1. 선고 2005도7523 판결). 예를 들어 포괄일죄의 일부사실에 대해서 유죄가 나머지에 대하여 무죄가 선고된 판결에 대해서 검사만 무죄부분에 대한 상고를 하고 피고인은 상고하지 아니하더라도 상소불가분의 원칙에 따라 검사의 상소는 그 판결의 유죄부분과 무죄부분 전부에 미치고 유죄부분도 상소심에 이전되어 심판대상이 된다(대법원 1989. 4. 11. 선고 86도1629 판결).

다만 예외적으로 일부사실만이 유죄로 인정된 포괄일죄의 경우에 그 유죄부분에 대하여 피고인만이 항소하였을 뿐 공소기각으로 판단된 나머지에 대하여 검사가 항소를 하지 않은 경우, 피고인의 이익을 위해서 판례는 일부상소의 효력을 인정하여 이 경우 상소불가분의 원칙에 의하여 유죄 이외의 부분도 항소심에 이심되기는 하지만 그 부분은 이미 당사자 간의 공격·방어의 대상으로부터 벗어났으므로 항소심으로서도 그 부분까지 판단할 수는 없다고 한다(대법원 2010. 1. 14. 선고 2009도12934 판결).

그 외에 경합범의 전부에 대하여 하나의 형이 선고된 경우에는 일부상소가 허용되지 않는다. 이 경우에는 판결주문이 단일하고 다수의 사실이 전부 하나의 형과 유기적으로 관련되어 있으므로(형법 38조 1항), 상소불가분의 원칙이 적용된다.

또한 주형과 불가분적으로 관련되어 있는 부가적 형사제재에 대해서는 상소불가분의 원칙이 적용되어 일부상소가 허용되지 않는다. 예를 들어, 피고사건의 재판 가운데 몰수 또는 추징에 관한 부분만을 불복대상으로 삼아 상소가 제기되었더라도 전부가 상소심으로 이심된다(대법원 2008. 11. 20. 선고 2008도5596 전원합의체 판결). 위치추적 전자장치의 부착명령은 보호관찰부 집행유예와 불가분의 관계에 있는 것으로서 독립하여 상소의 대상이 될 수 없다(대법원 2012. 8. 30. 선고 2011도14257 판결). 그리고 소송비용부담의 재판은 본안의 재판에 관하여 상소하는 경우에만 상소할 수 있고(191조 2항) 본안 재판과 분리 확정될 수 없는 것이므로, 1심 본안 부분을 파기하는 경우에는 소송비용부담 부분까지 함께 파기된다(대법원 2009. 4. 23. 선고 2008도11921 판결). 다만 소송촉진법 33조 5항에서는, 형사절차에서의 민사판결이라는 배상명령의 성격을 고려하여, 피고인은 유죄판결에 대하여 상소제기 없이 배상명령에 대하여만 즉시항고를 할 수 있다고 규정하고 있다.

3. 방식

일부상소를 할 경우에는 일부상소의 취지를 상소장에 명시하고 불복부분을 특정하여야 하는데, 상소장에 불복부분이 특정되지 않은 경우에는 전부상소로 보게 된다. 다만 형사소송법에서 불복의 범위를 항소장에 명시하라는 규정이 없고 상소는 재판의 전부에 대하여 하는 것을 원칙으로 삼고 있으므로 상소이유서의 내용을 고려하여 일부상소인지여부를 판단한다는 것이 판례의 입장이다(대법원 2004. 12. 10. 선고 2004도3515 판결). 이에 따르면 경합범 중 일부에 대하여 유죄를 일부에 대하여 무죄를 선고한 1심판결에 대하여 검사만이 항소하면서 무죄부분에 관하여는 항소이유를 기재하고 유죄부분에 관하여는 항소이유를 기재하지 않았으나 항소범위는 '전부'로 표시한 경우에는 전부상소라고 본다(대법원 2014. 3. 27. 선고 2014도342 판결).

4. 상소심의 심판범위

(1) 원칙

일부상소의 경우에 상소심의 심판범위는 상소 제기된 부분에 한정되는 것이 원칙이므로, 상소 제기되지 않은 부분은 상소제기기간의 경과로 확정되고 상소심의 심판범위는 상소 제기된 부분에 한정된다. 일부상소에 대하여 상소심이 파기환송한 경우에 환송 후의 법원은 이미 확정된 부분은 심리할 수 없고 일부상소된 부분에 대해서만 심리하여야 한다(대법원 1990. 7. 24. 선고 90도1033 판결).

그런데 경합범 중 일부는 유죄, 일부는 무죄가 선고되자 검사만 무죄부분에 대해서 상소하였는데 상소심에서 상소이유가 인정되어 원심판결을 파기하는 경우에 상소심은 상소된 부분 이외에 대해서도 파기할 수 있는지에 대하여 과거 견해가 대립되었다. ⓐ 피고인의 이익(형법 38조에 의한 과형상의 이익)을 보호하기 위해서 상소심의 심판범위는 상소 제기된 부분에 한정된다는 원칙을 제한하는 입장에서 과거의 판례는 이 경우 피고인에 대한 원심판결 전부를 파기하여야 한다는 입장(전부파기설)이었다(대법원 1988. 11. 8. 선고 85도1675 판결). ⓑ 그러나 현재의 다수 견해와 판례(대법원 1992. 1. 21. 선고 91도1402 전원합의체 판결; 대법원 2010. 11. 25. 선고 2010도10985 판결)는 유죄판결 부분은 상소기간의 경과로 확정되어 상소심에 계속된 사건은 무죄판결 부분에 대한 공소뿐이므로 상소심은 무죄 부분만을 파기할 수 있다는 입장(일부파기설)이다. 경합범의 경우에 피고인에게 발생할 수 있는 과형상의 불이익은 형법 39조 1항에 의하여 해결할 수 있으므로 일부상소된 경합범의 경우에 상소심의 심판범위는 상소제기된 부분에 한정된다는 일부파기설이 타당하다.

(2) 죄수판단이 변경되는 경우

원심법원이 두 개의 공소사실을 경합범으로 보고 일부는 유죄를 일부는 무죄를 선고하자 당사자 중 일방만이 상소하였는데 상소법원에의 심리결과 두 공소사실이 일죄(단순일죄·포괄일죄·과형상 일죄)로 판명된 경우에 상소심의 심판범위가 문제된다. 일부상소의 경우에 상소심의 심판범위는 상소제기된 부분에 한정된다는 원칙에 따를 것인지 피고인의 이익을 보호하기 위하여 원칙을 제한할 것인지에 대하여 견해가 대립되는데, 두 가지 경우로 나누어 생각해 볼 수 있다.

① 원심법원이 두 개의 공소사실을 경합범으로 보고 일부는 유죄를 일부는 무죄를 선고하자 '피고인'만 유죄부분에 대하여 상소한 경우이다. 이 경우는 일부상소에서 상소심의 심판범위는 상소제기된 부분에 한정되는 원칙을 따르는 것이 피고인의 이익보호에도 부합된다. 따라서 무죄부분은 확정되고 상소심에는 유죄부분만이 심판의 대상이 된다(일부이심설).

② 원심법원이 두 개의 공소사실을 경합범으로 보고 일부는 유죄를 일부는 무죄를 선고하자 '검사'만 무죄부분에 대하여 상소한 경우이다. 이 경우에 일부상소에서 상소심의 심판범위는 상소제기된 부분에 한정된다는 원칙을 따르면 유죄부분은 확정되고 상소심에서는 무죄부분만 심판의 대상이 된다. 그러나 이 결과는 상소법원에서 상상적 경합의 과형상의 효과가 피고인에게 적용될 수 없어 피

고인을 보호하지 못하므로, 무죄부분뿐만 아니라 유죄부분도 심판의 대상이 된다고 보는 견해가 다수의 견해(전부이심설)이다. 판례도 다수의 견해와 마찬가지로 원심에서 두 개의 죄를 경합범으로 보고 한 죄는 유죄가 다른 한 죄는 무죄가 각각 선고되자 검사가 무죄부분만 불복상고한 경우에 두 죄가 상상적 경합관계에 있다면 유죄부분도 상고심의 심판대상이 된다는 입장이다(대법원 1980. 12. 9. 선고 80도384 전원합의체 판결).

VII. 파기재판의 기속력

1. 의의

상소심에서 원심판결을 파기할 때 경우에 따라 원심법원에 환송(366조, 395조, 397조) 또는 관할법원에 이송(367조, 394조, 397조)을 할 수 있는데, 이 경우 상급법원 재판에서의 판단은 해당 사건에 관하여 하급심을 기속한다(법원조직법 8조). 이와 같이 원심판결을 파기하여 사건을 하급심으로 환송·이송하는 상급심의 판단이 환송·이심을 받은 하급심을 구속하는 효력을 파기재판의 기속력 또는 구속력이라고 한다. 항소법원은 파기자판을 원칙으로 하므로(364조 6항), 파기재판의 기속력은 주로 상고법원이 하급법원을 구속하는 경우에 발생한다.

법원조직법에서 파기재판의 기속력을 규정한 것은 심급제도를 합리적으로 유지시키기 위한 것이다. 파기재판의 기속력을 인정하지 않을 경우에 상급심과 하급심 간에 무한히 발생할 수 있는 절차반복을 방지하기 위한 정책적인 이유에서 파기재판의 기속력이 인정된다.

2. 효력범위

(1) 기속력이 미치는 법원

파기재판은 환송·이송받은 하급심을 구속한다. 상고심의 파기재판에 대하여는 2심법원뿐만 아니라 1심법원도 구속된다. 예를 들어 1심의 공소기각판결에 대한 항소심의 항소기각판결에 대하여 상고심이 1심판결과 2심판결 모두를 파기하고 사건을 1심법원으로 환송한 경우에 1심법원은 상고심의 재판에 구속된다. 이때 1심재판에 대하여 다시 항소가 제기된 경우의 2심법원도 상고심의 재판에 구속된다.

파기재판을 한 상급법원도 그 파기재판에 구속된다. 파기재판을 한 상급법원에 구속력이 인정되지 않으면 상소심의 판단에 따라 이루어진 하급심의 판결이 상급법원에서 다시 변경될 수 있게 되는데, 이것은 절차반복을 방지하기 위한 정책적인 이유에서 파기재판의 기속력이 인정한 취지를 무의미하게 한다. 다만 예외적으로 대법원 전원합의체 판결은 자신의 파기환송판결에 기속되지 않는데, 이 경우에는 사건이 대법원과 원심법원 간의 절차반복으로 사건의 종국적 해결이 지연될 위험도 없으며 환송판결을 한 법률상의 판단을 변경하는 것이 법령의 올바른 해석적용과 통일을 기하는 경우에는 법률상의 판단을 변경하는 것이 대법원(전원합의체)의 임무이기 때문이다(대법원 2001. 3. 15. 선고 98두15597 전원합의체 판결).

(2) 기속력이 미치는 판단

법령해석의 통일이라는 점에서 하급법원은 파기재판을 한 상급법원의 법률판단에 구속된다. 다만 파기재판을 한 상급법원의 사실판단과 관련하여, ⓐ 자유심증주의와 진실발견이라는 관점에서 파기재판의 기속력을 부정하는 소수의 견해가 있지만, ⓑ 상소이유로서 사실오인이 인정되고 있고(361조의5 14호, 383조 4호) 법원조직법 8조는 상급심재판의 기속력을 법률판단에 제한하지 않으므로 상급법원의 사실판단에 하급법원은 구속되는 것이 타당하다. 판례도 상고심으로부터 사건을 환송받은 법원은 그 사건을 재판함에 있어서 상고법원이 파기이유로 한 사실상 및 법률상의 판단에 대하여 환송 후의 심리과정에서 새로운 증거가 제시되어 기속적 판단의 기초가 된 증거관계에 변동이 생기지 않는 한 이에 기속된다는 입장이다(대법원 2009. 4. 9. 선고 2008도10572 판결).

한편 파기재판의 기속력은 원심법원이 인정한 사유에 대한 상소법원의 소극적·부정적 판단에 미치는 것은 분명한데, 그 외에 상소법원의 적극적·긍정적 판단에 대해서도 기속력이 인정되는지가 문제된다. 항소법원은 파기자판을 원칙으로 하므로(364조 6항) 파기재판의 기속력은 주로 상고법원이 하급심법원을 구속하는 경우에 발생하는데, 사후심인 상고심에서는 파기자판의 경우에 원심법원과 1심법원이 조사한 증거에 의하여 판결하므로 상고법원의 파기판결은 소극적·부정적 판단부분에 대해서만 기속력이 있다는 견해가 다수의 견해이다. 판례도 상고심의 파기판결의 기속력은 파기의 직접 이유가 된 원심판결에 대한 소극적인 부정판단에 제한된다는 입장이다(대법원 2004. 4. 9. 선고 2004도340 판결).

(3) 기속력의 배제

파기재판의 기속력은 ① 사실관계의 동일성을 전제로 한다. 상소심으로부터 사건을 환송받은 법원은 그 사건을 재판함에 있어서 환송 뒤 심리과정에서 새로운 증거가 제출되어 기속적 판단의 기초가 된 증거관계에 변동이 생기는 경우에는 상소심이 파기이유로 한 사실상 및 법률상의 판단에 기속되지 않는다(대법원 2003. 2. 26. 선고 2001도1314 판결). 또한 환송 후 원심에서 공소사실이 변경(예를 들어 출판물에 의한 명예훼손의 공소사실에서 명예훼손죄의 공소사실로 변경)된 경우에는 환송 후 원심은 이에 대하여 새롭게 사실인정을 할 재량권을 가지게 되고 더 이상 파기재판의 사실판단에 기속되지 않는다(대법원 2004. 4. 9. 선고 2004도340 판결).

② 파기재판의 기속력은 적용법령의 동일성을 전제로 한다. 파기재판 이후에 법령이 변경된 경우에는 기속력이 배제된다.

> 12장 1절 **퀴즈**

12.1.1 甲은 자신의 인터넷 블로그에 A에 대하여 '듣보잡', '함량미달', '함량이 모자라도 창피한 줄 모를 정도로 멍청하게 충성할 사람', '싼 맛에 갖다 쓰는 거죠', '비욘 드보르잡', '개집' 등이라고 표현한 글을 게시하였다. A는 甲의 행위의 처벌을 구하는 취지로 수사기관에 고소하였고, 甲은 A를 모욕한 혐의로 기소되었다. 甲은 제1심 제1회 공판기일에 자신의 행위는 사회상규에 반하지 않는다면서 무죄를 주장하는 한편 자신의 무죄주장에 대하여 변호인과 상의 후 A를 찾아가 합의하였다. 이후 A가 甲에 대한 고소를 취소하자 제1심법원은 공소기각판결을 선고하였다. 제1심법원의 판결에 대하여 甲은 항소를 제기하고 무죄를 주장하는 항소이유서를 법원에 제출하였다. 법원은 어떤 재판을 하는가?
힌트 : 대법원 2008. 5. 15. 선고 2007도6793 판결

12.1.2 甲은 허가를 받지 않고 300㎡ 미만의 종교집회장과 대중음식점을 용도변경한 혐의로 (구)건축법위반으로 기소되었다. 공판 중 종전의 건축법의 처벌규정이 부당하다는 반성적 이유에서 300㎡ 미만의 종교집회장과 대중음식점의 용도변경은 허가를 받지 않아도 되는 것으로 개정되어 법원은 면소판결을 하였다. 면소판결에 대해서 甲은 무죄를 주장하여 상소할 수 있는가?
힌트 : 대법원 1984. 11. 27. 선고 84도2106 판결

12.1.3 甲은 교통사고처리특례법위반혐의로 기소되어 벌금 5백만 원의 벌금형을 선고받았다. 벌금을 납부할 경제적 능력이 없는 甲은 벌금미납으로 노역장유치처분을 받을 경우 자신이 부양할 가족의 생계가 막막하다는 이유로 벌금형의 선고에 대하여 징역형의 집행유예를 구하며 항소하였다. 법원은 어떤 재판을 하는가?
힌트 : 헌재 2005. 3. 31. 선고 2004헌가27, 2005헌바8(병합) 결정

12.1.4 부정수표단속법위반의 혐의가 있는 甲은 증거인멸과 도주의 염려가 있어 2006. 10. 18. 구속되어 기소되었고 1심에서 2007. 4. 5. 징역 1년 6월의 징역형을

선고받았다. 甲은 이에 불복하여 2007. 4. 11. 제1심법원에 항소장을 제출하였다. 甲의 구속기간이 만료되어 甲이 석방될 경우 증거인멸과 도주의 염려가 있다고 판단한 1심법원이 甲의 소송기록이 항소심에 송부되기 전인 2007. 4. 17. 甲에 대한 구속영장을 발부하여 甲을 구속하였다. 이 구속은 적법한가?

힌트 : 대법원 2007. 7. 10. 자 2007모460 결정

12.1.5 신용협동조합의 이사장 甲은 2016. 5. 3. 대출한도액을 초과하여 A에게 2억 원을 대출하였고, 2016. 6. 15. 비조합원인 무자격자 B에게 1억 원을 대출하였고, 2016. 6. 30. 대출한도액을 초과하여 C에게 3억 원을 대출하였다. 甲은 포괄하여 특정경제범죄법위반(업무상배임) 혐의로 기소되었다. 1심법원은 甲이 B에게 1억 원을 대출한 공소사실에 대해서는 무죄를, 나머지에 대해서는 유죄를 선고하였다. 이에 피고인 甲은 유죄부분만을 특정하여 항소하였고, 검사는 항소하지 않았다. 이때 항소심법원의 심판범위는?

힌트 : 대법원 1991. 3. 12. 선고 90도2820 판결

⬛ 퀴즈풀이

12.1.1

형식재판인 공소기각판결에 대해서 무죄주
장취지의 상소를 하는 경우에 상소의 이익
이 존재하는지가 문제된다. 무죄판결이 확
정되면 일사부재리의 효력이 발생하고 형
사보상을 받을 수 있으므로 상소이익이 있
다는 견해도 있으나, 공소기각의 재판이 있
으면 피고인은 유죄판결의 위험으로부터
벗어나게 되어 피고인에게 불이익한 재판
이라고 할 수 없으므로 피고인에게 상소이
익이 없다(대법원 2008. 5. 15. 선고 2007도
6793 판결). 따라서 甲의 항소는 상소이익
이 없고, 상소이익이 없음이 항소장의 기재
에 의하여 명백히 나타났다면 항소장을 제
출받은 원심법원이 항소기각결정을 하고
(360조), 원심법원이 상소기각결정을 하지
아니한 경우에는 항소심법원이 상소기각결
정을 한다(362조 1항). 만약 항소심법원이
상소이유를 검토하는 과정에서 상소이익
없음이 밝혀진 때에는 항소심법원이 항소
기각판결을 한다(364조 4항·5항).

12.1.2

면소판결의 본질에 대하여 '실체재판설',
'이분설', '형식재판설' 등이 주장되는데,
면소판결은 형벌권의 부존재를 이유로 소
송을 종결하는 것이 아니라 공소권소멸을
이유로 사건의 실체에 대한 심리 없이 소송
을 종결하는 것이므로 형식재판으로 보는

것이 타당하다. 형식재판설에 의하면, 면소
사유가 있으면 실체심리가 허용되지 않고,
피고인 甲은 면소판결에 대하여 무죄를 주
장하여 상소할 수 없다.

12.1.3

상소의 이익은 상소의 적법요건이므로 상
소의 이익이 없는 상소에 대하여 법원은 상
소기각을 하게 된다. 피고인에게 상소이익
이 존재하는지 여부에 대한 판단기준에 대
하여 피고인의 주관이나 사회통념이 아니
라 법익박탈의 대소라는 법률적 표준, 즉
형법 50조에 의하여 상소의 이익을 판단하
는 '객관설'에 의하면, 벌금 5백만 원의 형
보다 징역형의 집행유예가 객관적(법률적)
으로 피고인에게 불이익한 형벌이다. 따라
서 甲의 항소는 상소이익이 없다. 상소이익
이 없음이 항소장의 기재로 명백히 나타났
다면 항소장을 제출받은 원심법원이 항소
기각결정을 한다(360조). 원심법원이 상소
기각결정을 하지 아니한 경우에는 항소심
법원이 상소기각결정을 한다(362조 1항).
만약 항소심법원이 상소이유를 검토하는
과정에서 상소이익 없음이 밝혀진 때에는
항소심법원이 항소기각판결을 한다(364조
4항·5항).

12.1.4

상소제기의 효력에 있어서 이심의 효력발

생시기가 문제된다. 상소기간 중 또는 상소 중의 사건에서 구속의 갱신이나 취소 등에 관해서는 소송기록이 원심법원에 있는 경우에는 원심법원이 결정하는데(105조), 구속 자체에 대해서는 형사소송규칙 57조 1항이 원심법원이 결정하도록 규정하고 있다. 형사소송규칙이 형사소송법에 없는 내용을 규정한 것이 위법하다는 견해도 있으나 형사소송규칙 57조 1항은 적법하다는 판례(대법원 2007. 7. 10. 자 2007모460 결정)가 있다.

12.1.5

일부상소는 경합범 중 일부는 무죄, 일부는 유죄가 선고된 경우에 허용된다(342조 1항). 포괄일죄의 일부는 무죄, 일부는 유죄가 선고된 경우에는 상소불가분의 원칙(342조 2항)이 적용되어 일부만 상소하더라도 그 일부와 불가분의 관계에 있는 부분도 상소의 효력이 미친다. 따라서 포괄일죄의 형태로서 특정경제범죄법상 업무상배임으로 기소된 甲의 업무상배임행위에 있어서, 甲의 일부상소는 전부가 상소되는 것으로 보아 유죄판결된 부분도 항소심의 심판대상이 된다. 그러나 이것은 피고인에게 불이익한 결과를 가져올 수 있어 피고인의 상소권을 제한한 우려가 있으므로, 피고인의 이익을 위해서 상소불가분의 원칙에 의해서 무죄 부분도 항소심에 이심되지만 그 부분은 당사자 간의 공격방어의 대상으로부터 벗어났으므로 항소심은 무죄부분에 대하여 심판할 수 없다.

제2절 항소, 상고, 항고

Ⅰ. 항소

1. 항소의 의의

1심법원의 판결에 대하여 불복하여 2심법원에 제기하는 상소가 항소이다. 항소는 1심판결의 오류로 인한 불이익을 받는 당사자의 권리를 구제하는 것에 주된 목적이 있다. 1심판결인 이상 내용은 묻지 않으며, 1심결정이나 명령에 대해서는 항소할 수 없다. 1심판결에 대하여 대법원에 바로 상소하는 비약상고(372조)는 상고이지 항소가 아니다.

2. 항소의 구조

(1) 항소심의 구조와 관련된 3가지 입법유형

항소심의 구조와 관련된 입법유형은 심판대상과 방식에 관련되는데, 3가지 입법유형이 있다.

① 복심(覆審)이다. 항소심이 원심의 심리와 판결을 무효로 하고 사건을 처음부터 다시 심리하는 형태이다. 복심에서 항소심의 심판대상은 피고사건 자체이어서 항소심에서 심리는 기소요지의 진술부터 다시 시작되고 사실심리나 증거조사에 제한이 없다. 복심은 항소심의 심리를 철저히 하여 피고인의 이익보호에 기여하는 장점이 있으나, 소송경제에 반하고 항소의 남용을 초래할 우려가 있다는 단점이 있다.

② 속심(續審)이다. 1심의 변론이 재개된 것처럼 항소심이 1심의 심리절차를 이어받아 새로운 증거를 보충하여 피고사건의 실체에 대하여 판단하는 형태이다. 속심에서 항소심의 심판대상도 복심과 마찬가지로 피고사건 자체이다. 항소심에서 공소장변경이 가능하고, 기판력은 항소심판결선고시를 기준으로 하고, 항소의 이유가 있을 때의 판결주문은 원칙적으로 파기자판의 형식이 취해진다. 속심은 복심에 비하여 소송경제의 측면에서는 장점이 있으나, 1심의 소송자료에 대한 심증을 이어받게 될 수 있다는 단점이 있다.

③ 사후심(事後審)이다. 사후심은 원심의 소송자료에 따라 원심판결시를 기준

으로 원판결의 당부를 사후에 심사하는 형태이다. 속심에서 항소심의 심판대상은 피고사건 자체가 아니라 원판결의 당부이고, 원심판결시를 원심에 나타난 증거만으로 판단하므로 항소심에서 공소장변경이 허용되지 않고 기판력도 원심판결선고시를 기준으로 하며, 항소의 이유가 있을 때의 판결주문은 원칙적으로 파기이송의 형식이다. 사후심은 소송경제와 신속한 재판의 이념에 부합하는 장점이 있으나, 1심에서 철저한 심리가 이루어지지 않은 경우에는 실체적 진실발견과 피고인의 구제에 충분하지 못하다는 단점이 있다.

(2) 현행법의 구조

항소심의 구조와 관련된 3가지 입법유형 중 형사소송법이 어떤 유형인지에 대하여 견해가 대립되는데, 속심을 원칙으로 하면서 사후심이 보충되는 형태라고 이해하는 것이 통설이다. 판례도 항소심을 원칙적으로 속심이라고 보면서 예외적으로 사후심의 요소가 존재한다는 입장(대법원 1983. 4. 26. 선고 82도2829 판결)으로서, 형사소송법상 항소심은 속심을 기반으로 하되 사후심적 요소도 상당 부분 들어 있는 이른바 '사후심적 속심'이라고 본다(대법원 2017. 3. 22. 선고 2016도18031 판결).

현행법상 항소이유가 제한되고(361조의5), 항소인 또는 변호인은 항소이유서를 항소법원에 제출하여야 하고(361조의3 1항), 항소법원은 판결에 영향을 미친 사유 이외에는 항소이유에 포함된 사유에 관하여만 심판하도록 규정(364조 1항)된 점 등은 사후심의 특성이지만, 이것은 소송경제를 도모하기 위한 보충적 규정이라고 이해된다. 항소법원은 판결에 영향을 미친 사유에 관하여는 항소이유서에 포함되지 아니한 경우에도 직권으로 심판할 수 있고(364조 2항), 1심법원에서 증거로 할 수 있었던 증거는 항소법원에서도 증거로 할 수 있고(364조 3항), 항소이유가 있다고 인정한 때에는 원심판결을 파기하고 다시 판결을 하여야 하는 점(364조 6항) 등을 보면 현행법상 항소심은 원칙적으로 속심의 구조이다. 항소의 주된 목적이 1심판결의 오류로 인한 불이익을 받는 당사자의 권리를 구제하는 것이라는 측면에서도 항소심을 원칙적으로 속심으로 이해하는 것이 타당하다.

항소심구조의 이해는 '항소심에서 공소장변경'과 '기판력의 효력발생시기'의 문제에 직접적으로 연결된다. 항소심구조를 원칙적으로 속심으로 이해하면, 항소심에서 공소장변경이 허용된다. 판례는 항소심에서 공소장변경이 가능하고(대법원 2010. 4. 29. 선고 2007도6553 판결), 파기환송 후의 항소심에서도 공소장변경이 가능하다는 입장이다(대법원 2001. 3. 9. 선고 2001도192 판결).

항소심구조를 원칙적으로 속심으로 이해하면, 기판력의 효력발생시기는 항소심판결선고시라고 보게 된다. 판례는 항소심에서 파기자판한 경우뿐만 아니라 항소이유서를 제출하지 아니하여 항소기각결정을 한 경우에도 기판력의 효력발생시기를 항소기각결정시라고 보는데, 판결에 영향을 미친 사실오인이 있는 등 직권조사사유가 있으면 항소법원이 직권으로 심판하여 1심 판결을 파기하고 다시 판결할 수도 있기 때문이다(361조의4 1항 단서, 대법원 1993. 5. 25. 선고 93도836 판결).

그 외에도 항소심을 속심으로 이해하면, 1심판결 선고시 소년(19세 미만)이기 때문에 부정기형을 선고받은 사람이 항소심 계속 중 성년이 된 경우에는 원심판결을 파기하고 정기형을 선고하게 된다(대법원 1990. 4. 24. 선고 90도539 판결). 그리고 항소심이 심리과정에서 심증의 형성에 영향을 미칠만한 객관적 사유가 새로 드러난 것이 없음에도 1심의 판단을 재평가하여 사후심적으로 판단하여 뒤집고자 할 때에는 1심의 증거가치 판단이 명백히 잘못되었다거나 사실인정에 이르는 논증이 논리와 경험법칙에 어긋나는 등으로 그 판단을 그대로 유지하는 것이 현저히 부당하다고 볼 만한 합리적인 사정이 있어야 한다(대법원 2017. 3. 22. 선고 2016도18031 판결).

3. 항소의 이유

(1) 의의

항소권자가 적법하게 항소를 제기할 수 있는 법률상의 근거가 항소이유인데, 형사소송법 361조의5에 제한적으로 열거되어 있다. 항소이유가 제한되고(361조의5), 항소인 또는 변호인은 항소이유서를 항소법원에 제출하여야 하고(361조의3 1항), 항소법원은 판결에 영향을 미친 사유 이외에는 항소이유에 포함된 사유에 관하여만 심판하는(364조 1항) 등 항소이유에 관한 규정은 본래 사후심의 특성이다. 그러나 항소심에 관한 규정을 전체적으로 보면, 속심인 항소심에서 소송경제를 도모하기 위해서 보충적으로 존재하는 규정이라고 할 수 있다.

항소이유는 항소심의 심판대상을 제한하기도 한다. 예를 들어 원심에서 상상적 경합관계에 있는 수죄에 대해서 모두 무죄가 선고되자 검사가 무죄 부분 전부를 상소하면서 일부 무죄 부분에 대해서는 상소이유로 삼지 않은 경우에 비록 상소이유로 삼지 아니한 무죄 부분도 상소심에 이심되지만 그 부분은 이미 당사자 간의 공격방어의 대상으로부터 벗어나 사실상 심판대상에서 벗어나므로 상소심은 무죄 부분에 대해서는 판단할 수 없다(대법원 2008. 12. 11. 선고 2008도8922 판결).

형사소송법 361조의5에 규정된 항소이유는 법령위반과 그 외의 사유로 구분하여 설명되기도 하고, 절대적 항소사유와 상대적 항소사유로 구분하여 설명되기도 한다. 아래에서는 편의상 후자의 방식에 따라 일정한 사유가 판결에 영향을 미친 경우에 한하여 항소이유가 되는 상대적 항소이유와 일정한 사유가 있으면 바로 항소이유가 되는 절대적 항소이유로 구분하여 설명된다.

(2) 상대적 항소이유

1) 판결에 영향을 미친 법령(헌법·법률·명령·규칙) 위반

판결에 영향을 미친 헌법·법률·명령 또는 규칙의 위반이 있는 때이다(361조의5 1호). 판결에 영향을 미친 때란 판결내용에 영향을 미친 경우로서 법령(헌법·법률·명령·규칙)위반 때문에 판결의 주문이나 이유에 변화가 생긴 것을 의미한다. 법령위반과 판결내용에 인과관계가 있어야 하므로, 피고인의 신병확보를 위한 구속 등 조치와 공판기일의 통지, 재판의 공개 등 소송절차가 법령에 위반되더라도 그로 인하여 피고인의 방어권, 변호인의 변호권이 본질적으로 침해되고 판결의 정당성마저 인정되기 어려운 정도에 이르지 아니하는 한 판결에 영향을 미친 위법한 경우가 아니다(대법원 2005. 5. 26. 선고 2004도1925 판결). 따라서 수사절차에 관한 법령위반 자체가 판결에 영향을 미친 것이 아닌 한 바로 항소이유가 되는 것은 아니다(대법원 1996. 5. 14. 선고 96도561 판결).

법령 위반은 ① 인정사실에 대한 실체법령의 해석과 적용에 오류가 있는 실체법령위반의 경우가 있다. 예를 들어 헌법재판소의 위헌결정으로 소급하여 효력이 상실된 법령을 적용한 경우이다(대법원 1991. 8. 13. 선고 90도637 판결). ② 원심의 심리 및 판결절차가 소송법규에 위반된 절차법령위반의 경우가 있다. 예를 들어 보강증거가 없이 피고인의 자백만을 근거로 공소사실을 유죄로 판단한 경우(대법원 2007. 11. 29. 선고 2007도7835 판결), 70세 이상인 피고인에게 사선변호인이 없음에도 국선변호인을 선정하지 아니한 채 개정하여 심리한 경우(대법원 2006. 1. 13. 선고 2005도5925 판결)이다.

2) 판결에 영향을 미친 사실오인

사실의 오인이 있어 판결에 영향을 미칠 때이다(361조의5 14호). 사실의 오인이란 원심법원이 인정한 사실과 객관적 사실 간에 차이가 있는 경우로서 원심법원의 사실인정에 논리법칙과 경험법칙에 비추어 합리성이 결여된 경우이다. 항소

의 주된 목적이 1심판결의 오류로 인한 불이익을 받는 당사자의 권리를 구제하는
것이라는 측면에서 보면, 이때의 사실이란 엄격한 증명이 요구되는 사실, 즉 범
죄사실, 형벌권의 범위에 관한 사실 등을 의미한다. 다만 단순한 소송법적 사실
이나 양형에 관한 사실은 여기에 포함되지 않는다.

(3) 절대적 항소이유

판결에 영향을 미쳤는지 관계없이 당연히 항소이유가 인정되는 경우로는 ①
판결 후 형의 폐지나 변경 또는 사면이 있는 때이다(361조의5 2호). ② 관할 또는
관할위반의 인정이 법률에 위반한 때이다(361조의5 3호). ③ 판결법원의 구성이 법
률에 위반한 때이다(361조의5 4호). ④ 법률상 그 재판에 관여하지 못할 판사가 그
사건의 심판에 관여한 때이다(361조의5 7호). ⑤ 사건의 심리에 관여하지 아니한
판사가 그 사건의 판결에 관여한 때이다(361조의5 8호). ⑥ 공판의 공개에 관한 규
정에 위반한 때이다(361조의5 9호). ⑦ 판결에 이유를 붙이지 아니하거나 이유에
모순이 있는 때이다(361조의5 11호). ⑧ 재심청구의 사유가 있는 때이다(361조의5 13
호). ⑨ 형의 양정이 부당하다고 인정할 사유가 있는 때이다(361조의5 15호).

절대적 항소이유 중 양형부당(361조의5 15호)은 원심판결의 선고형이 구체적인
사안에 비추어 너무 무겁거나 가벼운 경우를 말하는데(대법원 2015. 7. 23. 선고 2015
도3260 전원합의체 판결), 판례는 양형부당의 이유를 법령위반이나 사실오인의 이유
에 대하여 부차적인 것, 즉 양형부당만을 주장한 것은 법령적용이나 사실인정에
불복이 없음을 전제로 한 것으로 이해한다. 피고인이 1심판결에 대하여 양형부당
만을 항소이유로 한 항소가 기각된 경우나 피고인이 1심판결에 대하여 양형부당
과 함께 다른 항소이유로 항소하였더라도 원심판결 선고 전에 양형부당 이외의
항소이유를 철회한 경우에 피고인은 원심판결에 대하여 사실오인 또는 법리오해
의 위법이 있다는 것을 상고이유로 삼을 수 없다(대법원 2006. 10. 26. 선고 2005도
9825 판결). 또한 1심판결에 대하여 검사만이 양형부당을 이유로 항소하고 피고인
은 항소하지 아니한 경우에 피고인은 항소심판결에 대하여 사실오인이나 법령위
반 등을 상고이유로 삼을 수 없다(대법원 2009. 5. 28. 선고 2009도579 판결).

4. 항소심의 절차

(1) 항소제기와 원심법원의 조치

형을 선고하는 경우에 재판장은 피고인에게 상소할 기간과 상소할 법원을

고지하여야 하는데(324조), 상소할 법원은 원심법원이다. 항소권자는 판결선고일로부터 7일 내에 항소장을 원심법원에 제출하여야 한다(358조, 359조).

원심법원은 항소의 제기가 법률상의 방식에 위반하거나 항소권소멸 후인 것이 명백한 때에는 항소기각결정을 하여야 하는데(360조 1항), 이 결정에 대해서는 즉시항고를 할 수 있다(360조 2항). 원심법원은 항소기각결정의 경우가 아니라면 항소장을 받은 날부터 14일 이내에 소송기록과 증거물을 항소법원에 송부하여야 한다(361조). 지방법원 단독판사의 판결에 대해서는 지방법원 본원합의부가, 지방법원합의부의 판결에 대해서는 고등법원이 항소법원이다(357조).

(2) 항소법원의 조치
1) 소송기록접수의 통지

항소법원이 기록의 송부를 받은 때에는 즉시 항소인과 상대방에게 그 사유를 통지하여야 하고, 항소인과 상대방에게 통지 전에 변호인의 선임이 있는 때에는 변호인에게도 통지를 하여야 한다(361조의2 1항·2항). 피고인이 교도소 또는 구치소에 있는 경우에는 검사는 제1항의 통지를 받은 날부터 14일 이내에 피고인을 항소법원소재지의 교도소 또는 구치소에 이송하여야 한다(361조의2 3항).

항소의 제기가 법률상의 방식에 위반하거나 항소권소멸 후인 것이 명백한 때에는 원심법원이 항소기각결정을 하여야 하는데(360조 1항), 원심법원이 항소기각결정을 하지 않은 경우에는 항소법원이 항소기각결정을 하여야 한다(362조 1항). 항소심공판과정에서 항소의 제기가 법률상의 방식에 위반하거나 항소권소멸 후인 것이 비로소 밝혀진 때에도 항소법원은 항소기각결정을 한다. 항소기각결정에 대해서는 즉시항고를 할 수 있다(362조 2항).

2) 국선변호인의 선정

변호인은 심급마다 선임되어야 하므로(32조 1항), 필요적 변호사건의 기록을 송부받은 항소법원은 변호인이 없는 경우에 지체 없이 변호인을 선정한 후 그 변호인에게 소송기록접수통지를 하여야 한다(형사소송규칙 156조의2 1항). 항소이유서 제출기간이 도과하기 전에 피고인이 국선변호인의 선정을 청구한 경우(33조 2항)에 항소법원은 지체 없이 그에 관한 결정을 하여야 하고, 변호인을 선정한 경우에는 그 변호인에게 소송기록접수통지를 하여야 한다(형사소송규칙 156조의2 2항).

(3) 항소이유서와 답변서의 제출

1) 항소이유서 제출기간

항소인 또는 변호인은 항소법원의 소송기록접수통지를 받은 날로부터 20일 이내에 원심판결에 대한 불복의 이유를 기재한 항소이유서를 항소법원에 제출하여야 한다(361조의3 1항). 항소법원이 소송기록접수통지서를 2회에 걸쳐 송달하더라도 항소이유서 제출기간의 기산일은 최초 송달의 효력이 발생한 날의 다음날부터이다(대법원 2010. 5. 27. 선고 2010도3377 판결). 피고인이 소정기간 내에 도달할 수 있는 시기에 항소이유서를 우편에 의하여 발송하였더라도 그 기간 경과 후에 항소법원에 도달된 경우에는 적법한 항소이유서의 제출이 아니다(대법원 1976. 3. 23. 선고 75도3312 판결). 항소이유서제출기간에 대해서는 재소자 특칙(344조)이 준용된다(361조의3 1항 단서).

국선변호인이 선정되어야 하는 필요적 변호사건에서 피고인은 국선변호인의 실질적인 조력을 받을 수 있어야 한다. 따라서 법원이 국선변호인을 선정한 후 그 변호인에게 소송기록접수통지를 하였으나 피고인의 귀책사유 없이 국선변호인의 교체가 이루어진 경우에 항소법원은 새로이 선정된 국선변호인에게 소송기록접수통지를 하여야 하고, 항소이유서 제출기간은 새로이 선정된 변호인이 소송기록접수통지를 받은 날로부터 20일 이내이다(대법원 2006. 3. 9. 자 2005모304 결정). 피고인과 국선변호인이 모두 법정기간 내에 항소이유서를 제출하지 아니하였더라도, 국선변호인이 항소이유서를 제출하지 아니한 데 대하여 피고인에게 귀책사유가 없다면 항소법원은 새로운 국선변호인을 선정하여 다시 소송기록접수통지를 하고, 항소이유서 제출기간은 새로이 선정된 변호인이 소송기록접수통지를 받은 날로부터 20일 이내이다(대법원 2012. 2. 16. 자 2009모1044 전원합의체 결정).

2) 항소이유서 미제출의 효과

직권조사사유가 있거나 항소장에 항소이유의 기재가 있는 경우 이외에 항소인이나 변호인이 항소이유서제출기간 내에 항소이유서를 제출하지 아니하면 항소법원은 항소기각결정을 한다(361조의4 1항). 항소이유서 미제출로 인한 항소기각결정에 대해서는 즉시항고를 할 수 있다(361조의4 2항).

직권조사사유란 법령적용이나 법령해석의 착오 여부 등 당사자가 주장하지 아니하는 경우에도 법원이 직권으로 조사하여야 할 사유를 말한다(대법원 2006. 3. 30. 자 2005모564 결정). 소송조건의 존부·제척사유의 유무·필요적 변호사건의 여부·증거능력의 유무·보강증거의 존부·법령적용이나 해석의 착오 여부 등이 직권조사사유이다. 경합범 중 일부는 유죄가 일부는 무죄가 선고된 1심판결 전부에 대해서 검사가 항소하면서 유죄 부분에 대하여는 아무런 항소이유도 주장하지 않은 것은 직권조사사유에 해당되지 않는다(대법원 2014. 7. 10. 선고 2014도5503 판결).

3) 항소이유서의 내용

비록 형사소송규칙 155조에서는 항소이유가 항소이유서에 구체적으로 간결하게 명시되어야 한다고 규정되어 있지만, 형사소송법에는 항소이유서 제출기간 내에 항소이유서가 제출되지 아니한 때에는 항소를 기각하여야 한다고 규정하고 있을 뿐이므로(361조의4 1항), 항소인이나 변호인이 항소이유서에 항소이유를 특정하여 구체적으로 명시하지 아니하더라도 항소이유서가 법정의 기간 내에 적법하게 제출된 경우에는 항소법원은 항소기각결정을 할 수 없다(대법원 2006. 3. 30. 자 2005모564 결정). 피고인의 항소이유서에 '위 사건에 대한 원심판결은 도저히 납득할 수 없는 억울한 판결이므로 항소를 한 것입니다'라고 추상적으로 기재되었더라도 항소심은 이를 1심판결에 사실의 오인이 있거나 양형부당의 위법이 있다는 항소이유를 기재한 것으로 선해하여 그 항소이유에 대하여 심리를 하여야 한다(대법원 2002. 12. 3. 자 2002모265 결정). 그러나 검사가 항소장의 '항소의 이유'란에 '사실오인 및 법리오해'라는 문구만 기재하고 다른 구체적인 항소이유를 명시하지 않거나 항소이유서에 단지 항소심에서 공소장변경을 한다는 취지와 변경된 공소사실에 대하여 유죄의 증명이 충분하다는 취지의 주장만 기재한 경우에는 적법한 항소이유의 기재가 아니다(대법원 2006. 3. 30. 자 2005모564 결정).

4) 답변서의 제출

항소이유서의 제출을 받은 항소법원은 지체 없이 부본(항소인 자신이 제출한 것) 또는 등본(부본이 제출되지 않거나 분실·멸실될 경우에 법원사무관 등이 작성한 것)을 상대방에게 송달하여야 하고(361조의3 2항), 상대방은 전항의 송달을 받은 날로부터 10일 이내에 답변서를 항소법원에 제출하여야 한다(361조의3 3항). 답변서의 제출을 받은 항소법원은 지체 없이 그 부본 또는 등본을 항소인 또는 변호인에게 송달하여야 한다(361조의3 4항).

(4) 항소심의 심리

1) 심판범위

항소법원은 항소이유에 포함된 사유에 관하여 심판하여야 한다(364조 1항). 항소심에서는 피고인 또는 변호인이 법정기간 내에 제출한 항소이유서에 의하여 심판되는 것이므로 항소이유서 제출기간의 경과를 기다리지 않고서 항소사건을 심판할 수 없다(대법원 2004. 6. 25. 선고 2004도2611 판결). 항소이유서 제출기간 내에 변론이 종결된 후 제출기간 내에 새로운 주장이 포함된 항소이유서가 제출되었다면, 특별한 사정이 없는 한 항소법원은 변론을 재개하여 새로운 항소이유의 주장에 대해서도 심리를 하여야 한다(대법원 2015. 4. 9. 선고 2015도1466 판결).

그러나 항소법원은 항소이유서에 포함되지 아니한 경우에도 판결에 영향을 미친 사유에 관하여는 직권으로 심판할 수 있는데(364조 2항), 이것은 실체적 진실의 발견과 형벌법규의 공정한 실현을 위하여 법원에게 판결에 영향을 미친 사유가 상소이유서에 포함되지 않는 경우에도 직권으로 심판을 하여 판결의 적정을 기하고 당사자의 이익을 보호하기 위한 것이다(대법원 1976. 3. 23. 선고 76도437 판결). 항소법원의 직권심판이 허용되는 판결에 영향을 미친 사유에는 법령위반, 사실오인, 양형부당 모두가 포함된다. 예를 들어 피고인이 사실오인만을 이유로 항소한 경우에 항소심이 직권으로 양형부당을 이유로 1심판결을 파기하고 1심의 양형보다 가벼운 형을 선고할 수 있고(대법원 1990. 9. 11. 선고 90도1021 판결), 형벌조항에 대한 헌법재판소의 위헌결정은 항소이유서에 항소이유로 포함되어 있지 아니하더라도 항소법원은 직권으로 심판할 수 있다(대법원 2011. 4. 14. 선고 2009도9576 판결). 또한 1심법원이 실체적 경합범관계에 있는 공소사실 중 일부에 대하여 재판을 누락한 경우, 항소법원은 직권으로 1심법원의 누락부분을 파기하고 그 부분에 대하여 재판하여야 한다(대법원 2009. 2. 12. 선고 2008도7848 판결).

2) 심리절차의 원칙

항소심의 공판절차는 1심 공판절차에 관한 규정을 준용한다(370조). 항소이유서와 답변서의 제출 및 송달이 끝나면 항소법원은 1심 절차와 마찬가지로 공판기일을 지정하여 피고인을 소환하고 검사·변호인 등에게 공판기일을 통지하고 공판기일 전의 증거조사 준비 등을 한다. 공판기일의 심리에 들어가면 공판정은 판사와 검사, 법원사무관 등이 출석하여 개정되고(275조 2항), 원칙적으로 피고인도 출석하여야 개정된다(276조). 항소심의 공판절차도 모두절차와 사실심리절차 그리고 판결선고절차로 구성된다.

소송기록이 항소법원에 도달한 후에는 항소법원이 구속에 관한 결정을 하는데(105조 참조), 구속피고인에게 단기의 자유형이 선고되어 항소된 사건에서 항소심의 심리 중 형기가 만료되는 경우에는 직권이나 피고인의 신청에 의하여 보석결정이나 구속취소를 하게 된다. 그리고 항소심은 원칙적으로 속심으로 이해되므로 항소심에서 공소장변경이 허용되는데(대법원 2010. 4. 29. 선고 2007도6553 판결), 공소장이 변경되면 항소법원은 공소장변경을 이유로 직권으로 1심판결을 파기한 후 다시 판결한다(대법원 2004. 7. 22. 선고 2003도8153 판결). 반면 검사의 공소취소에 의하여 법원의 종국판결의 효력이 상실되는 것을 방지하기 위하여 공소취소는 1심판결의 선고 전까지만 가능하므로(255조 1항), 항소심에서 공소취소는 불가능하다.

3) 심리절차의 특칙

항소심의 공판절차는 원칙적으로 1심 공판절차에 의하나, 예외적으로 1심 공판절차에 대한 특칙이 적용된다.

첫째, 피고인의 공판정 출석에 대한 특칙이다. 항소법원은 피고인이 공판기일에 출정하지 아니한 경우에 다시 기일을 정하여야 하고, 피고인이 다시 정한 기일에 정당한 사유 없이 출정하지 아니하면 피고인의 진술 없이 판결을 할 수 있다(365조 1항·2항). 피고인의 출석 없이 개정하려면 불출석이 2회 이상 계속되어야 하므로, 피고인이 제1회 공판기일에 불출석한 후 제2회 공판기일에는 출석하고 다시 제3회 공판기일에 불출석한 경우에 바로 개정할 수는 없으며 이때는 제4회 공판기일을 다시 정하여 제4회 공판기일에도 불출석한 때 비로소 피고인의 출석 없이 개정할 수 있다(대법원 2016. 4. 2. 선고 2016도2210 판결).

둘째, 증거조사에 대한 특칙이다. 1심법원에서 증거로 할 수 있었던 증거는 항소법원에서도 증거로 할 수 있으므로(364조 3항), 피고인이 항소심에 출석하여 공소사실을 부인하면서 증거동의를 철회 또는 취소한다는 의사표시를 하더라도 1심에서 적법하게 부여된 증거능력이 상실되지 않는다(대법원 2010. 7. 15. 선고 2007도5776 판결). 즉 1심법원에서 증거능력이 있었던 증거에 대해서 항소법원에서 다시 증거조사를 할 필요가 없다. 다만 항소심은 원칙적으로 속심이라고 이해되므로 항소법원에서도 새로운 증거조사는 가능한데, 항소법원은 ① 1심에서 조사되지 아니한 데에 대하여 고의나 중대한 과실이 없고 그 신청으로 인하여 소송을 현저하게 지연시키지 아니하는 경우, ② 1심에서 증인으로 신문하였으나 새로운 중요한 증거의 발견 등으로 항소심에서 다시 신문하는 것이 부득이하다고 인정되는 경우, ③ 그 밖에 항소의 당부에 관한 판단을 위하여 반드시 필요하다고 인정되는 경우 중 어느 하나에 해당하는 경우에 한하여 증인을 신문할 수 있다(형사소송규칙 156조의5 2항). 항소법원이 다시 증인신문을 하여 1심법원의 판단에 의문이 생기더라도, 추가 증거조사 결과에 의하여 1심이 일으킨 합리적인 의심을 충분히 해소할 수 있을 정도가 아니면 1심법원의 판단은 존중되어야 한다(대법원 2016. 2. 18. 선고 2015도11428 판결).

셋째, 피고인신문에 대한 특칙이다. 검사 또는 변호인은 항소심의 증거조사가 종료한 후 피고인을 신문할 수 있는데, 다만 항소이유의 당부를 판단함에 필요한 사항에 한하여만 피고인을 신문할 수 있다(형사소송규칙 156조의6 1항).

(5) 항소심의 재판

1심과 마찬가지로 항소법원의 증거조사와 피고인신문절차 후에 검사, 변호사, 피고인의 순서로 최후진술을 하게 된다. 최후진술 후에는 종국재판이 행해진다.

1) 공소기각결정

공소기각결정의 사유(328조 1항)가 있는 때에는 항소법원은 공소기각결정을 한다(363조 1항). 공소기각결정의 사유가 항소심 공판개시 후에 발견되거나 발생한 경우에는 지정된 판결 선고기일 외에 공판진행 도중에도 공소기각결정을 고지할 수 있다. 공소기각결정에 대해서는 즉시항고를 할 수 있다(328조 2항).

2) 항소기각재판

항소기각결정의 경우와 항소기각판결의 경우로 구분된다.

먼저 항소기각결정의 경우는 다음과 같다. 항소의 제기가 법률상의 방식에 위반하거나 항소권소멸 후인 것이 명백함에도 원심법원이 항소기각결정을 하지 아니한 때에는 항소법원이 항소기각결정을 한다(362조 1항). 또한 항소인이나 변호인이 항소이유서제출기간 내에 항소이유서를 제출하지 아니한 때에도 항소법원은 직권조사사유가 있거나 항소장에 항소이유의 기재가 있는 경우를 제외하고는 항소기각결정을 한다(361조의4 1항). 항소기각결정에 대해서는 즉시항고를 할 수 있다(362조 2항, 361조의4 2항).

다음으로 항소기각판결의 경우는 다음과 같다. 항소제기의 적법요건이 구비되어 항소심이 심리하였으나 항소이유 없음이 명백한 때에는 항소법원은 변론 없이 판결로써 항소를 기각할 수 있다(364조 5항). 이를 무변론 항소기각판결이라고 한다. 판결은 법률에 다른 규정이 없으면 구두변론에 의하는데(37조 1항), 상소권남용을 억제하고 소송경제를 도모하기 위해서 무변론 항소기각판결이 별도로 규정되었다.

3) 원심판결의 파기판결

항소법원이 심리결과 항소이유가 있다고 인정한 때에는 원심판결을 파기하여야 한다(364조 6항). 항소이유로 주장된 사항이 정당하다고 인정되는 경우와 직권조사의 결과 판결에 영향을 미친 사유가 있다고 인정되는 경우이다. 실무상 항소심에서 가장 많은 파기사유는 양형부당이다. 피고인을 위하여 원심판결을 파기하는 경우에 파기의 이유가 항소한 공동피고인에게 공통되는 때에는 그 공동피고인에게 대하여도 원심판결을 파기하여야 한다(공동피고인을 위한 파기, 364조의2). 공동피고인을 위한 파기는 공동피고인 상호간의 재판의 공평을 도모하려는 취지이며(대법원 2003. 2. 26. 선고 2002도6834 판결), 이때 공동피고인이란 원심에서 공동피고인이었던 자로서 항소한 자를 말하고 항소심에서 병합심리여부는 불문한다.

항소법원이 원심판결을 파기하면서 취할 수 있는 재판의 형태는 자판(自判), 환송, 이송의 세 가지이다. ① 항소법원이 항소이유가 있다고 인정한 때에는 원칙적으로 원심판결을 파기하고 다시 판결을 하여야 한다(364조 6항). 이를 파기자판의 원칙이라고 하는데, 항소심의 구조가 속심이라고 이해되는 대표적인 근거이다. 파기자판의 경우에는 무변론 판결을 허용하는 항소기각판결의 특별규정(364조 5항)이 없으므로, 구두변론을 거쳐야 한다(대법원 1994. 10. 21. 선고 94도2078 판결). 항소법원의 파기자판에는 유·무죄의 실체판결, 공소기각판결, 면소판결이 포함되고, 형 선고의 판결 시에는 불이익변경금지의 원칙이 적용된다(368조).

② 공소기각 또는 관할위반의 재판이 법률에 위반됨을 이유로 원심판결을 파기하는 때에는 항소법원은 판결로써 사건을 원심법원에 환송하여야 한다(366조). 이를 파기환송이라고 하는데, 1심법원에서 공소기각 또는 관할위반의 재판을 한 경우에는 1심법원에서 실체심리가 없었기 때문에 심급의 이익을 회복시키기 위한 것이다.

③ 관할인정이 법률에 위반됨을 이유로 원심판결을 파기하는 때에는 판결로써 사건을 관할법원에 이송하여야 한다(367조 본문). 이를 파기이송이라고 한다.

다만 항소법원이 그 사건의 1심관할권이 있는 때에는 1심으로 심판하여야 한다 (367조 단서). 관할인정이 법률에 위반됨을 이유로 원심판결을 파기하는 경우는 원 심법원이 관할권이 없음에도 관할위반의 판결을 하지 않고 실체심리를 한 경우 를 말한다. 이러한 경우에 관할법원이 1심으로서 심리할 수 있도록 파기이송하는 것이다. 판례는 항소심에서 공소장변경에 의하여 단독판사의 관할사건이 합의부 관할사건으로 된 경우(예를 들어 사기죄로 기소되어 1심단독판사로부터 판결을 선고받고 항 소된 후에 공소장이 특정경제범죄법위반죄로 변경)에 항소심에서 변경된 위 합의부 관할 사건에 대한 관할권이 있는 법원은 고등법원이라고 본다(대법원 1997. 12. 12. 선고 97도2463 판결).

4) 재판서의 기재방식

항소법원의 재판서에는 항소이유에 대한 판단을 기재하여야 하며, 원심판결 에 기재한 사실과 증거를 인용할 수 있다(369조). 항소이유에 대한 판단기재는 법 률상 의무이므로 항소법원이 재판서에는 항소이유에 대한 판단을 기재하지 않은 경우에는 상고이유가 된다(383조 1호). 항소법원은 재판서에 항소이유에 대한 판단 을 기재하면 족하고 항소기각판결 시 원심판결에 기재한 사실과 증거를 인용하 거나 판결이유에 범죄사실 및 증거요지와 법령적용을 명시하여야 하는 것은 아 니다(대법원 1994. 2. 8. 선고 93도3524 판결). 그러나 1심법원의 판결을 파기하여 피고 인에게 유죄를 선고하면서 그 이유에 범죄사실과 적용법령의 기재만 있을 뿐 그 범죄사실을 증명하는 증거의 요지를 기재하지 않은 것은 위법하다(대법원 1987. 2. 24. 선고 86도2660 판결). 공판에 관한 규정은 항소의 심판에도 준용되므로(370조), 형의 선고를 하는 때에는 판결이유에 범죄될 사실, 증거의 요지와 법령의 적용을 명시하여야 하기 때문이다(323조).

II. 상고

1. 상고의 의의

판결에 대하여 불복하여 대법원에 제기하는 상소가 상고이다. 상고는 2심판 결에 대하여 불복이 있을 때 대법원에 제기하는 것이 원칙이다(371조). 다만 예외 적으로 1심판결에 대하여 바로 대법원에 상소가 허용되는 비약상고가 있다(372 조). 상고제기에 의하여 대법원에서 진행되는 심리절차를 상고심이라고 하는데,

상고심은 상고법원 자체를 말하기도 한다.

상고심은 법령해석의 통일을 주된 기능으로 한다. 대법원에 명령·규칙심사권이 부여되어 있고(헌법 107조 2항), 판결에 영향을 미친 헌법·법률·명령·규칙의 위반이 주요한 상고이유이고(383조 1호), 상급심재판의 기속력이 인정되는 점(법원조직법 8조)에서 알 수 있다. 그 외에 상고심도 상소심의 일종이므로 항소심의 오판을 시정하여 당사자의 권리를 구제하는 기능도 있는데, 이것은 판결에 영향을 미친 사실의 오인이나 심히 부당한 양형이 상고이유인 점(383조 4호)에서 그러하다.

2. 상고심의 구조

(1) 원칙적 법률심

상고심은 원칙적으로 법률문제를 심리·판단하는 법률심이다. 상고심은 법령해석의 통일을 주된 기능으로 한다는 점과 같은 맥락이다. 판결에 영향을 미친 헌법·법률·명령·규칙의 위반이 주요한 상고이유이고(383조 1호), 상고심에서는 파기환송을 원칙으로 한다(397조).

다만 상고심은 예외적으로 사실인정의 당부를 심사하는 사실심이기도 하다. 상고심은 부차적으로 항소심의 오판을 시정하여 당사자의 권리를 구제하는 기능도 있다는 점과 같은 맥락이다. 판결에 영향을 미친 사실의 오인이나 심히 부당한 양형도 상고이유이고(383조 4호), 상고심은 파기자판을 할 수도 있다(396조).

(2) 원칙적 사후심

상고심은 원칙적으로 사후심이다(대법원 2010. 10. 14. 선고 2009도4894 판결). 항소심이 원칙적으로 속심이라는 것과 대비된다. 상고심에서는 변론 없이 서면심리에 의하여 판결될 수 있고(390조 1항), 파기환송·이송이 원칙이고(397조), 상고이유가 법령위반으로 제한되어 있다(383조). 따라서 상고심에서는 원칙적으로 원심까지의 소송자료만을 기초로 삼아 원심판결의 당부를 판단하고 특정한 경우를 제외하고는 새로운 증거조사를 할 수 없으며, 항소심에서 심판대상이 되지 않은 사항은 상고심에서는 심판대상이 아니어서 피고인이 항소심에서 항소이유로 주장하지 아니하거나 항소심이 직권으로 심판대상으로 삼은 사항 이외의 사유를 상고심이 상고이유로 삼을 수 없는 것이 원칙이다(384조 본문, 대법원 2013. 4. 11. 선고 2013도1079 판결). 항소심판결 당시 미성년자인 피고인에게 부정기형이 선고된 후 상고심 계속 중에 피고인이 성년이 되더라도, 상고심의 심판대상은 항소심판결

당시를 기준으로 하므로 부정기형이 선고된 항소심판결은 상고심에서 파기되지 않는다(대법원 1986. 12. 9. 선고 86도2181 판결).

다만 상고심은 예외적으로 속심이기도 하다. 판결 후 형의 폐지·변경·사면이 있거나(383조 2호) 원심판결 후 재심청구의 사유가 판명된 때(383조 3호)에는 원심판결 후에 발생한 사실이나 증거가 상고심의 심판대상이 된다.

3. 상고이유

(1) 제한적 상고이유

형사소송법에는 상고이유가 4가지로 제한되어 있다. ① 판결에 영향을 미친 헌법·법률·명령 또는 규칙의 위반이 있을 때이다. 사실의 인정이 사실심의 전권이더라도 범죄사실이 인정되는지는 논리와 경험법칙에 따라야 하고, 충분한 증명력이 있는 증거를 합리적 이유 없이 배척하거나 반대로 객관적인 사실에 명백히 반하는 증거를 근거 없이 채택·사용하는 것은 자유심증주의의 한계를 벗어나는 것으로서 법률 위반에 해당한다. 또한 범죄의 유무 등을 판단하기 위한 논리적 논증을 하는 데 반드시 필요한 사항에 대한 심리를 다하지도 아니한 채 합리적 의심이 없는 증명의 정도에 이르렀는지에 대한 판단에 섣불리 나아가는 것 역시 실체적 진실발견과 적정한 재판이 이루어지도록 하려는 형사소송법의 근본이념에 배치되는 것으로서 위법하다. 그러므로 사실심 법원이 자유심증주의의 한계를 벗어나거나 필요한 심리를 다하지 아니하는 등으로 판결 결과에 영향을 미친 때에는, 사실인정을 사실심 법원의 전권으로 인정한 전제가 충족되지 아니하므로 상고심의 심판대상에 해당한다(대법원 2016. 10. 13. 선고 2015도17869 판결). ② 판결 후 형의 폐지나 변경 또는 사면이 있는 때이다. 예를 들어 원심에서 피고인이 포괄하여 2,000여만 원의 뇌물을 수수하였다는 범죄사실에 대하여 개정 전 특정범죄가중법을 적용하여 유죄로 인정되었으나 원심판결 선고 후에 개정·시행된 특정범죄가중법에서 뇌물죄를 범한 자를 가중처벌하는 기준이 되는 수뢰금액 '1천만 원 이상'을 '천만 원 이상'으로 상향조정한 경우 이 부분 범죄사실에 관하여는 "판결 후 형의 변경이 있는 때"에 해당한다(대법원 2006. 12. 22. 선고 2004도7356 판결). ③ 재심청구의 사유가 있는 때이다. ④ 사형, 무기 또는 10년 이상의 징역이나 금고가 선고된 사건에 있어서 중대한 사실의 오인이 있어 판결에 영향을 미친 때 또는 형의 양정이 심히 부당하다고 인정할 현저한 사유가 있는 때이다(383조).

상고이유 중 ②와 ③의 상고이유는 절대적 상고이유로서 그 이유가 판결에 영향을 미치는지와 관계없이 상고이유가 된다. 그 외 ①과 ④의 상고이유는 판결에 영향을 미친 경우에만 인정되는 상대적 상고이유이다. 항소심에 비하여 상고심에서 (특히 절대적) 상고이유가 제한적인 것은 상고심의 업무부담의 경감이라는 소송경제적 측면을 고려한 것이다. 상고심의 적법절차 감시기능을 강화하기 위해서 (절대적) 상고이유를 확대해야 한다는 입법론이 제시된다.

상고이유와 상고법원의 직권조사사유는 구별된다. 형사소송법 383조의 상고이유 중 1호부터 3호의 사유는 상고이유서에 포함되지 않더라도 상고법원이 직권으로 심판할 수 있는 직권조사사유이다(384조 단서).

(2) 383조 4호의 사유

형사소송법 383조에 규정된 상고이유 중 항소이유와 구별되는 사유가 "사형, 무기 또는 10년 이상의 징역이나 금고가 선고된 사건에 있어서 중대한 사실의 오인이 있어 판결에 영향을 미친 때 또는 형의 양정이 심히 부당하다고 인정할 현저한 사유가 있는 때"(383조 4호)이다. 이것은 특히 중한 형이 선고된 사건에서 중대한 사실오인이나 현저한 양형부당이 있을 때 피고인의 이익을 구제하기 위한 것이다. 따라서 검사는 원심의 형의 양정이 가볍다는 사유를 상고이유로 주장할 수 없다고 해석된다(대법원 2014. 2. 13. 선고 2013도14914 판결).

예를 들어 범행의 인정여부와 관계없는 범행시기 등에 대한 착오는 판결에 영향을 미친 중대한 사실의 오인에 해당되지 않는다(대법원 1990. 4. 10. 선고 90도337 판결). 피고인이 양형부당만을 이유로 항소한 항소심에서 1심판결이 직권으로 파기되면서 1심과 같은 형이 선고된 경우에 피고인은 항소심판결에 대하여 법리오해나 사실 오인의 점을 상고이유로 삼을 수 없다(대법원 2000. 11. 10. 선고 2000도3483 판결). 그리고 선고유예의 양형의 조건과 개전의 정상이 현저한지 여부는 형의 양정에 관한 법원의 재량사항이라고 해석되어 상고이유에 해당되지 않는다(대법원 2003. 2. 20. 선고 2001도6138 전원합의체 판결).

4. 상고심의 절차

(1) 상고의 제기

상고장은 7일의 상고제기기간 내에 원심법원에 제출되어야 한다(374조, 375조). 지방법원 본원합의부나 고등법원의 항소심판결에 대해서 대법원에 상고하게 된다. 재소자에 대한 특칙(344조)은 상고제기에도 적용된다.

상고장을 접수한 원심법원의 사무처리는 항소장을 접수한 원심법원의 처리와 거의 동일하다. 상고장을 접수하면 원심법원은 상고장을 심사하여 상고의 제기가 법률상의 방식에 위반하거나 상고권소멸 후인 것이 명백한 때에는 상고기각결정을 한다(376조 1항). 상고기각결정에 대해서는 즉시항고가 가능하다(376조 2항). 상고기각결정을 하는 경우가 아니라면 원심법원은 상고장을 받은 날로부터 14일 이내에 소송기록과 증거물을 상고법원에 송부하여야 한다(377조).

상고법원이 소송기록의 송부를 받은 때에는 즉시 상고인과 상대방에 대하여 그 사유를 통지하여야 하고, 만약 변호인의 선임이 있는 때에는 변호인에 대하여도 그 사유의 통지를 하여야 한다(378조). 상고심에는 변호사 아닌 자를 변호인으로 선임하지 못한다(386조). 기록의 송부를 받은 상고법원은 필요적 변호사건에 있어서 변호인이 없는 경우에는 지체 없이 변호인을 선정한 후 그 변호인에게 소송기록접수통지를 하여야 하는 등, 항소심에서의 국선변호인 선정 및 통지절차가 상고심에서 준용된다(형사소송규칙 164조).

상고인 또는 변호인은 상고법원으로부터 통지를 받은 날로부터 20일 이내에 상고이유서를 상고법원에 제출하여야 하고(379조), 그 밖의 상고이유서와 답변서의 제출절차는 항소심에서의 절차와 동일하다. 상고이유서에도 도달주의가 적용되고 재소자의 특칙이 인정된다. 상고법원은 불복신청한 상고이유의 한도 내에서만 조사·판단할 수 있으므로 상고이유서에는 상고이유를 특정하여 원심판결의 어떤 점이 법령에 어떻게 위반되었는지에 관하여 구체적이고도 명시적인 이유의 설시가 있어야 하는데, 단순히 원심판결에 사실오인 내지 법리오해의 위배가 있다고만 상고이유가 기재된 것은 적법한 상고이유의 제출이 아니다(대법원 2009. 4. 9. 선고 2008도5634 판결).

(2) 상고심의 심리

항소심의 규정은 특별한 규정이 없으면 상고의 심판에 준용되지만(399조), 항소심이 원칙적으로 속심인 것과 달리 상고심은 원칙적으로 사후심이고 법률심이어서 특칙이 규정되어 있다.

1) 심판범위

상고법원은 상고이유서에 포함된 사유에 관하여 심판하여야 하고(384조 본문), 다만 판결에 영향을 미친 헌법·법률·명령 또는 규칙의 위반이 있을 때, 판

결 후 형의 폐지나 변경 또는 사면이 있는 때 또는 재심청구의 사유가 있는 때에
는 이것이 상고이유서에 포함되지 아니하더라도 직권으로 심판할 수 있다(384조
단서). 상고심은 사후심으로서 원심까지의 소송자료만을 기초로 삼아 원심판결의
당부를 판단하여야 하므로, 원칙적으로 형사소송법 384조 단서의 직권조사사항
과 기타 법령에 특정한 경우를 제외하고는 새로운 증거조사를 할 수 없고, 원심
판결 후에 나타난 사실이나 증거는 비록 상고이유서 등에 첨부되어 있더라도 사
용할 수 없다(대법원 2010. 10. 14. 선고 2009도4894 판결).

2) 변론

상고심에는 변호사 아닌 자를 변호인으로 선임하지 못하며(386조), 변호인 아
니면 피고인을 위해서 변론하지 못한다(387조). 상고심에서는 피고인의 변론은 허
용되지 않아, 피고인은 수동적으로 재판부의 질문에 대한 답변을 할 수 있을 뿐
적극적으로 이익이 되는 진술을 할 수 없다. 따라서 상고심의 공판기일에는 피고
인의 소환을 요하지 아니한다(389조의2).

검사와 변호인은 상고이유서에 의하여 변론하여야 하므로(388조), 상고이유
서에 기재되지 않은 사항에 관한 변론은 허용되지 않는다. 필요적 변호사건의 경
우를 제외하고 변호인의 선임이 없거나 변호인이 공판기일에 출정하지 아니한
때에는 검사의 진술을 듣고 판결을 할 수 있으며, 변호인의 선임이 없거나 변호
인이 공판기일에 출정하지 아니한 경우에 적법한 이유서의 제출이 있는 때에는
그 진술이 있는 것으로 간주된다(389조).

상고법원은 필요한 경우에 특정한 사항에 관하여 변론을 열어 참고인의 진
술을 들을 수 있다(390조 2항). 참고인의 진술을 위한 변론은 상고법원의 판단에
필요한 전문가의 의견을 듣기 위한 제도로서, 대법원은 특정한 사항에 관하여 전
문적 식견을 가지고 있다고 인정되는 사람 중에서 참고인을 직권으로 지정하여
그 진술을 요청할 수 있다(대법원에서의 변론에 관한 규칙 4조 1항 본문).

3) 서면심리에 의한 판결

판결은 구두변론에 의하는 것이 원칙이므로 상고법원의 판결도 검사와 변호
인의 구두변론에 의하는 것이 원칙이다. 그러나 사후심의 특성을 나타내는 상고
법원은 상고장, 상고이유서 기타의 소송기록에 의하여 변론 없이 판결할 수 있다
(390조 1항). 항소의 경우와 달리 상소심에서는 상고기각의 판결뿐만 아니라 원심

판결파기의 판결 등 모든 재판에서 서면심리가 가능하다.

(3) 상고심의 재판

1) 공소기각결정

공소기각결정의 사유(328조 1항)가 있는 때에는 상고법원은 공소기각결정을
한다(382조).

2) 상고기각재판

상고기각결정의 경우와 상고기각판결의 경우로 구분된다.

① 상고기각결정의 경우는 다음과 같다.

상고의 제기가 법률상의 방식에 위반하거나 상고권소멸 후인 것이 명백함에
도 원심법원이 상고기각결정을 하지 않은 경우, 상고법원은 상고기각결정을 하여
야 한다(381조). 또한 상고인이나 변호인이 상고이유서제기기간 내에 상고이유서
를 제출하지 아니한 때에 상고법원은 상고장에 이유의 기재가 있는 경우를 제외
하고는 상고기각결정을 하고(380조 1항), 상고이유서가 제출되더라도 기재된 상고
이유가 형사소송법 383조의 상고이유에 해당하지 아니함이 명백한 때에도 상고
법원은 상고기각결정을 한다(380조 2항). 다만 상고법원은 형사소송법 383조 1호
부터 3호의 사유에 관하여는 상고이유서에 포함되지 아니한 때에도 직권으로 이
를 심판할 수 있으므로, 원심판결에 이에 해당하는 사유가 있는 경우에 상고법심
원은 상고이유서의 제출이 없더라도 판결로 그 사유에 관하여 심판할 수 있다(대
법원 2010. 4. 20. 자 2010도759 전원합의체 결정).

② 상고법원은 상고이유 없다고 인정한 때에는 상고기각판결을 한다(399조,
364조 4항).

3) 원심판결의 파기판결

상고법원은 상고이유가 있는 때에는 판결로써 원심판결을 파기하여야 한다
(391조). 피고인의 이익을 위하여 원심판결을 파기하는 경우에 파기의 이유가 상
고한 공동피고인에 공통되면 상고법원은 공동피고인에 대하여도 원심판결을 파
기하여야 한다(392조).

상고법원이 원심판결을 파기하면서 취할 수 있는 재판의 형태는 항소법원과
마찬가지로 자판(自判), 환송, 이송의 세 가지이다. 그러나 상고심은 원칙적으로

사후심이므로 상고법원이 원심판결을 파기한 때에는 판결로써 사건을 원심법원에 환송하거나 그와 동등한 다른 법원에 이송하는 것이 원칙이고(397조), 소송기록과 원심법원·1심법원이 조사한 증거에 의하여 판결하기 충분하다고 인정한 경우에 상고법원은 피고사건에 대하여 직접 판결을 할 수 있다(396조 1항).

4) 재판서의 기재방식

상고심의 재판서에는 합의에 관여한 모든 대법관의 의견을 표시하여야 한다(법원조직법 15조). 그리고 상고심의 재판서에는 일반적인 기재사항 외에 상고의 이유에 관한 판단을 기재하여야 하는데(398조), 이것은 상고이유에 대한 판단을 명확히 하여 법령해석의 통일을 기하기 위한 조치이다. 상급법원 재판에서의 판단은 해당 사건에 관하여 하급심을 기속하므로(법원조직법 8조), 상고심에서 상고이유의 주장이 이유 없다고 판단되어 배척된 부분은 그 판결 선고와 동시에 확정력이 발생하여 이 부분에 대하여 피고인은 더 이상 다툴 수 없고 환송받은 법원도 이와 배치되는 판단을 할 수 없다(대법원 2012. 5. 10. 선고 2012도2496 판결).

(4) 상고심판결의 정정

최종심으로서 상고심의 판결은 원칙적으로 선고와 동시에 확정되고 정정할 수 없는 것이나, 내용에 오류가 있음이 분명함에도 이를 시정할 수 없는 것은 적정한 판결이 아니다. 이에 형사소송법에는 상고심판결의 정정제도가 존재한다. 상고법원은 판결의 내용에 오류가 있음을 발견한 때에는 직권 또는 검사, 상고인이나 변호인의 신청에 의하여 판결로써 정정할 수 있다(400조 1항).

상고심 판결의 정정사유인 오류는 판결의 내용에 틀린 계산, 오기 기타 이에 유사한 것이 있는 경우를 의미하는 것이고, 유죄확정판결(상고기각판결)을 무죄판결로 정정하여 달라는 주장(대법원 1981. 10. 5. 자 81초60 결정)이나 채증법칙위배에 대한 판단을 잘못하였으니 무죄판결로 정정하여 달라는 주장(대법원 1987. 7. 31. 자 87초40 결정)은 정정사유에 해당되지 않는다. 예를 들어 상고장에 상고이유의 기재가 있음에도 불구하고 상고이유서의 제출이 없고 상고장에도 이유의 기재가 없다 하여 상고기각결정을 한 것이나(대법원 1979. 11. 30. 선고 79도952 판결), 피고인이 법정기간 내에 상고이유서를 제출하였음에도 대법원이 우편집배원이 착오로 기재한 송달일자를 믿고 상고이유서의 법정기간 내 미제출로 상고기각결정을 한 것이 정정사유에 해당된다(대법원 2005. 4. 29. 선고 2005도1581 판결).

상고심판결의 정정신청은 판결의 선고가 있은 날로부터 10일 이내에 하여야 하고(400조 2항), 신청의 이유를 기재한 서면으로 하여야 한다(400조 3항). 정정의 판결은 변론 없이 할 수 있고(401조 1항), 정정할 필요가 없다고 인정한 때에는 지체 없이 신청기각결정을 한다(401조 2항).

5. 비약적 상고

(1) 의의

1심판결에 대해서 상소권자가 항소를 제기하지 않고 바로 대법원에 상고를 제기하는 것이 비약적 상고이다(372조). 법령해석의 통일에 있어서 신속을 기하고 피고인의 이익을 신속히 보호하기 위해서 2심을 생략한 제도이다.

(2) 요건

비약적 상고는 1심판결에 대하여 가능하므로, 판결이 아닌 1심법원의 결정에 대해서는 허용되지 않는다(대법원 1984. 4. 16. 자 84모18 결정). 1심판결에 대한 비약적 상고의 사유는 2가지가 인정되는데, 첫째, 원심판결이 인정한 사실에 대하여 법령을 적용하지 아니하였거나 법령의 적용에 착오가 있는 때이다(372조 1호). 이것은 1심판결이 인정한 사실을 전제로 하고 그에 대한 법령의 적용을 잘못한 경우를 뜻하는 것이라고 해석되므로(대법원 2007. 3. 15. 선고 2006도9338 판결), 실체법을 적용하지 않거나 잘못 적용한 것을 말한다. 사실오인은 비약적 상고이유가 아니다. 예를 들어 원심판결에서 채증법칙을 위배하여 증거 없이 준강도죄를 인정한 것은 위법하다는 사유(대법원 1983. 12. 27. 선고 83도2792 판결)와 피고인의 행위가 위계에 의한 공무집행방해죄에 해당하는데도 원심이 무죄를 선고하였다는 사유(대법원 2006. 10. 27. 선고 2006도619 판결)는 비약적 상고이유가 되지 못하다. 또한 양형과중의 위법이 있다는 것도 비약적 상고이유가 아니다(대법원 1984. 2. 14. 선고 83도3236 판결). 그 외에 원심판결이 상습성에 관한 판단을 잘못하여 특정범죄가중법을 적용한 것은 위법하다는 사유는 원심법원의 상습성에 관한 사실인정의 잘못과 법리오해로 말미암아 결과적으로 법령적용을 잘못하였다는 것으로서 이는 비약적 상고이유가 되지 못하고(대법원 2007. 3. 15. 선고 2006도9338 판결), 재범의 위험성에 관한 법리오해의 위법이 있다는 것도 비약적 상고이유가 되지 못한다(대법원 1983. 12. 27. 선고 83도2792 판결).

둘째, 원심판결이 있은 후 형의 폐지나 변경 또는 사면이 있는 때이다(372조

2호). 이것은 항소이유로도 인정되는데(361조의5 2호), 상고심을 통해 판결을 신속히 확정하기 위해서 비상적 상고이유로 규정되어 있다.

(3) 제한

비약적 상고로 인하여 상대방은 심급의 이익을 잃을 수 있으므로, 상대방의 이익을 보호하기 위해서 비약적 상고의 사건에 대하여 항소가 제기된 때에는 상고의 효력을 잃는다(373조 본문). 다만 상대방의 항소제기 후라도 항소의 취하 또는 항소기각의 결정이 있는 때에는 비약적 상고의 효력이 유지된다(373조 단서).

III. 항고

1. 항고의 의의

법원의 결정에 대한 상소가 항고이다. 항고에서 말하는 법원은 수소법원만을 의미한다(대법원 1997. 6. 16. 자 97모1 결정). 형사소송법 3편 4장 402조 이하에 항고가 규정되어 있다. 결정은 수소법원이 행하는 종국 전 재판의 원칙적 형식이며(예외적으로 공소기각결정이나 상소기각결정은 결정의 형식이나 종국재판이다), 절차에 관한 재판은 원칙적으로 결정에 의한다. 법원의 가장 중요한 재판형식인 판결과 달리, 결정은 판결에 이르는 과정에서 문제가 되는 절차상의 사항에 대한 종국 전의 재판이므로 모든 결정에 대하여 상소를 인정할 필요가 없이 필요한 경우에 한하여 제한적으로 허용되며 그 절차도 항소와 상고에 비하여 간단하다.

2. 항고의 종류

항고는 일반항고와 (대법원에 제기하는) 재항고로 나뉘는데, 일반항고에는 보통항고와 즉시항고가 있다. 재항고는 즉시항고의 일종이기도 하다.

(1) 일반항고 중 보통항고

법원의 결정에 대한 일반적인 항고가 보통항고이다. 불복기간의 제한이 없어 원심법원의 결정에 대하여 언제든 항고할 수 있다(404조). 다만 형사소송법에 특별한 규정이 있는 경우에는 항고가 허용되지 않는데(402조 단서), 그 경우는 다음과 같다.

첫째, 법원의 관할 또는 판결 전의 소송절차에 관한 결정에 대하여는 즉시항고를 할 수 있는 경우 외에는 항고하지 못한다(403조 1항). 관할이나 소송절차에 관한 결정은 종국재판에 이르는 절차의 일부이므로 종국재판에 대하여 상소하면 충분하고 개개의 결정에 대하여 독립하여 상소를 허용할 필요가 없기 때문이다. 예를 들어 공소장변경허가결정은 판결 전의 소송절차에 관한 결정이므로 그 결정을 함에 있어서 저지른 위법이 판결에 영향을 미친 경우에 한하여 그 판결에 대하여 상소를 하여 다툼으로써 불복하는 외에 당사자가 이에 대하여 독립하여 항고할 수 없다(대법원 1987. 3. 28. 자 87모17 결정). 위헌제청신청을 기각하는 결정도 판결 전의 소송절차에 관한 결정으로서 항고를 할 수 없다(대법원 1986. 7. 18. 자 85 모49 결정).

그러나 판결 전 소송절차에 관한 결정이더라도 구금, 보석, 압수나 압수물의 환부에 관한 결정 또는 감정하기 위한 피고인의 유치에 관한 결정에 대해서는 항고할 수 있다(403조 2항). 강제처분에 의한 권리침해에 대해서는 신속한 구제가 필요하기 때문에 판결 전 소송절차라도 예외적으로 항고를 인정하고 있다. 다만 판결 전 소송절차에 대한 예외의 예외로서 형사소송법은 법원의 업무부담을 고려하여 구금에 관한 결정이더라도 체포·구속적부심사청구에 대한 법원의 기각결정이나 석방결정에 대해서는 항고를 허용하지 않는다(214조의2 8항).

둘째, 성질상 항고가 허용되지 않는 경우가 있다. 최종심인 대법원의 결정은 항고가 허용되지 않고(대법원 1987. 1. 30. 자 87모4 결정). 항고법원 또는 고등법원의 결정에 대해서도 재판에 영향을 미친 헌법·법률·명령 또는 규칙의 위반이 있어 대법원에 재항고가 가능한 경우를 제외하고 항고를 할 수 없다(415조).

(2) 일반항고 중 즉시항고

법률에 명문의 규정이 있는 경우에만 허용되는 즉시항고는 제기기간이 7일로 제한되는데(405조), 즉시항고의 제기가 있으면 재판의 집행이 정지된다(410조).

즉시항고가 허용되는 대표적인 경우는 ① 종국재판인 결정의 경우인데, 공소기각결정(328조 2항)·상소기각결정(360조 2항 등)·약식명령에 대한 정식재판청구 기각결정(455조 2항)의 경우이다. ② 다음으로 피고인에게 중대한 불이익을 주는 경우인데, 집행유예취소결정(335조 3항)·선고유예한 형의 선고결정(335조 4항)·재심개시결정과 재심청구기각결정(437조)의 경우이다. ③ 그리고 신속한 구제가 필요한 경우인데, 기피신청기각결정(23조)·증거보전신청기각결정(184조 4항)·구속취소결정(97조 4항)·소송비용부담결정(192조 2항, 193조 2항)의 경우이다. 2012년 이전

에는 신속한 구제가 필요한 경우로서 구속집행정지결정에 대해서도 검사의 즉시
항고가 허용되었는데(구 101조 3항: "제1항의 결정에 대하여는 검사는 즉시항고를 할 수 있
다."), 2012년 헌법재판소는 법원이 피고인의 구속 또는 그 유지 여부의 필요성
에 관한 재판의 효력이 검사에 의하여 제한받는 것은 영장주의에 위반된다고 보
아 위헌결정을 하였고(헌재 2012. 6. 27. 선고 2011헌가36 결정), 이 규정은 2015. 7.
31. 삭제되었다.

(3) 재항고

　　법원의 결정에 대하여 대법원에 제기하는 항고가 재항고이다. 본래 항고법
원의 결정에 대해서 대법원에 제기하는 항고가 재항고인데, 그 외에 고등법원 또
는 항소법원의 결정에 대한 항고도 관할법원이 대법원이어서 재항고이다(법원조직
법 14조 2호). 또한 준항고에 대한 법원의 결정에 대해서도 대법원에 재항고를 할
수 있다(419조).

　　대법원의 업무부담을 고려하여 항고법원 또는 고등법원의 결정에 대해서는
재판에 영향을 미친 헌법·법률·명령 또는 규칙의 위반이 있는 경우에 한하여 대
법원에 재항고(즉시항고)를 할 수 있다(415조). 항소법원의 결정에 대해서도 재판에
영향을 미친 헌법·법률·명령 또는 규칙의 위반이 있는 경우에 대법원에 재항고
하는 방법으로 다투어야 한다(대법원 2008. 4. 14. 자 2007모726 결정). 재항고는 법률
에 규정이 있는 경우에만 허용되는 즉시항고의 일종이므로 즉시항고의 특징인
제기기간의 제한과 집행정지의 효력이 인정된다.

　　재항고의 절차에 관해서 규정된 것은 없는데, 관할법원이 대법원이므로 성
질상 상고에 관한 규정이 준용되어(대법원 2012. 10. 29. 자 2012모1090 결정), 재항고
의 대상이 아닌 공소제기의 결정에 대하여 재항고가 제기된 경우에는 재항고의
제기가 법률상의 방식에 위반한 것이 명백한 때에 해당하므로 원심법원은 결정
으로 이를 기각하여야 한다.

3. 항고심의 절차

(1) 항고의 제기

1) 제기방법

　　항고를 위해서는 항고장을 원심법원에 제출하여야 한다(406조). 즉시항고의
경우에는 3일의 제기기간이 있지만, 보통항고는 기간제한이 없다(404조 본문). 다

만 원심결정을 취소하여도 실익이 없게 된 때에는 항고를 제기할 수 없다(404조 단서).

항고이유서의 제출에 대한 규정이 없는데, 실무상 항고장에 항고이유를 기재하거나 항고장 제출 후 즉시 항고이유서를 제출하도록 하고 있다.

2) 원심법원의 조치

① 항고기각결정

원심법원은 항고의 제기가 법률상의 방식에 위반하거나 항고권소멸 후인 것이 명백한 때에는 항고기각결정을 하여야 한다(407조 1항). 항고기각결정에 대해서는 즉시항고가 가능하다(407조 2항).

② 경정결정

원심법원은 항고의 제기가 이유 있다고 인정된 때에는 결정을 경정하여야 한다(408조 1항). 원결정 자체를 취소하거나 변경하는 것이 원심법원의 경정결정인데, 항소와 상고에서는 원심법원이 상소기각결정(360조, 376조)만을 할 수 있는 것과 비교된다. 경정결정은 보통항고뿐만 아니라 즉시항고 모두에 적용되는 것이므로 공소기각결정이나 항소기각결정과 같은 종국재판에 대해서도 원결정 자체를 취소할 수 있다. 보석청구기각결정을 경정하는 경우에는 보석청구기각결정을 취소하고 보석의 허가결정을 하게 된다.

③ 항고장과 소송기록의 송부

원심법원은 항고의 전부 또는 일부가 이유 없다고 인정한 때에는 항고장을 받은 날로부터 3일 이내에 의견서를 첨부하여 항고법원에 송부하여야 한다(408조 2항). 원심법원은 필요하다고 인정한 때에는 소송기록과 증거물을 항고법원에 송부하여야 한다(411조 1항). 항고법원이 소송기록과 증거물의 송부를 요구할 수 있는데(411조 2항), 이때 원심법원은 소송기록과 증거물을 항고법원에 송부하여야 한다.

3) 항고제기의 효과

즉시항고의 경우에는 즉시항고의 제기가 있는 때뿐만 아니라 제기기간 내에도 재판의 집행은 정지되나(410조), 보통항고의 경우에는 집행정지의 효과가 없다(409조 본문). 다만 보통항고의 경우에도 원심법원이나 항고법원은 항고에 대한 결정이 있을 때까지 집행정지결정을 할 수 있다(409조 단서). 원심법원이 항고의 전부 또는 일부가 이유 없다고 인정한 때에도 항고법원의 재판결과를 기다려서 집행하는 것이 타당한 경우에 집행정지결정이 사용된다.

(2) 항고심의 심판
1) 항고심의 심리

항고법원은 소송기록과 증거물의 송부를 받은 날로부터 5일 이내에 당사자에게 그 사유를 통지하여야 한다(411조 3항). 이것은 당사자에게 항고에 관하여 그 이유서를 제출하거나 의견을 진술하고 유리한 증거를 제출할 기회를 부여하려는 취지이다. 따라서 항고법원이 피고인에게 소송기록접수통지서를 발송한 후 피고인이 이를 송달받았는지 여부를 확인하지도 않은 상태에서 피고인이 통지서를 수령한 다음날 바로 피고인의 즉시항고를 기각한 것은 위법하다(대법원 2006. 7. 25. 자 2006모389 결정). 다만 항고법원이 통지를 하지 아니하였더라도 항고심에서 변호인이 검사의 항고에 대한 의견진술을 하여 피고인에게 대한 방어의 기회가 있었다면 항고법원의 항고기각결정은 위법하지 않다(대법원 1973. 10. 25. 자 73모69 결정).

항고법원은 사실문제와 법률문제 모두를 심사할 수 있고, 심사범위도 항고이유에 제한되지 않는다. 항고심에서는 구두변론에 의하지 아니할 수 있으며(37조 2항), 필요한 경우에는 사실을 조사할 수 있고(37조 3항) 증인을 신문하거나 감정을 명할 수 있다(규칙 24조 1항). 검사는 항고사건에 대하여 의견을 진술할 수 있다(412조).

2) 항고심의 재판
① 항고기각결정

항고의 제기가 법률상의 방식에 위반하거나 항고권소멸 후인 것이 명백함에도 원심법원이 항고기각결정을 하지 아니한 때에는 항고법원은 항고기각결정을 하여야 한다(413조). 또한 항고법원은 항고를 이유 없다고 인정한 때에도 항고기각결정을 하여야 한다(414조 1항).
② 집행정지결정

보통항고의 경우에 원심법원과 마찬가지로 항고법원은 항고에 대한 결정이 있을 때까지 집행정지결정을 할 수 있다(409조 단서). 원심법원이 집행정지결정을 하지 않는 경우에 항고법원이 재량으로 집행정지결정을 할 수 있다.
③ 항고인용결정

항고법원이 항고를 이유 있다고 인정한 때에는 결정으로 원심결정을 취소하고 필요한 경우에는 항고사건에 대하여 직접 재판을 하여야 한다(414조 2항). 원심법원의 보석결정이나 구속취소결정을 항고법원이 취소하는 경우에는 취소만으로 충분하나, 원심법원의 보석청구기각결정을 항고법원이 취소하는 경우에는 직접 보석허가결정까지 하여야 한다.

항고법원이 항고기각결정이나 항고인용결정을 한 때에는 즉시 그 결정의 등본을 원심법원에 송부하여야 한다(규칙 165조). 항고법원의 결정에 대해서는 재판에 영향을 미친 헌법·법률·명령 또는 규칙의 위반이 있는 경우에 대법원에 재항고를 할 수 있다(415조).

4. 준항고

(1) 의의

법관(재판장 또는 수명법관)의 재판과 수사기관의 처분에 대하여 법원에 취소 또는 변경을 구하는 불복방법이 준항고이다. 준항고는 상급법원 대한 구제신청이 아니어서 본래의 상소라고 할 수 없지만, 법관의 재판의 경우에는 소속법원에 재판의 취소나 변경을 청구하고 수사기관의 처분의 경우에는 관할법원에 처분의 취소나 변경을 청구하는 제도라는 점에서 상소의 성격 특히 항고의 성격이 나타나므로, 형사소송법은 상소 중 항고의 장(3편 4장)에 규정하고 항고에 관한 규정들을 준용하고 있다(419조).

준항고의 종류에는 재판장 또는 수명법관의 재판을 대상으로 하는 경우(416조)와 검사 또는 사법경찰관의 처분을 대상으로 하는 경우(417조)가 있는데, 인정사유가 엄격하게 제한된다.

(2) 대상

1) 법관의 재판에 대한 준항고

재판장 또는 수명법관이 ① 기피신청을 기각한 재판, ② 구금, 보석, 압수 또는 압수물환부에 관한 재판, ③ 감정하기 위하여 피고인의 유치를 명한 재판, ④ 증인, 감정인, 통역인 또는 번역인에 대하여 과태료 또는 비용의 배상을 명한 재판을 고지한 경우에 불복이 있으면 그 법관소속의 법원에 재판의 취소 또는 변경을 청구할 수 있다(416조 1항). 이 중 두 번째 경우인 보석에 관한 재판(94조 이하)이나 압수물환부에 관한 재판(133조 이하)은 합의부원이 행하는 경우는 없고 수소법원이 행하므로 준항고가 아니라 보통항고의 대상이며, 구금이나 압수에 관한 재판은 재판장 또는 수명법관이 형사소송법 80조, 136조에 따라 행한 경우를 말한다. 실무상 법관의 재판에 대한 준항고가 자주 사용되는 경우는 즉결심판절차에서 판사가 유치명령을 한 경우(즉결심판법 17조)이다.

법관의 재판에 대한 준항고는 재판장 또는 수명법관의 재판에 대하여 허용되는데, 검사의 체포영장 또는 구속영장 청구에 대한 지방법원판사의 결정은 수임판사의 재판이므로 준항고의 대상이 되지 않는다(대법원 2006. 12. 18. 자 2006모646 결정). 검사의 체포영장 또는 구속영장 청구에 대한 지방법원판사의 결정은 수소법원의 결정이 아니므로 항고의 대상도 되지 않는다.

2) 수사기관의 처분에 대한 준항고

검사 또는 사법경찰관의 구금, 압수 또는 압수물의 환부에 관한 처분과 변호인의 참여 등에 관한 처분에 대하여 불복이 있으면 직무집행지의 관할법원 또는 검사의 소속검찰청에 대응한 법원에 처분의 취소 또는 변경을 청구할 수 있다(417조). 수사기관이 피의자신문을 하면서 정당한 사유 없이, 예를 들어 변호인이 피의자신문을 방해하거나 수사기밀을 누설할 염려가 객관적으로 명백하게 없음에도 불구하고 변호인에 대하여 피의자로부터 떨어진 곳으로 옮겨 앉으라고 지시를 한 다음 이러한 지시에 따르지 않았음을 이유로 변호인의 피의자신문 참여권을 제한한 것은 준항고로 불복할 수 있는 대표적인 경우이다(대법원 2008. 9. 12. 자 2008모793 결정).

준항고의 대상이 되는 수사기관의 처분은 피의자에 대한 변호인접견불허처분과 같은 부작위형태의 처분도 포함된다(대법원 1991. 3. 28. 자 91모24 결정). 다만 검사가 압수·수색영장의 청구 등 강제처분을 위한 조치를 취하지 아니한 것 자체는 '압수에 관한 처분'으로 볼 수 없어 준항고가 허용되지 않는다는 것이 판례이다(대법원 2007. 5. 25. 자 2007모82 결정).

(3) 절차
1) 제기

준항고의 청구는 서면으로 관할법원에 제출하여야 하는데(418조), 법관의 재판에 대한 준항고의 관할법원은 해당 재판을 고지한 법관소속의 법원이며(416조 1항), 법관의 재판에 대한 준항고의 청구는 재판의 고지 있는 날로부터 7일 이내에 하여야 한다(416조 3항). 지방법원이 준항고의 청구를 받은 때에는 합의부에서 결정을 하여야 한다(416조 2항).

한편 수사기관의 처분에 대한 준항고의 관할법원은 해당 직무집행지의 관할 법원 또는 검사의 소속검찰청에 대응한 법원이다(417조). 형사소송법 416조 2항과 같은 규정이 없으므로 수사기관의 처분에 대한 준항고의 경우에 지방법원이 청구를 받은 때에는 단독판사가 결정을 하게 된다.

수사기관의 처분에 대한 준항고와 관련하여 형사소송법 417조에는 청구권자가 명시되어 있지 않다. 그렇지만 (수사기관의 처분에 대한) 준항고가 수사기관의 처분에 대한 불복이라는 점을 고려하면 처분의 대상자인 국민이 청구권자이다. 사법경찰관이 검사에게 신청한 압수·수색영장을 검사가 법원에 청구하지 아니하고 영장신청을 기각하는 지휘를 한 것에 대하여 사법경찰관이 준항고를 청구한 경우 수사권을 행사하는 사법경찰관은 준항고의 청구권자가 될 수 없다(서울북부지방법원 2007. 1. 16. 자 2006보1 결정).

항고는 즉시항고 외에는 재판의 집행을 정지하는 효력이 없으므로 준항고도 집행정지의 효력은 없으나, 관할법원은 준항고에 대한 결정이 있을 때까지 집행정지결정을 할 수 있다(419조, 409조). 다만 증인·감정인·통역인·번역인에 대하여 과태료 또는 비용의 배상을 명한 재판의 경우에는 집행정지의 효력이 있어 준항고청구기간 동안 재판의 집행이 정지되고 청구가 있는 때에는 그 재판의 집행은 정지된다(416조 4항).

2) 결정 및 불복

항고심의 재판에 관한 규정이 준항고에 준용되므로, 관할법원은 준항고가 이유 없다고 인정한 때에는 항고기각결정을 하고(419조, 414조 1항), 이유 있다고 인정한 때에는 준항고의 대상이 된 법관의 재판이나 수사기관의 처분을 취소하고 필요한 경우에는 직접 재판을 하여야 한다(419조, 414조 2항).

준항고에 대한 결정에 대해서는 재판에 영향을 미친 헌법·법률·명령 또는 규칙의 위반이 있는 경우에 한하여 대법원에 재항고를 할 수 있다(419조, 415조). 따라서 법관의 재판에 대한 소속 법원(합의부)의 결정이나 수사기관의 처분에 대한 법원(단독판사)의 결정은 재항고의 대상이 된다.

12장 2절 퀴즈

12.2.1 특수강도죄로 기소된 甲은 1심에서 무죄판결을 받았고 검사만 항소하였다. 검사는 항소심에서 특수공갈죄로 공소장변경을 할 수 있는가?

힌트 : 대법원 1987. 7. 21. 선고 87도1101,87감도92 판결

12.2.2 甲은 자신소유인 프라이드 승용차의 앞, 뒤 번호판을 떼어내어 행사할 목적으로 그랜져 승용차에 마치 정당하게 교부받은 것처럼 부착하여 그랜져 승용차를 운행하였다. 검사는 甲의 행위를 자동차관리법위반죄와 공기호부정사용죄의 (실체적) 경합으로 공소제기하였다. 제1심법원은 공기호부정사용죄는 무죄(325조 후단), 자동차관리법위반죄는 유죄로 판결하였다. 이에 검사만 공기호부정사용죄에 대하여 항소하였다. 항소심에서 양 죄는 상상적 경합관계로 판단되었다. 항소심은 자동차관리법위반죄에 대하여도 심판할 수 있는가?

힌트 : 대법원 1980. 12. 9. 선고 80도384 전원합의체 판결

12.2.3 아파트 주민회의에서 난방비문제로 이웃주민 A와 말다툼을 하던 甲은 A의 가슴을 밀치고 A의 머리를 수차례 잡아당겼다. A가 甲을 고소하자 검사는 甲을 상해죄로 기소하였고, 1심에서 유죄판결이 선고되었다. 甲이 항소한 항소심에서는 甲의 행위가 상해죄가 아니라 폭행죄라고 인정하였고, 그 후 甲은 A와 합의하여 항소법원에 합의서를 제출하였다. 항소심법원이 취할 조치는?

힌트 : 대법원 1999. 4. 15. 선고 96도1922 판결; 대법원 2002. 7. 12. 선고 2001도6777 판결

12.2.4 甲은 2017. 2. 23. 서울서부지방법원에서 상습특수절도죄로 징역 3년에 집행유예 5년을 선고받아 항소하였으나 법정기간 내에 항소이유서를 제출하지 않았다. 항소법원은 2017. 6. 26. 항소기각결정을 하였고, 이 재판은 2017. 7. 2. 확정되었다. 그런데 甲은 2017. 6. 15. 야간에 핸드폰매장의 출입문을 손괴한 후 침입하여 핸드폰을 절취하려다가 현장에서 체포되었다. 검사는 2017. 7. 5.

甲의 2017. 6. 15. 야간의 행위를 특수절도미수죄로 공소 제기하였다. 법원이 공소 제기된 범행을 피고인 甲의 상습성에 의한 것이라고 인정한다면, 법원은 甲에게 어떤 재판을 하는가?

힌트 : 대법원 1975. 5. 27. 선고 75도1184 판결

12.2.5 甲이 A로 하여금 청산염이 혼입된 음료수를 음용케 한 시각이 2017. 4. 29. 12:00경이고 A가 사망한 시각이 그 다음날인 2017. 4. 30. 08:00경으로 인정되는데, 항소심이 유지한 1심판결은 위 청산염혼입음료수를 마시게 한 시각을 2017. 4. 28. 12:00경으로 위 사망시각을 다음날인 2017. 4. 29. 08:00경으로 판시하였다. 1심판결의 범행일시와 피해자사망일시가 실제와 다른 것은 단순한 착오로 인정된다. 甲은 이것을 이유로 대법원에 상고할 수 있는가?

힌트 : 대법원 1990. 4. 10. 선고 90도337 판결

12.2.6 甲은 혼인빙자간음죄로 기소되었는데, 1심 재판 중 검사가 공소를 취소하여 공소기각결정을 받았다. 1심 재판 직후 혼인빙자간음죄는 폐지되었다. 甲은 1심 재판에 대해서 비약적 상고를 제기할 수 있는가?

12.2.7 甲은 특정경제범죄법위반(업무상배임) 혐의로 1심에서 유죄판결을 선고받은 후 항소하여 서울고등법원에서 항소심이 진행 중이다. 甲의 변호인은 항소법원에 보석을 청구하였다. 항소법원은 보석허가가 상당하지 아니하다는 담당검사의 의견에도 불구하고 보석을 허가하는 결정을 하였다. 이에 대한 검사의 불복수단은?

힌트 : 헌재 1993. 12. 23. 선고 93헌가2 전원재판부

12.2.8 乙은 구속적부심사절차에서 보증금납입을 조건으로 석방되었다. 검사는 보증금 납입조건부 석방을 취소해 달라는 취지의 항고를 제기할 수 있는가?

힌트 : 대법원 1997. 8. 27. 자 97모21 결정

12.2.9 공직선거법위반의 혐의로 수사 중인 국회의원 甲에 대하여 검사는 구속영장을 청구하였으나 구속영장의 청구를 받은 지방법원 판사는 구속영장의 청구를 기각하였다. 판사의 구속영장기각결정에 대한 검사의 불복수단은?

힌트 : 대법원 2006. 12. 18. 자 2006모646 결정

12.2.10 검사는 구속된 甲에 대한 피의자신문을 하면서 甲의 변호인참여신청에도 불구
하고 특별한 이유 없이 변호인의 참여를 불허하였다. 이에 대한 불복수단은?

힌트 : 417조

▮ 퀴즈풀이

12.2.1

항소심에서 공소장변경이 가능한지 여부는 항소심의 구조에 대한 이해와 관련된다. 항소심을 사후심으로 보면 항소심에서 공소장변경이 허용되지 않으나, 속심으로 보면 공소장변경이 허용된다. 현재 항소심은 사후심적 요소와 속심적 요소를 모두 가지고 있으나 속심적인 요소가 현행 항소심의 중심이므로, 항소심에서 공소장변경이 가능하다. 사안에서 공소사실의 동일성이 인정되면 검사는 공소장변경을 할 수 있다.

12.2.2

경합범 가운데 일부 유죄, 일부 무죄가 선고된 경우는 일부상소가 가능하다. 일부상소의 경우에 상소심은 상소제기된 부분만 심판하며, 상소제기되지 않은 부분은 확정된다. 다만 상소심에서 죄수에 대한 판단이 달라진 경우 일부이심설과 전부이심설(판례)로 갈린다. 피고인보호를 실현하는 측면에서는 전부이심설이 타당하다. 사안에서 검사의 일부상소는 적법하고, 양 죄의 죄수관계를 원심과 달리 상상적 경합으로 보는 항소심은 (전부이심설에 따르면) 양 죄를 모두 심판의 대상으로 하여 판단한다.

12.2.3

법원에 합의서를 제출하면 고소취소로 보는데, 친고죄에서 고소취소의 시기는 1심판결 선고 전이어야 유효하다(232조 1항). 폭행죄는 반의사불벌죄(형법 260조 3항)인데, 반의사불벌죄의 경우에도 친고죄의 고소취소조항이 준용된다(232조 3항). 문제는 비친고죄로 유죄판결이 선고된 사건이 항소심에서 비로소 친고죄로 인정되는 경우에 항소심에서 고소취소의 효력을 인정할 것인지이다. 견해가 갈리지만 판례는 항소심을 1심이라 할 수는 없으므로 항소심에서 친고죄에 대한 고소취소로서의 효력은 없다고 본다. 사안에서 항소심법원은 공소기각판결(327조 6호)을 하지 않고, 피고인의 방어권행사에 불이익하지 않는 한 공소장변경절차 없이 폭행죄에 대한 실체판결을 하게 된다.

12.2.4

사안과 같이 상습특수절도는 포괄일죄로서 상습특수절도죄에 대한 확정판결이 있는 경우에는 그와 포괄일죄에 있는 일부의 범죄(동일성이 인정되는 범죄사실)에 대한 별도의 기소에 대해서는 면소판결의 사유에 해당한다. 甲이 상습특수절도죄로 확정판결을 받았다면 그 죄의 사실심판결선고시까지 상습(특수)절도행위와 동일성이 인정되는 특수절취(미수)혐의로 공소 제기된 사건에 대해서 법원은 면소판결을 하여야 한다. 다만 사안에서, 甲의 핸드폰에 대한 특수절취(미수)행위는 제1심판결 후 제2심(항소심)결정 이전에 행해졌는데, 항소심의 구조를 어떻게 이해하는지에 따라 일사부재리의 효력의 발생시기가 다르게 된다. 항소심을 사후심으로 보면 일사부재리효력은 제1심판결 선고시를 기준으로 발생하고, 항소심을 속심으로 보면, 일사부재리효력은 항소심판결 선고시를 기준으로 발생한다. 현재 항소심은 속심으로 보는 것이 옳다. 속심적인 요소(제1심판결과 관계없이 항소심이 증거조사와 사실심리를 한 후 독자적으로 판단)가 현행 항소심의 중심을 이루기 때문이다. 한편 사안에서 비록 항소심재판은 확정되었지만, 항소심이 판결을 선고한 것이 아니라 (항소이유서 미제출로) 항소기각의 결정을 한 경우이다. 이때에도 항소심결정시를 기준으로 일사부재리의 효력을 인정할 수 있는지가 문제된다. 일사부재리효력의 시간적 범위의 기준은 사실심리의 가능성이 있는 최후의 시점을 언제로 볼 것인가의 문제이고, 그렇다면 항소심에서 법정기간 내에 항소이유서를 제출하지 아니하더라도 항소심법원이 직권으로 심판할 수 있는 가능성이 있으므로, 항소기각결정의 경우에도 항소심기각결정시가 일사부재리의 효력은 항소심 기각결정시라고 본다. 따라서 법원은 특수절도미수의 공소제기에 대하여 甲에게 면소판결을 선고하여야 한다.

12.2.5

"사형, 무기 또는 10년 이상의 징역이나 금고가 선고된 사건에 있어서 중대한 사실의 오인이 있어 판결에 영향을 미친 때 또는 형의 양정이 심히 부당하다고 인정할 현저한 사유가 있는 때"(383조 4호)는 상고가 허용된다. 사안에서 실제의 범행일시와 피해자사망일시가 판결문의 일시와 다른 것이 단순한 착오에 불과하고 그와 같은 착오가 판시 범행의 인정여부에 아무런 영향을 미치지 않고 있다면, 중대한 사실의 오인으로 판결결과에 영향을 미친 위법이 있다고 할 수 없다.

12.2.6

비약적 상고는 1심판결에 대해서만 가능하다(372조). 판결이 아닌 1심법원의 결정에 대해서는 비약적 상고가 허용되지 않으므로, 甲은 1심법원의 공소기각결정에 대해서 비약적 상고를 제기할 수 없다.

12.2.7

재판장은 보석에 관한 결정 전 검사의 의견을 물어야 하지만(97조), 검사의 의견은 구속력이 없다. (구)형사소송법에서는 보석허가결정에 대한 검사의 즉시항고를 허용하였으나, 헌법재판소의 위헌결정(93헌가2) 이후 즉시항고규정은 삭제되어 보석허가결정에 대한 '즉시항고'는 허용되지 않는다. 그러나 수소법원의 보석에 관한 결정에 대하여 당사자는 '보통항고'를 할 수 있다(403조). 고등법원의 결정에 대하여는 바로 '재항고'를 할 수 있다(415조). 사안에서 검사는 재항고장을 원심법원인 항소법원에 제출할 수 있다.

12.2.8

구속적부심사청구에 관한 법원의 결정에 대해서는 항고가 허용되지 않는데(214조의2 8항), 형사소송법 214조의2 8항에서는 기각결정과 석방결정에 대해서만 항고불허를 규정하고 있을 뿐 보증금납입조건부 석방결정에 대하여는 규정하지 않고 있다. 이에 보증금납입조건부 석방결정에 대한 항고의 허용여부에 대하여 ⓐ 보증금납입조건부 석방결정은 석방결정의 한 유형이므로 항고가 허용되지 않는다는 견해, ⓑ 단순 석방결정과 보증금납입조건부 석방결정은 다르고 214조의2 8항에 5항(보증금납입조건부 석방결정)은 포함되어 있지 않으므로 항고가 허용된다는 견해가 있다. 판례는 항고가 허용된다는 입장이다(대법원 1997. 8. 27. 자 97모21 결정). 허용설의 입장에 의하면 사안에서 검사는 보증금납입조건부 석방을 취소해 달라는 취지의 항고를 제기할 수 있다.

12.2.9
수임판사의 영장기각결정에 대한 불복수단은 무엇인지가 문제된다. 먼저 '항고'는 수소법원의 결정에 대한 상소이므로, 수소법원이 아닌 수임판사의 구속영장청구의 기각결정에 대해서는 항고가 허용되지 않는다. 다음으로 '준항고'는 재판장 또는 수명법관의 재판에 대하여 그 소속법원에 재판의 취소 또는 변경을 청구하는 불복절차이므로, 수임판사의 구속영장청구의 기각결정에 대해서는 준항고도 허용되지 않는다. 따라서 검사는 甲의 범죄사실에 관하여 재청구의 취지와 이유를 기재하여 '영장을 다시 청구'할 수 있을 뿐이다(201조 5항).

12.2.10
검사는 정당한 사유가 없는 한 피의자가 신청한 변호인을 피의자신문에 참여시켜야 한다(243조의2 1항). 甲의 변호인참여신청에 대하여 특별한 이유 없이 검사가 불허처분을 한 것은 '준항고'의 대상이 된다(417조). 검사의 처분에 대한 준항고는 검사의 직무집행지의 관할법원에 서면으로 제출한다.

제13장 비상구제절차와 특별절차

Ⅰ. 재심

1. 재심의 의의

유죄의 확정판결에 사실인정의 오류가 있는 경우에 오류를 시정하여 판결을 받은 자의 이익을 도모하는 비상구제절차가 재심이다. 형사소송법 4편 1장에 재심이 규정(420조부터 440조)되어 있다. 확정판결의 효력을 깨뜨려서 재판의 오류를 바로 잡는 비상구제절차에는 재심 이외에 비상상고가 있는데, 비상상고는 확정판결에 존재하는 법령위반을 시정하는 것이라는 점에서 사실인정의 오류를 시정하는 재심과 구별된다. 그리고 상소는 미확정재판에 대한 불복구제수단이라는 점에서 확정판결에 대한 구제수단인 재심과 구별된다.

재심제도의 입법유형을 보면, 독일은 판결을 받은 자의 이익(이익재심)뿐만 아니라 불이익(불이익재심)을 위해서도 재심이 허용되고 재심관할권이 원판결법원에 있는 형태인 반면, 프랑스는 판결을 받은 자의 이익을 위해서만 재심이 인정되고 재심관할권이 상고법원에 있는 형태이다. 우리의 재심제도는 원판결법원에 재심관할을 인정하면서도 이익재심만을 인정하고 있는 절충적인 형태이다.

이익재심만을 인정할 것인지 불이익재심도 인정할 것인지에 관한 입법적 논의는 재심제도의 근거와 기능에 대한 이해와 관련되어 있다. 재심은 적정한 절차에 따라 공정한 재판을 받을 헌법상 적법절차의 원칙(헌법 12조 1항)과 일사부재리의 효력(헌법 13조 1항)과 연결되므로, 재심은 피고인의 이익을 위한 이익재심만이 허용되는 것이다(헌법적 근거설). 다만 피고인의 이익을 위한 재심에 있어서 실질적 정의를 실현하기 위해서 법적 안정성을 어느 범위까지 제한할 것인지는 입법자의 합리적 재량에 맡겨져 있다. 사실인정의 오류를 바로 잡기 위해서 확정판결의 효력을 깨뜨리는 것은 법적 안정성의 측면에서는 바람직하지 않으나 실질적 정의를 구현하는 것으로서 법적 안정성과 실질적 정의의 이념이 충돌할 때 법적 안정성을 해치지 않는 범위 내에서 실질적 정의를 실현하는 제도가 재심이기 때문이다.

2. 재심의 구조

재심은 유죄의 확정판결에 사실오인이 있다고 법원이 판단하는 경우에 이를 다시 공판절차에서 심판하는 절차이다. 즉 재심은 '재심개시절차'와 '재심심판절차'의 2단계로 구성된다.

재심개시절차는 재심이유의 유무를 심사하여 다시 심판할 것인가를 결정하는 절차이고, 재심심판절차는 재심개시결정된 사건을 다시 심판하는 절차이다. 재심심판절차는 통상의 공판절차와 동일하므로 재심절차는 재심이유의 유무를 심사하여 결정하는 재심개시절차가 재심논의의 핵심이다.

3. 재심의 대상

(1) 유죄의 확정판결

형사소송법은 이익재심만을 인정하므로 재심의 대상은 원칙적으로 '유죄의 확정판결'이다(420조). 재심의 대상이 되는 유죄의 확정판결은 형사소송법에서는 원판결이라고 표현된다(420조). 재심의 대상인 유죄의 확정판결에는 공판절차에서의 유죄판결뿐만 아니라 확정판결의 효력이 부여되는 약식명령(457조), 즉결심판(즉결심판법 16조), 경범죄처벌법 및 도로교통법에 의한 범칙금납부(경범죄처벌법 8조 3항, 도로교통법 164조 3항)도 포함된다.

다만 약식명령은 정식재판의 청구에 의한 판결이 있는 때에는 그 효력을 잃으므로(456조), 약식명령에 대하여 후에 진행된 정식재판 절차에서 유죄판결이 선고되어 확정된 경우에는 재심의 대상은 약식명령이 아니라 정식재판에서 선고된 유죄판결이다(대법원 2013. 4. 11. 선고 2011도10626 판결). 만약 법원이 재심청구의 대상이 약식명령이라고 판단하여 그 약식명령을 대상으로 재심개시결정을 한 후 그 결정이 확정된 때에는, 그 재심개시결정에 의하여 재심이 개시된 대상은 약식명령으로 확정되고 그 재심개시결정은 이미 효력을 상실하여 재심을 개시할 수 없는 약식명령을 대상으로 한 것이므로, 재심절차를 진행하는 법원으로서는 심판의 대상이 없어 아무런 재판을 할 수 없기 때문이다.

재심의 대상이 되는 유죄의 확정판결과 관련하여 특별사면으로 형의 선고효력이 상실된 유죄의 확정판결도 재심의 대상이 되는지가 문제된다. 대법원은 과거 판례를 변경하여 "특별사면으로 형선고의 효력이 상실된 유죄의 확정판결도 형사소송법 420조의 '유죄의 확정판결'에 해당하여 재심청구의 대상이 될 수 있다."고 본다(대법원 2015. 5. 21. 선고 2011도1932 전원합의체 판결). 특별사면에 의해서는 형선고의 법률적 효과만이 장래에 소멸될 뿐이고 확정된 유죄판결에서 이루어진 사실인정과 그에 따른 유죄 판단까지 없어지는 것은 아니므로 유죄판결은 형선고의 효력만 상실된 채로 여전히 존재하기 때문이다.

유죄의 확정판결이 재심의 대상이므로, 확정된 무죄판결·면소판결·공소기각판결·관할위반판결은 판결에 중대한 사실오인이 있더라도 재심의 대상이 되지 않는다. 그리고 판결이 아닌 결정이나 명령의 경우도 재심의 대상이 되지 않는다. 예를 들어 항소심의 유죄판결에 대하여 상고가 제기되어 상고심 재판 중 피고인이 사망하여 공소기각결정(382조)이 확정되면 항소심의 유죄판결은 당연히 그 효력을 상실하게 되므로 형사소송법상 재심절차의 전제가 되는 유죄의 확정판결이 존재하지 않는다(대법원 2013. 6. 27. 선고 2011도7931 판결).

〈예외적으로 면소판결에 대한 재심 인정〉

> 예외적으로 면소판결도 재심의 대상으로 인정된다. 유신헌법 53조에 근거를 둔 긴급조치는 그 발동 요건을 갖추지 못한 채 목적상 한계를 벗어나 국민의 자유와 권리를 지나치게 제한함으로써 헌법상 보장된 국민의 기본권을 침해한 것으로서 긴급조치가 해제·실효되기 이전부터 위헌·무효이며, 형벌에 관한 법령이 폐지되었더라도 그 폐지가 당초부터 헌법에 위반되어 효력이 없는 법령에 대한 것이었다면 그 피고사건은 면소사유가 아니라 무죄사유에 해당한다(대법원 2010. 12. 16. 선고 2010도5986 전원합의체 판결). 따라서 과거 대법원이 긴급조치의 해제가 법령개폐에 해당한다는 이유로 면소판결을 선고한 경우가 있었는데, 이러한 경우의 확정판결은 재심의 대상이 된다(대법원 2013. 4. 18. 자 2011초기689 전원합의체 결정; 대법원 2013. 5. 16. 선고 2011도2631 전원합의체 판결).

(2) 상소기각의 판결

항소기각판결과 상고기각판결도 재심의 대상으로 인정된다(421조 1항). 이때 항소 또는 상고의 기각판결이란 기각판결에 의하여 확정된 1심 또는 항소판결을 의미하는 것이 아니고, 항소기각 또는 상고기각판결 자체를 의미한다(대법원 1984. 7. 27. 자 84모48 결정). 항소기각판결이나 상고기각판결은 유죄판결은 아니지만 그 확정에 의하여 원심의 유죄판결도 확정되기 때문에 별도로 재심의 대상으로 규정하고 있다. 따라서 정확히 말하면 '유죄판결에 대한 상소를 기각한 확정판결'이 재심의 대상이다. 다만 하급심판결 자체에 대하여 재심판결이 이루어진 때에는 그 하급심판결에 대한 상소기각판결에 대한 재심청구의 목적은 달성되었으므로, 1심의 확정판결에 대한 재심청구사건의 판결이 있은 후에는 항소기각 판결에 대하여 다시 재심을 청구하지 못하고(421조 2항), 1심 또는 2심의 확정판결에 대한 재심청구사건의 판결이 있은 후에는 상고기각판결에 대하여 다시 재심을 청구하지 못한다(421조 3항).

상소기각판결에 대한 재심이유는 유죄의 확정판결에 대한 재심이유보다 제한적이며(421조 1항), 재심이유가 인용되어 재심개시결정이 확정되더라도 상소심의 심리절차가 개시되는 것이지 재심개시결정이 원심의 유죄판결에 영향을 미치지는 않는다.

4. 재심이유

유죄의 확정판결에 대한 비상구제절차인 재심이 인정되는 이유는 제한적으로 7가지가 열거되어 있다(420조). 상소기각의 판결에 대한 재심이유는 이 중 3가지로 제한된다(421조 1항). 7가지 재심이유는 새로이 발견된 증거에 의한 경우와 원판결에 사용된 증거의 허위증명에 의한 경우로 나누어 설명할 수 있다. 그 외에 헌법재판소법에서도 재심사유를 규정하고 있다.

(1) 새로운 증거의 발견에 의한 재심
1) 적용범위

형사소송법 420조 5호에는 "유죄의 선고를 받은 자에 대하여 무죄 또는 면소를, 형의 선고를 받은 자에 대하여 형의 면제 또는 원판결이 인정한 죄보다 경한 죄를 인정할 명백한 증거가 새로 발견된 때"가 재심이유로 규정되어 있다.

새로운 증거의 발견에 의한 재심이 인정되는 경우는 ① 유죄를 선고받은 자에 대하여 무죄나 면소를 인정할 증거가 새로 발견된 경우이다. 공소기각판결을 선고할 증거가 발견된 경우는 재심이유로 인정되지 않는데, 예를 들어 친고죄에서 고소취소장을 접수받은 담당공무원이 고소취소장을 기록에 첨부하지 아니하여 유죄의 판결이 확정된 후에 고소취소장이 발견된 경우는 재심사유에 해당되지 않는다(대법원 1997. 1. 13. 자 96모51 결정). 다만 피고인의 이익보호를 위해서 공소기각의 판결을 선고할 경우도 재심이유에 포함시켜야 한다는 입법론이 제기된다.

② 형의 면제나 경한 죄를 인정할 증거가 새로 발견된 경우이다. 여기에서 형의 면제란 형의 필요적 면제의 경우만을 의미하고 임의적 면제는 이에 해당되지 않는다(대법원 1984. 5. 30. 자 84모32 결정). 예를 들어 자수 사실이 인정되더라도 이것은 형의 임의적 면제사유(형법 52조 1항)로서 재심사유에 해당되지 않는다. 한편 재심사유로서 원판결이 인정한 죄보다 경한 죄란 원판결이 인정한 죄와는 별개의 죄로서 그 법정형이 가벼운 죄를 말하는 것이므로, 원판결에서 인정된 공동정범을 종범으로 인정할 증거의 주장과 같이 (필요적이건 임의적이건) 형의 감경사유를 주장하는 경우는 포함되지 않는다(대법원 2007. 7. 12. 선고 2007도3496 판결).

2) 증거의 증거능력

재심사유로 인정되는 새로운 증거는 범죄사실에 관한 증거뿐만 아니라 증거의 증명력이나 증거능력의 기초사실에 관한 증거도 포함된다. 자백에 대한 유일한 보강증거의 증명력이나 증거능력을 배제하는 새로운 증거가 발견된 때에는 기존의 유죄판결에 대해서 재심이 이루어져야 하기 때문이다.

이때 증거능력이 있는 증거만이 재심사유로 인정되는 새로운 증거라고 할 수 있는지에 대하여 견해가 대립된다. ⓐ 증거능력이 있는 증거만을 의미한다고 보는 소수의 견해와 ⓑ 폭넓은 재심의 인정을 위해서 증거능력이 있는 증거에 한정할 필요가 없다는 소수의 견해도 있지만, ⓒ 엄격한 증명이 필요한 사실에 관한 증거는 증거능력이 있는 증거이어야 하지만 자유로운 증명으로 충분한 사실에 관한 증거는 증거능력이 있는 증거일 필요가 없다는 견해가 다수설이다. 재심에서의 사실의 인정도 원판결과 마찬가지로 이루어져야 하므로 엄격한 증명과 자유로운 증명을 구분하여 엄격한 증명의 대상에 대해서는 증거능력을 요구하는 것이 타당하다.

3) 증거의 신규성

① 의의

재심사유로 인정되는 새로운 증거의 발견이란 원판결의 소송절차에서 발견되지 못하였거나 또는 발견되었더라도 제출할 수 없었던 증거를 새로 발견하였거나 비로소 제출할 수 있게 된 때를 의미한다(대법원 2009. 7. 16. 자 2005모472 전원합의체 결정). 형벌에 관한 법령이 당초부터 헌법에 위반되어 법원에서 위헌·무효라고 선언한 경우도 새로운 증거의 발견에 의한 재심이유에 해당된다(대법원 2013. 4. 18. 자 2010모363 결정). 또한 조세의 부과처분을 취소하는 행정판결이 확정된 경우나 조세심판원이 재조사결정을 하여 과세관청이 후속처분으로 당초 부과처분을 취소한 경우, 부과처분의 효력은 처분 시에 소급하여 효력을 잃게 되고 그에 따른 납세의무가 없으므로 확정된 행정판결이나 조세심판원의 재조사결정과 과세관청의 후속처분에 관한 증거도 조세포탈에 대한 무죄 내지 원심판결이 인정한 죄보다 경한 죄를 인정할 명백한 증거에 해당한다(대법원 2015. 10. 29. 선고 2013도14716 판결).

그러나 공범자 중 1인에 대해서는 유죄의 확정판결이 있고 다른 1인에 대해서는 무죄의 확정판결이 있는 경우에 다른 공범자의 무죄확정판결이 유죄의 원판결에 대한 새로운 증거에 해당되는지가 문제될 때, 판례는 다른 공범자의 무죄확정판결 자체만으로는 유죄확정 판결에 대한 새로운 증거로 볼 수 없다고 한다(대법원 1984. 4. 13. 자 84모14 결정). 공범자의 무죄확정판결 자체가 아니라 무죄확정판결의 기초가 된 증거에 재심사건과 관련하여 증거의 신규성과 명백성이 인정된다면 재심이유로 인정될 것이다.

② 신규성의 판단주체

증거의 신규성과 관련되어 누구를 기준으로 증거의 신규성을 판단할 것인지가 문제된다. 원판결에서 판단을 거친 증거를 가지고서 유죄의 확정판결에 대한 비상구제절차인 재심이 허용될 수는 없으므로 법원에 대하여 새로운 증거이어야 하는 것은 당연하다. 예를 들어 원판결에서 증거로 조사·채택된 증인(대법원 1984. 2. 20. 자 84모2 결정)이나 공동피고인(대법원 1993. 5. 17. 자 93모33 결정)이 판결확정 후 원판결에서의 진술내용을 번복한 것은 새로운 증거에 해당되지 않는다.

그렇다면 증거의 신규성 판단주체에 관한 논의의 핵심은 피고인에게도 새로운 증거이어야 하는지 여부인데, 형사소송법에 이에 대한 기준이 제시되어 있지 않아 학설이 대립된다. ⓐ 허위진술로 유죄판결을 받은 자에게까지 재심을 허용하는 것은 형평과 금반언의 원칙에 반하므로 피고인에게도 새로운 증거이야 한다는 견해(필요설), ⓑ 무고하게 처벌받은 사람을 구제하기 위한 제도가 재심이라고 보고 피고인을 폭넓게 보호하기 위해서 피고인에게는 새로운 증거일 필요가 없다는 견해(불필요설), ⓒ 당사자인 피고인에게 새로운 증거일 필요까지는 없지만 당사자가 고의나 과실로 제출하지 않는 증거에 대해서는 새로운 증거로 인정할 수 없다는 견해(절충설)가 존재한다. 생각건대, 확정된 판결에 대한 비상구제절차로서 인정된 재심에 있어서 피고인의 이익과 실질적 정의를 실현하기 위해서 법적 안정성을 어느 범위까지 제한할 것인지는 입법자의 합리적 재량에 맡겨져 있으므로, 피고인이 고의나 과실로 제출하지 않은 증거에 대해서는 재심이유로 인정하지 않는 절충설이 타당하다.

판례도 절충설의 입장이다. 피고인이 판결확정 전 소송절차에서 제출할 수 있었던 증거까지 재심이유에 포함된다고 보면, 판결의 확정력이 피고인이 선택한 증거제출시기에 따라 손쉽게 부인될 수 있게 되어 형사재판의 법적 안정성이 해치게 되고 헌법이 대법원을 최종심으로 규정한 취지에 반하여 4심으로서의 재심을 허용하는 결과를 초래할 수 있으므로, 피고인이 재심을 청구한 경우 재심대상이 되는 확정판결의 소송절차 중에 증거를 제출하지 못한 데 과실이 있는 경우의 증거는 새로 발견된 증거가 아니라고 한다(대법원 2009. 7. 16. 자 2005모472 전원합의체 결정).

4) 증거의 명백성
① 의의
새로운 증거의 발견에 의한 재심이 인정되기 위해서는 증거의 신규성 이외에 증거의 명백성도 요구된다(420조 5호). 재심은 원판결에서 확정된 사실관계를 재심사하는 예외적인 비상구제절차이므로 단순히 확정판결의 사실인정에 의심을 일으킬 정도의 증거만으로 충분할 수 없다. 증거의 명백성은 원판결에서 사실인정의 자료로 적시한 증거의 증명력보다 경험칙이나 논리칙에 비추어 우월한 증거가치가 있는 새로운 증거가 새로 발견된 때에 인정되고, 법원의 자유심증에 의한 증거가치판단의 대상에 불과한 것은 증거의 명백성이 없다(대법원 1984. 6. 14. 자 84모23 결정).

② 명백성의 판단방법
증거의 명백성, 즉 원판결을 그대로 유지할 수 없을 정도로 고도의 개연성이 인정되는 증거가 존재하는지 여부를 판단할 때, 새로이 발견된 증거만을 기준으로 판단할 것인지 원판결에서의 증거도 고려하여 판단할 것인지에 대하여 학설이 대립된다. ⓐ 새로이 발견된 증거만을 기준으로 판단해야 한다는 단독평가설, ⓑ 새로이 발견된 증거와 원판결의 기초가 된 모든 증거를 종합하여 판단해야 한다는 전면적 종합평가설, ⓒ 새로이 발견된 증거와 원판결의 기초가 된 증거 중 새로이 발견된 증거와 유기적으로 밀접하게 관련되고 모순된 증거만을 고려하여 판단해야 한다는 제한적 종합평가설이 있다.

판례는 원판결의 사실인정의 기초로 삼은 증거들 가운데 새로 발견된 증거와 유기적으로 밀접하게 관련되고 모순되는 것들은 함께 고려하여 평가하여야 한다고 하여 제한적 종합평가설의 입장이다(대법원 2009. 7. 16. 자 2005모472 전원합의체 결정).

생각건대 새로이 발견된 증거만을 기준으로 판단해야 한다면(단독평가설) 원판결에서 확정된 사실관계를 그대로 인정할 수 없을 정도의 고도의 개연성이 인정되는 새로운 증거가 발견되어야 하는데, 이것은 재심사유가 지나치게 제한적으로 인정되어 재심제도의 존재의미가 미미해진다. 따라서 증거의 명백성은 원판결의 기초가 된 증거까지 함께 고려하여 판단되어야 한다. 이때 원판결의 기초가 된 증거를 고려할 때는 원판결의 기초가 된 모든 증거를 종합하여 판단하는 것이 타당하다(전면적 종합평가설). 처음부터 새로이 발견된 증거와 유기적으로 밀접하게 관련되고 모순된 증거들만 별도로 존재한다고 전제하고 어느 부분까지 고려할 것인지를 선택하는 것보다는 우선 모든 증거를 대상으로 하여 그중 새로이 발견된 증거와 유기적으로 밀접하게 관련되고 모순된 증거들을 고려하는 것이 논리적이기 때문이다. 종합적으로 평가한다는 의미는 원판결의 모든 증거를 대상으로 고려할 때 구현된다. 종합평가설에 의하여 원판결의 기초가 된 증거를 종합하여 평가하면, 원판결의 기초가 된 증거에 대한 원판결 선고법원의 심증에 구속되지 않고 전체를 재평가하게 된다.

(2) 원판결증거의 허위증명에 의한 재심

1) 개관

형사소송법 420조에 규정된 7가지 재심이유 중 6가지 이유가 원판결에 사용된 증거의 허위증명에 의한 재심이유이다. 원판결의 이유 중에서 증거로 채택되어 범죄사실을 인정하는 데 인용된 증거가 후에 허위로 증명된 경우이다. ① 원판결의 증거된 서류나 증거물이 확정판결에 의하여 위조·변조인 것이 증명된 때이다(420조 1호). ② 원판결의 증거된 증언·감정·통역·번역이 확정판결에 의하여 허위인 것이 증명된 때이다(420조 2호). ③ 무고로 인하여 유죄의 선고를 받은 경우에 그 무고의 죄가 확정판결에 의하여 증명된 때이다(420조 3호). ④ 원판결의 증거된 재판이 확정재판에 의하여 변경된 때이다(420조 4호). ⑤ 저작권·특허권·실용신안권·의장권·상표권을 침해한 죄로 유죄의 선고를 받은 사건에 관하여 그 권리에 대한 무효의 심결·판결이 확정된 때이다(420조 6호). ⑥ 원판결·전심판결·그 판결의 기초 된 조사에 관여한 법관, 공소의 제기 또는 그 공소의 기초된 수사에 관여한 검사나 사법경찰관이 그 직무에 관한 죄를 범한 것이 확정판결에 의하여 증명된 때로서, 다만 원판결의 선고 전에 법관·검사·사법경찰관에 대하여 공소의 제기가 있는 경우에는 원판결의 법원이 그 사유를 알지 못한 때에 한한다(420조 7호).

2) 원판결의 증거된 증언·감정·통역·번역이 확정판결에 의하여 허위인 것이 증명된 때

원판결의 증거된 증언·감정·통역·번역이 확정판결에 의하여 허위인 것이 증명된 때에는 재심이 인정된다(420조 2호). 원판결의 증거된 증언은 원판결의 이유 중에서 증거로 채택되어 범죄사실을 인정하는 데 사용된 증언을 의미하므로 단순히 증거조사의 대상이 되었을 뿐 범죄사실을 인정하는 증거로 사용되지 않은 증언은 이에 포함되지 않는다(대법원 2005. 4. 14. 선고 2003도1080 판결). 원판결의 이유에서 증거로 인용된 증언이 범죄사실과 직접 혹은 간접적으로 관련된 내용이라면 원판결의 증거된 증언에 해당하고, 그 증언부분을 제외하고도 다른 증거에 의하여 유죄로 인정될 것인지는 관계없다(대법원 2012. 4. 13. 선고 2011도8529 판결). 공동피고인의 공판정에서의 진술은 법률에 의하여 선서한 증인의 증언이 아니므로 재심이유에 해당되지 않는다(대법원 1985. 6. 1. 자 85모10 결정).

원판결의 증거된 증언은 확정판결에 의하여 허위인 것이 증명되어야 하는데, 이것은 그 증인이 위증을 하여 위증죄로 처벌되어 그 판결이 확정된 경우를 말하는 것이고, 원판결의 증거된 증언을 한 자가 그 재판 과정에서 자신의 증언과 반대되는 취지의 증언을 한 다른 증인을 위증죄로 고소하였다가 그 고소가 허위임이 밝혀져 무고죄로 유죄의 확정판결을 받은 경우는 포함되지 않는다(대법원 2005. 4. 14. 선고 2003도1080 판결).

3) 관여한 법관·검사·사법경찰관이 그 직무에 관한 죄를 범한 것이 확정판결에 의하여 증명된 때

원판결·전심판결·그 판결의 기초 된 조사에 관여한 법관, 공소의 제기 또는 그 공소의 기초된 수사에 관여한 검사나 사법경찰관이 그 직무에 관한 죄를 범한 것이 확정판결에 의하여 증명된 때에는 재심이 인정된다(420조 7호). 원판결과 관련되어 법관·검사·사법경찰관의 직무범죄가 증명된 때에는 원판결에 사실오인의 가능성이 높으며 재판의 공정성에 대한 국민의 신뢰보호 등을 위해서 재심사유로 규정되어 있다. 사법경찰관이 수사과정에서 직접 피의자에 대한 조사를 담당하였는지 여부나 범한 직무에 관한 죄가 사건의 실체관계에 관계된 것이지 여부는 고려되지 않으므로, 검사에 대해 수사지휘 품신을 올리고 재항고인에게 구속통지를 하였고 검찰에 사건 송치를 함에 있어 의견서까지 작성한 사법경찰관이 범한 불법감금죄가 확정판결로 증명되면 재심사유가 인정된다(대법원 2006. 5. 11. 자 2004모16 결정).

(3) 상소기각판결에 대한 재심이유

재심의 대상으로 인정되는 항소기각판결과 상고기각판결의 경우 재심이유는 유죄의 확정판결에 대한 재심이유보다 제한적이어서 3가지만 인정된다(421조 1항). ① 원판결의 증거된 서류나 증거물이 확정판결에 의하여 위조·변조인 것이 증명된 때이다(420조 1호). ② 원판결의 증거된 증언·감정·통역·번역이 확정판결에 의하여 허위인 것이 증명된 때이다(420조 2호). ③ 원판결·전심판결·그 판결의 기초된 조사에 관여한 법관, 공소의 제기 또는 그 공소의 기초된 수사에 관여한 검사나 사법경찰관이 그 직무에 관한 죄를 범한 것이 확정판결에 의하여 증명된 때로서, 다만 원판결의 선고 전에 법관·검사·사법경찰관에 대하여 공소의 제기가 있는 경우에는 원판결의 법원이 그 사유를 알지 못한 때에 한한다(420조 7호).

(4) 확정판결에 대신하는 증명

확정판결로써 범죄가 증명됨을 재심청구의 이유로 할 경우에, 증거가 없다는 이유로 확정판결을 얻을 수 없는 때를 제외하고, 그 확정판결을 얻을 수 없는 때에는 그 사실을 증명하여 재심의 청구를 할 수 있다(422조). 확정판결을 얻을 수 없는 때란 유죄판결을 할 수 없는 사실상·법률상의 장애가 있는 것을 말하는데, 예를 들어 범인이 사망하였거나 행방불명된 경우, 범인이 현재 심신상실의 상태인 경우, 공소시효가 완성된 경우, 사면이 있었던 경우, 범인을 기소유예한 경우 등이다.

확정판결에 대신하는 증명으로 재심을 청구하기 위해서는 확정판결을 얻을 수 없다는 사실의 증명 이외에 재심이유로 된 위증 등의 범죄행위가 행해졌다는 사실도 증명하여야 한다. 예를 들어, 매매계약서 변조의 점에 대하여 공소시효완성을 이유로 한 검사의 불기소처분을 확정판결에 대신하는 증명으로 하기 위해서는 불기소처분이 있었다는 것뿐만 아니라 매매계약서변조라는 범죄사실의 존재가 적극적으로 입증되어야 한다(대법원 1994. 7. 14. 자 93모66 결정).

(5) 헌법재판소의 위헌결정

헌법재판에서 위헌으로 결정된 형벌에 관한 법률이나 법률의 조항은 소급하여 그 효력을 상실하고, 다만 해당 법률 또는 법률의 조항에 대하여 종전에 합헌으로 결정한 사건이 있는 경우에는 그 결정이 있는 날의 다음 날로 소급하여 효력을 상실한다(헌법재판소법 47조 3항). 이 경우 위헌으로 결정된 법률이나 법률의 조항에 근거한 유죄의 확정판결에 대하여는 재심을 청구할 수 있다(헌법재판소법 47조 4항). 위헌으로 결정된 법률조항이 종전의 합헌결정이 있는 날의 다음 날로 소급하여 효력을 상실하는 경우에서 합헌결정이 있는 날의 다음 날 이후에 유죄판결이 선고되어 확정되었다면, 비록 범죄행위가 위헌결정 이전에 행하여졌더라도 그 판결은 위헌결정으로 인하여 소급하여 효력을 상실한 법률조항을 적용한 것으로서 재심을 청구할 수 있다(대법원 2016. 11. 10. 자 2015모1475 결정). 그 외에 법률의 위헌 여부 심판의 제청신청이 기각되자 청구한 헌법소원심판에서 헌법소원이 인용된 경우에 해당 헌법소원과 관련된 소송사건이 이미 확정된 때에는 당사자는 재심을 청구할 수 있다(헌법재판소법 75조 7항).

그러나 헌법재판소가 법률 조항 자체는 그대로 둔 채 그 법률 조항에 관한 특정한 내용의 해석·적용만을 위헌으로 선언하는 '한정위헌결정'의 경우는 헌법재판소법 47조의 위헌결정효력을 인정할 수 없으므로 재심사유가 될 수 없다는 것이 대법원의 입장이다(대법원 2013. 3. 28. 선고 2012재두299 판결).

5. 재심개시절차

(1) 재심의 관할

재심의 청구는 원판결의 법원이 관할한다(423조). 재심청구인이 재심청구의 대상으로 하고 있는 그 판결이 원판결이다(대법원 1986. 6. 12. 자 86모17 결정). 1심법원의 유죄판결을 재심청구의 대상으로 하는 경우에는 1심법원에 관할이 있고, 항소기각판결을 재심청구의 대상으로 하는 경우에는 항소법원에 관할이 있다.

군사법원의 판결이 확정된 후 군에서 제적되면 군사법원에 재판권이 없으므로 재심사건의 관할은 원판결을 한 군사법원과 같은 심급의 일반법원에 있다(대법원 1985. 9. 24. 선고 84도2972 전원합의체 판결). 재심청구를 받은 군사법원은 재판권이 없다고 판단되면 재심개시절차로 나아가지 말고 사건을 같은 심급의 일반법원으로 이송하여야 하고, 재심개시결정을 한 후에 비로소 사건을 일반법원으로 이송하는 것은 위법한 재판권의 행사이다. 다만 군사법원법 2조 3항 후문이 "이 경우 이송 전에 한 소송행위는 이송 후에도 그 효력에 영향이 없다."고 규정하고 있으므로 사건을 이송받은 일반법원으로서는 다시 처음부터 재심개시절차를 진행할 필요는 없고 군사법원의 재심개시결정을 유효한 것으로 보아 후속 절차를 진행할 수 있다(대법원 2015. 5. 21. 선고 2011도1932 전원합의체 판결).

(2) 재심의 청구

1) 청구권자

① 검사, ② 유죄의 선고를 받은 자, ③ 유죄의 선고를 받은 자의 법정대리인, ④ 유죄의 선고를 받은 자가 사망하거나 심신장애가 있는 경우에는 그 배우자·직계친족·형제자매가 재심의 청구를 할 수 있다(424조).

검사는 유죄의 선고를 받은 자의 의사에 반할지라도 공익의 대표자로서 유죄의 선고를 받은 자의 이익을 위해서 재심을 청구할 수 있다. 원판결·전심판결·그 판결의 기초된 조사에 관여한 법관, 공소의 제기 또는 그 공소의 기초된 수사에 관여한 검사나 사법경찰관이 그 직무에 관한 죄를 범한 것이 확정판결에 의하여 증명됨으로 인한 재심(420조 7호)은 유죄의 선고를 받은 자가 그 죄를 범하게 한 경우에는 검사가 아니면 청구하지 못한다(425조).

유죄를 선고받은 자와 그 법정대리인은 재심을 청구할 수 있고, 본인의 사망이나 심신장애의 경우에는 배우자 등이 청구할 수 있다. 검사 이외의 자가 재심의 청구를 하는 경우에는 변호인을 선임할 수 있고(426조 1항), 변호인의 선임은 재심의 판결이 있을 때까지 효력이 있다(426조 2항). 재심판결이 있은 후 상소하는 경우에는 심급마다 변호인을 선임하여야 한다.

2) 청구의 시기와 방식

재심청구의 시기는 제한이 없다. 형의 집행을 종료하거나 형의 집행을 받지 아니하게 된 때에도 재심청구를 할 수 있고(427조), 유죄의 확정판결을 받았던 자가 사망한 후에도 할 수 있다(424조 4호). 사망자의 경우에도 재심을 통한 무죄판결의 공시로 명예훼복이 필요하고 형사보상이나 집행된 재산형의 환부 등의 이익이 있기 때문이다.

재심청구 시에는 재심청구의 취지 및 재심청구의 이유를 구체적으로 기재한 재심청구서에 원판결의 등본 및 증거자료를 첨부하여 관할법원에 제출하여야 한다(규칙 166조). 이를 위반한 경우 법원은 기각결정을 하여야 한다(433조). 청구방식과 관련하여 재소자에 대한 특칙이 준용되므로, 교도소 또는 구치소에 있는 수형자가 재심청구서를 교도소장이나 구치소장 또는 그 직무를 대리하는 자에게 제출한 때에는 재심을 청구한 것으로 간주된다(430조).

3) 청구의 효과와 취하

재심의 청구는 형의 집행을 정지하는 효력이 없다. 다만 관할법원에 대응한 검찰청검사는 재심청구에 대한 재판이 있을 때까지 형의 집행을 정지할 수 있다(428조).

재심의 청구는 취하할 수 있다(429조 1항). 재심청구의 취하는 서면으로 하여야 하나, 재심의 청구와 달리 취하는 공판정에서는 구술로 할 수 있다(규칙 167조 1항). 재심청구의 취하에도 재소자에 대한 특칙이 준용된다(430조). 재심청구의 취하시기에 대해서는 법률에 규정이 없어 견해가 대립되는데, 공판정에서 구술로 재심청구를 취하할 수 있다고 형사소송규칙에 규정(규칙 167조 1항 단서)되어 있을 뿐만 아니라 재심판결 후에 법률효과가 발생(421조 2항·3항, 436조)하는 점에 비추어 보면, 재심의 1심판결선고시까지 취하할 수 있다. 재심의 청구를 취하한 자는 동일한 이유로써 다시 재심을 청구하지 못한다(429조 2항).

(3) 재심청구에 대한 심리
1) 사실조사

재심청구에 대한 심리절차는 결정절차이므로 구두변론에 의할 필요가 없고 절차를 공개할 필요도 없다. 원판결의 사건이 필요적 변호사건(282조)이더라도 재심청구에 대한 결정에서는 국선변호인 선정의 규정은 없다. 결정을 함에 필요한 경우에 법원은 사실을 조사할 수 있는데(37조 3항), 재심의 청구를 받은 법원이 필요하다고 인정한 때에는 합의부원에게 재심청구의 이유에 대한 사실조사를 명하거나 다른 법원판사에게 이를 촉탁할 수 있다(431조 1항). 이 경우 수명법관 또는 수탁판사는 법원 또는 재판장과 동일한 권한이 있다(431조 2항).

　재심의 청구를 받은 법원은 사실조사를 하는데 필요한 경우에 증인신문, 감정, 검증 등의 처분을 할 수 있는데, 이것은 유·무죄의 입증을 위한 것이 아니라 재심청구이유의 유무를 판단하기 위한 것이므로 공판절차와 달리 엄격한 증거조사의 방식에 따를 필요가 없다. 따라서 피고인이었던 자나 재심청구인을 처분에 참여시키지 않아도 된다. 이와 같은 이유에서 재심대상판결의 1심에 관여한 법관은 재심청구사건에서 제척 또는 기피의 원인이 되는 것이 아니다. 법관이 기피 또는 제척의 원인이 되는 전심이란 불복신청을 한 당해 사건의 전심을 말하는 것으로서 재심청구사건에 있어서 재심대상이 되는 사건은 이에 해당하지 않는다(대법원 1982. 11. 15. 자 82모11 결정).

　한편 증거보전은 장차 공판에 있어서 사용하여야 할 증거가 멸실되거나 그 사용하기 곤란한 사정이 있을 경우에 당사자의 청구에 의하여 공판 전에 미리 그 증거를 수집·보전하는 제도로서 1심 1회 공판기일 전에 한하여 허용되는 것이므로, 재심청구사건에서는 증거보전절차는 허용되지 않는다(대법원 1984. 3. 29. 자 84모15 결정).

2) 당사자의 의견청취

　재심청구의 심리절차에서는 청구한 자와 상대방의 의견을 들어야 하는데, 유죄의 선고를 받은 자의 법정대리인이 청구한 경우에는 유죄의 선고를 받은 자의 의견을 들어야 한다(432조). 비록 재심청구에 대한 심리절차는 결정절차이지만, 심리의 신중과 합리성을 위해서 이해관계자에게 의견을 진술할 기회를 부여하고 있다. 따라서 당사자의 의견청취절차는 재심청구서와 별도로 요구되는 절차이므로 재심청구서에 재심청구의 이유가 기재되어 있더라도 의견청취의 절차를 생략할 수 없고, 재심청구인에게 의견을 진술할 기회를 주지 아니한 채 행한 재심청구에 대한 결정은 위법하다(대법원 2004. 7. 14. 자 2004모86 결정). 다만 재심청구에 대한 결정에 있어서 청구한 자와 상대방에게 의견진술기회를 주었으면 충분하고 청구인 등이 그 기회에 의견을 진술하여야만 하는 것은 아니다(대법원 1997. 1. 16. 자 95모38 결정).

(4) 재심청구에 대한 재판

1) 청구기각결정

재심청구가 기각되는 경우는 3가지이다. ① 재심청구가 부적법한 경우이다. 재심의 청구가 법률상의 방식에 위반하거나 청구권의 소멸 후인 것이 명백한 때에는 기각결정을 하여야 한다(433조). 예를 들어 재심청구권이 없는 사람이 재심을 청구한 경우, 재심청구서에 재심청구의 취지나 이유를 구체적으로 기재하지 않거나 원판결의 등본 및 증거자료를 첨부하지 않은 경우, 재심청구를 취하한 사람이 동일한 이유로 다시 재심을 청구한 경우 등이다.

② 재심청구가 이유 없는 경우이다. 재심의 청구가 적법한 때에 법원은 이유 유무에 대한 판단을 한다. 법원은 재심의 청구가 이유 없다고 인정하면 결정으로 기각하여야 하고(434조 1항), 이 결정에 대해서는 누구든지 동일한 이유로써 다시 재심을 청구하지 못한다(434조 2항). 동일한 이유로 다시 재심을 청구할 경우 법원은 법률상의 방식에 위반한 부적법한 재심청구로서 기각결정을 한다(433조).

③ 재심청구가 경합하는 경우이다. 상소기각의 확정판결과 그 판결에 의하여 확정된 하급심판결에 대하여 모두 재심의 청구가 있는 경우에 하급심법원이 재심개시결정 후 재심의 판결을 한 때에는 상소법원은 기각결정을 하여야 한다(436조). 원판결에 대한 하급심의 재심판결이 있으며 재심청구의 목적이 달성되었기 때문이다. 이에 맞추어 상소기각의 확정판결과 그 판결에 의하여 확정된 하급심판결에 대하여 모두 재심의 청구가 있는 경우에 상소법원은 하급심법원의 소송절차가 종료할 때까지 소송절차의 정지결정을 하여야 한다(규칙 169조).

2) 재심개시결정

재심의 청구가 적법하여 법원이 이유 유무에 대한 판단을 한 후 재심의 청구가 이유 있다고 인정하면 재심개시의 결정을 하여야 한다(435조 1항). 재심개시절차는 재심심판절차와 구별되므로 재심개시절차에서는 재심사유가 있는지 여부만을 판단하여야 할 뿐이고, 재심사유가 재심대상판결에 영향을 미칠 가능성이 있는가를 고려해서는 안 된다(대법원 2008. 4. 24. 자 2008모77 결정). 법원이 재심개시결정을 할 때에는 원판결의 오류로 인한 불이익을 구제하기 위해서 법원은 형의 집행정지결정을 할 수 있다(435조 2항).

경합범 관계에 있는 수개의 범죄사실을 유죄로 인정하여 한 개의 형을 선고한 불가분의 확정판결에서 그 중 일부의 범죄사실에 대하여만 재심청구의 이유가 있는 것으로 인정된 경우에 재심개시결정의 범위가 문제된다. 재판에 대한 불복수단인 상소의 경우에도 경합범에 대하여 1개의 형이 선고된 경우에 경합범의 일부 죄에 대하여 상소가 제기되면 상소불가분의 원칙이 적용되고, 경합범 관계에 있는 수개의 범죄사실이 병합·심리되고 판결주문이 수개인 경우에 일부상소가 가능하다. 따라서 경합범 관계에 있는 수개의 범죄사실에 대해서 1개의 형이 선고된 판결이라면 그 판결 전부에 대하여 재심개시결정을 할 수밖에 없다(대법원 2001. 7. 13. 선고 2001도1239 판결).

3) 결정에 대한 불복

재심청구기각결정과 재심개시결정에 대해서는 즉시항고를 할 수 있다(437조). 대법원의 결정에 대해서는 상소제도의 본질상 즉시항고가 허용되지 않는다. 재심개시결정은 3일의 즉시항고기간이 경과하거나 즉시항고가 기각되면 확정된다. 재심개시결정이 확정되더라도 원판결에 대해서는 영향을 미치지 않는다. 법원이 형의 집행정지결정을 하지 않는 한(435조 2항), 원판결에 의한 형의 집행은 계속된다.

6. 재심심판절차

(1) 재심심판절차
1) 의의

재심개시결정이 확정되면 법원은 그 심급에 따라 다시 심판을 하여야 한다(438조 1항). 원판결에 대하여 법원이 심급에 따라 다시 심판하는 절차가 재심심판절차이다. 법원은 심급에 따라 심판하여야 하므로 1심의 확정판결에 대해서는 1심의 공판절차에 따라, 상고심에서 파기자판된 확정판결에 대해서는 상고심절차에 따라, 항소기각의 확정판결에 대해서는 항소심절차에 따라 다시 심판하게 된다. 재심공판절차에는 그 심급에 따른 통상의 공판절차에 관한 규정이 적용된다. 따라서 1심의 확정판결에 대한 재심절차는 1심의 일련의 공판절차가 전부 새로이 진행되며, 재심법원의 판결에 대해서도 일반원칙에 따라 상소가 가능하다.

2) 심판방식과 범위

재심공판절차에서 '다시' 심판한다는 것은 재심대상판결의 당부를 심사하는 것이 아니라 사건 자체를 처음부터 새로 심판하는 것을 의미하므로, 재심대상판결이 상소심을 거쳐 확정되었더라도 재심사건에서는 재심대상판결의 기초가 된 증거와 재심사건의 심리과정에서 제출된 증거를 모두 종합하여 공소사실이 인정되는지를 새로이 판단하여야 한다(대법원 2015. 5. 14. 선고 2014도2946 판결). 따라서 재심사건의 공소사실에 관한 증거취사와 이에 근거한 사실인정도 다른 사건과 마찬가지로 사실심으로서 재심사건을 심리하는 법원의 전권에 속한다(대법원 2015. 5. 14. 선고 2014도2946 판결). 재심개시결정이 확정된 사건에 대하여 법원은 형사소송법상 일반원칙에 따라 피고인을 구속할 이유가 있다고 인정되면 구속영장을 발부하여 피고인을 구속할 수도 있다(대법원 1965. 3. 2. 선고 64도690 판결).

앞의 재심개시절차에서 보았듯이 경합범 관계에 있는 수개의 범죄사실을 유죄로 인정하여 한 개의 형을 선고한 불가분의 확정판결에서 그 중 일부의 범죄사실에 대하여만 재심청구의 이유가 있는 것으로 인정된 경우에는 그 판결 전부에 대하여 재심개시결정을 할 수밖에 없다. 그런데 이때 재심심판절차에서 법원이 재심사유가 없는 범죄사실에 대해서도 심판할 수 있는지가 문제된다. 비록 형식적으로 원판결이 1개의 판결이므로 경합범 관계에 있는 수개의 범죄사실에 대하여 재심개시결정이 되었더라도, 재심사유가 없는 부분에 대하여 재심법원이 유죄인정을 파기할 수는 없고 단지 양형을 위하여 필요한 범위에서 재심사유가 없는 범죄사실에 대해서도 심리하게 된다(대법원 2001. 7. 13. 선고 2001도1239 판결).

3) 적용법률

재심이 개시된 사건의 범죄사실에 대하여 적용하여야 할 법령은 재심판결 시의 법령이므로, 원판결 당시의 법령이 변경되었다면 법원은 그 범죄사실에 대하여 재심판결 시의 법령을 적용하여야 하고 법령의 해석도 재심판결 시를 기준으로 하여야 한다(대법원 2013. 7. 11. 선고 2011도14044 판결). 원판결 당시의 법령이 변경된 경우에는 형이 가장 가벼운 법률이 적용되어야 하고(대법원 2011. 1. 20. 선고 2008재도11 전원합의체 판결), 원판결 당시의 법령이 폐지된 경우에는 형사소송법 326조 4호에 따라 그 범죄사실에 대하여 면소를 선고하는 것이 원칙이다(대법원 2010. 12. 16. 선고 2010도5986 전원합의체 판결). 다만 형벌에 관한 법령이 헌법재판소의 위헌결정으로 인하여 소급하여 그 효력을 상실하였거나 법원에서 위헌·무효로 선언된 경우에는 형사소송법 325조에 따라 무죄를 선고하여야 한다는 것이 판례의 입장이다(대법원 2010. 12. 16. 선고 2010도5986 전원합의체 판결).

(2) 재심심판절차의 특칙

1) 심리의 특칙

① 공판절차정지와 공소기각결정

통상의 공판절차에서는 피고인이 사물의 변별이나 의사의 결정을 할 능력이 없는 상태에 있는 때에 법원은 검사와 변호인의 의견을 들어서 그 상태가 계속하는 기간 공판절차의 정지를 결정하여야 하고(306조 1항), 피고인이 사망하거나 피고인인 법인이 존속하지 아니하게 되었을 때에 법원은 공소기각결정을 하여야 한다(328조 1항). 그러나 재심심판절차에서는 사망자 또는 회복할 수 없는 심신장애인을 위하여 재심의 청구가 있거나 유죄의 선고를 받은 자가 재심의 판결 전에 사망하거나 회복할 수 없는 심신장애인으로 된 때에도 법원은 공판절차를 정지할 수 없고 공소기각결정을 할 수 없다(438조 2항).

피고인의 사망으로 인한 공소기각결정에 대한 예외규정은 재심심판절차에서의 특칙이다. 재심청구인이 재심의 청구를 한 후 청구에 대한 결정이 확정되기 전에 사망한 때에는 사망에 대한 특별 규정이 없으므로 이 경우 재심청구절차는 재심청구인의 사망으로 당연히 종료하게 된다(대법원 2014. 5. 30. 자 2014모739 결정). 재심청구절차 중 유죄확정판결을 받은 재심청구인이 사망하면 그 배우자, 직계친족 또는 형제자매가 별도로 재심청구를 할 수 있다(424조 4호).

② 피고인의 재정

피고인이 공판기일에 출석하지 아니하면 원칙적으로 공판이 개정되지 못하는데(276조), 재심심판절차에서 법원은 피고인이 사망하거나 심신장애인인 경우에 피고인의 출정 없이 심판(실체판결)을 할 수 있다(438조 3항). 다만 변호인이 출정하지 아니하면 개정하지 못할 뿐이다(438조 3항 단서). 이때 재심을 청구한 자가 변호인을 선임하지 아니한 경우라면 재판장은 직권으로 변호인을 선임하여야 한다(438조 4항).

③ 공소취소와 공소장변경

공소는 1심판결의 선고 전까지 취소할 수 있는데(255조 1항), 최소한 1심판결이 선고되어 확정된 것을 전제하는 재심심판절차에서는 공소를 취소할 수 없다(대법원 1976. 12. 28. 선고 76도3203 판결).

한편 재심심판절차에서 공소장변경이 허용되는지 여부에 대하여도 논란이 있다. ⓐ 재심심판절차는 사실심을 원칙으로 하고 불이익변경금지의 원칙이 적용되므로 공소장변경이 전면적으로 허용된다고 보는 소수의 견해도 있으나(전면적 허용설), ⓑ 이익재심만이 인정되는 현행법의 구조에서는 원판결의 죄보다 중한 죄를 인정하기 위한 공소사실의 추가·변경은 허용되지 않는다는 입장(제한적 허용설)이 타당하다.

2) 재판의 특칙
① 불이익변경의 금지

재심에서는 원판결의 형보다 중한 형을 선고하지 못한다(439조). 이익재심만이 인정되는 현행법의 구조상 불이익변경의 금지는 당연한 것으로서 검사가 재심을 청구한 경우에도 불이익변경이 금지된다. 재심에서 불이익변경의 금지는 단순히 재심절차에서 원판결보다 무거운 형을 선고할 수 없다는 원칙만을 의미하고 있는 것이 아니다. 피고인이 원판결 이후에 형 선고의 효력을 상실하게 하는 특별사면을 받아 형사처벌의 위험에서 벗어난 경우에 재심절차에서 형을 다시 선고함으로써 위와 같이 특별사면에 따라 발생한 피고인의 법적 지위를 상실하게 하여서는 안 된다는 의미도 포함되어 있는 것이다. 따라서 특별사면으로 형 선고의 효력이 상실된 유죄의 확정판결에 대하여 재심개시결정이 이루어져 재심심판법원이 심판한 결과 무죄로 인정되는 경우에는 무죄를 선고하지만, 반대로 유죄로 인정되는 경우에는 피고인에 대하여 다시 형을 선고하거나 피고인의 항소를 기각하여 1심판결을 유지시키는 것은 불이익변경금지의 원칙에 반하므로 재심심판법원은 '피고인에 대하여 형을 선고하지 아니한다'는 주문을 선고할 수밖에 없다(대법원 2015. 10. 29. 선고 2012도2938 판결).

② 무죄판결의 공시

재심에서 무죄의 선고를 한 때에 법원은, 재심청구자나 선고받은 자가 원하지 않는 의사를 표시하지 않는 한, 그 판결을 관보와 그 법원소재지의 신문지에 기재하여 공고하여야 한다(440조). 이것은 유죄선고를 받은 자의 명예훼복을 위한 조치이다. 통상의 공판절차에서 무죄판결을 선고하는 경우에는 판결공시의 선고가 있어야 하는데(형법 58조 2항), 재심에서는 법원의 선고가 필요하지 않다. ⓐ 재심의 무죄판결공시는 무죄판결이 확정된 경우를 의미하는 것이라고 해석하는 견해도 있으나, ⓑ 피고인의 명예훼복의 취지와 법률규정의 문언상 무죄판결이 선고된 경우라고 해석하는 것이 타당하다.

③ 원판결의 효력

원판결의 효력은 재심개시결정에 의하여 없어지지 않고, 재심판결이 확정되면 원판결은 효력을 잃는다. 다만 재심판결이 확정되더라도 원판결에 의한 형의 집행이 무효로 되는 것은 아니어서 원판결에 의하여 자유형이 집행된 경우에는 그 집행부분이 재심판결에 의한 자유형의 집행에 통산된다.

II. 비상상고

1. 비상상고의 의의

확정판결에 존재하는 심판의 법령위반을 바로잡기 위해서 인정된 비상구제절차가 비상상고이다. 형사소송법에는 4편 2장에 비상상고가 규정(441조부터 447조)되어 있다. 확정판결의 효력을 깨뜨려서 재판의 오류를 바로 잡는 비상구제절차에는 재심 이외에 비상상고가 있는데, 비상상고는 확정판결에 존재하는 법령위반을 시정하는 것이라는 점에서 사실인정의 오류를 시정하는 재심과 구별된다. 비상상고는 유죄의 확정판결만이 아니라 모든 확정판결을 대상으로 하고, 신청권자가 검찰총장으로 제한되고, 관할법원이 대법원이고, 판결의 효력이 원칙적으로 피고인에게 미치지 않는다는 점에서도 재심과 구별된다.

재심은 사실인정의 오류를 시정하여 유죄판결을 받은 자의 이익을 도모하는 것을 주된 목적으로 하는데, 비상상고는 법령의 해석·적용의 통일을 주된 목적으로 한다. 원판결에 법령의 해석·적용에 오류가 있는 경우에 정당한 법령의 해석·적용을 선언하는 것이 비상상고의 주된 목적이지만(대법원 2005. 3. 11. 선고 2004오2 판결), 법원 간 법령의 해석·적용에 이견이 있는 경우에 그 통일을 추구하는 것은 아니다.

그 외에 법령위반의 원판결이 피고인에게 불이익한 경우에 비상상고는 부차적으로 피고인을 구제하는 목적도 있다. 비상상고의 판결은, 원판결이 피고인에게 불이익한 경우를 제외하고는, 그 효력이 피고인에게 미치지 않는다(417조).

2. 비상상고의 대상

유죄확정판결만이 아니라 모든 확정판결이 비상상고의 대상이다(441조). 유무죄의 실체판결뿐만 아니라 형식재판도 비상상고의 대상이다. 따라서 확정판결의 효력이 인정되는 약식명령도 비상상고의 대상이고(대법원 2006. 10. 13. 선고 2006오2 판결), 당연무효의 판결도 판결은 확정되어 존재하므로 비상상고의 대상이다. 그 외에 상소기각의 결정도 판결의 형태는 아니지만 그 사건에 대한 종국적인 재판이므로 비상상고의 대상이 된다.

3. 비상상고판결의 효력

(1) 의의

비상상고가 이유 있다고 인정되면 원판결이 파기된다. 원판결이 법령에 위반한 때에는 그 위반된 부분을 파기하여야 하고, 원심소송절차가 법령에 위반한 때에는 그 위반된 절차를 파기한다(446조). 다만 법령에 위반한 원판결이 피고인에게 불이익한 때에는 원판결을 파기하고 피고사건에 대하여 다시 판결을 한다(446조 1호 단서).

(2) 원판결의 법령위반과 원심소송절차의 법령위반의 구별기준

비상상고판결의 효력이 원판결의 위반된 부분이나 절차만을 파기하는 경우와 원판결을 파기자판하는 경우로 구분되므로, 위반된 부분이나 절차만을 파기하는 경우인지 원판결을 파기자판하는 경우인지의 구별이 중요하다. 그 전제로서 원판결의 법령위반과 원심소송절차의 법령위반의 구별기준이 문제가 된다.

문언적으로 보면 판결의 법령위반과 소송절차의 법령위반이 명확히 구분되지 않아 견해가 대립되는데, 판결의 법령위반은 판결내용(판결주문·판결이유)에 직접 영향을 미치는 법령위반을 의미하고 소송절차의 법령위반은 판결내용에 직접 영향을 미치지 않는 법령위반을 의미한다고 보는 것이 다수의 견해이다.

생각건대 판결의 법령위반과 소송절차의 법령위반을 구별하는 이유는 원판결이 피고인에게 불리할 때 원판결을 파기자판하는 것이 가능한지 여부를 구분하는 것이므로, 판결내용에 직접 영향을 미치는 법령위반을 파기자판이 가능한 판결의 법령위반으로 보는 것은 타당하다. 이러한 입장에 따르면 범죄의 성립여부나 형벌에 관한 실체법령의 적용위반의 경우와 소송조건에 관한 절차법령의 적용위반의 경우는 판결의 법령위반에 해당된다. 무죄판결을 하여야 할 경우에 유죄판결을 한 경우뿐만 아니라 면소판결은 물론 공소기각이나 관할위반의 판결을 하여야 할 경우에 있어서 실체판결을 한 경우도 판결의 법령위반에 해당된다.

4. 비상상고의 이유

(1) 판결의 법령위반과 소송절차의 법령위반

원판결 사건의 심판이 법령에 위반한 것을 발견한 때가 비상상고의 이유이다(441조). 형사소송법에는 비상상고의 효과와 관련하여 원판결이 법령에 위반한 때와 원심소송절차가 법령에 위반한 때를 구분하여 규정하고 있어(446조), 심판의 법령위반이라는 비상상고 이유는 판결이 법령에 위반한 경우와 소송절차가 법령에 위반한 경우로 구분된다. 앞서 보았듯이, 판결의 법령위반은 판결내용(판결주문·판결이유)에 직접 영향을 미치는 법령위반을 의미하고 소송절차의 법령위반은 판결내용에 직접 영향을 미치지 않는 법령위반을 의미한다고 보는 시각에서 구체적인 경우를 보면 다음과 같다.

1) 판결의 법령위반

판결내용에 직접 영향을 미치는 법령위반이다. 실체법위반의 경우뿐만 아니라 절차법위반의 경우도 포함된다. 실체법위반의 경우를 보면, ① 폐지된 법령을 적용하여 유죄판결을 선고한 경우, ② 법정형에 없는 벌금형을 선고한 경우(예를 들어 형법 122조 직무유기 혐의로 기소된 공무원에게 벌금형을 선고한 경우), ③ 법정형이나 처단형을 초과하여 형을 선고한 경우, ④ 구류형을 선고유예한 경우(대법원 1993. 6. 22. 선고 93오1 판결), ⑤ 특정범죄를 범한 자에 대하여 형의 집행을 유예하면서 보호관찰을 받을 것을 명하는 때에만 위치추적전자장치를 부착할 것을 명할 수 있는데 보호관찰을 받을 것을 명하지 않은 채 위치추적전자장치 부착을 명한 경우(대법원 2011. 2. 24. 선고 2010오1 판결) 등이다.

절차법위반의 경우를 보면, ① 재판권 없는 일반법원이 군인신분을 가진 피고인에게 유죄판결을 한 경우(대법원 1976. 4. 27. 선고 76오1 판결), ② 공소시효가 완성되었음에도 약식명령을 발령한 경우(대법원 2006. 10. 13. 선고 2006오2 판결), ③ 사면된 범죄에 대하여 상고기각결정을 한 경우(대법원 1963. 1. 10. 선고 62오4 판결), ④ 반의사불벌죄에 있어서 처벌을 희망하지 아니하는 피해자의 의사표시가 있었음에도 유죄판결을 한 경우(대법원 2010. 1. 28. 선고 2009오1 판결), ⑤ 자백에 대한 보강증거가 없음에도 유죄판결을 한 경우 등이다.

2) 소송절차의 법령위반

판결내용에 직접 영향을 미치지 않는 소송절차위반이다. 예를 들어 ① 공판개정에 위법이 있는 경우, ② 증인신문방식에 위법이 있는 경우, ③ 형을 선고하면서 상소권의 고지를 누락한 경우 등이다.

(2) 사실오인으로 인한 법령위반

비상상고는 법령위반을 바로잡기 위해서 인정된 비상구제절차이므로, 사실오인을 이유로 비상상고를 제기할 수는 없다. 하지만 사실오인으로 인하여 법령위반이 발생한 경우가 비상상고의 이유가 될 수 있는지가 문제된다. 예를 들어 원판결 선고 전에 피고인이 이미 사망하였지만 사망한 사실에 대하여 인정할 만한 자료가 없는 상태에서 구 소송촉진등에관한특례법에 의하여 공시송달로 공판을 진행하여 피고인의 불출석한 상태에서 유죄판결을 한 경우(대법원 2005. 3. 11. 선고 2004오2 판결)에 비상상고가 허용되는지가 문제된다.

견해가 대립되는데, ⓐ 비상상고의 기능은 법령의 해석·적용의 통일뿐만 아니라 피고인의 불이익구제에도 있으므로 소송법적 사실오인으로 인한 법령위반의 경우와 실체법적 사실오인으로 인한 법령위반의 경우 모두 비상상고의 대상이 된다는 '적극설'이 있다. ⓑ 소송법적 사실오인으로 인한 법령위반의 경우는 비상상고의 대상이 되지만, 실체법적 사실오인으로 인한 법령위반의 경우는 비상상고의 대상이 되지 않는다는 '절충설'이 있다. ⓒ 판례는 소송법적 사실오인으로 인한 법령위반의 경우이든 실체법적 사실오인으로 인한 법령위반의 경우이든 법령위반이 사실오인으로 인한 때에는 비상상고의 대상이 되지 않는다는 '소극설'의 입장이다. 비상상고의 주된 목적은 법령 적용의 오류를 시정하여 법령의 해석·적용의 통일을 도모하는 것이고 형사소송법 441조에 규정된 "그 사건의 심판이 법령에 위반한 것"이라는 요건은 확정판결에서 인정한 사실을 변경하지 아니하고 이를 전제로 한 실체법의 적용에 관한 위법이나 절차법상의 위배가 있음을 뜻하는 것이므로, 단순히 법령 적용의 전제사실을 오인함에 따라 법령위반의 결과를 초래한 경우는 비상상고의 대상이 아니라고 한다(대법원 2005. 3. 11. 선고 2004오2 판결).

생각건대 비상상고는 부차적으로 피고인을 구제하는 목적도 있지만 어디까지나 법령 적용의 오류를 시정하여 법령의 해석·적용의 통일을 도모하는 것에 주된 목적이 있다. 따라서 피고인의 불이익구제를 논거로 하는 입장(적극설)은 설득력이 약하다. 한편 비상상고의 기능으로서 법령의 해석·적용의 통일도모를 강조하더라도, 법령 적용의 전제사실을 오인함에 따라 법령위반의 결과를 초래한 모든 경우가 비상상고의 대상이 아니라고 보는 입장(소극설)은 형사소송법 444조 2항과 조화되지 않는다. 비상상고심리시 법원은 법원의 관할, 공소의 수리와 소송절차에 관하여는 사실조사를 할 수 있으므로(444조 2항), 소송법적 사실오인으로 인한 법령위반의 경우는 비상상고의 대상이 된다고 보는 것(절충설)이 타당하다. 절충설의 입장에 의하면, 누범전과가 없음에도 누범가중을 한 원판결에 대해서 비상상고는 허용되지 않지만, 친고죄에 있어서 고소취소에 관한 사실의 오인이나 피고인 사망사실의 오인의 원판결에 대해서는 비상상고가 허용된다.

5. 비상상고의 절차

(1) 신청

비상상고의 신청권자는 검찰총장이고, 관할법원은 대법원이다(441조). 비상상고의 신청기간제한은 없으나, 비상상고를 신청할 때에는 이유를 기재한 신청서를 제출하여야 한다(442조). 상고에서는 상고장 이외에 상고이유서를 대법원에 별도로 제출하지만(379조 1항), 이와 달리 비상상고에서는 신청서(비상상고장)에 반드시 이유를 기재하도록 요구된다.

(2) 심리

대법원은 비상상고를 심리하기 위해서 반드시 공판기일을 열어야 하고, 공판기일에 검사의 출석이 요구된다. 공판기일에 검사는 신청서에 의하여 진술하여야 한다(443조). 상고심의 공판기일에 피고인의 소환이 요구되지 않으므로(389조의2), 비상상고의 공판기일에 피고인은 출석할 필요가 없다.

대법원은 신청서에 포함된 이유에 한하여 조사하여야 한다(444조 1항). 비상상고에는 사실조사에 있어서 법원의 직권조사사항이 인정되지 않는다. 다만 법원은 법원의 관할, 공소의 수리와 소송절차에 관하여는 사실조사를 할 수 있는데(444조 2항), 이때 법원은 필요하다면 합의부원에게 재심청구의 이유에 대한 사실조사를 명하거나 다른 법원판사에게 이를 촉탁할 수 있다(444조 3항).

(3) 판결
1) 기각판결

대법원은 비상상고가 이유 없다고 인정한 때에는 판결로써 이를 기각하여야 한다(445조). 신청권자가 검찰총장이 아니거나 신청서에 이유의 기재가 없는 등 신청이 부적법한 경우에도 기각판결을 하게 된다.

2) 파기판결

대법원이 비상상고가 이유 있다고 인정하면 원판결을 파기하게 된다. 파기판결은 사유에 따라 달라진다.

① 부분파기

비상상고는 법령 적용의 오류를 시정하여 법령의 해석·적용의 통일을 도모하는 것에 주된 목적이 있으므로 위반된 부분의 부분파기를 원칙으로 한다. 부분파기의 판결은 피고인에게 효력이 미치지 않는다(447조).

'원심소송절차가 법령에 위반한 때'에는 그 위반된 절차를 파기한다(446조 2호). 원판결 자체는 파기되지 않고, 위반된 절차만이 파기된다. 공판개정에 위법이 있거나 형을 선고하면서 상소권의 고지를 누락한 경우 등 판결내용에 직접 영향을 미치지 않는 소송절차위반이 있다면, 그 위반된 절차만이 파기된다.

'원판결이 법령에 위반한 때'에는, 원판결이 피고인에게 불이익하지 않는 한, 그 위반된 부분을 파기하여야 한다(446조 1호 본문). 형면제를 선고할 사유가 없음에도 도로교통법위반죄에 대한 형면제를 선고한 즉결심판의 경우에 형면제의 부분만 파기되고(대법원 1994. 10. 14. 선고 94오1 제2부판결), 구류 3일 형의 선고를 유예한다는 즉결심판의 경우에 선고유예의 부분만 파기된다(대법원 1993. 6. 22. 선고 93오1 판결). 적법한 증거조사의 절차를 거치지 않고 증거능력이 없는 증거를 유죄의 증거로 채택한 원판결은 다른 증거자료를 종합하여서도 범죄사실을 인정할 수 있다면 적법한 증거조사절차를 거치지 않고 각 증거를 원판결이유에 부분만을 파기한다(대법원 1964. 6. 16. 선고 64오2 판결).

② 파기자판

원판결이 법령에 위반하여 파기하는 경우에 원판결이 피고인에게 불이익하다면 원판결을 파기하고 피고사건에 대하여 다시 판결을 한다(446조 1호 단서). 파기자판의 판결은 피고인에게 효력이 미친다(447조). 파기자판을 하는 경우로 인하여 비상상고에는 부차적으로 피고인을 구제하는 목적도 있다고 이해된다.

반의사불벌죄에 있어서 처벌을 희망하지 아니하는 피해자의 의사표시가 있었음에도 유죄판결을 한 경우(대법원 2010. 1. 28. 선고 2009오1 판결), 공소시효가 완성된 사실을 간과한 채 피고인에 대하여 약식명령을 발령한 경우(대법원 2006. 10. 13. 선고 2006오2 판결), 공소제기 전부터 계속 구금되어 있던 피고인에 대하여 항소심이 피고인의 항소를 기각하는 판결을 선고하면서 항소심판결 선고 전의 구금일수를 전혀 산입하지 아니한 경우(대법원 2007. 4. 13. 선고 2007도943 판결) 등은 원판결이 피고인에게 불이익하므로 법원은 원판결을 파기하고 피고사건에 대하여 다시 판결을 한다. 또한 특정범죄를 범한 자에 대하여 형의 집행을 유예하면서 보호관찰을 받을 것을 명하는 때에만 전자장치를 부착할 것을 명할 수 있는데, 원판결이 피고인에 대하여 형의 집행을 유예하면서 보호관찰을 받을 것을 명하지 않은 채 전자장치를 부착할 것을 명한 경우도 피부착명령청구자에게 불이익한 때에 해당하므로 법원은 원판결 중 부착명령사건 부분을 파기하고 다시 판결한다(대법원 2014. 7. 24. 선고 2014오1 판결).

원판결이 피고인에게 불이익하여 원판결을 파기하고 피고사건에 대하여 다시 판결을 할 때, 대법원이 기준으로 할 법령이 파기자판시의 법령인지 혹은 원판결시의 법령인지에 대하여 논란이 있다. 비록 피고인을 구제하는 목적으로 파기자판을 하더라도 원판결 이후 우연히 발생한 사정을 비상구제절차에서 피고인에게 적용할 이유는 없으므로 원판결시의 법령을 기준으로 파기자판하는 것이 타당하다.

> ### 13장 1절 퀴즈

13.1.1 사설마권을 판매하고 관리하는 조직에서 乙의 지휘를 받아 마권대금 등의 전달
원으로 활동한 甲은 사설마권을 판매하고 관리하는 조직의 총책으로 활동하였
다며 한국마사회법위반의 혐의로 공소 제기되었다. 공판정에서 甲은 자신이 사
설마권을 판매하고 관리하는 조직의 총책이라고 자백하였고, 법원은 甲의 자백
및 기타 증거에 의거하여 甲에게 한국마사회법위반죄의 유죄판결을 선고하였고,
판결은 상소기간의 도과로 확정되었다. 이후 乙이 수사기관에 체포되자, 甲은
자신이 사설마권을 판매·관리하는 조직의 총책이 아니라 단순히 마권대금 전달
을 하는 모집책이었다고 주장하면서 재심을 청구하였다. 甲의 재심청구에 대하
여 재심법원은 어떤 재판을 하는가?
힌트 : 대법원 1993. 5. 17. 자 93모33 결정

13.1.2 헌법재판소는 2015. 2. 26. 간통죄(구 형법 241조) 규정에 대하여 위헌으로 결
정하였고, 이에 (구)형법 241조는 소급하여 효력을 상실하게 되었다. 다만 효력
의 상실은 헌법재판소법 47조 3항에 의하여 종전 합헌 결정이 있던 날(2008.
10. 30.)의 다음날인 2008. 10. 31.로 소급한다. 이 경우 2008. 10. 31. 이후
간통죄의 유죄확정판결을 받은 사람에 대한 구제방법은?
힌트 : 대법원 2013. 4. 18. 자 2010모363 결정

13.1.3 만약 헌법재판소가 2015. 2. 26. 간통죄의 법률조항자체는 그대로 둔 채 그
법률조항에 관한 특정한 내용의 해석·적용만을 위헌으로 선언하는 '한정위헌결
정'을 하였다면, 2008. 10. 31. 이후 간통죄의 유죄확정판결을 받은 사람은 재
심을 청구할 수 있는가?
힌트 : 대법원 2013. 3. 28. 선고 2012재두299 판결

13.1.4 뇌물공여 혐의로 기소된 甲은 공판정에서 뇌물공여 사실을 자백하였다. 보강증
거로서 甲의 자백이 포함된 (적법하게 작성된) 검사작성의 피의자(甲)신문조서와

甲이 이 사건 범행을 자인하는 것을 들었다는 (적법하게 작성된) 참고인(A)진술
조서만 제출되어 있었다. 이를 근거로 법원은 甲에게 뇌물공여죄의 유죄판결을
선고하였고 (당사자가 상소하지 않아) 甲의 뇌물공여죄는 확정되었다. 이 판결에
대한 구제방안은?

힌트 : 441조

13.1.5 甲은 A렌트카 북창영업소로부터 빌린 BMW 승용차의 앞·뒤 번호판(12허6450)
을 떼어 낸 다음 자신이 소유한 아반테 승용차의 앞·뒤 번호판(12누9342)을 위
BMW 승용차에 부착하고 그 다음날 새벽 서울 강남구 신사동 선샤인호텔 주차
장에 이르기까지 위 BMW 승용차를 운전하여 운행하였다. 검사는 이에 대하여
공기호부정사용 및 부정사용공기호행사의 혐의로 약식기소하였다. 담당판사가
이에 대하여 벌금 300만 원의 약식명령을 발령하였고 7일의 정식재판청구기간
이 경과하였다. 이 약식명령에 대한 구제방안은?

◈ 퀴즈풀이

13.1.1

사안에서 유죄를 인정한 원판결의 증거로 되었던 자백의 번복이 재심이유(420조 5호)인 새로운 증거라고 할 수 있는지가 문제된다. 새로운 증거에 의한 재심이유에 있어서 증거의 신규성 판단과 관련하여 원판결에서 증명력 평가를 거친 증거가 그 내용이 달라졌더라도 새로운 증거라고는 할 수 없다. 사안에서 유죄를 인정한 원판결의 증거로 되었던 甲의 자백이 번복되었다는 것만으로는 새로운 증거라고 할 수 없으므로, 재심법원은 청구기각결정(434조)을 한다.

13.1.2

헌법재판소의 위헌결정으로 형법규정이 위헌·무효라고 선언된 경우는 형사소송법 420조 5호의 재심사유인 '무죄를 인정할 명백한 증거가 새로 발견된 때'에 해당된다(대법원 2013. 4. 18. 자 2010모363 결정). 또한 헌법재판소법 47조 4항에는 위헌으로 결정된 법률에 근거한 유죄의 확정판결은 재심청구의 대상이라고 규정되어 있다. 따라서 2008. 10. 31. 이후 간통죄의 유죄확정판결을 받은 사람은 원판결을 한 법원에 재심을 청구할 수 있다.

13.1.3

헌법재판소법 47조 4항에서는 "위헌으로 결정된 법률 또는 법률의 조항"만을 재심 청구의 대상으로 규정하고 있는데, 한정위헌결정도 이에 포함되는지 여부가 문제된다. 판례는 한정위헌결정에 대해서는 재심사유로 보지 않는다(대법원 2013. 3. 28. 선고 2012재두299 판결). 따라서 재심을 청구할 수 없다.

13.1.4

피고인의 자백이 피고인에게 불리한 유일의 증거일 때는 이를 유죄의 증거로 사용하지 못한다(310조). 사안에서 검사작성 피신조서와 참고인 A의 진술조서는 甲의 자백의 다른 형태일 뿐이고 독립증거로 볼 수 없으므로 보강증거로 볼 수 없다. 자백보강법칙에 위배된 재판이 확정판결 이전인 경우에는 법령위반으로 상소할 수 있고, 확정판결 이후인 경우에는 비상상고로 구제받는다. 사안에서 보강증거가 없음에도 甲의 자백만으로 유죄판결을 한 것은 형사소송법 310조를 위반한 경우로서 판결의 법령위반에 해당하고, 이에 대해서 검찰총장이 대법원에 비상상고를 신청하면 대법원은 원판결을 파기하고 다시 판결한다.

13.1.5

공기호부정행사죄(형법 238조 1항)와 부정사용공기호행사죄(형법 238조 2항)에서는 징역형만이 규정되어 있을 뿐 벌금형 등은 규정되어 있지 않으므로 약식청구가 불가능하다. 담당판사는 약식명령을 할 수 없는 경우이므로 공판절차회부(통상회부) 결정을 하였어야 한다. 한편 약식명령은 정식재판의 청구기간이 경과하는 경우 확정판결과 동일한 효력이 발생하고(457조), 약식명령도 확정되면 비상상고의 대상이 된다. 사안은 형사소송법 450조를 위반한 경우로서 판결의 법령위반에 해당하고 이에 대해서 검찰총장이 대법원에 비상상고를 신청하면 대법원은 원판결을 파기하고 다시 판결한다.

제2절 특별절차

Ⅰ. 약식절차

1. 의의

지방법원의 관할사건에서 공판절차를 거치지 않고 서면심리만으로 재산형을 부과하는 간편한 재판절차를 '약식절차'라고 한다. 형사소송법에는 4편 3장에 약식절차가 규정(448조부터 458조)되어 있다. 약식절차에 의하여 재산형을 과하는 재판을 '약식명령'이라고 한다. 약식절차는 공판절차를 거치지 않고 서면심리를 원칙으로 하는 절차라는 점에서 피고인이 공판정에서 자백한 때에 행하여지는 '간이공판절차'(286조의2)와 구별되고, 검사의 청구에 의하여 진행된다는 점에서 경찰서장의 청구에 의하여 진행되는 '즉결심판절차'와 구별된다.

약식절차는 독일의 과형명령절차(Strafbefehlsverfahren)에서 유래한 제도인데, 경미한 범죄를 신속하게 처리하여 소송경제의 이념을 구현하는 한편 공개재판에 따른 피고인의 사회적·심리적 부담을 덜어주는 제도이다. 약식절차는 현재 실무적인 활용도가 매우 높다. 2015년 검찰이 처리한 전체범죄자는 1,914,233명이고 이 중 기소인원은 704,160명(36.8%)인데, 기소된 인원 중 약식청구된 인원은 539,779명(76.7%)으로 구약식비율이 구공판비율에 비해서 3배 정도 높다(2016 범죄백서, 18면).

약식절차는 피고인의 동의 없이 검사가 제출한 자료를 기초로 (공판절차를 거치지 않고) 서면심리를 하는 재판절차이므로 헌법에 보장된 공정한 재판을 받을 권리와 신속한 공개재판을 받을 권리(헌법 27조 1항·3항)를 침해하는 것은 아닌지 의문이 제기될 수 있다. 그러나 약식명령에 대한 정식재판청구권은 이를 피고인이 포기할 수 없도록 보장되고(453조 1항), 약식명령의 판단주체가 법관이라는 점 등을 고려하면 약식절차는 헌법에 위반되지 않는다.

2. 약식명령의 청구

(1) 청구대상

지방법원의 관할사건 중 벌금·과료·몰수에 처할 수 있는 사건에 대하여 약식명령을 청구할 수 있다(448조 1항). 경미한 범죄를 신속하게 처리하기 위해서 존재하는 약식명령의 청구는 주로 단독판사의 사물관할에 속하나, 사물관할을 달리하는 수개의 사건이 관련사건을 이루는 경우 등과 같이 지방법원 합의부의 관할사건에서도 벌금·과료·몰수를 선고할 수 있는 경우이면 약식명령의 청구대상이다. 벌금·과료·몰수는 법정형에 선택적으로 규정되어 있으면 충분하고 벌금형의 상한도 문제되지 않는다. 다만 벌금·과료·몰수 이외의 형을 선고해야 하는 사건이나 벌금·과료·몰수의 형과 다른 형을 병과해서 선고해야 하는 사건에서는 약식명령을 청구할 수 없다.

한편 공소사실에 대한 피고인의 자백여부는 약식명령청구의 요건이 아니므로, 약식명령은 자백사건에 국한되지 않는다.

(2) 청구방식

약식명령의 청구는 공소제기와 동시에 서면으로 하여야 한다(449조). 공소제기와 약식명령청구는 개념상 별개의 소송행위이나, 실무상 공소장에 약식명령청구의 뜻이 부기되고 구형까지 기재된 한 개의 서면을 검사가 청구한다. 약식명령청구에는 피고인의 동의가 요구되지 않는다.

검사는 약식명령청구와 동시에 약식명령을 하는데 필요한 증거서류 및 증거물을 법원에 제출하여야 한다(규칙 170조). 약식절차는 서면심리에 의한 재판이어서 공소장일본주의의 예외가 인정된 것이다(대법원 2007. 7. 26. 선고 2007도3906 판결).

(3) 청구의 취소

약식명령청구는 공소제기와 동시에 행하여지므로 검사가 공소를 취소하면 약식명령의 청구도 동시에 효력을 잃는다.

반대로 약식명령청구가 취소되면 공소제기도 효력을 잃는가, 즉 공소의 취소 없이 약식명령청구의 취소만이 가능한지에 대해서 견해가 나뉜다. ⓐ 공소제기와 약식명령청구는 별도의 소송행위이므로 약식명령청구의 취소만도 가능하다는 소수의 견해가 있으나, ⓑ 약식절차가 아니라 통상의 공판절차로 진행할 것인지는 법원이 판단해도 충분하므로 약식명령청구만의 취소에 대한 별도의 규정이 없는 현재의 형사소송법에서는 단지 약식명령청구만을 취소하는 것은 허용되지 않는다고 보는 것이 타당하다.

3. 약식명령청구의 처리

(1) 법원의 심리

1) 서면심리의 원칙

검사의 약식명령청구가 있으면 법원은 검사가 청구와 동시에 제출한 증거서류 및 증거물을 토대로 심리를 하게 된다. 약식절차는 공판절차에 의하지 않고 서면심리에 의하게 된다. 따라서 형사소송법의 공판기일의 심리절차에 관한 규정이 적용되지 않아, 증인신문 등의 증거조사나 피고인신문 등의 강제처분은 원칙적으로 허용되지 않고 공판절차를 전제로 하는 공소장변경도 허용되지 않는다.

서면심리에 의하여 약식명령의 당부를 판단하기 어려운 경우에 법원이 사실조사를 할 수 있는지가 문제된다. 약식절차도 형사절차의 일종으로서 확정된 약식명령에 확정판결과 동일한 효력이 인정되므로, 법원은 필요한 경우에 사실조사를 할 수 있어야 한다. 실무상으로는 약식절차의 성질에 반하지 않는 한도 내에서 적당한 방법에 의하여 수사기록에 의하여 첨부된 서류의 진위와 내용을 확인하는 등의 간단한 사실조사가 허용된다.

2) 형사소송의 원칙 적용

형사소송법의 총칙규정은 약식절차의 성질에 반하지 않는 한 약식절차에 적용되므로, 법원의 관할, 법관에 대한 제척·기피·회피, 변호, 재판, 서류의 송달 등의 규정은 약식절차에 적용된다.

한편 위법수사를 배제하기 위한 정책적 고려에서 마련된 위법수집증거배제법칙(308조의2)·자백배제법칙(309조)·자백보강법칙(310조)은 약식절차에도 적용되지만, 증거법칙 중 공판절차를 전제로 하는 전문법칙(310조의2)과 증거능력에 관한 규정(311조부터 318조)은 약식절차에 적용되지 않는다.

(2) 공판절차회부

1) 회부사유

약식명령의 청구를 받은 법원은 그 사건이 약식명령으로 할 수 없거나 약식명령으로 하는 것이 적당하지 아니하다고 인정한 때에는 공판절차에 의하여 심판하여야 한다(450조).

'약식명령으로 할 수 없는 경우'는 벌금이나 과료가 법정형에 규정되지 않은 경우, 벌금이나 과료 이외의 형이 필요적 병과형으로 규정된 경우, 소송조건이 결여되어 면소판결·공소기각재판·관할위반판결 등을 하여야 할 경우, 형의 면제 판결이나 무죄판결을 하여야 할 경우이다. (대상자를 치료감호시설에 수용하여 치료조치 를 하는) 치료감호는 자유형과 마찬가지로 신중한 심리가 필요하므로, 약식명령이 청구된 후 치료감호가 청구되었을 때에는 공판절차에 따라 심판하여야 한다(치료 감호법 10조 3호).

'약식명령으로 하는 것이 적당하지 않은 경우'는 법률상으로 약식명령을 하 는 것이 가능하더라도 벌금이나 과료 이외의 형을 선고하는 것이 적당한 경우, 사안이 복잡하여 공판절차에 의한 신중한 심리가 필요한 경우이다.

2) 이행절차

공판절차의 회부사유가 있는 경우에 약식명령의 청구를 받은 법원이 별도의 회부결정을 하여야 하는지와 관련해서 의문이 제기된다. 법원은 특별한 형식상의 회부결정을 할 필요 없이 사실상 공판절차를 진행하면 되지만, 약식명령의 장애 사유가 존재한다는 법원의 판단을 명백히 기록하여 두기 위해서 실무상 법원은 공판절차회부서를 작성한다.

약식명령의 청구가 공판절차로 회부되면, 법원사무관 등은 즉시 그 취지를 검사에게 통지하여야 하고(규칙 172조 1항), 통지를 받은 검사는 5일 이내에 피고인 수에 상응한 공소장 부본을 법원에 제출하여야 하고(규칙 172조 2항), 법원은 지체 없이 공소장의 부본을 피고인 또는 변호인에게 송달하여야 한다(규칙 172조 3항). 이때 이론상으로는 검사가 약식명령의 청구와 동시에 제출한 증거서류 및 증거 물은 공소장일본주의의 원칙에 따라 다시 검사에게 반환해야 하지만, 판례는 약식명령에 대한 정식재판청구가 제기되었음에도 법원이 증거서류 및 증거물을 검사에게 반환하지 않고 보관하더라도 그 이전에 이미 적법하게 제기된 공소제 기의 절차가 위법하게 되지 않는다는 입장이다(대법원 2007. 7. 26. 선고 2007도3906 판결).

(3) 약식명령의 발령
1) 약식명령의 내용과 고지

약식명령의 청구를 받은 법원은 공판절차회부사유가 없으면 약식명령을 발 령한다. 약식명령에는 범죄사실, 적용법령, 주형, 부수처분과 약식명령의 고지를 받은 날로부터 7일 이내에 정식재판의 청구를 할 수 있음을 명시하여야 하고(451조), 약식명령은 검사와 피고인에 대한 재판서의 송달에 의하여 고지한다(452조).

약식명령으로 부과할 수 있는 형벌은 벌금·과료·몰수에 한정된다(448조 1항). 약식명령으로 벌금·과료·몰수를 발령하는 경우 추징 기타 부수의 처분을 할 수 있다(448조 2항). 무죄판결이나 면소판결·공소기각재판·관할위반판결 등의 형식재판은 약식명령에 의하여 할 수 없다.

한편 약식명령으로 벌금을 발령하면서 기타 부수처분으로 선고유예 혹은 집행유예를 할 수 있는지가 문제된다. ⓐ 선고유예는 양형의 조건을 참작하여 내려지는 유죄판결이므로 서면심리로 진행되는 약식절차에서 허용되지 않는다는 견해(부정설)가 있으나, ⓑ 피고인에게 유리한 선고유예를 부정하고 정식재판절차로 진행시킬 필요는 없으므로 부수처분으로 선고유예는 허용된다고 보는 것이 바람직하다(긍정설). 2018. 1. 6.부터 500만원 이하의 벌금형을 선고할 경우에 집행을 유예할 수 있는데(형법 62조 1항), 선고유예의 경우와 마찬가지로 500만원 이하의 벌금형의 집행유예도 약식명령으로 할 수 있다고 본다.

2) 약식명령의 효력

약식명령은 정식재판의 청구기간이 경과하거나 그 청구의 취하 또는 청구기각의 결정이 확정된 때에는 확정판결과 동일한 효력이 있다(457조). 확정된 약식명령은 일반판결과 마찬가지로 기판력과 집행력이 발생하며, 재심과 비상상고의 대상이 된다.

다만 판결절차가 아닌 약식절차는 약식명령의 고지를 재판서의 송달로 하고 별도로 선고하지 않으므로, 약식명령의 기판력이 발생하는 시점이 약식명령의 송달시인지 아니면 발령시인지가 문제될 수 있는데 약식명령의 발령시가 기판력이 발생하는 시점이라고 보는 것이 타당하다(대법원 1984. 7. 24. 선고 84도1129 판결). 판결절차와 약식절차의 효력에 있어서 차이는 없으므로 기판력의 시적범위를 달리볼 필요가 없기 때문이다. 따라서 영업범 등 포괄일죄의 일부에 대해서 약식명령이 확정된 경우에 약식명령의 발령시까지 행하여진 행위에 대해서는 기판력이 미치므로 그러한 행위에 대해서 공소제기가 있으면 면소판결을 선고하게 된다.

4. 정식재판의 청구

(1) 의의

약식명령이 발령된 재판에 대하여 '불복'이 있는 자가 통상의 재판절차에 의한 심판을 구하는 소송행위가 정식재판청구이다. 정식재판청구는 상급법원이 아닌 동급법원에 불복을 구하는 점에서 상소와 차이가 있지만, 원재판에 대한 불복절차라는 점에서 상소와 유사하다. 상소에 관한 규정의 일부가 정식재판청구에 준용되고(458조), 불이익변경금지의 원칙도 인정된다(457조의2).

일부상소와 마찬가지로 약식명령의 일부에 대해서 정식재판청구를 할 수 있다(458조, 342조 1항). 일부에 대한 정식재판청구는 그 일부와 불가분의 관계에 있는 부분에 대하여도 효력이 미치므로(458조, 342조 2항) 피고사건의 주위적 주문과 불가분적 관계에 있는 주문이나 일죄의 일부 또는 경합범에 대하여 1개의 형이 선고된 경우에 경합범의 일부 죄에 대해서는 정식재판을 청구할 수 없고, 다만 약식명령의 주형이 2개 이상인 경우에 그 주형의 일부에 대해서만 정식재판을 청구할 수 있다. 정식재판이 청구되지 않은 부분은 청구기간의 경과로 확정되고 공판심판범위는 정식재판이 청구된 부분에 한정된다.

(2) 청구권자
1) 검사와 피고인

약식명령에 불복하는 검사 또는 피고인은 정식재판을 청구할 수 있다(453조 1항 본문). 피고인의 법정대리인은 피고인의 의사와 무관하게 피고인을 위해서 정식재판을 청구할 수 있으며(458조 1항, 340조), 피고인의 배우자·직계친족·형제자매·원심의 대리인이나 변호인은 피고인의 명시한 의사에 반하지 않는 한 피고인을 위하여 정식재판을 청구할 수 있다(453조 2항). 피고인은 정식재판의 청구를 포기할 수 없다(453조 1항 단서).

2) 성명모용

약식명령의 경우에 성명모용의 사례가 간혹 발생한다. 피고인의 성명이 모용된 상태에서 서면심리에 의해 성명이 모용된 사람에게 약식명령이 발령되면 그 약식명령의 효력이 발생하는지가 문제된다. 공소제기의 효력은 검사가 피고인으로 지정한 자에 대해서만 미치고 공소장에 피모용자가 피고인으로 표시되었더라도 모용자가 피고인이고 피모용자에게 공소의 효력이 미치지 않는다(대법원 1997. 11. 28. 선고 97도2215 판결). 따라서 피고인이 아닌 피모용자에게 약식명령의 효력은 발생하지 않으며, 피모용자에게는 정식재판의 청구권도 없게 된다. 다만 피모용자가 약식명령을 송달받고 약식명령에 대하여 정식재판의 청구를 한 후 정식재판의 심리과정에서 성명모용 사실이 발각된 경우에는 사실상의 소송계속 이 발생하고 형식상·외관상으로 피모용자가 피고인의 지위에 있게 되므로 법원 은 피모용자의 불안정한 지위를 명확히 해소해 주기 위해서 적법한 공소의 제기 가 없었음을 논거로 형사소송법 327조 2호를 유추적용하여 피모용자에게 공소기 각의 판결을 하게 된다(대법원 1997. 11. 28. 선고 97도2215 판결). 이때 진정한 피고인 인 모용자에게는 아직 약식명령의 송달이 없었으므로 검사는 공소장에 기재된 피고인 표시를 정정하고 법원은 이에 따라 약식명령의 피고인 표시를 정정하여 본래의 약식명령과 함께 경정결정을 모용자인 피고인에게 송달하면 이때 비로소 적법한 약식명령의 송달이 있으며, 이 약식명령에 대하여 정식재판청구기간 내에 정식재판의 청구가 없으면 이 약식명령은 확정된다.

(3) 청구절차

검사 또는 피고인은 약식명령의 고지를 받은 날로부터 7일 이내에 정식재판 의 청구를 할 수 있으며(453조 1항 본문), 정식재판의 청구는 약식명령을 한 법원에 서면으로 제출하여야 한다(453조 2항). 정식재판의 청구가 있으면 법원은 지체 없 이 검사 또는 피고인에게 그 사유를 통지하여야 한다(453조 3항).

상소제기에 있어서 인정되는 재소자에 대한 특칙(344조)이 정식재판청구에 준용되는 규정은 없지만(458조 참조), 판례는 재소자에 대한 특칙 규정의 취지에 비추어 정식재판청구서의 제출에 있어서도 재소자에 대한 특칙이 준용되는 것으 로 본다(대법원 2006. 10. 13. 자 2005모552 결정).

상소권회복에 관한 규정(345조부터 348조)이 정식재판청구에 준용되므로(458조 1항), 청구권자가 자기 또는 대리인이 책임질 수 없는 사유로 정식재판의 청구기 간 내에 청구하지 못한 때에는 정식재판청구권회복의 청구를 할 수 있다.

한편 정식재판의 청구는 제1심판결선고 전까지 취하할 수 있다(454조). 상소 포기·취하에 관한 규정(349조부터 352조, 354조)이 정식재판청구에 준용되므로(458 조 1항), 정식재판청구를 취하한 사람은 그 사건에 대하여 다시 정식재판청구를 하지 못한다.

(4) 정식재판청구에 대한 재판

1) 법관의 제척사유

법관이 사건에 관하여 전심재판 또는 그 기초되는 조사·심리에 관여한 때에는 직무집행에서 제척되는데(17조 7호), 약식명령에서 관여한 법관이 약식명령에 대한 정식재판에 관여하는 것도 제척사유에 해당되는지가 문제된다. 판례는 약식절차와 정식재판청구에 의하여 개시된 제1심공판절차는 동일한 심급 내에서 서로 절차만 달리하는 것으로서 약식명령이 제1심공판절차의 전심재판에 해당하는 것은 아니므로 약식명령을 발부한 법관이 정식재판절차의 제1심판결에 관여하더라도 제척사유에 해당되지 않는다는 입장이다(대법원 2002. 4. 12. 선고 2002도944 판결). 그러나 약식사건을 심사한 법관은 이미 당해 사건에 관한 서류나 증거물에 의하여 예단을 가질 수 있으므로 공판절차에서 기피사유에는 해당될 수 있다.

한편 약식명령을 한 판사가 그 정식재판 절차의 항소심판결에 관여하는 것은 법관이 사건에 관하여 전심재판 또는 그 기초되는 조사, 심리에 관여한 때에 해당하여 제척의 원인이 된다(대법원 2011. 4. 28. 선고 2011도17 판결).

2) 기각결정

정식재판의 청구가 법령상의 방식에 위반하거나 청구권의 소멸 후인 것이 명백한 때에는 기각결정을 하여야 한다(455조 1항). 기각결정은 약식명령을 발령한 판사가 할 수도 있고 공판재판부가 할 수도 있다. 기각결정에 대하여는 즉시항고를 할 수 있다(455조 2항).

3) 공판절차에 의한 심판

정식재판의 청구가 적법한 때에는 공판절차에 의하여 심판하여야 한다(455조 3항). 공판절차의 법원은 약식명령의 당부를 판단하는 것이 아니라 공소사실을 판단하는 것이므로, 약식명령에 구속되지 않고 사실인정·법령적용·양형 등에 관하여 자유롭게 판단한다. 약식절차와 정식재판절차는 동일한 심급이므로 약식절차에서 선임된 변호인에게는 정식재판절차에서도 선임의 효력이 미친다(32조 1항).

정식재판절차에서는 궐석재판의 특례가 인정된다. 항소심과 마찬가지로 피고인이 공판기일에 출정하지 아니한 때에는 다시 기일을 정하여야 하고, 피고인이 정당한 사유 없이 다시 정한 기일에 출정하지 아니한 때에는 피고인의 진술

없이 판결을 할 수 있다(458조 2항, 365조). 정식재판을 청구한 피고인이 정식재판절차에서 2회 불출정하면 법원은 피고인의 출정 없이 증거조사를 할 수 있으며, 이 경우 피고인의 증거동의(318조 2항)가 간주된다(대법원 2010. 7. 15. 선고 2007도5776 판결). 피고인이 정식재판절차의 1심에서 2회 불출정하여 증거동의가 간주된 후 증거조사를 완료한 이상, 피고인이 항소심에 출석하여 간주된 증거동의를 철회·취소한다는 의사표시를 하더라도 적법하게 부여된 증거능력이 상실되지는 않는다(대법원 2010. 7. 15. 선고 2007도5776 판결). 그리고 피고인만이 정식재판의 청구를 하여 판결을 선고하는 사건에서는 피고인의 출석이 요구되지 않는다(277조 4호).

피고인이 정식재판을 청구한 사건에 대하여는 약식명령의 형보다 중한 종류의 형을 선고하지 못하고(457조의2 1항), 약식명령의 형보다 중한 형을 선고하는 경우에는 판결서에 양형의 이유를 적어야 한다(457조의2 2항). 피고인이 약식명령에 대하여 정식재판을 청구한 사건에서 다른 사건을 병합심리한 후 경합범으로 처단하면서 약식명령의 형량보다 중한 형을 선고한 것은 불이익변경금지의 원칙에 반하지 않는다(대법원 2003. 5. 13. 선고 2001도3212 판결).

4) 약식명령의 실효

약식명령은 정식재판의 청구에 의한 판결이 있는 때에는 그 효력을 잃는다(456조). 여기서 정식재판의 청구에 의한 판결이 있는 때란 판결이 확정된 때를 의미하며, 검사의 공소취소에 의한 공소기각결정이 확정된 때도 포함된다. 정식재판의 청구가 부적법하더라도 확정판결이 있는 때에는 약식명령은 효력을 잃는다.

〈**약식절차에서의 전자문서 이용 등에 관한 법률(약식전자문서법)**〉

형사절차에서 정보화를 촉진하고 신속성을 높이기 위해서 서류를 전자적으로 작성·제출·송달할 수 있는 제도(형사절차의 전자화)의 필요성이 제기되었다. 다만 형사절차의 전자화가 처음으로 도입되는 단계에서는 서면심리주의로 간이·신속하게 약식절차에 따라 정형적으로 처리되는 음주·무면허 운전 등 도로교통법 위반 사건에 한정하여 우선적으로 실시하기로 하였다. 이에 따라 약식절차에서의 전자문서의 이용방법 및 효력 등에 관하여 규정한 약식전자문서법이 2010. 1. 25. 제정되어 2010. 5. 1. 시행되었다.

도로교통법상 음주운전사건(148조의2 1호)·자동차무면허운전사건(152조 1호)·원동기장치자전거무면허운전사건(154조 2호)·이와 관련된 사용자에 대한 양벌규정사건(159조)에 있어서 피의자가 동의하면 형사사법정보시스템을 통한 전자적 처리절차에 의하여 약식절차가 진행된다(약식전자문서법 3조 1항). 검사나 사법경찰관리는 대상사건을 수사하는 경우 피의자신문조서 및 진술조서, 체포 및 석방에 관한 문서, 음주운전자에 대한 음주측정 정황·결과 및 음주운전자의 운전정황을 적은 문서, 무면허운전자에 대한 운전면허 조회 결과 및 무면허운전자의 운전정황을 적은 문서, 범죄경력 조회 회보서, 그 밖에 수사상 필요한 문서를 전자문서로 작성한다(약식전자문서법 5조 1항). 형사사법업무 처리기관 소속 공무원은 대상사건에 관한 전자적 처리절차에서 제출된 종이문서나 그 밖에 전자적 형태로 작성되지 아니한 문서를 전자화문서로 작성한다(약식전자문서법 6조 1항). 검사는 대상사건에 관하여 약식명령을 청구할 경우 시스템을 통하여 전자문서로 하여야 하고(약식전자문서법 5조 2항), 이때 검사는 작성된 전자문서와 전자화문서를 약식명령을 하는 데 필요한 증거서류로서 법원에 제출한다(약식전자문서법 7조). 법원은 시스템을 통하여 전자문서로 약식명령이 청구된 경우 검사와 피고인에게 약식명령이나 그 밖의 소송에 관한 서류를 시스템을 이용하여 전자적으로 송달하거나 통지한다(약식전자문서법 8조 1항). 공판절차에 회부되거나 정식재판이 청구되어 공판절차에 따라 심판하는 경우, 법원은 그때까지 시스템을 통하여 제출된 소송에 관한 서류 및 증거서류를 검사에게 전자적으로 송부하고, 이를 받은 검사는 종이문서로 출력하여 법원에 제출하여야 한다(약식전자문서법 10조 1항).

II. 즉결심판절차

1. 즉결심판의 의의

범증이 명백하고 죄질이 경미한 범죄사실을 지방법원, 지방법원지원 또는 시·군법원의 판사로 하여금 신속하게 심판하도록 하는 간략한 형사절차가 즉결심판이다. 즉결심판에 관한 절차는 즉결심판법에 별도로 규정되어 있다. 통상적인 형사사건은 경찰수사, 검찰수사, 공판절차라는 3단계의 과정을 거쳐 처리되는 데 반하여, 즉결심판절차에서는 경찰수사와 즉결심판이라는 2단계의 과정으로 신속하게 처리된다.

즉결심판은 경미사건을 신속하게 심판하기 위한 절차라는 점에서 약식절차와 유사하다. 양자 모두에 확정판결과 동일한 효력이 부여되고, 법관이 그 절차에 의하여 심판하는 것이 적당하지 아니하다고 인정하면 공판절차로 진행되고, 피고인에게 정식재판청구권이 보장된다. 그러나 즉결심판의 청구권자는 검사가 아니라 경찰서장이라는 점, 즉결심판의 심리는 서면심리의 형태가 아니라 원칙적으로 공개된 법정에서 판사가 피고인을 직접 신문하는 형태라는 점, 즉결심판에서는 재산형 이외에 30일 미만의 구류형의 선고가 가능하다는 점 등에서 즉결심판절차는 약식절차와 차이가 있다.

2. 즉결심판의 청구

(1) 청구대상

즉결심판절차에 의해서 처리될 수 있는 사건은 피고인에게 20만원 이하의 벌금, 구류 또는 과료에 처할 수 있는 사건이다(즉결심판법 2조). 즉결심판의 대상은 법정형이 아니라 선고형을 기준으로 규정되어 있다. 벌금·구류·과료가 징역 등과 선택형으로 규정되어 있는 경우도 즉결심판의 대상이 된다. 경범죄처벌법 위반사건이나 도로교통법 위반사건이 주요한 즉결심판의 대상이다.

(2) 청구권자

즉결심판은 경찰서장(관할경찰서장 또는 관할해양경찰서장)이 관할법원에 청구한다(즉결심판법 3조 1항). 즉결심판의 청구는 공소제기와 동시에 할 것이 요구되지 않는다. 따라서 즉결심판의 청구는 통상의 공판절차에서 검사의 공소제기와 동일한 성격의 소송행위이고, 이는 검사의 기소독점주의에 대한 예외가 된다.

(3) 청구방식

즉결심판을 청구함에는 즉결심판청구서를 제출하여야 하는데, 즉결심판청구서의 기재사항은 공소장의 기재사항(254조 3항)과 동일하다. 즉결심판청구서에는 피고인의 성명 기타 피고인을 특정할 수 있는 사항·죄명·범죄사실·적용법조를 기재하여야 한다(즉결심판법 3조 2항). 즉결심판을 청구할 때에는 사전에 피고인에게 즉결심판의 절차를 이해하는 데 필요한 사항을 서면 또는 구두로 알려주어야 한다(즉결심판법 3조 3항). 즉결심판절차도 약식절차와 마찬가지로 공소장일본주의가 적용되지 않는데, 경찰서장은 즉결심판의 청구와 동시에 즉결심판을 함에 필요한 서류 또는 증거물을 판사에게 제출하여야 한다(즉결심판법 4조).

(4) 관할법원

즉결심판사건의 관할법원은 지방법원, 지원 또는 시·군법원의 판사이다(즉결심판법 2조). 지방법원 또는 그 지원의 판사는 소속 지방법원장의 명령을 받아 소속 법원의 관할사무와 관계없이 즉결심판청구사건을 심판할 수 있다(즉결심판법 3

조의2).

즉결심판절차에 있어서 즉결심판법에 특별한 규정이 없는 한 그 성질에 반하지 아니한 것은 형사소송법의 규정을 준용하므로(즉결심판법 19조), 즉결심판에도 법관의 제척·기피에 관한 규정이 준용된다.

(5) 청구취소

도로교통법 위반과 경범죄처벌법 위반으로 경찰서장으로부터 범칙금의 통고처분을 받았으나 이를 이행하지 않아 즉결심판이 청구된 사람이 즉결심판이 청구된 후 그 선고 전까지 통고받은 범칙금액에 그 100분의 50을 더한 금액을 내고 납부를 증명하는 서류를 제출하면 경찰서장은 피고인에 대한 즉결심판 청구를 취소하여야 한다(경범죄처벌법 9조 2항, 도로교통법 165조 2항). 범칙금액에 그 100분의 50을 더한 금액을 납부한 사람은 그 범칙행위에 대하여 다시 처벌받지 아니한다(경범죄처벌법 9조 3항, 도로교통법 165조 3항).

3. 즉결심판의 심리

(1) 기각결정

판사는 사건이 즉결심판을 할 수 없거나 즉결심판절차에 의하여 심판함이 적당하지 아니하다고 인정할 때에는 결정으로 즉결심판의 청구를 기각하여야 한다(즉결심판법 5조 1항). 즉결심판을 할 수 없는 경우는 청구된 사건이 즉결심판의 대상에 해당되지 않는 경우와 관할위반의 경우를 말하며, 즉결심판절차에 의하여 심판함이 적당하지 아니한 경우는 청구된 사건에 대하여 20만원 초과의 벌금형을 선고하는 것이 필요하거나 통상의 공판절차에서 증거조사 등을 통해 신중하게 심리하는 것이 필요한 경우이다

기각결정이 있는 경우 경찰서장은 지체 없이 사건을 관할 지방검찰청 또는 지청의 장에게 송치하여야 한다(즉결심판법 5조 2항). 송치된 사건은 일반사건과 같은 절차를 거쳐 검사에 의해 불기소처분되거나 공소제기된다. 공소장제출은 공소제기의 본질적 요소이므로 검사에 의한 공소장의 제출이 없다면 기록을 법원에 송부하더라도 공소제기가 성립되지 않는다(대법원 2003. 11. 14. 선고 2003도2735 판결).

(2) 즉시 심판

1) 심판기일

즉결심판의 청구가 있는 때에 판사는 사건이 즉결심판을 할 수 없거나 즉결심판절차에 의하여 심판함이 적당하지 아니하다고 인정할 경우를 제외하고 즉시 심판을 하여야 한다(즉결심판법 6조). 따라서 공소장부본의 송달(266조)이나 제1회 공판기일의 유예(269조)와 같은 준비절차는 생략된다. 즉시 심판을 한다는 것은 심판의 선고까지 즉시 하여야 하는 것은 아니고 즉시 기일을 열어 심리하여야 한다는 의미이다.

즉결심판절차에 의한 심리와 재판의 선고는 공개된 법정에서 행하되, 그 법정은 경찰관서 외의 장소에 설치되어야 한다(즉결심판법 7조 1항). 즉결심판에 있어서 경찰서장이나 검사의 출석은 요구되지 않지만 피고인의 출석은 개정의 요건이다(즉결심판법 8조). 그러나 피고인 또는 즉결심판출석통지서를 받은 자는 법원에 불출석심판을 청구할 수 있고, 법원이 이를 허가한 때에는 피고인이 출석하지 아니하더라도 심판할 수 있다(즉결심판법 8조의2 2항). 그리고 벌금 또는 과료를 선고하는 경우에는 피고인이 출석하지 아니하더라도 심판할 수 있다(즉결심판법 8조의2 1항). 불출석심판은 개정한 상태에서의 심판이므로 반드시 공개된 법정에서 행해진다. 불출석심판의 경우에는 증거동의가 의제된다.

판사는 피고인에게 피고사건의 내용과 진술거부권이 있음을 알리고 변명할 기회를 주어야 하며(즉결심판법 9조 1항), 필요하다고 인정할 때에는 적당한 방법에 의하여 재정하는 증거에 한하여 조사할 수 있다(즉결심판법 9조 2항). 변호인은 기일에 출석하여 증거조사에 참여할 수 있으며 의견을 진술할 수 있다(즉결심판법 9조 3항).

2) 불개정심판

판사는 상당한 이유가 있는 때에는, 구류에 처하는 경우를 제외하고, (공개된 법정의) 개정 없이 피고인의 진술서와 경찰서장이 송부한 서류 또는 증거물에 의하여 심판할 수 있다(즉결심판법 7조 3항). 이것을 서면심리 또는 불개정심판이라고 하는데, 실무상 피고인의 출석이 가능하더라도 무죄·면소·공소기각재판을 함이 명백한 사건이나 벌금·과료형에 처할 사건임이 명백하고 피고인의 소재가 불명인 경우 등에 사용된다.

3) 증거능력에 대한 특칙

즉결심판절차에 있어서 즉결심판법에 특별한 규정이 없는 한 형사소송법의 규정을 준용한다(즉결심판법 19조). 다만 신속한 심리의 특성이 반영되어 증거능력에 대한 특칙이 존재한다.

① 자백보강법칙(310조)이 적용되지 않는다(즉결심판법 10조). 판사는 피고인의 자백만으로 유죄를 인정할 수 있다. 그러나 수사절차에서 위법수사를 배제하기 위한 정책적 고려에서 마련된 위법수집증거배제법칙(308조의2)·자백배제법칙(309조) 등은 즉결심판절차에도 적용되므로, 임의성에 의심이 있는 자백은 증거능력이 부정된다.

② 사법경찰관이 작성한 피의자신문조서의 증거능력을 제한한 형사소송법 312조 3항과 각종 진술서면의 증거능력을 제한한 형사소송법 313조의 규정은 적용되지 않는다(즉결심판법 10조). 자백배제법칙(309조)은 즉결심판절차에도 적용되어 임의성에 의심이 있는 자백은 증거능력이 부정되므로, 임의성에 의심이 있는 자백에 기초한 피의자신문조서나 진술서는 증거능력이 부정된다.

③ 즉결심판절차에 있어서 즉결심판법에 특별한 규정이 없는 한 형사소송법의 규정이 준용되므로(즉결심판법 19조), 형사소송법 310조, 312조 3항 및 313조를 제외한 증거법의 규정은 즉결심판절차에 적용된다.

(3) 즉결심판의 선고와 효력

1) 선고할 수 있는 형

즉결심판으로 선고할 수 있는 형은 20만원 이하의 벌금, 구류 또는 과료인데, 유죄를 선고할 때에는 형·범죄사실과 적용법조를 명시하고 피고인은 7일 이내에 정식재판을 청구할 수 있다는 것을 고지하여야 한다(즉결심판법 11조 1항). 즉결심판에서 20만원 이하의 벌금형에 대한 집행유예나 선고유예를 할 수도 있다. 즉결심판으로 선고할 수 있는 형에 몰수는 포함되어 있지 않으나, 실무상으로는 압수된 물건이 있는 경우에 몰수를 선고하고 도박죄로 즉결심판이 청구된 경우에 자주 몰수가 선고된다. 유죄의 즉결심판서에는 피고인의 성명 기타 피고인을 특정할 수 있는 사항, 주문, 범죄사실과 적용법조를 명시하고 판사가 서명·날인하여야 한다(즉결심판법 12조 1항).

한편 약식명령과 달리 즉결심판에서 판사는 사건이 무죄·면소 또는 공소기각을 함이 명백하다고 인정할 때에는 이를 선고·고지할 수 있다(즉결심판법 11조 5항).

2) 유치명령과 가납명령

판사는 구류의 선고를 받은 피고인이 일정한 주소가 없거나 도망할 염려가 있을 경우에 선고기간을 초과하지 않는 한 5일을 초과하지 아니하는 기간 동안 경찰서유치장에 유치할 것을 명령할 수 있다(즉결심판법 17조 1항). 집행된 유치기간은 본형의 집행에 산입된다(즉결심판법 17조 2항). 구류형은 재판이 확정된 후에만 집행할 수 있는데, 재판의 확정 이전에 구류형의 집행을 확보하려는 목적에서 유치명령제도가 입법되었다. 유치명령은 선고와 동시에 집행력이 발생하므로 유치명령과 함께 구류형이 선고된 경우에 피고인은 정식재판을 청구하더라도 석방되지 않는다. 실무상 구류를 선고하는 경우 대부분 유치명령이 함께 선고된다.

판사는 벌금 또는 과료의 선고를 하는 경우에 판결의 확정 후에는 집행할 수 없거나 집행하기 곤란할 염려가 있다고 인정한 때에는 직권 또는 검사의 청구에 의하여 피고인에게 벌금 또는 과료에 상당한 금액의 가납을 명할 수 있다(즉결심판법 17조 3항). 가납명령은 벌금 또는 과료의 선고와 동시에 판결로써 선고하여야 하며, 그 재판은 즉시로 집행할 수 있다(즉결심판법 17조 3항).

3) 즉결심판의 효력

즉결심판은 정식재판청구기간의 경과, 정식재판청구권의 포기 또는 그 청구의 취하에 의하여 확정판결과 동일한 효력이 생긴다(즉결심판법 16조 1문). 정식재판청구를 기각하는 재판이 확정된 때에도 같다(즉결심판법 16조 2문). 즉결심판에 의한 형의 집행은 경찰서장이 하고 그 집행결과를 지체 없이 검사에게 보고하여야 한다(즉결심판법 18조 1항). 확정된 즉결심판에는 기판력과 집행력이 발생하며, 재심과 비상상고의 대상이 된다.

4. 정식재판의 청구

(1) 청구방법

즉결심판에 불복하는 피고인 또는 경찰서장은 정식재판을 청구할 수 있다. 피고인은 즉결심판의 선고·고지를 받은 날부터 7일 이내에 정식재판청구서를 경찰서장에게 제출하여야 하며, 정식재판청구서를 받은 경찰서장은 지체 없이 판사에게 이를 송부하여야 한다(즉결심판법 14조 1항). 피고인의 법정대리인 및 피고인의 배우자·직계친족·형제자매 또는 즉결심판절차의 대리인이나 변호인은 피고인을 위해서 정식재판을 청구할 수 있다(즉결심판법 14조 4항).

경찰서장의 정식재판청구권은 피고인의 경우에 비하여 제한적이다. 경찰서장은 판사가 무죄·면소 또는 공소기각을 선고·고지한 경우에만 그 날로부터 7일 이내에 정식재판을 청구할 수 있는데, 이때 경찰서장은 관할지방검찰청 또는 지청의 검사의 승인을 얻어 정식재판청구서를 판사에게 제출하여야 한다(즉결심판법 14조 2항).

약식명령과 마찬가지로 즉결심판에서도 즉결심판의 일부에 대하여 정식재판을 청구할 수 있다(즉결심판법 14조 4항). 일부에 대한 정식재판청구는 그 일부와 불가분의 관계에 있는 부분에 대하여도 효력이 미치므로, 즉결심판에서 주형이 2개 이상인 경우에 그 주형의 일부에 대해서만 정식재판을 청구할 수 있다.

(2) 청구 후의 절차

판사는 정식재판청구서를 받은 날부터 7일 이내에 경찰서장에게 정식재판청구서를 첨부한 사건기록과 증거물을 송부하고, 경찰서장은 지체 없이 관할지방검찰청 또는 지청의 장에게 이를 송부하여야 하며, 그 검찰청 또는 지청의 장은 지체 없이 관할법원에 이를 송부하여야 한다(즉결심판법 14조 3항).

범증이 명백하고 죄질이 경미한 범죄사건을 신속·적정하게 심판하기 위한 입법적 고려에서 즉결심판절차상 공소장일본주의가 배제되도록 한 것이므로(즉결심판법 4조), 정식재판을 청구한 경우에 제1회 공판기일 전에 사건기록(정식재판이 청구된 이후에 작성된 피해자에 대한 진술조서 등이 사건기록에 편철) 및 증거물이 관할 법원에 송부되더라도 위법하지 않다(대법원 2011. 1. 27. 선고 2008도7375 판결).

정식재판청구의 포기나 취하에 대해서는 상소와 약식절차에 관한 규정이 준용되므로(즉결심판법 14조 4항), 피고인이나 경찰서장은 정식재판의 청구를 포기할 수 있고 제1심 판결선고 전까지 이를 취하할 수 있다. 정식재판청구를 포기하거나 취하한 사람은 다시 정식재판을 청구하지 못한다.

(3) 심판
1) 기각결정

정식재판의 청구가 법령상의 방식에 위반하거나 청구권의 소멸 후인 것이 명백한 경우 법원은 기각결정을 하여야 하며, 기각결정에 대해서는 즉시항고를 할 수 있다(455조, 즉결심판법 14조 4항).

2) 공판절차에 의한 심리

법원은 정식재판의 청구가 적법한 때에는 공판절차에 의하여 심판하여야 한다(455조, 즉결심판법 14조 4항). 즉결심판절차에 있어서 즉결심판법에 특별한 규정이 없는 한 그 성질에 반하지 아니한 것은 형사소송법의 규정을 준용하므로(즉결심판법 19조), 정식재판청구에 의한 공판절차에서도 검사가 공소유지를 하게 되며, 통상의 공판절차와 마찬가지로 국선변호인의 선정에 관한 형사소송법 283조의 규정이 적용된다(대법원 1997. 2. 14. 선고 96도3059 판결). 즉결심판에 대하여 피고인만이 정식재판을 청구한 사건의 경우 형사소송법 457조의2(불이익변경의 금지)가 준용되어, 정식재판에서 즉결심판의 형보다 무거운 형을 선고하지 못한다(대법원 1999. 1. 15. 선고 98도2550 판결).

정식재판의 청구에 의한 판결이 있는 때에 즉결심판은 효력을 잃는다(즉결심판법 15조). 여기서의 판결은 확정판결을 의미한다.

III. 소년범에 대한 형사절차

1. 소년법

미성숙한 소년은 쉽게 범죄를 행할 수 있지만, 범죄를 저지른 후에도 쉽게 교화될 수 있다. 반사회성이 있는 소년의 환경 조정과 품행 교정을 위한 보호처분 등의 필요한 조치를 하고, 형사처분에 관한 특별조치를 함으로써 소년이 건전하게 성장하도록 돕기 위해서 소년법이 존재한다(소년법 1조).

소년법이 적용되는 소년은 10세 이상 19세 미만인 자이다(소년법 2조). 과거 소년법은 대상소년의 연령을 12세 이상 20세 미만으로 규정하였으나, 2008. 6. 22.부터 10세 이상 19세 미만으로 하향하였다. 소년법이 적용되는 상한 연령을 19세 미만으로 한 것은 청소년의 성숙정도, 다른 법률에서 규정한 청소년의 연령과의 통일성, 19세부터 대학생인 점 등을 고려한 것이며, 하한 연령을 10세 이상으로 낮춘 것은 범죄를 범하는 청소년의 연령이 낮아지는 추세를 고려한 것으로서 초등학교 3~4학년까지의 소년에 대해서만 사법작용보다는 교육적 기능에 맡기고자 한 것이다.

2. 소년사건의 처리절차

소년사건은 '소년보호사건'과 '소년형사사건'으로 구분되어 처리된다. 소년보호사건에서는 보호적·교육적 시각에서 보호처분이 행해지는 반면, 소년형사사건은 일반 형사소송절차에 따라 처리된다. 다만 수사단계에서는 보호처분과 형사처분 모두가 고려되고, 소년보호절차의 개시 후도 소년형사사건으로 변경될 수 있고(소년법 7조) 소년형사절차의 개시 후에도 소년보호사건으로 변경될 수 있다(소년법 50조). 소년사건은 소년보호사건과 소년형사사건으로 구별되어 있으면서도 양자는 교환될 수 있다.

(1) 소년보호사건

1) 대상

소년보호사건의 대상은 범죄소년, 촉법소년, 우범소년으로 구분된다. 불법행위를 한 14세 미만자의 행위는 책임능력이 부정되어 형사처벌이 불가능하나(형법 9조), 소년법에서 이들을 '촉법소년'이라고 하여 이들에 대한 보호처분을 규정하고 있다. 즉 촉법소년이란 형법과 기타 법령에 저촉되는 불법행위를 한 10세 이상 14세 미만인 소년이다(소년법 4조 1항 2호).

한편 ① 집단적으로 몰려다니며 주위 사람들에게 불안감을 조성하는 성벽, ② 술을 마시고 소란을 피우거나 유해환경에 접하는 성벽, ③ 정당한 이유 없이 가출하는 것 중 하나의 사유가 있는 10세 이상 19세 미만의 소년 중 장래 형벌법령에 저촉되는 행위를 할 우려가 있는 소년을 '우범소년'이라고 한다(소년법 4조 1항 3호). 범죄행위를 하지 않은 우범소년에 대해서 소년법을 적용하여 보호처분을 부과하는 것에 대하여 소년보호를 가장한 부당한 인권침해라는 비판이 제기된다.

그 외에 '범죄소년'은 범죄행위를 한 14세 이상 19세 미만의 소년 중 보호처분의 대상소년을 말한다. 범죄는 형법뿐만 아니라 기타 특별법을 위반한 경우를 포함한다.

2) 송치

경찰서장은 촉법소년과 우범소년을 발견한 때에는 직접 관할 소년부에 송치하여야 하고(소년법 4조 2항), 범죄소년을 검거한 때에는 검사에게 송치하여야 한다. 검사가 경찰로부터 송치된 소년사건을 수사한 결과 보호처분에 해당하는 사유가 있다고 인정하는 경우에는 범죄소년을 관할 소년부에 송치한다(소년법 49조 1항). 또한 검사가 직접 인지한 범죄소년의 사건에 대해서도 보호처분에 해당하는 사유가 있다고 인정하는 경우에는 관할 소년부에 송치하게 된다. 이렇게 검사가 소년에 대한 사건을 불기소하거나 소년보호사건 또는 소년형사사건으로 처리하는 권한을 가지는 것을 '검사선의주의'라고 한다.

한편 검사가 형사사건으로 기소한 범죄소년에 대한 사건에 대하여 심리한 형사법원이 보호처분에 해당하는 사유가 있다고 인정하는 경우 형사법원은 사건을 관할 소년부에 송치하는 결정을 한다(소년법 50조). 소년에 대한 피고사건을 심리한 법원이 그 결과에 따라 보호처분에 해당할 사유가 있는지의 여부를 인정하는 것은 법관의 자유재량이다(대법원 1991. 1. 25. 선고 90도2693 판결). 그 외에 범죄소년·촉법소년·우범소년을 발견한 보호자 또는 학교·사회복리시설·보호관찰소의 장은 이를 관할 소년부에 통고할 수 있다(소년법 4조 3항).

3) 조사

소년보호사건은 가정법원 소년부나 지방법원 소년부에서 처리된다. 보호대상소년을 송치 또는 통고받은 소년부판사는 조사관에게 소년 본인·보호자 또는 참고인의 심문이나 그 밖에 필요한 사항을 조사하도록 명할 수 있다. 조사는 의학·심리학·교육학·사회학이나 그 밖의 전문적인 지식을 활용하여 소년과 보호자 또는 참고인의 품행, 경력, 가정 상황, 그 밖의 환경 등을 밝히도록 노력하여야 하는데(소년법 9조), 구체적인 조사내용은 비행사실, 그 동기와 비행 후의 정황 및 비행전력, 소년과 보호자의 교육정도·직업, 소년과 보호자의 관계, 소년의 교우관계 및 소년의 가정환경, 소년비행화의 경위, 보호자의 소년에 대한 보호감독상황과 향후의 보호 능력, 피해자에 대한 관계 및 재비행의 위험성과 정도, 소년의 심신상태 등이다(소년심판규칙 11조 1항).

소년부 또는 조사관이 범죄사실에 관하여 소년을 조사할 때에는 미리 소년에게 불리한 진술을 거부할 수 있음을 알려야 하는데(소년법 10조), 진술거부권의 고지를 위반한 경우에는 해당 조사결과의 증거능력이 인정되지 않을 수 있다. 소년부 판사는 사건의 조사 또는 심리에 필요하다고 인정하면 기일을 지정하여 사건 본인이나 보호자 또는 참고인을 소환할 수 있는데, 본인이나 보호자가 정당한 이유 없이 소환에 응하지 아니하면 소년부 판사는 동행영장을 발부할 수 있다(소년법 13조).

4) 심리

소년부 판사는 송치서와 조사관의 조사보고에 따라 사건의 심리를 개시할 수 없거나 개시할 필요가 없다고 인정하면 심리를 개시하지 아니한다는 결정을 하여야 하는데(심리불개시결정), 사안이 가벼워서 심리불개시결정을 할 때에는 소년에게 훈계하거나 보호자에게 소년을 엄격히 관리하거나 교육하도록 고지할 수 있다(소년법 19조). 반면 소년부 판사가 송치서와 조사관의 조사보고에 따라 사건을 심리할 필요가 있다고 인정하면 심리개시결정을 하는데, 이 경우 심리개시사유의 요지와 보조인을 선임할 수 있다는 취지를 사건 본인과 보호자에게 알려야 한다(소년법 20조).

심리는 공개하지 아니하나, 소년부 판사는 적당하다고 인정하는 자에게 참석을 허가할 수 있다(소년법 24조 2항). 소년부 판사는 피해자 또는 그 법정대리인·변호인·배우자·직계친족·형제자매가 의견진술을 신청할 때에는 피해자나 그 대리인등에게 심리 기일에 의견을 진술할 기회(피해자등의 진술권)를 주어야 한다(소년법 25조의2). 소년부 판사는 소년의 품행을 교정하고 피해자를 보호하기 위하여 필요하다고 인정하면 소년에게 피해 변상 등 피해자와의 화해를 권고할 수 있는데, 소년이 이 권고에 따라 피해자와 화해하였을 경우에는 보호처분을 결정할 때 이를 고려할 수 있다(소년법 25조의3). 화해권고제도는 피해자보호에 효과적이고 가해소년의 교정이라는 목적달성에 효과적이기 때문에 소년법에 도입되었다.

5) 보호처분

소년부 판사가 심리 결과 보호처분을 할 수 없거나 할 필요가 없다고 인정하면 그 취지의 불처분결정을 하고, 불처분결정을 본인과 보호자에게 알려야 한다(소년법 29조). 반면 소년부 판사가 심리 결과 보호처분을 할 필요가 있다고 인정하면 결정으로써 10개의 처분 중 어느 하나에 해당하는 처분을 하는데, 경우에 따라 처분 상호 간에 전부 또는 일부를 병합할 수 있다(소년법 32조 2항). 소년의 보호처분은 그 소년의 장래 신상에 어떠한 영향도 미치지 아니하며(소년법 32조 6항), 보호처분을 받은 소년에 대해서는 그 심리가 결정된 사건으로 다시 공소를 제기하거나 소년부에 송치할 수 없다(소년법 53조).

보호처분의 종류는 다음과 같다(소년법 32조 1항). ① 1호처분: 보호자 또는 보호자를 대신하여 소년을 보호할 수 있는 자에게 감호 위탁, ② 2호처분: 수강명령(12세 이상의 소년, 100시간 미만), ③ 3호처분: 사회봉사명령(14세 이상의 소년, 200시간 미만), ④ 4호처분: 보호관찰관의 단기(1년) 보호관찰, ⑤ 5호처분: 보호관찰관의 장기(2년) 보호관찰, ⑥ 6호처분: 아동복지법에 따른 아동복지시설이나 그 밖의 소년보호시설에 감호 위탁, ⑦ 7호처분: 병원, 요양소 또는 보호소년 등의 처우에 관한 법률에 따른 소년의료보호시설에 위탁, ⑧ 8호처분: 1개월 이내의 소년원 송치, ⑨ 9호처분: 단기(6개월 이내) 소년원 송치, ⑩ 10호처분: 장기 소년원 송치(12세 이상의 소년, 2년 이내).

〈소년원〉

소년법에는 10가지의 보호처분의 종류를 규정하고 있는데(소년법 32조), 이중 가장 무거운 처분이 소년원 송치이다. 소년원은 전국에 10개(서울, 부산, 대구, 광주, 대전, 전주, 청주, 안양, 춘천, 제주)가 설치되어 있는데, 학교라는 명칭이 사용된다. 예를 들어 서울소년원은 고봉중·고등학교라고 명명된다. 소년원에 수용된 소년은 각자의 특성에 따라 학교교육을 계속할 것인지 직업훈련을 받을 것인지 결정되어 해당되는 교육 또는 훈련을 받게 된다. 소년원학교는 초·중등교육법에 의한 정규학교로서 보호소년이 소년원학교에 입학하면 입학·전학 또는 편입학한 것으로 본다. 직업능력개발훈련을 받을 수 있는 보호소년은 15세 이상인데, 서울소년원의 경우 자체적으로 사진영상·제과제빵·한식조리·매직엔터테인먼트 과정이 실시된다.

(2) 소년형사사건
1) 대상

검사는 14세 이상 19세 미만의 소년에 대한 사건을 수사한 결과 보호처분에 해당하는 사유가 없다고 인정할 경우에는 형사법원에 공소를 제기한다. 한편 검사가 소년에 대한 피의사건을 수사한 결과 보호처분에 해당하는 사유가 있다고 인정하여 사건을 관할 소년부에 송치한 경우에 소년부가 송치된 사건을 조사 또는 심리한 결과 그 동기와 죄질이 금고 이상의 형사처분을 할 필요가 있다고 인정할 때에는 결정으로써 해당 검찰청 검사에게 송치할 수 있으며, 검사에게 송치된 사건은 다시 소년부에 송치될 수 없다(소년법 49조).

2) 형사절차상 특칙

소년형사사건은 성인의 형사사건과 마찬가지로 처리된다. 다만 약간의 특별규정이 존재한다. ① 선도조건부기소유예(선도유예)가 존재한다. 검사는 소년과 소년의 친권자·후견인 등 법정대리인의 동의를 받아 피의자에 대하여 범죄예방자원봉사위원의 선도나 소년의 선도·교육과 관련된 단체·시설에서의 상담·교육·활동 등을 받게 하고, 피의사건에 대한 공소를 제기하지 아니할 수 있다(소년법 49조의3). ② 소년에 대한 구속영장은 부득이한 경우가 아니면 발부하지 못하고, 소년을 구속하는 경우에는 특별한 사정이 없으면 다른 피의자나 피고인과 분리하여 수용하여야 한다(소년법 55조). ③ 소년에 대하여 변호인이 없거나 출석하지 아니한 때에 법원은 반드시 국선변호인을 선정하여야 한다(33조 1항, 283조).

〈선도조건부 기소유예〉

> 형사소송법 247조에는 '기소유예'가 규정되어 있다. '조건부 기소유예'는 검사가 피의자에게 일정한 의무(출입금지, 피해배상, 수강명령 등)를 부과하여 이를 준수하는 조건으로 기소유예를 하는 것을 말하는데, 조건부 기소유예에 대한 일반적인 허용규정은 없다. 다만 소년법 49조의3에서는 '선도조건부 기소유예'를 규정하고 있다(선도유예). 선도조건부 기소유예제도는 선도보호를 통하여 소년에 대한 사회복귀를 돕고 재범을 방지하는 기능을 가지는 긍정적인 측면이 있다. 반면 법관에 의한 사법심사 없이 검사의 행정처분의 형태로 사실상 보호처분을 부과한다는 문제점이 지적되기도 한다.

3) 형벌의 특칙

죄를 범할 당시 18세 미만인 소년에 대하여 사형 또는 무기형으로 처할 경우에는 15년의 유기징역으로 한다(소년법 59조). 이것은 소년에게 인도적 차원에서 중형을 피하고 사회복귀의 기회를 주기 위한 것이다.

그리고 형기의 상한과 하한을 정하여 일정 범위 내에서 부정기형을 선고하는 '상대적 부정기형'이 인정된다. 소년이 법정형으로 장기 2년 이상의 유기형에 해당하는 죄를 범한 경우에는 그 형의 범위에서 장기(10년 이내)와 단기(5년 이내)를 정하여 선고한다(소년법 60조 1항).

그 외에도 벌금 또는 과료를 선고받고 이를 납입하지 아니한 성인은 유치기간을 정하여 노역장유치를 선고하게 되지만(형법 70조 1항), 18세 미만인 소년에게는 노역장유치 선고를 하지 못한다(형법 62조). 노역장유치는 교육을 목적으로 하지 않는 단기의 자유구속이고 소년의 심성에 악영향을 미칠 수 있으므로 소년에게는 환형처분인 노역장유치가 금지된다.

IV. 배상명령절차

1. 의의

범죄행위로 피해자에게 손해가 발생한 경우에 법원이 직권으로 또는 피해자의 신청에 의해서 피고인에게 발생한 손해의 배상을 명하는 재판이 배상명령이다. 소송촉진법에서 배상명령제도를 규정하고 있는데, 소송의 지연을 방지하고 국민의 권리·의무의 신속한 실현과 분쟁처리의 촉진을 도모하기 위한 제도이다(소송촉진법 1조). 범죄피해자가 민사소송에 의해서 가해자인 피고인으로부터 손해배상을 받는 것은 상당한 시간이 소요되고 소송비용 등의 부담이 있으므로, 형사소송절차에서 민사소송에 의한 손해배상판결과 동일한 재판을 할 수 있도록 하여 피해자의 신속한 권리구제를 도모하는 제도가 배상명령이다.

다만 형사소송절차에서 민사상의 손해배상까지 판단하는 것은 법관에게 지나친 부담을 주고 재판의 지연을 초래할 수 있다는 문제점이 지적되며, 이러한 이유에서 배상명령이 현실적으로 많이 활용되지는 않는다.

2. 요건

(1) 대상

배상명령은 일정한 범죄에 한해서 인정된다. 형법상 대상범죄로는 상해죄(형법 257조 1항, 존속상해죄 제외), 중상해죄(형법 258조 1항·2항, 존속중상해죄 제외), 특수상해죄(형법 258조의1 1항·2항), 상해치사죄(형법 259조 1항, 존속상해치사죄 제외), 폭행치사상죄(형법 262조, 존속폭행치사상죄 제외), 과실치사상의 죄(형법 26장), 강간과 추행의 죄(형법 32장), 절도와 강도의 죄(형법 38장), 사기와 공갈의 죄(형법 39장), 횡령과 배임의 죄(형법 40장), 손괴의 죄(형법 42장)와 이를 가중 처벌하는 죄 및 그 미수범이다(소송촉진법 25조 1항 1호·3호). 또한 성폭력처벌법상 업무상 위력 등에 의한 추행(10조), 공중밀집장소에서의 추행(11조), 성적 목적을 위한 공공장소 침입(12조), 통신매체를 이용한 음란행위(13조), 카메라 등을 이용한 촬영(14조), 그 미수범(15조)과 청소년성보호법상 아동·청소년매매행위(12조), 아동·청소년의 성을 사는 행위(13조), 아동·청소년에 대한 강요행위(14조)가 배상명령의 대상범죄이다(소송촉진법 25조 1항 2호).

그 외에 법원은 위의 배상명령대상범죄 및 그 외의 범죄에 대한 피고사건에서 피고인과 피해자 사이에 합의된 손해배상액에 관하여도 배상을 명할 수 있는

데(소송촉진법 25조 2항), 이것은 이미 합의에 이른 배상액에 대해서 즉시 강제집행을 할 수 있도록 마련된 것이다.

배상명령은 1심이나 2심의 형사공판절차에서 유죄판결을 선고할 경우에만 인정되므로(소송촉진법 25조 1항), 피고사건에 대해서 무죄판결, 면소판결이나 공소기각재판을 할 경우에는 배상명령을 할 수 없다.

(2) 범위

배상명령의 범위는 피고사건의 범죄행위로 인하여 발생한 직접적인 물적 피해, 치료비 손해 및 위자료이다(소송촉진법 25조 1항). 간접적인 손해에 대해서는 배상명령을 할 수 없고, 생명·신체를 침해하는 범죄에 의해서 발생한 기대이익의 상실에 대해서도 배상명령을 할 수 없다.

(3) 제외사유

법원은 ① 피해자의 성명·주소가 분명하지 아니한 경우, ② 피해 금액이 특정되지 아니한 경우, ③ 피고인의 배상책임의 유무 또는 그 범위가 명백하지 아니한 경우, ④ 배상명령으로 인하여 공판절차가 현저히 지연될 우려가 있거나 형사소송 절차에서 배상명령을 하는 것이 타당하지 아니하다고 인정되는 경우에는 배상명령을 할 수 없다(소송촉진법 25조 3항).

3. 절차

(1) 직권에 의한 배상명령

법원은 직권으로 피고인에 대해서 배상명령을 할 수 있다(소송촉진법 25조 1항). 손해배상청구권에 대해서 법원이 직권으로 배상명령을 하는 것은 민사소송의 당사자처분권주의에 대한 예외이다. 피해자가 배상명령을 신청하지 않았더라도 피고사건의 심리 도중 피고인의 재산이 발견되어 배상명령을 하는 것이 상당하다고 인정되는 경우 등에서 법원이 직권으로 배상명령을 할 수 있다. 이때에도 신청에 의한 배상명령에 준하여 피고인에게 배상책임의 유무와 범위를 설명하고 의견을 진술할 기회를 주어야 한다.

(2) 신청에 의한 배상명령

피해자나 피해자의 상속인은 피고사건의 범죄행위로 인하여 발생한 피해에 관하여 다른 절차에 따른 손해배상청구가 법원에 계속 중인 경우를 제외하고 배상명령을 신청할 수 있다(소송촉진법 25조 1항·7항). 1심·2심 공판의 변론이 종결될 때까지 사건이 계속된 법원에 배상명령을 신청할 수 있고, 이 경우 신청서에 인지를 붙이지 않는다(소송촉진법 26조 1항). 배상신청을 위해서는 신청서와 상대방 피고인 수만큼의 신청서 부본을 제출하여야 하는데(소송촉진법 26조 2항), 피해자나 피해자의 상속인이 증인으로 법정에 출석한 경우에는 구두로 배상을 신청할 수 있다(소송촉진법 26조 5항). 배상신청은 민사소송에서의 소의 제기와 동일한 효력이 있으며(소송촉진법 26조 8항), 신청인은 배상명령이 확정되기 전까지는 언제든지 배상신청을 취하할 수 있다(소송촉진법 26조 6항).

법원은 배상신청이 있을 때에는 신청인에게 공판기일을 알려야 하며(소송촉진법 29조 1항), 신청인이 공판기일을 통지받고도 출석하지 아니하였을 때에는 신청인의 진술 없이 재판할 수 있다(소송촉진법 29조 2항). 신청인 및 그 대리인은 공판절차를 현저히 지연시키지 아니하는 범위에서 재판장의 허가를 받아 소송기록을 열람할 수 있다(소송촉진법 30조 1항).

(3) 법원의 증거조사

법원은 필요한 때에는 언제든지 피고인의 배상책임 유무와 그 범위를 인정함에 필요한 증거를 조사할 수 있는데(소송촉진 등에 관한 특례규칙 24조 1항), 피고사건의 범죄사실에 관한 증거를 조사할 경우 피고인의 배상책임 유무와 그 범위에 관련된 사실을 함께 조사할 수 있다(소송촉진 등에 관한 특례규칙 24조 2항). 피고사건의 범죄사실을 인정할 증거는 피고인의 배상책임 유무와 그 범위를 인정할 증거로 할 수 있으며(소송촉진 등에 관한 특례규칙 24조 3항), 그 외의 증거를 조사할 경우 증거조사의 방식 및 증거능력에 관하여는 형사소송법의 관계규정에 의한다(소송촉진 등에 관한 특례규칙 24조 4항).

배상명령의 신청인 및 그 대리인은 공판기일에 피고인이나 증인을 신문할 수 있으며, 그 밖에 필요한 증거를 제출할 수 있다(소송촉진법 30조 1항).

4. 재판

(1) 배상신청의 각하

법원은 ① 배상신청이 적법하지 아니한 경우, ② 배상신청이 이유 없다고 인정되는 경우, ③ 배상명령을 하는 것이 타당하지 아니하다고 인정되는 경우(예를 들어 피해금액이 특정되지 않거나 공판절차가 현저히 지연될 우려가 있는 경우)에는 배상신청에 대해서 각하결정을 한다(소송촉진법 32조 1항). 다만 유죄판결의 선고와 동시에 배상신청 각하결정을 할 때에는 이를 유죄판결의 주문에 표시할 수 있다(소송촉진법 32조 2항). 배상신청을 각하하거나 그 일부를 인용한 재판에 대하여 신청인은 불복을 신청하지 못하며, 다시 동일한 배상신청을 할 수 없다(소송촉진법 32조 4항).

(2) 배상명령의 선고

일정액의 금전 지급을 명하는 배상명령은 유죄판결의 선고와 동시에 하게 된다(소송촉진법 31조 1항). 배상의 대상과 금액을 유죄판결의 주문에 표시하나, 배상명령의 이유는 특히 필요하다고 인정되는 경우가 아니면 적지 아니한다(소송촉진법 31조 2항). 배상명령은 가집행할 수 있음을 선고할 수 있다(소송촉진법 31조 3항). 배상명령을 하였을 때에는 유죄판결서의 정본을 피고인과 피해자에게 지체 없이 송달하여야 한다(소송촉진법 31조 4항).

배상명령의 절차비용은 특별히 그 비용을 부담할 자를 정한 경우를 제외하고는 국고의 부담으로 한다(소송촉진법 35조).

(3) 배상명령에 대한 불복
1) 신청인의 불복금지

배상신청을 각하하거나 그 일부를 인용한 재판에 대해서 신청인은 불복하지 못하며, 다시 동일한 배상신청을 할 수 없다(소송촉진법 32조 4항). 따라서 배상명령이 각하된 때에는 그 각하결정은 즉시 확정된다. 이 경우 신청인은 민사소송에 의해서 손해배상을 신청할 수 있다.

2) 유죄판결에 대한 상소

유죄판결에 대한 상소가 제기된 경우에 배상명령은 피고사건과 함께 상소심으로 이심되는데(소송촉진법 33조 1항), 피고인이 배상명령에 대해서 다툴 의사가 있는지 여부와 관계없이, 예를 들어 검사가 제기한 상소의 경우에도 배상명령은 상소심으로 이심된다.

상소심에서 원심의 유죄판결을 파기하고 피고사건에 대하여 무죄, 면소 또는 공소기각의 재판을 할 때에는 원심의 배상명령을 취소하여야 하는데, 이 경우 상소심에서 원심의 배상명령을 취소하지 아니한 경우에는 그 배상명령을 취소한 것으로 본다(소송촉진법 33조 2항). 다만 원심에서 피고인과 피해자 사이에 합의된 손해배상액에 따라 배상명령을 한 경우에는 상소심에서 원심의 유죄판결을 파기하거나 무죄재판 등을 하더라도 배상명령은 취소되지 않는다(소송촉진법 33조 3항). 한편 상소심에서 원심판결을 유지하는 경우에도 원심의 배상명령을 취소하거나 변경할 수 있다(소송촉진법 33조 4항).

3) 즉시항고

피고인은 유죄판결에 대하여 상소를 제기하지 아니하고 배상명령에 대하여만 상소 제기기간에 즉시항고를 할 수 있다(소송촉진법 33조 5항 본문). 즉시항고의 제기기간은 3일이나(405조), 이 경우는 상소제기기간인 7일 내에 즉시항고를 제기하면 된다. 다만 즉시항고 제기 후 상소권자의 적법한 상소가 있는 경우에는 즉시항고는 취하된 것으로 본다(소송촉진법 33조 5항). 여기서 상소권자에는 검사가 포함되지 않는다. 검사는 형사사건에 대해서만 상소할 수 있고 민사상 손해배상청구권과 관련된 배상명령사건의 당사자가 될 수 없기 때문이다.

(4) 배상명령의 효력

확정된 배상명령 또는 가집행선고가 있는 배상명령이 기재된 유죄판결서의 정본은 민사집행법에 따른 강제집행에 관하여는 집행력 있는 민사판결 정본과 동일한 효력이 있다(소송촉진법 34조 1항). 확정된 배상명령이나 가집행선고가 있는 배상명령에 대해서는 집행력이 인정된다.

배상명령의 기판력은 확정된 배상명령이나 가집행선고가 있는 배상명령에 국한되므로, 배상명령이 확정된 경우 피해자는 그 인용된 금액의 범위에서 다른 절차에 따른 손해배상을 청구할 수 없으나(소송촉진법 34조 2항), 인용금액을 넘어선 부분에 대해서는 별소를 제기할 수 있다.

지방법원이 민사지방법원과 형사지방법원으로 분리 설치된 경우에 배상명령에 따른 청구에 관한 이의의 소는 형사지방법원의 소재지를 관할하는 민사지방법원을 1심 판결법원으로 한다(소송촉진법 34조 3항).

13.2.1 甲은 A렌트카 북창영업소로부터 빌린 BMW 승용차의 앞·뒤 번호판(12허6450)을 떼어 낸 다음 자신이 소유한 아반테 승용차의 앞·뒤 번호판(12누9342)을 위 BMW 승용차에 부착하고 그 다음날 02:00경 서울 강남구 신사동 587에 있는 선샤인호텔 주차장에 이르기까지 위 BMW 승용차를 운전하여 운행하였다. 검사는 이에 대하여 공기호부정사용 및 부정사용공기호행사의 혐의로 甲의 동의 없이 약식기소하면서, 필요한 증거서류 및 증거물을 법원에 제출하였다. 약식명령청구는 적법한가?

13.2.2 검사가 甲을 상습도박의 혐의로 약식기소하여 벌금 200만 원의 약식명령이 발령되었다. 이에 甲이 정식재판을 청구하였는데, 위 약식명령을 발령한 판사가 정식재판을 다시 심리하여 벌금 300만 원을 선고한 것은 적법한가?
힌트 : 대법원 2002. 4. 12. 선고 2002도944 판결

13.2.3 음주운전 중 경찰관의 음주운전단속에 적발(혈중알콜농도 0.15퍼센트)된 甲은 평소 지갑에 가지고 다니던 친구 乙의 운전면허증을 경찰관에게 제시하였다. 도로교통법상 음주운전 사건으로 송치받은 검사 P는 甲을 乙로 오인하고 이 사건에 대하여 乙의 동의 없이 공소제기와 동시에 서면으로 약식명령을 청구하면서, 필요한 증거서류 및 증거물을 법원에 제출하였다. 담당판사 J가 벌금 500만원의 약식명령을 하자 乙은 적법하게 정식재판을 청구하였다. 정식재판의 인정신문 시 甲이 乙의 성명을 모용한 사실이 밝혀졌다. 법원과 검사가 취할 조치를 논하시오.
힌트 : 대법원 1993. 1. 19. 선고 92도2554 판결

13.2.4 甲에게 경범죄처벌법위반(인근소란) 및 도로교통법위반(교통방해)의 범죄사실로 즉결심판이 청구되어 벌금 10만 원이 선고되었다. 이에 甲이 홀로 정식재판을 청구하였는데 1심법원에서 벌금 20만 원이 선고되었다. 1심법원의 재판

은 적법한가?

힌트 : 대법원 1999. 1. 15. 선고 98도2550 판결

13.2.5 甲은 18세 9개월인 상태에서 행한 강도상해, 특수절도, 특수절도미수, 도로교통
법위반(무면허운전)의 혐의로 기소되었다. 1심법원에서 甲에게 징역 3년 6월,
벌금 15만원의 형이 선고되었다. 선고당시 甲은 19세 3개월인 상태이었다. 법
원의 재판은 적법한가?

힌트 : 대법원 2000. 8. 18. 선고 2000도2704 판결

13.2.6 전자장치부착법 5조 1항 3호는 검사가 전자장치 부착명령을 법원에 청구할 수
있는 경우 중의 하나로 "성폭력범죄를 2회 이상 범하여(유죄의 확정판결을 받은
경우를 포함한다) 그 습벽이 인정된 때"를 규정하고 있다. 검사는 과거 성폭력범
죄로 소년보호처분을 받은 사실이 있는 甲이 다시 성폭력범죄를 저지르자 법원
에 甲에 대한 전자장치 부착명령을 청구하였다. 법원은 어떤 재판을 하는가?

힌트 : 대법원 2012. 3. 22. 선고 2011도15057 전원합의체 판결

13.2.7 甲이 대금을 지급할 의사나 능력이 없었음에도 A로부터 치약선물세트 812개 합
계 10,556,000원 상당을 교부받아 편취한 사기혐의로 기소되자 피해자 A는
법원에 배상명령을 신청하였다. 제1심은 유죄(징역 4월)를 선고하고 배상명령신
청을 인용(10,556,000원)하였다. 항소심에서 甲은 배상신청인 A가 작성한 "고소
인(A)은 피고인(甲)과 민·형사적으로 쌍방이 원만하게 합의하였으므로 고소를
전부 취하합니다. 아울러 피고인의 처벌을 원치 아니하오니 재판장님의 사려 깊
은 선처를 부탁드립니다."라는 내용의 '합의 및 고소취하서'를 법원에 제출하였
다. 항소심법원이 배상책임 유무와 범위를 인정함에 필요한 증거조사 없이 바로
배상신청인이 처음 신청한 금액을 바로 인용한 것은 적법한가?

힌트 : 대법원 2013. 10. 11. 선고 2013도9616 판결

◆ 퀴즈풀이

13.2.1

약식청구시 피고인의 동의가 필요하지 않고 공소장일본주의도 적용되지 않는다(형소규칙 170조). 그런데 약식명령을 청구할 수 있는 사건은 벌금, 과료, 몰수에 처할 수 있는 사건인데(448조 1항), 형법 238조 1항 공기호부정행사죄와 같은 조 2항 부정사용공기호행사죄에서는 징역형만이 규정되어 있을 뿐 벌금형 등이 규정되어 있지 않으므로 사안은 약식명령을 청구할 수 없는 사건이다. 약식명령으로 청구할 수 없는 사건은 공판절차에 의하여 심판하여야 하므로(450조), 담당판사는 공판절차회부(통상회부)결정을 하여야 한다.

13.2.2

먼저 약식명령을 발령한 판사의 정식재판 관여가 제척사유인 '법관이 전심재판에 관여한 때'(17조 7호)에 해당하는지가 문제된다. 정식재판청구에 의하여 개시된 1심공판절차와 약식절차는 동일한 심급 내에서 서로 절차만 달리할 뿐이므로 약식명령이 1심공판절차의 전심재판에 해당하는 것은 아니다(대법원 2002. 4. 12. 선고 2002도944 판결). 따라서 사안의 경우 약식명령을 발령한 판사가 甲이 청구한 정식재판을 다시 심리하는 것은 제척사유에 해당되지 않는다.
다음으로 불이익금지의 원칙이 약식명령에 대한 정식재판의 청구사건에도 적용되는지

가 문제된다. 약식명령에 대한 정식재판의 청구는 비록 동일한 심급의 절차이므로 상소의 경우가 아니지만, 구 형사소송법은 457조의2에서 피고인의 정식재판청구권을 보장하기 위해서 피고인이 정식재판을 청구한 사건의 경우에는 불이익변경금지의 원칙을 규정하고 있었으나, 현행 형사소송법 457조의2는 형종상향의 금지만을 규정하고 있다. 따라서 사안의 경우, 벌금 200만 원의 약식명령을 발령한 판사가 피고인 甲이 청구한 정식재판에서 벌금 300만 원을 선고하는 것은 판결서에 양형의 이유를 적시하면 가능하다.

13.2.3

甲에 대해서는 약식명령의 송달이 없었으므로 검사는 공소장에 기재된 피고인의 표시(乙)를 甲으로 정정하고, 법원은 이에 따라 약식명령의 피고인 표시를 乙에서 甲으로 경정한 후 본래의 약식명령정본과 함께 이 경정결정을 모용자(甲)에게 송달한다. 한편 공소제기의 효력은 모용인인 甲에게만 미치고 피모용인인 乙에게는 미치지 않지만, 피모용인(乙)이 약식명령에 대하여 정식재판을 청구한 경우에 법원은 피모용인(乙)에게 적법한 공소의 제기가 없었음을 밝혀주는 의미에서 형사소송법 327조 2호를 유추적용하여 공소기각의 판결을 한다(대법원 1993. 1. 19. 선고 92도2554 판결).

13.2.4

즉결심판법 19조에 의하면 즉결심판절차에 있어서 즉결심판법에 특별한 규정이 없는 한 그 성질에 반하지 아니한 것은 형사소송법의 규정을 준용하도록 하고 있으며, 형사소송법 453조 및 457조의2의 규정에 의하면 검사 또는 피고인은 약식명령에 불복하는 경우 정식재판을 청구할 수 있되, 피고인이 정식재판을 청구한 사건에 대하여는 약식명령의 형보다 무거운 형을 선고하지 못하도록 하고 있다. 즉결심판에 대하여 피고인만이 정식재판을 청구한 사건에 있어서도 즉결심판의 형보다 무거운 형을 선고하지 못한다(대법원 1999. 1. 15. 선고 98도2550 판결). 따라서 1심법원의 재판에 대해서 甲은 항소할 수 있다.

13.2.5

"소년이 법정형으로 장기 2년 이상의 유기형에 해당하는 죄를 범한 경우에는 그 형의 범위에서 장기와 단기를 정하여 선고한다."(소년법 60조 1항). 그러나 소년법상의 소년인지의 여부의 판단은 심판시(사실심 판결 선고시)를 기준으로 하므로(대법원 2000. 8. 18. 선고 2000도2704 판결), 1심법원이 甲에게 징역 3년 6월, 벌금 150,000원의 형을 선고한 것은 적법하다.

13.2.6

피부착명령청구자가 소년법에 의한 보호처분을 받은 전력은 유죄의 확정판결을 받은 경우에 해당하지 않는다. 따라서 甲이 이 사건의 범죄사실인 성폭력범죄를 1회 범한 것 외에 과거에 성폭력범죄로 소년보호처분을 받은 사실이 있다는 것은 전자장치부착법 5조 1항 3호가 정한 성폭력범죄를 2회 이상 범한 경우에 해당하지 않으므로, 법원은 검사의 부착명령청구를 기각한다(대법원 2012. 3. 22. 선고 2011도15057 전원합의체 판결).

13.2.7

소송촉진법 25조 3항 3호의 규정에 의하면 피고인의 배상책임의 유무 또는 그 범위가 명백하지 아니한 경우에는 배상명령을 하여서는 아니 되고, 그와 같은 경우에는 소송촉진법 32조 1항에 따라 배상명령신청을 각하하여야 한다(대법원 1996. 6. 11. 선고 96도945 판결; 대법원 2011. 6. 10. 선고 2011도4194 판결 등 참조). 이에 비추어 볼 때 甲이 재판과정에서 배상신청인과 민사적으로 합의하였다는 내용의 합의서를 제출하였고, 합의서 기재 내용만으로는 배상신청인이 변제를 받았는지 여부 등 甲의 민사책임에 관한 구체적인 합의 내용을 알 수 없다면, 사실심법원으로서는 배상신청인이 처음 신청한 금액을 바로 인용할 것이 아니라 구체적인 합의 내용에 관하여 심리하여 甲의 배상책임의 유무 또는 그 범위에 관하여 살펴보는 것이 합당하다. 사실심법원이 이에 이르지 않은 채 배상신청인이 처음 신청한 금액 그대로를 배상액으로 인정한 것은 배상명령에 관한 법리를 오해하여 심리를 다하지 않음으로써 판단을 그르친 것이다.

판례색인

사항색인

공저자 약력

이 승 호

[경 력]

서울대학교 대학원 법학과 박사(1991)

한국형사정책연구원 선임연구원(1989-1990)

인제대학교 법학과 교수(1990-1992)

충북대학교 법학과 교수(1992-1997)

University of Texas at Austin 방문연구(2002-2003)

건국대학교 법학전문대학원 교수(1997-현재)

변호사시험·사법시험·행정고시·입법고시 위원 역임

[주요저서·논문]

형사정책 기초이론(건국대 출판부, 2007)

형사소송법개정연구(한국형사정책연구원, 2010, 공저)

교정처우 관련 국제규범에 대한 연구(한국형사정책연구원, 2014, 공저)

우리나라 형사사법 모델의 전개와 전망(형사법연구, 2017)

이 인 영

[경 력]

연세대학교 대학원 법학과 박사(1994)

한림대학교 법학과 교수(2001-2007)

Indiana University Maurer School of Law 방문연구(2011-2012)

홍익대학교 법학과 교수(2007-현재)

사법시험·행정고시 외 출제위원

[주요저서·논문]

생명인권보호를 위한 법정책(삼우사, 2005, 공저)

생명의 시작과 죽음 : 윤리논쟁과 법현실(삼우사, 2010)

뇌과학의 발전과 형법적 패러다임 전환에 관한 연구 2(한국형사정책연구원, 2014, 공저)

형사소송법 핵심판례 110선(박영사, 2016, 공저)

인공지능 로봇에 관한 형사책임과 책임주의(2016)

심 희 기

[경 력]

서울대학교 대학원 법학과 박사(1991)

영남대학교 법과대학 교수(1984-1998)

Stanford Law School 방문연구(1994-1995)

동국대학교 법과대학 교수(1998-2000)

연세대학교 법학전문대학원 교수(2000-현재)

사법시험·행정고시·입법고시 위원 역임

[주요저서]

한국법사연구(영남대학교 출판부, 1992)

한국법제사강의(삼영사, 1997)

쟁점강의 형사소송법(삼영사, 2012, 공저)

형사소송법판례150선(홍문사, 2015, 공저)

김 정 환

[경 력]

(독일)괴팅엔대학교 법학박사(2006)

국민대학교 법과대학 교수(2007-2010)

서울시립대학교 법학전문대학원 교수(2010-2014)

연세대학교 법학전문대학원 교수(2014-현재)

한국형사법학회 정암형사법학술상(2015)

한국보호관찰학회 학술상(2016)

대검찰청 진상조사단 조사단원(2018-2019)

서울고등검찰청 및 서울서부지방검찰청 형사상고심의위원회 위원(2018-현재)

변호사시험, 법학적성시험, 입법고시, 국가공무원채용시험, 경찰공무원채용시험 출제위원

[주요저서·논문]

Rechtsfragen beim Wechsel des Rechtsregimes -Viertes Symposium der Juristischen Fakultät der
   Georg-August-Universität Göttingen mit der Yonsei Law School (Universitätverlag Göttingen,
   2015, 공편)

문서와 범죄(집현재, 2017, 공저)

형사소송법(박영사, 2019, 이은모/김정환 공저)

제2판

4인공저 13장·26절 형사소송법강의

초판발행	2018년 3월 10일
제2판발행	2020년 3월 20일
지은이	이승호·이인영·심희기·김정환
펴낸이	안종만·안상준
편 집	김선민
기획/마케팅	조성호
표지디자인	이미연
제 작	우인도·고철민·조영환
펴낸곳	(주) 박영사
	서울특별시 종로구 새문안로3길 36, 1601
	등록 1959. 3. 11. 제300-1959-1호(倫)
전 화	02)733-6771
f a x	02)736-4818
e-mail	pys@pybook.co.kr
homepage	www.pybook.co.kr
ISBN	979-11-303-3615-2 93360

정 가   43,000원